能源化工行业
节能与碳减排

陈安民　著

Nengyuan Huagong Hangye
Jieneng Yu Tanjianpai

中国石化出版社

内 容 提 要

本书系统介绍了识别能源利用问题的方法，并针对节能、二氧化碳减排和捕集制定了解决方案。将能量利用理论与实用方法相结合，主要内容包括单元操作和过程单元的热力学分析；各种工艺物流和公用工程的能量和㶲计算；三环节能量/㶲分析模型；设备、工艺单元和整个工厂的能量/㶲平衡；节能方法与技术；管道和设备优化；夹点节能技术及其应用；CO_2捕集和利用，10个不同情景的案例研究；燃气轮机、FCCU再生CO燃烧与能量回收、烟气轮机能量回收系统优化、低温位热能回收利用等关键节能技术。

本书适用于石油化工、能源、电力行业的管理技术人员阅读，本书也可作为高校化工、能源与工艺工程等相关专业的教学用书。

图书在版编目(CIP)数据

能源化工行业节能与碳减排 / 陈安民著. —北京：中国石化出版社，2022.12
ISBN 978-7-5114-6902-1

Ⅰ.①能… Ⅱ.①陈… Ⅲ.①能源工业-节能减排-研究②化学工业-节能减排-研究 Ⅳ.①F407.2 ②F407.7

中国版本图书馆CIP数据核字(2022)第216492号

中国石化出版社出版发行

地址：北京市东城区安定门外大街58号
邮编：100011 电话：(010)57512500
发行部电话：(010)57512575
http://www.sinopec-press.com
E-mail:press@sinopec.com
北京富泰印刷有限责任公司印刷
全国各地新华书店经销

*

787×1092毫米 16开本 27.25印张 643千字
2023年2月第1版 2023年2月第1次印刷
定价：168.00元

前言

preface

随着石油化工、油气行业节能减排工作的深入，越来越迫切地需要建立一套科学的用能分析、评价和改进方法，对企业用能状况做出切实可行的评价，挖掘节能潜力，提出改进措施，降低能耗，提高经济效益。在近几年出版的节能书籍中，能源分析与温室气体减排相结合，找出问题并提供解决方案的实用书籍并不多。因此，建立一种与CO_2捕集相结合的系统的能源利用分析方法，从浅到深，由外到内，分析过程能源利用和CO_2排放问题，并提出改进方案，显得极为重要和紧迫。

如何开展工艺装置的能量平衡工作，如何深入开展设备和工艺装置的能量平衡和㶲平衡分析，根据能量平衡和㶲平衡结果分析诊断工艺装置或复杂装置的用能状态、采用哪些节能技术来降低设备或工艺单元的能耗，这些都是企业节能减碳工作者面临的现实问题。基于此，编者根据自己在石油化工装备及工艺装置能耗分析、节能规划、工艺工程、热集成、CO_2捕集等方面从事了40多年的经验，对能源化工行业节能与碳减排进行了系统的总结并提出发展性建议。

本书有以下特点：

一是提供了一种智能化使用石油的途径和技术，显著提高了CO_2捕集和利用的效率，满足了市场对温室气体减排的强烈需求，实现了燃料、电力和碳税节省的经济效益。

二是提供了一种综合的能量/㶲分析方法来识别能源利用问题，系统地提出了具有成本效益的节能和CO_2减排/捕集解决方案。

三是在具体的热集成和CO_2捕获/利用过程模拟的基础上总结列举了10个CO_2捕获案例研究。

四是提供生产中使用的所有工艺物流和公用工程的能量和㶲计算方法，系统地利用三环节能源分析模型的能量和㶲平衡方法，从设备、工艺单元和生产装置三个层次分析和识别能源利用问题，提出解决方案。

五是对环境条件、工厂规模进行能源分析，以确定其对能源消耗的实际影响；提供单台设备、管道以及系统热集成的能源优化。

本书分为四个部分。第一部分(第1~4章)是热力学分析的基础，主要解决石油化工过程的能量和㶲计算方法、单元操作、复杂石油化工过程的热力学分析方法。

第二部分(第 5~8 章)是基于三环节能量分析模型的能量平衡和㶲平衡方法,提出了工艺设备、过程单元、辅助系统的能量平衡和㶲平衡计算和评价方法,以及整个工厂能量平衡的方法。

第三部分(第 9~11 章)提供能源消耗分析,包括对环境温度和装置规模的影响分析、节能的方法和途径、CO_2捕获和利用的 10 个案例研究、节能措施的技术经济评价。

第四部分(第 12~14 章)以使用 Aspen Energy Analyzer、燃气轮机联合循环等关键节能技术为例,讨论节能措施的优化方法、类点节能技术及其应用,FCCU 再生烟气 CO 燃烧并回收,烟气轮机系统优化,低温热回收同级利用、制冷、发电等三种途径。

本书避繁化简,注重实用,便于工程技术人员掌握和应用,是供工艺工程、油气生产、炼油、能源管理、油气生产加工、石油化工、化工、制药企业和电力行业的工程技术人员使用的工具书和参考书;也可作为高校化工、能源、工艺工程等专业的本科生、研究生以及教学人员的专业参考书。

本书是《石油化工过程节能方法和技术》的修改增订版,融入了碳减排的前沿技术,增加了大量CO_2回收和利用的实用案例、热集成应用实例和关键节能技术等。

衷心感谢李浩明博士和他的工艺咨询公司花费时间审阅本书并提供宝贵的反馈意见,特别感谢在审阅二氧化碳捕集和利用部分书稿时,重新运行案例模拟模型给予支持和帮助。

衷心感谢中国石油大学教授卢春喜博士审阅本书的书稿,并提出了宝贵的意见,为本书的编写和出版提供了大力支持。

在此感谢中国石化出版社为本书的及时出版所付出的辛勤努力以及帮助和支持,使得本书中英文两种版本及时出版。

在此诚挚感谢我的雇主 Chevron、Jacobs 和中石化洛阳石化工程公司,为我提供了一个良好的工作平台来增强我的知识,丰富我的经验,使我成长为工艺工程、工艺模拟和节能减碳等方面的专家。衷心感谢和我一起工作和探索的同仁们给予的有力支持和帮助。

本书中英文版同时出版,本书英文版为 *Energy Saving and Carbon Reduction* by Tony A. Chen, Springer Nature Press,版权所有。

陈安民

2022 年 6 月

目录

contents

插图清单

表格清单

1 热力学基础

摘　要　为介绍热力学对过程能源利用分析和改进的方法，本章提供了过程能源利用分析和改进中经常使用的能源基本术语、使用的能量形式及其参考状态；简要介绍了热力学第一定律和热力学第二定律，以上内容是整个能源利用分析和改进的基础。

关键词　能源形式；能源利用；参考态；温室气体；热力学定律

石油化工过程是通过物理和化学变化把石油原料加工成为产品的过程，能量是推动过程进行的源泉和动力。完成从原料到产品的一系列过程无一不在消耗能量，能量的转换、过程使用以及使用后能量回收利用，构成了石油化工过程用能的特点和规律。研究这些规律，剖析用能过程，识别节能潜力，提出改进措施是节能工作者的一个现实课题。

运用热力学方法，对过程中的能量转换和传递、使用和损失、回收和排弃的情况进行计算和分析，揭示出能量消耗的大小、原因和部位，为改进过程、提高能量利用率指出方向，并运用技术经济的优化方法作出剖析和筛选，从而提出改进措施，这就是石油化工过程的热力学分析方法。目前在石油、化工、热工、冶金等领域已逐步形成一套系统的有效能分析方法，即㶲分析法，在节能的分析诊断中起到了应有的作用。

所谓㶲分析法，是依靠热力学第一定律和第二定律，把能量数量和能量质量结合起来对过程和系统用能进行计算、分析、诊断和改进的方法。热力学第一定律所指出的能量转换和守恒定律已广泛用于工业过程中，在工业企业的设备、装置乃至企业的能量的数量平衡中呈现出极大的优越性，是用能分析的基础，然而只有能量数量上的平衡是不够的，尚需引入能量质量的概念，才能使能量分析更切中实质，否则，将得不出正确的结论。例如，按照第一定律，进出工艺过程设备的能量是守恒的，数量不变，因而没有“消耗”，而为之服务的能量转换和能量回收两环节都表现出能量数量上的消耗(排烟、散热、冷却、排弃等)，掩盖了工艺过程用能的实质。

本章在介绍热力学基本概念的基础上，简要地介绍热力学第一定律和热力学第二定律。

1.1　基本术语

1.1.1　体系与环境

在能量利用过程中，为了明确研究对象的范围，通常用分界面把研究对象从周围物体中分割出来，这种被人为地单独划分出来研究分析的对象称为体系，体系具有一定的空间和明确的边界。体系的选取，是依据分析研究的方便和需要而确定的，小至一台设备或一台设备中的某一部件，大至装置、工厂、企业、一个地区，都可选作分割对象，作为用能分析的体系。

对于用能分析体系，若构成体系的物质是由大量质点组成，且这些质点的无规则运动所表现出来的宏观热现象，决定着体系的性质和状况，通常称为热力学体系。

石油化工过程中所涉及的加工介质大多是流体，其热力学性质(T，p，V)同加工过程本身及用能状况都有极为密切的关系，因此，均可视为热力学体系。

体系一旦确定，则体系以外的一切空间及物体均称为“外界”，人类生活和生产的地球表面(低层大气，地表，浅层水面)——环境，是外界的一个重要组成部分。环境具有无限大的容量，其成分以及重度、压强这类“强度性质”是均匀的，各部之间相对静止，都不会因体系投入或从中吸取能量而发生改变。

由于石油化工过程体系处于环境的包围中，因此用能分析研究的重点是体系与环境的关系。

一般情况下，体系与环境之间可能有物质和能量交换。与环境没有物质交换的体系，称为封闭体系。与环境有物质交换的体系，称为开口体系，亦称流动体系。与环境无热量交换的体系称为绝热体系。与环境既无能量交换也无物质交换的体系，称为孤立体系。石油化工过程的间歇操作，如密闭式的反应釜、简单蒸馏等均属封闭体系，而大多数连续稳定的加工工艺过程，则属于流动体系。

封闭体系具有恒定的质量，体系的变化是时间的函数。流动体系具有相对恒定的空间范围或边界，体系内加工物料的变化是空间位置的函数，而不是时间的函数，大多数石油化工过程均属于流动体系。

1.1.2 状态和状态参数

确定了体系的状态，体系的性质很多，例如质量、压强、温度、体积、折光系数、密度、热容、组成等。

在一定的环境条件下，如果体系的这些性质均不随时间而改变，则体系处于热力学平衡态。热力学平衡态指在热、力、化学组成三方面达到动态平衡。体系的各个部分温度相等达到了热平衡；当体系由一种以上物质组成，存在化学反应的平衡态，体系组成不随时间而变则达到了化学平衡；体系部分与环境间不发生相对位移，则达到了力平衡或机械平衡。

体系的状态一经确定，它的所有性质也就确定。由于体系的性质彼此间相互关联，所以在确定体系的状态时，只要指定其中的几个性质，其余的性质也就随之而定。当体系的性质改变时，体系的状态也就发生了变化。可见，体系的性质与其状态间有依从关系，为此常把体系的性质称为体系的状态参数。

状态参数具有与过程无关，与体系的始、终态有关的特性。它是热力学用以研究体系性质、变化及相互作用的工具，热力学体系的种种客观变化规律均通过状态参数间的关联方程式来表达。状态参数包括三类：强度量，如温度、压力、化学位等；容积量(广延量)，如体积、电量、质量等；能位量，如焓、自由能、自由焓等。

能位量(能位函数)指直接反映体系在过程中同环境的能量关系，并同所有基本的强度量和容积量都有规律性联系的参数，具有加和性。但在下列几点与容积量不同：①都具有能量的因次；②它们相互之间有包容的关系(如 $H=U+pV$，$U=F+TS\cdots$)；③可以表示为强度量和广延量的函数，具有全微分的性质；④与广延量和强度量不同，它们只有相对的差值，而无绝对数值。

1.1.3 寂态和基准状态

寂态，亦称死态，是指体系在变化过程中，最终达到的一种特定状态。即体系达到与周围环境成热力学平衡态，这时体系与环境二者强度量参数相同。

由于体系在不同区域周围环境不同，甚至差别很大，如我国的南北方、冬夏季节均有不同。但为用能分析方便，使石油化工企业用能分析建立在同一基础上，人为规定了统一的寂态——基准状态，作为能量平衡和㶲平衡计算的基准。基准状态确定原则为：尽可能接近寂态和工程上使用方便。

如环境的 CO_2浓度为 0.03%，如以寂态规定此浓度，显然，体系中此物质浓度至寂态间能量和是无法利用的，反而给实际计算带来了困难。

1.1.4 能量

能量是指体系向环境给出或从环境接受功和热的能力。

功和热是过程量，永远同具体的能量传递和转换过程相联系。一个体系的能量，与该体系在某一过程的起始和终了状态有关。用能过程的终态是寂态。工程上多计算至规定的基准状态。

当体系与环境二者状态不同时，就会在体系和环境之间发生能量的转移，功和热是能量转移的基本形式。

当体系与环境之间的变化是由温差引起时，体系和环境将发生能量的转移。这种仅仅由于温度的不同而从体系向环境或从环境向体系所传递的能量叫作热量。热是过程量，并规定吸热为正，放热为负。

当体系与环境之间的变化是由除温度差以外的其他势的推动引起的能量变化，统称为功。但由于推动势的不同存在着各种不同形式的功，比如以机械势为推动力的功，叫作机械功；以化学势为推动力的叫化学功等。功原则上可以完全地连续转化为另一种形式的功。任何形式的功都可以完全转化为热。而热则不能完全转化为功，转化的程度受到热力学第二定律的限制，并规定体系对外做功为正，得到功为负。

1.1.5 可逆过程和不可逆过程

体系从一个状态转变到另一个状态，就说体系经历了某个过程。过程有三个要素：始态、终态和路径。始终态之间可以有不同的路径，因而组成了不同的过程。如恒温过程、恒压过程、恒容过程、绝热过程。

如果体系从某个状态出发，经历了一系列变化之后，又重新回到了这个状态，这样始态与终态相同的过程称为循环过程。

可逆过程是热力学中的一种理想过程，它要求在机械运动时没有摩擦阻力，传热时没有温差，在体系变化的每一瞬间介质或工质随时都处于热力平衡，体系的改变由一系列的强度量差无限小的平衡过程贯穿起来，且在外界不留下任何变化的条件下能恢复到始态。而现实的过程中，强度量差是变化的推动力，温差推动传热，压差造成膨胀、压缩和流动，浓度差造成传质等。对于封闭体系，无限小的强度量差，过程表现为无限慢；对于流动体系，无限小的强度差表现为需要无限大的空间。如可逆流体输送过程要无限大的管径，可逆传热要求无限大的传热面积等。因而这是一个不现实的过程。

过程可逆的关键在于两个条件：一是无摩擦(能量耗散)；二是属于“准静态过程”。体系变化由推动力无限小的一系列平衡过程组成。

真正的可逆过程并不存在，自然界的任何过程都不是可逆过程。但是在一定条件下，某些过程接近可逆过程，如纯液体在其沸点下的蒸发。研究可逆过程的意义在于：一是以可逆过程作为标准与实际过程进行比较，衡量实际过程的效率；二是对体系状态一定的变化过程来说，某些状态函数的改变只有当假想这一状态变化为可逆过程时才便于计算。由于状态函数仅取决于始终的状态，尽管实际过程不可逆，并不影响体系状态变化在假想通过可逆过程实现的基础上所得的计算结果。

实际的石油化工过程中，为在单位时间内完成既定的生产任务，就必须使用较大的过程推动力(强度量差)，是远离推动力无限小的准平衡过程，因而都为不可逆过程，但研究可逆过程仍具有很重要的意义，首先，作为过程改进的方向，最小用能的极限和实际过程比较，提出实际过程和可逆过程比较结果——效率；其次，对于取决于始、终态的热力学函数，可以通过设计可逆过程来确定函数的变化值。

1.1.6 用能过程、用能过程热力学

热力学作为一门基本学科，在不同领域中具有不同的涵义。

在热工领域，工程热力学侧重研究热机过程工质的膨胀、压缩，目的在于从工质的内能中得到机械功，没有确定的始态和终态。

化学热力学侧重研究发生的化学和物理变化(相平衡、化学组成等)，目的在于弄清过程的方向和限度，并寻找适宜的操作条件，始终态也无确定性。

石油化工用能过程着重研究能量使用的合理尺度。过程千差万别，更无统一的始终态，为寻找能源资源的利用效率，进行用能分析，要求人们取同一的基准状态，计算过程放出或吸收的能量。

能源是自然界中存在的各种能够在人类所生活的自然环境中产生自发的变化，并在变化过程中以功和热的形式放出能量的物质或体系。这种自发变化能够发生，是因为这些体系或物质与环境之间存在着强度量差。这些强度差形成了过程变化的动力，具有了“能源”的性质。能源物质或体系的能量释放和使用的过程，叫用能过程，用能过程的终态是寂态。

任何生产过程都要使用能量，使用能量的过程就是能源物质释放能量并被利用的过程。用热力学方法研究用能过程及能源使用合理性方法称为用能过程热力学，用能过程热力学的目的在于以尽可能小的代价，使过程获得最高效率和最大的经济效益。不仅仅是取得功，而是投入较少的能源，最大限度获得过程需要的各种形式的能量(热、功等)。

1.2 能量的形式和基准状态

1.2.1 能量的形式

能量是物质运动变化和相互作用的量度，由于物质的运动有许多形式，如机械运动、电磁运动、热运动、化学变化以及核裂变或核聚变等。因而，也就有与运动形式相应的能量形式，如机械能、电能、磁能、热能、化学能以及核能等。正如运动是物质的基本属性一样，能量也为一切物质所拥有，是推动物质运动和相互作用的动力。

物质的能量可分为两类，一类是物体相对于另一物体的能量，包括位能和动能；另一类

是物体内部所含有的能量，称为内能，包括了除位能和动能以外一切形式的能量。内能的层次很多，内动能、内位能、化学能、核能等均属内能。通常所说的内能指没有化学变化和核变化时，物质内部所含有的能量。内能是重要的热力学函数，其绝对值难以确定，一般选用不同的基准加以确定。

尽管能量的形式千差万别，种类繁多，但根据物质运动的特性——有序和无序运动，可将能量划分为功和热。相应地炯也可划分为功炯和热炯。化学能则是由于分子结构内电子有序的运动，因而属于功的范畴。但是化合物一燃烧，就由有序转化为无序，产生了热。

石油化工过程是使用能源的过程，但过程使用能量的最直接形式是功和热。在目前的技术经济条件下，能源首先转化为热能，再根据需要发电产功，或直接供热于工艺系统。对于无自备电厂的中小型石化企业，电往往是从企业外部购买，因此使用石化能源多数用于供热(包括供汽)，当然也有用于产生动力的透平等。功和热是能量使用的最基本形式，确定石油化工过程各种物流在不同情况下功和热的计算方法是开展用能分析的基础。一般来说，石油化工过程使用的能量主要有以下几种形式：物流热能(显热、相变热、化学反应热等)、流动能(功)和燃料的化学能，也存在相应的炯的形式。

1.2.2 基准状态的确定

物流的能量和炯都是相对于体系的寂态而言的。根据不同体系的寂态，我们可以确定一个用于计算能量和炯的基准状态。只有确定的基准状态，才有确定的能量和炯的数值。基准状态是体系性质与周围环境中的热力学性质呈平衡的状态，是体系变化的终点和极限。

但是，环境的强度量参数如何确定，则是现实使用的一个问题，因为体系所处的地域不同，环境内容也不一样，大气温度随季节、昼夜、纬度和地形而在一定程度上变化，取什么温度为基准呢？再如各种元素在地壳表面最稳定的化合物究竟是什么？其浓度是多少？都是基准状态确定的问题。这就使基准状态的确定成为一个复杂的问题。

物理能(炯)的基准态关键在于确定T_0、p_0；化学能(炯)(包括扩散炯)基准态在于确定各种元素或化合物在地壳表面最稳定的化学组成和浓度。但是无论是物理基准态，还是化学基准态，目前尚未形成一个统一的被大家普遍接受的意见。一般地，基准态确定应遵循两条原则：

(1) 研究的对象是体系，体系变化的终态是体系周围的环境。因此，确定寂态(基准状态)要以所研究体系周围的环境状态为依据。

(2) 进行的过程用能分析是工程上的用能分析，因此不必苛求理论概念的高度统一，而应从实用方便对环境状态加以简化。为使不同体系的用能分析具有可比性，甚至可以取一个平均的、统一的在工程应用中被大家接受的基准环境状态。

1.2.2.1 物理基准态

1. *基准温度*T_0

基准温度确定应以尽可能接近体系所处的环境温度为原则。在工程中为便于相互比较，结合我国不同地区、季节的年平均气温，炼油行业一般取15℃(288K)，热工、化工领域大多取25℃(298K)。应当根据所在地区的特定条件确定基准温度。

但目前化工手册中的物性数据多是25℃的物性，选用25℃作为基准温度比较方便，易被大家接受。对能量平衡来说，虽然选用不同的T_0能量值稍差一些，但是在稳定条件下由于进出体系的物流质量是相同的，因此，在能量平衡中亦将消除误差。在某些计算第一定律效率的场合，选取不同的基准温度将影响其数值。

但对㶲的计算则不同，热㶲的数值是与环境温度成正比的，$Ex=\left(\frac{1-T_0}{T}\right)E$，体系温度$T$越高，$T_0$的影响就越小，但当物流温度较低接近$T_0$(100℃以下)时，影响就较大。因此，对一般化工过程㶲分析中温度较高，且多是进出物流差，T_0影响不大，可取统一的基准温度。而对低温过程，尤其制冷过程，体系温度接近T_0，T_0的大小对计算结果影响极大。应以体系所处环境的实际大气温度为基准温度，不可盲目统一。

2. 基准压力p_0

基准压力一般取1atm(0.1MPa)。不同地区大气压虽有微小差别，但通常可以忽略。p_0对分析计算影响不大，这是由于研究体系中，压力远离基准压力很多。但对特殊研究体系，应作具体处理。

3. 基准相态

基准相态也是物理基准态的一个重要内容。基准相态是体系物流在基准温度和基准压力下所呈现的相态。例如水的基准相态为液态(沸点100℃)，CH_4的基准相态为气态(常压沸点-161.5℃)。其确定原则是，物流的常压沸点高于基准温度的为液相，常压沸点低于基准温度的则为气相。

1.2.2.2 化学基准态

化学能量(㶲)是由于系统的组成物质及成分与环境不同而引起的，为计算化合物的化学能(㶲)，必须首先确定化学基准态。

确定化学基准态，实际上就是确定化学反应的基准物，其内容包括基准化合物组成及相态、环境区域(大气、海水、地壳表层)及浓度。而基准物的选取是很复杂的，存在着不同的学派和内容。

所谓基准物，是在环境状态下处于平衡的、最稳定的物质，即在环境温度和压力下，再也不能通过化学反应和浓度变化释放出能量的物质。

1. 构成环境基准物的特点

(1) 每种元素都有其相应的基准物。基准物体系应包括研究体系中所有元素的基准物。

(2) 各种基准物都应该是环境(大气、海洋、地表)中能存在的物质，而且可以在不消耗有用功的条件下，由环境不断供应。

(3) 基准物之间不可能发生任何自发的化学变化。

(4) 各种基准物都应该是相应元素的最稳定物质，其能量(㶲)值为0。

2. 基准物体系

不同学者提出的基准物体系各不相同，都有一定的人为因素或实际考虑。

石油化工过程用能分析对化学能量和㶲的计算要求并不苛刻，而且做了一定程度的简化，很多情况下可以避开化学㶲的计算，表1-1列出了工艺过程有关主要元素的化学基准态[3]，可供参考。

表 1-1 主要元素的化学㶲基准态①

元素	基准物相态	基准物	环境领域	基准浓度②	元素化学㶲/(kJ/kmol)
Al	固体	Al_2SiO_5	地壳	2×10^{-3}	887.89
C	气体	CO_2	大气	3×10^{-3}	410.53
Ca	离子	Ca^{2+}	海水	4×10^{-4}	717.4
Cl	离子	Cl^-	海水	19×10^{-3}	117.52
Fe	固体	Fe_2O_3	地壳	2.7×10^{-4}	377.74
H	液体	H_2O	海水	~1	235.049
N	气体	N_2	大气	0.07583	720
Na	离子	Na	海水	10.56×10^{-3}	343.83
O	气体	O_2	大气	0.0204	3.97
P	离子	HPO_4^{2-}	海水	5×10^{-3}	859.6
S	离子	SO_4^{2-}	海水	8.84×10^{-4}	598.85
Si	固体	SiO_2	地壳	4.72×10^{-1}	803.51

注：①数据除H_2外均采用 Szargut 的数据。

②基准浓度，地壳中为摩尔分数，海水中为质量分数，大气中为分压(MPa)。

1.3 热力学第一定律

热力学第一定律是关于能量转换和守恒定律在热力学上的应用。热力学研究范围内的一切热力过程都应遵守热力学第一定律。

1.3.1 热力学第一定律的一般表述

任何物质都有一定的能量；能量具有不同的形式，在一定的条件下一种形式的能量可以转化为另一种形式的能量；在孤立体系中各种形式的能量总和保持不变。

如前所述，能量可以划分为两大类：热和功。由于温差引起的能量传递是热，除温差外，由其他势差引起的能量传递统称为功。

对与外界无质量交换的封闭体系，第一定律表达式为：

$$\Delta U=Q-W \tag{1-1}$$

在封闭体系的任一变化过程中，体系内能的减少，等于体系对外做功和放热的代数和。

上式中 ΔU 为状态参数，当确定了体系的始终态之后，ΔU 就随之确定，但有无数种路径和过程，每个过程的做功和放热量都不相同，但二者之和是恒定的，且等于内能变化值 ΔU。能量的转换性和守恒性构成了热力学第一定律的基本内容，凡是违背热力学第一定律的热机，被称为第一类永动机，是不能实现的。

1.3.2 稳定流动体系的能量平衡方程[5]

把上述封闭体系的第一定律表达式应用于稳定流动体系，就得到流动体系相应表达式。

假设有如图 1-1 所示的稳定流动体系，其中包含有粗细不同的输送流体的管路，流体在管内连续稳定地从左端流向右端。管路中装有一个换热器向流体供给热量，流体通过管路

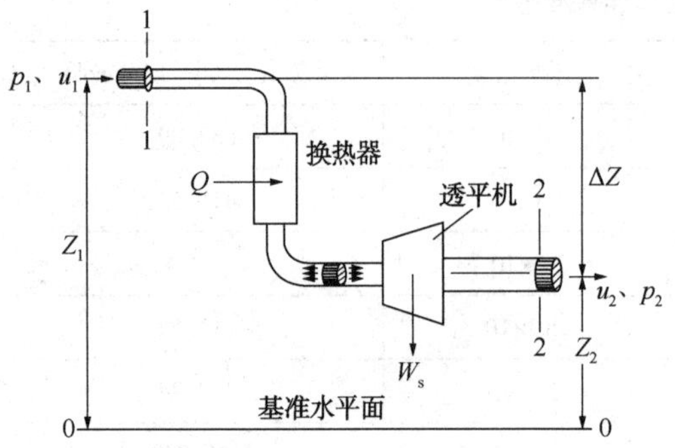

图 1-1　稳定流动体系

中的透平机时推动透平转动而向外做功。以管壁和进、出口截面 1—1 与 2—2 为边界研究体系的能量变化情况。

上述稳定流动过程是指：(1)进出体系的物料质量相等；(2)流体通过的管路与设备内任何一点的物料状态不随时间而变化。

取体系中 $m$kg 的流体作为计算基准。设其流入 1—1 界面时，单位质量内能、比体积分别为U_1、V_1，压力为p_1，位高为Z_1，流速为u_1。流出 2—2 界面时，相应地变为U_2，V_2，p_2，Z_2及u_2。显然，在流动过程中，流体发生的能量变化、换热器供给流体的热量、透平机对外输出的轴功，应当服从热力学第一定律的基本关系，即：

$$E_1+Q=E_2+W_s \qquad (1-2)$$

式中　E_1，E_2——$m$kg 流体在 1—1 和 2—2 截面处所具有的总能量；

Q——$m$kg 流体流过换热器时得到的总热量；

W_s——$m$kg 流体流过透平机时对外输出的总的轴功。

流体流入和流出体系时，其总能量包含以下各项：

(1) 内能　反映分子内部微观粒子运动的能量称为内能，是区别于因物质整体的位置改变或运动所具有的宏观势能与宏观动能而言。包括分子运动的动能，分子在各种力场中相互作用的势能，以及原子、电子运动的能量等。体系获得热与功均可使物质的内能增加。

虽然现在还不能测定物质内能的绝对值，但在体系与环境之间发生热与功的传递时，内能发生相应的改变，热力学分析只需计算其变化值。

因 U 代表单位质量物料的内能，则进出口单位质量物料的内能相应为U_1与U_2，而总内能为 mU_1与 mU_2。

(2) 势能　物料受重力场的作用，在不同的高度位置具有不同的重力势能，等于物料自某选定的基准面举到此高度时所需的功。图 1-1 中以 0—0 平面作计算高度的基准面(水平面)。管路或设备中的任何一点的高度为该点至基准面的垂直距离，用 Z 表示。基准面以上 Z 值为正，以下为负。质量 $m$kg 的物料在高度为 Z 时所具有的势能为 mgZ。g 为重力加速度，它的单位是 m/s^2，势能的单位为 J。物料进出口的势能分别为$E_{p1}=mgZ_1$与$E_{p2}=mgZ_2$。

(3) 动能　物料流动通过管路或设备的某一截面的流速以 u 表示，它的单位是 m/s，故输入与输出的动能分别为$\frac{1}{2}mu_1^2$及$\frac{1}{2}mu_2^2$。

(4) 流动功　在连续流动过程中，流体内部相互推动所交换的功是流动功。一定量的流体之所以能挤进界面 1—1，是由于受到后面流体的推动，因而接受了流动功。同样，一定量流体流出界面 2—2，必须推动前面的流体，对前面的流体做流动功。已知进口界面 1—1 处流体的比体积为V_1，单位为 m^3/kg；该处管道截面积为A_1，单位为 m^2；则 $m$kg 流体挤进界面 1-1 所流过的距离 $l=\left(\frac{mV_1}{A_1}\right)$；推动力为$p_1A_1$。故输入的流动功为：$(p_1A_1)(mV_1/A_1)=mp_1V_1$；同理，$m$kg 流体离开体系时，输出的流动功为 mp_2V_2。

(5) 轴功　流体流动过程中通过机械设备的旋转轴在体系和环境之间交换的功称为轴功，以W_s表示。

(6) 热　即通过换热设备供给体系的热量 Q。

由上所述，体系在进、出口界面处的总能量分别为：

$$E_1 = m U_1 + mgZ_1 + \frac{1}{2}mu_1^2 + mp_1 V_1$$

$$E_2 = m U_2 + mgZ_2 + \frac{1}{2}mu_2^2 + mp_2 V_2$$

代入到热力学第一定律基本关系式(1-2)，得到：

$$mU_1 + mgZ_1 + \frac{1}{2}mu_1^2 + mp_1 V_1 + Q = mU_2 + mgZ_2 + \frac{1}{2}mu_2^2 + mp_2 V_2 + W_s \tag{1-3}$$

式(1-3)即稳定流动体系的总能量平衡式。对于单位质量流体 $m = 1$kg，总能量平衡式为：

$$U_1 + gZ_1 + \frac{1}{2}u_1^2 + p_1 V_1 + q = U_2 + gZ_2 + \frac{1}{2}u_2^2 + p_2 V_2 + w_s \tag{1-4}$$

式中，$q = Q/m$，$w_s = W_s/m$。

式(1-4)也可写成如下形式：

$$\Delta U + g\Delta Z + \frac{1}{2}\Delta u^2 + \Delta(pV) = q - w_s \tag{1-5}$$

根据焓的定义：$H = U + pV$

故 $\Delta H = \Delta U + \Delta(pV)$，则式(1-5)可写成

$$\Delta H + g\Delta Z + \frac{1}{2}\Delta u^2 = q - w_s \tag{1-6}$$

热力学变化过程的微分形式为：

$$\mathrm{d}H + g\mathrm{d}Z + u\mathrm{d}u = \delta q - \delta w_s \tag{1-7}$$

从式(1-4)到式(1-7)都是稳定流动体系热力学第一定律的数学表达式。式中的每一项都代表单位质量流体的能量，按照 SI 单位制，每一项的单位都是 $\mathrm{kg \cdot m^2 \cdot s^{-2} \cdot kg^{-1} = m^2 \cdot s^{-2}}$，即 J/kg，这是一个物理方程式。

1.3.3　总能量平衡方程式在不同条件下的形式

上面得到的稳定流动体系总能量平衡式中，包括的能量项目比较多，但并不是在任何情况下所有项目都要考虑，多数情况下都可把这种或那种能量略去不计而使方程式大为简化。下面结合石油化工生产中各种具体情况来讨论这个能量平衡式的特殊形式。

(1) 静止体系：当式(1-4)用于静止体系时，因物料没有流动，位高又不变，所以 $\frac{1}{2}\Delta u^2 = 0$，$g\Delta Z = 0$，则该式变为：

$$U + \Delta(pV) = q - w_s$$

因为现在讨论的是一个静止体系，对于这种可逆非流动过程，它的功指的就是体积功（膨胀功或压缩功），即 $\int_{v_1}^{v_2} p\mathrm{d}V = w_s + \Delta(pV)$，故：

$$\Delta U = q - \int_{v_1}^{v_2} p\mathrm{d}V \tag{1-8}$$

这就是静止体系热力学第一定律的公式。该式适用于可逆非流动过程，如用于实际的膨胀或压缩过程时，式中的压力指体系所对抗的外压。

（2）流体流过管道、阀门、换热器、吸收塔、混合器、反应器等设备时，是不做轴功的，而且流体在这些设备流动时往往宏观势能和动能变化不大，可忽略不计，即：$w_s=0$，$g\Delta Z=0$，$(1/2)\Delta u^2=0$，于是式(1-6)可简化为：

$$\Delta H=q \tag{1-9}$$

此式表明体系的焓变等于体系与环境所交换的热量，这是对稳流体系做热量衡算的基本关系式。

（3）一般情况下，气体的密度很小，而管道的位高变化不大，因此气体的宏观势能变化极小，可忽略不计。如在流动过程中，气体不做轴功，而且与外界没有热量的交换，则式(1-6)可写成：

$$\frac{1}{2}\Delta u^2=-\Delta H \text{ 或 } u\mathrm{d}u=-\mathrm{d}H \tag{1-10}$$

由此可见，工作流体在绝热不做轴功的流动过程中，动能的增加等于流体焓值的减少。式(1-10)称为绝热稳定流动过程方程式。

（4）当体系与外界既无轴功又无热交换时，例如在绝热情况下，通过混合器、反应器（假设保温良好），或高压流体通过节流阀，则：$g\Delta Z=0$，$\frac{1}{2}\Delta u^2=0$，$w_s=0$，$q=0$，由此得：

$$\Delta H=0 \text{ 或} H_1=H_2 \tag{1-11}$$

即进入设备时流体的焓值等于离开设备时流体的焓值。根据这一关系，就可方便地求得上述过程中体系温度的变化。

（5）当体系与外界在绝热情况下进行轴功交换时，例如流体通过散热很慢的压缩机、鼓风机、泵等设备时，$q\approx0$，由此可得：

$$\Delta H=-w_s \tag{1-12}$$

即体系的焓变等于体系与外界所交换的轴功。利用这一关系，只要知道工作流体通过设备时进出口状态的焓值，即可求得该设备的轴功。

（6）机械能平衡式由总能量方程式进一步可以推导出机械能平衡式。总能量平衡方程式的微分形式是：

$$\mathrm{d}U+p\mathrm{d}V+V\mathrm{d}p+g\mathrm{d}Z+u\mathrm{d}u=\delta q-\delta w_s \tag{1-13}$$

因为 $\delta q=\mathrm{d}U+\delta w_s$

对于可逆过程，上式中 $\delta w_s=p\mathrm{d}V$ 代入式(1-13)得：

$$V\mathrm{d}p+g\mathrm{d}Z+u\mathrm{d}u=-\delta w_s$$

当摩擦损失不能忽略不计时，上式左端应加入摩擦损失，如 δF 代表摩擦损失，则稳流体系机械能平衡式为：

$$V\mathrm{d}p+g\mathrm{d}Z+u\mathrm{d}u+\delta F+\delta w_s=0 \tag{1-14}$$

如稳流体系无轴功的输入和输出，摩擦损失忽略不计，且流体是不可压缩的，即：

$$\int_{p_1}^{p_2} v\mathrm{d}p=V(p_2-p_1)=(1/\rho)\Delta p$$

式中 ρ——流体密度。

则机械能平衡的积分形式为：

$$\frac{\Delta p}{\rho}+g\Delta Z+\frac{1}{2}\Delta u^2=0 \tag{1-15}$$

这就是著名的伯努利方程。

(7) 如果不考虑宏观势能和宏观动能变化，$mg\Delta Z=0$；$\frac{1}{2}m\Delta u^2=0$，则稳流体系热力学第一定律为：

$$\Delta H=q-w_s \tag{1-16}$$

在焓平衡的计算中，这是一个很重要的公式。

1.3.4 热力学第一定律在石油化工过程中的应用

热力学第一定律要应用于石油化工过程，需做一定的变换，这是因为：

(1) 对于在连续稳定的流动条件下运行的工艺过程体系，往往进出体系的都不只一股物流；体系同外界的功和热的交换也不是一个。

(2) 体系物料进出，是体现从原料到产品的变化。而能量的进出，则往往为实现物料变化的工艺目的而对能量进行转换和利用。所以功和热和物流的能量(焓差)常常都不表示为体系同外界关系的总结果，而是把其作为入方和出方分别加以表示。

(3) 工艺过程中对能量的使用，由于工程和经济上的因素，一般是不能“到底”的。换句话说，离开体系的物流或热量大多是在高于环境温度压力的状态下携走能量的。

因此，对于一般工艺过程体系的能量平衡模式为：

对于图 1-2 所示的能量平衡关系，显然有：

$$\sum(H_i-H_{i0})+Q_i+W_i=\sum(H_e-H_{e0})+Q_e+W_e$$

图 1-2 工艺过程能量平衡示意图

$(H-H_0)$为物流的能量，用 E 表示：

$$\sum E_i+Q_i+W_i=\sum E_e+Q_e+W_e \tag{1-17}$$

式中，下标 i 表示输入物流，下标 e 表示输出物流，下标 0 表示基准状态。式(1-17)表明，进入工艺过程的全部物流所携带的能量与外界供入的功和热的总和，等于离开这个工艺过程的全部物流携走的能量与过程排出及输出的功和热量的总和，体现了能量守恒。式中功和热的数值根据规定可正或负。

式(1-17)在单体设备和局部体系应用较为普遍，是能量衡算的基础，对于由众多单元操作设备组成的复杂石油化工过程则不方便。在第 5 章中将介绍根据热力学第一定律、石油化工过程用能特点及演变规律，建立的石油化工过程用能分析三环节模型及平衡关系。

1.4 热力学第二定律

热力学第一定律说明了能量在转换和传递过程中的数量守恒关系，但不能指出能量传递的方向、条件和限度。并非不违背热力学第一定律的过程都可实现，热力学第二定律则科学地阐明了这一问题。

1956年，南斯拉夫学者Rant提出“在给定的自然环境条件下，可以转化为技术功的那部分能量叫作㶲”，这一提法得到了国际学术界的公认[6]。此后，人们对能量利用的原理和规律的认识开始进入一个新的阶段，并促进了各种用能新技术的开发和能源利用效率的迅速提高。同时，在新的应用中使热力学又有了新的发展。热力学第二定律用于用能过程，是热力学发展的一个里程碑。

1.4.1 热力学第二定律的表述

热力学第二定律的表述方法有许多种。如热不能自发地由较冷的物体传向较热的物体；不可能从单一热源取出热，使之完全变为功，而不产生其他变化等。实际上热只能从高温物体传向低温物体，表明了热传递过程进行的方向；从单一热源取出热，只能部分做功，说明了热转换为功的条件和限度。因此，热力学第二定律是描述自发过程的方向、条件和限度的定律。然而，热力学第二定律最基本的表述为：孤立体系的熵恒增大。

$$\Delta S_{孤立}=\Delta S_{体系}+\Delta S_{外界}\geqslant 0 \tag{1-18}$$

式中，等号表示可逆情况，大于号表示实际过程。

熵作为体系混乱程度的量度，是有其统计学规律的。大量时刻做无规则运动的微小质点(气体分子)的行为是符合统计规律的。统计热力学指出温度T是构成体系大量质点平均移动能的量度，而熵S则为体系质点运动微观状态的概率Ω的函数，表示为玻尔兹曼方程。

$$S=k\ln\Omega \tag{1-19}$$

式中，k为玻尔兹曼常数，$k=\dfrac{R}{N_A}$是气体常数与阿伏伽德罗常数N_A($6.02214\times10^{23}\,mol^{-1}$)的比；$\Omega$表征体系无序质点运动的混乱程度。

玻尔兹曼方程把宏观热力学函数与微观状态物理量联系起来，从而架起从宏观到微观的桥梁。

由熵函数结合热力学第一定律，可定义一个新的状态函数——自由能G：

$$G=H-TS$$

在等温等压条件下，可逆过程所做的最大有用功等于体系自由能的减少：

$$W_{有用}=-\Delta G_{TP} \tag{1-20}$$

式(1-20)表明在等温等压条件下，体系做功的限度。

对于不做有用功的情况，如一般的化学反应过程都是在恒温、恒压、不做有用功的情况下进行的，就可判断过程自发进行的方向和限度。

$(dG)_{pT}<0$表示过程可自发进行；

$(dG)_{pT}=0$表示过程已达平衡，已达到最大限度。

对于相变过程，因为也是在恒温恒压下，故可用此作为判据。

1.4.2 热变功的最高限度，卡诺因子[7]

如图1-3(a)所示，若有一热机在T和T_0两热源($T>T_0$)间实现某可逆循环，为使可逆循环进行，则循环的每一步都要满足上述可逆过程所规定的要求，为此，选择以下过程组成循环。

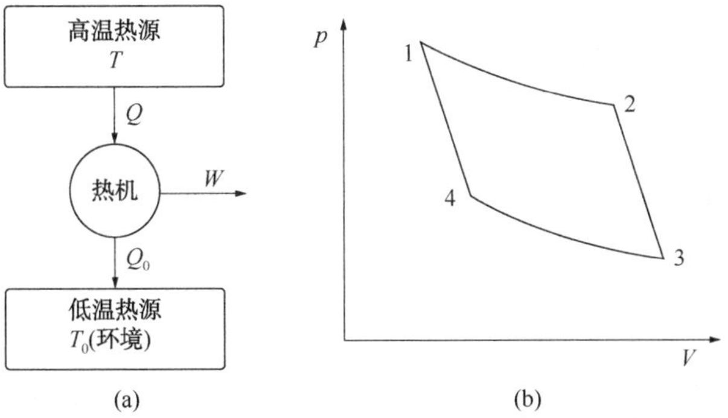

图 1-3 热机循环过程

吸热、放热过程：根据给定条件，因只有一个热源 T 和一个冷源 T_0，为使两热(冷)源之间的吸热、放热过程满足可逆条件，工质与热源及冷源之间的温差无限小，这就要做到恒温放热和恒温吸热，但是吸热和放热的恒温线在 $p-V$ 图上不能相交，仅用两个恒温过程构成不了循环。所以在吸热和放热过程中又插入绝热膨胀和绝热压缩过程，这就构成了一个循环过程。如图 1-3(b)所示，1—2 为在温度 T 下的恒温吸热过程；2—3 为绝热膨胀过程；3—4 为在温度 T_0 下的恒温放热过程；4—1 为绝热压缩过程。

上述过程构成的循环称为卡诺可逆循环，当吸热量为 Q，放热量为 Q_0 时，则所完成的功 $W=Q-Q_0$；其效率为 $\eta=\frac{W}{Q}=1-\frac{Q_0}{Q}$。

由于 $\frac{Q_0}{Q}=\frac{T_0}{T}$，有：

$$\eta=1-T_0/T \tag{1-21}$$

从式(1-21)可知，卡诺可逆循环的热效率仅与热源及冷源的温度有关，与工质性质和热机的类型等无关；在任何循环中不可能把从热源中吸收的热量全部转变为功，热功间的转换效率永远小于 1；$T_0=T$，$\eta=0$，说明没有温差存在，欲利用此单一热源而循环做功，哪怕是像卡诺可逆循环的理想循环做功也是不可能的，要实现热功间的转换，必须有两个以上温度不等的热源，这是一切热机工作的必不可少的热力学条件。

卡诺循环是可逆循环，无功消耗，所得到的功是任何实际循环都达不到的最大功，即热转化为功的最高限度。

卡诺循环如果逆向进行，就是可逆制冷机或可逆热泵的循环，此时制冷系数为：

$$\varepsilon=\frac{1}{(T_0/T)-1}=\frac{T_0}{T-T_0} \tag{1-22}$$

热泵性能系数为：

$$cop=\frac{1}{(1-T_0/T)}=\frac{T}{T-T_0} \tag{1-23}$$

1.4.3 第二定律的用能过程表达式及意义

将孤立体系熵增大原理用于用能过程，如图 1-4(a)所示。为以后方便，给出的是一个控制容积的流动体系，用能过程的特点在这里体现为：

（1）过程的终态为寂态，此时体系强度量p_0、T_0等与环境强度量相同。

（2）过程中体系放出的热量，最终必传给环境。这是由于对自然能源的用能过程来说，环境是唯一的最终热阱。假如有某个用能过程热量 Q''传给另一个体系，而不是直接传给环境，那么热量 Q''在那个体系的变化过程最终还是要向环境放热[图 1-4(b)]。这时，一个完整的用能过程必定同时包括这两个体系。由图 1-4(b)也可以看出，若整个用能过程都是可逆的，则总的做功最大，即向环境放热 Q 最小。

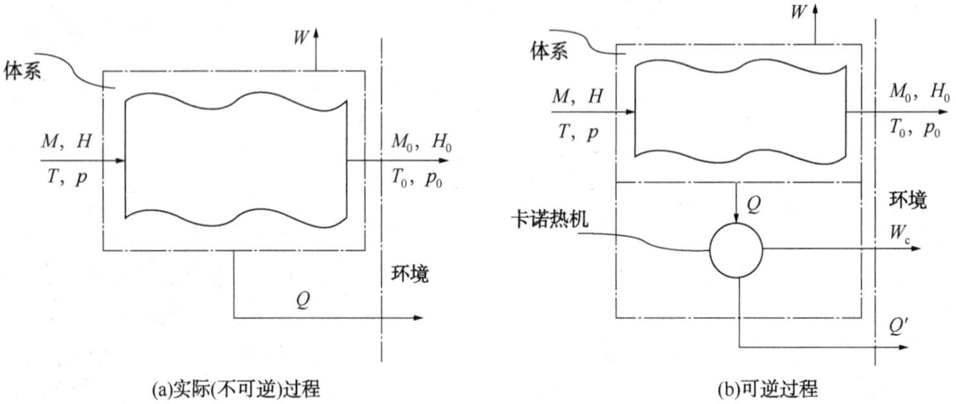

图 1-4　流动体系与环境的关系

因此，将式(1-18)用于用能过程，有：

$$S_{体系}=S_0-S$$

$$S_{外界}=S_{环境}=Q/T_0$$

因为外界只得到轴功 w，其熵不变，而环境总是在T_0温度下交换热量，可认为是可逆的，代入式(1-18)得：

$$S_{孤立}=S_0-S+\left(\frac{Q}{T_0}\right)\geqslant 0$$

整理后便得用能过程的第二定律表达式：

$$Q\geqslant T_0(S-S_0) \tag{1-24}$$

一般情况下，此式可表述如下：所有 $S\neq S_0$的体系在用能过程中所释放的能量总有一部分要以热量 Q 的形式传给环境；对可逆过程，$Q=T_0(S-S_0)$；对不可逆过程，$Q>T_0(S-S_0)$。在某些特定条件下，如低温体系，式(1-24)两端均为负值，体系自环境吸热而对外界做功，但式(1-24)仍成立。

式(1-24)实际上指出了能量转换过程中功和热两种形式的相对量的关系。表明了这个相对量除了取决于环境的条件(T_0)之外，主要由体系本身的熵 S 在过程中的变化情况决定。

1.4.4 烟的概念及计算

烟(有效能)是近年来人们为评价体系在可逆过程做功能力提出的一个热力学状态函数。其定义为：以平衡的环境状态(寂态)为基准，理论上能够最大限度地转化为功的能量，称为烟(Ex)，而把理论上不能转变为功的能量称为炕(A_N)。理论上最大限度地转化为功的唯一条件是过程可逆，由此定义，像机械能、电能等有序能量，理论上可完全转化为功，所以全部是㶲，对于热能，则不能完全转化为功，受卡诺因子的限制。

如图 1-5 所示，物系以初始状态(状态参数为 p，T，H，S 等)经若干可逆过程，达到与环境平衡的状态(状态参数用下标 0 表示)。这些过程统称为过程 A，设总做功 W_1，放热Q_1，这些热量Q_1不一定是在环境温度下，所以还可构成卡诺循环，表示为过程 B，设做功W_2，并有热量Q_0排入环境。使物系做出了最大功。

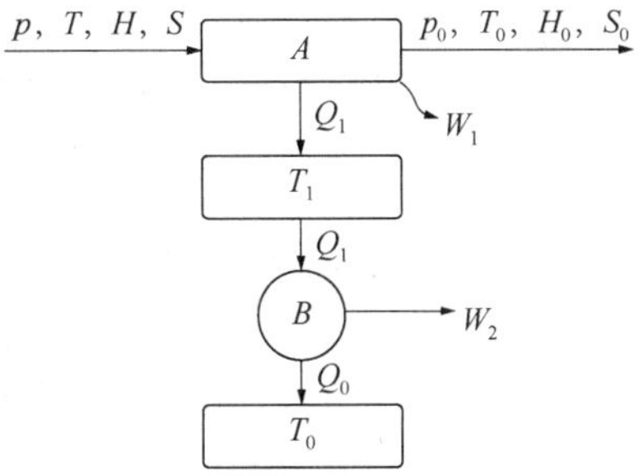

图 1-5 物流㶲的计算

将过程 A 和 B 合并，建立能量衡算：

$$H=H_0+W_1+W_2+Q_0$$

在输出项中，H_0是环境状态下的焓值，Q_0是环境温度下的热量，二者均不具有任何㶲。所以根据定义：

$$Ex=W_1+W_2=H-H_0-Q_0 \tag{1-25}$$

上述全部过程均为可逆，而根据热力学第二定律，可逆过程的总熵变(系统的熵变与环境的熵变之和)为零。在此，物系的熵由 S 变化到S_0；卡诺机工质构成封闭循环，熵变为零；环境接受热量Q_0，按熵的定义其熵增为 Q_0/T_0。于是，总熵变为：

$$S_0-S+\frac{Q_0}{T_0}=0$$

将Q_0代入式(1-25)：

$$Ex=(H-H_0)-T_0(S-S_0) \tag{1-26}$$

式(1-26)是计算一定状态下流动物系的可用能的基本公式。式中，H 和 S 是物系的焓和熵，而H_0、S_0和T_0则是物系变化到环境状态时的焓、熵和温度。由此可见，㶲与焓、熵等热力学性质一样，都是状态函数。

我们研究的石油化工过程，大多为稳流体系，因此，㶲即体系做出的最大有用功：

$$Ex=W_{max}=(H-H_0)-T_0(S-S_0) \tag{1-27}$$

$$A_N=T_0(S-S_0) \tag{1-28}$$

式(1-27)右端的前项焓差即体系的能量($E=H-H_0$)；因此，可以看出，能量减去不能做功的㶠A_N，即为㶲：

$$E=Ex+A_N \tag{1-29}$$

因此，式(1-24)及式(1-26)可分别表示为：

$$Q\geqslant A_N \qquad W\leqslant Ex$$

写出㶲、㶠和能量状态参数的微分式为：

$$\delta Ex=dH-T_0dS \tag{1-30}$$

$$\delta A_N=T_0dS \tag{1-31}$$

$$\delta E=\delta Ex+\delta A_N \tag{1-32}$$

其物理意义为：流动体系在用能过程中可能做出的最大功(在可逆条件下)等于体系的㶲，同时向环境放出的最小热量等于体系的㶠A_N，而做功与放热的总和，不论在是否可逆条件下都等于体系的能量 E。

流动体系在用能中可能做出的功的高限是㶲，向环境放热的低限是𤇾(均在可逆条件下)，它们均由体系的状态(H、S)和寂态条件(T_0、H_0、S_0)所确定。

处于不同状态的体系，在其总能量中($E=H-H_0$)，㶲和𤇾的比例是不同的，其比例大小取决于体系的熵 S。㶲是能量中具有做功能力的部分，是促成体系变化能力的“势”。因而能量的价值，除其数量的多少外，还有其中包括的㶲的多少，通常定义㶲在能量中的比率为能量的能级(品位)ε：

$$\varepsilon=Ex/E \tag{1-33}$$

显然，对于恒温热源的热能，其能级即为卡诺效率，($\varepsilon=1-T_0/T$)；对于变温热源能级 $\varepsilon=1-T_0/T_m$，T_m 为变温热源的平均温度。

有序运动的功，如电、机械能、位能等，其能级为 1，化学能也是分子结构的核外电子有序运动的结果，其能级也近似为 1。能级是在用能分析中表征能量质量的一个重要参数。

通常把基于物理状态强度量差(T，p，相态)的能量和㶲叫作物理能和物理㶲，把基于化学领域里的强度量差(化学组成、浓度)的能量和㶲叫作化学能和化学㶲。

依据热力学第一定律，能量在任何用能过程(不论是否可逆)中始终是守恒的。但㶲只有在可逆过程才守恒，在实际过程中不守恒，离开体系的㶲小于进入体系的㶲，二者之差为实际过程的不可逆㶲损。通常所说的㶲平衡，是把未离开体系的不可逆㶲损归结为出方㶲流，人为地使㶲“平衡”起来。能量是物质的基本性质，是一个普遍概念。㶲是一个特定概念，表征在给定自然环境条件下能量可转化为功的部分。能量和㶲对比有许多不同的特性。

能量的特性有：①遵守守恒定律；②它是所考虑的物质的状态函数；③它可以从任何给定的参考状态出发进行计算；④它的值随温度升高而增加；⑤在理想气体状态下，它不依赖于压力。

㶲的特性有：①它在可逆过程中守恒，在自发过程中转化为𤇾；②它是所考虑物质和环境物质的状态函数；③它的参考状态是硬性规定的周围自然环境状态；④在等压过程中达到环境温度时它具有极小值，低温下它的值随温度降低而增加；⑤它依赖于压力。

1.4.5 用能过程的㶲平衡方程[3]

如前所述，实际工艺过程中能量的利用不是“到底”的，即工艺过程的终态达不到与环境平衡。式(1-26)适用于对能源体系可被利用限度的评价。而对于任一具体的工艺过程，则可仍以图 1-2 的模型为基础，用导出式(1-17)的方法，引出包括第一、二定律的实用式。

如图 1-6 所示，对包括一个控制容积的流动体系和整个外界的孤立体系运用第二定律式(1-18)。

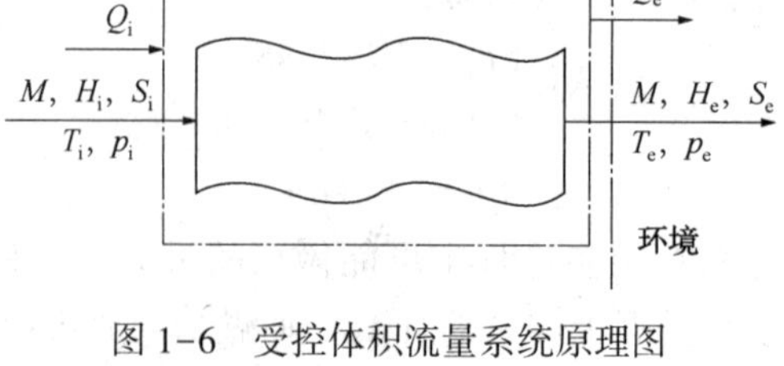

图 1-6 受控体积流量系统原理图

考虑多个物流，系统的熵变化可以写为$S_{体系}=S_0-S_i$

$$S_{体系}=\sum(S_e-S_0)-\sum(S_i-S_0) \tag{1-34}$$

S_e，S_i是同一流的两个不同状态，因此它们具有相同的寂态熵S_0。

外界熵变化可以写成

$$S_{外界}=(Q_e/T_e)-(Q_i/T_i) \tag{1-35}$$

将式(1-34)、式(1-35)代入式(1-18)，便得

$$\sum(S_e-S_0)-\sum(S_i-S_0)+Q_e/T_e-Q_i/T_i\geqslant 0$$

移项整理得：

$$\sum(S_i-S_0)+Q_i/T_i\leqslant\sum(S_e-S_0)+Q_e/T_e \tag{1-36}$$

式(1-36)实际上是热力学第二定律对工艺过程用能关系的应用，可近似表述为：对任何流动工艺过程体系，流入方的总熵(物流的熵按其与寂态熵之差计)恒等于(可逆过程)或小于(实际过程)流出方的总熵。

将式(1-36)与式(1-17)联立，可得出一个更便于理解和应用的方程。从式(1-17)减去式(1-36)两端乘以T_0，有：

$$\sum(H_i-H_0)-T_0\sum(S_i-S_0)+Q_i-T_0\left(\frac{Q_i}{T_i}\right)+W_i\geqslant$$

$$\sum(H_e-H_0)-T_0\sum(S_e-S_0)+Q_e-T_0\left(\frac{Q_e}{T_e}\right)+W_e$$

式中　$\sum(H_i-H_0)-T_0\sum(S_i-S_0)=\sum(Ex_m)_i$

$\sum(Ex_m)_i$——进入体系的全部物流的㶲之和，Ex 的下标 m 表示物流；

$$Q_i\left(1-\frac{T_0}{T_i}\right)=(Ex_H)_i$$

$(Ex_H)_i$——供入体系的全部热量中所含有的㶲，下标 H 表示热量；

$$W_i=(Ex_W)_i$$

$(Ex_W)_i$——供入体系的功相应的㶲，与功同量，下标 W 表示功。出方各项，亦可按此归纳，得：

$$\sum(Ex_m)_i+(Ex_H)_i+(Ex_W)_i\geqslant\sum(Ex_m)_e+(Ex_H)_e+(Ex_W)_e \tag{1-37}$$

实际上，出入双方的热量和功也都不是一个，也都应冠以求和符号“Σ”，这里为避免繁琐加以简化了。

等号表示可逆过程，“>”号表示实际过程。式(1-37)表明，实际过程㶲总是不守恒的，并总是趋向减少，即在过程中不断损耗。

如以D_K表示实际过程中的㶲损耗，则式(1-37)可写成

$$\sum(Ex_m)_i+(Ex_H)_e+(Ex_W)_e=\sum(Ex_m)_e+(Ex_H)_e+(Ex_W)_i+D_K \tag{1-38}$$

即为用能过程基本方程的实用式，也可以称作工艺过程实用㶲平衡方程式。式中的㶲损耗D_K是实际过程内部熵增所致的㶲损的总和：

$$D_K=T_0\sum\Delta S_{pj} \tag{1-39}$$

由此可见，㶲损和熵增实质上是从不同的角度反映了同一自然规律。但是，在实用中两者的计算方法和途径并不相同。熵增的计算往往需要许多物性数据，难以齐备，计算也较繁琐。而㶲损的计算，常常可以回避通过熵增这种途径，并且也更易于理解应用。式(1-38)正是用来实际计算各设备、各环节乃至整个过程㶲损的实用方程。

1.5 节能与碳减排

气候变化是我们这个时代最重要的环境问题之一。气候变化是由大气中温室气体(GHG)浓度的增加引起的。这些增长主要是由于人类活动，如化石燃料的使用。

《京都议定书》中 7 种温室气体为：

① 二氧化碳(CO_2)

② 甲烷(CH_4)

③ 一氧化二氮(N_2O)

④ 氢氟碳化物(HFCs)

⑤ 全氟化碳(PFCs)

⑥ 六氟化硫(SF_6)

⑦ 三氟化氮(NF_3)

在温室气体中，CO_2 占主导地位，减少 CO_2 将大大有助于减少温室气体。CO_2 的产生大部分来自化石燃料的碳元素燃烧，CO_2 的产生率很大程度上取决于化石燃料中 C∶H 的比例。例如，燃烧 1t 燃料油将产生约 2.5～3t 二氧化碳，具体取决于燃料油的 C∶H 比。因此，节能等同于减少二氧化碳排放。

碳峰值是指在现有的人类活动中，例如使用化石燃料，随着人类不断努力减少二氧化碳的产生，二氧化碳排放量将在某个时间点达到峰值点，二氧化碳排放量不再增加，达到高峰，然后逐渐回落。

碳中和是指总体上实现二氧化碳净零排放。它可以在一个地区、一个国家、一个大陆或全球范围内实现。它通过运输、能源生产、农业和工业相关的过程的二氧化碳生产和利用的平衡来实现碳中和。这主要可以通过以下方式来完成：通过提高燃油效率来减少二氧化碳排放；用可再生能源、核能等替代化石燃料；CO_2捕获，增强石油和天然气的生产或储存；二氧化碳化学利用等。

参 考 文 献

[1] SH 2600—92，石化企业能量平衡方法[S].

[2] 庄宏鑫．物理化学[M]．北京：化学工业出版社，1980：39-40.

[3] 华贲．工艺过程用能分析与综合[M]．北京：烃加工出版社，1989.

[4] 李椿等．热学[M]．北京：人民教育出版社，1978.

[5] 张联科．化学热力学(无机化工用)[M]．北京：化学工业出版社，1980.

[6] 汪文虎，秦彦龙．㶲分析方法[J]．炼油设计，1983，13(04)：79.

[7] 何耀文．化工新技术(化工节能原理)上册[M]．33-35.

[8] 朱明善．能量系统㶲分析[M]．北京：清华大学出版社，1988.

2 热物理能量及㶲的计算

摘　要　基于热力学第一定律和第二定律，开发了所有能量分析相关过程，工艺物流和公用工程物流的能量和㶲计算方法；讨论了工艺热效应的能量和㶲计算，包括工艺流显热、相变潜热、反应热效应、混合热效应等。

根据石油焓及其拟合修正，开发了石油及其馏分在不同基准相态的液相和气相的计算方法，使炼油、油气行业的㶲平衡分析变得简单有效；开发了轻烃及其混合物的能量和㶲计算方法，包括理想气体烃及其混合物的焓、熵和㶲计算；本章还提供了公用工程物流的能量和㶲计算方法，以及用对流和辐射联合传热系数的简单且更准确的方法进行散热测量和计算。

石化过程涉及许多工艺物流和公用工程物流，其能量和㶲的计算是能量分析的基础。

关键词　能量计算；㶲计算；热效应；石油㶲；物流㶲；散热

2.1　过程热效应的能量和㶲的计算

石油化工过程涉及许多物流，其能量和㶲的计算是用能分析的基础。

热是物质大量分子不规则运动的宏观表现。热作为一个现象普遍存在于生产过程中，如物体升温吸热、相变化潜热、物质混合过程的热效应、化学反应热等，统称为过程的热效应。

2.1.1　物流显热能及㶲的计算

2.1.1.1　物流显热能

物流不发生化学变化和相变化，只是在加热或冷却过程中，物流温度发生变化而吸收或放出的热量称为显热。物流显热量可通过物流比热容计算，也可查表求算。

物体温度每升高(或降低)1℃所吸收(或放出)的热量，称为热容量。通常以单位质量或以单位体积表示的热容量称为比热容。热容量与过程的特性有关，等容过程的热容称为等容热容$C_V=\left(\frac{\partial U}{\partial T}\right)_V$，等压过程的热容称为等压热容$C_p=\left(\frac{\partial H}{\partial T}\right)_p$。

由热力学第一定律：等容过程热等于体系始态和终态的内能差；等压过程热等于体系始态和终态的焓差，即：$Q_V=\Delta U$，$Q_p=\Delta H$。

因此，也可以分别由内能变化和焓变化求取过程热效应。

一般来说等容过程热容仅是温度的函数，所以计算一个连续等容升温过程的吸热量时，应将热容关系$C_V=C_V(T)$代入式(2-1)积分求得等容升温热，当积分下限为基准温度时，其热量即为所求的物流能量：

$$Q_V=\Delta U\cdot m=m\int_{T_0}^{T}C_V(T)\,\mathrm{d}T \tag{2-1}$$

式中 m——物流的质量流率，kg/s；

Q_V——等容过程热量，kW；

C_V——等容热容，kJ/(kg·K)。

等压热容，严格来说是温度和压力的函数。但当压力不太高时，压力对液相不可压缩流体的比热容影响很小，可认为是温度的函数，处于理想状态的理想气体等压热容也仅为温度的函数，等压过程热能为：

$$Q_p = \Delta H \cdot m = m\int_{T_0}^{T} C_p(T)\,\mathrm{d}T \tag{2-2}$$

式中 Q_p——等压过程热量，kW；

C_p——等压过程热容，kJ/(kg·K)。

等压热容是工艺计算中常用的物性之一，多表示为温度的函数，其热容关联式随物流计算方法不同而形式各异。简单的表示为线性关系(如空气)：

$$C_p = a+bT \tag{2-3}$$

复杂的则表示为多项非线性方程，如烃类理想气体，等压比热容关联式为[1]：

$$C_p = B+CT+DT^2+ET^3+FT^4 \tag{2-4}$$

另一种关联式为[2]：

$$C_p = A\left(\frac{1.8T}{100}\right)+B\left(\frac{1.8T}{100}\right)^2+C\left(\frac{1.8T}{100}\right)^3+\frac{100D}{1.8T} \tag{2-5}$$

式(2-3)~式(2-5)中，a，b，A~F 均为比热容方程系数，可由石油炼制或石油化工数据手册查取。

物流的比热容关联式多是由实验回归确定的。实验手段、回归方法不同，就得出不同的比热容关联式。关联式中的系数各异，因此，使用时要谨慎选用。

将不同物流的比热容关联式代入式(2-2)，即可准确求出能量值。对于复杂的$C_p(T)$形式，应采用数值积分方法求算。

上述谈及的热容均为真热容，由此积分得到的结果也相对精确些。为避免繁琐积分，在计算精度要求不很高时，往往采用两温度间的平均比热容计算。在工艺计算中，许多手册给出了平均比热容，所谓平均比热容是指某一温度范围内比热容的平均值，使用时要区分开来正确使用。对于平均比热容，则：

$$Q_V = m(C_{V2}T_2 - C_{V1}T_1) \tag{2-6}$$

$$Q_p = m(C_{p2}T_2 - C_{p1}T_1) \tag{2-7}$$

如吸收或放出热量的体系是混合物，在发生热量变化时混合的各组分互不影响，则混合物的平均恒压摩尔热容等于各组分的摩尔分数与各组分在同一温度区间内平均恒压摩尔热容的乘积之和：

$$C_{pm} = \sum Y_i(C_{pi}) \tag{2-8}$$

然后按上述同样方法计算混合物的显热。

2.1.1.2 物流显热㶲

在无化学变化时，将焓 H 和熵 S 的热力学微分式：

$$\mathrm{d}H = C_p\mathrm{d}T + V\mathrm{d}p - T\left(\frac{\partial V}{\partial T}\right)_p\mathrm{d}p \tag{2-9}$$

$$dS=\frac{C_p}{T}dT+\left(\frac{\partial V}{\partial T}\right)_p dp \tag{2-10}$$

代入㶲的基本定义式：

$$\delta Ex=C_p\left(1-\frac{T_0}{T}\right)dT+Vdp-(T-T_0)\left(\frac{\partial V}{\partial T}\right)_p dp \tag{2-11}$$

相对于基准状态（T_0，p_0）的任意状态（T，p）下的物理㶲可表示为：

$$Ex=\int_{T_0}^{T}\left(1-\frac{T_0}{T}\right)C_p dT+\int_{p_0}^{p}Vdp-\int_{p_0}^{p}(T-T_0)\left(\frac{\partial V}{\partial T}\right)_p dp \tag{2-12}$$

式(2-12)中第一项为因温度变化而具有的物理㶲，称为热㶲。

$$Ex_H=C_p\left(1-\frac{T_0}{T}\right)dT \tag{2-13}$$

而第二、第三项为因压力变化而具有的物理㶲，称为压㶲。

$$Ex_p=\int_{p_0}^{p}Vdp-\int_{p_0}^{p}(T-T_0)\left(\frac{\partial V}{\partial T}\right)_p dp \tag{2-14}$$

物流显热㶲为随温度而变的物理㶲。

由式(2-13)，可以根据物流所处的温度及该物流的比热容数据积分求出物流热㶲来。对于比热容为常数（多数物流比热容可近似视为常数）积分求出的热㶲计算式为：

$$Ex_H=\int_{T_0}^{T}C_p\left(1-\frac{T_0}{T}\right)dT=C_p(T-T_0)-C_pT_0\ln\left(\frac{T}{T_0}\right)$$

由于$C_p(T-T_0)=\Delta H$

$$Ex_H=C_p(T-T_0)-C_pT_0\ln\left(\frac{T}{T_0}\right)\left(\frac{T-T_0}{T-T_0}\right)=\Delta H-\Delta H\frac{T_0}{T-T_0}\ln\left(\frac{T}{T_0}\right)=\Delta H\left(1-\frac{T_0}{T_m}\right) \tag{2-15}$$

$$T_m=\frac{T-T_0}{\ln\left(\frac{T}{T_0}\right)}$$

式中　T_m——物流在温度 T 时与基准温度的对数平均值。

实际上，物流的比热容大多随物流温度变化而变化，对于变化程度较小的仍可按上式处理，而且取算术平均温度，其结果更为准确些，即$T_m=(T+T_0)/2$。

以上讨论的是变温热源的情况。而许多过程可看作是恒温变化过程，如纯组分相变过程，以及高温工艺设备表面散热等均属此类。对于这种情况，则式(2-15)成为：

$$Ex=\Delta H\left(1-\frac{T_0}{T}\right) \tag{2-16}$$

式中　T——热源温度，K。

冷量㶲也是热㶲的一种，所不同的是，体系的温度处于环境温度以下。冷量通常是利用制冷设备获得的，即通过制冷工质（制冷剂）的循环过程，将热从低温体系移向“高温”环境。而实现这样的过程必须消耗能量，主要是高质量的电能。

与热量㶲不同的是，制冷过程环境温度高于体系的温度，其恒温恒比热容冷量㶲[3]为：

$$Ex = \Delta H\left(\frac{T_0}{T}-1\right) \tag{2-17}$$

式中　ΔH——冷量。

在式(2-17)中，一般$T_0>T$，㶲和温差(T_0-T)成正比，而和体系温度成反比。因此，当制冷体系的温度越低时，㶲值越大，品质越高。对于同样的体系温差$|T-T_0|$，热量㶲的T是$T_0+|T-T_0|$，而冷量㶲的T则是$T_0-|T-T_0|$，故冷量㶲值高。

冷量是体系在低于环境温度下热量传递的结果。冷流的方向与热㶲的方向相反。

对于变温恒比热容冷源则如同热一样，需将工质的比热容关系式代入积分，得到冷量㶲：

$$\begin{aligned}
Ex &= \int_T^{T_0} C_p\left(\frac{T_0}{T}-1\right)\mathrm{d}T \\
&= T_0 C_p\int_T^{T_0}\frac{\mathrm{d}T}{T} - C_p\int_T^{T_0}\mathrm{d}T \\
&= C_p T_0 \ln\left(\frac{T_0}{T}\right) - C_p(T_0-T) \\
&= C_p T_0\frac{\ln\left(\frac{T_0}{T}\right)(T_0-T)}{T_0-T} - C_p(T_0-T) \\
&= C_p(T_0-T)\frac{T_0}{\dfrac{(T_0-T)}{\ln\left(\dfrac{T_0}{T}\right)}}-1 \\
&= \Delta H\left(\frac{T_0}{T'_{\mathrm{m}}}-1\right)
\end{aligned} \tag{2-18}$$

式中　T'_{m}——冷量平均温度。

当T_0与T相差不大时，取二者的算术平均值，也可满足工程误差要求，即$T'_m=(T+T_0)/2$。在实际过程中，物流的比热容往往随体系温度的变化而变化，一些物流比热容变化相当大，如石油馏分比热容在1.6~3.6kJ/(kg·K)之间变化。此时，必须将物流比热容关联式代入式(2-13)积分求出㶲。

2.1.2　相变潜热的能量及㶲计算

在恒温、恒压下物质由一个相转变为另一相时，所放出或吸收的热量为物质的相变潜热。

石油化工生产中相变过程有以下四类[4]：

$$液相 \underset{熔化}{\overset{凝固}{\rightleftharpoons}} 固相$$

$$液相 \underset{冷凝}{\overset{汽化}{\rightleftharpoons}} 汽相$$

$$固相 \underset{凝华}{\overset{升华}{\rightleftharpoons}} 汽相$$

$$固相Ⅰ \xleftrightarrow{晶体转变} 固相Ⅱ$$

相应的相变潜热为熔化(或凝固)热、汽化(或冷凝)热、升华(或凝华)热及晶型转变热。相变潜热也可用经验公式计算或查表。

汽化与冷凝过程是石油工厂最普遍的相变过程，了解相变潜热的计算十分重要。

工程上计算汽化潜热的常用经验公式有以下三种：

(1) 基斯佳科夫斯基公式

$$\Delta H_V = 4.1868T_b(8.75+4.517\lg T_b) \tag{2-19}$$

式中 ΔH_V——摩尔汽化潜热，J/mol；

T_b——物质的正常沸点，K；

此式可用于计算非极性或弱极性化合物在正常沸点的汽化热，最大误差在3%以下。

(2) 涅伦斯特(Nernst)公式

$$\Delta H_V = 4.1868T_b(4.5\lg T_b - 0.007T_b) \tag{2-20}$$

(3) 瓦松(Watson)经验式

$$\frac{(\Delta H_V)_2}{(\Delta H_V)_1} = \left(\frac{1-T_{r2}}{1-T_{r1}}\right)^{0.38} \tag{2-21}$$

式中，下角标1与2指两种温度下的汽化热与相应的对比温度T_{r0}，此式比较简单又相当准确，在离临界温度10K以外，平均误差仅为1.8%，故适用于工程上计算汽化热随温度的变化。很多元素和化合物的熔化热可按下式估计：

$$\frac{\Delta H_F}{T_F} = 常数 \tag{2-22}$$

式中 ΔH_F——固体物质的摩尔熔化热，cal/mol；

T_F——熔点，K。

对于元素，式(2-22)右端常数为2~3，对于无机化合物，为5~7；对于有机化合物，为9~11。

相变热数据表的最典型的例子是水蒸气表，其中列有汽化热的数值(现在氨、氟利昂等冷冻剂以及氧、氮等也有了类似的表或莫理耳图)。

一般情况下，物流相变过程的相变热数据可由有关手册查到；手册中多为常压沸点时的数据，在不同温度下相变热数值不同。因此，应设法找到相变热随温度变化的关联式，如烃类物质汽化热的关联式，即可采用瓦松经验式：

$$\Delta H_T = \Delta H_b\left(\frac{T_c - T}{T_c - T_b}\right)^{0.38} \tag{2-23}$$

式中 ΔH_T——任意温度下的汽化热；

ΔH_b——常压沸点下的汽化热；

T_c——物质的临界温度，K；

T_b——物质的常压沸点，K。

在没有关联式和实验数据时，可由正常沸点汽化热求得所要求温度下的汽化热。设计可逆途径如图2-1所示。

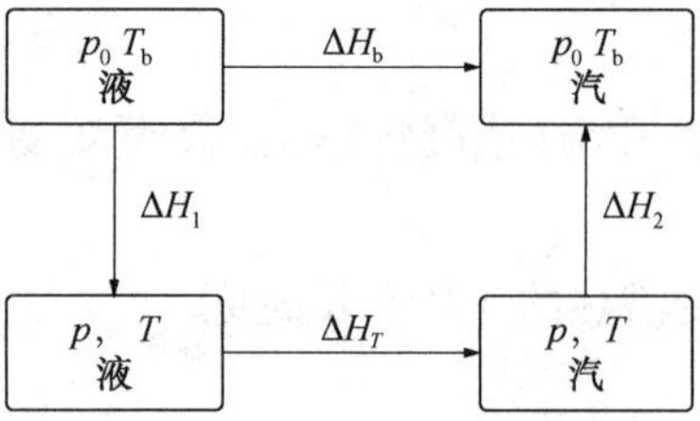

图 2-1 不同温度下物质汽化热计算图

$$\Delta H_T = \Delta H_b + \Delta H_1 - \Delta H_2 \tag{2-24}$$

$$\Delta H_1 = \int_{T_b}^{T} C_{p(liq)} \mathrm{d}T$$

$$\Delta H_2 = \int_{T}^{T_b} C_{p(v)} \mathrm{d}T$$

上述方法是在假定：①忽略压力对液体焓的影响；②气体可认为处于理想气体状态下提出的，是粗略的处理的方法。故

$$\Delta H_T = \Delta H_b + \int_{T_b}^{T} C_{p(liq)} \mathrm{d}T - \int_{T}^{T_b} C_{p(v)} \mathrm{d}T \tag{2-25}$$

式(2-25)为任意温度下汽化热计算公式，这是利用状态函数的性质，设计出不同的途径以简化计算，这种方法称为热力学状态函数方法。

相变过程属于恒温过程，相变热为：

$$Ex = \left(1 - \frac{T_0}{T}\right) \Delta H_b \tag{2-26}$$

混合物的相变过程则为混合物泡点和露点之间的变温过程。特别是石油馏分组成复杂，泡点温度和露点温度相差较多。石油馏分相变过程的温焓关系近似为直线[6]。一般来说，对于混合物相变过程，取其泡点温度和露点温度的算术平均值T_m代替式(2-26)中的 T，可以满足工程误差要求。

2.1.3 反应热效应及反应㶲

2.1.3.1 反应热

化学反应过程中，反应物分子、原子间化学键重新组合，完成了从反应物到产物的转化过程。这时，某些化学键破坏而形成新的化学键。在破和立的过程中，发生化学能的变化，产生了热效应。化学反应热就是在恒温恒压条件下，物质间因化学反应所释放或吸收的热量。反应热通常又以热的形式同外界进行能量交换。

计算化学反应热在热力学上总是以生成物的焓值减去反应物的焓值，即

$$\Delta H_R = \sum H_y - \sum H_{Rec} \tag{2-27}$$

式中 ΔH_R——化学反应热；

$\sum H_{Rec}$——反应物的焓；

$\sum H_y$——反应生成物的焓。

(1) 盖斯定律

一个化学反应或物理变化，不论一步完成还是数步完成，其途径如何，总的热效应不变。即盖斯定律的 ΔU 是定值，至于通过什么途径完成这一反应，是没有关系的。

应用盖斯定律，对难以控制和难以测定其热效应的化学反应，即可用间接方法算出。例如，对碳不完全燃烧生成一氧化碳的反应，其反应很难在实验中直接测定。因为在实验中燃烧碳，总有 CO 产生，不可能 100% 生成 CO_2。而 $C(s) + O_2(g) = CO_2(g)$ 与 $CO(g) + \left(\frac{1}{2}\right) O_2(g) = CO_2(g)$ 两个反应热在 298.16K 时分别由实验测定为-97.81kcal 与 68.11kcal。

则根据盖斯定律可将碳不完全燃烧生成一氧化碳的反应与上述两个反应按图 2-2 组合：

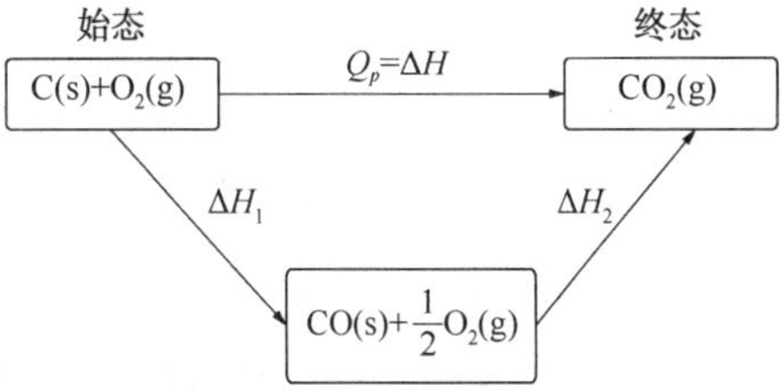

图 2-2 碳燃烧情况

于是得：$\Delta H_1 = \Delta H - \Delta H_2 = -97.81 + 68.1 = -29.70\text{kcal} = -124.3\text{kJ}$

根据盖斯定律，也可通过已经测得的某些反应热数据，算出另外一些反应的反应热，而不通过实验去测定每一个反应的热效应，此外，也可以将实验结果和计算得到的数据进行比较和分析，对反应热数据进行校核。

实际生产过程中，往往同时发生多种热效应，且条件多变，热量衡算比较复杂，而且有时查不到必要的热化学数据；根据盖斯定律则可设计一种途径，以利用现有图表的数据计算出所需的数据，从而完成整个过程的热量衡算。

根据物质的生成热和燃烧热可以计算化学反应热。

由稳定状态的单质直接化合成 1mol 某化合物的热效应，称为该化合物的生成热。指定生成反应是在 298.16K、1atm 条件下进行的，则其反应热称为标准生成热，以 $\Delta H_f^{\ominus}$ 表示。

利用物质的标准生成热数据，即可由反应生成物的标准生成热之和与反应物标准生成热之和二者的差，求出化学反应的标准反应热。

$$\Delta H_R^{\ominus} = \sum (\Delta H_f^{\ominus})_y - \sum (\Delta H_f^{\ominus})_{\text{Reactants}} \tag{2-28}$$

如果某物质可与氧完全作用生成相应的氧化物，这类反应就称为某物质的燃烧反应，因此，1mol 物质完全燃烧生成 $CO_2(g)$ 和 $H_2O(l)$ 时的热效应，称为该物质的燃烧热。在 25℃、1atm 下测得的数值，叫作标准燃烧热，以 $\Delta H_C^{\ominus}$ 表示。如甲烷的标准燃烧热就是下述反应的反应热：

$$CH_4(g) + 2O_2(g) \xrightarrow{25℃,\ 1atm} CO_2(g) + H_2O$$

$$(\Delta H_C^{\ominus})_{CH_4(g)} = \Delta H_R^{\ominus} = -212.798\text{kcal}$$

由以上讨论可知，燃烧热和生成热不同，前者考虑的是反应物，后者考虑的是生成物。只有当燃烧反应的反应物是单质(如碳)时，燃烧热的数值才等于生成热。

当反应前后的反应物和生成物均可与氧发生“燃烧”反应，且计算时是利用物质的标准燃烧热数据，则反应物的标准燃烧热之和减去生成物的标准燃烧热之和，也就是这一反应的标准反应热：

$$H_R^{\ominus} = \sum (\Delta H_C^{\ominus})_{\text{Reactants}} - \sum (\Delta H_C^{\ominus})_y \tag{2-29}$$

(2) 基尔霍夫定律

化工生产中大多数反应都不在 298.16K 进行。如水煤气变换反应在 450~500℃进行，煤气发生炉中的反应在 900℃以上进行，氨合成反应在 400~500℃进行。如何利用 298.16K 时的已有反应热数据求任意温度时反应的热效应，就成为需要解决的问题。

图 2-3 高温下化学反应过程

如图 2-3 所示，有两股反应物料 A 和 B 在 T(K)下进入反应器，并在其中进行 $aA+bB=eE+gG$ 的化学反应，而生成物 E 和 G 在同一温度 T(K)下离开反应器。

这是一个稳定流动的化学反应过程，由于反应体系没有做轴功($w_s=0$)，如果不考虑体系势能和动能的变化，即 $mg\Delta Z=0$，$\frac{1}{2}m\Delta u^2=0$，则根据稳流体系热力学第一定律可知：$Q=\Delta H$。如图 2-4 所示，即：

$$Q=\Delta H_{RT}=\Delta H_R^{\ominus}+\Delta H_p-\Delta H_R=\Delta H_R^{\ominus}+\int_{T_0}^{T}[(eC_{pE}+gC_{pG})-(aC_{pA}+bC_{pB})]\mathrm{d}T$$

令$[(eC_{pE}+gC_{pG})-(aC_{pA}+bC_{pB})]=\Delta C_p$(生成物的热容之和-反应物的热容之和)，则

$$\Delta H_{RT}=\Delta H_R^{\ominus}+\int_{T_0}^{T}\Delta C_p\mathrm{d}T \tag{2-30}$$

式(2-30)即为基尔霍夫定律。式中，ΔH_{RT}指在温度为 T 时反应的热效应。C_p右下角标表示是某物质的恒压热容。

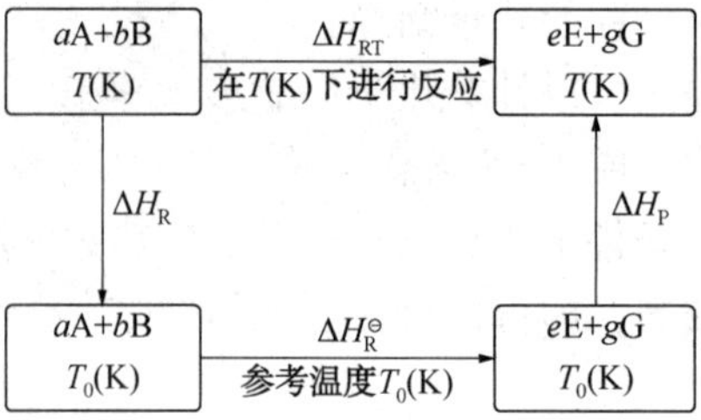

图 2-4 高温下化学反应的热效应

因为一般物质热容的经验式为$C_p=a+bT+CT^2$；由此可得：

$$aC_{pA}=a(a_A+b_AT+C_AT^2)$$
$$bC_{pB}=b(a_B+b_BT+C_BT^2)$$
$$eC_{pE}=e(a_E+b_ET+C_ET^2)$$
$$gC_{pG}=g(a_{AG}+b_GT+C_GT^2)$$
$$\Delta a=[(ea_E+ga_G)-(aa_A+ba_B)]$$
$$\Delta bT=T[(eb_E+gb_G)-(ab_A+bb_B)]$$
$$\Delta CT^2=T^2[(eC_E+gC_G)-(aC_A+bC_B)]$$

则 $\Delta C_p=\Delta a+\Delta bT+\Delta CT^2$，把这个结果代入式(2-30)得：

$$\Delta H_{RT}=\Delta H_R^{\ominus}+\int_{T_0}^{T}(\Delta a+\Delta bT+\Delta CT^2)\mathrm{d}T$$
$$=\Delta H_R^{\ominus}+\Delta a(T-T_0)+\frac{\Delta b}{2(T^2-T_0^2)}+\frac{C}{3(T^3-T_0^3)} \tag{2-31}$$

应用式(2-31)，只要知道T_0时的反应热 ΔH 即可算出这个反应在 T(K)时的热效应。

2.1.3.2 复杂反应的热效应

石油化工过程中有相当多的反应不知道反应物和产物的确切组成，不知道反应的种类和反应个数，因此，也难以由盖斯定律求出基准温度下的反应热。如炼油行业，反应物和产物多为成千上万个分子组成的复杂石油馏分，反应热的计算只有依靠实践中总结出来的经验公式，或通过设备热平衡计算确定。经验式对于不同的装置和反应过程，有不同的方法和公式。如催化裂化反应热，则取生成催化碳反应热为 2180kcal/kg 焦炭，而催化碳=总碳-附加

碳-可汽提碳。其他反应过程亦有类似的经验公式，不再一一赘述，这里仅就通过反应设备的热平衡来求反应热的方法做简单讨论。

石油化工过程的用能分析方法，在体系能量衡算中，不考虑反应物和产物的化学能计算，因而也避免了复杂的烃类物质化学能计算及由此造成的误差。进入反应设备物流所携带能量，多为满足反应操作条件的物理能量，离开反应设备的，也为物理能量。离开物流与进入物流的化学能之差恰好就是过程的反应热，此外还有设备散热。有时，为满足高的平衡转化率和终止反应，设置一些取热和激冷设施，对外不做轴功。一般的反应设备的热平衡如图 2-5 所示。

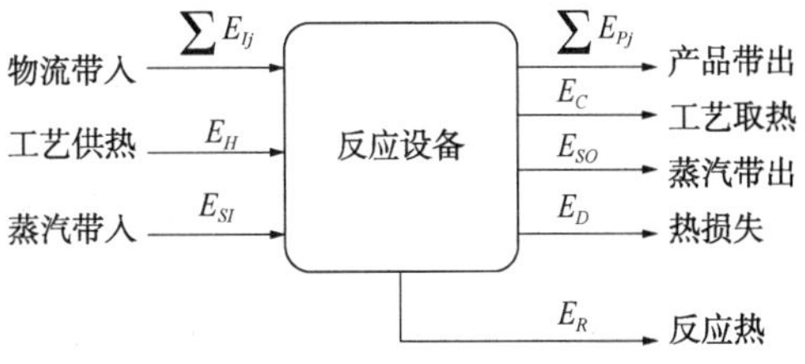

图 2-5　反应设备热平衡图

对于有 m 个原料物流和 n 个产品物流，则由反应设备热平衡，反应热为：

$$E_R = \sum_{j=0}^{m} E_{Ij} + E_H + E_{SI} - \sum_{j=0}^{n} E_{Pj} - E_C - E_D - E_{SO} \tag{2-32}$$

当反应物流进入设备能量是以反应设备入口测取时，则物流带入能量已包括了工艺供热量。有时，自工艺供热前物流参数计入能量时，应单列工艺供热项，并注意扣除管线散热。

求出的反应热为正时，表明反应吸热。反应热为负时，表明反应放热。反应设备的热平衡在第 6 章中将专门介绍，这里不再赘述。

2.1.3.3　反应㶲的计算

平衡观点认为化学反应过程也发生㶲的变化。所谓化学反应㶲，是指生成物与反应物所含㶲值之差。即在反应过程中，由于分子结构的改变，使生成物与反应物产生了化学㶲的差别。对于吸热反应的化学反应㶲是来自于外界提供的热能，在催化剂的作用下使无序运动的热能进入到产物分子中成为有序能量。放热反应的反应㶲则是在体系的条件下，把化学能释放出来，使反应物的化学㶲减少，从而把释放出来这部分本是有序化学能转变为无序运动的热能。

1. 已知组成的化学反应㶲的计算

可由稳流体系㶲的基本计算式(1-26)计算：

$$Ex = \Delta H - T_0 \Delta S$$

设有反应：$a\mathrm{A}+b\mathrm{B}=c\mathrm{C}+d\mathrm{D}$，则可由手册查算出 ΔH 和 ΔS 来，进而求出反应㶲：

$$Ex = (ch_C + dh_D - ah_A - bh_B) - T_0(cS_C + dS_D - aS_A - bS_B) \tag{2-33}$$

式中，h_i，S_i均为反应体系的偏摩尔焓和偏摩尔熵，而当反应前后温度相等，且均等于环境温度时，反应㶲等于反应的自由焓变化 ΔG。

$$\Delta G = -RT_0 \ln\left(\frac{K_p}{J_p}\right) = \Delta G^{\ominus} + RT_0 \ln J_p \tag{2-34}$$

式中　ΔG，$\Delta G^{\ominus}$——反应过程自由焓和标准自由焓；

J_p——在基准温度和反应条件下产物和反应物分压乘积的比，$J_p = (p_C^c \cdot p_D^d)/(p_A^a \cdot p_B^b)$；

K_p——T_0温度下的平衡常数。

当反应物质处于标准态时(25℃、1atm，纯物质)，反应㶲等于标准自由焓变化 $\Delta G^{\ominus}$。

对于在温度 T 下的等温等压反应，自由焓变化：

$$\Delta G=\Delta H-T\Delta S \tag{2-35}$$

代入式(1-27)得化学反应㶲与自由焓的关系：

$$Ex=\Delta G+(T-T_0)\Delta S \tag{2-36}$$

即反应条件下的自由焓变化 ΔG 加上一个修正项 $(T-T_0)\Delta S$，把式(2-34)代入式(2-36)中得：

$$Ex=-RT_0\ln\left(\frac{K_p}{J_p}\right)+(T-T_0)\Delta S \tag{2-37}$$

又因反应过程的熵变 ΔS 近似为反应热的热温熵。式(2-37)又可写成：

$$Ex=RT_0\ln\left(\frac{K_p}{J_p}\right)+\left(1-\frac{T_0}{T}\right)\Delta H \tag{2-38}$$

式中 T——反应温度；

ΔH——操作条件下的反应热；ΔS 和 ΔH 均为单位原料和产品的数值，包含了转化率因素。

2. 复杂过程的反应㶲估算

由于石油化工过程反应物和产物的复杂性，难以确定反应物和产物的准确组成，因此无法应用上述方法进行计算，但根据㶲的一般定义式 $Ex=\Delta H-T_0\Delta S$，ΔH 为反应的反应热，可通过反应设备的热衡算或经验数据估算出来，关键是难以求出 ΔS 变化。而大多数 $T_0\Delta S$ 反应热相对小得多，而且与 T_0 下反应热的数据也存在一定的误差，故忽略 $T_0\Delta S$，但注意只有相对于 T_0、p_0 下的反应㶲可以这样处理，而在操作温度下，则分析如下：

(1) 无论放热还是吸热反应，都改变了反应物的化学结构。放热反应，原有的化学键破坏，从反应物中释放出化学能量(如燃烧反应)，其反应热等于化学能的变化。而化学能的数值接近于化学㶲。因而，反应㶲可以认为近似等于反应热。而把反应放热进入体系产生的㶲损应归属于过程㶲损的范畴。

(2) 对于吸热反应，反应热来自于外界提供的热源，是借助于催化剂的作用，把无序的热运动能量转变为有序的化学能。完成了由低能级向高能级的转变，因此反应热全部转化为产物的化学能，近似可视反应热为反应㶲。

2.1.4 混合热及㶲

两种或两种以上的物质混合时常伴有热效应，这种热效应称为混合热。混合时可以放热，如硫酸与水的混合；也可以吸热，如硝酸铵溶于水。混合热可由相应手册中查取。

理想气体的混合热为零，真实气体混合时热效应一般也很小，可以忽略不计。液体与液体、可溶性固体物质(如 NaOH，NH_4HCO_3)与液体混合时，混合热都比较大，必须考虑；气体(如 NH_3、CO_2、SO_2等)溶于液体中时，及催化裂化压缩富气在吸收塔内吸收，因气态转入液态，将冷凝潜热也带入溶液里，混合热十分显著。

气体、液体和可溶性固体物质溶于溶剂中形成各种溶液时产生的热效应，称为溶解热。溶解热在很多方面与化学反应热相似。化学反应发生时，由于原子重新排列，使得在同一温度和压力下生成物的能量与反应物的不同；溶液形成时，同类分子与不同类分子之间吸引力的差异也产生能量的变化，不过这种分子间引力比化学键力小，从而产生的热效应也小些。

物质的溶解热和溶解时的温度、压力及溶液的浓度有关，在一定的温度和压力下，对一定的溶质与溶剂而言，溶解热的大小取决于溶液浓度。例如在298.16K、1atm时，1mol硫酸溶于水中成为硫酸的水溶液时，如将产生的溶解热与溶液的浓度作坐标轴绘图，可得到如图2-6所示的曲线。

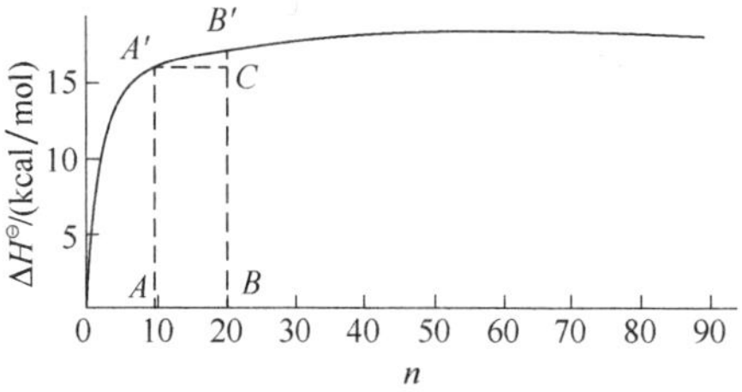

图2-6　硫酸水溶液的积分溶解热曲线

图2-6用$H_2SO_4(nH_2O)$中的水的摩尔数表示溶液浓度。由图可见，溶液的浓度越小，即n越大，形成溶液时热效应越大，但累计的溶解热则随着浓度变小增加得越来越慢，即加入同量水所放出热量越来越小，最后，累计溶解热趋近于一定值22.99kcal/mol，再加水也不会放热。此时n的数值与1mol相比趋近于无限大，对于硫酸来说，溶液已被无限稀释。

1mol溶质溶解于一定量溶剂中，成为一定浓度的溶液时，产生的热效应称为积分溶解热。无限稀释溶液的累计热效应即是无限稀释积分溶解热，以$\Delta H_{\infty}^{\ominus}$表示。

如同化学反应过程一样，溶解过程也可用下述方程式表述：

$$H_2SO_4+5H_2O \xrightleftharpoons{25℃,\ 1atm} H_2SO_4(5H_2O)$$

$$\Delta H=-13.87\text{kcal/mol}$$

式中，$H_2SO_4(5H_2O)$即表示溶解过程的生成物是1mol硫酸在5mol水中的溶液，在1atm，298.16K时伴随溶解过程产生的热效应为-13.87kcal，亦即溶液的焓比1mol纯H_2SO_4及5mol纯H_2O的焓少了13.87kcal。

将1mol溶质溶于大量的溶液中（或向定量的溶液加入微量的溶质）则对每摩尔溶质所产生的热效应称为微分溶解热，这时溶液的浓度可视为不变，微分溶解热常常用于有大量溶液不断循环来吸收小量溶质的过程中。

向溶液中加入溶剂，使溶液稀释，产生的热效应称为稀释热。稀释热和温度、压力、稀释前及稀释后浓度以及溶液的量有关。一般所指稀释热系相对原始溶液量即含有1mol溶质的溶液而言的。未注明稀释后的浓度，则系指无限稀释。若分别用不同量溶剂溶解1mol溶质，这两种积分溶解热之差称为积分稀释热，也等于将一种浓度的溶液稀释成另一种浓度溶液时发生的热效应。如图2-6中AA'是在10mol水中加入1mol H_2SO_4的积分溶解热，BB'是在20mol水中加入1mol H_2SO_4的积分溶解热，而$BB'-AA'=B'C$则相当于由A'稀释为B'时的热效应。

微分稀释热和微分溶解热类似，如果将1mol纯溶剂溶于极大量的溶液中，溶液的浓度可认为不变，所发生的稀释热称为微分稀释热。如ΔH对溶剂摩尔数n作图，则曲线上任一点的正切即为溶液的微分稀释热。

混合热的㶲可由混合过程的温度按照物理㶲的计算方法计算：

$$Ex=\Delta H\left(1-\frac{T_0}{T}\right) \tag{2-39}$$

式中　ΔH——混合热；

T——混合过程的温度，对有变化时，可取平均值。

2.2 石油及其馏分能量和㶲的计算

石油化工过程加工介质及使用的物流主要有石油馏分烃类及其混合物、空气、水、水蒸气等，本节主要讨论石油馏分能量和㶲的计算。

石油馏分热能和热㶲计算的关键在于建立 $C_p=f(T)$ 和 $F(p, V, T)=0$ 的函数关系。对前者，目前普遍采用 Nelson 焓温关联式或算图(以相对密度和 Watson 特性因数为参量)作为低压下石油馏分的主要特性式，本节亦以此关联式为基础导出热㶲计算实用方程；对后者，低压气相可用理想气体状态方程，液相则按实际情况分别简化处理。

2.2.1 Nelson 焓图拟合关联式的展开

Nelson 石油馏分焓图的拟合关联式[9]为：

$$Z=\sum_{i=0}^{2}\sum_{k=0}^{2}A_{ik}X^{i}Y^{k} \tag{2-40}$$

式中 X，Y——自变量；

Z——不同 X、Y 下求得的焓值，kJ/kg；

A_{ik}——系数。

Z，X，Y 及 A_{ik} 系数值见表 2-1。

表 2-1 焓图拟合式系数表

Z	X	Y	A_{00}	A_{01}	$A_{01}\times10^2$	A_{10}	$A_{11}\times10^2$	$A_{20}\times10^3$
H_L^*	t	API	15.990	1.0396	-1.1329	1.5566	0.8256	1.99
H_1	t	API	327.08	1.6442	-0.6925	1.2807	0.4094	1.9385
H_2	t	K	101.407	-86.0877	663.9	3.6103	-31.61	0.2814

API 度由式(2-41)计算

$$API=\frac{141.5}{0.9942d_4^{20}+0.009181}-131.5 \tag{2-41}$$

式中 API——石油馏分 API 度；

d_4^{20}——石油馏分 20℃时的相对密度。

液相焓

$$H_L=H_L^*(0.0533K+0.3604) \tag{2-42}$$

气相焓

$$H_V=H_1-H_2+\Delta H \tag{2-43}$$

式中 H_1——低压气相石油馏分未校正焓，kJ/kg；

H_2——低压气相馏分焓特性因数校正项，kJ/kg；

ΔH——高压情况下压力对气相馏分焓影响校正项，kJ/kg；

H_L——液相石油馏分焓，kJ/kg；

H_V——气相石油馏分焓，kJ/kg；

H_L^*——未做特性因数校正的液相焓，kJ/kg；

K——石油馏分特性因数。

据此编制的石油馏分气、液相焓的计算机程序，在炼油工艺计算中得到了普遍应用。为了把上述关联式变为$H=H(T)$或$C_p=f(T)$的实用形式，将式(2-40)求和公式展开，分别得到气、液相焓温显数式。

液相焓

$$H_L=[C_2+C_3(T-273)+1.99\times10^{-3}(T-273)^2]C_1 \quad (2-44)$$

式中 C_1——特性因数校正系数，$C_1=0.0533K+0.3604$；

C_2——常数，$C_2=15.99+1.0396API-1.1329\times10^{-2}API^2$；

C_3——常数，$C_3=1.5566+8.256\times10^3API$。

因$C_p=\left(\frac{\partial H}{\partial T}\right)_p$，故对式(2-44)求偏导有：

$$C_{pL}=[1.5566+8.256\times10^{-3}API+3.98\times10^{-3}(T-273)]C_1 \quad (2-45)$$

气相焓

$$H_V=C_4+C_5(T-273)+1.657\times10^{-3}(T-273)^2 \quad (2-46)$$

式中 T——石油馏分温度，K；

C_4——常数，$C_4=225.67+1.644API+86.088K-6.925\times10^{-3}API^2-6.639K^2$；

C_5——常数，$C_5=4.17\times10^{-3}API+0.3161K-2.3295$。

同理由$C_p=\left(\frac{\partial H}{\partial T}\right)_p$得：

$$C_{pV}=4.17\times10^{-3}API+0.3161K-2.3295+3.314\times10^{-3}(T-273) \quad (2-47)$$

式(2-44)、式(2-45)中焓值基准温度为-17.8℃，式(2-46)仅适用于低压($p\leqslant$0.5MPa)气相$p\ll p_c$或$T>T_c$的石油馏分焓的计算。

在用能分析计算中，石油馏分物理㶲通常取基准状态温度、压力(T_0，p_0)为288K和0.1MPa，而其基准相态则取在上述T_0，p_0下所呈现的相态。因此，石油及石油馏分物理㶲的计算大致分三种情况：①基准相态为液相的液相石油馏分㶲的计算；②基准相态为气相的气相石油馏分㶲的计算；③基准相态为液相的气相石油馏分㶲的计算。

2.2.2 基准相态为液相的液相石油馏分㶲的计算

在温度T，压力p下仍为液相的石油馏分物理㶲中，压㶲所占比例极小。如一个200℃，0.6MPa的某石油馏分，其热㶲为102.9kJ/kg，压㶲仅为0.706kJ/kg，占物理㶲的0.7%。因此，在一般的物理㶲计算中，流体的压㶲是可以忽略的，即以热㶲为物理㶲，按式(2-13)计算。

将式(2-45)代入式(2-13)积分，得液相石油馏分热㶲的实用计算式：

$$Ex_{Lh}=\left[A_0(T-288)+1.99\times10^{-3}(T^2-82944)-A_1\ln\left(\frac{T}{288}\right)\right]C_1 \quad (2-48)$$

式中，$A_0=8.256\times10^{-3}API-0.6767$；$A_1=135.3+2.3778API$。

液相石油馏分在温度T下的能量(焓与15℃焓差)为：

$$E_{Lh}=\{C_3(T-288)+1.99\times10^{-3}[(T-273)^2-225]\}C_1 \quad (2-49)$$

$T_1\sim T_2$温度间液相石油馏分㶲差和能量差分别为：

$$\Delta Ex_{Lh}=\left[A_0(T_2-T_1)+1.99\times10^{-3}(T_2^2-T_1^2)-A_1\ln\left(\frac{T_2}{T_1}\right)\right]C_1 \quad (2-50)$$

$$\Delta E_L=\{C_3(T_2-T_1)+1.99\times10^{-3}[(T_2-273)^2-(T_1-273)^2]\} \tag{2-51}$$

式中 Ex_{Lh}——液相石油馏分热㶲，kJ/kg；

ΔEx_{Lh}——液相石油馏分热㶲差，kJ/kg。

当以液相石油馏分的压㶲或流动㶲为研究对象时，例如借水力透平回收压㶲，压㶲不可忽略，可在式(2-14)基础上作简化处理。即，①在压力变化范围不太大时，可视$\left(\frac{\partial V}{\partial p}\right)_T=0$，则 V=常数(不可压缩)；②温度变化范围不太大时，视$\left(\frac{\partial V}{\partial T}\right)_p=0$(忽略体积膨胀系数)，则由式(2-14)可得液相石油馏分压㶲计算式：

$$Ex_{Lp}=V(p-p_0)\times10^{-3} \tag{2-52}$$

式中 Ex_{Lp}——液相石油馏分压㶲，kJ/kg；

p——石油馏分压力，MPa；

p_0——基准状态压力，MPa。

2.2.3 基准相态为气相的气相石油馏分物理㶲的计算

在低压及非临界状态下，气相石油馏分可视为理想气体。可将式(2-47)及理想气体状态方程 $pV=m^{-1}RT$ 关系(对每公斤石油馏分)分别代入式(2-13)及式(2-14)积分，求得热㶲和压㶲。热㶲为：

$$Ex_{0h}=A_3(T-288)-A_4\ln\left(\frac{T}{288}\right)+1.657\times10^{-3}(T^2-82944) \tag{2-53}$$

式中，$A_3=4.17\times10^{-3}API+0.3161K-4.1888$；$A_4=1.201API+91.04K-931.48$

气相石油馏分热能为：

$$E_{0h}=C_5(T-288)+1.657\times10^{-3}[(T-273)^2-225] \tag{2-54}$$

$T_1\sim T_2$温度间的㶲差及热能差分别为：

$$\Delta Ex_{0h}=A_3(T_2-T_1)+A_4\ln\left(\frac{T_2}{T_1}\right)+1.657\times10^{-3}(T_2^2-T_1^2) \tag{2-55}$$

$$\Delta E_{0h}=C_5(T_2-T_1)+1.657\times10^{-3}[(T_2-273)^2-(T_1-273)^2] \tag{2-56}$$

式中 Ex_{0h}——气相石油馏分热㶲(无相变)，kJ/kg；

ΔEx_{0h}——气相石油馏分热㶲差，kJ/kg；

E_{0h}——气相石油馏分热能量，kJ/kg；

ΔE_{0h}——气相石油馏分热能差，kJ/kg。

而 1kg 气相石油馏分的压㶲为：

$$Ex_{0p}=\left(\frac{R}{m}\right)T\ln\left(\frac{p}{p_0}\right) \tag{2-57}$$

式中 Ex_{0p}——气相石油馏分压㶲(无相变)，kJ/kg；

R——气体常数，$R=8.314$J/(kmol · K)；

m——石油馏分分子量；

T——石油馏分温度，K。

气相石油馏分物理㶲为热㶲与压㶲之和。

2.2.4 基准相态为液态的气相石油馏分物理㶲的计算

基准相态为液相的低压气相石油馏分㶲计算的积分区间包括了液相变温、气液相变及气相过热三段，此外，还有气相变压㶲，如催化裂化反应油气。而对于某些不含不凝气的塔顶油气，由于是在露点状态下离塔的，一般只含液相变温和气液相变两段。

㶲是状态参数，其值只取决于体系的终态和基准状态。在一定的基准状态下，当体系的终态参数确定，其值也就唯一确定，与过程无关。因此对于在温度 T，压力 p 下的气相石油馏分，可设计如图 2-7 所示的过程分四步求㶲值。

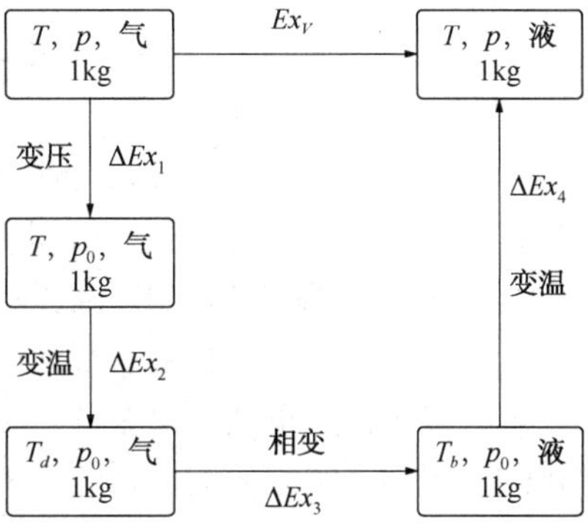

图 2-7 气相石油馏分㶲计算模型

1. 气相变压㶲计算

低压及非临界状态下气相石油馏分可视为理想气体，如图 2-7 所示，1kg 气相石油馏分自压力 p 变化到基准态压力p_0的压㶲可由式(2-58)计算，即

$$\Delta Ex_1 = \frac{RT}{m}\ln\left(\frac{p}{p_0}\right) \tag{2-58}$$

2. 过热态温度 T 至露点T_d的常压气相变温㶲的计算

$$\Delta Ex_2 = A_3(T-T_d) - A_4\ln\left(\frac{T}{T_d}\right) + 1.657\times10^{-3}(T^2-T_d^2) \tag{2-59}$$

3. 泡点温度T_b至露点温度T_d间气液相变㶲的计算

石油馏分相变过程是在泡点温度和露点温度范围内的变温相变过程。常压(实沸点蒸馏条件下)石油馏分变温相变的温焓关系近似为直线关系[6]。即如果在相变过程中存在一个虚拟比热容的话，则该比热容可视为常数，故可按定比热容变温热源积分式计算常压下石油馏分相变㶲。

$$\Delta Ex_3 = \left(\frac{1-T_0}{T_m}\right)\Delta H_V \tag{2-60}$$

式中 T_m——泡点和露点的算术平均温度，K；

ΔH_V——泡点至露点升温和相变热，kJ/kg。

$$\Delta H_V = H_V(T_d) - H_L(T_b) \tag{2-61}$$

由式(2-46)得

$$H_V(T_d) = C_4 + C_5(T_d-273) + 1.657\times10^{-3}(T_d-273)^2 \tag{2-62}$$

由式(2-44)得

$$H_L(T_b) = [C_2 + C_3(T_b-273) + 1.99\times10^{-3}(T_b-273)^2]C_1 \tag{2-63}$$

由图 2-7 可知，式(2-62)、式(2-63)中T_d和T_b是在基准压力(0.1MPa)下的石油馏分的露点和泡点温度。在缺乏露点温度和泡点温度数据情况下，取恩氏蒸馏的初馏点和终馏点代替，也可满足计算要求。

4. 液相变温㶲计算

当基准温度T_0取 288K 时，泡点温度T_b以下液相石油馏分变温㶲可由式(2-48)得到的式

(2-64)计算：

$$\Delta Ex_4=\left[A_0(T_b-288)+1.99\times10^{-3}(T_b^2-82944)-A_1\ln\left(\frac{T_b}{288}\right)\right]C_1 \tag{2-64}$$

基准相态为液态的气相石油馏分物理㶲 Ex_V 为上述四部分之和

$$Ex_V=\Delta Ex_1+\Delta Ex_2+\Delta Ex_3+\Delta Ex_4 \tag{2-65}$$

显然，相对于基准态 T_0，p_0(液)的能量为

$$E_V=C_4+C_5(T-288)+1.657\times10^{-3}(T-288)^2-(C_2+15C_3+0.488)C_1 \tag{2-66}$$

式中 Ex_V——气相石油馏分物理㶲，kJ/kg；

E_V——高压下气相石油馏分能量，kJ/kg。

【例 2-1】 计算低压下石油馏分㶲：①相对密度为 0.9227，温度为 341℃，特性因数为 12.4 的液相常压重油㶲和能量；②相对密度为 0.734，特性因数为 11.8 的汽油气相组分自 200℃加热到 500℃的㶲差和能量差；③相对密度 d_4^{20} 为 0.8058，温度为 400℃，特性因数为 12.0 的气相柴油馏分㶲差和能量。该馏分在环境温度下为液相，恩氏蒸馏初馏点为 200℃；终馏点为 350℃。

计算结果列于表 2-2。

表 2-2 例 2-1 计算结果表 kJ/kg

项目			常压重油(液)	汽油(气)	柴油(气)
基础数据	相对密度		0.9227	0.7340	0.8058
	特性因数		12.4	11.8	12.0
	基准温度/℃		15	15	15
	油品温度/℃		341	200~500	400
	初馏点/℃				200
	终馏点/℃				350
计算结果	液相	能量	812.5		433.0
		㶲差	287.2		102.9
	相变	能量			636.3
		㶲差			301.9
	过热气相	能量		843.2	144.3
		㶲差		451.3	80.2
	合计	能量	812.5	843.2	1213.6
		㶲差	287.2	451.3	485.0

2.3 轻烃及其混合物能量和㶲的计算

轻烃混合物是石油化工厂的一类重要加工介质，其组成可通过气相色谱等分析仪器准确测定。轻烃混合物组成复杂，含有几个甚至数十个单体烃类，给其物性计算带来困难。单体烃类物性(焓、熵)计算已有成熟的方法，如烃类理想气体焓、熵计算的七系数方程以及真实气体偏差函数的修正，但其计算基准与用能分析采用的基准状态不完全一致，难以由焓、熵数据直接求出烃类及其混合物的能量和㶲。

在以过程用能分析为目的的计算中，烃类及其混合物的能量和㶲是相对于过程的寂态即基准态而言的。石油化工过程通常确定基准态为15℃(288K)、1atm(0.1MPa)，基准相态则确定为烃类物质在该基准态下所呈现的相态。因此，轻烃及其混合物焓、熵和物理㶲的计算分为四种情况：

(1) 基准相态为气相的气相烃的焓、熵和㶲的计算；

(2) 基准相态为液相的气相烃的焓、熵和㶲的计算；

(3) 基准相态为液相的液相烃的焓、熵和㶲的计算；

(4) 烃类混合物的焓、熵和㶲的计算。

2.3.1 理想气体烃类焓、熵和㶲的计算

烃类理想气体热力学性质的七系数方程，焓、熵的关联式为：

$$H^0=2.326A+4.1868BT+7.5362CT^2+13.565DT^3+24.417ET^4+43.95FT^5 \tag{2-67}$$

$$S^0=2.46B+4.1868B\ln(T)+15.07CT+20.35DT^2+32.56ET^3+54.94FT^4+4.1868G \tag{2-68}$$

式中 H^0——理想气体的焓，kJ/kg；

S^0——理想气体的熵，kJ/(kg·K)；

T——理想气体温度；

$A\sim G$——系数，随物质不同而不同，部分轻烃系数见附录A中附表A-4。

由式(2-67)所确定的烃类理想气体比热容关联式为：

$$C_p=4.1868B+15.07CT+40.69DT^2+97.667ET^3+219.75FT^4 \tag{2-69}$$

式(2-67)和式(2-68)中所确定的焓是以-129℃纯饱和液体的焓为零，而熵则取温度273℃、压力0.070307kgf/cm² 的熵为1kcal/(kg·K)计算的。熵的基准压力偏离了用能分析所采取的基准压力，计算熵的绝对值时造成了偏差。基准压力不同主要表现为式(2-68)的系数G值不同，其他系数$B\sim F$不变。有人也给出-273℃和1atm理想气体的熵$S=0$的另一组系数G值。本文采用计算熵差的办法，使系数G在计算中也相应消去。因此，系数G的变化并不影响熵差的计算数值。

2.3.1.1 基准相态为气相的气相烃的焓、熵、㶲计算

由式(2-67)和式(2-68)，可以求出理想气体基准温度T_0到操作温度T的焓、熵：

$$\Delta H=4.1868B(T-T_0)+7.5362C(T^2-T_0^2)+13.565D(T^3-T_0^3)$$
$$+24.417E(T^4-T_0^4)+43.95F(T^5-T_0^5) \tag{2-70}$$

$$\Delta S=4.1868B\ln\left(\frac{T}{T_0}\right)+15.07C(T-T_0)+20.35D(T^2-T_0^2)$$
$$+32.56E(T^3-T_0^3)+54.94F(T^4-T_0^4) \tag{2-71}$$

理想气体压力对熵的影响为：

$$\Delta S_p=\frac{R}{m}\cdot\ln\left(\frac{p_0}{p}\right) \tag{2-72}$$

由㶲的基本定义式求出物理㶲：

$$\Delta Ex=\Delta H-T_0\left[\Delta S-\frac{R}{m}\ln\left(\frac{p_0}{p}\right)\right] \tag{2-73}$$

式中　p——操作压力；

p_0——基准压力。

2.3.1.2　基准相态为液相的液相烃的焓、熵、㶲计算

液相烃类比热容关联式可分为十类情况，各类情况液相比热容关联式见表 2-3。

表 2-3　各种烃类物质液体比热容关联式

物质种类	比热容C_p关联式
轻烷烃($C_1 \sim C_4$)	$(14.7486-9.8198T_{rb}+12.9505T_{rb}^2-4.8349T_{rb}^3)^{(4-n)/3}\times(13.183+54.3924T_{rb}-72.841T_{rb}^2+37.1562T_{rb}^3)^{(n-1)/3}$
C_5以上烷烃	$0.84167-1.4704T_{rb}+1.67165T_{rb}^2-0.59198T_{rb}^3+n(-0.003826-0.000747T_{rb}+0.041126T_{rb}^2-0.01395T_{rb}^3)$
乙烯	$0.71418-0.29525T_{rb}+0.15407T_{rb}^2$
丙烯	$0.64766-0.43638T_{rb}+0.31228T_{rb}^2$
1-丁烯	$0.63192-0.46311T_{rb}+0.33869T_{rb}^2$
异丁烯	$0.32575+0.22823T_{rb}-0.14714T_{rb}^2+0.12786T_{rb}^2$
烯烃	$0.14510+1.26233T_{rb}-2.03775T_{rb}^2+1.06953T_{rb}^3+n(0.067176-0.304272T_{rb}+0.478026T_{rb}^2-0.221610T_{rb}^3)$
n-基环已烷	$0.26796+0.04311T_{rb}-0.06164T_{rb}^2+n(0.004331-0.003439T_{rb}+0.039338T_{rb}^2)$
n-基环戊烷	$(0.3201-0.018T_{rb}+0.03292T_{rb}^2+0.12834T_{rb}^3)\dfrac{\ln\left(\frac{n}{8}\right)}{\ln\left(\frac{5}{8}\right)}\times(0.4974-0.53041T_{rb}+0.96861T_{rb}^2-0.31487T_{rb}^3)\dfrac{\ln\left(\frac{5}{n}\right)}{\ln\left(\frac{5}{8}\right)}$
异烷烃	$(-0.03083+1.77589T_{rb}+2.50661T_{rb}^2+1.20202T_{rb}^3)+n(0.07967-0.335664T_{rb}+0.499756T_{rb}^2-0.22174T_{rb}^3)$

注：n—碳原子数；T_{rb}—对比温度，$T_{rb}=T/T_b$；T_b—常压沸点；T—操作温度。

把烃类物质的比热容关联式代入焓、熵、㶲的积分定义式，积分或采用数值积分的方法即可求出焓、熵、㶲。

$$\Delta H=\int_{T_0}^{T}C_p\mathrm{d}T \tag{2-74}$$

$$\Delta S=\int_{T_0}^{T}\frac{C_p}{T}\mathrm{d}T \tag{2-75}$$

$$\Delta Ex=\int_{T_0}^{T}C_p\left(1-\frac{T_0}{T}\right)\mathrm{d}T \tag{2-76}$$

压力对液相烃类焓、熵、㶲的影响较小，可忽略不计。

2.3.1.3 基准相态为液相的气相烃的焓、熵、㶲计算

焓、熵、㶲都是热力学状态函数，其值只取决于体系的初、终态，在确定的基准态下，体系在操作状态下的焓、熵、㶲可设计下列可逆路径，分四步进行计算(见图2-8)。

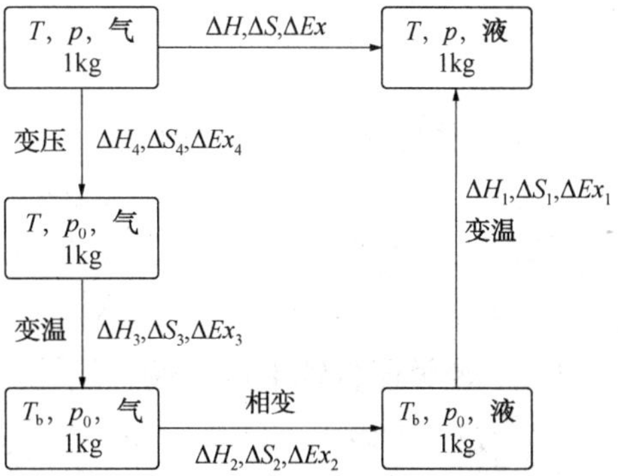

图2-8　气相烃焓、熵、㶲计算

(1) 液相变温过程

液相变温过程焓、熵、㶲计算方法与基准相态为液相的液相烃的计算方法相同。此时应以液相烃类的常压沸点T_b替代操作温度T即可。

$$\Delta H_1 = \int_{T_0}^{T_b} C_p \mathrm{d}T$$

$$\Delta S_1 = \int_{T_0}^{T_b} \frac{C_p}{T} \mathrm{d}T$$

$$\Delta Ex_1 = \int_{T_0}^{T_b} C_p \left(1 - \frac{T_0}{T}\right) \mathrm{d}T \tag{2-77}$$

(2) 气液相变过程

在常压沸点下的相变过程为可逆的相变过程，相变焓即为该常压沸点下的蒸发潜热ΔH_V，即：

$$\Delta H_2 = \Delta H_V \tag{2-78}$$

相变熵和相变㶲：

$$\Delta S_2 = \frac{\Delta H_2}{T_b} \tag{2-79}$$

$$\Delta Ex_2 = \Delta H_V \left(1 - \frac{T_0}{T_b}\right) \tag{2-80}$$

(3) 气相变温过程

计算方法与基准相态为气相烃的焓、熵、㶲计算方法相同，但要把基准温度T_0换成常压沸点T_b。

$$\Delta H_3 = 4.1868B(T - T_b) + 7.5362C(T^2 - T_b^2) + 13.565D(T^3 - T_b^3) + 24.417E(T^4 - T_b^4) + 43.95F(T^5 - T_b^5) \tag{2-81}$$

$$\Delta S_3 = 4.1868B\ln(T/T_b) + 15.07C(T - T_b) + 20.35D(T^2 - T_b^2) + 32.56E(T^3 - T_b^3) + 54.94F(T^4 - T_b^4) \tag{2-82}$$

$$\Delta Ex_3 = \Delta H_3 - 288\Delta S_3 \tag{2-83}$$

(4) 气相变压过程

理想气体的焓与压力无关，而按照理想气体状态方程(p，V，T)计算压力对熵的影响。

$$\Delta S_4 = -\left(\frac{R}{m}\right)\ln\left(\frac{p}{p_0}\right) \tag{2-84}$$

$$\Delta Ex_4 = \left(\frac{R}{m}\right) T_0 \ln\left(\frac{p}{p_0}\right) \tag{2-85}$$

该过程总焓、总熵、总㶲为上述四部分之和。

$$\Delta H = \Delta H_1 + \Delta H_2 + \Delta H_3 + \Delta H_4 \tag{2-86}$$

$$\Delta S = \Delta S_1 + \Delta S_2 + \Delta S_3 + \Delta S_4 \tag{2-87}$$

$$\Delta Ex = \Delta Ex_1 + \Delta Ex_2 + \Delta Ex_3 + \Delta Ex_4 \tag{2-88}$$

2.3.2 烃类混合物的焓、熵、㶲计算

在实际应用中，我们碰到的大多是烃类混合物，其焓、熵、㶲的计算分两步进行。首先按上述三种情况计算单体烃从操作状态到基准态的焓、熵、㶲，基准相态可通过常压沸点与基准温度比较确定，$T_b \geqslant T_0$为液相，$T_b < T_0$则为气相；然后按照加和规则计算混合物的焓、熵、㶲。由于在可逆条件下，混合物与单体烃之间存在同样数值的分离熵和混合熵，相互抵消，因此不必考虑混合熵。

$$\Delta H = \sum X_{Wi} \Delta H_i \tag{2-89}$$

$$\Delta S = \sum X_{Wi} \Delta H_i - \frac{R}{m} \ln\left(\frac{p}{p_0}\right) \tag{2-90}$$

$$\Delta Ex = \sum X_{Wi} \Delta EX_i \tag{2-91}$$

通常操作数据多为体积分数，可通过下式修正为质量分数：

$$X_{Wi} = \frac{X_i M_i}{M} \tag{2-92}$$

$$M = \sum X_i M_i \tag{2-93}$$

式中 X_{Wi}——组分 i 的质量分数；

M——平均分子量；

X_i——组分 i 的体积分数。

工程应用中常出现这样的情况，即气相烃类混合物存在两种基准相态(在基准温度和压力下气、液相并存)的情况。这时，可确定气、液基准相态的组分数目，按照基准相态为气相和基准相态为液相两种情况分别计算，然后利用加和规则计算出气相烃类混合物的焓、熵、㶲。

对于其他情况，如基准相态为液相，而操作状态为气液两相的情况等，可根据上述方法具体分析处理。

2.4 水蒸气、水及空气的能量和㶲的计算

2.4.1 水蒸气

水蒸气是应用最为广泛的一种工质，其能量和㶲可直接由图表查出。能量和㶲为

$$E = \Delta H = H_T - H_0 \tag{2-94}$$

$$Ex = \Delta H - T_0 \Delta S \tag{2-95}$$

也可由下列经验公式计算：

$$\Delta H_T = 2417.7 - 87.9 p_s + (2.01 + 0.188 p_s) t \tag{2-96}$$

饱和水蒸气温度：

$$t_s = 179.5 p_s^{0.254} \tag{2-97}$$

式中 t_s——饱和水蒸气温度，℃；

p_s——水蒸气压力，MPa。

适用范围，$100℃<t_s<420℃$，$p_s \leqslant 0.9$MPa。

水蒸气的汽化热[11]

$$H_R = Ap_s + \frac{B}{p_s} + Cp_s^{0.5} + D\ln p_s + Ep_s^2 + Fp_s^3 + G \tag{2-98}$$

式中 p_s——水蒸气压力，bar；

$A \sim G$——方程系数；

$A=-1.282172$，$B=-0.20919$，$C=-72.77536$，$D=-34.11784$；

$E=0.0055032$，$F=6.271\times10^{-5}$，$G=2337.061$。

水蒸气变化到基准状态液相的熵差近似为：

$$\begin{aligned}\Delta S = & 4.1868\ln[(t_s+273)/T_0] + H_R/(t_s+273) \\ & +(2.004+0.176p_s)\ln[(t+273)/(t_s+273)]\end{aligned} \tag{2-99}$$

其㶲则由式(2-95)计算。

2.4.2 水、空气等物流

在一定温度范围内，水、空气等物流比热容可视为常数，能量可按式(2-7)的平均比热容法计算。热也可按定比热容的积分式(2-15)计算热㶲。

$$Ex = \Delta H\left(1-\frac{T_0}{T_m}\right) \tag{2-100}$$

式中 ΔH——物流的焓差(能量)；

T_m——物流的算术平均温度，K。

2.5 散热能量及㶲的计算

在石油化工厂用能分析中，设备表面散热的测定和计算占有重要的地位。把进出两方能量的差值归诸散热的处理方法，不能正面反映散热损失的实际状况，并且常常掩盖进出各项能量统计、核算中的误差。目前实用的散热计算方法很不统一，误差较大，有必要统一和改进。

表面散热包括辐射、温差引起的自然对流和空气流动(风)引起的强制对流三种方式，总散热量为这三部分热量之和。通常，散热量由表面散热方程计算：

$$Q = \alpha_T F(t_W - t_f) \tag{2-101}$$

式中 α_T——对流、辐射联合传热系数，W/(m^2·℃)；

F——散热外表面积，m^2；

t_W，t_f——设备表面和环境温度，℃。

联合传热系数 α_T包括了上述三种传热方式。严格关联式比较冗繁，一些教材或手册常把α_T关联为温差(t_W-t_f)和风速 W(m/s)的近似的简化函数式。如热工计算中常用下式：

$$\alpha_T = (10+6\sqrt{W})\times1.163 \tag{2-102}$$

该式仅考虑强制对流，而把温差引起的辐射和自然对流视为常数，比较粗略。另一个常用的算式为(式中符号同前)：

$$\alpha_T = 1.59(t_W - t_f)^{0.33} + 4.40(t_W - t_f)^{0.11} + 6.98\sqrt{W} \quad (2-103)$$

该式包括了温差引起的辐射和对流的影响，但做了一定的简化：①把辐射的四次方定律处理为指数关系，是以(t_W-t_f)为100℃左右为基础的；②强制对流的影响是按300~500mm的散热表面外径处理的。因此当表面外径和温差偏离上述条件较远时，误差较大，并且运算也不简便。

在科学技术迅速发展的今天，与其拘泥于手算，并用牺牲准确性来求得计算的简化，不如采用精确的关联式，借计算机或算图来简化计算工作量，节省时间。为此，由上述辐射、自然对流、强制对流三种传热方式的传热系数关联式直接导出的关联式[12]如式(2-104)：

$$\alpha_T = 4.33\frac{\left(\frac{T_W}{100}\right)^4 - \left(\frac{T_f}{100}\right)^4}{T_W - T_f} + 1.47(T_W - T_f)^{1/3} + \frac{4.36W^{0.6}}{D^{0.4}} \quad (2-104)$$

式中 T_W——表面温度，K；

T_f——环境温度，K；

D——散热外径，mm。

由式(2-104)绘成速算图(图2-9)，可方便地由风速、表面和环境温度、散热外径迅速查出，有条件的也可用程序计算器方便地计算。

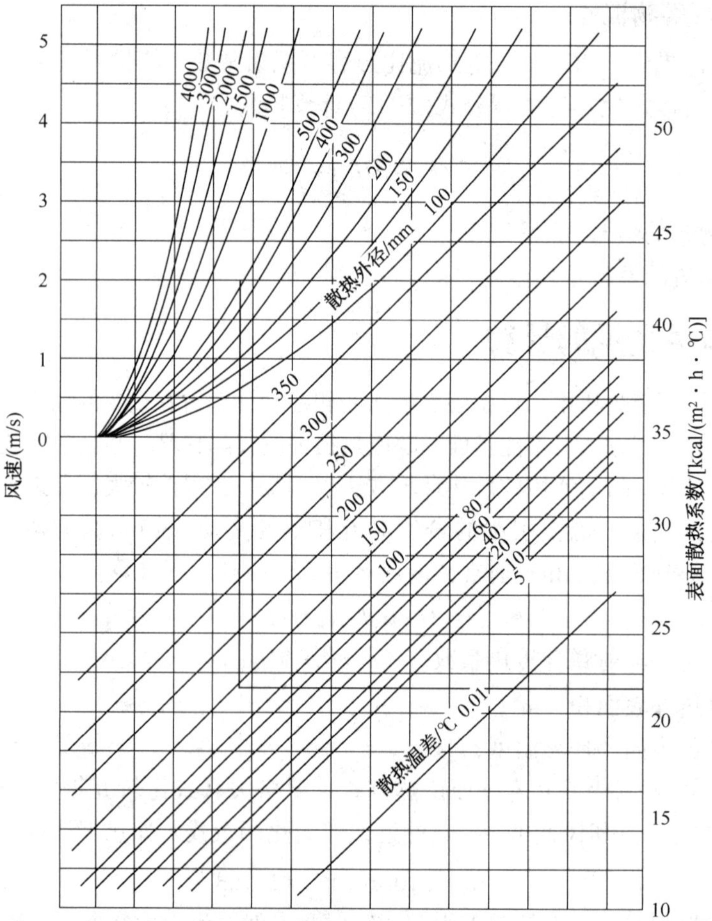

图2-9 表面散热系数速算图

图 2-9 是在$t_f=15$℃条件下绘制的，当$t_f \neq 15$℃时，可由图 2-10 校正。在散热温差(t_W-t_f)≤60℃(一般保温良好的表面)时，不须查图 2-10，加上校正值 $\gamma=0.04(t_f-15)$ 即可。

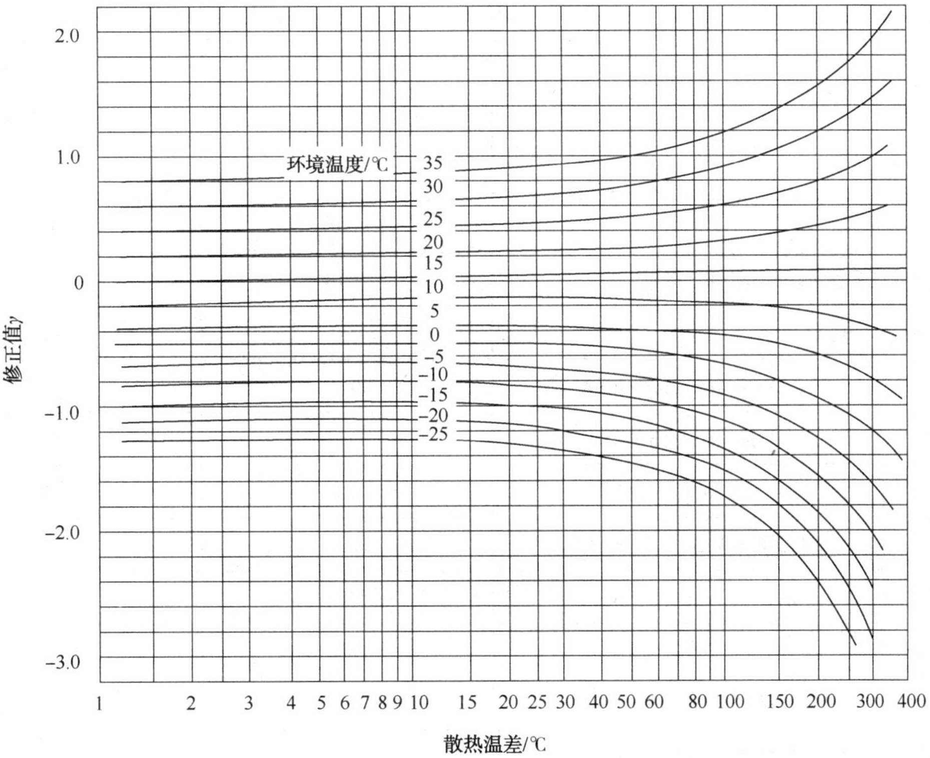

图 2-10 环境温度修正

【例 2-2】 求某设备表面散热系数。该设备保温外径为 500mm，设备表面温度与环境温度之差为 150℃，风速为 2m/s。

解：由风速为 2m/s 的左纵坐标出发，水平向右交于散热外径为 500mm 的曲线，再垂直向下交于散热温差为 150℃的直线上，水平向右交于右纵坐标上，得散热系数为 21.7 kcal/(m^2·h·℃)。换算为 SI 单位为 25.237W/(m^2·K)。

表 2-4 给出了某炼油厂催化裂化再生器用不同方法计算表面散热的比较。结果表明按照式(2-104)计算精度比前两者高。

由测定计算出来的散热量 Q 求散热㶲损 Ex_D 可用下式：

$$Ex_D=Q(1-T_0/T_B) \tag{2-105}$$

式中，T_B为设备内部流体温度，K。当流体温度有变化时，可以取其特性温度。如换热器壳体及管箱分别取两流体的特性温度；加热炉可近似取辐射段顶部T_p温度；分馏塔可按塔底和塔顶温度计算特性温度；管线温降大时可以分段计算。注意不应按表面温度计算散热㶲损，因为温度从T_B降到T_W的热㶲损也是由于散热产生的。

表 2-4 再生器表面散热计算与导热测定数据比较

项目		再生器双层衬里	再生器单层衬里
测定时间		1993 年 4 月 29 日	1993 年 5 月 1 日
环境温度/℃		23	18
风速/(m/s)		3.2	0.2
流体温度/℃		486	660
表面温度/℃		75	126
保温厚度/mm		100	100
测定衬里导热系数/[kcal/(m·h·℃)]		0.18	0.26
测定导热量/[kcal/(h·m²)]		740	1388
式(2-102)	散热系数/[kcal/(m²·h·℃)]	20.73	10.0
	散热量/[kcal/(h·m²)]	1121	1127
	与导热测定差/%	51.5	18.8
式(2-103)	散热系数/[kcal/(m²·h·℃)]	21.62	12.75
	散热量/[kcal/(h·m²)]	1169	137
	与导热测定差/%	58.0	3.52
式(2-104)	散热系数/[kcal/(m²·h·℃)]	15.0	12.26
	散热量/[kcal/(h·m²)]	811	1382
	与导热测定差/%	9.6	0.4

注：1. 表中“导热量测定”是根据洛阳耐火材料研究所测定的导热系数计算的。

2. 1cal=4.184J。

此外，在散热测算中注意，迎风和背风表面温度有时相差很大(图 2-11)。由于实用中不可能逐点测定各测温点的风速，只能取一个统一值，因而表面温度应当取多个测点的平均值，并注意所取测点的代表性。

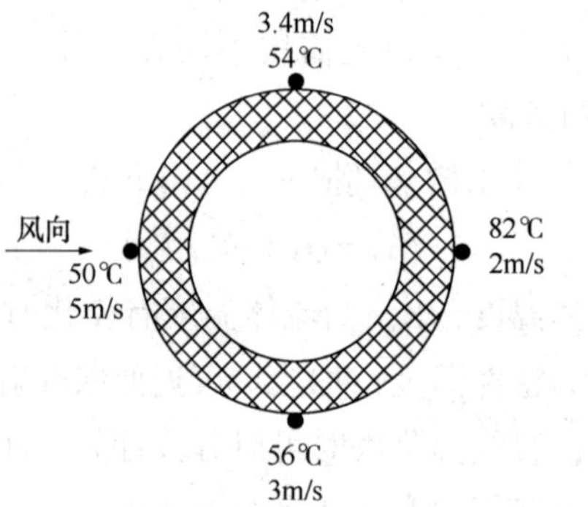

图 2-11 某竖直设备表面温度测定数据

参 考 文 献

[1] API Technical Data Book—Petroleum Refining, 4thEd, 1983.
[2] 上海化工学院炼油教研组. 石油炼制设计数据图表集(下)[M]. 1987: 313.
[3] 张锡鹏. 炼油过程㶲的计算和分析[J]. 茂名石油加工, 1988, 25(4).
[4] 张联科. 化工热力学(无机化工用)[M]. 北京: 化学工业出版社, 1980.
[5] 何耀文. 化工过程热力学分析[J]. 化工新技术, 1982.
[6] 蔡祖恒. 炼油过程㶲分析与节能经济评价方法的探讨[J]. 炼油设计(炼厂节能文集), 1981: 38-40.
[7] 袁一, 胡德生. 化工过程热力学分析法[M]. 北京: 化学工业出版社, 1985: 10.
[8] 陈安民, 华賁. 石油及其馏分物理㶲的实用计算.[J]炼油设计, 1987(3): 35-39.
[9] ANDREA. CARLI. Chemical Processing, 1974, 87(4).
[10] 陈安民, 田慧. 轻烃及其混合物能量和㶲的实用计算方法[J]. 炼油设计, 1990, 52(6).
[11] HaZim S. H. A. Correlation for Enthalpy of Petroleum Fractions[J]. Oil & Gas Journal, 1989, 9(4).
[12] 华賁, 陈安民. 炼厂散热的实用计算和㶲经济分析[J]. 石油炼制, 1984(2).

3 机械能及化学㶲的计算

摘　要　讨论基于焓和熵的热力学微分方程的实际气体能量和㶲的计算，推导实际气体焓、熵和㶲的计算方法，以及压力对焓和熵影响的剩余性质，可根据计算精度要求的不同，分三个层次进行计算。本章还介绍了流体流动过程的能量和㶲计算、化学㶲计算和燃料㶲计算。

关键词　实际气体㶲；不可逆过程；流体流动；化学㶲；燃料㶲；扩散㶲

3.1 真实气体的能量和㶲的计算

在许多操作过程中，气体物流处于较高压力下操作。对于大于0.5MPa的气相物流已偏离理想气体，不能按理想气体物性计算方法求物流能量和㶲值。如何计算真实气体物流能量和㶲值，也是我们需要解决的一个问题。

3.1.1 真实气体能量和㶲的计算方法

在化工热力学领域，通常采用“剩余性质”或“偏差函数”的方法解决真实气体热力学性质的计算问题。所谓剩余性质，是气体在真实状态下的热力学性质，与在同一温度、压力下当气体处于理想状态下热力学性质之间的差额。剩余性质是一个假想的概念。因为在真实状态下，在相同的温度、压力下，物流不可能处于理想状态。但用这个方法则可以处理真实气体与理想气体热力学性质之间的差额，从而求出真实气体的热力学性质。

通常我们使用的工艺图表的焓值，多为常压下的焓值。理想气体熵的计算也可很容易算出。因而，可由焓和熵及环境参数计算出物流㶲值。求真实气体物流能量和㶲的关键在于确定压力对物性的影响，即剩余性质。根据焓和熵的热力学微分式

$$dH = TdS + Vdp \tag{3-1}$$

$$dS = C_p\left(\frac{dT}{T}\right) - \left(\frac{\partial V}{\partial T}\right)_p dp \tag{3-2}$$

导出：

$$dH = C_p dT + Vdp - \left(\frac{\partial V}{\partial T}\right)_p dp \tag{3-3}$$

$$\delta Ex = C_p\left(1 - \frac{T_0}{T}\right)dT + Vdp - (T - T_0)\left(\frac{\partial V}{\partial T}\right)_p dp \tag{3-4}$$

在式(3-2)、式(3-3)及式(3-4)中，随压力而变化的函数，称为剩余性质(压㶲包括了理想气体的压㶲部分)。

$$\Delta H_p = \int_{p_0}^{p}\left[V - T\left(\frac{\partial V}{\partial T}\right)_p\right]dp \tag{3-5}$$

$$\Delta S_p = \int_{p_0}^{p} \left(\frac{\partial V}{\partial T}\right)_p \mathrm{d}p \tag{3-6}$$

$$\Delta Ex_p = \int_{p_0}^{p} \left[V - (T - T_0)\left(\frac{\partial V}{\partial T}\right)_p \right] \mathrm{d}p \tag{3-7}$$

因此，真实气体能量(焓变)、熵和㶲为：

$$\Delta H = \Delta H^0 + \Delta H_p \tag{3-8}$$

$$\Delta S = \Delta S^0 + \Delta S_p \tag{3-9}$$

$$\Delta Ex = \Delta Ex^0 + \Delta Ex_p \tag{3-10}$$

上标 0 表示理想气体。

3.1.2 剩余性质的计算

式(3-5)~式(3-7)中剩余性质的确定关键在于寻找一个反映实际气体 p-V-T 关系的真实气体状态方程，以求解压力对物性的影响。采用幂级数形式表达的维里状态方程并结合皮策等人提出的第二维里系数经验方程可求解石油馏分压力对物理能量和㶲的影响。采用 L-K 三参数普遍化关联式可求解压力对轻烃及其混合物能量和㶲的影响。根据要求的计算精度不同，可采用三种层次计算压力对焓熵的影响。

3.1.2.1 贝塞罗特状态方程法[5]

在简单的能量平衡和㶲平衡等工程计算中，并不要求很高的精度，且物流出入设备的数量(质量)不变，计算方法带来的误差并不很大，因此，采用便于解析的贝塞罗特状态方程[5]计算真实气体物流能量和㶲亦可满足工程误差要求。

$$pV = RT\left[1 + \frac{9pT_c}{128p_cT}\left(1 - 6\frac{T_c^2}{T^2}\right)\right] \tag{3-11}$$

该方程比较简单，且呈显函数形式，便于求解。式(3-11)右边中括号中的各项实际上为 $pV=ZRT$ 中的压缩因子 Z。

由式(3-11)则有：

$$V = \frac{RT}{p}\left(1 + \frac{9pT_c}{128p_cT} - \frac{54pT_c^3}{128p_cT^3}\right) \tag{3-12}$$

$$\left(\frac{\partial V}{\partial T}\right)_p = \frac{R}{p} + \frac{54RT_c^3}{64p_cT^3} \tag{3-13}$$

将式(3-13)代入式(3-5)，自 p_0 状态积分至 p 得：

$$\Delta H = \frac{RT_c}{p_c}\left[\frac{9}{128} - 81T_c^2/(64T^2)\right](p - p_0) \tag{3-14}$$

式(3-14)即压力对焓影响积分计算式。

同样，把式(3-12)和式(3-13)代入式(3-7)得：

$$\Delta Ex = RT_0\ln\left(\frac{p}{p_0}\right) + \frac{RT_c}{p_c}\left[\left(\frac{9}{128} - \frac{81}{64T_r^2} + \frac{27T_0}{32TT_r^2}\right)\right](p - p_0) \tag{3-15}$$

由式(3-15)可知，方程右边的前项 $RT_0\ln\left(\frac{p}{p_0}\right)$ 为按理想气体处理时，压力对㶲的影响，即理想气体压㶲，而第二项则为处于真实气体的物流压的理想气体压的修正项，令

$$D=\frac{RT_c}{p_c}\left(\frac{9}{128}-\frac{81}{64T_r^2}+\frac{27\,T_0}{32TT_r^2}\right)=\frac{RT_c}{p_c}\left[0.07031-\frac{0.844}{T_r^2}\left(1.5-\frac{T_0}{T}\right)\right] \tag{3-16}$$

则式(3-15)变为：

$$\Delta Ex=RT_0\ln\left(\frac{p}{p_0}\right)+D(p-p_0) \tag{3-17}$$

式中，R 是对 1kg 分子物流而言的。对于 1kg 物流，气体常数 R 以 R/M 代替即可(M 为物流分子量)。

贝塞罗特方程是二参数状态方程，对于无相变的气相过程，其计算的精度可以满足工程误差要求。但对于接近临界状态或气液两相状态的情况不能使用。

3.1.2.2 维里方程法

以幂级数形式表达的维里方程是较为常见的一个气体状态方程，其形式为：

$$Z=\frac{pV}{RT}=1+B'p+C'p^2+\cdots \tag{3-18}$$

在气体的对比体积大于 2 的范围内，对式(3-18)取前两项，仍可精确描述气体的 $p-V-T$ 关系，因而皮策等人[3]认为在该范围内使用维里系数及其关联式计算气体的热力学性质是非常方便的。

$$Z=1+\frac{Bp}{RT} \tag{3-19}$$

压力不变条件下对温度求偏导数：

$$\left(\frac{\partial Z}{\partial T}\right)_p=p/R\left(\frac{dB}{TdT}-\frac{B}{T^2}\right) \tag{3-20}$$

另一方面，任何真实气体均可表示为：

$$V=\frac{ZRT}{p} \tag{3-21}$$

$$\left(\frac{\partial V}{\partial T}\right)_p=R/p\left[Z+T\left(\frac{\partial Z}{\partial T}\right)_p\right] \tag{3-22}$$

将式(3-21)和式(3-22)代入式(3-5)和式(3-7)得：

$$\Delta H=RT^2\int_{p_0}^{p}\left(\frac{\partial Z}{\partial T}\right)_p dp/p \tag{3-23}$$

$$\Delta Ex=\int_{p_0}^{p}\left(ZRT_0+RT\left(\frac{\partial Z}{\partial T}\right)_p(T-T_0)\right)dp/p \tag{3-24}$$

代入 Z 及 $\left(\frac{\partial Z}{\partial T}\right)_p$ 的表达式，则有：

$$\Delta H=\left(\frac{TdB}{dT}-B\right)(p-p_0) \tag{3-25a}$$

$$\Delta Ex = RT_0\ln\left(\frac{p}{p_0}\right)-\left[\frac{T\mathrm{d}B}{\mathrm{d}T}(T-T_0)-B\right](p-p_0) \tag{3-25b}$$

而皮策等提出的第二维里系数的经验方程为：

$$B = \frac{RT_c}{p_c}[(0.1445+0.073\omega)-(0.33-0.46\omega)T_r^{-1}-(0.1385+0.5\omega)T_r^{-2}$$
$$-(0.0121+0.097\omega)T_r^{-3}-0.0073T_r^{-8})] \tag{3-26}$$

$$\frac{\mathrm{d}B}{\mathrm{d}T_r}=\frac{RT_c}{p_c}[(0.33-0.463\omega)T_r^{-2}+(0.277+\omega)T_r^{-3}+(0.0363+0.29\omega)T_r^{-4}-0.0584T_r^{-9}] \tag{3-27}$$

将 B 及 $\mathrm{d}B/\mathrm{d}T_r$ 代入计算式即可得到物流的压焓和压㶲值，ω 为物流的偏心因数。

3.1.2.3 Lee-Kesler 三参数普遍化关联法

处于较高压力的真实气体，压力对物流焓、㶲的影响，也可采用 L-K 三参数普遍化关联法及 B-W-R 对比状态方程计算，此法精度较高，适用范围广，但需多次迭代计算。在计算机普及的今天，石油化工装置用能分析应用三参数普遍化关联法就比较方便了。

引入反映物质分子大小和形状的一个特征参数——偏心因数，并采用 L-K 三参数普遍化关联式，计算真实气体的焓、熵。

$$G=G^0+\frac{\omega}{\omega^r}(G^r-G^0) \tag{3-28}$$

式中 G——物性(压缩因子、焓、熵等)；

ω——偏心因数；

上标 0 表示简单流体(甲烷等)的热力学性质；

上标 r 表示参照流体(正辛烷)的热力学性质。

根据上述三参数普遍化关联式，压缩因子、焓、熵的偏差函数为：

$$Z=Z^0+\omega/\omega^r(Z^r-Z^0) \tag{3-29}$$

$$\frac{H-H^0}{RT_c}=\left(\frac{H-H^0}{RT_c}\right)^0+\left(\frac{\omega}{\omega^r}\right)\left[\left(\frac{H-H^0}{RT_c}\right)^r-\left(\frac{H-H^0}{RT_c}\right)^0\right] \tag{3-30}$$

$$\frac{S-S^0}{R}=\left(\frac{S-S^0}{R}\right)^0+\left(\frac{\omega}{\omega^r}\right)\left[\left(\frac{S-S^0}{R}\right)^r-\left(\frac{S-S^0}{R}\right)^0\right] \tag{3-31}$$

应用修正的 B-W-R 对比状态方程，计算简单流体和参照流体的压缩因子。

$$Z=\frac{p_rV_r}{T_r}=1+\frac{B}{V_r}+\frac{C}{V_r^2}+\frac{D}{V_r^5}+\frac{C_4}{V_r^2T_r^3}\left[\beta+\frac{\gamma}{V_r^2}\exp\left(-\frac{\gamma}{V_r^2}\right)\right] \tag{3-32}$$

式中，

$B=b_1-\frac{b_2}{T_r}-\frac{b_3}{T_r^2}-\frac{b_4}{T_r^3}$；

$C=c_1-\frac{c_2}{T_r}+\frac{c_3}{T_r^3}$；

$D=d_1-\frac{d_2}{T_r}$；

式中各系数见表 3-1。

表 3-1 式(3-32)系数表

系数	简单流体	参照流体
b_1	0.1181193	0.202657
b_2	0.265728	0.331511
b_3	0.154790	0.027655
b_4	0.030323	0.203488
c_1	0.0236744	0.0313385
c_2	0.0	0.016901
c_3	0.042724	0.041577
$d_1\times10^4$	0.155488	0.48736
$d_2\times10^4$	0.623689	0.070336
β	0.65392	1.226
γ	0.060167	0.03754

采用牛顿迭代法解出上述方程的根 V，即得到简单流体的Z^0，仿此，把参照流体的常数及对比参数p_r，T_r代入上式可得出参照流体的压缩因子 Z_r，最后根据物质的偏心因数由式(3-29)求出该物质在操作状态下的 Z 值。

已知 Z^0，Z_r 后，就可以通过式(3-33)、式(3-34)两式求出简单流体和参照流体的余焓、余熵无因次数群，进而由式(3-30)、式(3-31)求出焓和熵的剩余性质。

$$\frac{H-H^0}{RT_c}=T\left(Z-1-\frac{b_2+\frac{2b_3}{T_r}+\frac{3b_4}{T_r^2}}{T_rV_r}-\frac{c_2-\frac{3c_3}{T_r^2}}{2T_rV_r^2}+\frac{d_2}{5T_rV_r^5}+3E\right) \tag{3-33}$$

$$\frac{S-S^0}{R}=\ln Z-\frac{\left(\frac{b_1+b_3}{T_r^2}+\frac{2\ b_4}{T_r^3}\right)}{V_r}-\frac{\left(c_1-\frac{2c_3}{T_r^3}\right)}{2V_r^2}-\frac{d_1}{5V_r^5}+2E \tag{3-34}$$

$$E=\frac{c_4}{2T_r^3r}\left[\beta+1-\left(\beta+1+\frac{\gamma}{V_r^2}\right)\exp\left(-\frac{\gamma}{V_r^2}\right)\right] \tag{3-35}$$

式中 T_r——真实气体的对比温度，$T_r=T/T_c$；

T_c——假临界温度，$T_c=\sum X_i/T_{ci}$； (3-36)

p_c——假临界压力，$p_c=\sum X_i/p_{ci}$； (3-37)

ω——偏心因数，$\omega=\sum X_i/\omega_i$； (3-38)

V_r——对比体积。

至此，真实气体的焓可由理想气体的焓和剩余性质求得：

$$\Delta H=\Delta H^0+\frac{H-H^0}{RT_c}\frac{R}{M}T_c \tag{3-39}$$

真实气体的熵可由理想气体的熵和剩余性质求得：

$$\Delta S=\Delta S^0+\frac{S-S_0}{R}\cdot\frac{R}{M} \tag{3-40}$$

真实气体的㶲：

$$\Delta Ex = \Delta H + T_0 \Delta S \tag{3-41}$$

【例 3-1】 某炼油厂催化裂化装置压缩富气温度为 120℃，压力为 1MPa(10atm)，压缩富气组成(体积分数)见表 3-2 和表 3-3。运用上述方法编制的 IBM-PC 微机程序计算各组分及混合物的焓、熵、㶲。结果列入表 3-4(取基准温度为 15℃)。

表 3-2 基准相态为液相的气相烃的焓、熵和㶲计算

原始数据		计算结果		
名称	体积分数	焓/(kJ/kg)	熵/[kJ/(kg·℃)]	㶲/(kJ/kg)
异戊烷	0.050	542.142	1.7271	44.732
戊烷	0.008	567.204	1.7781	55.104
顺-2-戊烯	0.016	557.901	1.7482	54.432
1-戊烯	0.034	540.032	1.7168	45.591

表 3-3 基准相态为气相的气相烃的焓、熵和㶲计算

原始数据		计算结果		
名称	体积分数	焓/(kJ/kg)	熵/[kJ/(kg·℃)]	㶲/(kJ/kg)
氢	0.074	1512.414	4.4745	223.767
氧	0.086	97.152	0.2873	14.414
氮	0.086	109.256	0.3282	16.163
甲烷	0.055	247.114	0.7289	87.19
二氧化碳	0.012	92.985	0.2744	13.962
乙烯	0.029	177.486	0.5223	27.053
乙烷	0.058	201.619	0.5933	30.762
丙烯	0.217	177.601	0.5223	27.192
丙烷	0.032	195.038	0.5735	29.867
异丁烷	0.089	196.862	0.5787	30.201
异丁烯	0.036	184.628	0.543	28.234
1-丁烯	0.036	179.036	0.5263	27.474
丁烷	0.018	199.05	0.5854	30.46
反-2-丁烯	0.036	180.525	0.5309	27.62
顺-2-丁烯	0.028	165.329	0.4856	25.469

表 3-4 基准相态为混合相的气相烃的焓、熵和㶲计算汇总表

项 目	焓/(kJ/kg)	熵/[kJ/(kg·℃)]	㶲/(kJ/kg)
气相基准态	145.025	0.4268	22.102
液相基准态	101.531	0.322	8.781
理想气体	246.555	0.7489	30.883
压力影响项	-10.94	-0.4833	128.243
真实气体	235.616	0.2656	159.126

3.1.2.4 计算压力对焓、㶲物性的影响

当计算压力对物流焓、㶲的影响时，就涉及物流的临界性质T_c、p_c、沸点及偏心因数。

对于一般的物质，包括轻烃及其混合物和其他常用物质，这些物性都可从《石油化工物性手册》中查到。但是对于石油馏分，则无现成的数据可查，可通过相应的计算得到。

石油馏分的虚拟临界性质T_c、p_c及分子量 M 和反映物质偏离球形程度的偏心因数 ω 的计算方法[8,9]：

$$T_c = 17.2164T_B^{0.5848}d^{0.3956} \tag{3-42}$$

$$p_c = 5.4565\times10^7 T_B^{-2.3125}d^{2.3201} \tag{3-43}$$

$$M = 219.06\exp(0.00392T_B)\cdot\exp(-3.07d)T_B^{0.118}d^{1.88} \tag{3-44}$$

$$\omega = \frac{3}{7}\left[(\log_{10}p_c)/\left(\frac{T_c}{T_B}-1\right)\right] \tag{3-45}$$

上式中，d 为 15.6℃时的相对密度，如果已知石油馏分 20℃的相对密度 d_4^{20}，则 d 可由式(3-46)估算：

$$d = 0.9942d_4^{20}+0.009181 \tag{3-46}$$

T_B为石油馏分的平均沸点，可由恩氏蒸馏 10%~90%馏出温度数据计算得到。

$$t_V = (t_{10}+t_{30}+t_{50}+t_{70}+t_{90})/5 \tag{3-47}$$

$$SL = (t_{90}-t_{10})/80 \tag{3-48}$$

$$T_B = D_0+D_1t_V \tag{3-49}$$

式中 t_V——体积平均沸点，℃；

SL——恩氏蒸馏曲线斜率；

$D_0 = 272.03-5.9915SL-0.50067SL^3$；

$D_1 = 1+0.012809SL-4.5286\times10^{-3}SL^2+1.17013\times10^{-3}SL^3$；

$t_{10}\sim t_{90}$——恩氏蒸馏 10%~90%点温度，℃，当恩氏蒸馏馏出温度高于 246℃时考虑到裂化作用，应作校正[8]。

3.2 流体流动过程能量的计算

流动能是功的主要形式。理论上，功可以从一种形式转换为另一种形式，其能量的品位(能级)为 1。因此，许多情况下流动能与流动㶲数值相同。

3.2.1 体积功、轴功和流动功

在石油化工过程中，常用的动力设备有耗功设备(泵、风机、压缩机等)和产功设备(热力机械如膨胀透平和水力机械)，都是通过机械轴的转动实现流体和环境之间功的交换。

单位质量的气体和环境交换的功可分为三部分：

(1) 当流体流入管路时，从后面的气体接受的功为p_1V_1(环境对体系做功为负)；

(2) 当流体流出管路时，对前面的气体所做的功为p_2V_2；

(3) 流体传递给机械转动的轴的功——轴功。

单位质量气体流过透平机时，气体体积发生变化，在理想条件下(无摩擦时，推动力无限小)气体所做的体积功为：

$$W = \int_{V_1}^{V_2} p\mathrm{d}V = W_s + p_2V_2 - p_1V_1 \tag{3-50}$$

移项有：

$$W_s = \int_{V_1}^{V_2} p\mathrm{d}V - (p_2V_2 - p_1V_1) = \int_{V_1}^{V_2} p\mathrm{d}V - \Delta(pV) \tag{3-51}$$

$$\mathrm{d}(pV) = p\mathrm{d}V + V\mathrm{d}P$$

$$\int_{p_1V_1}^{p_2V_2} \mathrm{d}(pV) = (p_2V_2 - p_1V_1) = \int_{V_1}^{V_2} p\mathrm{d}V + \int_{p_1}^{p_2} V\mathrm{d}p$$

$$\int_{V_1}^{V_2} p\mathrm{d}V = p_2V_2 - p_1V_1 - \int_{p_1}^{p_2} V\mathrm{d}p$$

把式(3-51)代入式(3-50)，得：

$$W_s = -\int_{p_1}^{p_2} V\mathrm{d}p \tag{3-52}$$

W_s即流体传递给机械轴的理想轴功。

通常把$\Delta(pV)$称为体系的流动功W_f，即流体在流动过程中，因流动状态变化而与外界交换的功。W_f可正可负，为正时，表明流动体系对外做功($W_f>0$，$p_2V_2>p_1V_1$)；为负时，表明须由外界供入功以维持流动状况($W_f<0$，$p_2V_2<p_1V_1$)，轴功与流动功之和为总功(体积功)：

$$W = W_s + W_f \tag{3-53}$$

3.2.2 轴功和有效功的计算[10,11]

在过程用能分析中，通常把耗功动力设备传递给流体的能量称为有效功，主要体现在流体流动功的变化上。在可逆条件下机泵设备的理想轴功即为流体的有效功。

根据轴功的积分式，由流体的性质可求出不同流体的轴动。

3.2.2.1 液体输送机泵的轴功计算

$$-W_s = \int_{p_1}^{p_2} V\mathrm{d}p$$

液体为不可压缩流体，故V=常数，有：

$$-W_s = V(p_2 - p_1) = V\Delta p \tag{3-54}$$

式中 V——流体比体积，m^3/kg；

Δp——机泵进出流体压差，kgf/cm^2。

对于流量为$G(kg/h)$，Δp以kgf/cm^2表示时得：

$$-W_s = G\Delta p/367 \tag{3-55a}$$

而当以$Q(m^3/s)$表示流量，以米液柱表示泵的扬程，流体的密度为$\rho(kg/m^3)$时，理想轴功：

$$-W_s = QH\rho/102 \tag{3-55b}$$

式中 $-W_s$——轴功，kW(负值表示体系耗功)。

3.2.2.2 气体输送设备(压缩机)轴功计算

气体输送设备，一般有三种过程。等温压缩，耗功最小(等温膨胀做最大功)，而实际过程多为不等温压缩，但等温压缩作为比较基准具有现实意义；绝热压缩，绝热压缩气体过程产生的热量全部用于升高气体的温度，实际上，散热损失总是存在的，这也是一种极限情况；多变过程介于等温和绝热过程之间，实际压缩过程大多属于这一类过程。

在只进行能量平衡的用能分析中，压缩机所耗用的轴功，几乎全部进入气体(以流动功和热能的形式)成为流体的有效能。而对于㶲平衡来说，有效㶲为机械(压㶲)和流体热能㶲之和。

(1) 等温过程

对于 1kg 理想气体，等温过程压缩功：

$$-W_s=\int_{p_1}^{p_2}V\mathrm{d}p=\int_{p_1}^{p_2}\frac{R'T_1}{p}\mathrm{d}p=\left(\frac{R}{M}\right)T_1\ln\left(\frac{p_2}{p_1}\right) \tag{3-56}$$

(2) 绝热过程

因为绝热过程方程式为$p_1V_1^k=p_2V_2^k$，故可导出：

$$-W_s=\left(\frac{k}{k-1}\right)R'T_1\left(\frac{p_2}{p_1}\right)^{\frac{k-1}{k}}-1 \tag{3-57}$$

绝热指数差与气体的性质有关，严格地说与温度也有关系，在化工热力学的粗略计算中，理想气体差值可取：$k=\frac{C_p}{C_V}$

单原子气体 $k=1.667$

双原子气体 $k=1.4$

三原子气体 $k=1.333$

混合气体的绝热指数可由下式求算：

$$\frac{1}{k-1}=\sum Y_i/(k_i-1)$$

式中 k——混合气体绝热指数；

k_i——某组分绝热指数；

Y_i——某组分的衡摩尔数；

R'——气体常数，$R'=R/M$。

气体绝热压缩的理论轴功大小取决于初温T_1、绝热指数 k 和压缩比p_2/p_1。

(3) 多变压缩

气体在实际压缩过程中，通常是介于等温和绝热之间的多变过程，气体的 $p-V-T$ 关系和理论功耗的形式与绝热过程相似，只不过以多变指数 m 取代绝热指数而已，$p_1V_1^m=p_2V_2^m$。

$$-W_s=\left(\frac{m}{m-1}\right)R'T_1\left[\left(\frac{p_2}{p_1}\right)^{\frac{m-1}{m}}-1\right] \tag{3-58}$$

对于有水夹套的往复式压缩机，$1<m<k$，如空气压缩机，$k=1.4$，$m=1.25$。无夹套的离心机，由于克服流动阻力的功全部转变为热，使温度比绝热过程还要高，此时 $m>k$。

等温压缩和绝热压缩是多变压缩过程的一个特例。当 $m=1$ 时即为等温压缩，$m=k$ 时，为绝热压缩。

对于理想气体进行可逆绝热压缩或多变压缩，压缩功耗也可按式(3-59)计算[16]：

$$-W_s=R'T_m\ln\left(\frac{p_2}{p_1}\right) \tag{3-59}$$

式中，T_m为工质的进出口对数平均温度，且：

$$T_m=(T_2-T_1)/\ln\left(\frac{T_2}{T_1}\right)$$

证明如下：

$$-W_s=\frac{m}{m-1}R'T_1\left[\left(\frac{p_2}{p_1}\right)^{\frac{m-1}{m}}-1\right]$$

$$=\frac{m}{m-1}R'T_1\left(\frac{T_2}{T_1}-1\right)\left(\text{因为}(T_2/T_1)=\left(\frac{p_2}{p_1}\right)^{\frac{m-1}{m}}\right)$$

$$=\frac{m}{m-1}R'(T_2-T_1)(\text{乘以和除以}\ln(T_2/T_1))$$

$$=\frac{m}{m-1}R'T_m\ln(T_2/T_1)$$

$$=R'T_m\ln[(T_2/T_1)^{\frac{m}{m-1}}]$$

$$=R'T_m\ln(p_2/p_1)$$

故有式(3-59)。

可见，用热力学平均温度T_m代替温度T_1，即可用等温压缩公式计算多变压缩过程的功耗。

(4) 多级多变压缩

$$-W_s=\left(\frac{Sm}{m-1}\right)R'T_1\left[\left(\frac{p_2}{p_1}\right)^{\frac{m-1}{Sm}}-1\right] \tag{3-60}$$

式中　S——压缩级数。

3.3　化学㶲与燃料㶲的计算

物质的化学能和燃料的热值均可由手册中查取或计算。这就奠定了化学㶲和燃料㶲计算的基础。虽然，在我们的用能分析体系中，绕开了化学能和化学㶲的计算，但考虑化学㶲的概念及燃料㶲的简单计算，仍是十分重要的。

处于环境温度和压力下的物流与环境之间进行物质交换(物理扩散或化学反应)，最后达到与环境平衡，此时做出的最大功就是化学㶲。

化学㶲的计算，要求对每一元素均确定其环境状态，还要规定环境的化学组分和浓度，环境基准状态第1章已讨论，这里不再赘述。

化学㶲在石油化工过程用能分析中，并不十分常用，这是因为在用能分析三环节模型中，不计原料和产品化学能和化学㶲，只考虑加工前后原料和产品的化学能的差值(参见第5章)。该差值以反应热效应的形式计入过程的热力学能耗中，但对于习惯上计原料化学能的化肥化工系统，则往往要计算化学能。在评价单一过程中，也往往要遇到化学能(㶲)的计算问题，因此，了解化学㶲的概念，掌握简单的计算方法，是十分必要的。

3.3.1　化学㶲的基本概念

化学㶲的计算，可认为由三个子过程组成，即从环境状态的基准物提取参与反应的某些纯态物质(如 O_2等)的可逆分离过程，习惯上把来自环境基准物的纯态物质，称为“环境基准物”。第二个子过程是反应物(待研究物)与环境反应物在环境T_0、p_0下进行可逆的反应过程。反应过程的生成物，应该是环境中的其他一些基准物，称为环境生成物，这样的反应过程称为可逆基准反应，其㶲变化就是反应㶲。为保证基准反应的可逆性，不论是待研究物、环境反应物还是环境生成物，都必须以T_0、p_0下的纯物质形式参与基准反应，不应在进入反应室之前先行混合。第三个子过程是使这些环境生成物从纯态物质变为环境基准物成分的可逆扩散过程。完成这样三个子过程，即与环境达到了完全平衡，如图 3-1 所示。

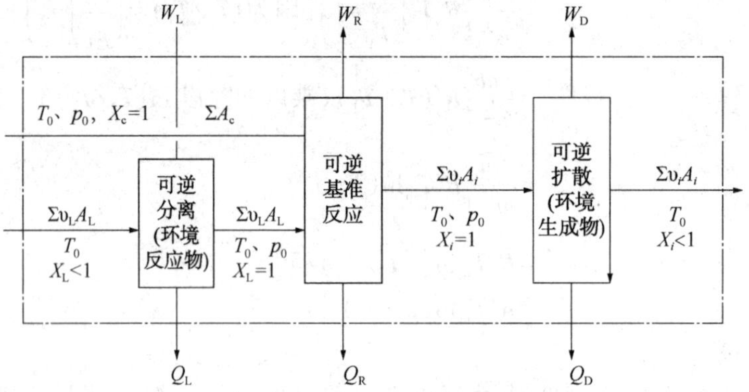

图 3-1 化学㶲计算的物理模型

即有 R 个环境反应物，被分离提纯为浓度为 1 的T_0、p_0下纯物质与 C 个待反应物(X_c = 1)，在T_0、p_0条件下进行可逆基准反应，浓度为 1 的 P 个反应生成物向环境扩散达到环境成平衡的浓度。

由图 3-1 可知，化学㶲的计算，包括两类过程：可逆的化学反应过程和可逆的浓度变化过程，这些过程对外提供的最大有用功，即为该物质的化学㶲。通常把环境反应物提纯的分离过程和反应产物向环境浓度扩散的过程，广义地统称为扩散过程，因此物质的化学㶲是反应㶲与扩散㶲的总和。

3.3.2 化学㶲的计算方法

通过对化学㶲计算的物理模型(虚线所包围的体系)做能量平衡，结合热力学的基本概念不难导出：

$$Ex_c = -\Delta G(T_0, p_0) + \left(\sum_R v_L Ex_{cL} + \sum_P v_\lambda Ex_{c\lambda}\right) \tag{3-61}$$

式中 Ex_c——单质或化合物的摩尔化学㶲(下标 L 为环境反应物提纯，下标 λ 为反应物向环境浓度扩散)；

ΔG——单质或化合物的自由焓；

v——环境反应物或反应生成物的摩尔分数。

式(3-61)前一项表示基准条件的反应㶲，后一项则表示浓度变化的扩散㶲，由两项组成，一是环境反应物的提纯，二是反应生成物向环境浓度的扩散。

因 $Ex_{cL} = RT_0\ln X_L$，$Ex_{c\lambda} = RT_0\ln X_\lambda$，$X$ 是摩尔分数，故式(3-61)又可写为：

$$Ex_c = -\Delta G(T_0, p_0) + \sum_R v_L RT_0\ln X_L + \sum_P v_\lambda RT_0\ln X_\lambda \tag{3-62}$$

3.3.2.1 元素和单质的化学㶲

所有在寂态(基准态)(即在地表自然环境中)不是以单质状态存在的游离元素，都具有化学能和化学㶲。因为它们从游离元素状态变化到最稳定的寂态组成时，都要放出能量和㶲。

手册中，标准生成焓是对纯物质(浓度为1，气相为1atm)而言的，但定义化学能的基准物在环境领域中的浓度多小于1。因此严格地说，能量和焓差 ΔH 在概念上是有区别的。另外，分压和浓度对焓影响都不大，因此可以认为$E_{ch} \approx -\Delta H^0$。

(1) 基准状态下 O、N、C、H 元素的化学㶲

龟山-吉田体系中规定 298.15K 和 1atm 下饱和湿空气作为空气中所包含气体的基准物，由此，可首先确定出 O，N，C，H 四元素的化学㶲。

对于 O_2、N_2，CO_2、H_2O 等纯气体来说，它们与基准物只是浓度不同，不涉及化学反应，因此，它们的化学㶲即为扩散㶲。

O_2　　$Ex_c(O_2) = -T_0 R\ln X^0_{O_2}$

O　　$Ex_c(O) = -1/2 T_0 R\ln X^0_{O_2}$

N_2　　$Ex_c(N_2) = -T_0 R\ln X^0_{N_2}$

N　　$Ex_c(N) = -1/2\ T_0 R\ln X^0_{N_2}$

CO_2　　$Ex_c(CO_2) = -T_0 R\ln X^0_{CO_2}$

$H_2O(g)$　　$Ex_c(H_2O) = -T_0 R\ln X^0_{H_2O}$

对于 C 和 H 元素，可根据基准反应的有关公式计算。

C 的基准反应　　$C+O_2=CO_2$

元素 C 㶲　　$Ex_c(C) = -g_f(CO_2)+Ex_c(CO_2)-Ex_c(O_2)$

H_2基准反应　　$H_2+1/2O_2=H_2O(l)$

H_2㶲　　$Ex_c(H_2) = -g_f(H_2O)(l)+Ex_c(H_2O)(l)-\frac{1}{2}Ex_c(O_2)$

(2) 其他元素基准状态下的化学㶲

为确定元素 X 的化学㶲，需要从含有 X 元素的所有化合物选出最稳定的化合物 $X_xA_aB_bC_c$ 作为基准物，认为 $Ex_c(X_xA_aB_bC_c)=0$。认为基准物是由元素 X 与其他一些元素 A、B、C 通过可逆生成反应生成的，即：

$$xX+aA+bB+cC \rightarrow X_xA_aB_bC_c \tag{3-63}$$

对该反应式列出㶲平衡得：

$$xEx_c(X)+aEx_c(A)+bEx_c(B)+cEx_c(C) = -\Delta G(T_0,\ p_0)+E_c(X_xA_aB_bC_c) \tag{3-64}$$

这里，用 $Ex_c(X)$ 表示元素 X 的化学㶲：

$$-\Delta G(T_0,\ p_0) = -[g_f(X_xA_aB_bC_c)-xg_f(X)-ag_f(A)-bg_f(B)-cg_f(C)] \tag{3-65}$$

由于生成反应中各元素的生成自由焓等于零，而且基准物$X_xA_aB_bC_c$的化学㶲为零，因此式(3-65)整理为：

$$Ex_c(X) = \left(\frac{1}{x}\right)[-g_f(X_xA_aB_bC_c)+aEx_c(A)+bEx_c(B)+cEx_c(C)] \tag{3-66}$$

应用上式计算化学㶲时，应注意：①参与反应的物质 A、B、C 的㶲已确定；②基准物 $X_xA_aB_bC_c$已经选定。

3.3.2.2 基准状态下化合物的化学㶲

在确定了基准物体系和元素的化学㶲后，只要已知物质的生成自由焓，则可利用下列可逆生成反应来确定任何纯物质的化学㶲。

设纯物质$A_aB_bC_c$由单质或元素 A、B、C 经可逆生成反应

$$aA+bB+cC \rightleftharpoons A_aB_bC_c \tag{3-67}$$

如已知此物质的生成自由焓$g_f(A_aB_bC_c)$及元素 A、B、C 的化学㶲，则此物质的化学㶲为：

$$Ex_c(A_aB_bC_c)=g_f(A_aB_bC_c)+aEx_c(A)+bEx_c(B)+cEx_c(C) \tag{3-68}$$

相应地化学能量

$$E_c(A_aB_bC_c)=\Delta H_f^0(A_aB_bC_c)+aE_A+bE_B+cE_C \tag{3-69}$$

式中　$E_c(A_aB_bC_c)$——化合物的化学能。

附录 A 中已列出了常用化合物的化学㶲。

3.3.2.3 其他温度下元素和化合物的化学㶲

在进行㶲分析时，所选用的环境温度未必等于基准温度 298.15K，不能直接利用前述的基准状态下的化学㶲值。有时候出于需要，计算温度为 T 时的物质化学㶲时应进行温度修正：

设基准状态下的化学㶲为 Ex_c，而环境状态下的化学㶲为 $Ex_c(T_0)$，若令

$$\S=[Ex_c(T_0)-Ex_c]/(T_0-298.15)$$

则

$$Ex_c(T_0)=Ex_c+\S(T_0-298.15) \tag{3-70}$$

式中，§称为化学㶲的温度修正系数。对于温度为 T 的物质化学㶲的计算，也可沿用上述方法，而以 T 代替T_0。

实际的㶲分析计算，温度高于基准温度，而工程上又不能忽略的则视作由温度引起的热物理㶲，另作计算。

3.3.2.4 扩散㶲

扩散㶲是化学㶲的一个组成部分。在工程实际中，也常有许多过程没有化学变化，仅有组分浓度的改变，即由在实际物流中的浓度扩散到基准态浓度，这种因浓度差而具有的㶲称为扩散化学㶲。扩散的逆过程称为分离过程。实际过程中的扩散是单向浓度差引起的化学变化。而化学㶲计算中，扩散㶲则指环境反应物提纯与环境生成物扩散的化学㶲的代数和。

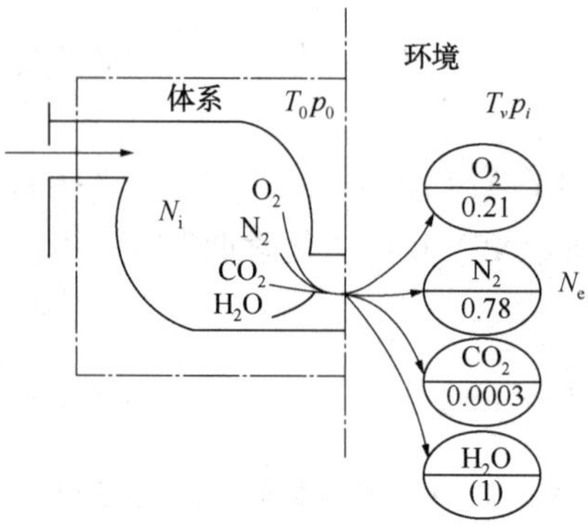

图 3-2　扩散化学㶲计算模型

这里讨论的扩散㶲，主要是指实际过程中物流向环境中或向低浓度领域扩散的化学㶲。如图 3-2 所示的扩散过程（如加热炉、锅炉烟气向大气中扩散）的化学㶲微元变化为：

$$Ex_{cd}=\sum_{i=1}^{m}\mu_i dn_i \tag{3-71}$$

式中　Ex_{cd}——扩散化学㶲；

μ_i——i 组分的化学位；

n_i——i 组分的千摩尔数。

但在此扩散过程中，所有组分均为基准物，其数量

kmol 并无变化，即n_i=常数。与此同时，所有组分化学位的变化都是基于组分在体系和环境中浓度的改变。i 组分在体系中的化学位有：

$$\mu_i=\mu_i^0+RT_0\ln N_i \tag{3-72}$$

式中，N_i为 i 组分在体系中的浓度；μ_i^0为纯 i 组分($N_i=1$)在T_0，p_0下的化学位。

而对于 i 组分在环境中的化学位μ_{i0}可以写出：

$$\mu_{i0}=\mu_i^0+RT_0\ln N_{i0}=0 \tag{3-73}$$

式中，N_{i0}为 i 组分在环境中的浓度，即基准浓度。

因此，微分式(3-71)的积分形式应为：

$$Ex_{cd}=\sum_{i=1}^{m}(\mu_i-\mu_{i0})n_i \tag{3-74}$$

将式(3-72)、式(3-73)代入式(3-74)，可得：

$$Ex_{cd}=\sum_{i=1}^{m}(RT_0\ln N_i-RT_0\ln N_{i0})n_i \text{ 或}$$

$$Ex_{cd}=RT_0\sum_{i=1}^{m}n_i\ln(N_i/N_{i0}) \tag{3-75}$$

即为扩散化学烟的计算通式。其中在体系和环境中的浓度N_i和N_{i0}均为摩尔分数，分别在不同情况可为分压(对理想气体)、逸度(对真实气体)和活度(对真实溶液)。

扩散化学烟，主要用于基准物在大气和海水中的物质。对 1kmol 纯基准物质，$n_i=1$，$N_i=1$，扩散化学烟：

$$Ex_{cd}=\mu_i=RT_0\ln N_{i0} \tag{3-76}$$

式中 Ex_{cd}——摩尔扩散烟。

i 组分在环境领域中的基准物浓度N_i可参见表 1-1。对炼油过程，最常涉及的扩散化学烟是 CO_2和 N_2。

【例 3-2】 求加热炉烟气中 CO_2和 N_2的扩散化学烟(O_2含量微小可忽略)。已知 CO_2和 N_2在烟气中的分压分别为 0.01MPa 和 0.075MPa。

解：(1) 1kmol CO_2的扩散化学烟为：

$$Ex_{cd}=8.319\times298\ln(0.01/0.00003)=14.41\text{MJ/kmol}$$

(2) N_2 的扩散化学烟为：

$$Ex_{cd}=8.319\times298\ln(0.075/0.07583)=0.027\text{MJ/kmol}$$

根据上述计算，便可进一步算出烟气的扩散化学烟(假定烟气平均分子量为 27)：

$$Ex_{cd}=\frac{1}{27}[0.1\times14.41+0.75\times(-0.027)]=52.8\text{kJ/kg}$$

当排烟温度为 200℃，烟气比热容为 1.05kJ/(kg·℃)时，烟气物理烟为 47.4kJ/kg。

可见，扩散化学烟比例不容忽略，但是就目前的技术水平，扩散化学烟还难以利用，所以在用能分析中，多数情况不考虑烟气的扩散烟。

3.3.3 复杂物质及燃料的化学烟

3.3.3.1 复杂物质的基团贡献法

许多物质由于缺少生成自由焓数据或结构很复杂，难以准确地计算出它们的化学烟。

有人提出了用基团贡献法计算物质的化学能和化学烟，并列出 127 种气体和液体有机化合物基团的偏摩尔焓和偏摩尔㶲[14,15]。

$$Ex_c^0 = \sum n_j b_{cj}^0 \tag{3-77}$$

式中 n_j——分子中 j 基团数；

b_{cj}^0——j 基团的摩尔化学㶲。

3.3.3.2 燃料的化学㶲

燃料的燃烧是一种基准反应过程，所以基准状态下已知组成的燃料的化学㶲可通过基准反应的㶲平衡关系求得[12]。然而大多数燃料的组成是不知道的，如加热炉用重质燃料油，但是组成它们的元素却是有限的，主要是 C、H、S、O、N 等，可通过元素分析准确测知。另一方面，燃料的热值可以测定或计算，因此石油化工过程中常用的液体和气体燃料的㶲可由其低热值和相应的元素组成采用下述方法确定。

液体燃料，Szargut-StyryIska 式：

$$\frac{Ex_c}{LHV} = 1.0374 + 0.0159(H/C) + 0.0567(O/C) + 0.5985(S/C)\left[1 - 0.1737\left(\frac{H}{C}\right)\right] \tag{3-78}$$

信泽寅男修正式：

$$\frac{Ex_c}{LHV} = 1.038 + 0.1365[h/c] + 0.0308[o/c] + 0.0104[s/c] \tag{3-79}$$

气体燃料，Szargut—StyryIska 式：

$$\frac{Ex_c}{LHV} = 1.0334 + 0.0183[H/C] + 0.0694/[O/C] \tag{3-80}$$

Rant 式：

$$Ex_c = 0.95HHV \tag{3-81}$$

式(3-78)~式(3-81)中 LHV 为低热值，HHV 为高热值。[H/C]，[O/C]，[S/C]为原子比，[h/c]，[o/c]，[s/c]为质量比。

可见，燃料的化学㶲介于低热值和高热值之间。而燃料㶲包括了工程难以回收利用的燃烧气体扩散㶲。因此，许多情况下，直接取燃料㶲为其低热值亦可满足用能分析的要求，不必拘泥于严格的计算。

参 考 文 献

[1] 骆赞椿，徐汛．化工节能热力学原理[M]．北京：烃加工出版社，1990.

[2] J. M. 史密斯．化工热力学导论[M]．苏裕光等译．北京：化学工业出版社，1982.

[3] K. S Pitzer，R. F. Curl. The Volumetric and Thermodynamic Properties of Fluids. Empirical Equation for the Second Virial Coefficient[J]. J. Amer. Chem. Soc，1957，79(10)：2369-2370.

[4] 陈安民，田慧．轻烃及其混合物能量和㶲的实用计算方法[J]．炼油设计，1990(6)：57-58.

[5] 江苏师范学院等．物理化学[M]．北京：人民教育出版社，1980.

[6] B. I. Lee，M. G. Kesler. A Generalized Thermodynamic correlation Based on Three-parameter Corresponding States[J]. AICHE Journal，1975，21(3)：510-527.

[7] Lenoir J. M，Kuraxila G. K，Hipkin H. G. Proceedings Division of Refining[M]. 1969：89-114.

[8] API Technical DateBook—petroleum Refining，4th Ed，1983.

[9] 上海化工学院炼油教研组．石油炼制设计数据图表集，1978.

[10] 炼油设备工艺设计资料：泵和电机的选用[M]. 北京：石油工业出版社，1976.
[11] 炼油设备工艺设计资料：压缩机工艺计算[M]. 北京：石油工业出版社，1974.
[12] 朱明善 . 能量系统的㶲分析[M]. 北京：清华大学出版社，1984.
[13] 华贲 . 工艺过程用能分析及综合[M]. 北京：烃加工出版社，1989：484-486.
[14] 何耀文 . 化工新技术：化工过程热力学分析(下册)[M]，1982.
[15] 范良政 . 从热力学角度对化学过程系统的分析与合成(英)(上册)[M]，1981.

4 工艺过程用能热力学分析

摘　要　驱动力过大(如传热温差过大)引起的㶲损失，可以消除，要想进一步降低驱动力，达到工艺生产目标，就必须加大设备投资。本章根据最佳能量利用驱动力进行热力学分析，这些热力学分析包括：①传热过程的热力学分析；②流体流动过程的热力学分析；③传质过程的热力学分析；④化学反应过程的热力学分析；⑤热力学分析的燃烧过程。

关键词　热力学分析；传热；传质；化学反应；燃烧过程；㶲损失

石油化工过程尽管种类繁多，千差万别，但都是经过一系列物理变化和化学变化把原料加工成为产品的。生产过程之所以进行，是因为能量的推动作用，因而生产过程始终贯穿着能量的使用与损失。石油化工过程节能要求深入到过程内部观察和剖析过程能量的变化规律，运用技术经济的优化方法指出和确定用能的合理尺度。

无论石油化工生产过程如何复杂，都由一系列的单元操作过程组成，只是流程长短、组成的单元操作的数目多少不同而已。更为复杂的系统，各种单元操作纵横交叉难以分开。化学工程上的单元操作过程，通常指“三传一反”过程，即传热、传质、流体流动和化学反应(燃烧)四类过程，研究和掌握这四类单元操作过程的能量使用和演变规律——热力学分析，是进行过程用能分析的基础。

石油化工过程是使用能量的过程，在原料转化为产品的过程中，能量从高品位蜕化到低品位，最终排弃和耗散于环境。对某种单元操作过程来说，忽略散热因素时，能量数量可能没有变化，但质量都在降低。按照热力学第二定律，推动过程进行的动力是由于强度量参数差的存在，如温差、压差、浓差和化学势差等。工业过程需要以一定的速率完成生产任务，强度量差较大，属于不可逆过程。由于过程的不可逆，偏离平衡程度太远，因此在单元过程中，存在着大量㶲损失。减少㶲损失就要减少推动力。目前工业过程中，减少㶲损失分两种情况：一是过程有过大的推动力(如传热温差过高)，㶲损大，是减少的潜力；二是减少推动力，又要达到过程生产目标，就要增加设备投资，此时，应作技术经济比较，存在一个优化结果。在技术经济优化结果后的推动力，是过程和经济所必需的，不能减少。

所有单元操作的不可逆性，都带来了㶲损。这种㶲损在能量数量上体现不出来，故称为内部过程㶲损，以区别于外部排弃损失。

4.1　传热过程的热力学分析

传热过程是一类主要的单元操作过程，贯穿于石油化工过程的始末。它分为两大类：一类是冷热物流的直接混合传热，在均匀的统一的温度下达到平衡，传热结果是冷流温度提高热流温度下降，最终达到的温度下降、热物流吸收或放出的热量限制；另一类是间壁传热，由于过程速率限制不可能达到平衡。

4.1.1 忽略散热的传热过程

1. 传热设备中的冷、热物流㶲的计算

传热是高温物流的热量传递给低温物流，属于物理过程，能量和㶲值计算可参见第2章，提供物流传热的条件是必须使物流经传热设备，这就要耗费流体流动能。但流动能与热能相比，其量很小，多予忽略。但在㶲平衡中应计入。

2. 理想可逆传热过程

理想的可逆传热过程，能量和㶲都是守恒的，没有㶲损失，此时传热温差无限小，传热设备无限大，因而，实际上是根本不存在的过程。

3. 实际传热过程

实际传热过程是不可逆的，冷流是在比热流低的温度下得到热量。因此即使散热损失为零，冷流得到的㶲总是小于热流放出的㶲。二者之差，就是传热过程造成的㶲损。若忽略散热损失并假定传热物流均可视为恒比热容，传热量为 Q，则：

热流放㶲：

$$Ex_h = Q\left(1-\frac{T_0}{T_h}\right) \tag{4-1}$$

冷流得㶲：

$$Ex_c = Q\left(1-\frac{T_0}{T_c}\right) \tag{4-2}$$

式中 T_h，T_c——热和冷物流的对数或算术平均温度，K。

传热㶲损失为：

$$D_{KH} = Ex_h - Ex_c = Q\left(1-\frac{T_0}{T_h}\right) - Q\left(1-\frac{T_0}{T_c}\right) = Q\left(1-\frac{T_0}{T_h}-1+\frac{T_0}{T_c}\right)$$

$$= Q\left(\frac{T_0}{T_c}-\frac{T_0}{T_h}\right) = QT_0\frac{T_h-T_c}{T_hT_c} \tag{4-3}$$

由式(4-3)可见：

(1) 冷热两流体间的温差(T_h-T_c)越大，传热㶲损越大。减小传热温差(T_h-T_c)是减少传热㶲损的主要手段。

(2) 对于同样的(T_h-T_c)，物流温位越低，分母(T_hT_c)越小，㶲损越大，反之亦然。可见，低温传热比高温传热㶲损大。减少低温工况下的传热温差，比减少高温工况下的传热温差更有意义。

考虑流体流动㶲损在内的传热过程㶲损时，对不可压缩流体有：

$$D_K = T_0\left(Q\frac{T_h-T_c}{T_hT_c}+\frac{V_h\Delta p_h}{T_h}+V_c\frac{\Delta p_c}{T_c}\right) \tag{4-4}$$

式中 V_h，V_c——热、冷流体比体积；

Δp_h，Δp_c——热、冷流体压降。

考虑冷热物流压降的㶲损是为传热提供条件，也是冷流获得及能量所付出的代价。因此，精确计算时应考虑流动㶲损。

(3) 传热过程中，过程㶲损是由于两方面的不可逆因素造成的，一是热流体与冷流体的温差，二是流体流动的压降。减少传热过程㶲损，就要尽可能地减少二者的影响。但压降和传热系数，又是一对此消彼长的参数。压降大，设备内流速大，传热系数上升，对传热有利，但动力消耗大，存在一个经济优化值。在一定结构尺寸的热交换器中，流体压降通常可以视为常数，过程㶲损主要是温差项，是改进的重点。减少温差使设备面积(投资)增加，受技术经济优化的制约，不能无限制地减小传热温差。但在同样的传热温差下，如果采用逆流换热，可以使冷流体的出口温度接近热流体的入口温度，沿换热器流体的流向温差分布较为均匀，使不可逆性减小。对于多管程和多壳程换热器，也可通过调整操作提高温差修正系数，使传热过程㶲损降低。

4.1.2 有散热损失的传热过程

实际过程中的传热设备，由于设备表面温度与环境的温差，存在着设备表面向环境中对流辐射的联合传热，使得冷流得到的能量少于热流放出的能量。

热流在传热过程放出的㶲有三个去处：冷流得到的㶲、散热㶲损和传热过程㶲损。对散热过程中由设备内部流体温度传递到设备保温表面温度的传热过程㶲损及由保温表面温度对流辐射到环境状态的过程㶲损，都应归结到散热㶲损中去。

4.1.2.1 散热㶲损失

就设备内某点而言，流体温度和环境温度T_b都不随时间而改变(见图 4-1)，散热㶲损：

$$D_{KHR}=Q_R\left(1-\frac{T_0}{T_b}\right) \tag{4-5}$$

不应按器壁或保温层表面温度T_W计算散热㶲损，因为由T_b到T_W的温降所产生的㶲损也是由散热引起的。

散热的㶲损失还应包括：①从内部流体温度到绝缘表面温度的传热过程中引起的㶲损失；②从绝缘表面温度到环境的对流辐射过程中的㶲损失。

4.1.2.2 㶲平衡方程[1]

对一台换热器来说，无论是保温均匀良好还是全无保温，其散热主要是通过壳程流体(当然管箱也有散热，但相对较小)。壳程流体是热流时，散热㶲损D_{KHR}可由图 4-2 中面积 12′60 代表(即T_b在热流的进出口温度之间)。此时，传热㶲损D_{KH}为面积 1′234，其关联式为：

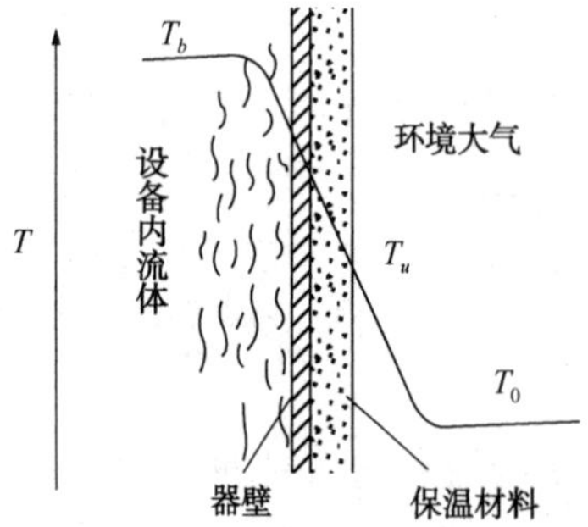

图 4-1 设备表面散热示意图

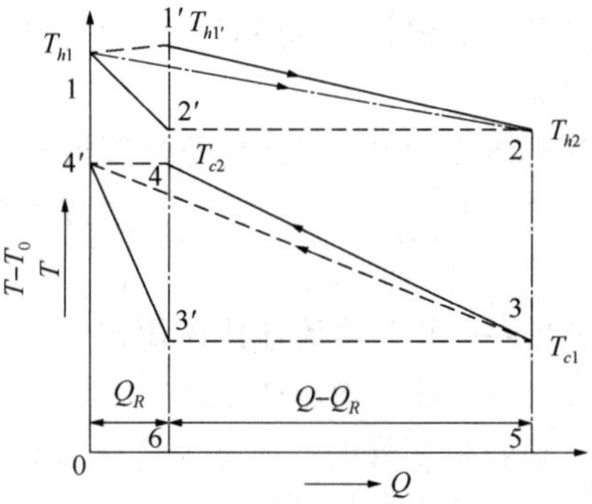

图 4-2 散热的传热㶲的损耗

$$D_{KH}=(Q-Q_R)T_0\left(\frac{T_h-T_c}{T_hT_c}\right) \qquad (4-6)$$

冷流得㶲Ex_c为面积3465，热流放㶲Ex_h为面积1250。从图4-2上可以看出这四块面积之间的关系；即热流放㶲为冷流得㶲，传热㶲损和散热㶲损之和。体现为总的平衡方程：

$$Ex_h=Ex_c+D_{KH}+D_{KHR} \qquad (4-7)$$

当冷流走壳程时，关系仍如式(4-7)，不过D_{KH}要用式(4-3)计算。而计算D_{KHR}时T_b要用冷流平均温度。

4.1.2.3 不同流体温度的混合

不同温度流体的混合从能量数量的角度上虽然没有任何损失，但产生能量质量的损失，即㶲损耗，随两者温差增大而增加。

【例4-1】 某车间浴池的45℃热水是用15℃的生活用水通过1MPa，260℃的蒸汽加热而取得的，求这一混合过程的㶲损失。

解：以1t冷水为基础($T_c=T_0$，$E_c=0$，$Ex_c=0$)，加热到45℃需耗蒸汽xt。

从蒸汽表上，1MPa 260℃蒸汽焓为2964.8kJ/kg，熵为6.9674kJ/(kg·K)，15℃冷凝水在1MPa下的熵为0.224kJ/(kg·K)；15℃水焓为62.9kJ/kg；45℃水焓为188.35kJ/kg。

$$E=(2964.8-62.9)\times1000=2901.9\text{MJ/t}$$

$$Ex=2901.9-288\times(6.9674-0.224)=959.8\text{MJ/t}$$

假设没有热量损失，热平衡(第一定律)为

$$(2964.8-188.35)x=(188.35-62.9)\times1,\quad x=0.04517\text{t}$$

入口：蒸汽能量和㶲：

$$E_s=2901.9\times0.04517=131.1\text{MJ}$$

$$Ex_s=959.8\times0.04517=43.35\text{MJ}$$

出口：1.04517t 45℃温水

$$E_m=1.04517\times(188.35-62.9)=131.1\text{MJ}$$

$$Ex_m=131.1\times\left(1-\frac{288}{273+45}\right)=12.37\text{MJ}$$

因此，两个物流在混合过程中的㶲损耗：

$$D_{kHm}=43.35-12.37=30.98\text{MJ}$$

也就是说，在混合过程中损失了71%的蒸汽㶲。

工艺过程中不同温度流体混合㶲损的例子不少，如加氢反应器中的中间混氢，裂解和减黏反应出口的急冷，减压二、三线油混兑作催化进料，电脱盐注水同原油的混合等。对这类只计温度变化的热㶲损失的计算，可用下列简化的近似算式：

$$D_{kHm}=QT_0(T_h'-T_c')/(T_h'T_c') \qquad (4-8)$$

式中 Q——在混合过程中由热流向冷流传递的热量；

$T_h'=(T_{h0}+T_m)/2$——热流起始温度T_{h0}与混合后温度T_m的算术平均值；

$T_c'=(T_{c0}+T_m)/2$——冷流起始温度T_{c0}与混合后温度T_m的算术平均值。

式(4-8)的思路是把混合过程作为两股不等温流体之间的直接不可逆传热来计算㶲损的。

【例4-2】 求电脱盐注水的混合热㶲损失。已知原油温度120℃，比热容2.09kJ/(kg·℃)，注水温度35℃，水量占原油的5%。

解：(1)以1t原油为基础，由热平衡得

$$(120-t)\times1000\times2.09=(t-35)\times50\times4.1868$$

$$t=112.3℃$$

(2)由热衡算式计算：

$$Q=(112.3-35)\times50\times4.1868=16.18\text{MJ}$$

$$T_h=\frac{1}{2}(120+112.3)+273=389.15\text{K}$$

$$T_c=\frac{1}{2}(35+112.3)+273=346.65\text{K}$$

故1t原油烟损：

$$D_K=16.18\times288\times\frac{389.15-346.65}{389.15\times346.65}=1.47\text{MJ/t}$$

占原油带入烟的4.6%。

4.2 流体流动过程热力学分析[2]

流体流动是石油化工过程最为普遍的一类单元操作过程，对于连续稳定的生产过程，原料都是在一系列的流动过程中被加工成产品的。物流在流经设备和管道时，需克服摩擦力和局部阻力。这种阻力是不可逆流动所产生的，构成了损耗功。提供克服阻力的动力的是流体流动设备(如泵、压缩机)等。流动功在流动过程中绝大部分转变为热进入物流中或散失于环境。少数产品在压力状态下出装置，带走了流动功。

绝热节流过程是流体流动过程中的一个特例。节流过程一般与外界无功、热交换，故节流过程为等焓节流，但节流后，熵值增加。因此节流过程的烟(功)损为$T_0\Delta S$。

由热力学微分式：

$$\mathrm{d}Ex=\mathrm{d}H-T_0\mathrm{d}S$$

对压力p求偏导：

$$\frac{\partial Ex}{\partial p}=-T_0\frac{\partial S}{\partial p}$$

将$\frac{\partial S}{\partial p}=-\frac{V}{T}$的关系代入上式则有

$$\frac{\partial Ex}{\partial p}=-T_0\left(-\frac{V}{T}\right) \tag{4-9}$$

$$\frac{\partial Ex}{\partial p}=(T_0/T)V\mathrm{d}p \tag{4-10}$$

式(4-10)即节能过程烟损的一般函数式。按照式(4-10)，只要代入物流的p，V，T的关系式，就很容易求出烟损来。对于1kg理想气体，有$V=RT/(Mp)$

$$\Delta Ex=(T_0/T)(RT/M)\ln(p_2/p_1)=(R/M)T_0\ln(p_2/p_1) \tag{4-11}$$

对于不可压缩液体(液态)，可视V为常数。

$$\Delta Ex=-(T_0/T)V(p_2-p_1)=(T_0/T)V(p_1-p_2) \tag{4-12}$$

正常的流体流动过程存在着流动阻力，其流动过程可近似按节流过程处理，视为等焓的流动过程，又因为在流动过程中(耗功动力设备出口)，很少有相变化，对于液体及体积变化不大的气体以平均体积V_m代替式(4-12)中的 V，亦可按式(4-12)计算流动过程㶲损。

由上述讨论，可以得出以下结论：

(1) 由式(4-10)可知，节流㶲损随压力变化率正比于流体比体积，这是气体物流(蒸气、空气及气相工艺物流等)节流㶲损大于液体节流㶲损的主要原因。

(2) 节流㶲损与物流温度成反比，温度愈低，㶲损越大，这是因为流体摩擦转变为流体温度下的热能，该热能的数量等于功耗数量，但摩擦热能的能级却受制于物流的温度。

(3) 液体节流㶲损正比于压差，而气体物流节流㶲损却正比于压比的对数值。对于理想气体也可以平均比容V_m代替式(4-12)中 V，计算结果是相同的。因此，气相物流与液相物流比较，其㶲损也是压差的函数，之所以气相物流节流㶲损大于液相物流节流㶲损，是由于气相物流比体积较液相物流比体积大近千倍所致，并非函数关系不同所引起。

石油化工过程中，物流的节流㶲损随处可见。如蒸汽管网的降压使用，合成氨弛放气的节流，以及加氢高压分离器到低压分离器的降压，催化裂化再生烟气的节流等。因此，减少过程节流㶲损，回收物流膨胀功是流体流动过程节能的一个重要方面。

节流㶲损是环境温度T_0的函数，而气相物流膨胀功则是物流温度 T 的函数。一般地，节流的膨胀回收功比节流㶲损大得多，这是因为当物流处于高温下，膨胀做功过程为等熵过程，把物流部分的热焓转化为功。理想等温膨胀过程做功与节流㶲损的比值为：

$$\frac{W_e}{\Delta Ex}=\left(\frac{R}{M}\right)T\ln\left(\frac{p_1}{p_2}\right)\Big/\left[\left(\frac{R}{M}\right)T_0\ln\left(\frac{p_1}{p_2}\right)\right]=T/T_0 \tag{4-13}$$

即为物流温度与环境温度的比值。可见，回收高温气相物流的节流㶲损尤为重要，如再生烟气的烟气轮机，就是在高温下回收膨胀功，而在理想的操作条件下，回收的功大于空气主风机的压力耗功[3]，道理也就在于此。

【例 4-3】 某炼油厂催化裂化装置再生烟气压力为 0.2MPa。通过双动滑阀节流减压至常压排出烟囱，大气压为 0.1MPa，烟气流量为 60000Nm³/h，环境温度T_0为 15℃，烟气温度为 600℃，求该气相物流的节流㶲损。如果设置烟气膨胀透平，可回收膨胀功为多少？

解：(1) 节流㶲损

$$\Delta Ex=nRT\ln\left(\frac{p_1}{p_2}\right)=\left(\frac{60000}{22.4}\right)\times 8.319\times 288\ln\left(\frac{0.2}{0.1}\right)=4448281\text{kJ/h}=1235.63\text{kW}$$

(2) 设置烟气膨胀透平后，考虑烟机有焓降，出口温度为 500℃；因此，取物流平均温度为 550℃，则最大膨胀功为：

$$W_e=\left(\frac{60000}{22.4}\right)\times 8.319\times(550+273)\ln\left(\frac{0.2}{0.1}\right)=12711583\text{kJ/h}=3531\text{kW}$$

考虑烟气透平效率为 70%，可净回收膨胀功 2471kW。

流体流动过程中，除流动过程的节流㶲损外，还有一类㶲损，即流动功转换过程㶲损。这是由于功转换设备在由电能(或蒸汽)转化为流体流动所需要的流动功的过程中，由于摩擦、涡流冲击所造成的功损失，这部㶲损可通过核算流体获得的有效功，由㶲平衡确定，可参见第 6 章的机泵部分。

4.3 传质过程的热力学分析

炼油、化工和油气生产加工过程，存在着种类繁多的传质过程，尤其是分离过程，在石油化工过程中起着举足轻重的作用，与化学反应一起形成加工生产的核心过程。对传质过程进行热力学分析，指出它们在过程中能量降质的原因及部位，对于节能改进是大有裨益的，减少传质过程㶲损，就可提高离开设备的工艺物流的能级和品位，给后部回收创造条件。

4.3.1 分离过程的最小㶲耗

4.3.1.1 已知组分和混合物分离㶲的计算

混合和分离是一对逆过程，其目的都为改变组分的浓度，混合过程的推动力是浓度差。

在热力学上规定，各纯组分在相同温度及压力下混合成为溶液时，体积和温度均无变化的溶液称为理想溶液(广义地说包括了理想气体)，对于理想溶液，体积和焓存在加和性。理想溶液的焓和熵与各纯组分焓、熵关系为[2]：

$$H_m = X_1H_1 + X_2H_2 + \cdots \tag{4-14}$$

$$S_m = X_1S_1 + X_2S_2 + \cdots - R(X_1 \ln X_1 + X_2 \ln X_2 + \cdots) \tag{4-15}$$

式中，H 和 S 为摩尔焓和摩尔熵，X_i为组分 i 的摩尔分数，下标 m 表示混合物。

由上式可见，混合前后熵是有变化的，由于X_i均小于 1，故 $\sum X_i \ln X_i < 0$；因而混合过程总伴有熵的增加，表明了这一过程的不可逆性。

将理想溶液分离为同温、同压下纯组分的理想功，利用式(4-14)、式(4-15)，1kmol 溶液分离功为：

$$I_w = (H_m - \sum X_iH_i) - T_0(S_m - \sum X_iS_i) \tag{4-16}$$

因为理想溶液混合焓为 0，则

$$I_w = 0 + RT_0 \sum X_i \ln X_i = RT_0 \sum X_i \ln X_i \tag{4-17}$$

因X_i<1，故分离功小于 0，表明分离过程需要外界对它做功。

分离的逆过程即为混合过程，混合过程可以向外做功。

$$I_w = - RT_0 \sum X_i \ln X_i \tag{4-18}$$

目前技术条件下，实际过程混合功是难以利用的，混合过程功就不可逆地损失掉了，故在实际过程中应尽可能避免物流的直接混合。

一般气体混合物均可视为理想溶液，计算其分离功和混合功；液体也可近似地按理想溶液处理。式(4-18)还表明，理想溶液的分离功只与组成浓度有关，而与各组分的物性无关。

对于非理想溶液的分离功，采用浓度数据比较方便，此时存在混合热效应。可以导出分离功为：

$$I_w = \Delta H_m\left(1 - \frac{T_0}{T}\right) + RT_0 \sum X_i \ln a_i \tag{4-19}$$

式中，a_i为活度系数。当为理想溶液时，$\Delta H_m = 0$，$a_i = X_i$，又转化为理想溶液式。可以把理想溶液看作是非理想溶液的特例。

4.3.1.2 石油馏分的分离过程[4]

石油化工过程中，石油馏分占有很大比重。石油馏分是多组分混合物的馏分，如汽油、煤油、柴油等，是由混合物(石油)分离到混合程度较轻的混合物。对于石油馏分既难以确知包含的化合物数目，且更难知其组成，但可视为理想溶液处理。

采用简化的计算方法计算石油馏分分离㶲，首先把组分数 m 很大的体系的总分离㶲处理为组分数和浓度分布因数 Ω 的函数：

$$Ex_{TS}^{0} = -RT_0\Omega\ln m^{-1} \tag{4-20}$$

当 m 值足够大时，Ω 值在 0.85 左右。

当各馏分间没有重叠时，由原料分离为各馏分的分离㶲，可视为各馏分为纯组分来计算：

$$Ex_{TS}^{0} = -RT_0\sum X_i\ln X_i \tag{4-21}$$

式中 Ex_{TS}^{0}——原料分成 n 个互无重叠馏分的分离㶲，kJ/kmol；

X_i——i 馏分的摩尔分数，$\sum X_i = 1$。

当有组分(馏分)重叠时，各馏分含有的纯组分数目 p_j' 之和大于总组分数 m($\sum p'_j > m$ ，引入重叠度 β，令 $\beta = p_j'/p_j$)，因此各馏分的总分离㶲(Ex_{TS}^{0})比没有重叠时为大。故分离㶲为：

$$Ex'_{TS} = -RT_0\sum N_j\ln N_j - \Delta \tag{4-22}$$

式中，Δ 为由于重叠产生分离㶲变化，可以导出：

$$\Delta = -RT_0\sum_{j=1}^{n} N_j\ln(\beta^{\Omega_j}) \tag{4-23}$$

$$Ex'_{TS} = -RT_0\sum_{j=1}^{n} N_j\ln(\beta^{\Omega_j}N_j) \tag{4-24}$$

式中，β 为 j 馏分的组分重叠度，取决于该馏分同相邻馏分的恩氏蒸馏或实沸点蒸馏 5%占 95%点的脱空，或重叠情况。N_j 为石油馏分中 j 馏分的摩尔分数。

在缺乏关联值的数据时，特别是对于用能分析的目的计算中，建议取 $\beta = 1.4$，误差将不超 10%，可满足工程要求。

4.3.2 实际分离过程热力学分析

分离㶲或混合㶲只是在过程完全可逆的情况下消耗的最小功或做出的最大功，但由于实际过程的不可逆性，传质过程的㶲损耗远大于分离㶲，其大出部分称之为过程㶲损耗，其大小随着过程和操作条件不同而异。分离㶲是必须消耗的最小，是有效的。

4.3.2.1 简单精馏

以简单的二元理想溶液的精馏塔为例，讨论实际分离过程㶲损耗。如图 4-3 所示，进料 1kmol，A、B 的组分分率为 X_A，X_B，塔顶产品 A 为 X_A，塔底产品 B 为 X_B。

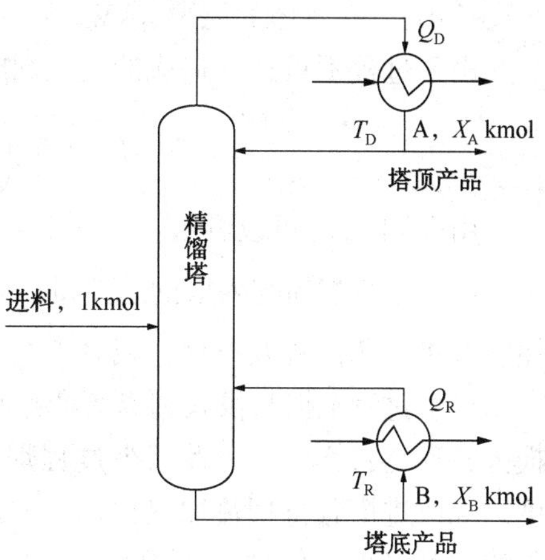

图 4-3 二元精馏

消耗的能量为塔底再沸器供热 Q_R，同时，塔顶冷凝器要排出热量 Q_D，如进料与出口产品温度相同且为液态时，有 $Q_R = Q_D$，反映了能量数量关系。实际上再沸供热的能量在塔顶以同样数量排出，只是温度低于塔底供热温度，必然存在传热㶲损。分馏过程实质是因为温差存在，才形成浓度差而进行传质的，精馏的㶲损耗为：

$$D_{KL}=QT_0\left(\frac{1}{T_D}-\frac{1}{T_R}\right)=Q\,T_0[(T_R-T_D)/(T_RT_D)] \tag{4-25}$$

式中 T_D——冷凝器人口温度，K；

T_R——再沸器出口温度，K；

Q——再沸器热负荷，kW；

D_{KL}——精馏㶲损耗，kW。

由式(4-25)可以看出：

(1) 㶲损耗与热负荷有关，即与回流比有关。减少回流比，可减少 Q 从而降低㶲损耗。

(2) 㶲损与供入塔的热量和离塔热量的温度差有关，二者相差越小，㶲损越小。

4.3.2.2 实际精馏过程

上面讨论的是简单的二元精馏或不开侧线的精馏情况。实际精馏过程是复杂的，供热部位(进料)不止一个，而且还开侧线。此时的实际过程㶲损耗比二元精馏要复杂得多，根据热量平衡和㶲平衡，进入塔的热量必然等于出塔热量，分离功和过程㶲损耗：

$$D_{KL}=T_0\left(\sum\frac{Q_p}{T_{pM}}-\sum\frac{Q_I}{T_{IM}}\right) \tag{4-26}$$

推导如下：

$$D_{KL}=\sum Q_I\left(1-\frac{T_0}{T_{IM}}\right)-\sum Q_p\left(1-\frac{T_0}{T_{pM}}\right)=\sum Q_I-\sum Q_p-\sum Q_I\left(\frac{T_0}{T_{IM}}\right)+\sum Q_p\left(\frac{T_0}{T_{pM}}\right)$$

因为塔的能量平衡，离塔的能量等于入塔的能量 $\sum Q_I=\sum Q_p$，故有式(4-26)：

$$D_{KL}=T_0\left(\sum\frac{Q_p}{T_{pM}}-\sum\frac{Q_I}{T_{IM}}\right)$$

式中 T_{pM}——离塔产品、回流及散热的平均温度，K；

T_{IM}——入塔各种原料、重沸供热的平均温度，K；

Q_I——供入塔的能量，kW；

Q_p——离塔的能量，kW。

由于过程不可逆性造成的过程㶲损，应减去分离功：

$$D'_{KL}=T_0\left(\sum\frac{Q_p}{T_{pM}}-\sum\frac{Q_I}{T_{IM}}\right)-Ex_{TS} \tag{4-27}$$

由式(4-27)可以看出：

(1) 过程㶲损与入塔的总热量(称为工艺总用能)有关，$\sum Q_I$ 小，过程㶲损小，节能应注意改进工艺流程及条件，减少工艺总用能。

(2) 过程㶲损与供入和离塔产品平均温度有关。供入能量温度高，离塔能量温度低，㶲损大，反之，亦然。因此减少过程㶲损，应尽可能降低供入能量温度，提高塔供出能量温度。如改进塔各部回流取热比例，增加下部的高温取热比例，缩小离返塔温差以提高物流的平均温度等均可使过程㶲损降低。

㶲效率η_x：

$$\eta_x = \left[\sum Q_p \left(1 - \frac{T_0}{T_{pM}}\right) + Ex_{TS} \right] / \sum Q_1 \left(1 - \frac{T_0}{T_{1M}}\right) \tag{4-28}$$

4.3.2.3 吸收过程的㶲损耗

吸收过程受亨利定律支配，多在低温高压下操作。吸收过程的能耗体现在吸收剂的再生上。为使吸收剂恢复吸收能力，使浓度恢复到吸收前的浓度，必须耗能把被吸收组分从吸收剂中分离出来。可逆再生消耗的最小功即为分离功。吸收过程是被吸收组分和吸收剂的混合过程，吸收过程的推动力是压差。吸收过程的㶲损耗为[2]：

$$D_{KS} = RT_0 \ln\left(\frac{p_i}{p_{eq}}\right) n_i \tag{4-29}$$

式中 n_i——吸收组分的千摩尔数；

p_i——吸收组分在塔某一截面上的气相分压；

p_{eq}——某截面液体吸收剂中 i 组分浓度呈平衡的气相分压。

组分分压与其平衡分压的差距越大，过程速率大，㶲损大，损耗功是与压比的对数值成正比。

4.4 化学反应过程的热力学分析

化学反应过程是石油化工过程又一类普遍应用的单元操作过程，如炼油装置的催化裂化、催化重整以及化肥生产中的变换和合成等。化工反应过程，往往构成工艺过程的主体。此外，建立的用能分析三环节分析方法，重点是分析燃料动力能耗在过程中的变化情况。原料和产品的化学能变化是通过反应热(㶲)，以热力学能耗(㶲差)的形式体现出来。因此准确计算反应㶲就显得特别重要。

4.4.1 化学反应㶲的计算

根据㶲的基本定义式，化学反应㶲：

$$Ex_R = \Delta H - T_0 \Delta S \tag{4-30}$$

忽略基准态与标准态(25℃，1atm)的差别，对于基准温度下且等温反应的反应㶲等于标准态的反应自由焓变化：

$$Ex_R = -\Delta G \tag{4-31}$$

已知反应物和产物组成的化工装置，可直接从手册中查算出标准态的自由焓数据，即为基准反应㶲。

而当反应不在基准温度下，反应温度为 T 的等温化学反应，由自由焓定义

$$\Delta G = \Delta H - T\Delta S \tag{4-32}$$

$$\Delta S = (\Delta H - \Delta G)/T \tag{4-33}$$

故

$$\begin{aligned} Ex'_R &= \Delta H - T_0[(\Delta H - \Delta G)/T] \\ &= (T_0/T)\Delta G + \Delta H(1 - T_0/T) \end{aligned} \tag{4-34}$$

一般地，由自由焓与平衡常数的函数关系：

$$\Delta G = RT\ln\left(\frac{K_p}{J_p}\right)$$

$$Ex'_{\mathrm{R}}=RT_0\ln\left(\frac{K_p}{J_p}\right)+\Delta H(1-T_0/T) \tag{4-35}$$

式(4-35)即为反应条件下反应㶲的计算式，ΔH 为反应热效应。可以单位反应物的热效应表示，实际上为完全反应的热效应乘以反应进度(转化率)的综合表示。

当考虑到还有不参加反应的惰性组分，随反应物和产物一起进出反应器时：

$$Ex'_{\mathrm{R}}=RT_0\ln\left(\frac{K_p}{J_p}\right)+\Delta H\left(1-\frac{T_0}{T}\right)+RT_0\sum n_i\ln\frac{(p_i)_0}{(p_i)_{\mathrm{I}}} \tag{4-36}$$

式中 $(p_i)_0$，$(p_i)_{\mathrm{I}}$——进出反应器 i 组分的分压；

n_i——相对于 1kmol 反应物的惰性组分的千摩尔数。

对于等分子反应即反应物和产物化学计量系数相同，且反应器本身压降可以忽略时，可不考虑惰性组分的影响，按式(4-35)计算。

对于绝热反应过程，反应前后焓相等，温度不等，可分两步求 Ex，先按恒温计算，温度为 T，需自外界吸入热量 ΔH，第二步，反应产物放热，温度由 T_i 变化到 T_e，因此有：

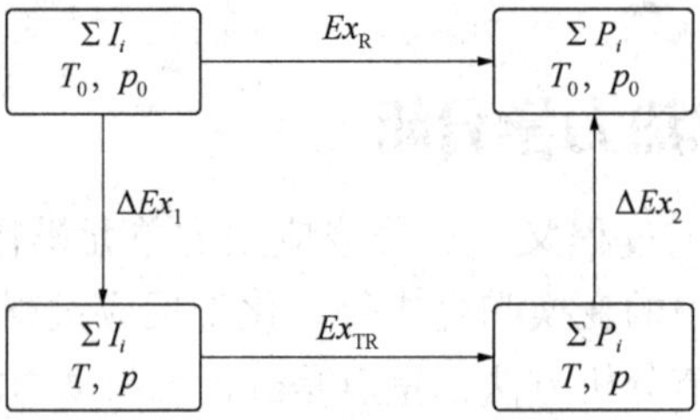

图 4-4 反应㶲计算图

$$Ex'_{\mathrm{TR}}=RT_0\ln\left(\frac{K_{pi}}{J_p}\right)+T_0\Delta H\left(\frac{1}{T_i}-\frac{1}{T_{\mathrm{m}}}\right)+RT_0\sum n_i\ln\frac{(p_i)_0}{(p_i)_I} \tag{4-37}$$

式中 T_{m}——进出口温度热力学平均温度，$T_{\mathrm{m}}=(T_i-T_e)/\ln(T_i/T_e)$；

K_{pi}——进口温度下的平衡常数。

反应的热力学㶲差(为基准温度反应㶲)，可由操作温度压力变化求出物理㶲的变化值进行修正：

$$Ex_{\mathrm{R}}=Ex'_{\mathrm{TR}}+\Delta Ex_1+\Delta Ex_2 \tag{4-38}$$

4.4.2 实际反应过程㶲损耗和复杂反应的反应㶲计算

实际反应过程㶲损耗由两部分组成：一是由于反应本身的不可逆性造成的反应㶲损。二是反应器内传热过程不可逆性造成的㶲损。

反应过程的不可逆性是由于存在反应推动力 $\ln\left(\frac{K_p}{J_p}\right)$ 即平衡常数和反应压力商不同促使反应进行，如果 $J_p=K_p$，达到化学平衡，就成为可逆过程。化学热力学中把自由焓变化 $-\Delta G$ 称为化学亲和力用 A 表示。

$$A=-\Delta G=RT\ln(K_p/J_p) \tag{4-39}$$

即为反应过程的推动力。而损耗功

$$D=(T_0/T)A \tag{4-40}$$

$$D=RT_0\ln(K_p/J_p) \tag{4-41}$$

化学反应㶲损一般并不大。通常可以忽略，特别是对于复杂的石油加工过程，K_p和J_p都难以准确知道，粗略计算可直接取反应热效应 ΔH 为反应㶲。这可从下边导出过程得到解释。

工程上，还常使用平衡温矩的概念，即与物系组成相当的平衡温度T_{eq}与实际反应温度之差，T_{eq}对应的平衡常数也即为K_p，根据平衡常数与温度的函数关系：

$$\ln\left(\frac{K_{p2}}{K_{p1}}\right)=\left(\frac{\Delta H}{R}\right)\left(\frac{1}{T_1}-\frac{1}{T_2}\right) \tag{4-42}$$

我们得到

$$\ln\left(\frac{K_p}{J_p}\right)=\left(\frac{\Delta H}{R}\right)\left(\frac{1}{T_{eq}}-\frac{1}{T}\right) \tag{4-43}$$

损失功(㶲损失)：

$$T_0\Delta S=T_0\Delta H\left(\frac{1}{T_{eq}}-\frac{1}{T}\right) \tag{4-44}$$

代入定义式：

$$\begin{aligned} Ex_R &= \Delta H-T_0\Delta S \\ &= \Delta H-T_0\Delta H\left(\frac{1}{T_{eq}}-\frac{1}{T}\right)=\Delta H\left[1-\frac{T_0(T-T_{eq})}{T_{eq}T}\right] \\ &= \Delta H(1-\beta) \end{aligned} \tag{4-45}$$

化学反应㶲损失占反应热的比例为：

$$\beta=\frac{T_0(T-T_{eq})}{T_{eq}T}$$

某合成氨装置平衡温距及β值见表4-1。

表4-1 平衡温距与β的关系

反应器	反应平衡温度/℃	实测温度/℃	平衡温距/℃	β
一段转化炉	787	808	21	0.005
二段转化炉	955	979	24	0.0045
高温变换	442	435	-7	0.004
低温变换	250	235	-15	0.0163

分析上式，石油加工过程中，反应温度都在250℃(523K)以上，平衡温距一般小于30℃，括号中后一项在0.01左右。由表4-1，低温下β略大一些，低温变换为1.63%，温度越高影响越小，在高温下过程㶲损占反应热的0.5%以下，因此，对于未知组成的石油及有机烃的反应，其操作条件反应㶲近似取为反应热，不致有太大的误差，可以满足工程计算的要求。

4.5 燃烧过程的热力学分析[5,6]

燃烧是强烈的氧化反应。通过燃烧，燃料释放出化学能。燃烧过程是一种高度的不可逆过程，必定引起大量的㶲损失(图4-5)。

石油化工过程的燃烧过程如加热炉和锅炉，燃烧和传热往往同时进行。因此，炉膛内并非燃烧产物温度，而是经过部分传热后的燃烧产物温度，从燃料的化学能到受热流体之间总的㶲损失，实质上是燃烧和传热过程联合㶲损失。对于燃气轮机的燃烧过程虽属完全燃烧过程，但过剩空气量大，实质上也包含了燃烧产物和冷空气的混合传热㶲损。

因此，对于一般的石油化工过程，燃烧㶲损指在绝热燃烧温度下的燃烧㶲损。实际空气量也较理论空气量稍多。与一般化学反应不同的是，燃烧过程是把参与反应的物质，甚或惰性组分加热到绝热燃烧温度。燃烧产物在传热过程中温度逐渐降低。为便于分析燃烧过程，假定空气和燃料均在炉膛内绝热燃烧，燃烧热把燃烧产物和惰性组分加热到燃烧所达到的绝热燃烧温度之后再向受热流体传热，最后在排烟温度下离开炉子。炉内燃烧及传热过程模型如图 4-6 所示。

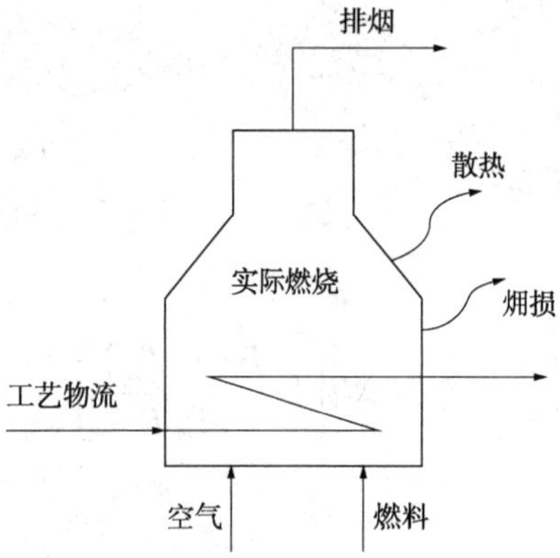

图 4-5　实际燃烧过程

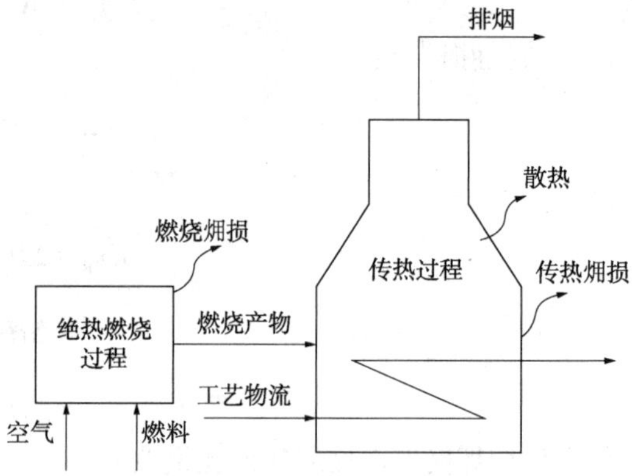

图 4-6　燃烧㶲损计算模型

由图 4-5 和图 4-6 可知，实际燃烧过程可以分为绝热燃烧过程和炉内的传热过程，这也符合热力学状态函数的特性。

4.5.1　绝热燃烧过程

图 4-6 所示的绝热燃烧过程，是假定空气和燃料在绝热条件下进行燃烧，这时燃料的能量和燃烧空气的能量将全部转变为燃气所具有的能量，达到绝热燃烧温度，其㶲损失可由空气和燃料带入的㶲减去燃烧产物㶲求出。也可按导出的式(4-46)计算：

$$D_{KC}=T_0\Delta S+Q_p\left(\frac{T_0}{T_{ad}-T_0}\right)\ln\left(\frac{T_{ad}}{T_0}\right) \tag{4-46}$$

式中　T_{ad}——绝热燃烧温度，K，$T_{ad}=T_0+Q_p/(L_0\alpha C_p)$；　(4-47)

Q_p——燃料低热值，kJ/kg；

D_{KC}——绝热燃烧㶲损，kJ/kg；

L_0——理论燃烧空气量，kg/kg；

α——过剩空气系数，$\alpha<1.3$，当 $\alpha>1.3$，应考虑与冷空气的混合传热㶲损；

C_p——燃烧产物平均比热容，kJ/(kg · K)；

T_0——燃烧空气温度，K。

很多情况下，燃烧前后的熵变 ΔS 难以精确求出，如上节所述，可予忽略，不致有大的误差，这样式(4-46)就成为：

$$D_{KC}=Q_{p}\left(\frac{T_{0}}{T_{ad}-T_{0}}\right)\ln\left(\frac{T_{ad}}{T_{0}}\right) \quad (4-48)$$

上述燃烧㶲损为实际空气量下的燃烧㶲损，这包括了为保证完全燃烧而使用的过量空气，一般石油化工加热炉、锅炉和转化炉的过剩空气系数在1.3以下，不必区分出过量空气的混合传热㶲损，而对于燃气轮机的燃烧过程，受材质耐温限制，燃气温度不能太高，往往加入大量空气稀释冷却，过剩空气系数α达3~4。大量冷空气与燃气的混合传热不容忽视，应予核定。此时，应把燃烧㶲损分为理论燃烧㶲损($\alpha=1.0$)和冷空气的稀释冷却㶲损。此时理论燃烧㶲损仍按式(4-46)计算。只是T_{ad}为理论空气量下的绝热燃烧温度。

$$T_{ad}=T_{0}+Q_{p}/(L_{0}C_{p}) \quad (4-49)$$

设燃气轮机的实际排气温度为T_3，则稀释冷却㶲损为：

$$D_{KA}=Q_{p}T_{0}\frac{T_{ad}-T_{3}}{\ln(T_{ad}/T_{3})} \quad (4-50)$$

式中　T_3——燃气轮机入口温度，K。

4.5.2 传热过程

在图4-6中，假定绝热燃烧后的燃烧产物向炉内受热流体传热，其传热㶲损可由炉内㶲平衡求出，即先求出燃烧传热联合㶲损，减去绝热燃烧㶲损，即可确定传热㶲损。也可由传热㶲损式(4-3)计算：

$$D_{KH}=Q\,T_{0}(T_{h}-T_{c})/(T_{h}T_{c})$$

式中　T_h——烟气平均温度，可取绝热燃烧温度T_{ad}和排烟温度的平均值，K；

T_c——受热物流的平均温度，K；

Q——炉子传热量，kW。

对于多股受热物流，可先求出每一股物流的平均温度，再由各股流体的热负荷，按热负荷加权平均求出冷流温度。

4.5.3 减少燃烧过程㶲损的途径

1. 选择合适品位的能量代替燃料燃烧

石油化工过程中，加热炉和低压蒸汽锅炉受工艺条件限制，㶲效率均很低，而燃烧又是一高度的不可逆过程。但另一方面，很多工艺装置仅需要中低温位的热源。此时寻找合适的低温热源，甚至用蒸汽逐级利用后的背压蒸汽，代替用燃料加热的场合，就可避免燃烧过程㶲损，减少排烟和散热损失。

2. 重视空气预热的节能作用

目前，在现实的工业过程中，都是用空气作为参与燃烧的氧化物，在燃烧过程中，空气及惰性组分自常温加热到燃烧温度下吸收大量热量。空气预热能直接体现为提高绝热燃烧温度和节约燃料上。一般地说，在炉内工艺条件不改变时，受热流体的热负荷是相对固定的。也要求燃烧产物的总热量不变，预热空气减少了燃料加热原预热空气从常温至进炉温度间的热量，可减少与预热负荷大体相同的燃料。另一方面，当燃料燃烧热负荷减少后，燃料用量减少，在过剩空气系数不变时，总空气量减少，绝热燃烧温升相同，使绝热燃烧温度提高，减少了过程㶲损。因此，空气预热是减少燃烧过程㶲损的行之有效的措施，应优先采用。

3. 减少过剩空气用量

为保证燃料能够完全燃烧，保持一定量的过剩空气是必要的，但大量的过剩空气，不仅使总排烟量增大，导致热损失增加，同时将降低绝热燃烧温度，使过程㶲损增加。产生了冷空气的混合传热㶲损。一般地，性能良好的燃烧器，过剩空气系数在 1.1~1.3 之间已能满足完全燃烧的要求。

参考文献

[1] 华贲. 工艺过程用能分析及综合[M]. 北京：烃加工出版社，1989.
[2] 袁一，胡德生. 化工过程热力学分析法[M]. 北京：化学工业出版社，1985.
[3] 陈俊武，郝希仁. 催化裂化装置用能过程剖析—节能方向探讨[J]. 炼油设计，1982，(4)：4-5.
[4] 华贲. 石油及其馏分分离过程中㶲差的计算[J]. 石油学报，1986(3).
[5] 陈安民，李昆. 燃气轮机—加热炉联合系统热力学分析[J]. 炼油设计，1988，(4).
[6] 朱明善. 能量系统的㶲分析[M]. 北京：清华大学出版社，1988.

5 石油化工过程用能三环节分析方法

摘　要　多年来，人们习惯于从物质变化线索和单元操作的角度来分析研究过程。但根据能量变化线索研究过程，具有三个特点：①过程能量利用的主要形式是热能、流动功和蒸汽；热量、功和蒸汽由燃料和电力转化；②转换设备提供的热、功、蒸汽与回收的能量一起进入核心工艺，促进工艺完成；③离开核心过程的物流具有高温高压，其能量可以回收，以减少对装置的能量输入。

本章基于三个能量利用特点，提出了新的三环节能量和㶲分析模型及其细项；将能量利用系统分为4个层次：设备、能量利用环节、工艺装置、辅助系统和全厂。读者可以对各个层次的能量效率进行评估，找出能源利用的问题，提出节能减碳的解决方案。

关键词　用能特点；能源利用；三环节能量模型；能源分析；碳减排；节能低碳方案

能量平衡和㶲平衡的缩写和符号

能量环节	能量符号		定义	㶲符号
能量转换	能量供应	E_P	总供入能	Ex_P
		E_{PF}	加热炉燃料供入能	Ex_{PF}
		E_{PB}	锅炉燃料供入能	Ex_{PB}
		E_{PBE}	电厂锅炉燃料供入能	Ex_{PBE}
		E_{PG}	焦炭供入能	Ex_{PG}
		E_{PS}	蒸汽供入能	Ex_{PS}
		E_{PE}	电供入能	Ex_{PE}
		E_{PH}	外部供入热	Ex_{PH}
	输出	E_B	转换输出能	Ex_B
		E_{BS}	转换输出蒸汽	Ex_{BS}
		E_{BH}	转换输出热	Ex_{BH}
		E_{BE}	转换输出电	Ex_{BE}
	直接损失	E_W	直接损失能	D_{JU}
		E_{WC}	不完全燃烧	Ex_{WC}
		E_{WX}	烟气损失能	Ex_{WX}
		E_{WD}	散热损失能	Ex_{WD}
		E_{WP}	无效动力	Ex_{WP}
			转换过程㶲损失	D_{KU}
	E_U		有效利用能	Ex_U
	E_{UO}		非工艺流体有效动力	Ex_{UO}

续表

能量环节	能量符号	定义	㶲符号
工艺能量利用	E_{AR}	吸热反应热	Ex_{AR}
	E_{RE}	放热反应热	Ex_{RE}
	E_{N}	工艺总用能	Ex_{N}
	E_{TT}	热力学物理能差	Ex_{TT}
	E_{T}	热力学能耗	D_{T}
	E_{UD}	利用环节散热	Ex_{UD}
		工艺过程㶲损失	D_{KP}
能量回收和循环	E_{O}	待回收能量	Ex_{O}
	E_{R}	回收和循环能	Ex_{R}
	E_{RH}	换热回收和循环能	Ex_{RH}
	E_{RM}	物流回收和循环能	Ex_{RM}
	E_{E}	回收和输出能	Ex_{E}
	E_{J}	总排弃能	D_{JR}
	E_{JC}	冷却排弃能	D_{JC}
	E_{JD}	散热排弃能	D_{JD}
	E_{JM}	物流排弃能	D_{JM}
	E_{JO}	其他排弃能	
		回收过程㶲损失	D_{KR}
评价指标	E_{A}	净能源消耗	D_{A}
	E_{C}	转换为一次能源(动力)消耗	Ex_{C}
	η_{U}	能量转换效率	η_{XU}
	η_{P}	能量工艺利用效率	η_{XP}
	η_{R}	能量回收效率	η_{XR}
		总排弃能量	D_{J}
		总过程㶲损失	D_{K}

石油化工过程是一个复杂的过程，包括了“三传一反”单元操作过程，但不是简单的叠加，往往是相互交叉、渗透，对这样的复杂的石油化工过程，简单地按单元操作进行热力学分析就显得单调和不足。而且每一个单元操作都与其他单元操作相互关联和制约。因此，需要寻找一个能够剖析复杂工艺过程用能规律的分析方法。

大多数石油化工过程都属于热加工过程，为了达到工艺操作的条件，必须加压升温。而加工后的产品又需要冷却以便输送。为了减少加热部分负荷，人们已着手从需要冷却的产品物流中回收能量。随着现代科学技术的发展和节能意识的加强，回收程度也在逐年加深，见图 5-1[4]，有人形象化地称热加工过程为“热上去、加工、冷下来”。

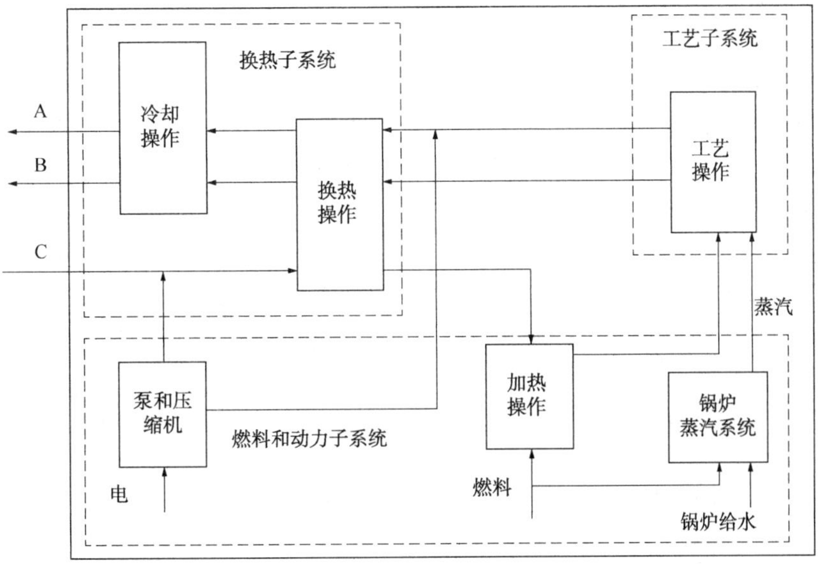

图 5-1 化学工艺系统的分割

随着能源价格的波动、上涨，全球气候变暖，人们已开始认识到节能减碳的重要性，把装置的水、电、汽、风等实物能耗作为一项考核评比指标，统计出来。但是过程用能是否合理，质量是否匹配，不仅仅是有了装置能耗指标就能回答这一问题，还要求人们提出一套科学地反映能量变化规律，而且工程上实用的用能分析方法。

5.1 石油化工用能特点

多年来，人们习惯于从物料变化线索及单元操作角度对过程进行分析研究，然而按照能量变化线索研究工艺过程，发现石油化工过程用能有下述三大特点。

(1) 过程用能的主要形式是热、流动功和蒸汽，而热、功和蒸汽又是由电和燃料转化来的。一般是通过转换设备，如炉、机泵等实现能量转换的。

(2) 转换设备提供的热、功、蒸汽等形式的能量进入工艺核心环节(塔、反应器等)，连同回收循环能量一起推动工艺过程完成后，除部分能量转入产品中外，其余均进入能量回收系统。

(3) 能量在工艺核心环节完成其使命后，质量下降，但尚具较高的温度和压力，在很大程度上可以通过换热设备、换功设备(如液力透平)等回收利用，从而可以减少转换设备输入的能量。但受工程和经济条件约束，不能完全回收，最终通过冷却、散热等渠道排弃到环境中去。连同转换环节的损失能一起构成了装置数量上的能耗。

因此，石油化工过程用能存在三大能量利用环节，即将一次能源转换为工艺过程能够直接利用的能量形式的能量转换和传输环节、完成工艺核心过程的能量使用环节及从工艺利用环节排出能量中进一步回收利用的能量回收环节。

由上述特点，可以看出用能对象是工艺核心设备，但其数量不变(无消耗)，为之服务的转换和传输环节以及能量回收环节却表现出了能量数量上的消耗。显然，用能分析应从全局的角度考察能量使用的数量和质量变化情况。

基于上述能量利用的特点，华贲教授[1]提出的能源利用分析三环节模型系统地解决了炼油设备的能量平衡和㶲平衡的方法问题[1,3]。用能分析的三环节模型见图 5-2 和图 5-3。但由于模型是在炼油过程用能分析中发展起来的，考虑石油化工特点少，需做适当改进。

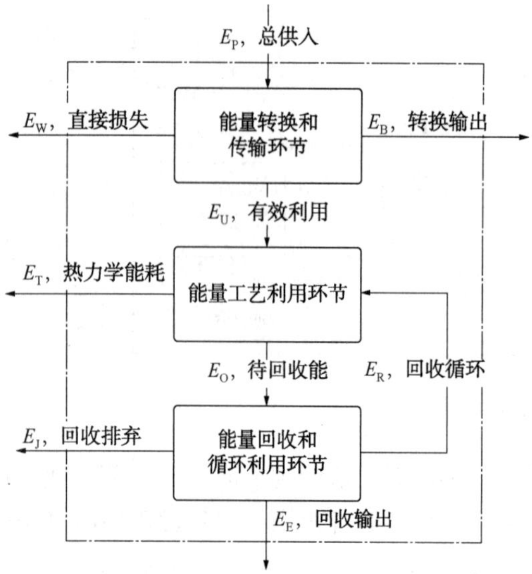

图 5-2 用能分析三环节能量平衡模型

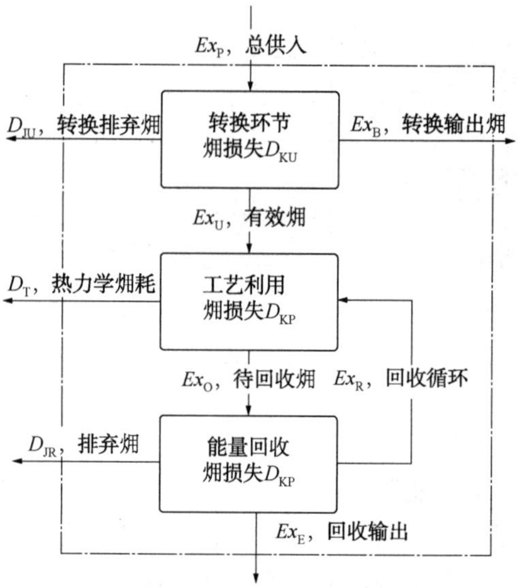

图 5-3 用能分析三环节㶲平衡模型

5.2 用能分析三环节模型的改进[3]

用能分析三环节模型的突出特点是，按照能量的变化规律而不是物料变化规律对过程用能进行分析研究；不计原料化学能，把原料和产品化学能的差异放在热力学能耗中处理；把过程分为能量转换和传输、工艺利用和能量回收三个环节，分别考察能量使用的数量和质量变化情况。这对于炼油行业是一种科学、实用的简化方法，并被炼厂能量平衡实践所证明。

对于石油化工过程，特别是对原料和燃料能够分开的情况下，不计原料化学能往往也是现实可行的。原料和产品仍为高分子的碳氢化合物，只是结构和种类不同，都含有很高的化学能，无一不体现在过程的化学反应中。因此，将原料和产品化学能的差异，通过反应热计入热力学能耗中。即使对于原料和燃料能耗有时难以分开的情况，仍可沿用上述方法，对过程用能进行分析，这时三环节模型主要是对消耗的燃料动力能耗进行分析，原料化学能仅在汇总为装置能耗时计入。

因此，结合石油化工过程的特点，对原用能分析三环节模型提出以下改进意见，使之适用于整个石油化工过程进行用能分析。改进后的用能分析三环节模型如图 5-4 和图 5-5 所示。

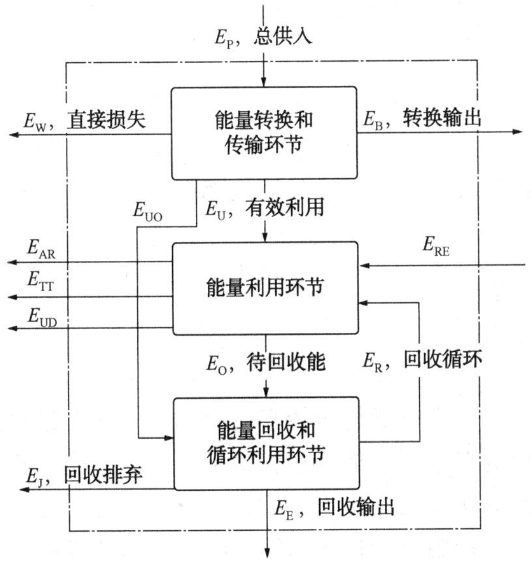

图 5-4 改进的三环节能量平衡模型

E_{UO}—非工艺流体有效动力；E_{TT}—产品和原料的物理能差；

E_{UD}—利用环节散热能；E_{RE}—放热反应热；

E_{AR}—吸热反应热

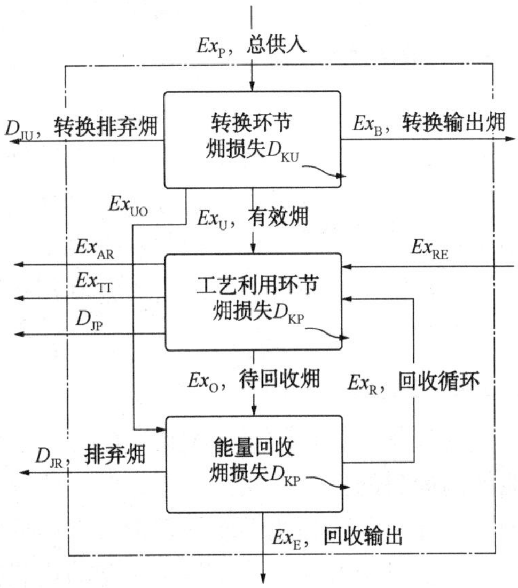

图 5-5 改进的三环节㶲平衡模型

D_{JP}—利用环节散热㶲；Ex_{TT}—热力学物理㶲差；

Ex_{UO}—非工艺流体有效动力；

Ex_{RE}—放热反应热㶲；Ex_{AR}—吸热反应热㶲

5.3 用能分析三环节模型应用

5.3.1 用能分析计算基准

基于炼油行业习惯，早期的用能分析三环节模型是以单位原料为计算基准进行能量平衡及㶲平衡计算的，究其原因，主要是炼油企业(装置)主要原料单一，而产品分布较广，采用单位原料作为计算基准比较方便。而石油化工则往往是多种原料，产品比较单一明确，习惯上，以目的产品为计算基准比较方便。而对于多种原料和多种产品的情况，又以单位时间(h)为计算基准比较方便。因此，用能分析的计算基准应根据不同行业的具体特点选取不同的计算基准，原则为：选单一性的原料或产品较实用方便，结合当地主管部门的意见，尊重本行业的习惯，使其在同行业中具有可比性。

5.3.2 非工艺流体的机泵有效动力

非工艺流体机泵指装置用水、风及其他非工艺流体的机泵。这些机泵有的设在装置内部，大多则设在公用系统中，若干装置共用。这部分能量实际上难以进入能量平衡体系。为处理问题方便，早期分析模型将这部分机泵耗能视为本装置动力消耗，按其单位产品(水、风)的消耗指标折成电能计入装置消耗中，然后把这部分消耗按其转换效率不同分为无效动力和有效动力。无效动力与其他工艺机泵无效动力一起自转换环节排出，有效动力则视为有效供能进入工艺利用环节。

由于非工艺流体机泵有效动力实际上不进入利用环节，为真实地反映过程用能的关系，应将这部分有效动力自转换环节直接引到回收环节排弃，绕过工艺利用环节，并将这部分有效动力记作E_{UO}；这样就把非工艺流体机泵也作为转换环节设备，其有效动力计入环节转换效率，但不进入利用环节，避免了对有效供能E_U、工艺总用能E_N及待回收能E_O的影响。

5.3.3 能量使用环节的设备散热

工艺利用环节是装置用能的核心环节，设备散热是不可避免的，且占相当的比重。图4-8所示的用能分析模型把工艺使用环节设备散热归入待回收能中，引入回收环节，与能量回收设备散热一起排出回收环节，结果增大了待回收能，计算能量回收率偏低。由于散热的不可逆性，工艺利用设备散热不会也不可能跑到回收环节去待回收，只能在能量利用环节内加强保温加以减少。因此应将工艺利用环节设备散热在用能分析模型中单列一项，直接由利用环节排出，并记作E_{UD}。

5.3.4 原料的化学能

石油化工过程均属烃类物质的加工过程，其原料和产品均含较高的化学能。加工过程的能耗与原料的化学能相比较小，而用能分析的目的在于揭示加工过程能量使用的规律及其合理性。原料和产品化学能的差别大都体现在过程的化学反应热中，放在装置的热力学能耗中体现。而对于习惯上计原料化学能的化肥行业，可把装置能耗视为燃动能耗和原料能耗两部分组成，其中燃动能耗才是过程使用和消耗的能量，应采用上述用能分析模型进行分析，考察其使用过程的特性及规律。而对于原料化学能仅在汇总为全装置一次能耗中体现，即燃动能耗和原料物理能进入平衡体系，把原料化学能放在装置能耗中。

5.3.5 反应放热应计入工艺总用能

工艺总用能是装置用能的一个主要分析评价指标，是指装置工艺设备使用能量的总数量，体现了装置设计和操作水平。但由于用能分析三环节模型不计原料化学能，仅把原料的物理能计入平衡体系。

在有化学反应的情况下，应仔细分析。对于吸热反应，反应热来源于外界供入能和循环回收的能量，已经计入工艺总用能。对于放热反应来说，其反应热大多是来源于原料的化学能，在有效供入能和循环回收能之外。而原料的化学能按规定又不进入能量平衡体系。实际上放热反应热往往起到提高反应物温度推动过程进行的作用，若放热反应热利用得好，可以直接减少能量的供入。因此，在有放热反应的分析体系中，反应放热应视为供入体系的能量，在利用环节作为入方能量计入，记作E_{RE}，且应把反应热视为工艺总用能的一部分。

工艺总用能则由三部分组成：

$$E_N = E_U + E_R + E_{RE} \tag{5-1}$$

当过程为吸热反应时，视$E_{RE}=0$；式中E_R为回收循环能。

5.3.6 一些特殊设备的处理原则

用能分析法的核心是把过程用能分为三大环节，而各个环节又都有不同的特点。根据三环节模型的特点和规律，装置中某些特殊设备可能存在一种设备而分属两个甚至三个环节的情况，制氢转化炉即为一例。对此可按设备各组成部分的功能不同进行划分，即燃料燃烧及热量传递属转换环节，原料转化的转化炉管可视为反应设备工艺使用环节，转化气带出热降温回收的废热锅炉又属回收环节，视作待回收能的回收利用，而烟气热的回收利用仍属转换环节。因此，在处理这类设备时，应视其功能不同而划归相应的环节。

5.4 改进后用能分析三环节模型的项目细则

改进后的用能分析三环节模型从宏观上指出能量使用的平衡和制约关系。装置使用能量贯穿于整个过程中，能量品位降低，最后达到工程上不能再回收利用时损失掉，形成能量数量上的消耗。由㶲平衡模型，我们看到能量贬值和损失是在三个不同环节中逐步发生的。

下面介绍构成用能分析模型能量参数的组成和内容。

5.4.1 能量平衡的参数

1. 总供入能E_P

总供入能E_P由转换环节的设备供入能项汇总，包括下列内容：

(1) 供入燃料；

(2) 供入焦炭(包括催化裂化烧焦)；

(3) 外供入蒸汽；

(4) 供入电(包括装置耗电与水、压缩空气折电)；

(5) 外供热：指装置热进料(超出规定温度以上部分)和回收环节回收后用于转换环节的能量(加热炉用空气，转换环节用自发汽等)；

(6) 原料带入化学能(化肥行业计算装置能耗时采用)。

2. 转换输出能E_B

转换输出能E_B是指由转换环节输出到装置外的能量，主要是：

(1) 汽轮机抽出或背压蒸汽；

(2) 加热炉等加热外装置物料等热量；

(3) 转换环节热电联产供出装置外电量。

3. 直接损失能E_W

(1) 排烟热损失，包括：炉子燃烧排烟损失；化学不完全燃烧损失；机械不完全燃烧损失；炉子雾化蒸汽(以在排烟温度下的焓进行计算)；炉子用电(风机)的有效动力等。

(2) 烟气废锅等排污，蒸汽传输泄漏损失。

(3) 散热损失，包括转换设备散热，热出料，外供热及蒸汽传输热损失，受热流体由转换设备至工艺设备间的传输热损失等。

(4) 无效动力能，指工艺机泵、水、压缩空气折电的无效动力，汽动泵(蒸汽往复泵、蒸汽喷射泵)的无效动力(由总供入蒸汽能减去有效功计算)。

4. 非工艺流体有效动力E_{UO}

指未进入工艺流体的机泵等有效动力，主要为水、压缩空气折电及空冷风机的有效动力，以及其他非工艺流体的有效动力。该部分能量未进入工艺利用环节，应单列计算。

5. 有效供能E_U

指总供入能E_P中经转换和传输环节供出的有效能量，包括加热炉、再生器、机泵和蒸汽传输的能量和㶲等项。

6. 工艺总用能E_N

工艺总用能E_N指在测试期操作工况下，体系工艺设备使用能量的实际数量(不包括原料化学能)，一般由下列三部分构成：

$$E_N=E_U+E_R+E_{RE} \quad (5-1)$$

式中，E_{RE}为反应放热。对于吸热反应，反应热来源于E_U和E_R，因此，视$E_{RE}=0$。吸热反应热为E_{AR}。

工艺总用㶲，亦由上述三部分构成。

7. 热力学能耗E_T

指工艺过程消耗的能量中转化到产品中去的能量。它等于产品带出与原料带入能量(包括物理能和化学能)之差。在不计原料化学能的能量平衡体系中，热力学能耗由产品和原料的物理能(㶲)差加上体系基准温度下的反应热(㶲)求得，即：$E_T=E_{TT}+E_{AR}-E_{RE}$。

8. 待回收能E_O

工艺总用能E_N中除热力学能耗和利用环节的散热外，其余均进入回收环节，视为待回收能。待回收能不包括装置输出产品的化学能。

9. 回收循环能E_R

回收循环能是从待回收能E_O中回收并用于本装置内工艺利用环节的能量，包括以下四项：

(1) 换热回收能量中用于提高进入工艺设备物流品位的能量，并与有效供能互为消长；

(2) 回收环节发汽并用于工艺利用环节的部分(注意应把自发汽中用于转换环节和外输的蒸汽分开)；

(3) 液力透平从高压工艺物流中回收功带动工艺机泵的能量；

(4) 以物流形式带入利用设备的能量。

10. 回收输出能E_E

从待回收能E_O回收，而用于本装置工艺利用环节以外的能量，包括：

(1) 装置热出料能量(规定温度以上部分)；

(2) 与其他装置换热输出能量；

(3) 预热炉用空气、发汽用于转换环节的能量。

11. 排弃能E_J

指待回收能中以各种方式排弃到环境中的能量。包括散热、冷却、物流(凝结水、乏汽等)及其他排弃能四项。

5.4.2 㶲平衡的参数

㶲平衡模型中参数亦类同能量平衡，只是㶲平衡考虑了能量质量因素，在各个环节中增加了环节内部过程㶲损。

(1) 转换环节过程㶲损D_{KU}

包括转换设备的不可逆损失，主要是燃烧设备的不可逆燃烧和传热㶲损；机泵动力设备摩擦无效损失。

(2) 能量使用环节过程㶲损D_{KP}

能量工艺使用环节过程㶲损是由反应、分馏及吸收、萃取设备等操作过程的不可逆产生的。

(3) 回收利用环节过程㶲损D_{KR}

指回收环节换热器、冷却器、液力透平等换热换功设备的不可逆㶲损。

5.5 用能分析三环节模型中的平衡关系及评价指标

由图5-4和图5-5所示的能量平衡和㶲平衡关系，可以找出其平衡及制约关系，再根据项目参数内容及设备平衡结果，就可很方便地汇总出装置能量平衡和㶲平衡结果，为诊断用能问题奠定数据基础。

5.5.1 能量平衡关系及评价指标

(1) 体系能量平衡关系式：$E_T=E_{TT}+E_{AR}-E_{RE}$，则

$$E_P=(E_W+E_T+E_{UD}+E_J)+(E_E+E_B) \tag{5-2}$$

式(5-2)中右边第二项为体系供出能量，不属于体系使用和消耗的能量。式(5-2)中右边第一个括号内各项为体系在用能过程最终在三环节以四种形式进入产品或损失于环境中的能量，称之为净能耗，即：

$$E_A=E_W+E_T+E_{UD}+E_J \tag{5-3}$$

从体系供入能量和体系供出能量的平衡关系有：

$$E_A=E_P+E_{RE}-E_B-E_E \tag{5-4}$$

式(5-3)和式(5-4)结果应相同。

(2) 能量转换和传输环节能量平衡关系式：

$$E_P=E_B+E_U+E_{UO}+E_W \tag{5-5}$$

转换和传输环节有效供出能为：

$$E_U=E_P-E_B-E_{UO}-E_W \tag{5-6}$$

(3) 能量工艺利用环节能量平衡关系式：

$$E_U+E_{RE}+E_R=E_{TT}+E_{UO}+E_O+E_{AR} \tag{5-7}$$

体系工艺总用能为：

$$E_N=E_U+E_R+E_{RE} \tag{5-8}$$

体系待回收能量为：

$$E_O=E_N-E_{TT}-E_{UD}-E_{AR} \tag{5-9a}$$

式(5-9a)也可写成：

$$E_O=E_N-E_T-E_{UD}-E_{RE} \tag{5-9b}$$

(4) 能量回收环节的能量平衡关系式：

$$E_O+E_{UO}=E_J+E_E+E_R \tag{5-10}$$

待回收能为：

$$E_O=E_J+E_E+E_R-E_{UO} \tag{5-11}$$

式(5-9)和式(5-11)计算结果应相同。否则，应找出原因，予以修正。

回收环节排弃能可按式(5-12)平衡得出：

$$E_J=E_O-E_R-E_E+E_{UO} \tag{5-12}$$

水、压缩空气折电及空冷风机等有效动力在回收环节中作为其他排弃能排弃。机泵有效动力可放入其他排弃能项。

回收环节排弃能由冷却排弃能E_{JC}、散热排弃能E_{JD}、物流排弃能E_{JM}和其他排弃能E_{JO}组成。故：

$$E_J=E_{JC}+E_{JD}+E_{JM}+E_{JO} \tag{5-13}$$

一般可由式(5-14)平衡数据，对回收环节散热排弃能实测数据进行校核：

$$E_{JD}=E_J-E_{JC}-E_{JO}-E_{JM} \tag{5-14}$$

(5) 装置能耗E_C

装置能耗一般可直接由实物消耗按照其统一折算指标进行计算，也可由式(5-15)根据能量平衡数据进行汇总折算：

$$E_C=E_A+\Delta E_M+E_{IC} \tag{5-15}$$

$$\Delta E_M=\sum(\mp E_i\xi_i) \tag{5-16}$$

式中 ΔE_M——能耗修正项，kW 或 MJ/t；

E_{IC}——原料在基准温度下的化学能，kW 或 MJ/t；

E_i——i 种能源及载能工质供入能量，kW 或 MJ/t；

ξ_i——i 种能源及载能工质折算系数，生产 i 能源时一次能耗/(实际焓值)-1。

(6) 评价指标

能量转换和传输效率：

$$\eta_U=(E_U+E_B+E_{UO})/E_P\times100\% \tag{5-17}$$

装置工艺总用能E_N，见式(5-8)。

工艺利用环节能量效率：

$$\eta_P=(1-E_{UD}/E_N)\times100\% \tag{5-18}$$

能量回收利用率：

$$\eta_R=(E_R+E_E)/(E_O+E_{UO})\times100\% \tag{5-19}$$

装置能源利用率：

$$\eta_C=(E_U+E_{UO}+E_B)/E_{PC}\times100\% \tag{5-20}$$

式中 E_{PC}——供入装置一次能源消耗(不扣除装置输出能)，kW 或 MJ/t，$E_{PC}=E_P+\Delta E_M$。

5.5.2 㶲平衡关系及其评价指标

(1) 体系平衡关系，注意到$D_T=Ex_{TT}+Ex_{AR}-Ex_{RE}$则：

$$Ex_P=D_T+(Ex_E+Ex_B)+(D_{JU}+D_{JP}+D_{JR})+(D_{KU}+D_{KP}+D_{KR}) \tag{5-21}$$

式(5-21)右边，第一项为热力学㶲耗，是理论上体系的最小㶲耗；第二项为输出和转换供出体系的㶲，不属于㶲耗；第三项为在三个环节中排弃损失于环境的㶲，称为排弃㶲。

$$D_J=D_{JU}+D_{JP}+D_{JR} \tag{5-22}$$

式(5-21)右边第四项为三个环节的过程不可逆性引起的过程㶲损，称为体系的过程㶲损：

$$D_K=D_{KU}+D_{KP}+D_{KR} \tag{5-23}$$

而把体系过程㶲损、排弃㶲和热力学㶲耗三项归在一起，称为过程净㶲耗：

$$D_A=D_K+D_J+D_T \tag{5-24a}$$

或

$$D_A=Ex_P+Ex_{RE}-Ex_E-Ex_B \tag{5-24b}$$

(2) 能量转换环节㶲平衡关系

$$Ex_P=Ex_B+Ex_U+Ex_{UO}+D_{JU}+D_{KU} \tag{5-25}$$

供出有效㶲为：

$$Ex_U = Ex_P - Ex_B - Ex_{UO} - D_{JU} - D_{KU} \tag{5-26}$$

(3) 能量工艺利用环节㶲平衡关系

$$Ex_U + Ex_R + Ex_{RE} = D_{JP} + Ex_{TT} + Ex_{AR} + Ex_O + D_{KP} \tag{5-27}$$

供入利用环节的总㶲值(即工艺总用㶲):

$$Ex_N = Ex_U + Ex_R + Ex_{RE} \tag{5-28}$$

待回收㶲可从正面加和计算，也可由式(5-27)平衡得出:

$$Ex_O = Ex_N - Ex_{TT} - Ex_{AR} - D_{KP} - D_{JP} \tag{5-29a}$$

也可采用式(5-29b)确定待回收㶲:

$$Ex_O = Ex_N - D_T - D_{KP} - D_{JP} - Ex_{RE} \tag{5-29b}$$

(4) 能量回收环节㶲平衡关系

$$Ex_O + Ex_{UO} = Ex_E + D_{JR} + Ex_R - D_{KR} \tag{5-30}$$

待回收㶲可从出方正面加和求出，并注意应与式(5-29)结果吻合:

$$Ex_O = D_{JR} + Ex_E + Ex_R - D_{KR} - Ex_{UO} \tag{5-31}$$

回收环节排弃㶲为:

$$D_{JR} = Ex_O - Ex_E - Ex_R - D_{KR} + Ex_{UO} \tag{5-32}$$

在㶲平衡计算中，由于数据的计算精度和计算误差，不可能做到完全“平衡”。因此，在数据合理的前提下，允许出现少量不平衡。一般不超过装置净㶲耗的2%，否则应返回检查，直至符合要求为止。不平衡项可单独出现，也可一并放在排弃㶲中。

(5) 装置㶲耗，反映装置能耗的质量情况

$$D_C = D_A + \Delta Ex_M + Ex_{IC} \tag{5-33}$$

$$\Delta Ex_M = \sum (\mp Ex_i \xi_{xi}) \tag{5-34}$$

式中 Ex_{IC}——对于把原料化学能计入装置能耗的行业(如化肥行业的原料化学㶲)，其他不计原料化学能情况下，$Ex_{IC}=0$;

Ex_i——i种能源供入㶲;

ΔEx_M——装置一次㶲耗修正系数;

ξ_{xi}——i种能源㶲耗折算系数，生产i种能源时一次㶲耗/实际㶲值-1。

(6) 评价指标

转换和传输环节㶲效率:

$$\eta_{XU} = \frac{Ex_U + Ex_B + Ex_{UO}}{Ex_P} \times 100\% = \left(1 - \frac{D_{JU} + D_{KU}}{Ex_P}\right) \times 100\% \tag{5-35}$$

能量工艺使用环节㶲效率:

$$\eta_{XP} = \frac{Ex_O + D_T}{Ex_N} \times 100\% = \left(1 - \frac{D_{KP} + D_{JP}}{Ex_N}\right) \times 100\% \tag{5-36}$$

能量工艺使用环节㶲效率是一个重要的评价指标。工艺环节能量数量保持守恒，但质量

下降，㶲效率则体现了能量工艺使用环节能量降质和外部散失的程度。此外，工艺利用环节总用能Ex_N也是一个很重要的评价指标，是能量工艺使用环节㶲的数量，反映了总用能的品位和质量。

能量回收环节回收率：

$$\eta_{XR}=\frac{Ex_R+Ex_E}{Ex_O+Ex_{UO}}\times 100\% \tag{5-37}$$

5.5.3 能量平衡、㶲平衡结果表示

（1）能量平衡结果可以能流图的形式表示出来，从而形象、直观、清晰地表明能量变化的来龙去脉，便于评价分析和改进。能流图的绘制方法如下：

① 依据能量平衡结果和能量在三环节的变化规律进行；

② 根据数值大小确定能流宽度；

③ 按照由上而下表示能流的输入、排出和循环等；

④ 在能流图中注明各能流的符号及数值，图下标明能量的单位；

⑤ 在能流图下注明能量评价指标，给人完整清晰的概念。

能流图模式如图5-6所示。

（2）同能量平衡一样，生产装置㶲平衡结果也可用㶲流图表示，㶲流图的绘制的方法同于能流图，只是增加了内部不可逆损失项，㶲流图的基本模式如图5-7所示。

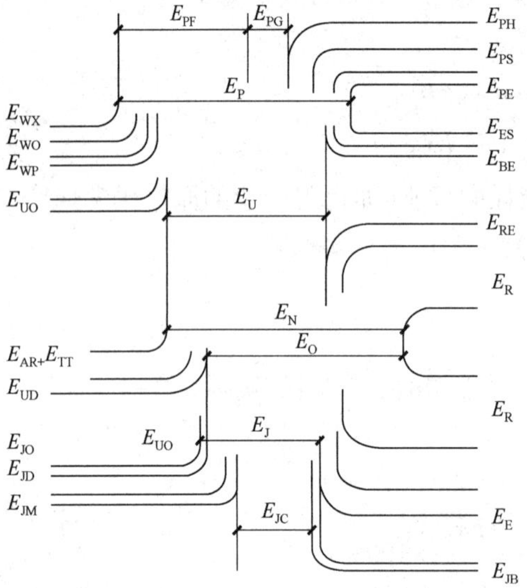

图5-6 （企业装置）能流图模式

$\eta_U=\%$；$\eta_R=\%$；$\eta_C=\%$；$E_N=$MJ/t；$E_c=$MJ/t

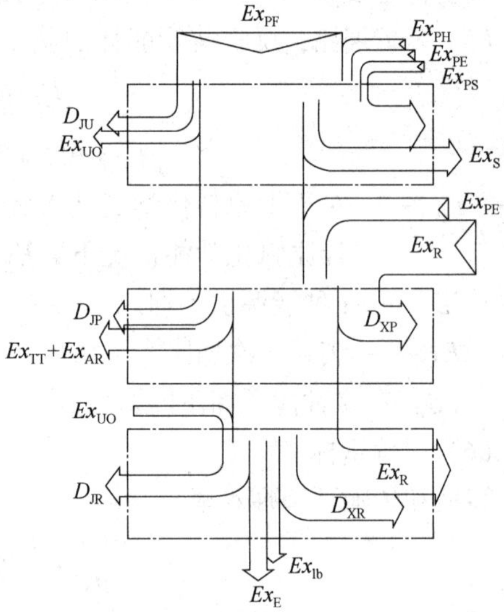

图5-7 装置㶲流图模式

$\eta_{XU}=\%$；$\eta_{XP}=\%$；$\eta_{XR}=\%$；$D_c=$MJ/t

参考文献

[1] 华贲．工艺过程用能分析及综合[M]．北京：烃加工出版社，1989. 1.

[2] 华贲．炼油工艺过程用能的理论基础与实用分析[J]．石油炼制，1982，(2)，(3).

[3] 陈安民．石油化工过程用能分析三环节模型的几点改进[J]．石油化工，1990，(2).

[4] 何耀文．化工过程热力学分析[J]．化工新技术，1982.

6 设备能量平衡和㶲平衡

摘　要　设备是石油化工生产装置的基础。工厂的能量平衡和㶲平衡测试和分析通常从设备开始。本章讨论了化工厂、石化厂、炼油厂主要设备的设备能量平衡和㶲平衡，包括工厂能量平衡分析标定测试的内容和要求，泵、压缩机、加热炉、FCCU 再生器、塔和反应器工艺设备、热交换器和网络、电力回收设备等能量和㶲平衡。

关键词　能量标定测试；泵和压缩机；工艺加热炉；FCCU 再生器；工艺设备；能量回收

设备是构成石油化工生产装置的基础，装置能量平衡和㶲平衡测试与分析通常是从设备开始的。在设备能量平衡和㶲平衡测试的基础上，按照第 5 章提出的用能分析三环节模式进行汇总，从局部到总体(装置)进行分析和综合，再从总体看局部用能的合理性，做出切实的评价，并指出节能挖潜的方向和措施，这就是进行用能分析的主要目的。因此首先介绍设备的能量平衡和㶲平衡。

6.1　装置用能分析测试的内容和要求

6.1.1　测试工况的确定和测试范围

为进行过程能量平衡和㶲平衡对过程设备及公用系统进行的用能数据的调查、测试、统计和核算称为用能分析核定。它包含两个层次的内容：用能数据测定和数据的校核处理。而校核的主要手段是能量平衡。因此，完成用能设备的数据核定，基本上也完成了用能设备能量平衡。

进行用能分析，首先要确定测试所处的工况，不同的石油化工装置由于运输及生产方案的不同，在不同时期，有不同的生产负荷率。即使在负荷率稳定的处理量下操作，生产方案也有所不同。因此应选取一个用于进行用能分析和评价的生产工况，称为测试工况。测试工况的选取应满足下述条件：

(1) 装置处理量要尽可能满足全年或标定期的全厂物料平衡；

(2) 操作方案要有代表性，即选择全年应用最长的生产方案；

(3) 操作要求平稳，能代表装置的操作水平，具有一定的先进性。

对于炼油行业，由于生产装置众多，难以在同一时间内进行装置测试。物料平衡与全厂物料平衡也可能出现不一致的情况。另一方面，装置测试能耗与阶段统计能耗之间也存在差异。

一般来说，能耗统计是在一个阶段内(年、季、月)，累计消耗的最终的、统计的平均结果。是宏观的统计结果，反映不出用能过程中内部设备之间、设备内在具体条件下的用能问题，难以对症下药，找出改进潜力。装置用能分析核定是测试期内，在某一测试工况下瞬时的用能过程的具体反映。在此基础上进行的能量平衡和㶲平衡，则可反映出过程和设备用能存在的具体问题，揭示出用能不合理的具体部位及原因，从而指出节能改进的潜力。

能量平衡提出的装置能耗结果与测试期统计结果，应完全一致，但能更深入、更详细地剖析过程用能规律及结果。它与某一阶段的平均统计结果显然不同，这主要是由于原料品种、生产方案、负荷率等因素与测试期不同而产生的差异，通常称之为附加能耗，其具体数值可通过分析估算确定。

测试范围，应是装置内所有涉及能量使用和变化的设备，即用能三环节的设备，都应予以测定、核算，按单元操作设备归类为泵、压缩机、加热炉、再生器、透平机械、塔、反应器和冷换设备等，这是因为用能分析测试的目的在于解剖能量在工艺过程的变化规律、能量损失和耗散的部位。因此，测试的内容不限于能量转换和换热设备。用能分析涉及的三环节设备都应测试。如工艺设备(塔、反应器)，由于过程着眼点多是能量平衡，忽略散热时，进出数量平衡，效率为1。过去多不做测试分析，但要解剖过程㶲损的原因及部位，就必须对工艺设备进行测试。建立起㶲分析的概念后，不难发现用能的核心过程是工艺设备，虽然能量数量守恒，但能量质量却不相同。这从进出设备的能量参数(T, p)上也可以看出，对于物理过程和吸热反应过程，产物离开设备的温度、压力多低于进入设备的温度、压力。即使对于放热反应，虽然可能产物离开温度高于入口的反应物温度，但其原料和产物的分子结构和数量均发生了变化，排出产物㶲也少于供入的㶲。因此，必须对工艺设备进行用能测试和核定，才能得出全面的用能分析结果，对装置做出切实的诊断和评价。

6.1.2 标定测试要求

企业能量平衡测试工作要求在两个月内完成。测试期内各单元测试要求同步进行，对炼油企业要求测试期内各单元生产负荷稳定，尽可能接近同步进行。

测试数据应包括设备各部位的温度、流量、压力以及相应的物性及组成化验分析数据。测试记录组数不应少于4组。测试尽量采用在线仪表，同时根据需要增装必要的各种能源计量器具和配备部分便携式测试仪表。所有的测试仪表要经过校验，标出误差范围，计量精度应达到规定要求，液体物流流量计量数据应与罐检尺数据相互校核，并满足装置的物料平衡。

燃料、原料、产品、烟道气及其他能量平衡需要的化验分析数据应齐全、准确，要求与能量平衡同时进行。每个分析化验项目不得少于2组数据，一般可取其平均值。

对检测标定数据，应进行分析核定，须满足测试设备及系统的热平衡，合理取舍数据，一般取其平均值。原始数据应记录齐全准确，载入标定档案。

6.2 机泵设备

机泵是实现石油化工流体输送的一种重要过程设备，其作用为提高流体的压力能使流体获得流动功，以驱动流体流动或保证流体在需要的压力等级下操作。机泵按介质状态可划分为泵(液体)、风机和压缩机(气体)两大类，而按原动机驱动方式划分，又可分为电动、汽动两类。除此之外，还有一类非驱动工艺流体的耗功设备，如电脱盐、电精制过程的高压静电场耗电、电除尘、转盘式萃取塔以及照明等用电称为工艺用电。对此，可作具体分析，一般纳入工艺设备的能量平衡，把电耗作为供入处理。

6.2.1 离心泵

石油化工装置中，原料、产品、中间产品及塔设备的回流取热，溶剂以及公用介质(冷却水)等液体物料输送和提压，都要靠泵来完成。泵虽有许多类型，最常用的离心泵占装置用泵的 90%以上，而且多为电机驱动。对于大型泵也有采用汽动或其他方式驱动的。

在进行机泵的计算前要对泵的用能参数进行测试，主要是：介质流量，介质性质(相对密度、黏度等)，进、出泵的压力以及电机的电流、电压、功率因数，并注意收集泵和电机的型号、额定参数。

6.2.1.1 泵的供入能

泵和电机应作为一个机组考虑，因此供入的能量(电耗)可由测定的电流、电压及校核后的功率因数计算得出：

$$N_{入} = \sqrt{3}\,UI\cos\varphi \times 10^{-3} \tag{6-1}$$

式中 U——电机测定电压，V；

I——电机测定电流，A；

$\cos\varphi$——电机的测定功率因数；

$N_{入}$——电机的电耗，kW。

电机的功率因数是电动机泵计算的一个关键性参数，不可盲目套用电机的额定功率因数。否则，将可能造成机泵的耗电之和大于装置的总电耗。考虑到装置的变配电的输送线路损失，装置电表的读数应略大于所有用电设备的电耗之和。实际操作中机泵大都不在额定负荷下操作，有的电机负载率很低，而电机 $\cos\varphi$ 是随着电机负载率降低而大幅度降低，不能套用额定参数(负载率为 1)，见表 6-1。电机效率变化则不大，即使负载率低达 50%时，电机效率仅降低 1%左右(表 6-2)。在进行用能分析计算时，亦可根据不同电机的额定功率因数由负载率查取[2]。许多企业和能源监测单位都配备有电功测试仪，可直接测出电流、电压、功率因数和功率。

表 6-1 电动机负载与功率因数的关系

负载率	0.25	0.5	0.75	1	负载率	0.25	0.5	0.75	1
功率因数 $\cos\varphi$	0.62	0.85	0.90	0.92	功率因数 $\cos\varphi$	0.55	0.67	0.77	0.82
	0.61	0.83	0.89	0.91		0.54	0.66	0.76	0.81
	0.60	0.82	0.88	0.90		0.53	0.65	0.75	0.80
	0.59	0.78	0.85	0.88		0.53	0.63	0.74	0.79
	0.58	0.77	0.84	0.87		0.52	0.61	0.73	0.78
	0.57	0.75	0.83	0.85		0.51	0.59	0.72	0.77
	0.57	0.74	0.82	0.85		0.50	0.57	0.71	0.76
	0.56	0.71	0.81	0.84		0.50	0.56	0.70	0.75
	0.55	0.70	0.80	0.83					

表 6-2 电动机负载与电机效率的关系

负载率	0.25	0.5	0.75	1	负载率	0.25	0.5	0.75	1
效率	0.87	0.935	0.945	0.95	效率	0.78	0.85	0.86	0.86
	0.86	0.93	0.94	0.94		0.775	0.84	0.85	0.85
	0.85	0.92	0.93	0.93		0.77	0.83	0.84	0.84
	0.84	0.91	0.92	0.92		0.76	0.82	0.83	0.83
	0.83	0.90	0.91	0.91		0.75	0.81	0.82	0.82
	0.82	0.89	0.90	0.90		0.74	0.80	0.81	0.81
	0.81	0.88	0.89	0.89		0.73	0.79	0.80	0.80
	0.80	0.87	0.88	0.88		0.72	0.78	0.79	0.79
	0.79	0.86	0.87	0.87		0.71	0.77	0.78	0.78

6.2.1.2 泵的有效功

泵(包括压缩机)的目的，在于提高流体的流动功(压力能)，流动功的大小均以流体经过机泵后的压力增加为标志，并为流体所获得。机泵能量平衡的目的在于调查其效率情况，核定出有效功与无效损失部分。因此机泵的有效功是指机组消耗的电能中经过机泵转入到流体中的能量。通常以泵出口(调节阀前)为边界进行泵效率计算，这对于由电能到流动功的转换设备是合理的。我们常常遇到的泵出口调节阀存在的大量节流损失，则属于工艺能量使用环节的问题，连同管道、设备以及调节阀、计量仪表的压降构成了动力过程㶲损，是改进动力工艺总用能的潜力所在，不属于能量转换环节的内容。

机泵有效功

$$N_e = Q\Delta p/3.67 \tag{6-2}$$

式中 N_e——泵的有效功，kW；

Q——泵的介质流量，m^3/h；

Δp——泵的进出口压差，MPa。

6.2.1.3 泵总效率

对于以用能分析为目的的机泵能量平衡计算，不必区分泵和电机的卷率而常以泵的有效功与电机电耗之比值称为(机组的)总效率。实际上这是泵效率与电机效率的乘积，既满足了能量平衡的需要，又避免机泵性能曲线的复杂计算。

$$\eta_{总} = \frac{N_e}{N_{入}} \times 100\% \tag{6-3}$$

式中 $\eta_{总}$——泵效率；

$N_{入}$——泵电机电耗，kW。

6.2.1.4 泵的无效动力

电机输入的电耗中除转入流体中的有效功外，其余均在转换过程中摩擦变为热能而损失，成为无效动力。无效动力有三种情况：消耗在电机、联轴器、变速箱的机械摩擦功，最终以散热、冷却方式排弃到环境中；机泵内部涡流冲击摩擦损失，部分散失或转化为流体温度下的热能；汽动泵、凝汽透平、抽空器排出低压汽能量在复水器或冷凝冷却器中损失(有时可予以回收凝结水及其低温热)。对于液体，其摩擦热能或从机泵的外壳散失或进入物流，转变为物流温度下的热能，但由于摩擦热能数量很小，不足以使物流温度发生明显变化，远小于工程测量物流温度的误差；加之机泵是以流动能(功)作为对象进行平衡分析的，因此略而不计。无效动力为：

$$N_{W}=N_{Cons}-N_{e} \tag{6-4}$$

值得说明的是，对于电动离心泵，电和有效功都属于㶲，其能级为1。因此能量平衡和㶲平衡结果是相同的，但无效动力在㶲平衡中是作为转换环节过程㶲损。

离心泵系统的无效动力，可分为泵和电机的无效动力。电机效率与电机的负载率有关，负载率在0.5上，电机效率变化在1%以下，而当负载率低于0.4时，电机效率下降较大。泵的无效动力与泵效率有关。而泵效率除取决于泵的结构和型号外，还与泵的负荷率有关。根据泵的特性曲线，机泵运行存在一个高效的负荷区，而当偏离高效区的负荷时(一般是低负荷)，效率下降。提高泵效率的方法是泵的负荷率达到额定流量，要求使泵在高效区运行，因此减少机泵的无效动力关键在于避免大马拉小车，从而提高电机的负载率和泵的负荷率，这就要求在设计选型时，泵的裕量要合理，电机亦相应配套，不可层层加码。应核算电机正常负载率在70%以上，更换长期处于低负荷运行的机泵和电机。

对于负荷率随生产操作条件及生产方案频繁变化的机泵，可考虑采用调速装置，目前电机变频调速、液力偶合器和可控硅串级调速装置，都已有应用实例。根据泵的特性与转速的关系，采用调速装置，流量降低后泵的扬程减小，从而可避免机泵的流量降低、扬程增高、节流损失增大的状况，达到节能的目的。单位流量的电耗比在满负荷下的单位流量电耗还要小[3]，这是离心泵采用调速装置的重要优点。

6.2.1.5 离心泵的能量平衡结果

离心泵的能量平衡结果汇总于表6-3。

表6-3 机泵效率汇总表

名称	泵或压缩机									原动机									
	型号	介质	流量	温度	压力/MPa		有效功率	效率	轴功率	型号	电压	电流	功率因数	蒸汽压力/MPa		流量	消耗功率	效率	机组效率
				℃	入口	出口	kW	%	kW		V	A	$\cos\varphi$	入口	出口	t/h	kW	%	%

【例6-1】 某常减压蒸馏装置，原油泵型号为250YSI-150B，流体相对密度为0.8861，泵的流量为289.6m^3/h，泵出入口压差为13.6kgf/cm^2，电机型号为JK132-2，电流为19.6A，电压为6000V，校正后，功率因数为0.876。求该泵的有效功、电耗、无效动力及总效率。

解： 电机电耗：$N_{入}=\sqrt{3}\times19.6\times6000\times0.876\times10^{-3}=178.4kW$

有效功：$N_e = 13.6\times\frac{289.6}{36.7} = 107.3kW$

无效动力：$N_W = 178.4 - 107.3 = 71.1kW$

机组总效率：$\eta_{total} = \left(\frac{107.3}{178.4}\right)\times100\% = 60.15\%$

6.2.2 压缩机

压缩机在石油化工装置中应用较多，如催化主风机、合成氨装置的氢气压缩机、重整加氢装置的氢压机、空压机等。压缩机的种类较多，按工作原理可分为容积型和速度型两大类。通常活塞往复式压缩机属于容积型，离心式压缩机则属于速度型。石油化工厂最常用的也是这两大类。

6.2.2.1 电动压缩机

（1）数据收集

数据收集在进行压缩机的计算前，要对压缩机的用能参数进行标定，主要是入口流量、介质性质、大气压力、压缩机进出口压力、进出口温度、电动机运行的电流、电压及 $\cos\varphi$，电机和压缩机型号、规格及额定参数。

（2）电动压缩机的功耗(电)，同离心泵电机电耗的计算。

（3）压缩机的有效供出能。

由于气体的比热容较小，气体压缩的轴功全部进入了气体工质，一是提高了气体压力，二是提高了气体的温度，因此从第一定律的能量平衡，绝热压缩机的轴功全部视为有效(因机械和传动损失较小)。

压缩机的压缩过程有三种情况，等温压缩、绝热压缩和多变压缩。等温压缩和绝热压缩是实际压缩过程的极限情况，一般的压缩过程可视为理想气体的多变压缩过程，离心式压缩机轴功率为：

$$N_s = \left(16.34p_1V_1\left(\frac{m}{m-1}\right)(\varepsilon^{(m-1)/m}-1)\right)/(\eta_p\eta_g\eta_c) \quad (6-5)$$

式中 p_1——入口压力，MPa；

V_1——吸入状态下的体积流量，m^3/min；

ε——压缩比，$\varepsilon = p_2/p_1$；

p_2——压缩机排气压力，MPa；

η_p——多变效率；

η_g——压缩机械效率，$N>1000kW$，$\eta_g = 96\%\sim98\%$；$N<1000kW$，$\eta_g = 94\%\sim96\%$；

η_c——传动效率，直接传动时，$\eta_c = 1.0$；用齿轮增速箱传动时，$\eta_c = 0.93\sim0.98$。

多级往复压缩机其压缩过程可视为多级多变压缩，其轴功率为：

$$N_S = 16.3p_1V_1\left(\frac{Sm}{Sm-1}\right)(\varepsilon^{(m-1)/Sm}-1)/(\eta_g\eta_c) \quad (6-6)$$

式中，S 为压缩级数，其他符号同前。

理论上，在一定的初压和终压之间，压缩级数越多，越接近等温，压缩机的功耗越小。但级数增多，结构复杂，设备成本也增加，所以一般在三级左右。往复压缩机的机械效率和传动效率随压缩机的大小和传动方式不同而异。一般地，大中型压缩机 $\eta_c = 0.9\sim0.95$，小型压缩机$\eta_c=0.85\sim0.90$；皮带传动的传动效率$\eta_c=0.96\sim0.99$，齿轮传动$\eta_c=0.96\sim0.99$，直联的$\eta_c=1.0$。

以上讨论的是理想气体的轴功计算，对于不能视为理想气体的实际气体，其轴功可乘以实际气体的修正系数即可[4]。

$$\varphi=(Z_1+Z_2)/2Z_1$$

式中，Z_1，Z_2分别为压缩机进、出口状态下的压缩因子，可根据工质在进出口状态下的对比参数由手册查取。也可按式(6-7)估算[5]。

$$Z=1+\frac{9p_r}{128T_r}-\frac{54p_r}{128T_r^3} \tag{6-7}$$

式中　T_r——对比温度，$T_r=T/T_c$；

p_r——对比压力，$p_r=p/p_c$。

因此，可先查得物流的临界参数，再由压缩机工质的进出口参数值确定进出口的对比参数值，按式(6-7)计算出Z_1、Z_2值。

(4) 压缩机供出的物理㶲

但对于热力学第二定律的㶲平衡计算，进入压缩流体的㶲则不同于能量。主要是物理㶲即热㶲和压㶲。其原因是，部分轴功(压缩机实际功耗)中有一部分转化为热，提高了气流温度，能量虽未损失，但做功能力显然减少，压缩物流的物理㶲为压㶲和热㶲之和。

压㶲：

$$N_{e1}=\frac{V_1}{60\times22.4}RT_0\ln\left(\frac{p_2}{p_1}\right) \tag{6-8}$$

热㶲：

$$N_{e2}=\int_{T_1}^{T_2}\frac{C_p\left(1-\frac{T_0}{T}\right)V_1m}{60\times22.4}\mathrm{d}T$$

当比热容可视为常数：

$$N_{e2}=\left(C_p\Delta T-C_pT_0\ln\frac{T_2}{T_1}\right)\left(\frac{V_1m}{60\times22.4}\right) \tag{6-9}$$

式中　C_p——物流的比热容，kJ/(kg·℃)；

V_1——物流流量，kg/h，m^3/min；

R——气体常数，8.314kJ/(℃·kmol)。

总的物理㶲为：

$$N_e=N_{e1}+N_{e2}$$

(5) 压缩机总效率

$$\eta=\frac{N_s}{N_{in}}\times100\% \tag{6-10}$$

由此可见，压缩机的总能量效率近似为电机的效率。㶲效率：

$$\eta_x=\frac{N_e}{N_{in}}\times100\% \tag{6-11}$$

㶲效率和能量效率数值是不同的。

（6）无效动力

$$N_W = N_{in} - N_s \quad (6-12)$$

过程㶲损：

$$D_K = N_{in} - N_e \quad (6-13)$$

压缩机能量平衡计算结果汇总于表6-3。

6.2.2.2 汽动压缩机

汽动压缩机是由背压或凝汽式蒸汽透平驱动，压缩机轴功率、有效能量和有效㶲的计算方法完全同电动压缩机部分。只是供入能量计算方法不同。标定数据中除了压缩机的有关内容外，还有对蒸汽透平的进出口温度及压力进行标定，从而确定供入能量和㶲。

（1）凝汽式透平

供入能即为供入蒸汽的能量和㶲值，可由相应温度、压力下焓、熵值计算。

$$E_{in} = (H - H_{15}) G_s / 3600 \quad (6-14)$$

$$Ex_{in} = [(H - H_{15}) - T_0 (S - S_{15})] G_s / 3600 \quad (6-15)$$

式中 G_s——蒸汽用量，t/h；

H、H_{15}——蒸汽透平入口状态和15℃饱和水的焓值，kJ/kg；

S、S_{15}——蒸汽透平入口状态和15℃饱和水的熵值，kJ/(kg·K)。

注意，来自凝汽透平的废蒸汽仍含有能量，但它会被冷却器冷凝，冷凝水温度通常接近基准温度。因此，这种能量被认为是排弃能量。

凝汽透平的输出功(直联时)即为所带动的压缩机的轴功率，计算同前。凝汽透平的输出功远小于供入的能量(㶲)，对于低压凝汽透平尤甚，其能量利用较低。随着节能改进的深入，企业已在逐步减少低压凝汽透平的使用，代之而用的是高压凝汽透平和背压透平，即使是高压凝汽透平，其效率也远低于电厂发电效率。

（2）背压蒸汽透平

供入的净能量为蒸汽进出背压透平的焓差能耗。

$$E_{in} = (H_1 - H_2) G_s / 3600 \quad (6-16)$$

式中 H_1、H_2——分别为背压透平进出蒸汽的焓值，kJ/kg；

E_{in}——背压透平的净能耗，kW。

而当计算石油化工装置能耗时，往往以单位高压汽或背压汽的对比或实际定额计算：

$$E'_{in} = (E_1 - E_2) / 3600 \quad (6-17)$$

供入㶲值为：

$$Ex_{in} = [(H_1 - H_2) - T_0 (S_1 - S_2)] G_s / 3600 \quad (6-18)$$

式中 S_1、S_2——背压透平进出蒸汽的熵值，kJ/(kg·K)；

E_1、E_2——背压透平进出蒸汽的对比或实际能耗，kW；

E'_{in}——透平的实际能耗，kW；

Ex_{in}——透平的㶲耗，kW。

背压透平轴功率。根据热力学第一定律，对于忽略位头和速度头的绝热膨胀过程，背压透平的膨胀轴功等于背压蒸汽的焓降。亦即轴功等于净供入能，由式(6-16)计算。

由于蒸汽随压力升高，熵值减少，过热温度升高熵值增大的特性；往往存在入口蒸汽的熵小于背压蒸汽的熵值的情况，根据式(6-18)，则出现背压透平的㶲差大于背压透平的能量差的情况，就说明背压透平的能量效率可接近为1，而㶲效率却小于1，背压透平的消耗的能量是蒸汽中的高能级部分。

上述蒸汽的物性(焓、熵)可由有关图表查算，也可按第2章中的蒸汽物流的物性计算方法计算。

机泵系统的平衡结果汇总于表6-3，电动和汽动机泵应分别填写。

蒸汽抽空器，可视为汽动机泵，即把抽出物流自真空状态压缩到大气压力下。供入能量计算同凝汽透平。有效功计算可按绝热压缩过程考虑，只不过是压缩过程的效率均取为1。

【例6-2】 某催化裂化装置离心式主风机担负向再生器烧焦供风的任务，风量为833m³/min，风机入口压力为大气压力，出口压力为0.255MPa，出口温度185℃，电机的电流为330A，电压为6000V，电机功率因数为0.88，求主风机的电耗、有效功、能量及㶲效率。

空气平均比热容为1.005kJ/(kg·K)。

解：① 压缩机的电力消耗

$$N_{in}=\sqrt{3}UI\cos\varphi\times10^{-3}=\sqrt{3}\times330\times6000\times0.88\times10^{-3}=3017.93\text{kW}$$

② 压缩机的有效供出能，即为压缩机的轴功：

$$N_s=\left[16.34\,p_1V_1\left(\frac{m}{m-1}\right)\left(\varepsilon^{(m-1)/m}-1\right)\right]/\eta_p$$

取机械效率和传动效率为1，查手册在该体系流量下离心机多变效率为0.78。多变指数取1.4。

$$N_s=\left[16.34\times0.1\times833\left(\frac{1.4}{1.4-1}\right)\left(2.55^{(1.4-1)/1.4}-1\right)\right]/0.78=1872.7\text{kW}$$

③ 压缩机供出物理㶲

压㶲：

$$N_{e1}=\frac{V_1}{(60\times22.4)}\times RT_0\ln\frac{p_2}{p_1}=\frac{833}{(60\times22.4)}\times8.314\times288\times\ln2.55=1389.2\text{kW}$$

热㶲：

$$N_{e2}=\frac{V_1M}{(60\times22.4)}\left(C_p\Delta T-C_pT_0\ln\frac{T_2}{T_1}\right)$$

$$=\frac{833\times29}{(60\times22.4)}\left[1.005\times(185-15)-1.005\times288\times\ln\frac{458}{288}\right]=657.4\text{kW}$$

总物理㶲：$N_e=1389.2+657.4=2046.6\text{kW}$

④ 机组效率

压缩机总效率：

$$\eta=\frac{N_s}{N_{in}}\times100\%=\frac{1872.7}{3017.93}\times100\%=62.5\%$$

㶲效率：

$$\eta_x=\frac{N_e}{N_{in}}\times100\%=\frac{2046.6}{3017.93}\times100\%=67.81\%$$

⑤ 过程㶲损

$$D_K=3017.93-2046.6=971.33\text{kW}$$

6.3 工业炉设备

工业炉是石油化工过程又一类基本的单元操作过程设备，是由燃料的化学能转变为热能并传递给工艺物流的过程设备，包括了石油化工过程中的加热炉、转化炉、裂解炉等。

6.3.1 工艺加热炉能量及㶲平衡计算

加热炉是石油化工装置和炼油装置向工艺原料提供热能的设备。加热炉由于工艺过程的差异，进出炉的参数(T，p，相态)均有不同。一般来说，炉出口的工艺物流温度都在泡点以上，因而出口往往为气液两相状态。加热炉能量平衡及效率确定有“正平衡”和“反平衡”两种方法。正平衡计算，要求根据相平衡原理，由有关图表查算出物流的汽化率，从而确定气液相的加热负荷。计算的复杂、准确性也将由于测量和图表误差而产生较大误差。另外，加热炉平衡的一个重要原则是满足下游设备的热平衡。如常减压装置中，常压炉平衡的有效加热负荷不能满足常压塔的热平衡，则必须对炉子计算结果予以修正。否则，将使系统不平衡，把多余或不足热量归结为散热，而散热则有一个合理的范围，过大或过小都将是不合适的。建议对于无相变的或已确知准确的汽化率的各加热项，可进行正平衡计算，并与反平衡互为校核。不知汽化率，可由反平衡计算出总有效负荷，再减去其他无相变易于计算的加热负荷，确定出有相变的加热负荷。最后均应纳入加热炉-工艺设备系统，满足其热平衡结果。

按照加热炉的功能，可分为燃料燃烧、辐射和对流传热三段。以用能分析为主要目的的计算，不必深究到三段的工艺计算中，而只从宏观上计算供入或离开(包括损失)炉的能量和㶲。

1. 燃料燃烧供入能量和㶲

加热炉燃料，一般分为液体和气体燃料，石油化工装置加热炉很少采用固体燃料。燃烧热是物质分子被氧化为最终氧化产物时所放出的热量，也称为发热值。根据燃烧产物中生成水蒸气的凝结热，又可区分为高热值和低热值。所谓低热值是燃料完全燃烧，其燃烧产物中的水蒸气仍以气态存在时放出的热量称为低热值，与高热值相比，所差为生成水蒸气的凝结热，由于这部分凝结热同扩散㶲一样，难以实际利用，工艺计算中多习惯于采用低热值。

一般石油馏分燃料的低热值为：

$$Q_p=(4725.2+470.5K+63.84API+0.0667\,API^2-5.5283K\cdot API)\times4.1868 \tag{6-19}$$

对于重质油品低热值：

$$Q_p=(26.37API+9272.2)\times4.1868 \tag{6-20}$$

式中 API——油品 API 度，可由d_4^{20}计算：

$$API=\frac{141.5}{0.9942\times d_4^{20}+0.009181}-131.5;$$

K——油品 UOP 特性因数；

Q_p——燃料油品低热值，kJ/kg。

气体燃料的热值也可由各单一组成的热值，按照加和规则求得：

$$Q_p=(\sum_{i=1}^{n}X_iZ_iQ_i)/Z_m \tag{6-21}$$

式中 X_i——i 组分的摩尔分数；

Q_i——i 组分在 1 大气压的 15.6℃时的低发热值，kJ/kg；

Z_i，Z_m——i 组分和气体混合物的压缩因子，对于可视为理想气体的气体燃料，视Z_i和Z_m为 1。

相应地供入炉的能量为：

$$E_1=FQ_p/3600 \tag{6-22}$$

式中 F——燃料量，kg/h；

E_1——供入燃料能，kW。

燃料的化学㶲为燃料化学反应㶲，在 25℃等温等压条件下且忽略扩散㶲时，为反应前后的自由焓变化。

$$Ex=Q_p+T_0\Delta S \tag{6-23}$$

式中 Ex——燃料㶲值，kJ/kg。

多数情况下，燃料燃烧的熵变 ΔS 难以实际测算，而且$T_0\Delta S$ 占的分率亦很小，通常可取燃料的低热值为燃料㶲。

对于已知元素组成的液体燃料，当需要准确地求燃料化学㶲时，可由式(6-24)计算：

$$Ex=Q_p(1.0038+0.1365\mathrm{H/C}+0.0308\mathrm{O/C}+0.104\mathrm{S/C}) \tag{6-24}$$

而供入炉子燃料㶲为：

$$Ex_1=F\cdot Ex/3600 \tag{6-25}$$

式中 Ex_1——供入炉子燃料㶲，kW；

Ex——燃料㶲值，kJ/kg；

ΔS——燃料燃烧熵增，kJ/(kg·K)。

2. 燃料显热

对于液体燃料，温度较高时可根据燃料油温度 T，特性因数 K 及相对密度，按照石油馏分物理能量及㶲计算方法去求取。而对接近常温的燃料显热则可不计。

$$E_2=F[1.556+8.256\times10^{-3}API(t-15)+1.99\times10^{-3}(t^2-15^2)]\times(0.0533K+0.3604)/3600 \tag{6-26}$$

$$Ex_2=F[A_0(T-T_0)+1.99\times10^{-3}API(T^2-T_0^2)-A_1\ln(T/T_0)]\times(0.0533\mathrm{K}+0.3604)/3600 \tag{6-27}$$

式中 A_0、A_1——常数，$A_0=8.256\times10^{-3}API-0.6767$，$A_1=135.3+2.3778API$；

t——燃油温度，℃；

T——燃油温度，K；

T_0——基准温度，K(一般取 288K)。

对于气体燃料可由单一组分的焓与基准温度下的焓差加和求得燃料显热能E_2，并由燃料显热能根据燃料温度求得物理㶲：

$$Ex_2=E_2\left(1-\frac{2\,T_0}{T+T_0}\right) \tag{6-28}$$

3. 雾化蒸汽带入能E_3及㶲 Ex_3

当加热炉燃用液体燃料时，为了提高燃烧器的雾化质量，往往需要采用蒸汽雾化。雾化蒸汽带入的能量和㶲，可根据蒸汽的参数由第 2 章有关蒸汽物流能量和㶲的计算方法计算。

4. 燃烧用空气的能量及㶲

对于未加预热的加热炉燃烧用空气温度为环境温度，其物理能量和㶲接近为零。空气组成浓度与出口烟气不同引起的扩散㶲不予考虑。随着节能工作的深入及炉子的节能改进，现在许多大中型炉子燃烧空气都是经过预热(外来热源预热或用自身烟气预热)含有一定的物理能量和㶲(主要是热能及热㶲)。

由空气的比热容与温度关联式：

$$C_p = 0.9956 + 0.000093(T - 273) \tag{6-29}$$

则由空气温度 T_0 到 T 的物理能：

$$\begin{aligned} E_4 &= W\int_{T_0}^{T}[0.9956 + 0.000093(T - 273)]\mathrm{d}T \\ &= W[0.9702(t - 15) + 4.65\times10^{-5}(T^2 - T_0^2)]/3600 \end{aligned} \tag{6-30}$$

则由空气温度 T_0 到 T 的物理㶲：

$$Ex_4 = W\int_{T_0}^{T} C_p(1 - T_0/T)\mathrm{d}T \tag{6-31}$$

$$Ex_4 = W\left[0.9434(T - T_0) + 4.65\times10^{-5}(T^2 - T_0^2) - 279.4\ln\left(\frac{T}{T_0}\right)\right]/3600 \tag{6-32}$$

式中 W——空气流量，kg/h。

5. 加热炉的电耗 E_5(Ex_5)

为了提高加热炉效率，许多大中型炉子都设有烟气余热回收系统，多用于空气预热，就需要配置有抽引风机和鼓风机，其能耗可由炉子风机电机标定数据确定。电的能级为 1，因此能量与㶲值相同，但应注意单位应与其他供入能一致。

总供入能：

$$E_P = E_1 + E_2 + E_3 + E_4 + E_5 \tag{6-33}$$

总供入㶲：

$$Ex_P = Ex_1 + Ex_2 + Ex_3 + Ex_4 + Ex_5 \tag{6-34}$$

6. 排烟损失能 E_6 及㶲 Ex_6

排烟热损失一般应包括两部分：烟气排出热及雾化汽带出热。雾化蒸汽在炉内降压升温，完成雾化作用后，仍以蒸汽形式排出，其热量为排烟参数下的蒸汽能量，特别应注意的是雾化蒸汽带入能量是以汽焓(包括潜热)计算的，那么在排烟中仍应计算潜热，因为这部分蒸汽的潜热在炉内并未释放出来，燃烧烟气的量为燃烧室空气量与燃料量之和。

在一般的排烟组成下，烟气的比热容关联式为：

$$C_{pm} = 1.05 + 1.235\times10^{-4}\mathrm{t} \tag{6-35}$$

排烟损失能：

$$\begin{aligned} E_6 &= \frac{W + F}{3600}\int_{T_0}^{T}(1.05 + 1.235\times10^{-4})(T - 273)\mathrm{d}T + G_s(H - H_{15}) \\ &= \frac{W+F}{3600}[1.05(T - T_0) + 0.618\times10^{-4}(T^2 - T_0^2)] + \frac{G_s}{3600}(H - H_{15}) \end{aligned} \tag{6-36}$$

式中 H、H_{15}——排烟温度下蒸汽焓值和15℃饱和水的焓值，kJ/kg；

C_{pm}——烟气比热容，kJ/(kg·K)；

G_s——雾化蒸汽用量，kg/h。

排烟损失，可按变温下热㶲的简化式计算：

$$Ex_6=E_6\left(1-\frac{2T_0}{T+T_0}\right) \tag{6-37}$$

7. 炉体散热能量E_7及㶲Ex_7

加热炉的表面散热损失，应按表面温度及表面积等参数进行实际测试计算。无条件实测时，应根据以往的测试数据或取炉子公称加热负荷的2%~4%，不可取低负荷率下的加热负荷的比例。散热㶲损则根据辐射、对流段的烟气温度计算确定。也可简单地取辐射段出口烟气温度为炉内烟气的平均温度，由式(6-38)计算散热㶲损：

$$Ex_7=E_7\left(1-\frac{T_0}{t_p+273}\right) \tag{6-38}$$

式中 t_p——炉内烟气的平均温度,℃。

直接损失能：

$$E_W=E_6+E_7 \tag{6-39}$$

直接损失㶲：

$$Ex_W=Ex_6+Ex_7 \tag{6-40}$$

炉子的有效加热负荷，可通过反平衡计算确定：$E_u=E_P+E_W$。但是有效加热㶲则不能直接确定，可通过反平衡求出的总有效加热负荷，与各分项加热负荷相校核，最终确定有相变或化学变化的加热项。确定各加热项负荷后，即可按照热㶲计算方法确定各加热项的㶲值，从而确定总有效加热㶲，进而确定炉内总过程㶲损和炉子效率。

加热炉除加热主要工艺物流外，一般还过热蒸汽、预热原料(冷进料)、发生蒸汽等，对于自身烟气预热空气的，在出入方均不计。

8. 蒸汽过热能量E_8及㶲Ex_8

$$E_8=(2.004+0.176p_s)(T_2-T_1)G_s/3600 \tag{6-41}$$

$$Ex_8=(2.004+0.176p_s)\left(T_2-T_1-T_0\ln\frac{T_2}{T_1}\right)G_s/3600 \tag{6-42}$$

式中 p_s——过热蒸汽的压力，MPa；

T_1、T_2——蒸汽过热前后的温度，K。

9. 对流段预热原料能量E_9及㶲Ex_9

预热原料(冷进料)一般多为石油馏分，可按石油馏分能量和㶲的计算方法进行，由相对密度、特性因数及进出炉子温度计算。预热原料一般只是为提高炉子热效率，没有相变，只是液相变温过程。

$$E_9=\frac{G_{CF}}{3600}\times[(1.5566+8.256\times10^{-3}API)(t_2-t_1)+1.99\times10^{-3}(t_2^2-t_1^2)](0.0533K+0.3604) \tag{6-43}$$

$$Ex_9=\frac{G_{CF}}{3600}\left[A_0(T_2-T_1)\times1.99\times10^{-3}(T_2^2-T_1^2)-A_1\ln\frac{T_2}{T_1}\right](0.0533K+0.3604) \tag{6-44}$$

式中　t_1、t_2——预热原料进出炉子温度,℃;

G_{CF}——预热原料流量，kg/h;

T、T_2——预热进料进出炉子温度，K。

对于预热其他物流的则按第 2 章计算物流能量和㶲。

10. 发汽能量 E_{10} 及㶲 Ex_{10}

部分加热炉为提高效率而采用废热锅炉发生蒸汽，此时发汽的能量和㶲由下式计算(发汽压力不大于 1.0MPa)。

$$E_{10}=(2310.4-613.4p_s+511.6p_s^2-187p_s^3)G_s/3600 \tag{6-45}$$

$$Ex_{10}=E_{10}\left(1-\frac{T_0}{t_s+273}\right) \tag{6-46}$$

式中　t_s——发汽的饱和温度,℃;

p_s——发汽的饱和蒸汽压力，MPa。

当发汽压力大于 1.0MPa 时，可由第 2 章式(2-98)计算。

11. 加热炉主要加热能 E_{11} 及㶲 Ex_{11}

当主要加热负荷有相变或化学变化时，先由炉子反平衡求出有效供能 E_U:

$$E_U=E_P-E_W \tag{6-47}$$

主要加热的热负荷为 E_U 减去其他各加热负荷项:

$$E_{11}=E_U-E_8-E_9-E_{10} \tag{6-48}$$

如有预热水等项，亦即减去相应项目:

$$Ex_{11}=E_{11}\left(1-\frac{T_0}{T_m}\right) \tag{6-49}$$

此时，炉子有供出的热能和热㶲，均可由加和求出:

$$E_U=E_8+E_9+E_{10}+E_{11} \tag{6-50}$$

$$Ex_U=Ex_8+Ex_9+Ex_{10}+Ex_{11} \tag{6-51}$$

12. 加热炉内过程㶲损

正面求出加热炉的有效供出能和供出㶲后，就可求出加热炉内的过程㶲损，从第一定律的能量守恒来说，供入的能量等于损失和有效供出的能量，但从第二定律的平衡观点来说，供入㶲大于有效供出和排烟、散热的㶲损。其差值称为炉内过程㶲损，这主要是加热炉内燃烧和传热的不可逆损失造成的。

$$Ex_L=Ex_P-Ex_W-Ex_U \tag{6-52}$$

13. 炉子效率

炉子效率是反映加热炉能量利用水平的一项重要的评价指标，由能量平衡和㶲平衡结果可以提出两个炉子效率：能量效率和㶲效率。能量效率反映炉子能量数量的损失和利用关系，㶲效率则反映能量质量变化结果，考虑了过程不可逆因素。

$$\eta=\frac{E_U}{E_P}\times100\% \tag{6-53}$$

$$\eta_x=\frac{Ex_U}{Ex_P}\times100\%=[1-(Ex_L+Ex_W)/Ex_P]\times100\% \tag{6-54}$$

14. 能量效率与㶲效率的关系[6]

供给加热炉的能量主要是燃料，其㶲值与能量值大体相同。而工艺过程所需加热的流体温度已为工艺操作条件所确定，相应地㶲效率也就大体确定，只是随热效率的差异而略有变化，不同工艺条件加热炉的㶲效率，因受热流体温度不同而异。在已知加热炉热效率 η 且燃料㶲值近似取燃料低热值时，则可根据炉内各股受热流体的温域变化情况估算出加热炉㶲效率η_x（ε_i为某股受热流体的能级）。

$$\eta_x = \sum_{i=1}^{n} \frac{Q_i \varepsilon_i}{Q_P} \tag{6-55}$$

如果只有一股受热流体，则：

$$\eta_x = \eta\left(1 - \frac{2T_0}{T_2 + T_1}\right) \tag{6-56}$$

在化学能转变为热能并传递给受热流体的过程中，㶲损失包括两方面：一是排烟及散热的排弃损失；二是燃烧和传热的不可逆损失。

15. 炉子平衡的校正方法

由于加热炉测定数据准确度的差异，反平衡甚或正平衡求出的炉效率及主要加热负荷往往具有较大的误差，难以反映真实情况。正确结果的主要标志是能否满足加热炉-工艺设备的热平衡。此时应根据加热炉-工艺设备系统热平衡的准则，在已测工艺设备（与加热炉相关联的）散热数据时，满足工艺设备的热平衡，从而确定加热炉的主要加热负荷。对炉子燃料量及过剩空气系统等因素分析校正，直至满足系统热平衡为止。

16. 燃烧㶲损的确定

加热炉的能量和㶲平衡计算，虽然没有按燃烧、辐射、对流三段进行计算，只是把加热炉作为一个设备，从供入和供出按“黑箱”法计算，但确定出燃烧㶲损，从而剖析炉内用能过程变化，以区分燃烧㶲损和炉内传热过程㶲损仍是十分必要的。燃烧㶲损可由式（6-57）计算。

$$D_{KC} = \frac{F}{3600} Q_P \frac{T_0}{T_{ad} - T_0} \ln \frac{T_{ad}}{T_0}, \ \text{kW} \tag{6-57}$$

式中　T_{ad}——绝热（不传热）燃烧温度，K；

$$T_{ad} = T_0 + \frac{Q_P}{L_0 \alpha C_p} \tag{6-58}$$

式中　T_0——燃烧空气温度，K；

这样，炉内的不可逆传热过程㶲损为：

$$D_{KU} = Ex_L - D_{KC} \tag{6-59}$$

区分出加热炉内过程㶲损，就可切实地指出造成㶲损的原因及改进途径，如可提高预热空气温度，以增大T_{ad}或降低 α 均可节约加热炉燃料，提高绝热燃烧温度，减少燃烧㶲损，避免加热低温物流，用其他热源或载能工质（蒸汽）取代加热低温热源。

【例 6-3】　工艺加热炉能量平衡㶲平衡计算举例

某炼油厂常减压蒸馏装置常压炉，加热初底油。初底油流量为 324.91t/h，相对密度为 0.9122，温度从 303℃加热到 366℃，炉子燃料用本装置减四线，相对密度为 0.9256，温度为 248℃，用量为 1.97t/h；雾化蒸汽用量 0.608t/h，蒸汽压力为 1.0MPa，温度 218℃；燃烧用空气采用常三线预热至 235℃，经核实实际空气量为 31.173t/h；排烟温度为 144℃，排烟量为 37.8t/h(对流室有部分漏风)。为提高炉子效率，采用冷进料和蒸汽过热、预热软水。冷进料为原油(脱前原油经减压炉预热后)，相对密度 $d_4^{20}=0.9068$，冷进料量为 30.121t/h，由 180℃加热到 224℃。过热 1.0MPa 蒸汽为 10.21t/h，从 185℃加热到 218℃，软水预热有两路：4.87t/h，从 57℃加热到 120℃，另一路由 60℃加热到 155℃，流量为 10.92t/h。试对加热炉进行能量平衡和㶲平衡计算。

解：(1) 供入能 E_P 及㶲 Ex_P

① 燃烧热E_1及㶲 Ex_1

炉子燃料为本装置减四线，$d_4^{20}=0.9256$，属重质油则按重质油品计算其低热值：

$$Q_P=(26.37API+9272.2)\times4.1868$$

其中：

$$API=\frac{141.5}{0.9942\,d_4^{20}+0.009181}-131.5$$

$$=\frac{141.5}{0.9942\times0.9256+0.009181}-131.5=20.75$$

则：$$Q_P=(26.37\times20.75+9272.2)\times4.1868=41.11\text{MJ/kg}$$

故燃料燃烧热：$$E_1=\frac{FQ}{3600}=1.97\times10^{-3}\times41.11\frac{1}{3600}=22.497\text{MW}$$

其㶲取：$$Ex_1=E_1=22.497\text{MW}$$

② 燃料显热E_2及㶲 Ex_2

$$E_2=F\{C_3(T-288)+1.99\times10^{-3}[(T-273)^2-225]\}C_1/3600$$

其中，$C_3=1.556+8.256\times10^{-3}API=1.556+8.256\times10^{-3}\times20.75=1.729$；

特性因数修正系数视作 1，即$C_1\approx1$。

$$E_2=1.97\times10^3[1.729(248-15)+1.99\times10^{-3}(248^2-225)]\times\frac{1}{3600}=287.04\text{kW}$$

$$Ex_2=F\left[A_0(T-288)+1.99\times10^{-3}API(T^2-82944)-A_1\ln\left(\frac{T}{288}\right)\right]C_1/3600$$

其中，$A_0=8.256\times10^{-3}API-0.6767=8.256\times10^{-3}\times20.75-0.6767=-0.5054$；

$A_1=135.3+2.3778API=135.3+2.3778\times20.75=184.64$

则

$$Ex_2=1.97\times10^3\left[-0.5054\times(248-15)+1.99\times10^{-3}(521^2-82944)-184.64\ln\left(\frac{521}{288}\right)\right]\times\frac{1}{3600}$$

$$=80.93\text{kW}$$

③ 雾化蒸汽热能E_3及㶲 Ex_3

可以查图计算，这里由经验公式计算。

$$E_3=\frac{G_s\Delta H}{3600}=G_s[2417.7-87.9\times p_s+(2.01+0.188\,p_s)t]/3600$$

$$=0.608\times10^3[2417.7-87.9\times1.0+(2.01+0.188\times1)\times218]/3600$$

$$=473.9\text{kW}$$

$$Ex_3=G_s(\Delta H-T_0\Delta S)/3600$$

其中，$\Delta S=4.1868\ln[(t_s+273)/T_0]+H_R/(t_s+273)+(2.004+0.176p_s)\ln[(t+273)/(t_s+273)]$

式中，蒸汽的饱和温度$t_s=179.5p_s^{0.254}=179.5\times1.0^{0.254}=179.5$℃。

蒸汽汽化热$H_R=2310.4-613.4p_s+511.6p_s^2-187p_s^2=2011.67$kJ/kg

则：$\Delta S=4.1868\ln[(179.5+273)/288]+2011.67/(179.5+273)+(2.004+0.176\times1)\ln[(218+273)/(179.5+273)]=6.5013$kJ/(kg·℃)

$$Ex_3=\frac{G_s(\Delta H-T_0\Delta S)}{3600}=E_3-G_s\frac{T_0\Delta S}{3600}=473.9-608\times288\times\frac{6.5013}{3600}=157.7\text{kW}$$

④ 预热空气能量E_4及㶲Ex_4

$$E_4=\frac{W\Delta H}{3600}=\frac{W[0.9702(t-15)+4.65\times10^{-5}(T^2-288^2)]}{3600}$$

$$=\frac{31173[0.9702(235-15)+4.65\times10^{-5}(508^2-288^2)]}{3600}=1918.8\text{kW}$$

$$Ex_4=W\frac{\left[0.9434(T-T_0)+4.65\times10^{-5}(T^2-T_0^2)-279.4\ln\left(\frac{T}{T_0}\right)\right]}{3600}$$

$$=31173\times\frac{\left[0.9434(508-288)+4.65\times10^{-5}(508^2-288^2)-279.4\ln\left(\frac{508}{288}\right)\right]}{3600}$$

$$=494.6\text{kW}$$

总供入能：

$$E_P=E_1+E_2+E_3+E_4=25176.7\text{kW}$$

总供入㶲：

$$Ex_P=Ex_1+Ex_2+Ex_3+Ex_4=23230.2\text{kW}$$

（2）直接损失能E_W及㶲Ex_W

① 排烟直接损失能E_6及㶲Ex_6

$$E_6=\frac{W+F}{3600}[1.05(T-T_0)+0.618\times10^{-4}(T^2-T_0^2)]+\frac{G_s}{3600}(H-H_{15})$$

式中　燃料量$F=1970$kg/h；

雾化蒸汽量$G_s=608$kg/h。

查表知，排烟温度下蒸汽焓值=2739.0(kJ/kg)，15℃饱和水焓值$H_{15}=62.97$(kJ/kg)，则：

$$E_6=(37800+1970)/3600\times[1.05(417-288)+0.618\times10^{-4}(417^2-288^2)]+\frac{608}{3600}(2739.0-62.97)=2010.4\text{kW}$$

$$Ex_6=E_6\left(1-\frac{2T_0}{T+T_0}\right)=2010.4\times\left(1-\frac{2\times288}{417+288}\right)=367.9\text{kW}$$

② 散热损失能E_7 及㶲 Ex_7

炉体散热损失能 E_7'及㶲 Ex_7'。

实测得：$E_7'=824.72$kW。

$$Ex_7'=E_7'\left(1-\frac{T_0}{t_p+273}\right)$$

其中，炉内烟气平均温度=422℃。

$$Ex_7'=824.72\times\left(1-\frac{288}{422+273}\right)=438.61\text{kW}$$

转油线散热损失能 E_7''及㶲 Ex_7''。

实测得：$E_7''=150.56$(kW)。

$$Ex_7''=E_7''\times\left(1-\frac{T_0}{t+273}\right)=150.56\times\left(1-\frac{288}{366+273}\right)=82.7\text{kW}$$

则散热损失能：　$E_7=E_7'+E_7''=842.7+150.56=975.28\text{kW}$

则散热损失㶲：　$Ex_7=Ex_7'+Ex_7''=438.6+82.7=521.3\text{kW}$

直接损失能：　$E_W=E_6+E_7=2010.4+975.28=2985.68\text{kW}$

直接损失㶲：　$Ex_W=Ex_6+Ex_7=367.9+521.3=889.2\text{kW}$

（3）有效供能及有效供㶲

① 过热蒸汽能E_8及㶲 Ex_8

$$E_8=\frac{(2.004+0.176p_s)(T_2-T_1)G_S}{3600}=\frac{(2.004+0.176\times1.0)(218-185)\times10210}{3600}=205.8\text{kW}$$

$$Ex_8=\frac{(2.004+0.176p_s)[T_2-T_1-T_0\ln(T_2/T_1)]G_s}{3600}$$

$$=\frac{(2.004+0.176\times1.0)[218-185\ln(491/458)]\times10210}{3600}=80.56\text{kW}$$

② 冷进料能E_9及㶲 Ex_9

冷进料(原油)量　30.121×10^3(kg/h)

$$E_9=C_3(T_2-T_1)+1.99\times10^{-3}[(T_2-273)^2-(T_1-273)^2]C_1/3600$$

其中，$C_3=1.5566+8.256\times10^3API$，$C_1\approx1$。

$$API=\frac{141.5}{0.9942\times0.9068+0.009181}-131.5$$

$$C_3=1.5566+8.256\times10^{-3}\times23.87=1.7537$$

$$E_9=1.7537(224-180)+1.99\times10^{-3}(224^2-180^2)\times1=941.59\text{kW}$$

$$Ex_9=W\left[A_0(T_2-T_1)+1.99\times10^{-3}(T_2^2-T_1^2)-A_1\ln\frac{T_2}{T_1}\right]C_1/3600$$

其中，$A_0=8.256\times10^{-3}API-0.6767=-0.4796$；

$A_1=135.3+2.3778API=192.06$。

$$Ex_9=\frac{30120}{3600}\left[-0.4796(224-180)+1.99\times10^{-3}(497^2-453^2)-192.06\ln\frac{497}{453}\right]\times1$$

$$=370.46\text{kW}$$

③ 软水加热能E_{10}及㶲 Ex_{10}

软水加热 1（E'_{10}及㶲 Ex'_{10}）。

$$E'_{10}=\frac{WC_p(T_2-T_1)}{3600}=\frac{4870}{3600}\times 4.1868\times(120-57)=356.82\text{kW}$$

$$Ex'_{10}=E'_{10}\left(1-\frac{T_0}{T_m}\right)$$

其中，$T_m=\dfrac{T_2-T_1}{\ln\dfrac{T_2}{T_1}}=(120-57)/\ln(393/330)=360.58\text{K}$

$$Ex'_{10}=E'_{10}\left(1-\frac{T_0}{T_m}\right)=356.82\left(1-\frac{288}{360.58}\right)=71.83\text{kW}$$

软水加热 2（E''_{10}及㶲 Ex''_{10}）。

$$E''_{10}=\frac{WC_p(T_2-T_1)}{3600}=\frac{10920}{3600}\times 4.1868\times(155-60)=1206.5\text{kW}$$

$$Ex''_{10}=E''_{10}\left(1-\frac{T_0}{T_m}\right)=1206.5\left(1-\frac{288}{(155-60)/\ln\left(\frac{428}{333}\right)}\right)=288.51\text{kW}$$

软水加热能： $E_{10}=E'_{10}+E''_{10}=1563.32\text{kW}$

软水加热㶲： $Ex_{10}=Ex'_{10}+Ex''_{10}=360.34\text{kW}$

④ 主要加热E_{11}及㶲 Ex_{11}

这里采用反平衡法求取主要加热负荷。

根据能量平衡：

$$E_{11}=E_P-E_W-(E_8+E_9+E_{10})=25176.7-2985.68-(205.08+941.59+1563.32)=19481\text{kW}$$

$$Ex_{11}=E_{11}\left(1-\frac{T_0}{T_m}\right)=19481\left(1-\frac{288}{(366-303)/\ln\left(\frac{639}{576}\right)}\right)=10237.3\text{kW}$$

小计： $E_U=E_P-E_W=22190.8\text{kW}$

$$Ex_U=Ex_8+Ex_9+Ex_{10}+Ex_{11}=11048.7\text{kW}$$

（4）过程㶲损 Ex_L

过程能量进出相等，故有 $E_P=E_U+E_W$

而过程㶲进出不等，存在过程㶲损，即：

$$Ex_P=Ex_U+Ex_W+Ex_L$$

$$Ex_L=Ex_P-Ex_U-Ex_W=23230.2-11048.7-889.2=11292.3\text{kW}$$

（5）炉子效率

炉子能量效率：

$$\eta=\frac{E_U}{E_P}\times 100\%=\frac{22190.8}{25176.7}\times 100\%=88.14\%$$

炉子㶲效率：

$$\eta_x = \frac{Ex_U}{Ex_P} \times 100\% = \frac{11048.7}{23230.2} \times 100\% = 47.56\%$$

工业炉能量及平衡结果可逐台填入汇总表6-4。

表6-4 工业炉能量和㶲平衡表

项目		流量 t/h	温度 ℃	能量 kW	㶲 kW	备注
供入能量	燃料化学能					
	燃料显热					
	电					
	蒸汽					
	燃烧用空气					
	反应放热					
	合计					
有效供出能量	反应吸热					
	合计					
损失能量	排烟					
	排污					
	散热					
	无效动力					
	排渣					
	过程㶲损(燃烧传热)					
效率/%						

注：1. 电能有效部分一般进入烟气。

2. 雾化、吹灰蒸汽应以其排烟温度下的焓值计入烟气损失能。

6.3.2 反应炉和尾气焚烧炉

反应炉如制氢转化炉、裂解炉等，原则上可采用同加热炉相同的方法进行能量和㶲平衡。不同之处为这些炉子不仅由燃气传热给工艺物流，而是在传热同时，在炉管内进行化学反应。此时应详细按照有关工艺计算方法确定炉管内工艺物流升温热及反应热即可。同时注意把烟气余热回收放在炉系统中考虑。但把工艺反应物的热能回收(转化气等)按照用能三环节分析方法，划归能量回收环节，不在此考虑。

为消除装置排出尾气中有害组分对环境的影响，许多环保装置设置焚烧炉(如硫黄尾气焚烧炉、沥青尾气焚烧炉)。

焚烧炉的目的不是供热，而是出于环保目的，使炉膛内达到给定的焚烧条件，把尾气中有害组分焚烧掉。焚烧后的尾气连同烟气一起排出炉外。就供热来说，似乎热效率为0。但焚烧炉的目的是焚烧。达到焚烧条件所需要的能量全部应视为有效。按此说法，除了炉体散热损失外，烟气能量均为有效的。由于这部分热量的绝对值一般较小，回收受到技术经济的限制，一般不予回收。而对于大型焚烧炉，仍可把燃气视为有效部分，进入工艺总用能(环保目的)，而对于回收烟气废热的放在待回收能项中考虑回收率。自身烟气预热燃烧空气，或改变操作条件降低燃料消耗的，均属于降低工艺总用能的措施。

6.4 催化裂化再生器

催化裂化再生器，虽然按其功能划分为能量转换设备，具有与加热炉同样的功能和作用，但其用能项目及其特点与加热炉不同，应单独进行能量及平衡计算。

1. 再生器烧焦化学能E_1及㶲Ex_1

催化裂化再生器的燃料是附着在催化剂表面上的焦炭，是难以由计量器具测算的。只能通过标定数据，由主风量和再生烟气组成求出再生器烧焦量。烧焦量可由简化了的式(6-60)计算，误差小于2%[7]。

$$C_{\mathrm{h}}=V_2[0.125(CO_2+CO)+0.1]/23 \tag{6-60}$$

式中 CO_2、CO——再生烟气(干)中CO_2和CO的体积分数；

V_2——再生用风量(包括主风、增压风等)，Nm^3/h；

C_{h}——再生烧焦量，kg/h。

焦炭的低热值，即为焦炭完全燃烧热，以CO_2和H_2O(汽)为最终产物所放出的燃烧热可由焦炭中的元素组成比H/C确定：

$$Q_{\mathrm{p}}=\frac{32790+120060\mathrm{H/C}}{1+\mathrm{H/C}} \tag{6-61}$$

式中 H/C——焦炭中氢碳比(质量)；

Q_{p}——焦炭低热值(完全燃烧)，kJ/kg。

焦炭中氢碳比值也可由烟气组成数据估算：

$$\mathrm{H/C}=\frac{8.93-0.425(CO_2+CO)-0.257CO}{CO_2+CO} \tag{6-62}$$

因此，再生器烧焦的能量为：

$$E_1=C_hQ_{\mathrm{p}}/3600 \tag{6-63}$$

焦炭的化学㶲近似取为其热值，因此有：

$$Ex_1\cong E_1 \tag{6-64}$$

式中 E_1、Ex_1——再生器烧焦的化学能和化学㶲，kW。

2. 再生燃烧油能E_2及㶲Ex_2

对于一些蜡油催化裂化装置，反再系统热量不足，常有往再生器喷燃烧油的情况。喷燃烧油能量和㶲的计算同加热炉燃料。

3. 再生主风带入能E_3及㶲Ex_3

催化裂化反应-再生系统多在0.2~0.5MPa(绝)压力下操作。烧焦的空气靠空气压缩机(主风机)来提供，因为对于空气的近乎绝热的压缩过程，不仅气流压力升高，而且空气的温度也上升，带入再生器一定的热能(再生主风带入再生器的热能及热㶲的计算方法，同加热炉的预热空气）。

主风虽然压力较低，但经过再生器燃烧，排烟温度达600℃以上，其再生烟气的压能可以膨胀做功，相当于一个燃气循环过程：低温压缩、燃烧提温、高温下膨胀做功，而且近年来，烟气能量回收机组已得到很快发展，为许多厂家所采用，发挥了较大的节能效益，因此，在再生器进出的气相物流均应计算压力㶲。能量则由于主风和烟气均可视为理想气体，压力对焓差(能量)的影响可以忽略。

由于主风多以体积流量表示，代入空气的体积比热容关联式，积分求出热能及热㶲。

热能及㶲：

$$E_3=\frac{V_2}{3600}[1.254(T-T_0)+6.0\times10^{-5}(T^2-T_0^2)] \tag{6-65}$$

$$Ex_3=\frac{V_2}{3600}\left[1.2194(T-T_0)+6.0\times10^{-5}(T^2-T_0^2)-361.1\ln\left(\frac{T}{T_0}\right)\right] \tag{6-66}$$

压㶲为：

$$Ex_{p3}=\frac{V_2}{3600\times22.4}R\,T_0\ln\left(\frac{p}{p_0}\right) \tag{6-67}$$

式中　R——气体常数，$R=8.314$kJ/(kmol·K)。

供入再生器的㶲为主风的物理㶲，即为热㶲和压㶲之和。

4. 焦炭带入显热能E_4及㶲Ex_4

焦炭的显热是催化反应器在裂化过程焦炭吸附在催化剂表面上，通过催化剂的循环带入到再生器，相当于燃料显热，可由烧焦量、反应温度及焦炭的比热容计算。

$$E_4=C_h\times0.3047\times10^{-3}\times(t_R-15) \tag{6-68}$$

式中　t_R——反应器操作温度，℃。

焦炭显热㶲计算，按式(2-16)进行。

5. 再生器供入汽能E_5及㶲Ex_5

再生器供入蒸汽的能量及㶲计算方法参见蒸汽物流的计算。

供入能量即为上述5项能之和。

$$E_P=E_1+E_2+E_3+E_4+E_5 \tag{6-69}$$

供入㶲亦为上述5项㶲之和。

$$Ex_P=Ex_1+Ex_2+Ex_3+Ex_4+Ex_5 \tag{6-70}$$

6. 排烟损失能E_6及损失㶲Ex_6

与加热炉排烟一样，排烟损失能中应包括再生用汽的在烟气参数下的能量损失。此外，排弃㶲亦应计入烟气压力能的损失。烟气量则由主风量V_2、燃烧前后的烟风比β确定：

$$\beta=\left[\frac{121-2(CO_2+CO+O_2)+0.79CO}{100-(CO_2+CO+O_2)}+e\right]/(1+e) \tag{6-71}$$

式中　CO_2——烟气中CO_2的体积分数；

CO——烟气中CO的体积分数；

O_2——烟气中O_2的体积分数；

β——烟风比；

e——空气中水蒸气和干空气的物质的量比，由温度和相对湿度查取，多数情况下可取0.02。

则烟气量：

$$V_{烟}=V_2\beta \tag{6-72}$$

排烟损失热能：

$$E_6=\frac{V_{烟}}{3600}\times1.295[1.05(T-T_0)+0.618\times10^{-4}(T^2-T_0^2)]+\frac{G_{sg}}{3.6}(H_g-H_{15}) \tag{6-73}$$

式中 G_{sg}——再生器用汽，t/h；

H_g——再生用汽带出焓，kJ/kg。

排烟损失㶲为热㶲与压㶲之和。

排烟损失热㶲：

$$Ex_6=E_6\left(1-\frac{2T_0}{T+T_0}\right) \tag{6-74}$$

排烟损失压㶲：

$$Ex_{pg}=\frac{V_{flue}}{3600\times22.4}RT_0\ln\left(\frac{p}{p_0}\right) \tag{6-75}$$

由排烟压㶲损失可以看出回收烟气压力能的重要性，但烟气膨胀功远比压㶲值大，这是因为膨胀过程，不仅可回收压㶲，而且可把烟气中的部分焓转变为功。

7. 排烟中的不完全燃烧损失

再生过程为不完全再生的过程，排烟中1Nm^{3}CO氧化为CO_2将放出12.635MJ热量。因此：

$$E_7=V_2\beta\times CO\times12.635/3.6 \tag{6-76}$$

式中 CO——烟气中CO的体积分数。

烟气中CO燃烧过程相当于燃料燃烧，因此，可把CO化学能视为化学㶲，有$Ex_7\cong E_7$。

8. 散热损失

按第2章方法求出再生器及其系统的辐射、对流联合散热系数，由设备及系统的散热表面积、表面温度求出散热量：

$$E_8=F\alpha_T(T_W-T_f)/1000 \tag{6-77}$$

$$\alpha_T=\frac{4.33(T_W^4-T_f^4)\times10^{-6}}{T_W-T_f}+1.47(T_W-T_f)^{1/3}+4.36\frac{W^{0.6}}{D^{0.4}} \tag{6-78}$$

式中 α_T——辐射、对流联合传热系数，W/(m^2·K)；

T_W——散热系统表面壁温，K；

T_f——环境温度，K；

F——散热面积，m^2；

D——散热外径，m；

W——环境风速，m/s。

散㶲量则为：

$$Ex_8=E_8\left(1-\frac{T_0}{T_g}\right) \tag{6-79}$$

式中　T_g——再生器床层操作温度，K。

再生器直接损失能：

$$E_W = E_6 + E_7 + E_8 \tag{6-80}$$

再生器直接损失㶲：

$$Ex_W = Ex_6 + Ex_7 + Ex_8 \tag{6-81}$$

9. 焦炭脱附热

再生器的焦炭脱附和反应器的焦炭吸附是一对逆过程，一般在以反再系统为体系进行热平衡时，多不考虑脱附热。特别是习惯上以焦炭能量利用率计算催化剂循环量时不考虑该项。

但对以再生器为体系时，脱附热不仅属于出方热，而且认为是有效的，这是由于焦炭在再生器中脱附烧掉，才能保证在反应器中催化剂的转化活性，使焦炭吸附到催化剂上，放出吸附热，为反应器供入热量作出了贡献。

工艺计算中习惯上取脱附热为焦炭燃烧热的11.5%，这对于不完全燃烧过程(燃烧热约为7000kcal/kg)是适宜的，而目前再生过程多趋于完全再生，燃烧热亦随着再生温度不同而异，因此，取单位焦炭的脱附热较为合理。根据实验测定结果焦炭脱附热[14]为2220kJ/kg：

$$E_9 = C_h \times 2220/3600 \tag{6-82}$$

$$Ex_9 = E_9\left(1 - \frac{T_0}{T_g}\right) \tag{6-83}$$

10. 系统发生蒸汽

再生器发汽一般有两个方面，一是随着完全再生技术的应用和渣油裂化技术的进展，焦炭产率上升，再生器-反应器系统大量热量过剩，需要在再生器设置内(外)取热设施，取出热量发生蒸汽；二是对烟气余热的回收利用发汽，以及将来采用不完全再生，而把CO在烟道上设置CO焚烧炉燃烧，并在废热锅炉进一步回收发生蒸汽。

发汽的能量及㶲计算，参见第2章蒸汽物流计算部分。

11. 蒸汽过热能量E_{11}和㶲Ex_{11}

对于设置蒸汽过热设施的情况，蒸汽过热能量和㶲的计算同加热炉的过热蒸汽能量及㶲的计算方法。

12. 循环催化剂带出净热E_{12}和㶲Ex_{12}

可先求出再生器的有效供能：

$$E_U = E_P - E_W \tag{6-84}$$

然后从有效供能中减去其他已知负荷的几项，即可求出用于循环催化剂供热的能量：

$$E_{12} = E_U - E_9 - E_{10} - E_{11} \tag{6-85}$$

催化剂携带的㶲，则可根据：

$$Ex_{12} = E_{12}\left(1 - \frac{T_0}{T_m}\right) \tag{6-86}$$

$$T_m = \frac{T_g - T_R}{\ln(T_g/T_R)}$$

再生器的有效供热㶲：

$$Ex_U = Ex_9 + Ex_{10} + Ex_{11} + Ex_{12} \tag{6-87}$$

13. 再生器效率

同加热炉效率一样，存在着能量效率和㶲效率。

再生器能量效率为再生器供出的总有效能量与再生器总供入能量之比：

$$\eta = \frac{E_U}{E_P} \times 100\% = \left(1 - \frac{E_W}{E_P}\right) \times 100\% \tag{6-88}$$

再生器㶲效率为再生器供出总有效㶲与再生器总供入㶲之比：

$$\eta_x = \frac{Ex_U}{Ex_P} \times 100\% \tag{6-89}$$

同能量效率不同的是，㶲效率中有效供出㶲与直接损失㶲之和不等于再生器的总供入㶲。其差值是再生器内的过程㶲损失。

14. 再生器的过程㶲损失

再生器的总的过程㶲损失，可由式(6-90)求出：

$$D_{kg} = Ex_P - Ex_W + Ex_U \tag{6-90}$$

同加热炉一样，过程㶲损又可进一步划分为焦炭的燃烧㶲损和传热过程㶲损两大类。尽管再生器的待生催化剂烧焦过程是在催化剂表面上进行的，烧焦的同时燃烧热已传递给循环催化剂，由于催化剂的循环流率和比热容均较大，因此催化剂温升不太大，即为反再温差。

再生器燃烧㶲损：

$$D_{kgC} = C_h Q_p \left(\frac{T_0}{T_{ad} - T_0}\right) \ln\left(\frac{T_{ad}}{T_0}\right) \tag{6-91}$$

$$T_{ad} = T^0 + Q_p / (b\alpha C_{pV})$$

式中 T_{ad}——再生器绝热燃烧温度，K；

T_0——主风温度，K；

α——过剩空气系数；

b——耗风指标，Nm^3/kg。

$$b = \frac{V_1}{C_h} = V_2 / (1.02\ C_h) \tag{6-92}$$

式中 V_1——再生器干空气量，Nm^3/h。

$$\alpha = \frac{100 - (CO_2 + CO + O_2)}{100 - (CO_2 + CO + O_2) - 3.62O_2} \tag{6-93}$$

相应的再生的传热过程㶲损，可用式(6-94)求出：

$$D_{KH} = D_{kg} - D_{kgC} \tag{6-94}$$

一般来说再生器㶲效率要比加热炉高一些，主要是催化剂循环取热温位略高。减少再生过程㶲损的途径有：减少生焦率，避免燃烧㶲损，而热量又受两器热平衡制约，多生焦的热又要设法取出，能级也低。在生焦率一定的条件下，提高有效供热的能级，取热利用朝高温位发展，许多炼油厂催化裂化装置在用再生器取热发生中压蒸汽，提高能级；提高反再系统温度也可减少㶲损。

再生器能量平衡和㶲平衡结果填入汇总表6-5。

表 6-5 催化裂化再生器及能量回收系统能量平衡表

项目		流量	温度/℃	压力/MPa	能量/kW	㶲/kW
供入能量	焦炭化学能					
	焦炭显热					
	蒸汽					
	空气带入					
	燃烧油					
	合计					
有效能量	焦炭脱附热					
	烟机回收功					
	发生蒸汽					
	密相床取热					
	催化剂带出					
	合计					
损失能量	烟气显热					
	一氧化碳化学能					
	再生器散热					
	回收系统散热					
	合计					
过程㶲损(燃烧、传热)						
效率						

【例 6-4】 某炼油厂催化裂化装置，再生器操作数据为：主风量及增压风量为 62226Nm³/h，烟气组成为 CO_2 14.6%、CO 1.4%、O_2 2.0%。主风温度为 185℃，再生器注汽 2.6t/h（0.5MPa、300℃）。烟气经余热锅炉后排烟温度为 248℃，余热锅炉发汽 13.86t/h，发汽温度 180℃，压力 1.0MPa，给水温度 114℃，蒸汽过热至 310℃，反应温度 460℃，再生温度 640℃，再生操作压力为 0.137MPa（1.37kgf/cm²）。试进行再生器能量平衡和㶲平衡，确定再生器能量和㶲效率。

解：再生器供入能量

1. 再生器烧焦量

$$C_h = V_2\frac{[0.125(CO_2+CO)+0.1]}{23} = 62226[0.125\times(14.6+1.4)+0.1] = 5.681(t/h)$$

2. 焦炭燃烧热

（1）焦炭 H/C 比

$$H/C = \frac{8.93-0.425(CO_2+O_2)-0.257CO}{CO_2+O_2} = 0.0947$$

（2）低热值

$$Q_p = \frac{32790+120060\times H/C}{1+H/C} = 41338kJ/kg$$

（3）焦炭燃烧热

$$E_1=\frac{C_h Q_p}{3600}=\frac{5681\times40339.5}{3600}=63658\text{kW}$$

焦炭化学能近似等于焦炭的化学㶲，故有：

$$Ex_1\cong E_1=63658\text{kW}$$

3. 无喷燃烧油　$E_2=Ex_2=0$

4. 主风带入能及㶲

$$E_3=\frac{V_2}{3600}[1.254(T-T_0)+6.0\times10^{-5}(T^2-T_0^2)]$$

$$=\frac{62226}{3600}[1.254(185-15)+6.0\times10^{-5}(458^2-288^2)]=3816\text{kW}$$

$$Ex_3=\frac{V_2}{3600}\left[1.2194(T-T_0)+6.0\times10^{-5}(T^2-T_0^2)-361.1\ln\left(\frac{T}{T_0}\right)\right]=819.1\text{kW}$$

该再生系统未设烟气轮机，但入方压㶲为(视为理想气体)：

$$Ex_{p3}=\frac{V_2}{3600\times22.4}RT_0\ln\left(\frac{p}{p_0}\right)=1593\text{kW}$$

5. 焦炭显热

$$E_4=C_h\times0.3047\times10^{-3}\times(t_R-15)=5681\times0.3047\times10^{-3}\times(460-15)=770.3\text{kW}$$

$$Ex_4=E_4\left(1-\frac{T_0}{T_m}\right)=770.3\times\left(1-\frac{288}{476.35}\right)=304.58\text{kW}$$

$$T_m=\frac{733-288}{\ln\left(\frac{733}{288}\right)}=476.35\text{K}$$

6. 再生器用汽

查手册，0.5MPa，300℃过热汽的焓为3064.2kJ/kg，熵为7.4606kJ/(kg·℃)，15℃水熵为0.2244kJ/(kg·℃)。

$$E_5=2600\times(3064.2-62.8)/3600=2168\text{kW}$$

$$Ex_5=2600\times[(3064.2-62.8)-288(7.4606-0.2244)]/3600=663\text{kW}$$

再生器供入能量：

$$E_P=63658+3816+770.3+2168=70412.3\text{kW}$$

$$Ex_P=63658+819.1+1593+304.58+663=67037.7\text{kW}$$

7. 排烟损失能

$$E_6=\frac{V_{烟}}{3600}\times1.295[1.05(T-T_0)+0.618\times10^{-4}(T^2-T_0^2)]+\frac{G_{sg}}{3.6}(H_g-H_{15})$$

$$=\frac{65341.9}{3600}\times1.295[1.05(248-15)+0.618\times10^{-4}(521^2-288^2)]+$$

$$\frac{2.6}{3.6}(885-15)=8649.7\text{kW}$$

$$Ex_6=E_6\left(1-\frac{2T_0}{T+T_0}\right)=8649.7\left(1-\frac{2\times288}{521+288}\right)=2491.2\text{kW}$$

排烟压㶲损失，忽略再生器压降，排烟压㶲损失同主风压㶲：

$$Ex_{p6}=1593\text{kW}$$

8. 废锅排污损失能(排污量 0.7t/h)

$$E_7=0.7\times(180-15)\times1.163=134.32\text{kW}$$

$$Ex_7=134.32\left(1-\frac{2\times288}{453+288}\right)=29.91\text{kW}$$

9. 排放 CO 化学能

$$E_8=V_{\text{flue}}\times\text{CO}\times\frac{12.635}{3.6}=65341.9\times0.014\times\frac{12.635}{3.6}=3210.64\text{kW}$$

$$Ex_8\cong E_8=3210.64\text{kW}$$

10. 散热损失能

11. 已测算得再生系统散热损失为 1419.15kW

$$E_9=1419.15\text{kW}$$

$$Ex_9=1419.15\times\left(1-\frac{288}{913}\right)=971.5\text{kW}$$

再生器损失能和㶲：

$$E_{\text{W}}=8649.7+134.32+3210.64+1419.5=13413.81\text{kW}$$

$$Ex_{\text{W}}=2491.2+29.91+1593+3210.64+971.5=8566.25\text{kW}$$

12. 焦炭脱附热

$$E_{10}=C_{\text{h}}\times\frac{2200}{3600}=0.617\ C_{\text{h}}=0.617\times5681=3505.2\text{kW}$$

$$Ex_{10}=E_{10}\times(1-\frac{288}{913})=2399.5\text{kW}$$

13. 废锅炉发生蒸汽及过热

发汽 13.86t/h(1.0MPa)，全部在锅炉过热至 310℃。

$$E_{11}=13.86\times(H-H_{15})$$

查蒸汽焓为 3070.6kJ/kg，蒸汽熵为 7.1238kJ/(kg·℃)，15℃时的水焓和熵分别为 62.8kJ/kg 和 0.2244kJ/(kg·℃)。

$$E_{11}=13860\times(3070.6-62.8)/3600=11580\text{kW}$$

$$Ex_{11}=13860\times[(3070.6-62.85)-288(7.1238-0.2244)]/3600=3929\text{kW}$$

14. 循环催化剂带出净热

有效供能：

$$E_{\text{U}}=E_{\text{P}}-E_{\text{W}}=70410.3-13413.8=56996.5\text{kW}$$

$$E_{12}=E_{\text{U}}-E_{10}-E_{11}=56996.5-3505.2-11580=41911.3\text{kW}$$

反再平均温度：

$$T_m = \frac{640+460}{2} + 273 = 823\text{K}$$

$$Ex_{12} = 41911.3 \times \left(1 - \frac{288}{823}\right) = 27244.9\text{kW}$$

再生器有效供热㶲：

$$Ex_U = 2399.5 + 3929 + 27244.9 = 33573.4\text{kW}$$

15. 再生器能量效率和㶲效率

$$\eta = \frac{E_U}{E_P} \times 100\% = \frac{56996.5}{70410.3} \times 100\% = 80.95\%$$

$$\eta_x = \frac{Ex_U}{Ex_P} \times 100\% = \frac{33573.4}{67051.7} \times 100\% = 50.07\%$$

16. 过程㶲损失

$$D_{kg} = Ex_P - Ex_W - Ex_U = 67051.7 - 8566.25 - 33573.4 = 24912.05\text{kW}$$

6.5 工艺用能设备

工艺用能设备包括塔(分馏塔、吸收塔和萃取塔等)、反应器和容器等三大类。工艺能量利用环节设备是组成工艺装置或过程的核心过程。装置的能量使用是围绕这个环节进行的。在这个环节，一般能量损失不大，仅仅是散热造成的能量损失，故供入与排出能量数量变化不大，但能量质量却大为降低。进行该环节能量平衡和㶲平衡，则可发现造成后部能量损失的真正原因在于能量使用环节，可借以找出存在的问题和改进的途径。

按照第5章提出的用能分析方法，对设备进行能量平衡时，不考虑物流化学能和化学㶲的计算，而只把过程前后物料的化学能和有化学变化的情况，通过反应热计算出来。工艺设备的操作压力尽管不同，但进出设备的压差一般不大，对于以热能为主的过程设备，压能占总能量的比例甚微，故详细计算压能和㶲的变化没有实际意义。因此，在设备能量和㶲平衡中不考虑压力的影响。流动能放在装置中统一考虑。而对确有动力回收价值的排出物流可以核算分析压力能和压力㶲。

6.5.1 塔类设备

6.5.1.1 塔类设备的特点

塔类设备是石油化工装置广泛使用的一种混合物的分离设备，其过程多属于物理变化过程，如分馏、吸收、萃取等，但就其分离原理来说，则各有其特点。

分馏过程是借助混合物组分沸点的不同，在分馏塔盘上使轻组分不断加热汽化，重组分不断冷凝冷却，达到分离出纯(较纯)组分的目的。

在分馏塔板上存在着汽相和液相两种状态，板下的汽相温度高于板上的液相温度。当汽液两相在塔盘上接触时，则发生热量传递，温度较低的液相混合物被温度较高的汽相混合物加热使液相部分轻组分汽化；同时，温度较高的气体混合物给出一部分热量后温度降低，部分重组分冷凝。分馏就是在分馏塔的各塔盘上，同时并多次运用部分汽化和部分冷凝的方法来进行分离操作，相间的浓度差和温度差是分馏进行的前提。

气体吸收是另一种重要的分离操作，它是利用气体混合物中各组分在溶剂中的溶解度不同而分离气体混合物的操作。即混合气体与适当的液体接触，气体中的一个或多个组分便溶解于该液体内而形成溶液，不能溶解的组分则保留在气相中，于是原混合气体进入气液两相而得到分离。通常把能够溶解的组分称为溶质，不被吸收的组分称为惰性组分或载体，吸收操作所用的溶剂称为吸收剂，吸收操作所得的溶液称为吸收液。为使吸收剂能够重复使用，并保证吸收效率，往往需要对溶液进行再生。根据气体的溶解度曲线，一般来说，加压和降温对吸收操作有利，可以提高气体的溶解度。反之，升温和减压则有利于脱吸过程。因此，同分馏操作不同，吸收操作能耗主要是脱吸(再生)操作能耗。

吸收过程分为两类：物理吸收和化学吸收。所谓化学吸收，是在吸收过程伴有化学反应的吸收操作。如炼厂中的气体脱硫装置，乙醇胺吸收 H_2S 生成硫化铵盐，即属于化学吸收操作。

催化裂化装置中富气的分离属于多组分物理吸收，所用的吸收剂是稳定汽油和粗汽油，富气中较重组分被汽油溶解的过程，就是吸收过程。催化裂化的吸收解吸操作中，解吸操作是为了分出因吸收过分而被带到解吸塔底油中的 C_2 组分。用重沸加热使 C_2 解析出来，剩下脱乙烷汽油。其吸收剂不需要再生。吸收过程的目的是回收压缩富气中的汽油和液化气组分。脱吸仅是为脱吸在吸收操作中过分吸收部分，再生程度低，不像一般溶剂再生要把溶质全释放出来。而吸收解吸后稳定塔则是加压下的分馏操作，从脱乙烷汽油中分馏出液化气组分。

液-液萃取是利用原料液中组分在萃取剂中溶解度的差异，而达到分离的目的。液-液萃取往往用于需要分离的各组分沸点很接近，或所需分离的组分浓度很低，或混合液中含有很高热敏性组分的情况。回收溶剂一般采用蒸馏方法，所以萃取操作中溶剂回收过程是能耗较高的原因。

6.5.1.2 最小分离功

在塔设备中进行分离过程，是把混合物分离成为纯或较纯的物质，为完成这样一个过程就要消耗能量。在可逆条件下分离操作所需要的功(能量)称为分离功，是在要求分离精度的条件下，理论上消耗最小能量的极限值。显然，实际能耗将远远大于该分离功的值。但作为比较基准，仍有一定的意义，可以发现由于过程不可逆造成的㶲损失和最终付出的能量代价。

1. 分离功和混合功

对于混合物分离为纯或较纯物质的过程需要外界提供分离功：

$$I_W = R\,T_0 \sum X_i \ln X_i \tag{6-95}$$

对于纯或较纯物质混合为混合物的过程则可对外界放出可逆混合功，数值与分离功相同，符号相反：

$$I_W = -R\,T_0 \sum X_i \ln X_i \tag{6-96}$$

式中 X_i——混合物中 i 物质的摩尔分数；

I_W——混合物的分离功。

气体吸收和解吸都属于分离过程。吸收过程是气体混合物的分离过程，同时对于溶质来说，又是吸收剂与溶质的混合过程。吸收过程的逆过程，则属于溶质与吸收剂的分离过程。

2. 石油馏分在分馏过程的分离㶲(功)[9]

$$I_W = -RT_0 \sum N_j \ln(1.33N_j) \quad (6-97)$$

式中 N_j——单位石油馏分摩尔数。

分离功，是理论上消耗的最小功，在热力学分析中是真正的有效部分。严格来说应予以计算。但其量一般很小，许多要求不太严格的情况多不计算。此时，是把分离㶲放在过程㶲损中。

【例 6-5】 某炼油厂常减压装置常压塔数据见表 6-6。试计算由拔头原油分离为产品的分离㶲。

表 6-6 某常减压装置常压塔数据

馏分	收率/(kg/t)	分子量	摩尔数 n	摩尔分数N_j	1.33 N_j	$N_j\ln(1.33\ N_j)$
常顶油	52.3	126	0.4151	0.1497	0.1991	-0.2416
常一线	46	165	0.2788	0.1006	0.1337	-0.2024
常二线	103	210	0.4905	0.1769	0.2353	-0.256
常三线	70	300	0.2333	0.0842	0.112	-0.843
常底油	677.8	500	1.3546	0.4886	0.6948	-0.2106
合计	948.6		2.7723	1.00		-1.0949

解：根据式(6-97)列表计算如下(以 1t 原油为计算基准)。

由式(6-97)计算常压塔分离㶲：

$$I_W = -R\ T_0 \sum N_j \ln(1.33N_j)$$
$$= 8.314 \times 2.7723 \times 288 \times (-1.0949) = 7268\text{kJ/t}$$

6.5.1.3 塔设备的能量平衡和㶲平衡计算

下面以分馏塔为例，说明塔类设备的能量平衡和㶲平衡计算。

某常减压装置常压塔操作条件如图 6-1 所示。

石油化工装置中的精馏塔大多属于复杂塔。其处理的是复杂石油馏分混合物，而产品也是混合物，只不过馏分比原料窄，混合物的数目减少。除了塔顶产品外，往往还有侧线产品。供入原料也往往不止一个。而加热后的原料带入和产品带出的能量差(过剩热)，由塔顶回流取出，而且也由侧线回流取出并回收利用。

习惯上，塔的能量平衡分为供入能量(原料带入、蒸汽带入、加热或塔底再沸器供热)、产品带出能量和回流取热能量及设备的散热损失等，㶲平衡还要考虑分离㶲及过程㶲损的计算，在能量平衡中不考虑分离㶲，分离过程最小功已包括在总能耗中，并在分离过程中转化为热，由产品和回流带出。

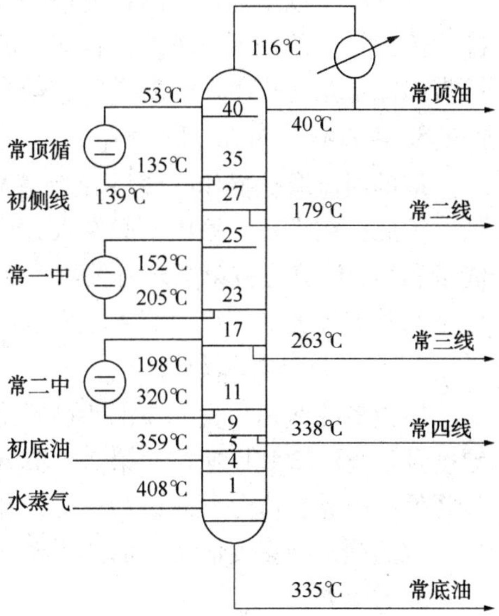

图 6-1 某常压塔标定参数

1. 塔设备的供入能量

供入能量，一般为原料带入(包括加热炉加热)和塔底再沸器供热两大类，许多热负荷较大的石油分馏塔，供入能量大多是通过加热炉对原料加热，使其达到要求的操作温度，以在塔的闪蒸段保证需要的汽化率。

供入能量的计算基准通常取15℃、1atm，其相态亦为在该温度、压力下所处的相态，对于采用加热炉供热的塔设备，原料热和加热负荷可分开计算。

(1) 原料带入能E_{P1}和Ex_{P1}

根据原料进加热炉所处的相态(一般多为液相)，按照第2章有关物流(石油馏分、轻烃及其他)能量和㶲的计算方法进行。

(2) 加热炉提供的有效加热负荷E_{P2}和Ex_{P2}

可根据加热炉的计算结果得到，并纳入塔设备的能量平衡进行校核。

(3) 重沸器供入热E_{P3}和Ex_{P3}

重沸器，由于塔的循环油的测定计算较为复杂，因此，直接求取再沸器供入塔的能量也较困难，通常采用间接计算。首先，确定重沸器的散热损失，对重沸器的散热进行测试或估算，再由重沸器的热源，一般为热载体或其他塔设备的回流取热，其特点是纯液相，流量和进出再沸器温度测知后，即可确定加热负荷，扣除散热因素，即为向塔内供热的量。采用蒸汽供热的方式，也可采用类似方法确定供入塔内的能量。

(4) 蒸汽带入能E_{P4}和Ex_{P4}

按照蒸汽物流能量和㶲计算方法进行。

供入能：

$$E_P = E_{P1} + E_{P2} + E_{P3} + E_{P4} \tag{6-98}$$

供入㶲：

$$Ex_P = Ex_{P1} + Ex_{P2} + Ex_{P3} + Ex_{P4} \tag{6-99}$$

2. 产品带出能量E_O及㶲Ex_O

塔的产品带出能是产品在离塔条件下(T，p)至基准状态下放出的能量，除塔顶产品和冷回流为气相条件下离塔外，各侧线和塔底产品均为液相条件离塔。每一产品及塔顶蒸汽离塔带出能量及㶲的计算可按第2章有关方法进行。

3. 工艺取热能E_C㶲和Ex_C

塔的回流取热操作，离塔和返塔流量不变。经过能量回收系统后，回流返塔的温度降低，因此，在平衡计算中不必在入方计算中体现，只作为出方计算回流的离返塔能量差。其能量和㶲的计算亦按第2章有关物流能量和㶲的计算方法进行，注意此时应以返塔温度取代原来的基准温度，求出回流离返塔取出的能量。

4. 散热损失能E_D和㶲Ex_D

塔设备的散热损失亦应由测试确定，计算方法同加热炉散热项，测试设备表面积、表面温度及环境温度和风速按照第2.5节方法计算散热损失和㶲。由于塔设备自下而上，温度逐步降低。因此，应分段测试和计算，并注意考虑对设备部件的表面积估算。

散热测试结果要满足塔的热平衡。

5. 分离㶲Ex_{TS}

分馏过程的分离㶲，可按塔类设备的方法进行计算。对于简单的二元或多元精馏系统，可按式(6−95)计算，石油馏分分离过程分离㶲按式(6−97)计算。

6. 过程㶲损失

分馏过程不可逆㶲损失可由平衡求出：

$$DK_{L}=Ex_{P}-Ex_{C}-Ex_{O}-Ex_{D}-Ex_{TS} \tag{6-100}$$

分馏过程㶲损失，一般由两部分组成，一是进料的过度加热，造成了塔内混合传热㶲损。如催化分馏塔460℃左右的反应油气在脱过热段与塔底油混合造成的㶲损。二是为维持分馏过程进行，在塔内各板上建立起传质推动力——浓度差。浓度差的形成依赖于温度差，因此，塔内各塔盘上不可逆损失主要是塔内传热和传质造成的。并且，传热和传质相互关联，没有传热温度差，就没相间浓度差，传质分离就难以进行。因此把在塔内的传热和传质，统统归结为传质㶲损。一般分馏塔多在沸点下进料，很少存在塔内混合㶲损。而催化反应油气的混合㶲损，是由工艺路线和条件所决定，人们已开始致力于改进，以提高㶲的利用率。

7. 塔设备的效率

塔设备的能量效率较高，排出物流携带的能量，一般都可回收利用，而损失部位主要是散热损失。这是热力学第一定律的能量数量守恒特点所致。能量效率恒小于1，即对于有放热反应的设备，虽不计原料化学能，但此时应把放热反应热作为能量供入方考虑。

$$\eta=\frac{E_{O}+E_{C}}{E_{P}}\times100\%=\left(1-\frac{E_{D}}{E_{P}}\right)\times100\% \tag{6-101}$$

塔设备的㶲效率则远低于能量效率，主要是因为塔内过程的不可逆造成了过程㶲损，结果是排出物流及散热㶲值，大大低于供入设备㶲的数值。

$$\eta_{x}=\frac{Ex_{O}+Ex_{C}}{E_{P}}\times100\%=\left(1-\frac{D_{KL}+Ex_{D}}{E_{P}}\right)\times100\% \tag{6-102}$$

塔类设备能量平衡及㶲平衡汇总见表6−7。

表6−7 塔类设备能量及㶲平衡表

项目			流量/(t/h)	温度/℃	相态	压力/MPa	能量	㶲
							kW	kW
入方	物流带入							
		小计						
	蒸汽携入能量							
	工艺加热							
	合计							

续表

项目			流量/(t/h)	温度/℃	相态	压力/MPa	能量	㶲
							kW	kW
出方	物流带出							
		小计						
	蒸汽携出能量							
	工艺取热							
		小计						
	过程㶲损							
	设备表面散热							
	合计							
	效率							

吸收和萃取设备的能量平衡与㶲平衡计算原则上与分馏塔相同，只是一般无中段回流取热。分离㶲一般也可略而不计，放在过程㶲损中。

【例 6-6】 某常减压蒸馏装置—常压塔标定测试基础数据和计算结果见表 6-8。

该塔入方热量由五项构成：初底油带出热，换热，炉子加热，汽提蒸汽带入热，初塔过汽化油带入热。出方热量为产品带出热，回流取热，散热及塔顶水汽带出热四项，按照物流能量和㶲的计算方法，将计算结果列入表 6-8。

表 6-8 某常压塔能量(㶲)平衡结果

项目		基础数据						计算结果	
		流量/(t/h)	相对密度	温度/℃		特性因数	分子量	能量/kW	㶲/kW
				入口	出口				
入方	初底油							38811.27	9767.46
	过汽化油							918.87	185.86
	汽提蒸汽							1831.22	733.06
	初底油换热							21899.84	10033.82
	初底油加热							1964.44	10327.69
	入方合计							83105.67	31047.89

续表

项目		基础数据						计算结果	
		流量/(t/h)	相对密度	温度/℃ 入口	温度/℃ 出口	特性因数	分子量	能量/kW	㶲/kW
出方	塔顶水汽	2.01			108.00			1467.29	311.65
	常顶油	12.30	0.74		108.00	11.98	116.00	1718.14	238.84
	常一线	17.00	0.79		182.00	11.64	172.00	1801.51	396.04
	常二线	42.65	0.84		268.00	12.83	280.00	7580.78	2258.20
	常三线	7.63	0.87		343.00		327.32	1751.95	620.40
	常底油	254.99	0.94		355.00	11.71	500.00	57985.22	21056.61
	带出能合计							72304.92	24881.75
	分离㶲								633.05
	冷回流	12.96	0.74	38.00	108.00	11.98		1632.18	273.60
	常一中	45.00	0.77		134.00	11.80		1938.83	444.35
	常二中	77.00	0.81	144.00	202.00	11.80		3175.14	1123.86
	常三中	38.40	0.85	198.00	320.00	11.6		3690.17	1690.10
	取热合计							10436.32	3531.92
	散热							364.43	156.39
	过程㶲损								1844.78
	出方总合计							83105.67	31047.89

6.5.2 反应设备

反应设备是工艺能量使用环节中一类重要的过程设备。在反应设备中原料发生了质的变化，由原料转化为产品。反应设备是石油化工装置的核心过程。进行反应设备的能量平衡和㶲平衡计算，有助于发现能量和㶲损失的部位，以在装置运行和改造中加以改进。以用能分析为目的的计算中，只对进出设备的能量、数量和质量以及损失加以计算分析，确定出设备的能量及㶲效率即可，不必涉及繁杂的工艺计算。

反应过程可分为吸热反应和放热反应两大类，虽然一些反应过程中某些反应是吸热，而另一些反应是放热，但综合起来，亦不外乎吸热和放热两大类。

6.5.2.1 吸热反应设备

石油化工装置反应有催化裂化反应、石脑油铂重整反应，烃类转化和乙烯裂解等，均属吸热反应。这类反应的突出特点为，不仅要通过升温升压达到操作条件，而且在反应过程尚需不断提供能量，原料吸收反应热使其结构发生变化，转化为产品。因此，需要原料带入大量的热量。对于不计原料和产品化学能的用能分析方法，可通过反应热变化，反映出原料和产品之间的化学能差。

1. 供入能量 E_P 和㶲 Ex_P

反应设备的供入能量，一般有下列几种。

(1) 原料带入

原料，不外乎石油化工厂常用的物流(油品、化工原料、空气、水汽等)，这些物流大多呈气相和液相状态进入反应设备，因此，其能量和㶲的数值计算可参照第2章方法进行。

(2) 蒸汽带入

除了原料以外，反应设备常常为了稀释、松动等目的而吹入蒸汽。蒸汽物流能量和㶲计算亦参照第2章有关方法进行。

(3) 激冷原料

反应设备中，往往为了中止出口产物进一步反应，防止反应副产物产率增加，许多情况则打入激冷物流，使反应产物迅速地脱离反应条件，终止正在进行的反应。物流能量及㶲计算，也可参照第2章方法进行。

(4) 加热炉提供的能量

由加热炉平衡计算结果确定供入的能量和㶲。

2. 出口产物带出能量及㶲

由第2章有关方法进行计算，只是应根据产物的物性及组分馏分详细计算确定，并与之后的分离设备计算结果相一致。如催化裂化反应油气，不仅以气相计算，而且还应以在分馏塔中分离出各窄馏分的物性分别计算加和。如果激冷原料计入后，那么出口产物应为激冷后产物流量及参数。

3. 反应热能E_R及㶲Ex_R

吸热反应是借助催化剂的作用，在反应条件下把原料带入和加热炉提供能量的一部分转化到产品中去。此时表现为产品的结构发生了变化，使产品的化学能显著提高。提高值近似地认为与反应热数值相同。对于已知原料和产品组成的反应过程，反应热可通过有关图表，按照盖斯定律计算，并由基尔霍夫公式修正。对于未知反应组成的复杂反应过程，尤其是石油炼制过程反应热，可通过经验公式或热平衡方法确定。操作条件下的反应能量即为反应热，㶲的计算可参照第2章，一般可近似取其进入产品中的能量(反应热)为㶲值。

因此，吸热反应过程是㶲值提高的过程，是把炉子或原料带入的无序热能量(能级小于1)转化为产品的有序化学能量(能级接近1)，但就反应器本身而言，则由于设备内部传热的不可逆性，仍存在有大量过程㶲损，而综合的结果，则过程㶲损相对于放热反应过程来说，明显减少。

4. 蒸汽携出能量E_S及㶲Ex_S

不作为原料参与反应的蒸汽，将在出口状态带出蒸汽的显热和潜热应作为出方物流带出的能量，其数量与供入相同，按出口状态下的参数由第2章方法计算能量及㶲。

有效供出能和㶲:

$$E_U = E_O + E_S + E_R + E_C \tag{6-103}$$

$$Ex_U = Ex_O + Ex_S + Ex_R + Ex_C \tag{6-104}$$

式(6-103)、式(6-104)中，E_C，Ex_C为取热，E_O，Ex_O为产品带出，但对于吸热反应，多数情况不从反应器中取出能量，但有时会将未转化的原料重新输入反应器，由于进出反应器能量参数的差别，相当于工艺取热(如催化装置回炼油)，但进出都是通过原料和产品携带的，放在原料带入和产品带出一并计算即可。

5. 反应设备表面散热E_D，Ex_D

设备表面散热同塔类设备一样应通过测试表面温度、环境温度、湿度、风速等，计算出设备表面积，进而计算散热损失，也可用热流计测出单位表面积散热损失，并根据设备内部催化剂及反应物流温度确定散热㶲损。散热测试结果应满足反应器的热平衡。

6. 反应器设备过程㶲损

按照能量守恒的热力学第一定律，进出反应设备的能量是守恒的，但能量的质量不守恒，进出反应设备的㶲的差值，称为反应设备的过程㶲损。

$$D_{KR}=Ex_P-Ex_U-Ex_D \tag{6-105}$$

7. 反应器的效率

反应器出方能量中，除散热损失已经最终损失到环境不能回收外，其余排出能量均为已经有效利用(反应热进入产品和可以回收利用的，认为都是有效的)，故其能量效率为：

$$\eta=\frac{E_U}{E_P}\times100\%=\left(1-\frac{E_D}{E_P}\right)\times100\% \tag{6-106}$$

而出方的物流中，除散热㶲损外，过程㶲损也是不可逆过程所付出的能量代价，是无法回收的。因此，㶲效率则远低于能量效率，由式(6-107)计算：

$$\eta_x=\frac{Ex_U}{Ex_P}\times100\%=\left(1-\frac{Ex_D+D_{KR}}{Ex_P}\right)\times100\% \tag{6-107}$$

6.5.2.2 放热反应设备

放热反应是另一类反应过程，用能特点也异于吸热反应。放热反应是要求外界提供一个合适的操作条件(温度、压力、催化剂)。提供这个操作条件往往需要消耗能量。而一旦达到这个条件后，反应开始进行，就不需要外界提供能量。相反，随着反应过程进行，原料不断反应，放出热量，使体系温度升高，这个反应热，不是来源于外界提供的能量，而是来源于原料的化学能，类似于燃烧过程。针对这一特点，在能量平衡和㶲平衡计算中，方法原则上同吸热反应，只是有以下几点不同。

1. 应把反应放热作为供入能

由于所采用的用能分析方法，不计原料和产品的化学能，而只把其化学能差以反应热形式反映出来。放热反应，使得产品物理能大于原料，而化学能小于原料。其结果则可能造成放热反应设备的能量效率大于1的假象。对于严格的化学能计入的体系，也不会出现这种情况，而只考虑物理能量时则发生上述现象。但把反应放热作为入方视为部分原料化学能转化为热能供入，则可避免上述现象并符合我们所提出的分析用能方法。

2. 放热反应设备有激冷取热项应计为出方

由于放热反应的特性，将使体系温度升高，而有些反应的平衡转化率则随温度升高而降低。为提高平衡转化率，往往在反应器中部取出热量，如化肥生产中的一氧化碳中温变换，分为多段变换。第一段的变换气经换热设备冷却后温度达到二段的要求时，进入第二段，这种情况下可视为反应器的工艺取热项考虑。计算可以根据取出物流量及离开和返回反应器的能量参数，按照第2章的有关方法进行计算。

相应的过程㶲损一般大于吸热反应设备，这是因为原料化学能在反应过程中释放出来，由有序变为无序，能级降低所致。

反应设备的能量和㶲平衡结果可填入汇总表6-9。

表6-9 反应器设备能量及㶲平衡表

项目			流量/(t/h)	温度/℃	相态	压力/MPa	能量/kW	㶲/kW
入方	物流带入							
		小计						
	蒸汽携入能量							
	反应放热							
	工艺加热							
	激冷进料							
	合计							
出方	物流带出							
		小计						
	蒸汽携出能量							
	工艺取热							
		小计						
	反应吸热							
	设备表面散热							
	合计							
	过程㶲损							
	效率							

6.6 能量回收利用设备

能量回收设备是纯粹为回收能量以减少装置供入能量而设置的设备。如果用后能量不加以回收，难以想象能耗将是如何惊人的高。

能量回收利用是节能的一个重要方面。因此，首先要做好回收环节能量和㶲平衡工作以便发现潜力，加以改进。

能量回收环节包括换热(循环回收、回收输出二类换热)、冷却和动力回收设备。

6.6.1 冷换设备

冷换设备是石油化工企业广泛使用的一类设备，包括换热器、冷却器、冷凝器，使用目的与工艺设备不同，不是完成加工过程，而是从加工过程排出的能量回收利用，多用于物料的加热。冷换设备的类型也很多，常用的有管壳式、套管式、管箱式以及各种板式换热器等，最常用的是管壳式换热器。

6.6.1.1 单台设备的能量及平衡计算

1. 热流放热的能量E_h和㶲Ex_h，冷流吸热的能量E_C和㶲Ex_C

换热器处理的物流多为原料、加工产物及公用介质等。在通过测试确定冷热物流的流量及进出温度后，则可用第2章有关物流的计算方法计算。

2. 换热器散热能量E_D和㶲Ex_D

换热设备的散热要求实测计算，测试方法有两种：一是由设备表面积及温度按照第2.5节的方法求出散热量，这种方法要对设备部件如封头法兰的面积估算；并对未保温的裸露部分散热进行测算。二是通过热平衡计算，热流放热与冷流吸热之差即为散热($E_D=E_h-E_c$)。这两种方法，应校核一致。

$$Ex_D=E_D\left(1-\frac{T_0}{T}\right) \tag{6-108}$$

式中 T——取壳程流体温度，K。

3. 换热过程的㶲损失Ex_L

可由式(6-109)求出：

$$Ex_L=Ex_h-Ex_C-Ex_D \tag{6-109}$$

由于散热是通过设备最外部表面积散失的，因此，散热的热源主要是壳程流体。对于壳程走热流的换热器的情况，真正由热流传递到冷流的热负荷是冷流热负荷。因此，传热㶲损：

$$Ex_L=E_CT_0(T_H-T_C)/(T_HT_C) \tag{6-110}$$

对于壳程走冷流的换热器，散热的负荷则是由管程热流向壳程冷流传递热量，再由壳程散失热量，此时，过程㶲损应以热流放热量为准：

$$Ex_L=E_hT_0(T_H-T_C)/(T_HT_C) \tag{6-111}$$

两种方法求过程㶲损，结果应是一样的。

4. 传热温差与传热系数

对于图6-2所示的逆流传热操作，对数平均传热温差：

$$\Delta t_{lm}=(\Delta t_1-\Delta t_2)/\ln\left(\frac{\Delta t_1}{\Delta t_2}\right) \tag{6-112}$$

对于错流和折流的情况，实际应用的多壳程、多管程管壳式换热器的实际传热温差，由对数平均温差乘以温差修正系数F_t：

$$\Delta t_m=\Delta t_{lm}F_t \tag{6-113}$$

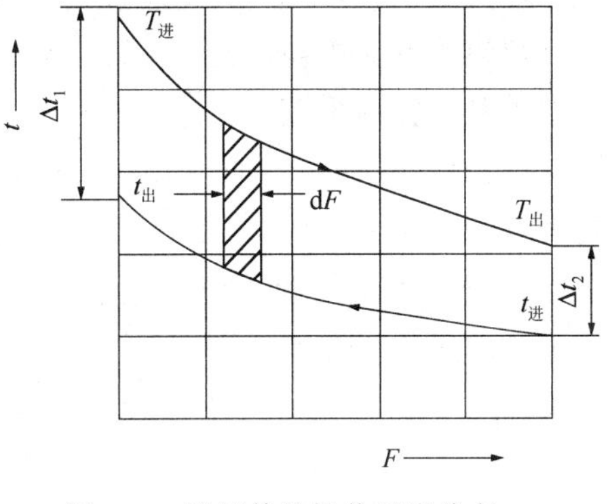

图6-2 逆流传热操作温度分布

F_t可由有关手册查取，但为了应用计算机方便，引用下列直接计算的方法。

对于 m 壳程，$2mn$ 管程(如1-2，1-4，2-4，2-8，3-6，3-12，……)换热器的温差校正系数F_t，可由下列两个参数 P、R 按式(6-114)由计算机模型计算。

$$R=\frac{T_{in}-T_{out}}{t_{out}-t_{in}},\quad P=\frac{t_{out}-t_{in}}{T_{in}-t_{in}} \tag{6-114}$$

对于 m 壳程，$2mn$ 管程，传热温差修正系数：

$$当 R\neq 1,\ F_t=\frac{\sqrt{R^2+1}/(R-1)\ln(1-Y)/(1-YR)}{\ln\dfrac{2/Y-1-R+\sqrt{R^2+1}}{2/Y-1-R-\sqrt{R^2+1}}} \tag{6-115}$$

其中，$Y=\left[\left(\frac{PR-1}{P-1}\right)^{\frac{1}{m}}-1\right]\Big/\left[\left(\frac{PR-1}{P-1}\right)^{\frac{1}{m}}-R\right]$。

$$当 R=1,\ F_t=\frac{\sqrt{2}\left(\dfrac{Y}{1-Y}\right)}{\ln\dfrac{2/Y-2+\sqrt{2}}{2/Y-2-\sqrt{2}}} \tag{6-116}$$

其中，$Y=P/(m-mP+P)$。

单台换热器的总传热系数，可由传热方程计算：

$$K=Q/(F\Delta t_m) \tag{6-117}$$

式中 F_t——传热温差修正系数；

Δt_{lm}——对数平均温差，K；

Δt_m——修正的实际传热温差，K；

F——换热设备的传热面积，m^2；

Q——换热器热负荷，根据壳程流体为热流或冷流而采用冷流吸热或热流放热负荷，kW；

K——总传热系数，kW/(m^2·K)。

【例6-7】 某催化裂化装置一台原料油-分馏二中换热器。原料(蜡油)走壳程，流量为119.34t/h，相对密度为0.85，特性因数为12，温度从121.5℃升高到168℃；分馏二中走管程，流量为92.96t/h，相对密度为0.86，特性因数为12，物流温度由240℃降低为183℃。该换热器为单壳程换热器，换热面积为260m^2。进行该换热器的能量平衡和㶲平衡，并求传热温差和总传热系数。

解：该换热器冷、热物流均为液相石油馏分，由第2章式(2-50)和式(2-51)分别计算。

1. 冷热物流的能量和㶲

冷流吸热能及㶲：

$$E=\Delta=[C_3(t_2-t_1)+1.99\times10^{-3}(t_2^2-t_1^2)]C_1$$

$$Ex=\left[A_0(T_2-T_1)+1.99\times10^{-3}(T_2^2-T_1^2)-A_1\ln\left(\frac{T_2}{T_1}\right)\right]C_1$$

其中，
$$API=\frac{141.5}{0.9942\times0.85+0.009181}-131.5=34.14$$
$$C_1=0.0533\times12+0.3604$$
$$C_3=1.5566+8.256\times10^{-3}API$$
$$A_0=8.256\times10^{-3}API-0.6767$$
$$A_1=135.3+2.3778API$$

对于冷流，代入有关物性数据得：$API=34.14$，$C_1=1$，$C_3=1.8385$，$A_0=-0.3948$，$A_1=216.478$，因此：

$$E_c=[1.8385(168-121.5)+1.99\times10^{-3}(168^2-121.5^2)]\times\frac{119.34}{3.6}=3722.5\text{kW}$$

$$Ex_c=[-0.3948(168-121.5)+1.99\times10^{-3}(441^2-394.5^2)]-216.478\ln\left(\frac{441}{394.5}\right)\times\frac{119.34}{3.6}$$
$$=1154.74\text{kW}$$

2. 热流放热能量及㶲

对于热流，代入有关物性数据有：$API=32.24$，$C_1=1$，$C_3=1.8228$，$A_0=-0.4105$，$A_1=211.96$，因此：

$$E_h=[1.8228(240-183)+1.99\times10^{-3}(240^2-183^2)]\times\frac{92.96}{3.6}=4144.1\text{kW}$$

$$Ex_h=\left[-0.4105(240-183)+1.99\times10^{-3}(513^2-456^2)-211.96\ln\left(\frac{513}{456}\right)\right]\times\frac{92.96}{3.6}$$
$$=1682.3\text{kW}$$

3. 散热能量及散热㶲

散热量可由热流放热与冷流吸热量之差平衡确定：

$$E_D=4144.1-3722.5=421.6\text{kW}$$

由于热流走管程，散热流体温度取壳程的平均温度。散热㶲为：

$$T_m=\frac{121.5+168}{2}+273=417.75℃$$

$$Ex_D=421.6\times\left(1-\frac{T_0}{T_m}\right)=130.9\text{kW}$$

4. 传热过程㶲损

由㶲平衡确定：

$$Ex_L=Ex_h-Ex_c-Ex_D=1682.3-1154.74-130.9=369.9\text{kW}$$

5. 平均传热温差

对数平均温差：

$$\Delta t_{lm}=\frac{\Delta t_1-\Delta t_2}{\ln\left(\frac{\Delta t_1}{\Delta t_2}\right)}=(72-61.5)/\ln(72/61.5)=66.61℃$$

查得温差修正系数[或由式(5-115)计算]得$F_t=0.897$。

平均温差：$\Delta t_m = 0.897 \times 66.61 = 59.73$℃

6. 平均传热系数

$$K = \frac{Q}{F\Delta t_m} = 4144.1 \times \frac{10^3}{260 \times 59.73} = 266.8\text{W}/(\text{m}^2 \cdot \text{K})$$

6.6.1.2 换热网络的能量和㶲平衡计算与分析

石油化工装置中视流程不同，有许多台换热器组成了换热网络，换热网络分析和改进是装置节能的一个很重要方面。

单台换热器的能量平衡及㶲平衡结果汇总于表6-10。

表6-10 冷换设备能量(㶲)平衡汇总表

序号	设备名称	型号	介质名称		程数	流量/(kg/h)	温度/℃		能量/kW	㶲/kW	热损失/kW	散热㶲/kW	㶲损/kW	传热温差/℃	传热系数/[W/(m²·K)]	备注
							进口	出口								
			冷													
			热													
			冷													
			热													
			冷													
			热													
			冷													
			热													
合计			冷													
			热													

鉴于用能分析汇总的方便，可将冷换系统的能量平衡分为六类。

(1) 原料换热。原料换热是从回收环节回收能量，又通过原料把能量带入工艺利用环节，属于换热循环能。

(2) 发生蒸汽。利用装置过剩热量发生蒸汽(包括预热发生蒸汽用软水能)，视其用途不同，可以划归换热循环回收或换热输出，应具体分析。

(3) 换热输出。对于采用热联合的装置，往往用装置的过剩热量与装置外的原料或热载体换热，或做外装置的重沸器热源，以节省其他装置的燃料消耗，此回收能量属回收输出能量，应单列汇总。

(4) 预热空气从待回收能量中回收，用来预热炉用空气可节省同预热负荷相同炉用燃料。

(5) 做本装置重沸器热源，也可作为换热循环能量，但在汇总中可分类填写。

(6) 冷却器。

包括水冷和空冷两种冷却器，能量平衡和㶲平衡计算同换热器。冷却器一般不加保温。因此，在考虑冷流吸收热并由此计算冷却水量时，应扣除散热因素。

冷换网络的汇总可由各单体设备的能量平衡和㶲平衡结果加和求得，对各类冷换设备的热流放热(㶲)、冷流吸热(㶲)、散热损失(㶲)以及过程㶲损汇总。但其各类冷换系统的平均传热温差和平均传热系数则不能简单加和，应分别按热负荷平均法和面积平均法进行计算。

热负荷平均网络传热温差：

$$\Delta T_{ms}=Q_{total}/\sum\left(\frac{Q_i}{\Delta T_{mi}}\right) \tag{6-118}$$

面积平均法计算网络传热系数：

$$K_S=\sum_{i=1}^{n}\left(K_i\cdot\frac{F_i}{F_{total}}\right) \tag{6-119}$$

式中 ΔT_{mi}——第 i 台换热器传热温差，℃；

F_i——第 i 台换热器换热面积，m^2；

Q_i——第 i 台换热器换热负荷，kW；

K_i——第 i 台换热器传热系数，kW/(m^2·℃)；

K_S——网络平均总传热系数，kW/(m^2·℃)；

ΔT_{ms}——网络平均传热温差，℃；

F_{total}——网络总传热面积，m^2；

Q_{total}——网络总传热负荷，kW。

换热网络更深层次分析，是热阻和压降分析。按照物流参数、物性和设备的结构参数，核算出管程和壳程两侧的膜传热系数和压降，进而可以判断关键热阻之所在。运行热交换器设计和核算程序，如 HTRI 或 Aspen EDR 可以很容易地进行这种类型的更深入的分析。必要时，还可以结合设备结构热阻的监控、分析，从而全面掌握和评价整个冷换设备的工况。

6.6.1.3 换热网络的夹点技术分析计算

上述换热网络的平衡及汇总，只是针对设备和网络出现的问题，进行分析和评价，并提出改进方向和途径。尚未从本质上解决如何避免换热网络能量降质而最终排弃，从而增大冷热公用工程消耗的现象。而解决这一问题的有力工具就是 Mr. Linhoff 提出的夹点技术原理。它是以热力学第二定律和概念为基础，但不做定量的㶲分析计算，采用最优化的概念，却不用高深复杂的数学方法，因而易于普及推广。关于夹点设计原理，将在第 13 章中介绍。

6.6.2 动力回收设备

动力回收设备是从工艺排出物流中回收物流动力的设备。主要包括液力透平和气体膨胀透平。有两种功回收方式，一种直接带动工艺机泵运转，以透平取代电机；另一种方式是膨胀透平，带动发电机组做功发电，并入电网，无论何种情况均可把透平和后部设备(机泵或发电机)作为一个机组处理。

1. 供入机组的能量

即为高压物流经过透平所能够做的功。对于液力透平，同离心泵的有效功计算式：

$$E_{in}=Q\Delta p/3.67 \tag{6-2}$$

式中 Q——高压物流流量，m^3/h；

Δp——高压物流进出液力透平的压差，MPa。

对于气体膨胀透平，可视为理想气体的物流时：

$$E_{in}=\frac{V}{3600\times22.4}RT_m\ln\left(\frac{p_1}{p_2}\right) \tag{6-120}$$

式中 p_1、p_2——高压气相物流进出透平的压力，MPa，

T_m——高压气相物流进出透平的算术平均温度，K；

R——气体常数，8.314kJ/(kmol·℃)；

V——气体物流流量，m^3/h。

不能视为理想气体时，应按真实气体处理，乘以修正系数 φ

$$E_{in}=\frac{V}{3600\times22.4}RT_m\ln\left(\frac{p_1}{p_2}\right)\times\varphi \tag{6-121}$$

$$\varphi=(Z_1+Z_2)/2Z_1 \tag{6-122}$$

式中 Z_1、Z_2——透平进口和出口气相物流的压缩因子，可由式(6-7)计算。

2. 输出功E_e

为所驱动工艺机泵的有效功，计算方法见本章第2节。

当透平用于发电时，输出净功为发电量。

3. 总过程㶲损

透平机组的过程㶲损为膨胀透平的无效动力和机泵(发电机)的无效动力之和，可由式(6-123)求出：

$$D_{ex}=E_{in}-E_e \tag{6-123}$$

4. 机组效率

为膨胀机透平效率与机泵(发电机组)效率的乘积，可由式(6-124)计算：

$$\eta=\frac{E_e}{E_{in}}\times100\% \tag{6-124}$$

可将动力回收设备的能量平衡和㶲平衡结果填入表6-11。

表6-11 功回收设备汇总表

编号	膨胀机透平									
	型号	额定参数				实际参数				轴功率/kW
		流率/(m^3/h)	压力/MPa	转速/(r/min)	功率/kW	流率/(m^3/h)	温度/℃ 出/入	压力/MPa 出/入	有效功/kW	

续表

编号	机泵									机组功回收率/%
	型号	额定参数				实际参数			有效功/kW	
		流率/(m^3/h)	压力/MPa	转速/(r/min)	功率/kW	流率/(m^3/h)	温度/℃ 出/入	压力/MPa 出/入		

对于例如热泵系统的低温热升级利用系统，可把热泵放在工艺设备上一起考虑，热泵应用结果减少了低温热排放和塔底部的外界供热负荷，增加了耗电量。这时，仅把压缩机等放入转换设备，而把压缩机供电能量及㶲作为塔的入方能量即可。特殊的，亦可参阅有关文献详细地作热力学分析。

参 考 文 献

[1] SH 2600—92，石油化工企业能量平衡方法[S].

[2] 张锡鹏．炼油过程的㶲计算和分析[J]．茂名石油化工，1988(4).

[3] 炼油设备工艺设计资料：压缩机工艺计算[M]．北京：石油化学工业出版社，1978.

[4] 华贲，陈安民．负荷率对炼油厂装置能耗影响的分析及估算[J]．石油炼制，1987，(1).

[5] 江苏师范学院，等．物理化学[M]．北京：人民教育出版社，1980，12.

[6] 陈安民，李昆．燃气轮机-加热炉联合系统热力学分析[J]．炼油设计，1988，(4).

[7] 陈安民．催化裂化再生器烧焦量与热效率的计算[J]．炼油设计，1982，(2).

[8] 华贲，陈安民．炼厂散热的实用计算与㶲经济分析[J]．石油炼制，1984，(2).

[9] 华贲．石油及其馏分分离过程中差的计算[J]．石油学报，1986，(3).

[10] 陈安民，张钧正，等．茂名一蒸馏装置用能分析报告[J]．炼油设计，1989，(4).

[11] 上海化工学院．基础化学工程[M]．上海：上海科技出版社，1987.

[12] 史美声．窄点设计原理[J]．炼油设计，1989，(3).

[13] 金振铎．铂重整-加氢联合装置用液力透平回收装置余能[J]．石化节能通讯，1990，(2).

[14] 张立新．催化裂化装置热平衡综述[J]．催化裂化，1991，(5).

7 石油化工装置的能量平衡和㶲平衡

摘　要　完成装置能量转换，利用和回收设备的能量平衡分析计算后，根据设备的能量平衡和㶲平衡数据，可以汇总为装置的能量平衡和㶲平衡。本章通过核算装置的系统能耗数据，包括过程装置物料平衡、热力学能耗和热力学㶲耗的计算、回收循环和回收输出物流的能量和㶲计算、物流排弃能量和㶲计算；装置热损失核算和总结；蒸汽、电力和水的供需平衡；最后，总结能量转换环节、能源过程利用环节和能量回收环节的能量和㶲平衡，并整合到装置能量平衡和㶲平衡中。

关键词　石化装置；能量核算；散热；系统数据核准；能量平衡；㶲平衡

能量平衡系统的缩写和符号

能量环节	能量符号		定义	㶲符号
能量转换	能量供应	E_P	总供入能	Ex_P
		E_{PF}	加热炉燃料供入能	Ex_{PF}
		E_{PB}	锅炉燃料供入能	Ex_{PB}
		E_{PBF}	电厂锅炉燃料供入能	Ex_{PBF}
		E_{PG}	焦炭供入能	Ex_{PG}
		E_{PS}	蒸汽供入能	Ex_{PS}
		E_{PE}	电供入能	Ex_{PE}
		E_{PH}	外部供入热	Ex_{PH}
	输出	E_B	转换输出能	Ex_B
		E_{BS}	转换输出蒸汽	Ex_{BS}
		E_{BH}	转换输出热	Ex_{BH}
		E_{BE}	转换输出电	Ex_{BE}
	直接损失	E_W	直接损失能	D_{WU}
		E_{WC}	不完全燃烧	Ex_{WC}
		E_{WX}	烟气损失能	Ex_{WX}
		E_{WD}	散热损失能	Ex_{WD}
		E_{WP}	无效动力	Ex_{WP}
			转换过程㶲损失	D_{KU}
	E_U		有效利用能	Ex_U
	E_{UO}		非工艺流体有效动力	Ex_{UO}

续表

能量环节	能量符号	定义	㶲符号
工艺能量利用	E_{AR}	吸热反应热	Ex_{AR}
	E_{RE}	放热反应热	Ex_{RE}
	E_N	工艺总用能	Ex_N
	E_{TT}	热力学物理能差	Ex_{TT}
	E_T	热力学能耗	D_T
	E_{UD}	利用环节散热	Ex_{UD}
		工艺过程㶲损失	D_{KP}
能量回收和循环	E_O	待回收能量	Ex_O
	E_R	回收和循环能	Ex_R
	E_{RH}	换热回收和循环能	Ex_{RH}
	E_{RM}	物流回收和循环能	Ex_{RM}
	E_E	回收和输出能	Ex_E
	E_J	总排弃能	D_{JR}
	E_{JC}	冷却排弃能	D_{JC}
	E_{JD}	散热排弃能	D_{JD}
	E_{JM}	物流排弃能	D_{JM}
	E_{JO}	其他排弃能	
		回收过程㶲损失	D_{KR}
评价指标	E_A	净能源消耗	D_A
	E_C	转换为一次能源(动力)消耗	Ex_C
	η_U	能量转换效率/%	η_{XU}
	η_P	能量工艺利用效率/%	η_{XP}
	η_R	能量回收效率/%	η_{XR}
		总排弃能量	D_J
		总过程㶲损失	D_K

当完成装置用能设备的分析计算后，根据设备的能量平衡和㶲平衡数据，就可汇总为装置的能量平衡和㶲平衡。

装置能量平衡是用能分析的初步形式，是能量数量上的平衡。但能量平衡可以发现能量损失大的设备和部位，据此提出许多节能潜力和措施，但难免只限于现象而发现不了真正高能耗的本质原因。因此，需要用能量质量概念来指导。如冷却器排弃大量能量，而不能徒劳无益地就冷却器节能花费精力，必须花气力于换热网络，提高传热系数和降低传热温差，从而提高热能回收率，减少冷却排弃能。

如果结合能量平衡对装置进行㶲平衡计算就会发现，冷却排弃能品位低的原因在于能量在工艺设备中降质，且在回收过程中逐步降质，最终不得不冷却排弃。改进潜力在于减少工艺设备中用能的降质，在于减少回收系统的过程㶲损，避免大量能量被冷却排弃。提高回收效率，减少装置自外界供入的能耗。

应该指出的是，㶲(能的质量)的概念早已为大多数工程技术人员所运用(或许是潜意识的运用)，如塔设计中增加塔的下部回流取热比例以多回收热能，在排换热网络时做到按冷、热流温位进行网络合成等，只不过是没有系统地全面考虑罢了。而㶲平衡分析则是全面系统地进行能量质量的评价，指出在每一用能设备中㶲损的大小。结合工艺操作参数，即可指出改进的潜力和措施。如通过㶲分析计算，可指出在塔各部不同的取热比例，造成塔的过程㶲损大小和对能量回收系统的影响。因此对装置进行用能分析(能量平衡结合㶲平衡)，就能找出能量数量损失和能量贬值部位，从而提出改进方向和具体改进措施，达到降低装置能耗的目的。

第 6 章重点讨论了用能设备的能量平衡和㶲平衡的具体计算方法。本章则讨论装置系统用能数据平衡方法，并结合设备的平衡，汇总为全装置的能量平衡和㶲平衡。

7.1 装置内系统用能数据的平衡核定

根据第 5 章建立的用能分析三环节模式及其平衡关系，欲完成装置的能量平衡和㶲平衡，除用能设备外，还要对装置其他公用系统用能数据进行核定和核算。本节及第 2、第 3 节即为装置内系统用能数据的核定。

7.1.1 装置的物料平衡

装置的物料平衡是进行用能分析计算的基础，因此要准确地反映测试期内装置物料平衡情况。

(1) 流量数据要在仪表计量的基础上，附以容器(油罐、气柜等)检尺数据互相校核。测试仪表要事前校验，其精度应符合有关标准规定，保证物料平衡数据客观地反映测试期的实际情况。

(2) 原料和产品一定要平衡(质量)，加工损失计入出方，并认真核准。

(3) 某些塔顶瓦斯气体，正常时多不作计量。可采用临时性办法予以计量，如用风速计测。作为炉用燃料时，可通过停用瓦斯，观察炉子的液体或其他燃料量变化情况(同一工况)，结合瓦斯组成分析确定。

装置的物料平衡结果可填入表 7-1。

表 7-1 生产装置物料平衡

入方			出方		
项　　目	原料量/(kg/h)	收率/%	项　　目	产品量/(kg/h)	收率/%
合计			合计		

7.1.2 热力学能耗

前面已讲过热力学能耗是进装置原料和产品总能量差，包括物理能和化学能，是装置理论上最小的能耗。即，原料在其入装置温度和压力下的能量与产品在出装置温度和压力条件下的能量之差。这里主要讨论如何计算确定。

对于不计原料化学能的情况，热力学能耗由两个内容组成：①入装置原料和出装置产品之间的物理能差，这不仅是由于原料产品的温度压力不同，而且也由于产品的组成以及相态不同所引起；②基准温度下的反应热能耗。热力学能耗可设计如图 7-1的可逆途径进行计算。

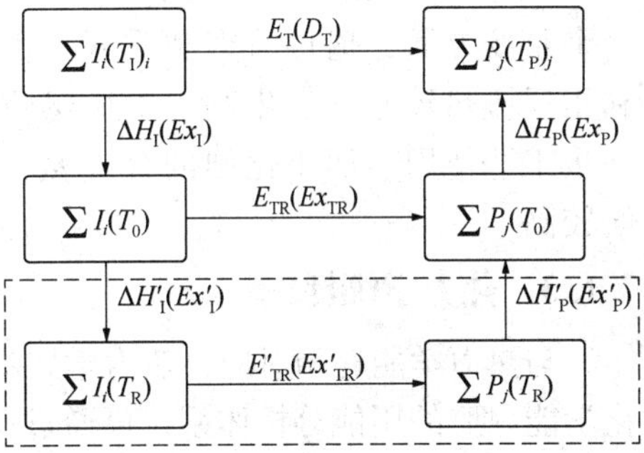

图 7-1 热力学能耗计算思路

热力学能耗E_T 由式(7-1)计算：

$$E_T = E_{TT} - E_{TR} \tag{7-1}$$

$$E_{TT} = \Delta H_I + \Delta H_P,\ E_{TR} = E_{AR} - E_{RE} \tag{7-2}$$

式中 E_{TR}——基准温度下的反应热能耗；

E_{TT}——原料和产品的物理能差；

E_{AR}——吸热反应热；

E_{RE}——放热反应热；

ΔH_I、ΔH_P——原料或产品的焓差，规定为终态减去始态。

由图 7-1 可知，计算热力学能耗的反应热能耗是指在基准温度下的反应热。这对于已知组成的化工过程反应，可由有关手册查出反应物及产物的生成热，由盖斯定律求出反应热。手册中多为 25℃的物性数据。因此，计算得到的反应热基本上为基准温度下的反应热，不需修正。但对于大量的复杂石油化工反应，原料和产品及反应种类都很难精确知道分子结构和组成，因此，难以由手册数据求算基准温度下的反应热。在工程设计和操作中多是通过热平衡或经验公式估算反应热。这个反应热多为操作状态下的反应热。可通过图 7-1 中下部虚线框出部分的计算思路转化为基准温度下的反应热。

$$E_{TR} = E'_{TR} - (\Delta H'_P + \Delta H'_I) \tag{7-3}$$

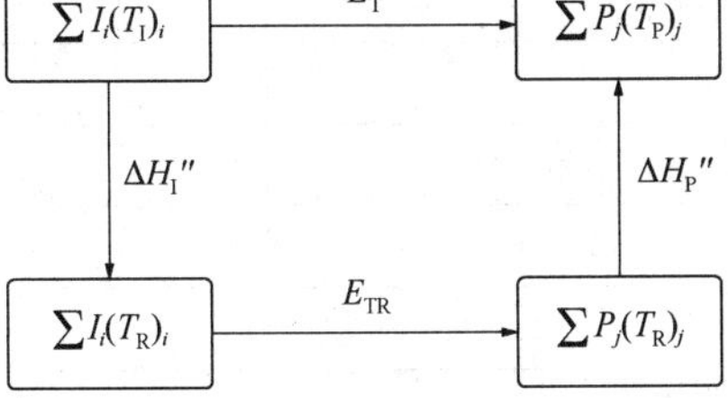

图 7-2 热力学能耗计算图

对于难以由手册数据查算 25℃反应热情况，可由操作温度下反应热直接由图 7-2 途径估算，不必再绕回到基准状态进行计算。

热力学能耗：

$$E_T = E_{TR} + (\Delta H''_P + \Delta H''_I) \tag{7-4}$$

按图 7-2 途径估算简单方便。但图 7-1 对于澄清概念，解决已知组成反应的计算有实际意义。按照图 7-2 计算应注意($\Delta H''_P + \Delta H''_I$)不为通常所说的物理能差。

实际操作中，由于反应热效应多不为等温反应，具有一定的温度梯度，这时对于反应热效应温度梯度不大，或由于取(供)热使进出温度相差不大的情况，可视为等温反应处理，并取进出的平均温度值。如催化裂化，可取平均反应操作温度。重整装置可分段计算每一个反应器的平均反应温度和反应热。

同物理能差一样，反应热能耗可正可负，规定吸热反应热为正，放热反应热为负。这是因为，吸热反应是把供入反应的能量转入产品中，改变了分子结构，是能耗的有效部分；放热反应是原料中分子结构和组成改变，释放出热量，不需要外界供入能量，其能耗是负的，即可充分地利用放热反应热效应，减少装置的供入能耗。放热反应热利用好，是节能的一个重要方面，值得研究和重视。大型合成氨装置之所以能耗低，很大程度上是挖掘和利用反应热较好，发生高、中压蒸汽，驱动背压透平，不仅节省电耗，而且排汽还可进一步工艺使用。而小化肥的合成氨，中变采用中间激冷，利用放热反应不充分，吨氨能耗较高。

7.1.3 热力学㶲耗D_T

与热力学能耗相对应，热力学㶲差指出装置产品与入装置原料之间的总㶲差。对于不计化学能(㶲)的用能分析体系，可通过反应热㶲耗和产品与原料的物理㶲差来计算，计算思路同图 7-1。

$$D_T = Ex_{TT} + Ex_{TR} + Ex_{TS} \tag{7-5}$$

$$Ex_{TT} = Ex_I + Ex_P \tag{7-6}$$

式中 Ex_{TT}——物理㶲差；

Ex_{TR}——基准反应㶲。

Ex_{TR}由两部分组成：吸热反应热Ex_{AR}和放热反应热Ex_{RE}，根据规定有$Ex_{TR} = Ex_{AR} - Ex_{RE}$。

物理㶲差，在装置物料平衡的基础上，根据各物流收率、温度压力等参数计算确定。物理㶲差包括热㶲和压㶲两部分。热㶲和压㶲计算参见第 2 章有关内容。通常情况下压㶲相对于热㶲是很小的，因此多不予考虑压㶲的计算，特殊地对于高压操作的装置、压㶲不容忽略时，可予以计算。物理㶲差计算结果，可填入表 7-2。

表 7-2 产品和原料物理(㶲)差汇总表

项目		流量/(kg/h)	温度/℃	压力/MPa	压㶲/(kJ/kg)	热能/kW	热㶲/kW
原料							
	合计						
产品							
	合计						
物理能(㶲)差							

化学㶲差，指产品和原料的化学㶲之差，与化学㶲的计算相对应，也包括了化学反应㶲和浓度变化㶲。因此，对于既有化学反应过程，又有分离过程的情况，这样的化学㶲差包括

化学反应㶲和分离㶲两部分。

分离㶲的计算，可参见第 6 章工艺设备能量平衡和㶲平衡。

化学反应㶲差，指在基准温度 T_0，p_0下发生的化学反应，使原料和产品所具有的化学㶲不同。其差别亦可通过反应的热效应确定。

(1) 对原料和产品的化学组成均为已知，并可查得相应的热力学数据时，可由式(7-7)计算在 T_0，p_0下反应㶲：

$$Ex_{\mathrm{TR}}=G\left[RT_0\ln\frac{K_{\mathrm{P}}}{J_{\mathrm{P}}}+RT_0\sum n_i\ln\frac{(p_i)_{\mathrm{O}}}{(p_i)_{\mathrm{I}}}\right] \tag{7-7}$$

式中 K_{P}——T_0，p_0下的平衡常数；

G——原料或产品量；

J_{P}——产物与反应物的压商；

$(p_i)_{\mathrm{O}}$、$(p_i)_{\mathrm{I}}$——反应前后惰性反应物压力。

查出在 T_0，p_0条件下的平衡常数K_{P}，产物和反应物的压商J_{P}以及进出反应设备惰性反应物压力$(p_i)_{\mathrm{O}}$，$(p_i)_{\mathrm{I}}$，则可很方便地求出反应㶲。

(2) 实际复杂反应过程如石油裂解，可先求出操作条件下的反应㶲Ex'_{TR}，再由图 7-1 的思路，求出基准反应㶲 Ex_{TR}。

$$Ex_{\mathrm{TR}}=Ex'_{\mathrm{TR}}+(Ex'_{\mathrm{I}}+Ex'_{\mathrm{P}}) \tag{7-8}$$

【例 7-1】 计算某常减压蒸馏装置热力学能耗和热力学㶲耗，原料产品温度及收率数据见表 7-3。已按照式(6-97)计算出该装置初馏塔、常压塔和减压塔的分离㶲。

表 7-3 例 7-1 热力学能耗(㶲)耗汇总表

项目		温度/℃	相对密度	收率/%	能量/(MJ/t)	㶲/(MJ/t)
原油		38	0.907	100	42.3002	1.617
产品	初顶油气	40	0.7105	1.205	0.670	0.028
	常顶油气	38	0.7357	3.632	1.797	0.069
	常二线	40	0.7923	5.020	2.519	0.104
	常三线	61	0.8375	12.594	12.160	0.891
	常四线	54	0.8699	2.253	1.709	0.108
	减顶油气	38	0.8332	0.354	0.156	0.006
	减一线	42	0.8597	0.966	0.501	0.022
	减二线	66	0.8823	14.983	14.823	1.195
	减三线	90	0.9152	13.896	20.075	2.286
	减四线	90	0.9256	2.507	3.615	0.412
	减五线	142	0.9614	42.590	106.708	18.987
	产品合计			100.000	164.732	24.107
总能(㶲)差					122.432	22.490

续表

项目		温度/℃	相对密度	收率/%	能量/(MJ/t)	㶲/(MJ/t)
分离㶲	初馏塔					5.573
	常压塔					6.730
	减压塔					3.942
总分离㶲						16.245
热力学能耗(㶲)耗					122.432	38.734

解：热力学能耗和热力学㶲耗由两部分组成：即物理能(㶲差)和化学能(㶲)差。常减压蒸馏装置无化学反应过程，化学㶲差仅包括浓度变化的分离㶲。物理能差和物理㶲差的计算按照第2章方法进行。计算结果为热力学能耗122.432MJ/t，热力学㶲差为38.7342MJ/t。

7.1.4 循环和输出物流的能量和㶲的计算

(1) 循环物流能量及㶲

循环物流，是指不经过换热设备，直接由下游设备携带能量回到上游工艺设备的物流。如催化裂化装置的回炼油，从分馏塔抽出又回到反应器中。相应的循环物流能(㶲)，则是待回收能(㶲)中不经过换热直接由下游设备的物流携带能量(㶲)回到上游设备中的能量(㶲)。这类能量(㶲)的特点是，没有间接换热过程㶲损，只有输送管线散热所造成的能量和㶲损失。

循环物流能量和㶲的计算参见第2章介绍的相应物流能量和㶲的计算方法进行，结果汇总于表7-4。表中的带出能量(㶲)指物流自下游设备出口温度至基准温度的能量(㶲)，而把扣除热损失(㶲)后的能量(㶲)称为净循环能量(㶲)。

表7-4 循环物流回收能量(㶲)汇总表

序号	物流名称	流量/(kg/h)	相对密度	压力/MPa	初始温度/℃	带出能/kW	带出㶲/kW	热损失/kW	散热㶲/kW	净能量/kW	净㶲/kW	备注
合计												

散热损失㶲，由管内流体的平均温度按式(2-105)计算。

每一物流的能量和㶲，应按照式(7-9)进行平衡和校核。

$$带出能量(㶲)=净循环能量(㶲)+散热能量(㶲) \tag{7-9}$$

(2) 回收输出物流能量及㶲

输出物流是指出装置产品或中间产品携带能量到装置外(下游装置或系统)或本装置转换环节中利用的物流，通常称为热出料。为简化用能分析模型，把回收环节循环回到转换环节的能量划作热出料，并计作供入热。至装置外的热出料，随热联合的加深也将逐步增多，如常减压装置热蜡油输出到催化裂化装置，热减压渣油输送到焦化装置等。

由于这类物流在冷出料情况下，具有一定温度，但供收双方都难以利用，即使在本装置不热出料，能量也难以利用到基准温度。因此为做到供收双方受益，并为双方接受，根据物流(油品)性质不同，对输出物流提出了规定温度。输出物流的能量和㶲则计算至规定温度，而把规定温度至基准温度的能量及㶲计入热力学能耗(㶲差)中。如炼油行业输出物流规定温度为汽油60℃，柴油、蜡油80℃，而重油为100℃。

输出物流能量和㶲的计算可由出装置物流的温度、压力及有关物性，按照第2章介绍的方法进行，结果汇总于表7-5。输出物流的能量应为扣除散热损失后的能量。但在本装置标定时，难以测到下游装置入口温度，系统热损失难以确切估算。在能量平衡中可以按出装置温度计算(此时可适当调整规定温度)，在统计能耗时，应加以扣除。

表7-5　回收输出物流能量(热出料)汇总表

序号	物流名称	流量/(kg/h)	相对密度	出装置物流		规定温度/℃	能量/kW	㶲/kW	物流功/kW
				℃	MPa				
合计									

在输出物流中，具有较高压力且确使下游装置或系统省去动力设备或减少动力消耗的，应计入物流有效功，其他情况不计。有效功计算见第6章动力回收设备部分。

7.1.5　物流排弃能和㶲

物流排弃能(㶲)是从回收环节的待回收能(㶲)中以物流形式携带到环境中的能量。包括工艺用汽凝结水、装置采暖伴热的凝结水、余热蒸汽发生器的排污水、电脱盐的排水、各种洗涤水及焦化冷焦水等。在装置管理不善时，非工艺用汽量增大，且大部分为乏汽状态排出，使物流排弃能大幅度增加。物流排弃能和㶲应计算至基准温度，亦可参见前述物流能量和㶲的计算方法。结果汇总于表7-6。

表7-6　装置物流排弃能汇总表

序号	物流名称	流量/(kg/h)	温度/℃	能量/kW	㶲/kW	备注
合计						

转换环节排入环境中的物流，如加热炉烟气、不完全燃烧产物、废锅排污等计入转换环节损失，不在此汇总。

物流排弃能主要是热能，个别的高压物流排弃环境中去的，应计入压力能，如合成氨驰效气放空，从而提出了改进的方向。压力能可填入表7-6的备注栏内。

7.2 装置散热损失的核定和汇总

装置的散热损失分布于用能过程的三个环节。能量转换和能量使用环节的散热，已通过用能设备的能量平衡和㶲平衡计算确定。能量回收利用环节的散热主要由设备和管线两部分构成，冷换设备及动力回收设备散热在该设备的能量平衡和㶲平衡计算也已确定，尚需确定管线(件)的散热损失。

7.2.1 散热的特点分析

装置的能耗除进入到产品或由产品带出的热力学能耗外，其余均以散热、冷却、物流排弃等形式排弃至环境而损耗。而且散热能耗占有较高的比例，加之散热源于高温流体，㶲值亦高。由于散热将使得由外界供入同倍甚至更多的能量(燃料)消耗。能量转换和能量使用环节散热使物流温度降低，为弥补散热就要由转换环节供入等量的有效能。考虑炉子效率因素，补充的燃料更多。回收环节的散热使得回收物流温位降低，能量回收率下降，最终还得增加燃料消耗：弥补散热造成的回收率下降，由于能量回收存在回收率，且与转换效率接近，一般回收环节散热，将增加与散热损失等同的能量。冷却排弃能量是经回收后降质到不能再用的程度而排弃的，其能级很低。因此，减少散热，比减少冷却更具有现实意义。

某蒸馏-催化联合装置用能分析的散热冷却排弃能核定数据见表7-7。

表7-7 散热冷却排弃能表

项目	能量		㶲	
	MJ/t	%	MJ/t	%
总排弃能	189.77	100.0	41.26	100.0
冷却	106.45	56.1	8.83	20.47
散热	53.08	27.97	24.93	60.43

由表7-7可见，散热能量虽仅占总排弃能的28%，而㶲却占60.4%；与此相反，冷却能量占总排弃能的56.1%，排弃㶲仅占20.47%。

为减少散热，首先要摸清现状，确定出散热的部位和数值，这就要进行散热的测试核定工作。

7.2.2 设备管线散热损失的计算汇总

散热损失应实测计算确定。散热测算有两种方法：一种是由设备表面积、表面温度及环境条件(风速、温度)等，先求联合散热系数，进而求散热量；另一种借助物流标定数据，由管线始、终端的T、p，由焓降法计算。但由于流体热容较大，散热的温降不大；而温度测量存在误差，对于短距离情况，准确度较低。但两种方法应互为校核。求出散热量，可由内部平均流体温度按式 $Ex_D = E_D\left(1-\dfrac{T_0}{T_b}\right)$ 求散㶲量。

管线(管件)散热损失可汇总于表7-8。该表仅汇总回收环节管线(件)散热，设备散热已汇总于相应的设备平衡表中。管线散热损失测试的难点在于管件裸露表面积的确定。阀门、法兰属于不规则表面，难以用简单的方法计算确定其表面积。对于350℃油品，1个*DN*250的裸阀散热损失相当于近百米良好保温管线的散热损失[4]。文献[3]给出石油化工装置阀门、法兰的表面积和当量光管长；我国某水泵厂曾对阀门和法兰的表面积进行了测算，结果见表7-9。

表7-8　管线(件)散热损失汇总表

序号	管线(件)名称	公称直径	管线长度/m	保温厚度/mm	保温材质	表面温度/℃	表面积/m^2	热流/(kW/m^2)	散热系数/[$W/(m^2 \cdot K)$]	散热/kW	散㶲/kW	备注
	合计											

表7-9　阀门法兰外表面积

公称直径	*DN*50	*DN*80	*DN*100	*DN*150	*DN*200	*DN*250
面积/m^2	0.31	0.46	0.58	1.02	1.41	1.75
当量长度/m	1.73	1.645	1.62	2.04	2.05	2.27

7.2.3　管线的散热校核及装置散热的汇总

由于散热测试精度以及管线(管件)表面积估算精度，加之保温壳间缝隙多不予估算，测试结果存在着误差，应进行校核。除了用焓降法校核外，应能满足管线物流的总能量平衡，即待回收能中每条物流携出工艺设备的能量应为下述四项之和：物流在换热器(可能不止一台)中放出总热量；冷却器放出的能量；物流出装置携带能量；管线散热。如不平衡，应寻找原因，予以校正。

前已述及，石油化工装置的散热分布于用能过程的三个环节。在完成用能过程设备平衡计算及管线(件)散热测算后，即可按环节汇总为全装置的散热，从而对装置的散热有一个总的结果，掌握散热耗能所占的比重和进一步改进的重点。将装置散热汇总于表7-10。填表时对于转换环节和工艺能量使用环节散热应逐台设备填写。

表7-10　装置散热汇总表

项　目		能量	㶲	备注
		kW	kW	
转换环节				
	蒸汽传输散热			
	小计			

续表

项　目		能量 kW	㶲 kW	备注
工艺设备				
	小计			
回收环节	换热器			
	冷却器			
	工艺管线			
	其他			
	小计			

7.3　汽、电、水的供用产出平衡

7.3.1　蒸汽

蒸汽是工艺装置用的较为普遍的一种载能工质，用能分析不仅要求有供入蒸汽的数量，而且要求有使用明细，从而结合工艺过程为蒸汽的改进提供依据。随着装置节能的加深，许多装置都在利用余热发生蒸汽。因此，蒸汽平衡应包括自产和自用的平衡。为便于用能分析的汇总，将使用蒸汽分为转换环节、工艺能量使用以及回收环节(加伴热用)，蒸汽数量平衡、能量及㶲平衡结果汇总于表 7-11。说明如下：

(1) 装置使用不同压力等级的蒸汽，在表中注明蒸汽温度、压力。

(2) 间断用汽情况可根据在用时数，折算为连续用汽流量，并在备注内注明：

$$折算流量=间断流量\times折算系数$$

$$折算系数=每天使用时间(h)/24$$

(3) 蒸汽的能量和㶲按第 2 章蒸汽物流计算方法进行。但应以 15℃水的焓为基准计算。折为一次能耗时，再考虑折为实际(对比)能耗。

(4) 蒸汽在转换环节过热时单列一项，不写数量，只注明过热能量和值。

(5) 蒸汽流量要注意核准。系统供入蒸汽量要符合全厂蒸汽平衡，并对蒸汽流量计参数与设计参数对比，修正流量。发生蒸汽量，要与除氧水用量、排污量一致。

(6) 除氧水计算带入的热量及水折电部分，不放入蒸汽平衡中。折为一次能耗时，可按除氧水实际(对比)能耗折算。

表 7-11 装置蒸汽平衡表

<table>
<tr><th colspan="3" rowspan="2">项　目</th><th rowspan="2">流量/(kg/h)</th><th colspan="2">参数</th><th rowspan="2">能量/kW</th><th rowspan="2">㶲/kW</th><th rowspan="2">备注</th></tr>
<tr><th>℃</th><th>MPa</th></tr>
<tr><td rowspan="4">总供汽</td><td>供入</td><td></td><td></td><td></td><td></td><td></td><td></td><td></td></tr>
<tr><td>产出</td><td></td><td></td><td></td><td></td><td></td><td></td><td></td></tr>
<tr><td></td><td></td><td></td><td></td><td></td><td></td><td></td><td></td></tr>
<tr><td>合计</td><td></td><td></td><td></td><td></td><td></td><td></td><td></td></tr>
<tr><td rowspan="14">用汽项目明细</td><td rowspan="4">转换环节</td><td></td><td></td><td></td><td></td><td></td><td></td><td></td></tr>
<tr><td></td><td></td><td></td><td></td><td></td><td></td><td></td></tr>
<tr><td></td><td></td><td></td><td></td><td></td><td></td><td></td></tr>
<tr><td>小计</td><td></td><td></td><td></td><td></td><td></td><td></td></tr>
<tr><td rowspan="5">工艺用</td><td></td><td></td><td></td><td></td><td></td><td></td><td></td></tr>
<tr><td></td><td></td><td></td><td></td><td></td><td></td><td></td></tr>
<tr><td></td><td></td><td></td><td></td><td></td><td></td><td></td></tr>
<tr><td></td><td></td><td></td><td></td><td></td><td></td><td></td></tr>
<tr><td>小计</td><td></td><td></td><td></td><td></td><td></td><td></td></tr>
<tr><td rowspan="3">加伴热</td><td></td><td></td><td></td><td></td><td></td><td></td><td></td></tr>
<tr><td></td><td></td><td></td><td></td><td></td><td></td><td></td></tr>
<tr><td>小计</td><td></td><td></td><td></td><td></td><td></td><td></td></tr>
<tr><td colspan="2">蒸汽传输损失</td><td></td><td></td><td></td><td></td><td></td><td></td></tr>
<tr><td colspan="2">合计</td><td></td><td></td><td></td><td></td><td></td><td></td></tr>
</table>

7.3.2 水

装置用水包括冷却用水(新鲜水、循环水和冷冻水)、冲洗吹扫等用水，发汽用除氧水也在此汇总。用水汇总表为表 7-12，说明如下：

(1) 各种类型水，应使供水与各用水项平衡。对于冷却用水，一般单台冷却器无计量仪表，可采用热物流放热减去散热损失，由热平衡求出水量，或采用超声波流量计测量。但最终要供、用平衡，否则应逐个予以修改。

(2) 除氧水按供、用量平衡，在电平衡中，将水折电考虑，带的热量计入装置带入热，并在求装置能耗中折算为实际(对比)能耗。

(3) 间断用水应根据每天在用时间，折算为连续用量。

鉴于用水的目的，水在装置用能中只是作为一个工质携带能量(冷却)，一般不给装置带来能量。但在生产各种水的过程，水泵及凉水塔风机却耗费大量电能。因此，为简化用能分析模型，如实客观地反映用水能耗，供入能耗中不出现水一项，而把水的能耗按其消耗的能量折为电耗。这可以理解为把产水系统视为装置的一部分，水泵耗电则理应计为装置电耗。

表 7-12 装置用水量汇总表/(t/h)

序号	项目	新鲜水	循环水	软化水(或除氧水)	冷冻水
合计					

水折电的方法：

① 实际消耗法。水生产的消耗主要是电耗，其他如蒸汽和风很小，且随季节不同而异(如采暖期)，放入系统中统一考虑。

$$A=W/G \tag{7-10}$$

式中 A——单位新鲜水(循环水)折电指标，kW·h/t；

W——生产水耗电量，kW·h/h；

G——生产水量，t/h。

软化水亦可按水处理中实际消耗的电量，并结合单位软水所耗的水量计算：

$$A'=\varphi A+W'/G' \tag{7-11}$$

式中 A'——软化水折电指标，kW·h/t；

φ——生产单位软化水的水消耗，t/t；

W'——生产软化水的电耗，kW；

G'——生产软化水量，t/h。

② 对比能耗法。按照炼油厂能量消耗计算方法规定[5]，循环水对比能耗为 4.19MJ/t (1000kcal/t)，新鲜水为 7.54MJ/t(1800kcal/t)。因此，对比折电指标为：新鲜水，0.60kW·h/t；循环水，0.33kW·h/t；软化(除氧)水，按其电耗和水耗，取 1kW·h/t。

7.3.3 电耗

装置电耗可分为以下几部分。

(1) 电机、驱动工艺机泵耗电，已在机泵设备平衡中计算并汇总于表 6-3。

(2) 装置工艺用电，如电加热、电精制、电脱盐、电除尘、电除雾等用电。

(3) 其他用电类，指照明和非工艺流体的驱动用电。如水风折电和本装置炉用、空冷风机用电等。这类用电的特点，是不驱动工艺流体，其流动功并不进入能量使用环节。

(4) 装置的输变电损失：

供入装置的电量为三部分之和：供电系统供入电、装置热电联产系统的自发电及装置用水(用风)折电。在一些情况下本装置变电所转供至其他单元的用电应予扣除。装置用风能耗一般比例较小，在统计能耗中多略而不计，但当装置用风量较大时，应考虑按单耗折电处理。

装置总耗电量与用水用风折电量之差，应和变电所输入端的总电量与转供电之差一致。否则应分析原因，予以修正。

装置用电平衡汇总于表 7-13。

表 7-13　装置用电平衡表

项　目		电量	能量	备注
		kW	MJ/t	
供入	供入电			
	自发电			
	水、风折电			
	转供电			
	合计			
机泵	有效动力			
	无效动力			
	合计			
工艺用电	有效动力			
	无效动力			
	合计			
其他用电	有效动力			
	无效动力			
	合计			
输变电损失				
环节	有效动力			
	无效动力			
	合计			

7.4　装置能量平衡和㶲平衡计算汇总

在完成装置用能设备能量平衡(㶲平衡)和装置内系统其他能量数据的平衡测试计算后，就可按照第 5 章提出的用能分析模式进行汇总，从而完成由单体设备向全装置的汇总。

7.4.1　能量转换环节

7.4.1.1　总供入能 E_P(Ex_P)及净供入能(㶲)

二者的区别在于有无转换环节输出能及㶲。供入能由下述几部分组成。

(1) 加热炉燃料能量及㶲：由第 5 章转换环节设备平衡的燃料加和求出。注意应把再生器燃烧油、CO 锅炉补充燃料归入此项。

(2) 催化裂化烧焦：仅对于催化裂化装置的汇总有用，可由催化裂化再生器计算结果填入。

(3) 供入蒸汽：由本章第 3 节蒸汽平衡结果得出。能量和㶲均按蒸汽实际参数计算得到。

(4) 供入电：由本章第 3 节电平衡供入栏结果得出。包括本装置实际耗电和用水、用风折电两部分。

（5）供入热：装置供入热，由下列几部分构成。

① 热进料。从规定温度算起至入装置原料温度，其能量和可按第 2 章物流计算方法进行。规定温度至基准温度的能量为原料入热，在热力学能耗中体现。本装置能量转换设备烧外装置热油品时，亦应计入基准温度以上的显热。

② 装置间换热。随着热联合加深，装置间用过剩热量加热原料已比较普遍。此时，应以原料在外装置取得的能量和计入供入热项。如炼厂常减压装置的拔头原油，利用催化裂化装置的循环油浆加热，提高换热终温。

③ 公用介质带入的能量。如装置用除氧水带入的热能等。

④ 为简化用能分析模型，把本装置回收环节回收又循环利用到转换环节去的能量，也称为供入热；在出方亦计为供出热。这样，取消了在用能过程虽客观存在的大循环，使用能分析模型得以简化。如炉用空气的预热，回收环节发生的中低压蒸汽用于装置转换环节的设备。

当选定的基准温度与环境大气温度有差别时，应取空气在预热过程中得到的能量。

总供能：

$$E_{P}=E_{PF}+E_{PE}+E_{PG}+E_{PS}+E_{PH} \tag{7-12}$$

总供入㶲：

$$Ex_{P}=Ex_{PF}+Ex_{PE}+Ex_{PG}+Ex_{PS}+Ex_{PH} \tag{7-13}$$

（6）转换环节供出能E_B（Ex_B）

转换环节供出能主要是：①转换环节中的高、中压蒸汽透平的背压汽供出装置，此时，入方亦应计供入的高中压汽量；②炉子负荷率低时，为提高炉子效率和节能，炉子中部分对流段，甚至辐射段可能用于加热外装置物流、过热蒸汽、热载体时，将有供出热能；③转换的设备为提高燃料的㶲利用率，利用热电联产并入系统或供出装置外的电量等，均计入转换出能E_B和Ex_B。

（7）净供入能和净供入㶲

$$E_{P}'=E_{P}-E_{B} \tag{7-14}$$

$$Ex_{P}'=Ex_{P}-Ex_{B} \tag{7-15}$$

若无转换供出能，供入能与净供入能则为相同。

7.4.1.2 直接损失能E_W（Ex_W）

在供入能中，一部分能量在转换和传输过程中直接损失于环境，这部分损失能量，是在进入工艺能量使用之前就损失掉与工艺用能无关。大体包括三个方面：

（1）物流排弃损失能E_{WX}（Ex_{WX}）

主要包括：①排烟的显热损失；②废锅炉排污；③炉子雾化用蒸汽随烟气排掉的能量；④蒸汽传输泄漏；⑤不完全燃烧产物的炭粒及可燃气体（CO 等），可由转换环节设备计算结果汇总。

（2）直接散热损失E_{WD}（Ex_{WD}）

指在能量转换环节中，设备和管线的表面散热损失。包括：①加热炉、再生器等表面散热；②外供热的传输过程散热，如热进料的中间储罐及管线散热、蒸汽管线散热（有时较小，可以略而不计）；③主要受热流体或烟气中间传输管线的散热，这部分散热在炉效率中一般不体现，但由于这部分散热将使进入工艺设备的能量减少，应在转换环节中予以核定。

（3）无效动力E_{WP}

指在动力转换过程中，供入能量与输出有效功之差。分为两部分：①电动机泵的无效动力，包括机泵的效率损失和电机的效率损失，也等于机泵的过程㶲损；②蒸汽驱动的机泵的无效动力，为供入能量与有效功之差。供入能量也应以蒸汽的实际焓值(差)计算。

无效动力，在㶲平衡中体现为过程㶲损。其数值不等同于无效动力，即应把蒸汽驱动机泵的无效动力折算为㶲值。机泵的无效动力和㶲损已汇总于表6-3，在汇总为装置平衡时，可直接由表6-3查算。说明如下：①凝汽透平复水器的能量加以利用的，应从中扣除；②输变电损失应计入无效动力中；③用水、用电风折电的无效动力，应计入无效动力中。在平衡中，可按实际水场(空压站)的核定结果进行。

直接损失能：

$$E_W = E_{WX} + E_{WD} + E_{WP} \tag{7-16}$$

直接损失㶲：

$$Ex_W = Ex_{WX} + Ex_{WD} \tag{7-17}$$

7.4.1.3 非工艺流体的有效动力E_{UO}

指没有进入工艺流体，因而也不能带到工艺设备的有效动力。主要是用水、用风折电的有效动力、炉用空冷风机的有效动力、照明用电等。具体由装置用电平衡表中的其他栏汇总。

非工艺流体有效动力，亦属转换环节有效供㶲Ex_{UO}。

7.4.1.4 转换环节供出有效能E_U及有效㶲Ex_U

指供入能量在转换和传输环节中经过外部损失和内部不可逆损失后扣除转换供出和非工艺流体有效动力后，可向工艺能量使用环节中供入的能量和㶲。

由转换环节供入的能量(㶲)主要包括：①加热炉或催化裂化再生器主要加热各物流的有效能量(㶲)；②各种机泵输出的有效动力(扣除非工艺流体有效动力)；③进入使用环节的蒸汽携带的能量和㶲；④热进料或外供入热携带的能量和㶲等。一般要求从正面加和求得，以上四项在相应的设备及系统中均已平衡出结果可供汇总。但汇总结果要与平衡求出的结果一致，并做校核：

$$E_U = E_P - E_B - E_{UO} - E_W \tag{7-18}$$

转换环节的过程㶲损耗为D_{KU}，可由各转换设备的过程㶲损加和得到。主要是燃料(焦炭)化学能转化为工艺物流热能的炉子的燃烧和传热不可逆㶲损、电动机泵的无效动力及蒸汽驱动机泵无效动力中的㶲损失。并注意汇总转换设备以外的㶲损，如不同温度的物流混合㶲损、节流㶲损(蒸汽的减压减温使用)和输变电㶲损等。

$$Ex_U = Ex_P - Ex_B - Ex_{UO} - Ex_W - D_{KU} \tag{7-19}$$

7.4.1.5 能量转换效率

能量转换效率

$$\eta = \frac{E_U + E_{UO} + E_B}{E_P} \times 100\% \tag{7-20}$$

㶲转换效率

$$\eta_x = \frac{Ex_U + Ex_{UO} + Ex_B}{Ex_P} \times 100\% \tag{7-21}$$

转换环节能量平衡结果可按表 7-14 汇总。

表 7-14 能量转换环节总表

项目			能量		㶲		备注
			kW	MJ/t	kW	MJ/t	
总供入	焦炭						
	燃料						
	供入汽						
	供入电						
	供入热						
		小计					
	总供入						
	转换输出						
直接损失	排烟						
	散热						
	CO 化学能						
	无效动力						
	合计						
	过程㶲损						
非工艺有效动力							
有效利用	冷进料						
	主要加热						
	有效动力						
	发汽						
	预热水						
	蒸汽过热						
	合计						
效率/%							

7.4.2 能量工艺使用环节

为确定工艺总用能E_N和工艺总用㶲Ex_N，首先必须汇总由待回收能(㶲)中回收循环的能量(㶲)。

1. 回收循环能(㶲)

指的是从回收能(㶲)中被回收并循环用于本装置工艺能量使用环节的能量(㶲)。包括三部分：

(1) 换热循环能(㶲)

是具有待回收的热能物流通过换热设备预热原料或发生蒸汽进入工艺利用环节的能量称为换热循环能(㶲)，可由表 5-9 进行汇总。对用以发生蒸汽的情况，应核准进入工艺利用环节的数量，勿重计。

(2) 循环物流回收能(㶲)

是物流直接由下游设备带回到上游设备的能量(㶲)，如催化裂化装置回炼油从分馏塔回到反应器。这种方式虽增加了回收循环能(㶲)，但由于循环物流在工艺设备中带出更多的能量，一般来说增加了工艺总用能，对节能不利，故催化装置都在减少回炼比来节能，按能量平衡的去向及分类应划归于此。循环物流回收能可由表 7-4 加以汇总。

2. 工艺总用能E_N和工艺总用㶲Ex_N

工艺总用能量E_N是反映装置工艺设备在其操作和设备条件下所使用能量的数量，体现了设计和操作水平。按其用能形式可分为蒸汽工艺总用能E_{NS}、工艺总用热E_{NH}和动力工艺总用能E_{NP}三类。一般在平衡计算中可先由总有效供能、回收循环能及反应过程放热三项求出工艺总用能E_N。

$$E_N = E_U + E_R + E_{RE} \tag{7-22}$$

再由前述蒸汽和电平衡确定出的蒸汽总用能E_{NS}和动力总用能E_{NP}，进而反求出用热总用能E_{NH}。

$$E_{NH} = E_N - E_{NS} - E_{NP} \tag{7-22}$$

更深入的，应由工艺设备的各分项求出工艺总用热E_{NH}，以供校核。

工艺总用㶲不仅从能量的数量，而且从能量的质量上反映工艺设备用能的状况。对于工艺总用㶲，亦可分为蒸汽、热和动力三类。汇总与计算方法亦类同于工艺总用能，先求出 Ex_N：

$$Ex_N = Ex_U + Ex_R + Ex_{RE} \tag{7-24}$$

式中，Ex_{RE}为放热反应热在操作条件下的㶲。再由蒸汽平衡和电平衡确定出 Ex_{NS}和 Ex_{NP}，最后求出 Ex_{NH}。

$$Ex_{NH} = Ex_N - Ex_{NS} - Ex_{NP} \tag{7-25}$$

3. 热力学能耗和㶲耗

计算方法参见本章第 1 节。

当原料带入热大于产品带出热时，物理能差E_{TT}为负。反之为正。

当反应过程为放热时热效应为负值，吸热则为正。因此，对于原料温度较高，出装置产品温度较低，而过程又为放热时，热力学能耗为负，相应的热力学㶲耗为负值。反之亦然。

4. 工艺利用环节的散热E_D、Ex_D 及过程㶲损D_{KP}

工艺利用环节的能量损失是设备的散热损失。不应把其归属于回收环节的散热，否则会增大待回收能(㶲)的数量[5]。可由第 6 章中工艺设备的平衡计算结果进行汇总。

实际工艺过程的不可逆性㶲损，按其类型可分为在塔内设备的传热与传质㶲损及反应设备的传热与反应过程㶲损。大量损失于过程的不可逆性，从而降低了待回收㶲的量。工艺能量使用环节的过程㶲损可由构成本装置工艺核心过程的工艺设备㶲损加和求得，并注意汇总进出工艺设备压差的流动过程㶲损。可由第 6.5 节工艺设备的平衡计算结果汇总。

5. 待回收能E_O和待回收㶲Ex_O

指离开工艺能量使用环节进入到回收环节中“等待”进一步回收利用的能量，可由离开工艺设备各产品及取热物流携带的能量(热、动力、蒸汽)汇总得出。物流携带能量计算至产品出装置温度。也可由工艺能量使用环节的能量参数平衡求出：

$$E_O = E_N - E_T - E_{UD} - E_{RE} \tag{7-26}$$

$$Ex_O = Ex_N - D_T - D_{KR} - D_{KP} - Ex_{RE} \tag{7-27}$$

6. 工艺能量使用环节的效率

能量使用环节的能量效率仅为散热一项引起，相对于工艺总用能散热所占比例较小，能量效率接近为1。对于放热反应热E_{RE}(Ex_{RE})，则作为供入环节的能量，已计入E_N中。因此，E_T和E_O均为有效供出环节的能量，能量效率为：

$$\eta = (E_O + E_T)/E_N \times 100\% \tag{7-28}$$

㶲效率则是在能量使用环节中，比能量效率更能反映环节用能特点的一个重要指标。首先，能量使用环节是装置用能的核心过程。为之服务是转换和回收两环节，两个环节提供的能量，虽然从数量上几乎全部有效输出，但能量的质量和品位大幅度下降，在㶲平衡的过程㶲损上已充分体现。因此，㶲效率则远小于1，客观地反映了能量在使用环节降质的属性。

$$\eta_x = \frac{(Ex_O + D_T)}{Ex_N} \times 100\% = \left(1 - \frac{D_{KP} + Ex_D}{Ex_N}\right) \times 100\% \tag{7-29}$$

工艺能量利用环节的平衡结果可汇总于表7-15。

表7-15　能量利用环节汇总表

项目		能量		㶲		备注
		kW	MJ/t	kW	MJ/t	
有效供出						
回收循环						
反应放热						吸热时为0
工艺总用能	蒸汽					
	流动能					
	工艺用热					
	合计					
热力学能耗	热能(㶲)差					
	反应					
	合计					
过程㶲损	反应器					
	分馏塔					
	其他设备					
	流动㶲损					
	合计					

续表

项目	能量		㶲		备注
	kW	MJ/t	kW	MJ/t	
散热					
待回收					
效率/%					

7.4.3 能量回收利用环节

自工艺使用环节排出的待回收能(㶲)进入回收利用环节，一般以四种形式回收和排弃：回收循环、回收输出、排弃损失于环境、回收过程产生不可逆㶲损。

1. 回收循环能E_R(Ex_R)

前文已汇总得到结果。

2. 回收输出能E_E(Ex_E)

指从待回收能(㶲)中回收，而用于本装置能量工艺使用环节以外的能量(㶲)。前已述及为简化模型，把回收用于本装置转换环节的能量(㶲)计为供入热，相应地在这里亦应计为回收输出项。

回收输出能量(㶲)，也包括两类：换热输出和热出料。

换热输出用于加热本装置工艺使用环节以外的物料，如预热炉用空气、预热系统给水和外装置工艺物流的均属此类，亦可由换热设备汇总表(回收类)加以汇总。回收热量发生蒸汽并送出到装置外或转换环节的，亦属换热回收输出类。

热出料，包括向外装置输送高于规定温度的热原料、炉用燃料等。由表7-5汇总。

3. 排弃能E_J和排弃㶲D_J

指待回收能(㶲)中以各种不同方式排入环境的能量(㶲)。在待回收能中，除回收循环和回收输出外的能量均进入排弃能。而排弃㶲则在待回收㶲中除回收循环和回收输出外，还应扣除回收环节过程㶲损。

排弃能(㶲)以四种形式排弃到环境中。

(1) 冷却排弃能

为通过冷却介质(水或空气)携带能量(㶲)间接或直接排入环境的能量，可由表6-10汇总。冷却介质的流动㶲损不在设备内体现，统一计入其他㶲损。

(2) 散热排弃能

指离开工艺能量使用环节的物流携带的待回收能，在输送和回收过程中通过设备表面散失到环境中的能量，由表7-8及表7-10汇总。这里的散热排弃能指回收环节的散热，不包括转换和工艺使用环节的散热能量。

(3) 物流排弃能

指以物流形式携带到环境中的能量，可由表7-6汇总。

(4) 其他排弃能

流体的有效动力，进入体系后，在工艺利用和回收环节中流动造成㶲损，能量平衡中归结为其他排弃能。可由表7-13的其他用电类汇总。机泵有效动力在㶲平衡中体现为过程㶲损。因此，在㶲平衡中没有其他排弃项。

4. 回收环节过程㶲损

是能量回收环节中，回收设备和过程的不可逆㶲损。包括下列两项：

(1) 冷换设备的传热和流动过程㶲损。包括所有换热设备的过程㶲损，即包括回收循环和回收输出换热的过程㶲损。冷却器只计传热过程㶲损，流动㶲损统一计入其他过程㶲损。

(2) 其他过程㶲损。主要是非工艺流体的有效动力，在回收能量过程中，使冷却介质流动以带走冷却热量属于过程㶲损的范畴，照明用电也归结于此。其他过程㶲损数值上等于能量平衡中的其他有效动力。

5. 能量回收效率

完成回收环节的上述四项计算应该对其进行平衡校核。进入环节的能量(㶲)为待回收能和非工艺流体的有效动力(由转换环节来)。排出的能量为回收循环、回收输出和排弃损失。排出的㶲尚有回收环节过程㶲损。出入方一定平衡，不可遗漏非工艺流体有效动力。

回收环节中的回收循环和回收输出均为目的过程是过程的有效部分。其能量回收率为：

$$\eta=(E_{R}+E_{E})/(E_{O}+E_{UO})\times100\% \tag{7-30}$$

㶲回收率为：

$$\eta_{x}=(Ex_{R}+Ex_{E})/(Ex_{O}+Ex_{UO})\times100\% \tag{7-31}$$

能量回收环节平衡结果汇总于表 7-16。

表 7-16 能量回收环节汇总表

项目		能量		㶲		备注
		kW	MJ/t	kW	MJ/t	
回收循环	原料换热					
	重沸器换热					
	发汽循环					
	循环物流					
	合计					
回收输出	换热输出					
	热出料					
	合计					
排出	散热					
	物流					
	其他					
	冷却					
	合计					

续表

项目		能量		㶲		备注
		kW	MJ/t	kW	MJ/t	
过程㶲损	冷换设备					
	其　他					
	合计					
待回收						
非工艺流体有效动力						
回收率/%						

7.4.4 全装置平衡汇总

1. 关于装置的不平衡汇总

在能量和㶲平衡中，由于测量和计算的误差，如果严格按照正平衡求出各用能参数，可能出现不平衡项。平衡计算应该允许有不平衡项存在，但不能太大，应小于能耗或㶲耗的 2%。

能量不平衡项并入其他排弃能，㶲不平衡项并入排弃㶲中。如采用反平衡法计算则无此项。

2. 关于全装置能耗

按照用能分析的方法，由于在平衡过程中，是绝对按照焓平衡计算。因此，求出的能耗小于在测试工况下的统计能耗，该平衡能耗称为净能(㶲)耗。其差别在于转换为装置用能介质(汽、电)过程中损失能量，这在统计能耗中已体现；其次，对于习惯计原料化学能的行业，尚有化学能这一大块的差别，为与本行业统计上的习惯能耗相一致，这里可把平衡的净能耗转换为一次能耗，其转换方法按式(5-33)及式(5-34)进行。转化结果与测试期统计能耗应该是完全一致的。

3. 装置能量(㶲)平衡结果表示和(㶲)能流图

为了分析和评价方便，可将上述环节的平衡结果汇总为全装置的平衡结果，如表 7-17 所示，并依照第 5 章的方法画出能流图和㶲流图。

表 7-17　工艺装置能量(㶲)平衡分析汇总表

环节	项目		能量		㶲		备注
			符号	MJ/t	符号	MJ/t	
能量转换	总供入	炉燃料	E_{PF}		Ex_{PF}		
		焦炭	E_{PG}		Ex_{PG}		
		供入蒸汽	E_{PS}		Ex_{PS}		
		供入电	E_{PE}		Ex_{PE}		
		供入热	E_{PH}		Ex_{PH}		
		合计	E_P		Ex_P		

续表

环节	项目		能量		㶲		备注
			符号	MJ/t	符号	MJ/t	
能量转换	转换供出		E_B		Ex_B		
	直接损失	不完全燃烧	E_{WC}		Ex_{WC}		
		排烟	E_{WX}		Ex_{WX}		
		散热	E_{WD}		Ex_{WD}		
		无效动力	E_{WP}		Ex_{WP}		
		转换排弃	E_W		Ex_W		
	过程㶲损				D_{KU}		
	有效利用		E_U		Ex_U		
	非工艺流体有效动力		E_{UO}		Ex_{UO}		
工艺利用	反应放热		E_{RE}		Ex_{RE}		
	回收循环		E_R		Ex_R		
	工艺总用		E_N		Ex_N		
	热力学能(㶲)耗		E_T		D_T		
	设备散热		E_{UD}		Ex_{UD}		
	过程㶲损				D_{KP}		
能量回收	待回收		E_O		Ex_O		
	非工艺流体有效动力		E_{UO}		Ex_{UO}		
	回收循环		E_R		Ex_R		
	回收输出		E_E		Ex_E		
	排弃	冷却	E_{JC}		D_{JC}		
		散热	E_{JD}		D_{JD}		
		物流	E_{JM}		D_{JM}		
		其他	E_{JO}		D_{JO}		
		小计	E_J		D_J		
	过程㶲耗				D_{KR}		
汇总指标	净能(㶲)耗		E_A		D_A		
	折一次能(㶲)耗		E_C		Ex_C		
	能量转换效率/%		η_U		η_{XU}		
	能量过程效率/%		η_P		η_{XP}		
	能量回收率/%		η_R		η_{XR}		
	总排弃		E_J		D_J		
	总过程㶲损				D_K		

某催化裂化装置用能分析汇总表和能(㶲)流图，分别见表7-18和图7-3、图7-4。

表7-18 FCCU装置能量㶲分析汇总表

环节	项目		能量 kW	能量 MJ/t	㶲 kW	㶲 MJ/t
能量转换	总供入	焦炭+燃料	64756.19	1953.48	64756.19	1953.48
		供入汽	40959.01	1235.60	16375.34	493.99
		供入电	5953.49	179.60	5953.49	179.60
		供入热	4560.341	137.57	1194.03	36.02
		合计	116229.00	3506.24	88279.06	2663.09
	转换排弃		17572.22	530.10	6893.01	207.94
	过程㶲损				29877.76	901.29
	非工艺有效动力		555.98	16.77	555.98	16.77
	输出蒸汽		43778.89	1320.66	14969.96	451.59
工艺利用	有效利用		54321.96	1638.71	35982.35	1085.44
	回收循环		32467.92	979.45	10418.82	314.30
	工艺总用能(㶲)		86789.88	2618.16	46401.17	1399.74
	热力学能(㶲)耗		8700.95	262.47	9727.00	293.42
	过程㶲损				11113.72	335.26
	散热		3774.57	113.87	1039.83	31.37
能量回收	待回收		74314.36	2241.76	24529.62	739.69
	回收输出		8398.24	253.35	1577.82	47.60
	排弃		33448.20	1009.00	4265.03	128.66
	过程㶲损				8258.95	249.13
汇总指标	净能(㶲)耗		64051.91	1932.23	71731.27	2163.89
	折一次能(㶲)耗		79620.09	2401.87	91669.10	2765.35
	转换效率/%		84.88		58.35	
	过程效率/%		95.65		75.00	
	回收率/%		54.99		49.28	
	总排弃		54241.28	1636.29	12197.90	367.97
	总过程㶲损				40250.43	1485.68

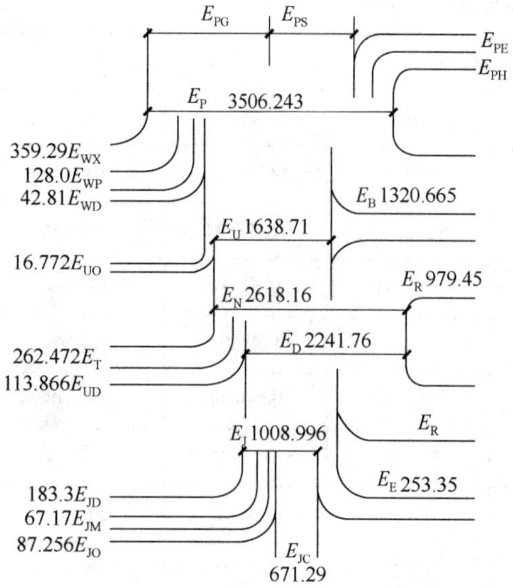

图 7-3　某炼油厂催化裂化装置能流图

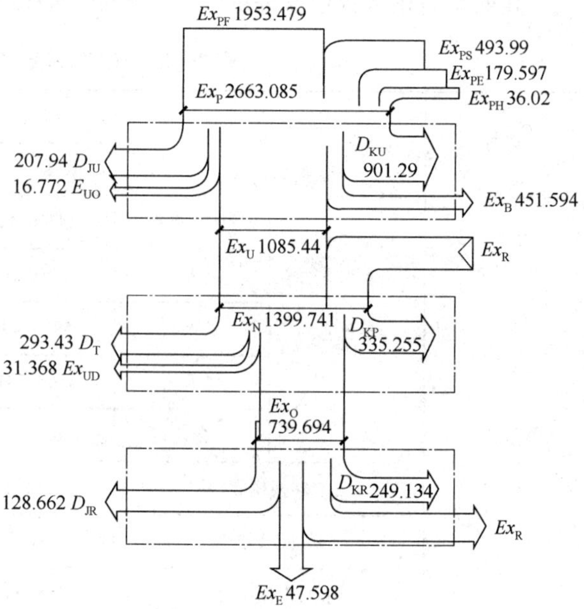

图 7-4　某炼油厂催化裂化装置㶲流图

参 考 文 献

[1] 华贲．工艺过程用能分析及综合[M]．北京：烃加工出版社，1989.

[2] SH 2600—92，石油化工企业能量平衡方法[S].

[3] 吴绍良．现有管线与管件的简易保温及经济效益[J]．炼油设计，1983，(1).

[4] 华贲，陈安民．炼厂散热的实用计算和㶲经济分析[J]．石油炼制，1984，(2).

[5] 陈安民．石油化工过程用能分析三环节模型的几点改进[J]．石油化工，1990，(2).

8 辅助系统及全厂能量平衡

摘　要　除了生产产品的工艺装置外，石化厂还有许多公用工程系统和辅助系统，为工艺装置稳定生产提供服务和支持，如储运、供蒸汽、供水、供风、发变电系统以及污水处理系统。本章核算公用工程系统的能量平衡，包括蒸汽、动力、水、空气和氮气系统的能量平衡，以及包括储运系统在内的辅助系统，间接生产辅助系统的废水处理系统等；最后将所有工艺装置能量平衡结果纳入全厂能量平衡，提出能源利用分析评价指标。

关键词　公用工程系统；辅助系统；工艺装置；能量平衡；能量指数

能量平衡和㶲平衡符号

能量环节	能量符号		定义	㶲符号
能量转换	能量供应	E_P	总供入能	Ex_P
		E_{PF}	加热炉燃料供入能	Ex_{PF}
		E_{PB}	锅炉燃料供入能	Ex_{PB}
		E_{PBF}	电厂锅炉燃料供入能	Ex_{PBF}
		E_{PG}	焦炭供入能	Ex_{PG}
		E_{PS}	蒸汽供入能	Ex_{PS}
		E_{PE}	电供入能	Ex_{PE}
		E_{PH}	外部供入热	Ex_{PH}
	输出	E_B	转换输出能	Ex_B
		E_{BS}	转换输出蒸汽	Ex_{BS}
		E_{BH}	转换输出热	Ex_{BH}
		E_{BE}	转换输出电	Ex_{BE}
	直接损失	E_W	直接损失能	D_{JU}
		E_{WC}	不完全燃烧	Ex_{WC}
		E_{WX}	烟气损失能	Ex_{WX}
		E_{WD}	散热损失能	Ex_{WD}
		E_{WP}	无效动力	Ex_{WP}
			转换过程㶲损失	D_{KU}
	E_U		有效利用能	Ex_U
	E_{UO}		非工艺流体有效动力	Ex_{UO}

续表

能量环节	能量符号	定义	㶲符号
工艺能量利用	E_{AR}	吸热反应热	Ex_{AR}
	E_{RE}	放热反应热	Ex_{RE}
	E_N	工艺总用能	Ex_N
	E_{TT}	热力学物理能差	Ex_{TT}
	E_T	热力学能耗	D_T
	E_{UD}	利用环节散热	Ex_{UD}
		工艺过程㶲损失	D_{KP}
能量回收和循环	E_O	待回收能量	Ex_O
	E_R	回收和循环能	Ex_R
	E_{RH}	换热回收和循环能	Ex_{RH}
	E_{RM}	物流回收和循环能	Ex_{RM}
	E_E	回收和输出能	Ex_E
	E_J	总排弃能	D_{JR}
	E_{JC}	冷却排弃能	D_{JC}
	E_{JD}	散热排弃能	D_{JD}
	E_{JM}	物流排弃能	D_{JM}
	E_{JO}	其他排弃能	
		回收过程㶲损失	D_{KR}
评价指标	E_A	净能源消耗	D_A
	E_C	转换为一次能源(动力)消耗	Ex_C
	η_U	能量转换效率/%	η_{XU}
	η_P	能量工艺利用效率/%	η_{XP}
	η_R	能量回收效率/%	η_{XR}
		总排弃能量	D_J
		总过程㶲损失	D_K

石油化工厂除了生产产品的工艺装置外，还有不少为之提供服务和保障的辅助系统及公用工程系统，如储运系统，供汽、供水、供风系统，发变电系统以及污水处理系统；这些辅助系统的特点是，过程一般比较直观简单，能量平衡的关系也不如生产装置复杂。石油化工过程用能分析的重点在于生产装置的分析和改进，而改进的唯一条件是通过能量平衡和㶲平衡发现问题。辅助系统则不然，由于过程简单，依靠能量平衡就可以发现问题，提出改进方向和措施。当然，更深入的改进，要把能量的质量概念贯穿于能量平衡中，并站在全厂角度进行全局优化和统筹考虑改进。全厂能量平衡是生产装置及辅助系统的汇总表示，只是从宏观上把装置和系统联结在一起，以统一的形式表示出来。而真正的节能改进也在于装置和系统的改进和全局优化。因此对于辅助系统及全厂汇总，只需进行能量平衡，不必进行㶲平衡

计算。

行业不同，企业能量平衡考虑范围及体系也不相同，各部分能耗之间的关系也不尽相同。炼油企业全厂能量平衡范围及其各部分能耗之间的相互关系见图 8-1[1]。其目的是把炼油能耗区别于虽属于全厂能耗但为非炼油生产装置的能耗，如化工装置、大型机械仪表制造系统等。一般地，对于石油化工厂，除非特殊需要，不必区分出炼油和化工装置，而把二者统归为生产装置能耗。但对于其功能远远超出了石油化工厂正常维修需要的大型机械仪表制造厂，不划入企业能量平衡体系，划入外销能量范围。

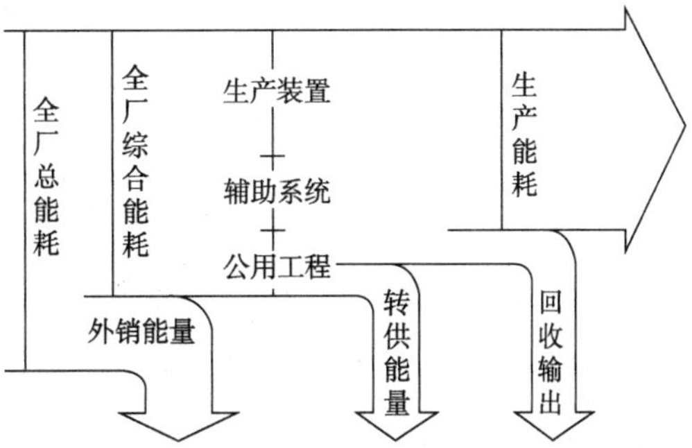

图 8-1　企业能量平衡体系

通常，石油化工企业能量平衡体系包括厂区范围内生产装置、公用工程[供热(汽)、供电、供水、供风]和辅助系统(储运和污水处理场及厂内化验、科研、三修、仓库、消防)三部分。厂区外的学校、医院、住宅等用能不划入能量平衡体系[2]。

对于科研、化验、三修(机、电、仪)、行政办公、仓库、消防等，虽可能划入企业能量平衡范围，但由于用能形式间断且无规律可循的特点，属于非直接生产的辅助系统，只统计核准消耗、落实数量。仪表制造厂，不进入能量平衡体系，但对于催化剂制造厂(装置)则可作为一个生产装置处理，进入平衡体系。

因此，企业的能量平衡范围，实际上是工艺生产装置及其为之提供服务和保障的公用工程和辅助系统部分，排除了非直接生产的辅助系统，这就便于抓住重点，通过分析和改进，降低装置和企业能耗。由于公用工程、辅助系统用能特点不同于生产装置，因此，能量平衡的重点在于核实消耗，确定单位产物的能耗，向全厂汇总，搞清能量变化的来龙去脉，一般不画能流图。

8.1　公用工程系统的能量平衡

公用工程系统一般在全厂能量平衡中体现为能量转换环节。进行能量平衡的任务，除确定过程的损失和效率外，主要地还应核准单位产物的能耗，以便在各装置汇总和折算为一次能耗时采用。

8.1.1　供热系统的能量平衡

供热系统包括用于发生蒸汽(或热水)的工业锅炉、汽轮发电机组、蒸汽(包括冷凝水)和热水的输送管网。

8.1.1.1　工业锅炉的能量平衡

工业锅炉的能量平衡包括水处理系统，但对于不仅供应锅炉而且还送向各装置利用余热发生蒸汽，甚至提供工艺需要的软化水(除盐水)的情况，应核定出水处理系统单位能耗。

1. 水处理站的能量核定

应注意与测试期内全厂的软水(除氧水)平衡结果一致，这不仅是负荷率不同，单位能耗略有不同，更重要的是在汇总为全厂能量平衡时，体现出单位原料或产品的用水(软化水、除氧水)能耗的差别。水处理站的单位能耗核定汇总为表 8-1。

表 8-1 水处理站能量核定汇总表

项目		数量		参数		能量	备注
		单位	数值	温度/℃	压力/MPa	kW	
供入能	水						
	电						
	蒸汽						
	供入热						
	合计						
单耗	软化水						
	除氧水						

(1) 供入能

主要由水耗、电耗、汽耗和供入热四项组成。

① 水耗：由于处理过程中要消耗水量，产 1t 软化水(或除氧水)，水耗在 1.1~1.5t。按供水车间的实际单耗(或对比单耗)计算用水能耗。

② 电耗：主要是用于水处理过程中流动和升压的机泵耗电，真空除氧时的真空泵耗电，以本厂实际或统一折算指标计算用电能耗。

③ 汽耗：包括加热除氧用汽和抽空等动力用汽两类，按本厂实际产汽能耗计算。

④ 供入热：包括由装置提供的低温热和凝结水携带的能量。对于工业锅炉排污水闪蒸蒸汽，用于加热软化水时计入此项。总供入能即为上述四项之和。

(2) 单位产水能耗

对于只生产一种水的水处理装置，能耗可以很容易地统计出来，而对于水处理站既生产软化水又生产除氧水的情况，可先根据用水、用电消耗，核算出生产每吨软化水能耗。再根据供热和供汽能耗及除氧水产量，计算出除氧水用汽、用热能耗。再加上软水能耗，即为除氧水能耗。

(3) 水处理站的损失部分

如机泵的无效动力、物流带出能等不在此核定，统一放入工业锅炉能量平衡中予以核定。

2. 工业锅炉能量平衡

工业锅炉的能量平衡，要核准能量的损失及效率，并核准单位产汽的一次能耗。

锅炉核定的产汽量要与测试期内全厂蒸汽平衡结果一致，不要为标定所谓高负荷热效率，而人为地开足负荷。

工业锅炉(包括水处理系统)的能量平衡结果可填入汇总表 8-2。有关项目的测试方法参见热工行业的有关标准。填表应注意：

(1) 工业锅炉的能量平衡以产汽量为计算基准。因此，系统内自用汽部分应计入消耗项，作为供入能。

(2) 生产装置(系统)低温热送至水处理站或预热锅炉给水的计为供入热。在高度联合情况下，用装置或系统的热量预热锅炉燃烧空气或给水的计入此项。

（3）能量平衡计算的基准温度须与全厂一致，以在物流参数下的当量热值参与平衡计算。

（4）省煤器和用自身烟气预热燃烧空气的情况，不在表中体现。其效果已反映在燃料的节省和损失的减少上。但应注意，此时排烟温度应为最终一个回收设备(部件)的排烟温度。

（5）产汽单耗核定是能量平衡的又一重要内容，用以确定各生产装置或全厂的实际能耗折算指标。此时，供入能的各消耗项均应以实际能耗(或对比能耗)计算，结果填入表8-2中产汽能耗一列，然后根据产汽量计算单位产汽能耗。对于有向系统供出软代水(或除氧水)的情况，可由水处理站的单位产水能耗和供出水量，算出供出水的总能量，进而计算出产汽能耗。

表8-2 工业锅炉能量平衡表

<table>
<tr><th colspan="3" rowspan="2">项目</th><th colspan="2">参数</th><th colspan="2">能量</th><th rowspan="2">产汽能耗</th></tr>
<tr><th>温度/℃</th><th>压力/MPa</th><th>kW</th><th>MJ/t</th></tr>
<tr><td rowspan="14">供入能量</td><td rowspan="4">燃料</td><td>燃料油</td><td></td><td></td><td></td><td></td><td></td></tr>
<tr><td>燃料气</td><td></td><td></td><td></td><td></td><td></td></tr>
<tr><td>煤炭</td><td></td><td></td><td></td><td></td><td></td></tr>
<tr><td>小计</td><td></td><td></td><td></td><td></td><td></td></tr>
<tr><td rowspan="4">蒸汽</td><td>加热用汽</td><td></td><td></td><td></td><td></td><td></td></tr>
<tr><td>除氧用汽</td><td></td><td></td><td></td><td></td><td></td></tr>
<tr><td>汽动泵用汽</td><td></td><td></td><td></td><td></td><td></td></tr>
<tr><td>小计</td><td></td><td></td><td></td><td></td><td></td></tr>
<tr><td rowspan="3">电</td><td>机泵动力</td><td></td><td></td><td></td><td></td><td></td></tr>
<tr><td>用水(折电)</td><td></td><td></td><td></td><td></td><td></td></tr>
<tr><td>小计</td><td></td><td></td><td></td><td></td><td></td></tr>
<tr><td colspan="2">供入热</td><td></td><td></td><td></td><td></td><td></td></tr>
<tr><td colspan="2">给水</td><td></td><td></td><td></td><td></td><td></td></tr>
<tr><td colspan="2">合计</td><td></td><td></td><td></td><td></td><td></td></tr>
<tr><td rowspan="6">损失能量</td><td colspan="2">排烟</td><td></td><td></td><td></td><td></td><td></td></tr>
<tr><td colspan="2">化学不完全燃烧</td><td></td><td></td><td></td><td></td><td></td></tr>
<tr><td colspan="2">机械不完全燃烧</td><td></td><td></td><td></td><td></td><td></td></tr>
<tr><td colspan="2">排污、排乏汽</td><td></td><td></td><td></td><td></td><td></td></tr>
<tr><td colspan="2">无效动力</td><td></td><td></td><td></td><td></td><td></td></tr>
<tr><td colspan="2">合计</td><td></td><td></td><td></td><td></td><td></td></tr>
<tr><td colspan="3">供出能量(热水)</td><td></td><td></td><td></td><td></td><td>流量：</td></tr>
<tr><td rowspan="3">单位能耗</td><td colspan="2">供除氧水</td><td></td><td></td><td></td><td></td><td></td></tr>
<tr><td colspan="2">供软化水</td><td></td><td></td><td></td><td></td><td></td></tr>
<tr><td colspan="2">产汽量</td><td></td><td></td><td></td><td></td><td></td></tr>
<tr><td colspan="3">热效率/%</td><td></td><td></td><td></td><td></td><td></td></tr>
</table>

（6）热效率应以能量平衡数据为准，供出能量由供入能量减去损失能量确定。

$$\eta=\frac{供出能量}{供入能量}\times 100\% \tag{8-1}$$

3. 全厂蒸汽平衡

测试期内全厂不同压力等级的蒸汽数量要平衡，要求按不同等级分类填写。装置自产和自用均应填出。除氧水亦应平衡并逐项填出。平衡按公用工程、辅助系统、工艺装置三类分项填出。锅炉自用部分计入公用工程类。除氧水按供出系统的数量平衡，不包括锅炉发汽所用部分。

蒸汽的平衡汇总于表8-3。

表8-3 全厂蒸汽平衡表

t/h

项目		p= MPa		p= MPa		p= MPa		除氧水
		t= ℃		t= ℃		t= ℃		
		产	用	产	用	产	用	
购入								
输出								
公用工程								
	小计							
辅助系统								
	小计							
工艺装置								
	小计							
总计								

8.1.1.2 动力站发电机组

许多石油化工厂都设置有自备电站。自备电站的锅炉部分能量平衡同供汽锅炉，汽轮机发电机组的能量平衡汇总于表8-4。有关参数的测试计算方法，可参见电力行业有关标准。在平衡中应注意把电站的自用电列入消耗的能量中，同时作为输出电量计为出方，两者不要互相抵销，即以总产电量为计算基准进行平衡。

发电机组效率为供入能量的综合效率，即供出能量与供入能量之比。

表 8-4 汽轮机发电机组能量平衡表

名称			数量	参数			备注
				压力/MPa	温度/℃	能量/kW	
供入能量	主蒸汽						
	电	辅助用电					
		循环水折电					
		小计					
	合计						
损失能量	汽轮机散热						
	汽轮机自用汽						
	转动设备						
	发电机						
	无效动力						
	冷却排弃						
	合计						
供出能量	发电机发电						
	抽汽或背压蒸汽						
	回收凝结水						
	合计						
机组效率/%							

8.1.1.3 全厂热力管网的核查和核定

全厂热力管网是指由锅炉产出蒸汽或厂外购入蒸汽向各用汽单元供汽的热力统管线及热水系统输送管线。在常温输送软化水和凝结水的管线不包括在内。系统边界的确定，一般在单元或装置设有测温测压及流量计的支管阀门处。

热网的能量平衡重点在核准管网的散热损失以及散热造成的蒸汽冷凝情况；发现散热严重的部位，进而改进保温，减少散热，提高蒸汽传输的效率。全厂热力管网能量损失汇总于表 8-5，说明如下。

(1) 蒸汽管网的能量损失主要是散热损失，个别情况下亦有蒸汽排凝损失和泄漏损失。散热损失通常有两种测试方法：表面散热测试和焓降法。焓降法依据始端与终端的流量、焓值变化，来确定能量损失，包括了散热和排凝、泄漏损失；如无排凝、泄漏损失，亦可和表面散热测试数据相校核。注意测试管件及裸露部分的表面散热。

(2) 对于过热蒸汽输送，当两端均呈过热状态时，蒸汽流量不变，散热仅表现为蒸汽过热度下降，产生能量损失。物料损失只是个别情况下的泄漏损失。

(3) 对于始端为过热，而末端为饱和状态，则可能有凝结损失，使汽量减少，可由流量差估算出来，无流量计时可通过散热测试结果计算：

$$冷凝汽量=\frac{总散热量-末端流量\times焓差(始、末端)}{冷凝热} \tag{8-2}$$

（4）对于饱和蒸汽输送，散热则可能全部成为蒸汽的凝结损失，管网损失在蒸汽量的平衡上则表现为泄漏损失，即在输送过程汽量减少。

表 8-5　热力管网能量损失汇总表

序号	名称	管径 *DN*	长度/m	起始				终了				能量损失/kW	备注
				流量/(kg/h)	压力/MPa	温度/℃	焓/(kJ/kg)	流量/(kg/h)	压力/MPa	温度/℃	焓/(kJ/kg)		
	排乏排凝损失												
	合计												

8.1.2　供电系统的测试与平衡

供电系统的能量平衡是指供电网络的电平衡，包括企业由外部和自发电的各级变压器、配电、输送线路等各项电能损失的测定，供电网络的电量平衡及企业电能利用率的计算：

1. 供电系统能量平衡的原则[2]

（1）全厂电量平衡应符合

$$\sum W_{zw}=(\sum W_{zi}+\sum W_{zh})-\sum W_{yg} \tag{8-3}$$

式中　$\sum W_{zw}$——全厂消耗的总电量，kW·h；

$\sum W_{zi}$——各供入线路总供电量，kW·h(以电度表计量为准)；

$\sum W_{zh}$——自发电量，kW·h(以汽轮机发电量为准)；

$\sum W_{yg}$——企业向外转供的电量，kW·h。

（2）全厂电能损失总量应符合

$$\sum W_{s}=\sum P_{x}-\sum P_{b}-\sum P_{s} \tag{8-4}$$

式中　$\sum W_{s}$——全厂总的电能损失量，kW·h；

$\sum P_{x}$——总线路有功损耗之和，kW·h；

$\sum P_{b}$——各变压器有功损耗之和，kW·h；

$\sum P_{s}$——电动机功率损耗之和，kW·h。

2. 供电系统能量平衡的测试汇总

(1) 配电线路电能损失测试结果汇总于表 8-6。

表 8-6 配电线路电能损失测试汇总表

序号	线路名称	长度/km	实测电流/A	实测电压/V	测试期电能损失/(kW·h/d)	备注
合计						

(2) 变压器的负荷率及变电损失汇总于表 8-7。

表 8-7 变压器负荷率及变电损失汇总表

序号	变压器装配部位	设备名称	额定数据					实测电流或月统计平均值/A		负荷率/%	实际变电损失/A		备注
			容量/kV·A	电压/kV		电流/A					有功损失	无功损失	
				高压侧	低压侧	高压侧	低压侧	高压侧	低压侧				
合计													

(3) 全厂电负荷平衡汇总于表 8-8。

表 8-8 全厂电负荷平衡表

项目		供入(自产)/kW	使用(输出)/kW	备 注
购入				
输出				
公用单元				
工艺装置及辅助单元				
合计				

公用工程中，水、风已折电进入生产单元，但自用和损失部分也应计入。对于采用折电的应计入实际与折电指标之差。

3. 企业电能利用率

供入企业并使用的总电量中，扣除各种损失，被企业有效利用的部分的比率称为企业电能利用率。

$$\eta=(1-\sum W_{s}/\sum W_{zw})\times 100\% \tag{8-5}$$

8.1.3 供水、供风系统的能量平衡

8.1.3.1 供水系统

供水系统包括新鲜水站和循环水场两部分，软化水处理已归并为供热系统，不在此考虑。供水系统能耗主要为水泵和凉水塔风机耗的动力，一般为电机驱动。在用能优化改进中，也有开始考虑用背压透平驱动循环水泵，甚至季节性采用凝汽透平作为大系统蒸汽平衡的手段。除电力消耗外，少量的还有补充水消耗(循环水场)、冬季的加热采暖用汽消耗等。供水系统能量平衡在于核定能源消耗总量，确定单位供水能耗。供水系统的能量平衡汇总于表8-9，说明如下。

(1) 由于循环水水量和风机的开启受季节性影响，夏季水量大，凉水塔风机耗功及水蒸发损失也大；冬季用水量小，风机也不开，单位供水能耗可能差别很大。应注意测试期所处的季节，并与装置测试协调一致，即标定工况与全厂的标定工况协调一致。必要时，由统计数据确定单位供水能耗的冬夏差。

(2) 产水量应符合全厂水量平衡的要求。

(3) 各项消耗应以实际能耗或对比能耗计，确定出单位供水能耗并转换为吨水折电指标，供工艺装置平衡时采用。

表 8-9 供水系统能量平衡表

项目		新鲜水		循环水		冷冻水	
		t/h	kW	t/h	kW	t/h	kW
产水量							
电	有效功率						
	无效功率						
	合计						
蒸汽							
供入热							
新鲜水							
能耗/(MJ/t)							
吨水折电							

注：1. 有效功率、无效功率由机泵效率汇总计算，包括水泵及风机。

2. 吨水折电指标在装置及全厂能量平衡时采用。

全厂用水量平衡汇总于表8-10。

表8-10 全厂用水量平衡表 t/h

序号	用户名称	新鲜水	循环水	软化水	冷冻水	备注
	合计					

根据产水量数据做全厂用水量平衡表，可按单元、系统平衡列出，损失和水场自用部分亦应体现。

8.1.3.2 供风系统

石油化工厂中许多计量调节仪表和设备需要工业风和净化风。为生产净化风则需要用某种干燥剂(如硅胶、分子筛等)脱水脱油，间歇地切换进行干燥和再生。供风系统能量平衡的目的，主要是核定供风单耗以提供用风单元的折电指标，其次在于核准供风的总能耗和转换设备的效率等。能量消耗主要是电、蒸汽、冷却水，特殊地，也有用合适的热源进行干燥剂再生的。空压机站的能量平衡汇总于表8-11，计算供风单耗时，各消耗项应按厂实际能耗(对比能耗)计算。

表8-11 空压机站能量平衡表

项目		参数		数量		能量	
		温度/℃	压力/MPa	数值	单位	kW	MJ/Nm^3
产风量							
供入能量	电						
	蒸汽						
	热						
	用水(折电)						
	合计						
损失能量	无效动力						
	冷却水带出						
	合计						
供风单耗							
有效供能							

在石油化工厂中常有氮气和氧气系统。制氮和制氧系统的能量平衡可比照供风系统表8-11的内容进行。对于空气分离装置可按生产单元处理。

全厂的压缩空气、氮气和氧气平衡结果列于表8-12。全厂的产风(N_2、O_2)量一定要与平衡结果一致。

表8-12 压缩空气、氮气、氧气汇总表 Nm^3/h

序 号	用户名称	压缩空气	氮气	氧气	备 注

8.2 辅助系统的能量平衡

按照企业能量平衡体系的划分，辅助系统包括原料和产品的储运系统和污水处理系统。在此，除进行储运系统和污水场能量平衡以外，还核准化验、科研、维修等系统能源消耗，以便在全厂汇总中予以剔除。

8.2.1 储运系统

储运系统范围可按本行业的规定自行确定。炼油行业规定原料(原油)、产品、中间产品的卸、储、装、输过程均属储运系统。

由于原料、中间产品的卸、储、装、输过程均需要动力和热，加之系统大、战线长，使得储运系统在全厂能耗中占有较大的比重，炼油行业达5%~7%。

储运系统的各部分能量消耗可归结为储运单元消耗，统一进行能量平衡。储运系统消耗的能源主要是蒸汽、电、水及供入热四项。除少部分提高产品出厂温度，进入热力学能耗 E_T 及部分蒸汽冷凝水可用于回收外，其余大部均排弃损失于环境。储运系统的能量平衡类同于生产装置。结果可汇总于表8-13。

表8-13 储运系统能量平衡汇总表

项目	内容	温度/℃	压力/MPa	数量		能流量		备注
				数值	单位	kW	MJ/t	
供入能	蒸汽							
	电							包括水风折电
	外供热							
	合计							
损失能	无效动力							
	传输散热损失							管线散热
	有效利用能							

续表

<table>
<tr><th rowspan="2">项目</th><th colspan="2" rowspan="2">内容</th><th rowspan="2">温度/℃</th><th rowspan="2">压力/MPa</th><th colspan="2">数量</th><th colspan="2">能流量</th><th rowspan="2">备注</th></tr>
<tr><th>数值</th><th>单位</th><th>kW</th><th>MJ/t</th></tr>
<tr><td></td><td colspan="2">出入物流焓差</td><td></td><td></td><td></td><td></td><td></td><td></td><td></td></tr>
<tr><td rowspan="6">排弃能</td><td rowspan="4">物流排弃</td><td>凝结水</td><td></td><td></td><td></td><td></td><td></td><td></td><td></td></tr>
<tr><td>乏汽</td><td></td><td></td><td></td><td></td><td></td><td></td><td></td></tr>
<tr><td>脱水</td><td></td><td></td><td></td><td></td><td></td><td></td><td></td></tr>
<tr><td>小计</td><td></td><td></td><td></td><td></td><td></td><td></td><td></td></tr>
<tr><td colspan="2">散热排弃</td><td></td><td></td><td></td><td></td><td></td><td></td><td></td></tr>
<tr><td colspan="2">合计</td><td></td><td></td><td></td><td></td><td></td><td></td><td></td></tr>
<tr><td></td><td colspan="2">回收输出凝结水</td><td></td><td></td><td></td><td></td><td></td><td></td><td></td></tr>
</table>

1. 供入能

供入能为储运系统卸、储、装、输过程各环节的消耗之和。个别的有机车输送过程耗油应计为燃料消耗。

(1) 用水可折电进入平衡体系，折电方法同生产装置。

(2) 机泵间断运行的可按在用时间折算为连续运行耗电。

(3) 供入热包括采用热水加伴热的能量及采用热储工艺时，产品或中间产品高于规定温度以上的能量。规定温度以下的能量计为产品或中间产品的能量。

(4) 蒸汽由储运系统卸、储、装、输过程各环节用量加和求得，应有各环节用汽明细表。

2. 直接损失能

(1) 机泵无效动力，按第 5 章机泵设备部分对机泵的效率及无效动力进行核算并汇总。

固体物料输送设备(传送带)的有效能量及效率计算按行业规定进行，并据此确定无效动力，或根据物料在输送过程获得或做功的量自行确定。

(2) 进入储运系统供热供汽设备管的表面散热损失，可通过设备管线的表面散热测试确定。

(3) 特殊地，在储运系统有蒸汽泄漏时(使用前)计为物流损失。

3. 有效利用能

有效利用能亦为工艺总用能，可由总供入能减去直接损失能求得。

4. 热力学能耗

储运系统的热力学能耗主要为进出储运系统的物料的物理能差，无反应热的问题，即出储运系统的物料(原料、产品和中间产品)与进储运系统的物料(原料、产品和中间产品)携带能量之差。原料、产品和中间产品都有可能经由(进、出)储运系统，这即为储运系统的特点。其热力学能耗可逐项计算原料、产品、中间产品经由储运系统的能量变化值，并加和求得，可按表 8-14 方法进行。

表 8-14 储运系统物理能差计算汇总表

项目		流量/(t/h)	比热容或相对密度	系统温度/℃		能量差/kW	备注
				进	出		
原料							
中间产品							
出厂产品							
合 计							

5. 排弃能

待回收能可由有效供能减去热力学能耗求得。储运系统的待回收能，除少量的回收输出(回收凝结水)外，大部分排弃损失掉。

(1) 物流排弃能：为加热伴热用的蒸汽凝结水或乏汽未加回收的部分能量。

(2) 散热排弃能：为设备管线的表面散热损失。为简化起见，将冷却水携走的能量(如：石油液化气的喷淋冷却)及水折电的无效功一并计入该项。机泵的有效动力作为其他排弃能可一并计入该项。

6. 回收输出能量

对于凝结水比较集中并回收用于公用系统的计回收输出能量。

7. 储运系统的计算基准

可以小时量为计算基准，并核定出单位原料(或产品)的能耗。由于生产装置检修及开工安排，运行时数小于储运系统，其差别均归结为附加能耗。

8.2.2 污水处理系统

石油化工厂各装置排放的汽提水、洗涤水等，都含有油、酚及其他有害物质需要加以处理，以免对土壤和环境造成危害。污水处理场正是为完成这一任务而设置的。

污水处理场的流程和设备一般比较简单，用能的主要形式是蒸汽和电(个别污水场亦有采用厂内工业风进行表面曝气，此时用风可折为电耗)。设备(机泵等)的能量平衡可参照第6章设备能量平衡部分。对于深度处理装置(如污水汽提装置和活性炭吸附装置等)可按生产装置处理。

在测试期内，污水处理负荷应与全厂各生产装置排出量一致，不应在污水处理的高峰或低谷时进行。

污水处理场能量平衡汇总于表 8-15，说明如下。

(1) 供入能和机泵的无效动力、有效动力，计算同生产装置和储运单元。

(2) 污水场处理的污水并不是工艺物流，其能量已分别在工艺装置中计入物流排弃能项，而且流至污水处理场时多为常温，因此不计算热力学能耗。

(3) 污水场的散热主要是通过水池表面的散热，在水面与大气间的对流、辐射传热下水蒸发的热量均归结为表面散热。机泵有效动力也经摩擦转化为热进入水中，最终通过散热排弃。

(4) 在有效供能中，除回收凝结水输出到动力站外，其余均为排弃能，以散热和物流排弃形式携带能量损失于环境。物流排弃能主要是排放凝结水、乏汽等物流携带能量。

(5) 在能量平衡中，各能源消耗按当量热值计算。计算处理单位污水能耗时折为一次能耗计算。

表 8-15　污水处理场能量平衡表

项目	内　容		数量		能流量/kW	能耗/(MJ/t)
			数值	单位		
供入能量	供入电	动力用电				
		用水折电				
		压缩空气折电				
		合计				
	供入蒸汽					
	合　计					
	机泵无效动力					
有效能	机泵有效动力					
	用热设备有效负荷					
	合　　计					
回收输出能	回收输出凝结水					
	合　　计					
排弃能	设备、管线散热					
	排放凝结水					
	合　　计					
单耗						

8.2.3 非直接生产的辅助系统用能核查

1. 用能形式和特点

机修、仪修、化验、消防等非直接生产部门用能主要是电、水、蒸汽，个别情况下也用少量燃料。其用能特点不同于工艺装置和直接生产的辅助单元，不是连续、均衡的，而是间断和不均衡的。比如机床、电焊等用电，多在白天；照明用电，多在夜晚。蒸汽用途也很杂，使用时间也常无章可循。

2. 能耗统计及其与能量核查的协调

由于它们的上述用能特点与工艺装置完全不同，所以最能概括它们用能水平的是阶段的(年或月)累计能耗。但在前述生产装置某一测试工况的能量平衡过程中，需要核实这些系统在企业能量平衡测试期内非生产用能的数量，并澄清它们在体系能量平衡中的关系。

对于电和水，由于用量占总负荷比例很小而且负荷不连续，一般可在核实外部用能数量后，从总量中扣除。

对于蒸汽，在核实用量和用能特点的基础上，如果是低压蒸汽，并同蒸汽发生器出口管网相连，可计入全厂炼油生产用能分析体系的回收输出能项E_E。如果是中压蒸汽，或虽是低压蒸汽但是由锅炉直接供给，则可计入转换输出能项E_B，并且把它的间断负荷折算为平均连续负荷，以便同全厂蒸汽产用平衡一致。

8.3 全厂能量平衡汇总

石油化工过程包含炼油、化工、化肥、化纤等行业，不少企业拥有两个及以上行业，一般的是单一行业的企业。企业(全厂)能量平衡汇总指单一行业的企业，对于联合企业可按二级企业进行全厂汇总。根据二级企业的平衡结果，联合企业可以汇总出全厂能源消耗的实物平衡，并从总体上分析企业能源利用的状况，研究改进的方向和措施，不必进行联合企业的能量平衡。

在完成装置、公用工程及辅助系统的能量平衡时，就可通过第5章建立的用能分析模式将其汇总，指出企业用能的改进方向和潜力。

8.3.1 能量平衡汇总方法及计算基准

一个石油化工厂少则几个装置，多则几十个装置(炼油行业)，在装置完成能量平衡工作后，可以汇总为全厂的能量平衡，使人对全厂用能状况有一个宏观的评价和认识。

汇总方法仍是第5章所讨论的用能分析模式，即把整个石油化工厂作为一个体系，而对组成各个装置和系统的单元过程设备，按其使用功能不同划分为转换、工艺使用和回收利用三个环节。但已经完成了装置及系统的能量平衡，对过程和设备进行全厂能量平衡时，不必从头做起，可根据装置或系统的用能参数进行汇总，从全厂角度对企业用能的规律进行剖析，提出评价指标。

对于不同的生产装置和系统，因为其产品和原料不同，所采用的汇总计算基准也各不同。一般以该装置或系统的单位原料或产品为基准，这是不同于全厂汇总所采用的基准的。因此对装置所提出的用能参数，应加以转换才可汇总。

一般地，如第5章所述，企业和能量平衡计算基准的确定，应以该企业比较单一的主要原料和主要产品为基准。如炼油行业，加工的原料对各装置虽不相同，但对全厂来说，主要是原油，因此以单位原油加工量为基准；合成氨装置，则可以吨氨为基准；化肥厂有的以单位化肥(尿素)为基准，也可以出厂产品含氮量为基准，即以吨氮产品为基准。而对产品和原料均不单一，且难以找到一个合适的基准时，可以小时量为基准。

装置的汇总基准不同于全厂的汇总基准时，则应予以修正。

(1) 生产装置、公用工程及辅助系统的能量平衡结果汇总为企业能量平衡时，须乘以处理量或产品量折算系数δ_i：

$$\delta_i = G_i / G \tag{8-6}$$

式中 G_i——测试期内某装置或系统作为计算基准的处理量或产品量，t/h；

G——测试期内作为全厂(企业)计算基准的处理量或产品量，t/h。

对于装置和全厂均以小时量为基准的，不必进行折算系数修正。

(2) 企业的能量平衡测试，要求各装置的产品量(或加工量)应与全厂的物料平衡(生产流程)一致。此时，各单元的水、电、蒸汽、燃料量加和的结果也应符合全厂测试期的总用量。在特殊情况下，如炼油行业，测试期拉得过长，难以达到上述要求，存在差异时，亦应对各单元水、电、蒸汽、燃料测试消耗量及能量平衡参数进行修正。

$$\alpha_i = \frac{G_i}{G_{i0}} \tag{8-7}$$

式中 α_i——i 单元的水、电、蒸汽、燃料消耗量修正系数；

G_{i0}——测试期 i 单元全厂平衡的处理量或产品量，t/h。

8.3.2 测试工况的能量平衡汇总

8.3.2.1 基础数据的汇总整理

(1) 全厂能量平衡项目参数汇总于表 8-16。

表 8-16 企业(厂)能量平衡主要项目参数汇总表

单位名称	进料或产品量/(t/h)	折算系数/δ_i	燃料/E_{PF}	电/E_{PE}	焦炭/E_{PG}	转换物流排弃/E_{WX}	转换散热/E_{WD}	无效动力/E_{WP}	利用环节散热/E_{UD}	放热反应热/E_{RE}	装置内循环/E_R	装置间输出/E_E	冷却排弃/E_{JC}	散热排弃/E_{JD}	物流排弃/E_{JM}	其他排弃/E_{JO}
合计																

根据各生产装置、公用工程、辅助系统的能量平衡结果，将其用能参数乘以处理量(或产品量)修正系数后填入表 8-16。填表时应注意：

① 生产装置可逐装置填写，辅助系统亦分类填写，没有的项目不填写。

② 对于公用工程，由于水、电、汽、燃料大部分已计入生产装置的能耗及能量平衡中，注意不能重复计算，但应计入各种原因(包括自用)造成的全厂实际耗量与装置耗用之和的差值：

a. 供汽部分。动力自用汽、系统损失及非直接生产的辅助系统部分能量及相应的用能参数。

b. 供水系统。为自用、损失、折电求出相应的用能参数(有效动力、无效动力)；注意扣除非直接生产系统的消耗。

c. 供风系统。大多数用风量小的未计入能耗，未进入各单元能量平衡体系，可从空压站总电耗减去已折电部分。

d. 供电系统。为输变电损失及非直接生产辅助系统的耗量。输变电损失计为无效动力，属直接损失。

③ 全厂电、燃料(或外购蒸汽)总用量要平衡。

(2) 测试工况下，全厂汽、电、水平衡，分别见表 8-3、表 8-8、表 8-10，全厂燃料平衡汇总于表 8-17。表中转换输出指向体系外输出的量。

表 8-17　全厂燃料平衡

类别	项目	煤炭	燃料油	燃料气	焦炭	其他
购入						
	合计					
转换输出						
	合计					
自用						
	合计					

(3) 全厂回收输出能量按表 8-18 汇总。说明如下：

① 凡是能量平衡体系以内的工艺物流余热，不论直接(换热)或间接(发汽预热水等)，供体系外使用的均属回收输出能。

② 工艺物流发生低压蒸汽并入管网与背压透平用汽汇合，供体系自用或输出时，难以严格区分。处理原则是：先认为输出的是背压蒸汽。输出量较大时，可以认为部分发汽输出。对于低压蒸汽直接送出的或发生中压蒸汽进转换环节背压的，计作回收输出项。

③ 回收输出能量应计净热量，扣除厂内的系统管线散热。

表 8-18　企业(厂)输出能量汇总表

序号	项目	流量/(t/h)	温度/℃	压力/MPa	能量/kW	单位能量/(MJ/t)	备　注
合计							

8.3.2.2 全厂能量平衡的汇总计算

装置和系统的能量平衡结果可按表 8-19 汇总，内容及计算说明如下。

1. 总供入能E_P

石油化工厂中的公用工程单元作为能量转换的一个环节，供出能量的使用范围往往超过能量平衡体系，如向邻近企业供出的电、水、汽等。有时则直接向外供出燃料，对于这种情况，则把厂内的公用工程系统完整地作为一个转换环节，而把供出能量看作转换环节供出能量。由此而带来的工作是除核实供出能的数量外，还要确定供出能的折算指标，分担部分转换环节的效率损失，使供用双方在经济上和能耗上均得到公正的裨益。

总供入能E_P由以下六项构成：

(1) 锅炉燃料E_{PB}(表 8-17)　锅炉供汽，在全厂体现为锅炉燃料消耗(不再由各装置用汽汇总)；

(2) 加热炉燃料E_{PF}　由各生产装置及系统的数据加和得到，其数据应符合全厂燃料平衡；

(3) 催化裂化烧焦E_{PG}　由该装置数据汇总；

(4) 购入蒸汽　从电厂购入的蒸汽，应按蒸汽参数计算进入能量平衡，如以供入汽的供方厂区计算时，在统计全厂管网损失时，须加上进厂前的这一段管网损失；

(5) 购入电　由表 8-8 汇总，对于购入水的，亦应按实际折电计算；

(6) 内部循环供入能E_{PR}　各装置工艺物流热量(预热炉用空气、锅炉给水、热渣油大于规定温度部分的显热)、工艺物流发生蒸汽进入透平作动力蒸汽等，均属于回收利用的能量，但不直接进入工艺利用环节(故不计入，循环进入能量转换环节)。为了清楚表示而又不使模式过于复杂，认为这部分能量既是E_{PH}的一部分，又是回收输出E_E的一部分，各工艺装置中已如此处理。做全厂平衡时，只需由各装置数据乘以相应的折算系数累加求和即可。

2. 转换输出能

石油化工厂向能量平衡体系以外输出的能量，大多是从转换环节和公用工程单元供出的，称为转换输出能，一般为水、电、汽、热四项。而水可由水的耗电指标转化为电，因此可归结为汽、电、热三项。

输出汽E_{BS}为锅炉蒸汽和背压汽两类。

输出热E_{BH}为利用本厂工业炉的剩余负荷向体系以外的工厂、科研单位提供热能等。

在能量平衡中，均以当量热值进行，不折一次能源，即以实际参数下的焓值或能量计算。可由本章的电、水及蒸汽平衡表中数据汇总。

3. 净供入能

净供入能为 E_P-E_B，包括了转换的效率损失。

4. 直接损失

包括下列几项：

(1) 转换物流排弃能E_{WX}：为各装置及单元、锅炉(废锅)、加热炉(再生器)排烟、排污以及不完全燃烧损失之和，由表 8-16 汇总。

(2) 散热排弃能E_{JD}：由各装置及单元的转换环节散热加和，并加上全厂蒸汽管网的散热损失，亦由表 8-16 汇总。

（3）动力转换损失E_{WP}：由各装置及单元的无效动力加上全厂转换损失计算，由表 8-16 汇总。但在供水（新鲜水和循环水）和供风单元中的无效动力，大部分已计入装置和单元中，只有少数未计入，注意不要重复计。只计算自用的损失等未计入装置水量和风量的无效动力。

表 8-19 全厂能量平衡汇总表

项目	名称	符号	单位	数量	能量/kW	单位能量/(MJ/t)	备注
供入能	锅炉燃料	E_{PB}					
	加热炉燃料	E_{PF}					
	焦炭	E_{PG}					
	购入蒸汽	E_{PS}					
	购入电	E_{PE}					
	自备电站燃料	E_{PBF}					
	内部循环能	E_{PH}					
	反应放热	E_{RE}					
	合计	E_P					
转换输出	输出蒸汽	E_{BS}					
	输出热	E_{BH}					
	输出电	E_{BE}					
	合计	E_B					
净供入能		E_P-E_B					
损失能	转换排弃	E_{WX}					
	转换散热	E_{WD}					
	无效动力损失	E_{WP}					
	合计	E_W					
非工艺流体有效动力		E_{UO}					
有效利用能		E_U					
利用环节散热		E_{UD}					
换热回收循环		E_{RH}					
物流回收循环		E_{RM}					
反应放热		E_{RE}					
工艺总用能		E_N					
热力学能耗	产品和原料物理能差	E_{TT}					
	反应热	E_{TR}					
	合计	E_T					
待回收能		E_O					
回收输出能		E_E					

续表

项目	名称	符号	单位	数量	能量/kW	单位能量/(MJ/t)	备注
回收循环能		E_R					
排弃能	冷却排弃能	E_{JC}					
	散热排弃能	E_{JD}					
	物流排弃能	E_{JM}					
	其他排弃能	E_{JO}					
	合计	E_J					
不平衡项		E_{IB}					
评价指标	企业测试一次能耗	E_C					
	能量转换效率/%	η_U					
	能量回收效率/%	η_R					
	企业能源利用率/%	η					

5. 非工艺流体的有效动力 E_{UO}

指在转换环节是有效的，但在平衡中未进入工艺使用环节、直接进入回收环节的水、风等有效动力。供水、供风系统的有效动力均属此项。

6. 有效利用能 E_U

指由转换环节提供进入能量工艺使用环节的能量，可由转换环节平衡求出：

$$E_U = E_P - E_B - E_W - E_{UO} \tag{8-8}$$

7. 工艺总用能E_N

指企业生产过程中工艺能量使用环节的设备使用的能量总数，其大小直接与企业能耗相关。在回收循环能一定时，E_N大，企业的能耗就高，反之亦然。工艺总用能E_N一般由三部分组成：有效供能E_U、回收循环能E_R，在不计原料化学能的用能分析体系，尚包括化学过程的反应热 E_{RE}。

$$E_N = E_U + E_R + E_{RE} \tag{8-9}$$

并按式(8-10)校核：

$$E_N = \sum (E_{Ni})\delta_i \tag{8-10}$$

由于空压站、供水系统提供的有效动力，不进入工艺能量使用环节，不属于工艺总用能，故无此项校正。两者结果是一致的，否则应予以检查修正。

8. 热力学能耗E_T

指出厂产品(中间产品)与进厂原料(中间产品)的总能量之差，包括化学能和物理能。对于已知组成且从手册可查到基准温度下反应热数据，可直接计算基准反应热和物理能差，求得热力学能耗。一般情况下，在不计原料、过程物流和产品化学能的用能分析体系中，产品的化学能差是通过反应热的大小来体现的。计算方法如第 5 章所述。

$$E_T = E_{TR} + E_{TT} \tag{8-11}$$

式中，E_{TR}为各装置的基准温度反应热的代数和(吸热为正，放热为负)，

$$E_{TR} = \sum (E_{TR})_i \delta_i$$

E_{TT}为全部出厂产品(包括自用燃料加工损失)和进厂所有原料的物理能差。计算方法同生产装置，亦可由表 8-14 汇总。对于炼油行业，烧热重油时，大于规定温度的计为输出热。产品能仅为基准温度至规定温度间的能量。

热力学能耗是不考虑具体过程的理论最小能耗。

9. 工艺能量使用环节散热E_{UD}

指在工艺设备中散失到环境中的能量，工艺设备散热将使待回收能减少，使用环节散热，已汇总于表 8-16。

10. 待回收能

指工艺总用能中，除转化到产品中去的热力学能耗及工艺设备散热外，进入到回收环节中待回收的部分，可由环节平衡求出。

$$E_O = E_N - E_T - E_{UD} - E_{RE} \tag{8-12}$$

11. 回收输出能

指从待回收能中回收用于体系工艺能量使用环节以外的有效利用的能量。包括两部分：一是输出到能量平衡体系以外的有效能量；二是从待回收能中回收又循环用于体系转换环节设备的能量。计入回收输出，相应地供入方亦计入E_{PR}，这是出于简化用能分析模型的考虑，带有一定的任意性。回收输出能可由表 8-18 汇总。

12. 回收循环能E_R

对于全厂，回收循环能包括两部分，即各生产装置及辅助单元的待回收能中回收供入该装置(单元)利用环节的能量和装置间输出热，供体系内系统及其他装置使用的均属体系内的循环回收能。但各装置中回收输出热量包含的向体系外和转换环节设备输出的能量应予扣除。回收循环能可由式(8-13)汇总计算：

$$E_R = \sum \delta_i (E_{Ri} + E_{Ei}) - E_E \tag{8-13}$$

式中 E_E——体系回收输出能；

E_{Ri}——装置或单元的循环回收能；

E_{Ei}——装置或单元的回收输出能。

对于公用工程系统均属转换环节，因而没有循环回收能的问题。

13. 排弃能E_J

亦指体系回收能中未能回收而排弃到环境中的能量。即待回收能中除E_R和E_E外均为排弃能。此外，非工艺流体的有效动力未经能量使用环节，而直接进入回收环节，最终以其他排弃能形式损失于环境。可由式(8-14)计算：

$$E_J = E_O - E_R - E_E + E_{UO} \tag{8-14}$$

亦可由各装置和单元加以汇总，求出结果互为校核。属于转换环节的公用工程系统无排弃能项。排弃能以下述四种形式损失于环境：

(1) 冷却排弃能E_{JC}，由工艺装置及单元数据汇总(表 8-16)；

(2) 散热排弃能E_{JD}，由工艺装置及辅助单元数据汇总(表 8-16)；

(3) 物流排弃能E_{JM}，由工艺装置及单元数据汇总(表 8-16)；

(4) 其他排弃能E_{JO}，由工艺装置及单元数据汇总(表 8-16)。

$$E_J = E_{JC} + E_{JD} + E_{JM} + E_{JO} \tag{8-15}$$

计算出结果并与式(8-15)平衡结果互为校核。当存在允许的不平衡项时，放入E_{JO}中。

8.3.2.3 企业能量平衡的评价指标

在完成企业的能量平衡并汇总为表8-19的形式后，就可根据用能三环节模型提出企业用能的评价指标。

1. 能量转换和传输效率

$$\eta=\frac{E_U+E_{UO}+E_B}{E_P}\times 100\% \tag{8-16}$$

包括了向外供出能E_B和E_{UO}均作为有效能量，放在分子上，这样才能客观上反映该转换环节的实际水平。

2. 能量回收率

为体系内回收循环使用和输出体系外的能量与待回收能的比率。

$$\eta=\frac{E_R+E_E}{E_O+E_{UO}}\times 100\% \tag{8-17}$$

3. 企业工艺总用能

指反映企业工艺路线、操作水平的一个指标，是企业的工艺生产过程真正需要的能量的总数量(净值)，在平衡中完成计算。

4. 企业有效利用能量$E_{有效}$

指企业实际消耗的各种能源中经转换和输出进入企业的生产工艺过程中和供出到体系外的能量。对于石油化工企业，即企业能量平衡体系的有效供能。

$$E_{有效}=E_U+E_{UO}+E_B \tag{8-18}$$

5. 企业测试期的一次能耗

计算同第5章：

$$E_C=E_A+\Delta E_m+E_{IC} \tag{8-19}$$

$$\Delta E_m=\sum_{i=1}^{m}(\pm E_i\,\xi_i) \tag{8-20}$$

$$\xi_i=\frac{生产\,i\,种能源的一次能耗}{实际焓值}-1 \tag{8-21}$$

式中 E_{IC}——原料在基准温度下的化学能，不计化学能的企业，则视$E_{IC}\approx 0$；

E_i——i种能源或载能工质供入能量，见表8-19；

ξ_i——i种能源或载能工质折算系数，对于企业，一般是电和外购蒸汽两项：$\xi_{电}=2.49$，$\xi_{汽}$可由实际能耗和用汽参数确定。

E_A为企业的净能耗，指企业真正使用和损耗的能量。净能耗不包括折一次能源的修正值，是按当量热值计算的实际的消耗。计算可有两种方法。

(1) 从过程消耗角度，净能耗为转换损失能、排弃能和工艺设备散热以及进入到产品中的热力学能耗。

$$E_A=E_W+E_J+E_{UD}+E_T \tag{8-22}$$

(2) 从供入能量角度，供入能量中扣除转换供出和回收输出后的能量：

$$E_A=E_P-E_B-E_E \tag{8-23}$$

6. 企业能源利用率

企业能源利用率是指企业有效利用能量与企业综合能耗的百分比，即：

$$\eta=\frac{E_{U}+E_{B}+E_{UO}}{E_{PC}}\times100\% \tag{8-24}$$

企业综合能耗为总供入能加上折一次能源修正项：

$$E_{PC}=E_{A}+\Delta E_{m} \tag{8-25}$$

能量平衡结果也可绘制为能流图，参见图5-6，绘制方法见第5章。

参 考 文 献

[1] 石油工业部炼油厂能量消耗计算方法．石油工业部，1982，11.
[2] SH 2600—92，石油化工企业能量平衡方法[S].
[3] 华贲．工艺过程用能分析及综合[M]. 北京：烃加工出版社，1989.
[4] 陈安民．石油化工过程用能分析三环节模型的几点改进[J]. 石油化工，1990(2).

9 能耗分析及节能改进途径

摘　要　探讨分析客观条件对能源消耗的影响，有助于将不利条件转化为节能工作的有利条件，找出能源消耗增加的根本原因。

本章讨论了客观条件对能耗的影响，包括工厂规模、环境温度的影响；详细讨论了负荷率对装置能耗影响的分析与估算：①负荷率对装置能耗的影响及其估算；②从能量平衡数据估算固定能量比率；③负荷率对散热固定能耗的影响；④负荷率对电能固定能耗的影响；⑤负荷率对蒸汽固定能耗的影响；⑥负荷率对其他固定能耗的影响。

评估设备之间、设备和系统之间的能源供需匹配，工艺装置基准能耗法，能源供需梯度匹配法。然后介绍了工艺装置节能改进方法，以及从能源整体角度的大规模系统优化方法和改进方法。

关键词　环境影响；负荷率；负荷率影响；固定能耗；基准能耗；节能方法；系统优化

一个石油化工厂的用能水平受两方面因素制约：一是装置及系统设计、操作及管理水平，这是影响装置及全厂能耗的主要因素；二是企业所存在的客观条件对能耗的影响，这也是不可忽视的影响因素。讨论和分析客观条件对能耗的影响，有助于在节能工作中化不利条件为有利条件，抓住薄弱环节降低能耗。

9.1　装置规模和环境温度对能耗的影响

9.1.1　装置规模的影响

装置规模主要是影响散热单耗，其次小规模装置的机泵及设备效率较低，因而也影响到电和蒸汽能耗。

同类装置，规模越小散热单耗越大，因为小装置单位进料所对应散热表面积更大。以油品管线和分馏塔为例，假定流速相同(实际上小装置所取的设计流速往往更小些)，则单位进料的流通面积 f 相同，对大装置和小装置分别有：

$$f_1=\frac{\frac{\pi}{4}D_1^2}{V_1}\text{和}f_2=\frac{\frac{\pi}{4}D_2^2}{V_2}$$

因 $f_1=f_2$，则：

$$\sqrt{\frac{V_2}{V_1}}=\frac{D_2}{D_1} \tag{9-1}$$

式中　D_1、D_2——大、小装置管线和设备内径，m；

　　V_1、V_2——大、小装置处理能力，m^3/h。

即两者对应管线及分馏塔的直径与处理能力的平方根成正比。设大、小装置对应部位流体温度t_B相同，散热系数α_T相同，保温厚度δ相同，进料（处理能力）的散热单耗为E_0，不同规模散热单耗的比值为：

$$\frac{(E_0)_2}{(E_0)_1}=\frac{\pi(D_2+2\delta)/V_2}{\pi(D_1+2\delta)/V_1}=\frac{V_1(D_2+2\delta)}{V_2(D_1+2\delta)} \tag{9-2}$$

对设备（如分馏塔）$D\gg 2\delta$可近似取为：

$$\frac{D_2+2\delta}{D_1+2\delta}\cong\frac{D_2}{D_1}$$

对管线，当管径较小时，

$$1>\frac{D_2+2\delta}{D_1+2\delta}>\frac{D_2}{D_1}$$

将式（9-1）、式（9-2）代入，消去D_2、D_1得：

$$\frac{V_1}{V_2}>\frac{(E_0)_2}{(E_0)_1}>\sqrt{\frac{V_1}{V_2}} \tag{9-3}$$

式（9-3）可作为不同规模装置散热单耗比较的近似判别式。例如，在相同的保温水平下，60×10^4t/a催化装置的散热单耗至少是120×10^4t/a装置的1.4倍，50×10^4t/a常减压装置散热单耗至少是250×10^4t/a装置的2.23倍。

9.1.2 环境温度的影响[1,2]

环境温度随地区（北方和南方）、季节（冬、夏）不同而不同，对装置及全厂能耗均有一定的影响。环境温度直接影响设备和管线散热，从而引起保温、伴热状况的改变，导致蒸汽和燃料用量的变化。环境温度间接影响空冷风机、凉水塔风机的启用时间和工艺冷却系统的冷却效果，从而改变冷却介质用量。

环境温度对能耗的影响，除了遵从客观上的变化规律外，还与主观上的管理水平、技术措施、设备条件等有密切的关系。如某装置油品伴热管线，按其冬夏温度变化情况，需增加伴热用汽0.5t/h，但实际用汽增加2.5t/h，很大程度上是由于疏水设施不好、蒸汽系统管理不善，造成大量乏汽排掉。下边仅讨论环境温度对散热能耗的影响。

在进行散热测试和计算时，多是根据散热表面积、散热系数、设备表面温度和环境温度四个参数确定的（见第2.5节）。

$$Q_s=\alpha_T F(t_w-t_a)$$

$$\alpha_T=4.33\frac{\left(\frac{T_w}{100}\right)^4-\left(\frac{T_a}{100}\right)^4}{T_w-T_a}+1.47\ (T_w-T_a)^{1/3}+4.36\frac{W^{0.6}}{D^{0.4}}$$

从上两式难以看出散热量随环境温度变化的规律，往往会把散热量随表面温度变化估计过大。

总传热工况是由五个步骤所决定（图9-1），表面温度t_w随t_a的降低和α_T的增加而降低。为了便于理解，从总传热方程来分析Q_s随t_a的变化：

$$Q_s=KF(t_b-t_a) \tag{9-4}$$

式中，t_b为流体温度，对于有良好保温隔热层的设备（图9-2），决定总热阻K^{-1}五项局部热阻中，保温层热阻δ_i/λ_i是控制因素：

$$K^{-1}=h_i^{-1}+\gamma_i+\frac{\delta_w}{\lambda_w}+\frac{\delta_i}{\lambda_i}+h_o^{-1} \tag{9-5}$$

式中，K 为总传热系数；h_i 为流体对流传热系数；γ_i 为管内壁结垢热阻；δ_w、δ_i 分别为管壁和保温层厚度；λ_w、λ_i 分别为管壁和保温层的导热系数；h_o 为保温层外膜传热系数。典型的数据列入表 9-1。

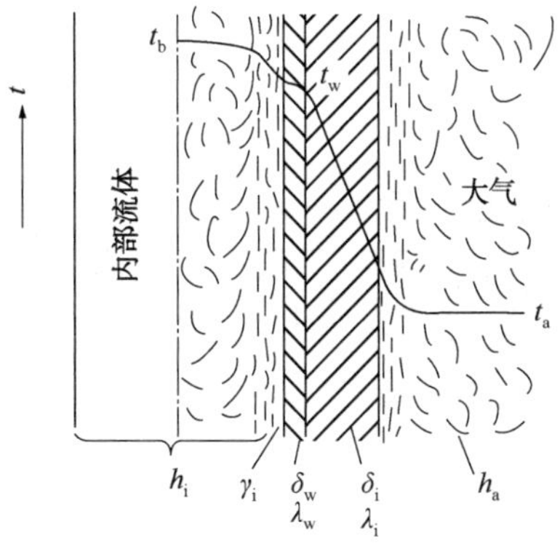

图 9-1 表面散热过程温度分布

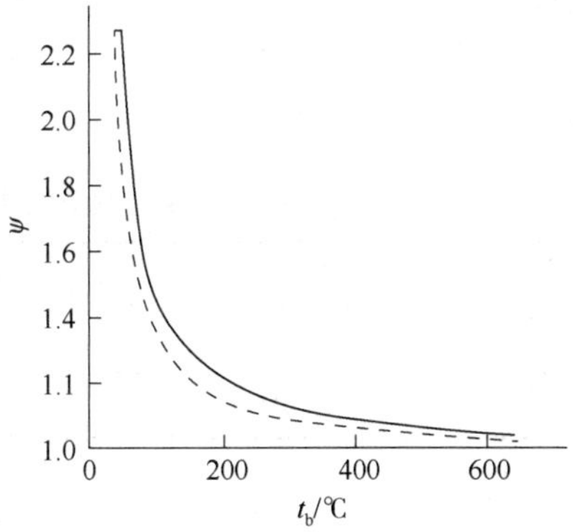

图 9-2 有保温设备的流体温度散热变化比

实线——$t_a=21℃$，$t_a'=-17℃$；虚线- - -$t_a=21℃$，$t_a'=-9℃$

表 9-1 气温对表面散热系数和总传热系数的影响

项目	有良好保温的设备(管线)表面			裸露金属表面
	催化反应油气管线	蒸汽管线	原油油罐	蒸汽管线
t_b/℃	470	250	50	250
h_i	76.4	232.6	123.8	232.6
h_i^{-1}	0.0131	0.0043	0.0081	0.0043
$\sum\frac{\delta}{\lambda}$	1.43	1.143	1	0.0015
t_w'/t_w	60/87	15/40	-13/23	248.5/249
h_o'/h_o	23.4/22.35	21.37/19.75	18.1/16.7	27.2/26.0
$(h_o')^{-1}/(h_o)^{-1}$	0.0427/0.0447	0.0468/0.0506	0.0552/0.0599	0.0368/0.0385
K'/K	0.673/0.672	0.838/0.835	0.940/0.936	24.27/23.31
K'^{-1}/K^{-1}	1.486/1.488	1.194/1.198	1.064/1.068	0.0412/0.0429
$[\sum(h_o'-h_o)/h_o]$/%	4.7	8.2	8.4	4.6
$[\sum(K'-K)/K]$/%	0.14	0.36	0.43	4.12

注：条件为暖季$t_a=21℃$，冷季$t_a'=-17℃$；平均风速：$W=3.3$m/s(夏)，3.7m/s(冬)。

由于$\sum\frac{\delta}{\lambda}=\gamma_i+\frac{\delta_w}{\lambda_w}+\frac{\delta_i}{\lambda_i}$不变，并占总热阻$K^{-1}$的绝大部分，因而随着$t_a$的降低也降低，$h_o$变化不大，$K$ 的变化更小(<0.5%)，几乎可以视为常数。因而由式(9-4)说明：散热量 Q_s 的变化仅由总传热推动力(t_b-t_a)的变化所决定。

显然，影响Q_s变化的主要参数是流体温度t_b。t_b越高的设备，t_a降低使总传热推动力变化的幅度越小，Q_s增加散热变化比率ψ就越小，若以右上角注′表示冷季工况，则：

$$\psi=\frac{Q'_s}{Q_s}=\frac{t_b-t'_a}{t_b-t_a}=1+\frac{t_a-t'_a}{t_b-t_a} \tag{9-6}$$

式中，Q'_s，Q_s分别为对应环境温度t'_a和t_a下的散热量；ψ为不同环境温度散热量的比值。由式(9-6)可见，t_b对ψ影响甚大，t_b越高，ψ越接近于1，即环境温度越高对散热的影响越小。这种情形，也反映在图9-2中，并得到了现场数据的证实(表9-2)。不同t_b、t_a及t'_a条件下的ψ值可由式(9-6)计算或由算图9-3查取。

表9-2　有保温设备的流体温度对散热变化比的影响

设备名称	加热炉	蒸汽管线	油品管线	原油罐
t_b/℃	460	250	130	50
ψ	1.07	1.17	1.35	2.31

注：条件同表9-1。

至于没有保温的裸露设备表面，因为散热的控制热阻是h_o^{-1}，K随h_o变化比有保温的表面K值大(表9-1)，ψ值也更大。可见裸露表面保温对寒冷地区的节能效果比对温暖地区更好，特别是对t_b低的设备。例如罐顶保温的技术经济核算表明，年均储存温差$(t_b-t_a)\geq 30$℃的油罐，罐顶加保温层，投资回收期在3年以内。以$10^4 m^3$拱顶油罐为例，无保温层的罐顶虽仅占散热面积的30%，但散热量却占57%(罐壁面积占40%，散热仅占34%，另9%散热在罐底)。

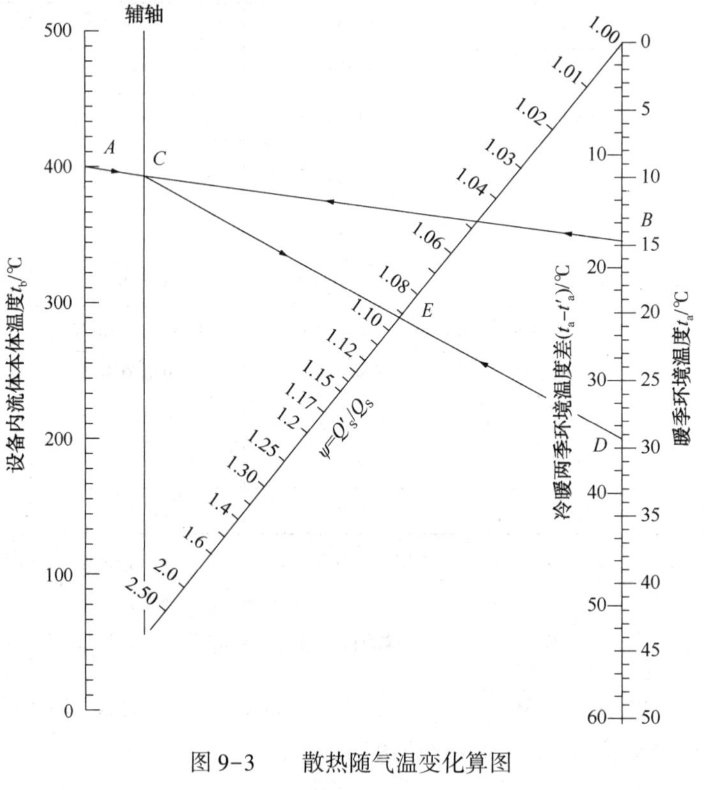

图9-3　散热随气温变化算图

【例】 已知$t_b=400℃$，$t_a=15℃$，$t'_a=-20℃$，求ψ？

解：AB线，交于辅轴C点，连CD线，交于ψ轴E点，读得$\psi=1.091$。

9.2 负荷率对装置能耗影响分析和估算[3]

由于种种因素，工艺装置的加工量同装置的加工能力常常是不一致的。这种情况对装置的用能情况和实际能耗有相当大的影响。分析和估算这种影响的规律对工艺装置的设计和运行管理中的合理用能有非常现实的意义。

9.2.1 负荷率对装置能耗影响及其估算

负荷率即工艺装置的进料量或实际负荷F'(t/h)与加工能力(原设计或改造设计的负荷F)的比值，$L=F'/F$。其变化通过许多方面的因素影响装置能耗[4]。Amoco公司最早提出用“固定能耗”分率的方法来归纳。固定能耗是指按单位时间内耗能量(MJ/h)来计算，不随进料量改变而变化的那一部分能耗。例如，一定温度、一定表面积的管线散热损失，不随管内流体流量的降低而减少。相对而言，另一种随负荷率降低而按比例减少的，就称为“可变能耗”。例如，蒸汽加热器耗汽量，在被加热介质进出口温度的工艺条件确定时，也按比例减少。

但是，若按单位进料的耗能量来表示，固定能耗E_{CF}(MJ/t进料)显然随进料量的减少(负荷率降低)而成反比地增加，但可变能耗E_{CV}(MJ/t)在进料量变化时却保持不变。因此，若设在设计负荷下以单位进料量表示的总能耗E_C由固定能耗E_{CF}和可变能耗E_{CV}这两部分构成，即：

$$E_C=E_{CF}+E_{CV} \tag{9-7}$$

设固定能耗分率为：

$$\vartheta=E_{CF}/E_C \tag{9-8}$$

则装置负荷率为L时，装置总能耗E'_C为：

$$E'_C=E'_{CF}+E_{CV}=\frac{E_{CF}}{L}+E_{CV} \tag{9-9}$$

将式(9-7)、式(9-8)代入式(9-9)，化简得到总能耗与负荷率的关系式：

$$E'_C=E_C\left[1+\vartheta\left(\frac{1}{L}-1\right)\right] \tag{9-10}$$

用式(9-10)求E'_C的唯一条件是知道固定能耗分率ϑ。Amoco公司曾给出了若干炼油装置的ϑ数据[5]：原油蒸馏装置15%，催化裂化装置35%，烷基化装置63%，焦化装置63%等。但实际上，任一同类装置(如常减压重整)在不同规模、不同流程、不同设计水平下，ϑ并不一样。已建成的同一装置，在经过节能改造前后，也会有变化[6]。

随着节能的深入，还出现了一种新的情况，即在设计或节能改造中作出适当安排，使在一定低负荷运行时，可停掉并联设备中的一台或几台，从而使某种固定能耗相应减少，这时式(9-8)将取新的形式。设停运部分设备后，相应减少的能耗为E_{CS}，此时固定能耗分率ϑ^*：

$$\vartheta^*=\frac{E_{CF}^*}{E_C^*}=\frac{E_{CF}-E_{CS}}{E_C-E_{CS}} \tag{9-11}$$

显然，

$$E_C^*=E_C-E_{CS}=E_{CF}-E_{CS}+E_{CV}=E'^*_{CF}+E_{CV} \tag{9-12}$$

$$E'^*_C=E'^*_{CF}/L+E_{CV} \tag{9-13}$$

将式(9-11)、式(9-12)代入式(9-13)，有：

$$E_C'^{*}=E_C^{*}\left[1+\vartheta^{*}\left(\frac{1}{L}-1\right)\right] \tag{9-14}$$

显然式(9-14)与式(9-10)具有相同的形式，不过E_C^*、ϑ^*两参数分别按式(9-12)和式(9-11)计算而已。若无任何设备停运，式(9-14)也就转化为式(9-10)了。为使用方便，略去上角标*，取同一形式。实用中，有停运设备时用式(9-12)、式(9-11)，若无则用式(9-7)、式(9-8)。

以上各式中：

E_C'——实际负荷运行装置能耗，MJ/t；

E_C——设计负荷下装置能耗，MJ/t；

E_{CF}——设计负荷下装置固定能耗，MJ/t；

L——装置运行负荷率；

ϑ——设计负荷下固定能耗分率；

ϑ^*——有停运设备时固定能耗分率；

E_{CS}——实际负荷下停运部分设备后相应减少的固定能耗，MJ/t；

E_{CF}^*——设计负荷下有停运设备时的固定能耗，MJ/t；

E_C^*——设计负荷下停运一些设备时的装置能耗，MJ/t；

$E_C'^{*}$——实际负荷下停运一些设备时的装置能耗，MJ/t。

9.2.2 由能量平衡数据估算 ϑ

工艺装置进行能量平衡分析后，可由能量平衡数据求ϑ。

求ϑ的关键在于区分出能耗E_C中的“固定”部分E_{CF}。但问题在于能耗E_C中的若干组成部分并不简单地、非此即彼地划分为E_{CV}或E_{CF}。因此，需要通过分析，把固定能耗按散热、蒸汽、电和其他分为四大类，然后逐一剖析，肯定其中属于固定能耗部分，然后把不完全属于固定能耗的部分变换成具有“固定能耗”性质的项❶。整理结果所得固定能耗分率计算式：

$$\vartheta=(E_{FD}+\xi_s E_{FS}+\xi_E E_{FE}+E_{FO}-E_{CS})/(E_C-E_{CS}) \tag{9-15}$$

式中 E_{FD}——散热固定能耗，MJ/t；

E_{FS}——蒸汽固定能耗，MJ/t；

E_{FE}——电固定能耗，MJ/t；

E_{FO}——其他固定能耗，MJ/t；

ξ_s——蒸汽的一次能源折算系数，对于不同来源的蒸汽，可取其加权平均值，即：

$$\xi_s=\frac{\text{加权平均一次能耗}}{\text{蒸汽加权平均焓值}};$$

ξ_E——电一次能源折算系数，对于外供电取$\xi_E=3.49$，对自发和外供电兼有的取加权平均值：

---

❶ 按固定能耗E_{CF}的定义，当在负荷率L下运行时的固定能耗为$E_{CF}'=E_{CF}/L$，由此可得：

$$\Delta E_{CF}=E_{CF}'-E_{CF}=E_{CF}(1/L-1)$$

因此，凡是符合此关系式的能耗子项，便可认为具有高度能耗性质。

$$\xi_E=\frac{\text{加权平均一次能耗}\times 4.1868\text{kJ}/(\text{kW}\cdot\text{h})}{860}$$

E_{CS}——停运设备后相应减少的能耗，MJ/t（若低负荷时无停运设备，则$E_{CS}=0$）。

$$E_{CS}=E_{CSD}+E_{CSE}+E_{CSS} \tag{9-16}$$

式中 E_{CSD}——停运设备散热能耗，MJ/t；

E_{CSE}——停运设备电耗，MJ/t；

E_{CSS}——停运设备蒸汽能耗，MJ/t。

下面在分别分析负荷率对式(9-15)中四种固定能耗影响规律的基础上，引出四者的估算公式。

9.2.3 负荷率对散热固定能耗的影响

在利用和回收环节中各种管线和塔器、反应器、换热器散热以及催化裂化再生器等设备散热均属于固定能耗，但某些设备如加热炉的散热，则不完全属于固定能耗。因为当负荷率降低时，燃料量减少，炉膛内的烟气温度将发生变化。工艺核算表明：加热炉热负荷降低时，辐射段出口烟气温度t_p通常降低；在相同条件下，计算数据归纳表明，辐射段出口烟气温度t_p约与加热炉负荷率 L 的 0.22 次方成正比。如粗略地以t_p代表整个加热炉内部烟气的平均温度，可近似处理成：加热炉散热 75%是固定能耗，25%为可变能耗。

若装置在负荷率低到一定程度时可以停掉并联设备中的一台，则停运设备原来的散热单耗E_{CSD}计入式(9-16)中，不在此体现。如双炉双焦炭塔的焦化装置停一炉一塔时便属于此情形。

因此，可得以加热炉供热为主的散热固定能耗计算式为：

$$E_{FD}=E_{WD}+E_{JD}/\eta'+0.25E_{WDF} \tag{9-17}$$

式中 E_{WD}——转换环节散热，MJ/t（由装置能耗平衡数据可得）；

E_{JD}——能量利用和回收环节散热，MJ/t；

E_{WDF}——加热炉散热，MJ/t。

能量利用环节和能量回收环节增加的散热基本上最终要由增加炉子供热来补充，而低负荷运行时的炉子效率为 η'，所以相应地，燃料增加，但炉子本身增加的散热则大体上可由增加等量燃料来补偿。

对于无加热炉，以蒸汽供热为主的装置，如气体分馏、脱硫等，则有：

$$E_{FD}=\xi_s(E_{WD}+E_{JD}) \tag{9-18}$$

对于炉、汽供热兼有的装置，可按上述方法具体分析处理。

9.2.4 负荷率对电固定能耗的影响

装置用电能耗大体包括以下三个部分。

9.2.4.1 电脱盐、照明、空冷风机耗电E_{EL}

电脱盐耗电由油品的导电率、操作电压和电流所决定，与脱盐罐的负荷率无关。一般空冷风机耗电，降低负荷运行时，除可以减少并联运行的台数外，可视作固定能耗。对于自动调角的空冷风机，与负荷率关系较复杂，影响因素亦较多，需具体分析处理。

9.2.4.2 冷却水折电E_{EW}

低负荷运行时，换热深度和换热终温可能略有变化，但一般情况变化不会很大，因此产品冷却负荷的单位量，应不随进料量降低而改变。但回流特别是塔顶回流的冷凝冷却负荷，常因保证塔的良好流体力学状况的需要而相对增加。

此外，冷却负荷的变化并不能与冷却水量变化等同。因为冷却水实际用量取决于冷却器出口、入口阀门开度，只有在配合负荷率降低及时进行合理的操作调整时，两者才有可能是一致的。

因此，对冷却水折电，一般地，回流冷凝冷却用水，属于固定能耗；用汽(如减顶抽空器、凝汽透平排汽等)的冷凝冷却用水，以及机泵冷却水折电可以认为是固定能耗。但设计良好的塔，在一定低负荷范围内的回流冷却和切实操作调整保证出装置产品等的冷却器耗水折电E_{CEW}，属于可变能耗，应从E_{EW}中扣除。

9.2.4.3 机泵耗电

(1) 非调速电机驱动的离心泵

按离心泵的特性曲线，当流量降低时，管路的阻力减小，而泵的压头增加，所增加的压头消耗在阀门节流上，泵轴功率则略有降低，但不与流量降低成正比；效率一般也将下降。泵单位流量轴功率$n_S=N_S/G$将会增加，即：

$$\Delta n_S=n_S'-n_S=\frac{N_S'}{G'}-N_S/G \tag{9-19}$$

式中 n_S，n_S'——负荷率变化前后泵的单位流量轴功率，kW/(t/h)；

N_S，N_S'——负荷率变化前后泵的轴功率，kW；

G，G'——负荷率变化前后泵的流量，t/h；

Δn_S——负荷率变化前后单位流量轴功率增量，kW/(t/h)。

可以证明，转速不变时$\Delta n_S>0$。

令$\varphi=N_S'/N_S$，并将$G'/G=L$代入式(9-19)则变为：

$$\Delta n_S=n_S\left(\frac{\varphi}{L}-1\right) \tag{9-20}$$

φ由离心泵的性能和负荷率L所决定，通过归纳现有离心泵样本中的轴功率随流量的变化关系近似可得：$\varphi\approx L^{0.47}$，因此有：

$$\Delta n_S=n_S\left(\frac{1}{L^{0.53}}-1\right) \tag{9-21}$$

可进一步近似归纳整理为：

$$\Delta n_S=0.48\,n_S\left(\frac{1}{L}-1\right) \tag{9-22}$$

即，一般地说离心泵电能消耗中大约有48%属于固定能耗。

故对全装置，单位进料的非调速电机驱动离心泵电固定能耗为：

$$E_{FEP}=0.48\,E_{EP} \tag{9-23}$$

式中 E_{EP}——设计负荷下装置单位进料非调速离心泵电耗，由能量平衡数据可得，MJ/t。

(2) 非调速电机驱动的离心式压缩机

离心式压缩机可采用排、吸气管阀门节流和反飞动循环两种方法调节输出流量。当负荷率降低，操作还离喘振点较远时，采用节流调节，功率变化E_{EP}与负荷率L的0.52次方成正比。

同理，可整理为式(9-24)：

$$\Delta n_S=0.45\,n_S\left(\frac{1}{L}-1\right) \tag{9-24}$$

式中，Δn_S，n_S意义同式(9-22)，但这里指离心压缩机。

故对全装置，单位进料的非调速离心压缩机电固定能耗为：

$$E_{FEC}=0.45\,E_{EC} \tag{9-25}$$

式中　E_{EC}——设计负荷下单位进料非调速离心压缩机电耗，MJ/t。

若正常操作的工况已离喘振点不远时，负荷率降低要靠增加反飞动循环量来调节，则单位轴功率的变化可完全视为固定能耗。

(3) 调速电机驱动的离心泵

离心泵转速的变化比 α 与流量、压头和功率的关系为：

$$\frac{G'}{G}=\frac{r'}{r}=\alpha,\quad \frac{H'}{H}=\alpha^2,\quad \frac{N'}{N}=\alpha^3 \tag{9-26}$$

式中　G，G'——负荷率变化前后泵的流量，t/h；

H，H'——负荷率变化前后泵的扬程，m 液柱；

N，N'——负荷率变化前后泵的轴功率，kW。

调速电机的应用条件是不仅流量变化大而频繁，而且系统流动阻力在总压力中占的比例较大，即在方程 $H=\Delta Z+\frac{\Delta p}{\gamma}+\sum\Delta h$ 中，γ 为流体密度，kg/m^3；$\sum\Delta h$ 为总摩擦阻力损失，m 液柱；位头差 ΔZ 和静压差 Δp 相对较小，而$\sum\Delta h/H$ 比较大。因为只有在这种情况下流动系统的压头变化特性才与变速下离心泵特性相符，即：

$$\frac{G'}{G}=L,\quad \frac{H'}{H}=\frac{(\sum\Delta h)'}{\sum\Delta h}=L^2,\quad \frac{N'}{N}=L^3 \tag{9-27}$$

在满足这一条件的前提下，泵的效率大体上不随 α 降低而降低(图 9-4)。

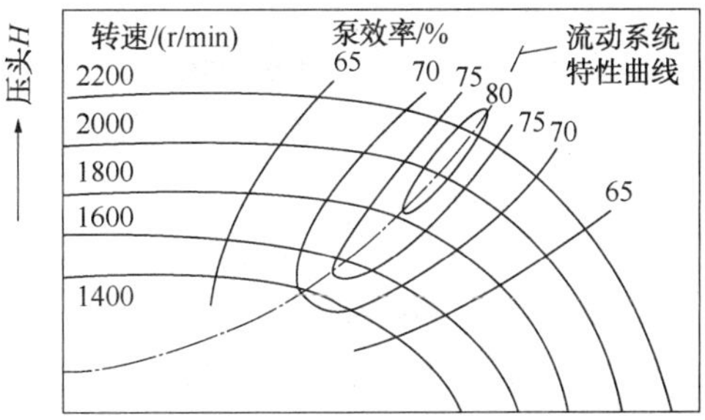

图 9-4　调速离心泵系统特性曲线

将式(9-27)代入式(9-19)，可得泵的单位流量的轴功率变化Δn_S：

$$\Delta n_S=n_S(L^2-1) \tag{9-28}$$

根据 $\Delta E_{CF}=E'_{CF}-E_{CF}=E_{CF}\left(\frac{1}{L}-1\right)$整理为具有固定能耗性质的项，可得：

$$E_{FEA}=-E_{EA}L(L+1),\ L<1 \tag{9-29}$$

式中　E_{EA}——设计负荷下装置单位进料调速电机驱动的离心泵电耗，MJ/t；

E_{FEA}——装置单位进料调速电机驱动的离心泵电固定能耗，MJ/t。

“负的固定能耗”的含义由式(9-29)可以看出，当在负荷率 $L<1$ 下运行时，该项单位能耗比在设计负荷时还要低。这是调速电机用于离心泵的重要优点。

(4) 往复泵和往复压缩机

往复泵活塞往复一次的排量、扬程均为定值，负荷率降低时，流量调节须借助旁路回流或活塞运动频率来实现，对于非调速电机驱动情况只能用前者，故其电耗属于固定能耗。

一般电机驱动往复压缩机流量调节虽然有多种方式，但最常用的也是旁路回流的方法，故其电耗E_{ER}亦属于固定能耗。

调速电机驱动的往复机泵，可认为是可变能耗。

此外正常负荷下有几台机(泵)并联运行，低负荷下可停运其中的一台或多台，此时停运设备的原电耗E_{CSE}，则亦统一计入E_{CS}项，不在此体现。

综合上述因素，可得装置用电固定能耗E_{FE}：

$$E_{FE}=E_{EL}+(E_{EW}-E_{CEW})+0.48\ E_{EP}+0.45\ E_{EC}-E_{EA}L(L+1)+E_{ER} \tag{9-30}$$

各项均指设计负荷下的用电能耗。

式中 E_{EL}——照明、电脱盐、电精制、空冷风机及其他电固定能耗，MJ/t；

E_{EW}——冷却水电耗，MJ/t；

E_{CEW}——冷却水电耗中的可变能耗部分，MJ/t；

E_{EP}——非调速电机驱动离心泵电耗，MJ/t；

E_{EC}——非调速电机驱动离心压缩机电耗，MJ/t；

E_{ER}——一般电机驱动的往复机泵电耗，MJ/t；

E_{EA}——调速电机驱动的离心泵电耗，MJ/t。

9.2.5 负荷率对蒸汽固定能耗的影响

工艺装置使用的蒸汽可归纳为以下八种用途，与负荷率的关系各异。

1. 汽提蒸汽和再沸器加热用蒸汽E_{ST}

(1) 分馏塔汽提蒸汽可能有两种情况：

① 原设计汽提段阀孔动能因数或填料段内空塔线速较高，并已考虑到一定范围的低负荷下运行时，按比例降低吹汽量，仍能保证汽提效果。那么，在此一定范围的低负荷下可以看作可变能耗。

② 原设计动能因数或线速已不高，低负荷运行时，如减少吹汽将会导致塔板泄漏，无法保证汽提效果及产品质量，因此吹汽属于固定能耗。催化裂化反应器沉降段、汽提蒸汽情况大体与此类似。

也可能存在介于两者之间的情形，应按实际情况确定吹汽能耗中固定能耗的比例。

(2) 再沸器加热蒸汽

在进料条件一定，再沸器加热蒸汽主要取决于塔上部的回流比。对设计良好、操作弹性较大的塔，在一定变化范围内负荷率降低时，回流比可保持不变，故回流量减少。此时，再沸器加热蒸汽也按比例减少，属可变能耗。若负荷率低过规定范围，或原本设计点已在可操作区的下限附近，为保证分离产品的收率和质量要求，必须靠加大回流比来改善因低负荷而导致塔板水力学状况的恶化，那么，再沸器加热蒸汽基本上属固定能耗。这里，根据实际情况判断。

再沸器加热蒸汽供热装置的散热固定能耗，已计入E_{FD}项，见式(9-18)，这里不再重复考虑。

2. 工艺流体加热用汽

进入装置的原料或中间产品的加热蒸汽用量由加热负荷即进料量决定，因而属于可变能耗。

3. 雾化蒸汽E_{SM}

对于装有多个新型火嘴的炉子，当负荷率降低时停运部分火嘴减少的雾化蒸汽用量按停运部分设备处理计入式(9-16)E_{CS}项中。而对于装有大型火嘴的炉子，负荷率降低，炉子燃料油减少后使火嘴前油压有所降低，雾化质量变差，如按比例减少雾化用汽，将使雾化效果更差(即使装有比例调节设施的炉子，也需根据具体情况权衡利弊，决定弃取)。因此，一般认为雾化用汽属固定能耗。

4. 作为反应物参与完成反应过程用的蒸汽

如烃类蒸汽转化制氢过程，水蒸气作为反应物参加反应，蒸汽/油的比值不变，当负荷率降低时，一般烃类转化量减少，蒸汽用量也减少，属于可变能耗。

5. 吹扫、事故、消防用汽

这些用汽的特点是间断性且与负荷率无直接关系，属于固定能耗。

6. 伴热、采暖用汽

伴热、采暖用汽仅与当时当地的气候、环境有关，与负荷率无关，为固定能耗。

7. 惰性介质及保护用汽

炼厂许多化学反应过程是需要阻抑的，蒸汽起到抑制反应、保护设备的惰性介质的作用，如催化裂化反应器安全阀防焦蒸汽、再生器的稀相注汽等都属于这一类，与负荷率无关，属于固定能耗。

减压炉炉管注汽、催化裂化提升管预提升蒸汽，其目的在于降低油汽分压、增加流速、缩短停留时间，低负荷运行时，因设备尺寸一定，用汽量不能降低，所以也是固定能耗。

8. 作为动力使用的蒸汽

(1) 蒸汽往复泵

蒸汽往复泵多采用蒸汽入口阀节流来调节泵的往复次数，以达到调节流量的目的。汽耗随排量降低而下降，此时，泵用汽的热力学效率降低，可粗略地认为是可变能耗。

(2) 凝汽透平用汽

凝汽透平转速的可调范围大，当负荷降低采用转速调节时，离心压缩机的喘振点也随之变化，可扩大操作范围，但压比降低。如继续调转速，提供的压力将不能满足工艺需要，因此在转速调节后须采用节流方法调节流量。当节流调节到接近喘振点时，就要采用反喘振循环调节。在这三种调节方法范围内能耗随负荷率变化也不相同。

设透平驱动压缩机可调速负荷率低限为L_1，靠近喘振点的负荷率低限为L_0，则透平驱动的离心压缩机操作的三种工况如下：

① 在可用转速调节的范围内($L>L_1$)，类同式(9-29)，固定能耗：

$$E_{FSA}=-E_{SA}L(L+1),\ L>L_1 \tag{9-31}$$

② 超出可调速范围，须用节流调节，$L_1>L>L_0$，固定能耗：

$$E_{FSA}=\frac{E_{SA}}{1-L}(0.45\,L_1^3+0.55L\,L_1^2-L),\ L_1>L>L_0 \tag{9-32}$$

(对离心泵，括号内前系数分别为0.48和0.52)

③ 当操作工况已接近喘振点或以下，即$L\leqslant L_0$。要采用反喘振循环调节时，固定能耗：

$$E_{FSA}=\frac{E_{SA}}{1-L}(0.45\,L_1^3+0.55\,L_0L_1^2-L),\ L\leqslant L_0 \tag{9-33}$$

式(9-32)与式(9-33)唯一不同的就是括号内第二项中的L，在式(9-33)中变成了L_0。

实用中计算E_{FSA}时，根据L与L_1、L_0的关系，分别选用三式之一即可。

以上各式中：

E_{FSA}——设计负荷下装置凝汽透平驱动的离心压缩机(泵)固定能耗，MJ/t；

E_{SA}——设计负荷下装置凝汽透平驱动的离心压缩机(泵)能耗，MJ/t。

对于实际负荷率大于近喘振点的负荷率低限，没有或不能用转速调节时，使用节流方法调节，同一般电机驱动的离心式压缩机耗电，参见式(9-24)。

(3) 减压塔顶抽空器用汽E_{SJ}

抽空器用汽量(恒定)，基本上属于固定能耗，负荷率降低时，减压塔不凝汽量会减少(但不会成比例减少，因为温度、压力条件不变，在高温区如炉管、塔底等部位停留时间延长)。当考虑到这一点，可采用几组并联抽空器，在负荷率低于一定值时，可停开一组，停运的汽耗计入式(9-16)中E_{CSS}项，不在此体现。

因此，由上述分析，蒸汽固定能耗E_{FS}可由有关各项加总求得：

$$E_{FS}=E_{FST}+E_{SM}+E_{SO}+E_{FSA}+E_{SJ} \tag{9-34}$$

式中 E_{FST}——汽提和再沸器用汽固定能耗，MJ/t(按本文所述具体情况估算E_{FST}在E_{ST}中的分率)；

E_{SM}——雾化用蒸汽能耗，MJ/t；

E_{SO}——吹扫、伴热、采暖、保护等用汽能耗，MJ/t；

E_{FSA}——凝汽透平用汽固定能耗，MJ/t(根据L与L_1、L_0的不同关系估算)；

E_{SJ}——抽空器蒸汽单耗，MJ/t。

9.2.6 其他固定能耗

在石油化工厂的生产装置中，往往还有其他特定的用能项目具有固定能耗的性质，亦可按实际情况计算，并列入“其他固定能耗”项中。

1. 再沸器热载体等供热固定能耗

用热载体或其他工艺物流作为热源的各种塔的再沸器的热负荷，同上述蒸汽供热一样。在低负荷运行，而又要求增加回流比来改善塔板流体力学状况时，可看作固定能耗。

$$E_{FOH}=E_{UO}/\eta_H \tag{9-35}$$

式中 E_{FOH}——再沸器供热固定能耗，MJ/t；

E_{UO}——再沸器供热固定能耗热负荷，MJ/t；

η_H——再沸器热源转换效率，对来自外部物流，$\eta_H=1$。

2. 背压透平固定能耗

由于进出背压透平的用量没有变化，排汽继续在工艺过程中得到利用，因而在蒸汽固定能耗中并不体现，但蒸汽在透平做功中产生的焓降也是事实上的能耗。负荷率变化，对这部分能耗亦有影响，其规律与凝汽透平相似，放入“其他固定能耗”项中。

$$E_{FOB}=-E_{OB}L(L+1),\ L>L_1 \tag{9-36}$$

$$E_{FOB}=\frac{E_{OB}}{1-L}(0.45\,L_1^3+0.55L\,L_1^2-L),\ L_1>L>L_0 \tag{9-37}$$

$$E_{FOB}=\frac{E_{OB}}{1-L}(0.45\,L_1^3+0.55\,L_0L_1^2-L),\ L\leqslant L_0 \tag{9-38}$$

以上各式中：

E_{FOB}——蒸汽背压透平驱动的离心压缩机(泵)固定能耗，MJ/t；

E_{OB}——设计负荷下装置背压透平焓降形成的能耗，MJ/t。

对于实际负荷率 L 大于近喘振点负荷率低限L_0时，不采用转速调节时的耗功，同一般电机驱动的离心式压缩机，亦参见式(9-24)。

因此，其他固定能耗可表达为：

$$E_{FO}=E_{FOH}+E_{FOB}+\sum(E_{FO})_i \quad (9-39)$$

式中 $(E_{FO})_i$——其他含固定能耗性质的项，MJ/t。

【例 9-1】 某炼油厂常减压装置在完成节能改造后进行了不同处理量的能耗标定。估算装置的固定能耗分率及不同负荷率下装置的能耗并与实测值比较。

1. 基础数据(设计负荷下)

见表 9-3。

表 9-3 基础数据

由能量平衡数据计算		由电平衡和泵/压缩机核查数据计算		由蒸汽生产和使用平衡数据计算	
项 目	MJ/t	项 目	MJ/t	项 目	MJ/t
能量利用和回收环节散热E_{JD}	63.01	离心泵耗电量E_{EP}	19.05	雾化用蒸汽E_{SM}	10.89
转换环节散热E_{WD}	22.48	离心压缩机耗电量E_{EC}		吹扫、伴热和采暖等用汽E_{SO}	15.49
平均炉效率 η'	84%	往复泵耗电量E_{ER}		汽提蒸汽E_{ST}	58.2
总供入电E_{PE}	31.19	空冷和炉风机，电脱盐E_{EL}	8.19	凝汽透平用汽E_{SA}	
装置能耗E_C	608.3	冷却水折电E_{EW}	4.14	抽空器用蒸汽E_{SJ}	30.56
加热炉散热E_{WDF}	22.48				

2. 计算装置固定能耗分率

(1) 散热固定能耗，对以加热炉供热为主的装置由式(9-17)得：

$$E_{FD}=E_{WD}+\frac{E_{JD}}{\eta'}+0.25E_{WDF}=22.48+\left(\frac{63.01}{0.84}\right)-0.25\times22.48$$

$$=91.87\text{MJ/t}(2.194\times10^4\text{kcal/t})$$

(2) 用电固定能耗，由式(9-30)得：

$$E_{FE}=E_{EL}+(E_{EW}-E_{CEW})+0.48\,E_{EP}+0.45\,E_{EC}-E_{EA}L(L+1)+E_{ER}$$

该装置冷却水折电大体可视为固定能耗，$E_{CEW}=0$；无离心机、往复泵及调速电机，故$E_{EC}=0$，$E_{ER}=0$，$E_{EA}=0$

$$E_{FE}=8.19+4.14+0.48\times19.05=21.474\text{MJ/t}(0.513\times10^4\text{kcal/t})$$

(3) 用汽固定能耗，由式(9-34)得：

$$E_{FS}=E_{FST}+E_{SM}+E_{SO}+E_{FSA}+E_{SJ}$$

该装置设计留有较大余地，能适应增加 20%的处理量，故汽提用汽大体可视为固定能耗。即$E_{ST}=E_{FST}$，无凝汽透平$E_{FSA}=0$，所以：

$$E_{FS}=58.20+10.89+15.49+30.56=115.14\text{MJ/t}$$

(4) 装置固定能耗分率，由式(9-15)得：

$$\vartheta=(E_{FD}+\xi_s E_{FS}+\xi_E E_{FE}+E_{FO}-E_{CS})/(E_C-E_{CS})$$

该装置蒸汽全部自产，$\xi_s=1$，无停运设备，$E_{CS}=0$，无其他固定能耗，$E_{FO}=0$，故：

$$\vartheta=\frac{91.87+115.14+3.49\times21.474}{608.3}=0.464$$

3. 不同负荷率能耗预测与标定数据比较

据装置标定数据按式(9-10)估算不同负荷率下的能耗数据，见表9-4。

表9-4　不同负荷率下能耗预测与标定值比较

标定方案		1	2	3	4
处理量/(t/d)		9737.28	8592	10412.88	11590.8
负荷率/%		100	88.2	107	119
能耗/(MJ/t)	标定	608.3	620.48*	589.12	568.15
	预测	608.3	646.06	589.83	563.23
相对误差/%		0	4.12	0.14	0.88
标定燃料单耗/(kg/t)		12.01	12.04	11.57	11.28

注：* 分析标定结果，该项燃料油测定值偏低(负荷率降低12%，燃料油消耗却大体不变)是造成预测能耗和标定能耗偏差大的主要原因。

由表9-4可以看出，确定装置固定能耗分率后就根据式(9-10)预测不同负荷率下的装置能耗，而这一预测值与标定结果是大体吻合的。表9-4中也列出高于设计负荷运行时，用式(9-10)预测单位能耗降低值，也与实测吻合。但是需要说明，预测时需要考虑扩大加工量的要求、现实设计计算方法准确度和设备系列型号选择等方面的限制，而预留设计裕量，因此该方法有一定的条件和范围，不能普遍外延应用。

9.3 用能水平及节能潜力的评估

9.3.1 应用基准能耗评价装置的用能水平[9]

近年来，随着节能工作不断深入，装置的能量平衡在炼厂和石油化工厂中已普遍展开。通过装置的能量平衡，不仅可以核准装置的能耗，搞清过程用能的来龙去脉、能量损失的部位及其大小，提出装置不同用能环节(能量转换、工艺使用、回收利用)的评价指标，在节能的工作中发挥了应有的作用。

在装置的分析和改进中，往往要借鉴分析者的经验和所积累的数据，以便在和装置的历史上所具有的先进水平以及和国内外同类装置的具体参数比较中发现潜力，给分析和改进指明方向，与此同时，炼厂一些生产装置已经制定出了基准能耗，提出了在目前的技术和经济条件下，装置通过改进和努力所能达到的能耗，因此，可作为比较的尺度和基准，在比较中发现潜力予以改进。目前制定并付诸使用的只有常减压蒸馏装置、延迟焦化装置和催化裂化装置，其他装置的工作尚在进行中。由于制定者的角度、思路各异，因此难以直接和能量平衡结果数据相对应，需经转换才能应用。本文先就常减压蒸馏装置的基准能耗的应用进行讨论。

9.3.1.1 基准能耗条件下的能量平衡结果

1. 基准能耗条件

常减压蒸馏装置以大庆原油为基准原油(相对密度 0.8595，总拔出率 62.5%)，提出了15 项基础条件(表 9-5)。

表 9-5 基准能耗规定基础条件

项目		燃料型		润滑油型(湿)	备注
		干式	湿式		
原油入装置温度/℃		40	40	40	
脱盐后原油含水/%		0.1	0.1	0.1	
原油换热温度/℃	脱前	110	110	110	
	脱后	107~300	107~300	107~300	
	初底油				
闪蒸段温度/℃	初馏塔	225	225	225	
	常压塔	355	355	355	
	减压塔	365	385	385	
闪蒸段与塔底温差/℃	初馏塔	2	2	2	
	常压塔	5	5	5	
	减压塔	2	10	10	
过汽化率/%	初馏塔	0(2)	0(2)	0(2)	
	常压塔	0(2)	0(2)	0(2)	初馏塔、常压塔的过汽化油作为产品送入下游塔
	减压塔	2	2	4	
回流热回收率/%	初馏塔	0	0	0	
	常压塔	90	90	90	
	减压塔	90	90	90	
汽提蒸汽占塔底油/%	初馏塔	0	0	0	
	常压塔	1.5	1.5	1.5	包括侧线汽提
	减压塔		4	4	
侧线平均换后终温/℃	常压塔各侧线	70	70		
	减压塔各侧线	90	90		
	减压渣油	110	110		
冷进料占有效加热负荷/%		13	13	13	
加热炉热效率/%		90	90	90	
炉子雾化用汽占燃料/%		20	20		
抽空用汽/(kg/t)		11	8		
装置用电/(MJ/t)		62.8	62.8	62.8	包括电脱盐
装置用水/(MJ/t)		9.21	10.47	13.4	

2. 基准能耗下的能量平衡结果

按照基准能耗的基础条件，确定出基准能耗的能量平衡结果，见表9-6。

表9-6 常减压蒸馏装置基准能耗的能量平衡结果

环节	项目		能量/(MJ/t)		
			燃料型(干)	燃料型(湿)	润滑油型
能量转换	总供入	炉燃料	349.8	389.8	392.7
		供入汽	0	0	0
		供入电	20.64	21	21.84
		供入热	76	73	72.97
		合计	446.44	483.8	487.51
	直接损失	排烟	30.8	34.3	34.5
		散热	7.7	8.6	8.6
		无效动力	8.1	8.1	8.1
		转换排弃	46.6	51	51.2
	有效利用		397.76	429.8	432.5
工艺利用	回收循环		653.3	670.9	694.2
	工艺总用		1051.1	1100.7	1126.7
	热力学能耗		104.2	104.7	105.1
	待回收		829.9	977.2	1001.6
能量回收	回收循环		653.3	670.9	694.2
	回收输出		75	92.48	71.9
	排弃	冷却	162.48	173.97	194.7
		散热	36.2	37.8	37.9
		物流	1.22	2.05	3.84
		其他	2.64	3	3.84
		小计	202，54	216.82	239.34
汇总指标	净能耗		371.3	391.36	415.6
	折合一次能耗		424	443.5	472.04
	能量转换效率/%		89.6	89.5	89.5
	热力学效率/%		9.91	9.51	9.33
	能量回收效率/%		78.5	78.1	76.5

3. 客观条件对基准能耗的影响

按照规定的基准原油和基础条件，确定了相应的基准能耗，但是在原油品种变化和拔出率不同时，基准能耗值变化也不同。负荷率也影响到装置的基准能耗值。

(1) 原油品种和拔出率

原油品种改变主要是原油相对密度不同。当相对密度增大，轻油收率减少，重油收率增加时，难以回收利用的塔顶产品及回流带出热少，而塔下部侧线及塔底油收率增加，取热温度高，有利于能量回收，可降低装置能耗。拔出率高时，则要求塔的闪蒸段温度高，能耗相应要增加些。燃料型湿式"基准能耗"回归了随国产原油相对密度和总拔出率变化的基准能耗值：

$$E=0.948\,d^{-0.487}C^{0.522}+1.75 \tag{9-40}$$

式中 d——20℃时油品相对密度d_4^{20}；

C——总拔出率，%；

E——基准能耗值，MJ/t。

因此，对于不同相对密度和拔出率的原油的基准能耗，可由大庆油的基准能耗结果加修正项 ΔE_1 计算得到。

$$\Delta E_1=0.948\,d^{-0.487}C^{0.522}-8.836 \tag{9-41}$$

(2) 负荷率的影响

负荷率对装置能耗具有一定的影响，主要是装置能耗中有些属于固定能耗。根据 9.2 节提出固定能耗分率(与装置能耗的比率)的概念及计算方法，把固定能耗分为散热、用电、蒸汽、其他四类计算进而确定能耗分率。在低负荷率下的基准能耗可予以修正。

$$\Delta E_L=\vartheta\left(\frac{1}{L}-1\right) \tag{9-42}$$

其中，ϑ 即为固定能耗分率，根据能量平衡数据计算。如无数据，可取 0.4。

因此，校正后基准能耗为：

$$E'=E+\Delta E_L+\Delta E_1 \tag{9-43}$$

9.3.1.2 测试工况的能量平衡结果与基准能耗条件的对比分析

有了基准能耗的数据及其平衡结果，就可把装置的能量平衡数据与其对比，从而发现潜力并加以改进，降低装置能耗。用能过程三环节的基准能耗对比可按照表 9-7 列出的项目进行。利用表 9-7 进行对比分析时，可先根据本装置属于燃料型或润滑油型，在表 9-7 中列出基准能耗项目参数，而在右列列出按能量平衡的实际项目参数，逐环节、逐参数对比，并在备注栏注明差异数值。

表 9-7 常减压蒸馏装置基准能耗的能量平衡结果

项目		基准能耗工况	标定工况	差值
处理量/(t/h)		312.5	256.625	55.88
原油相对密度		0.8595	0.8861	0.0266
总拔出率/%		62.5	61	-1.5
能量转换环节	炉用燃料/(kg/t)	8.3555	11.044	2.69
	装置用电(包括水折电)/(kW·h/t)	5.73	7.58	1.85

续表

项　目		基准能耗工况	标定工况	差值
能量转换环节	供入蒸汽/(kg/t)	0	2.22	2.2
	供入热/(MJ/t)	76.6	67.36	-9.24
	总供入能/(MJ/t)	447	563.03	116.03
	常压炉热负荷/(MJ/t)	249.6	270.96	21.36
	减压炉热负荷/(MJ/t)	96.8	152.19	55.39
	加热炉热效率/%	90	83	-7
	转换损失能/(MJ/t)	46.6	128.116	81.516
	有效供能/(MJ/t)	397.76	434.916	37.156
	转换环节效率/%	89.6	77.25	-12.35
工艺使用环节	回收循环能/(MJ/t)	653.3	633.099	-20.201
	工艺总用能/(MJ/t)	1051.1	1068.014	16.914
	初馏塔入塔热量/(MJ/t)	501.3	474.415	-26.885
	常压塔入塔热量/(MJ/t)	892.4	891.25	-1.15
	减压塔入塔热量/(MJ/t)	620.5	654.46	33.96
	初馏塔闪蒸段温度/℃	225	220	-5
	常压塔闪蒸段温度/℃	355	360	5
	减压塔闪蒸段温度/℃	365	385	20
	汽提用蒸汽/(kg/t)	9.71	14.8	5.09
	设备散热/(MJ/t)	17.96	15.512	-2.448
	热力学能耗/(MJ/t)	104.2	71.35	-32.85
能量回收环节	初底油换热后终温/℃	300	284	-16
	总回收热量/(MJ/t)	724.3	701.34	-22.96
	预热空气热/(MJ/t)	39	34.9	-4.1
	原油换热量/(MJ/t)	625.3	564.98	-60.32
	发生蒸汽量/(MJ/t)	64.7	90.38	25.68
	能量回收率/%	78.15	70.28	-7.87
净能耗/(MJ/t)		371.3	495.675	124.4
校正其基准能耗/(MJ/t)		424	433.2	9.2
装置能耗/(MJ/t)			564.38	131.2

表 9-7 列出了某装置标定数据与基准能耗的对比结果，该装置能耗与基准能耗比值为 1.30，比基准能耗高出 30%，是改进的潜力(分析从略)。一般对比分析分四个方面进行：

1. 装置总的情况分析

从装置规模负荷率、原油性质和拔出率等方面分析能耗的水平，提出总的评估结果。计算出装置的能耗因数 *EF*(实际能耗与基准能耗的比率)。

2. 能量转换环节

(1) 供入能角度分析，分析各项供入能差别。

(2) 转换效率分析，指出造成转换效率偏低的原因及改进潜力。

(3) 工艺能量使用环节，工艺总用能分析标定工况的各塔操作条件和流程，指出工艺总用能大的原因及改进措施。

(4) 能量回收利用环节，提出实际操作能量回收率与“基准能耗”规定值的差别，逐项分析能量回收率低的原因及改进措施。

对于不同的工艺装置，制定出不同的基准能耗作为判断和寻找装置节能潜力的准则，已被人们所采用。但是基准能耗的制定方法存在着很大差别，目前国内已制定的常减压装置基准能耗，是根据经验和现场数据，选取一个认为比较合理的操作条件，从而确定一个相应的能耗，其数据比较可靠，也容易达到。国外则把经济和优化的概念渗透到基准能耗的制定中，UOP 公司在连续重整和芳烃生产中运用夹点技术，把夹点分析和综合曲线得到的能耗作为基准能耗[10]，使基准能耗成为一个客观的用能评价尺度，这在我们今后制定基准能耗时可以借鉴。但该基准能耗是近似的优化值，是节能的最高限制。当能耗低于基准能耗，节能措施已不经济，且也不易达到。适宜的应分为两档水平，一档为经济的优化能耗，即基准能耗，另一档为改进操作适当地进行节能改进以达到的相对基准能耗，使装置的节能不仅有最终目标，而且有近期改进目标。目前这方面工作正在进行中。

9.3.2 应用热力学法评价设备及系统用能水平及潜力

对于已制定出装置基准能耗的，可以依照基准能耗对装置总体和各环节进行分析和评价。然而各环节和装置的用能分析评价指标是与设备和系统相关的，只有结合设备及系统才能找出环节和装置指标高低的原因，追根求源，发现潜力所在。

9.3.2.1 设备的用能水平及潜力

1. 能量转换设备

其作用及功能是把外界供入的能源物质及某种形式的能量转化为过程需要的能量形式，这种形式主要是功和热，因此，包含了热能转换设备和功转换设备，一般指燃料锅炉、加热炉、电动和汽动机泵、汽轮机组、燃气轮机装置，其获得能量直接为工艺流体所携带。

能量转换的目的是最大限度地转化为需要的能量形式。因此其评估指标主要是热力学第一定律和第二定律的㶲效率。

能量效率为设备供出有效能量与供入设备的各项能量之和的比率：

$$\eta=\frac{E_{有效}}{E_{供入}}\times100\%=\left(1-\frac{E_{J}}{E_{供入}}\right)\times100\% \tag{9-44}$$

㶲效率亦为供出有效㶲(为过程所利用)与总供入㶲之比率：

$$\eta_{x}=\frac{Ex_{有效}}{Ex_{供入}}\times100\%=\left(1-\frac{D_{K}+D_{J}}{Ex_{供入}}\right)\times100\% \tag{9-45}$$

能量转换设备的能量效率，表征了供入能量被有效利用的程度，目前在以热力学第一定律为基础的用能分析中是主要的评价指标，它表征两方面的意义，有效利用的比率及能量损失的比率。因此，促使人们致力于减少损失，从而提高能量效率。

㶲效率是为反映能量质量变化情况的一个指标，它指出在供入㶲中，转换为有效㶲的比率。㶲效率不仅反映了外部损失㶲D_J(外部能耗损失中携带的㶲)，而且也指出了过程不可逆所造成的㶲损失D_K，因此㶲效率的指标就使人们从改进能量损失的数量上部分地转向减少过程的不可逆程度方面，使两者并重，以提高过程㶲效率。最近，蒸汽动力联合循环、加热炉-燃气轮机联合系统的开发，正是为提高㶲效率而付出的努力。

对一种形式的功转为另一种形式的功的能量转换设备，能量效率与㶲效率相同，如电能转换为流动能的机泵。

2. 工艺能量使用设备

同转换设备一样，能量使用设备也存在能量效率和㶲效率两个评价指标。能量使用设备包括塔、反应器等石化生产过程的核心设备。

一般地，在过去能耗统计及计算中，很少注意能量使用设备的效率。实际上，扣除设备散热及泄漏损失后能量效率超过95%，因而考察效率似无大的意义。其实不然，一方面，提出能量效率概念，使人们更重视工艺设备的保温，减少散热损失，尤其是高温部位的保温，如反应器、分馏塔底部的保温等。另一方面，㶲效率对能量使用设备来说，则是一个非常重要的评价指标，它不仅指出离开和供入设备㶲的差别，而且指出用能的演变规律。工艺操作条件要求供入一定品位的能量(㶲)。在设备中，由于不可逆损失产生了㶲损，使离开设备的㶲大大少于供入设备的㶲值，表现为离开工艺设备的能量品位(T，p)显著降低，给回收利用带来了困难。加之回收过程需要推动力，因而必然不能完全回收，有能量回收效率问题。

提高工艺设备㶲效率的关键在于提高离开工艺设备能量的品位，以减少工艺过程㶲损，这将利于提高回收系统的能量效率。

工艺能量设备的能量和㶲效率计算方法同能量转换设备，即供出设备的能量(㶲)与供入设备的能量(㶲)的比率。工艺设备的功能是把原料加工为产品。因此，供出的有效能量为离开的工艺物流所携带出去的能量。在许多情况下，携带出去的能量不能都得到利用，这便属于能量回收系统的问题。

3. 能量回收设备

其能量效率和㶲效率计算同式(9-44)、式(9-45)。

能量回收设备分为热回收设备和功回收设备(液力透平等)，而热回收设备除散热因素外，其能量效率近100%，尽管如此，回收系统能量回收率却差别很大，究其原因是各个系统反应过程㶲损的传热温差悬殊。当传热温差大时，必然把另一些高温能量压低到冷却负荷中，损失于环境。而适宜的传热温差，可以减少冷却负荷，提高能量回收率。因此，采用㶲效率的方法评价换热器[11]更为贴切、合理。减少过度传热温差，就可提高㶲效率、提高排出能量的品位，使回收系统的回收率提高，冷却排弃能减少。

9.3.2.2 设备之间与系统的评价

除了用能设备以外，装置或过程用能的另一内容为设备之间和设备与系统之间的能量传递，如何评价其用能水平，也是装置或过程节能的一大内容。

设备之间及设备与系统的能量传递过程的能量损失主要是散热和泄漏引起的。从能量数量上说，可以采取保温和堵漏的办法，适当提高能量效率，但这是非常有限的，在大系统优化匹配时，应注意设备与系统以及设备之间的能量品位是否适应。采用能级分析法[12]可以解决这一问题。能级分析法是杨东华先生提出的一种用能分析方法，也属于热力学第二定律分析的一个内容，用于设备与系统之间，更为方便、直观。

所谓能级，即在能量中㶲的含量：

$$\varepsilon = Ex/E \tag{9-46}$$

供能设备与用能设备、系统与设备之间的能级差 $\Delta\Omega$ 是节能改进的潜力所在，要注意到供能与用能数量相同：

$$\Delta\Omega = \varepsilon_{供} - \varepsilon_{用} = \frac{Ex_{供}}{E_{供}} - \frac{Ex_{用}}{E_{供}} = \frac{Ex_{供} - Ex_{用}}{E_{供}} \tag{9-47}$$

当 $\Delta\Omega$ 为正时，说明供入能量品位大于需要的能量品位，存在着节能的潜力，如系统管网为 1.0MPa 蒸汽，当用户需 0.3MPa 蒸汽时，就存在着能级差，这可通过设置背压透平，回收蒸汽压差，使供用能相匹配。当然，具体实现要结合工程和经济条件。而当 $\Delta\Omega$ 为负时，表明供入能的质量不能满足要求，应提高 ε。高能级转化为低能级的过程叫冲淡，如热泵把电的能级冲淡为热的能级，而把能级提高的过程叫浓缩，如汽轮机发电[13]。

(1) 对于上、下游设备之间，往往存在着能级差。这个能级差往往是节能潜力，如催化裂化反应油气与分馏塔供入能量(T、p、相态)存在很大的能级差；加热炉出口能量的温度(能级)，与该生产方案满足产品质量和收率下的闪蒸段入口处能级之差。

(2) 系统与设备之间能级差。最常见的是蒸汽系统与用汽设备匹配的能级差。1.0MPa 管网，用汽仅需要 0.3MPa，能级差可通过蒸汽逐级利用加以改进。

能级法寻找设备和系统用能的潜力，在于合理选定用能设备要求的供入能的品位(能级)。通过供入设备的能量能级与之比较，从而发现潜力。但在利用能级差分析系统和设备之间的潜力时，要结合能量的传递效率才能更为全面，避免忽略散热、泄漏的影响。

9.4 生产装置节能改进的方法和途径

完成生产装置或全厂的能量平衡和㶲平衡后，如何根据存在的潜力，结合工艺过程的具体条件，提出改进方向和措施以达到节能降耗的目的，是节能工作者需要完成的一项重要而现实的任务。本节及第 9.5 节分别从生产装置和大系统用能优化两方面讨论节能改进的方法和途径。

三环节模型从宏观上指出能量使用的平衡和制约关系。装置使用能量贯穿于整个过程中，能量品位降低，最后达到工程不能再回收利用的时候损失于环境，形成能量数量上的消耗。由㶲平衡模型看到，能量贬值和损失是在三个不同环节中逐步发生的。

根据用能分析模型，石油化工装置节能改进是有规律可循的。节能改进不宜单纯地为提高转换设备效率而进行节能技术改造(如加热炉)，对工艺能量使用环节和能量回收环节改进后，使需要从转换环节供入的有效能减少时，转换设备仍处于低负荷运行，将不适用于装置的节能改造，使转换环节改进徒劳无益。因此，对装置进行节能改进时，应先改进工艺能量使用和回收环节，当两者的改进确定后再考虑转换环节的改进，否则，节能改进的投资难以奏效。

9.4.1 改进工艺条件，降低工艺总用能

工艺总用能是衡量装置用能水平的重要指标，它是原料变化到过程要求的条件(温度、压力)下所需要能量的数量。一般地说，工艺总用能可分为热、蒸汽和流动功三种形式，即用热工艺总用能、用汽工艺总用能和动力工艺总用能。

9.4.1.1 降低用热工艺总用能

(1) 采用新的节能型工艺流程是降低用热工艺总用能的一个重要方面。如炼油行业的常减压蒸馏装置，把初馏塔、常压塔的过汽化油直接抽出，绕过加热提温设备，避免了过汽化油的反复加热汽化和冷凝，减少加热炉的热负荷和初馏塔底油的换热负荷，从而降低带入用能设备(分馏塔)的能量，使工艺总用能减少。初馏塔出侧线也起到类似的节能作用。某炼油厂原油蒸馏装置把初馏塔的过汽化油(2.85%)以初馏塔侧线形式直接送往常压塔，减少加热炉和换热负荷约2000kW，工艺总用能减少21.8MJ/t。

图9-5为某炼油厂[16]年加工300万吨的节能改造中，将初馏塔过汽化油直接抽出进常压塔，常压塔过汽化油抽出直接进减压塔，减少工艺总用能25.1MJ/t，可节约燃料31.4MJ/t。图9-6展示出了某炼油厂采用预闪蒸的流程[27]。

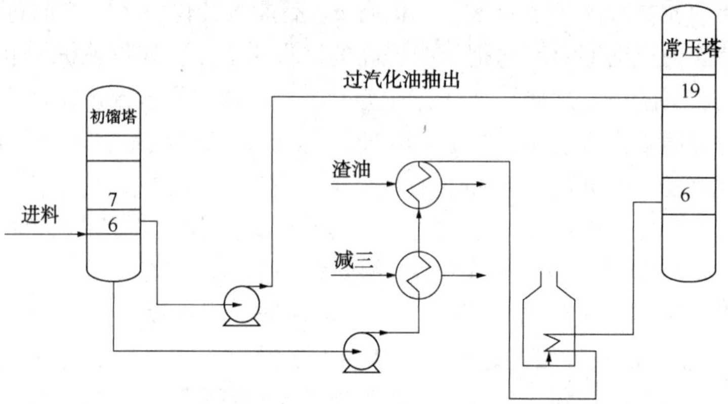

图9-5 初馏塔过汽化油直接抽出流程

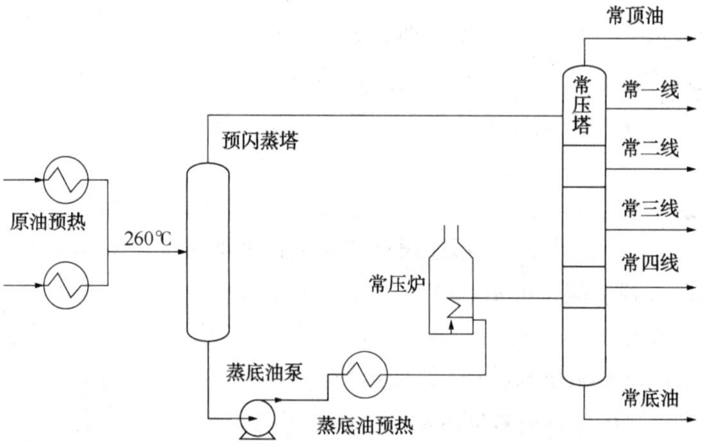

图9-6 某炼油厂采用预闪蒸流程

(2) 改进催化剂使反应温度和压力降低，如铂重整装置由单金属催化剂改为双金属催化剂以及采用连续重整催化剂后操作压力降低，节省工艺总用能。

(3) 采用新型塔盘或采用新型填料减小塔的压降，意味着闪蒸温度降低，要求的加热炉出口温度也低，从而减少了工艺总用能，吸收传质设备减少压降，也意味着减少动力消耗，提高分离精度。应在保证产品质量前提下，减小回流比，从而减少工艺总用能。

（4）减小回炼比、回流比。塔的回流比大小直接与工艺总用能有关，为保证塔顶产品分离精度，需要进行回流操作，但塔顶排出冷却热多是低温热，又要塔供入更高温位的工质使工艺总用能增加。

对于反应过程，工艺总用能随反应原料量和未转化原料循环量的增大而增加，加工的新鲜原料随处理量而定，而未转化原料的循环量越大，则总工艺用能也越大，习惯上称为回炼比、氢油比、氢碳比等。

减少未转化原料的循环量受工程和技术条件限制，如改进催化剂性能，优化操作条件以提高单程转化率等，存在着技术经济优化问题。

9.4.1.2 减少用汽工艺总用能

蒸汽是石油化工生产过程中广为使用的载能工质，通常把蒸汽使用分为 8 种[4]：①汽提蒸汽和再沸器加热用汽；②工艺流体加热用汽；③烧嘴雾化用汽；④作为反应物参与完成反应过程用汽，如烃类转化制氢过程、CO 变换过程等；⑤作动力使用的蒸汽，如蒸汽往复泵和蒸汽轮机等；⑥惰性介质及保护用汽；⑦伴热、采暖用汽；⑧吹扫、消防用汽等。除雾化和动力用汽外，其他形式用汽均进入工艺能量使用环节，属于用汽工艺总用能。

减少蒸汽总用能途径：

（1）改进操作，加强管理。汽提蒸汽是工艺用汽的主要内容，在保证产品质量前提下，减少用汽量是减少蒸汽总用能的主要手段，这需要结合工艺操作条件和设备的流体力学状况统筹考虑。

作为反应物的蒸汽也是可以减少的，如烃类转化制氢的水碳比。减少水碳比，受操作条件和转化率的影响。在催化剂不变，水碳比降到 3.0，合成每吨氨节能 1.25GJ[15]。

吹扫、事故、消防用汽，其用量没有固定标准。实际中往往是用汽时间和用汽量都大于实际需要，只有靠加强管理来减少。伴热和采暖用汽也属管理内容，排汽的相态和温度、室内取暖温度以及可否停用伴热都可通过加强管理得到改进。

（2）代用。许多汽提用汽可用重沸器代替，如把常减压蒸馏装置常压塔一线蒸汽汽提改为重沸器提供，可利用 267kW 热能代替 0.5t/h 蒸汽，减少了塔顶的冷却负荷，还使侧线物流温度提高 15℃。加热、伴热用汽，可用适宜的低温热代替。有人提出用惰性气体代替塔底吹汽、用松动风代替催化裂化 U 形管松动汽等[16]。

（3）取消伴热。轻质油管线输送过程中不需伴热，如柴油等，完全可以停用伴热。提高产品出装置温度，可使某些产品的伴热取消。

9.4.1.3 减少动力工艺总用能

泵出口的有效功，在能量使用和回收环节中流动克服摩擦转变为热，除个别情况外，大部分流动能是难以回收的，减少流动能的途径有：

（1）选择机泵时注意不要留过大裕量，否则泵出口大于需要部分的扬程多在出口调节阀节流损失。流量变化频繁的机泵，可采用调速装置节约扬程，避免大量节流损失。

（2）系统管线各处的节流阀，在保证调节质量下尽量减少调节阀压降。

（3）对管线系统进行优化设计，选取经济管径，降低流动阻力。通过管线投资和压降损失的操作费用之和为最小法求取经济管径，对高温流体输送管线，须结合保温一起考虑；对不可压缩流体输送的经济管径，可按第12.3节方法确定。在换热器优化设计中应重视压降的优化。

(4) 改进工艺方法和催化剂，降低反应器压力，从而降低系统压力，可降低动力工艺总用能。如铂重整装置改用双金属或多金属催化剂后，系统压力可由2.5~3.0MPa降至1.2~1.5MPa；而采用超低压连续重整技术，操作压力可降至0.3~0.5MPa。

(5) 改进工艺流程，避免物流反复加压、节流，缩短工艺路线均可降低动力工艺总用能。

(6) 减少反应系统未转化原料的循环量，可减少动力工艺总用能。

9.4.2 降低工艺能量使用环节的过程㶲损

在确定工艺总用能的情况下，降低能量使用环节的过程㶲损，可提高待回收能的㶲值。表现为能量使用环节排出能量参数温度、压力增高，给回收环节奠定了进一步回收的有利条件。首先应该认识到降低工艺总用能，减少了能量使用降质的机会，对减少过程㶲损也是有利的。

9.4.2.1 减少分馏塔的过程㶲损

分馏过程㶲损主要是传热㶲损，即供入和离塔能量相同，但温位不同造成㶲的差别。

改进分馏塔的过程㶲损途径如下：

(1) 调整塔的回流取热比例。由于塔的传质特性，温度自下而上逐步降低，对取热量一定的情况，在塔的哪个部位取热，都是应考虑的节能问题。越往塔下部取出热的温位越高，可回收利用，如预热原料，减少燃料加热负荷。

塔各部位取热比例优化的设计可在保证产品质量和收率、合理增加和适当分配各段塔板数的情况下，使回流取热尽可能在高温下取出，为回流热的回收利用创造条件。常减压、催化裂化、加氢裂化、焦化等装置的分馏塔的回流取热已得到改进，塔顶冷回流已逐步由热回流取代。但若进一步优化改进，应把塔和换热网络的优化一起考虑。

(2) 缩小回流取热的离返塔温差、提高取热的平均温度。塔各部回流取热(塔顶冷回流除外)均处于液相状态，取出热量多为离返塔温差间显热。提高返塔温度，可使平均温度提高。提高回流量，缩小离返塔温差，也受技术经济条件的约束，存在着优化问题[18]。对常减压蒸馏装置来说，原油分馏为各窄馏分，通常热流流量较小，冷热流的水当量比悬殊。提高塔中段回流量，缩小了能量回收系统的水当量比差距，可提高平均传热温差。但流量增大后，回流泵的功耗略有增加，更主要的是受塔的水力学操作限制(必须考虑塔在弹性操作范围内调整，不得引起液泛，液体在降液管内的停留时间应小于与物性有关的规定时间，塔必须在雾沫夹带以外操作)，改变回流量后，塔的操作仍处于可操作区内。一般地说，循环回流量与塔的气相负荷变化关系不大，关键在防止液泛。

因此，改变回流量以提高取热的平均温位存在着多回收热能和多耗功之间的优化关系。生产装置应视泵压头的富裕情况，确定回流量大小。

9.4.2.2 减少反应设备的过程㶲损

化学反应由于熵增的㶲损所占比例不大，特别是对于复杂的烃类石油化工反应，熵增难以确定，且可忽略，而实际化学反应却存在很大的㶲损，㶲损往往是反应过程不可逆传热造成的，减少反应过程㶲损的途径也包括致力使反应设备传热过程㶲损减少。

对于吸热反应，需要外界提供热量以保证反应的温度条件，而反应产物的温度常低于原料及催化剂带入温度，忽略反应设备的压降和分子数的差别时，反应设备㶲损即为供入和供出热(包括散热)㶲之差，是一个总包的过程㶲损。

(1) 流化催化裂化反应油气是高温过热状态，与催化裂化分馏塔存在着很大温差。目前流程是反应油气直接进入分馏塔，高温油气骤然降温，产生传热损失。而且反应油气的压力能也有节流损失，大量的过剩热量是采用循环油浆取出，使得460℃左右的气相油气能量降为280~360℃液相油品热能，㶲损很大，如何利用反应油气热能是值得重视的节能问题。行之有效的措施是把原料打入分馏塔直接加热原料，不仅节省了传热温差，还可大幅度提高原料预热温度，节省了加热炉燃料或停用加热炉时间，这时，可能出现部分轻油从重柴油中馏出，影响轻油收率，可采用部分重柴油回炼的办法加以弥补。

(2) 对于反应油气的压力能，由于处于高温下，其膨胀功远大于气压机的低温下压缩功，可以考虑反应油气压力膨胀功的回收利用，但应考虑工程和经济因素。

9.4.2.3 物流的降压㶲损的利用

许多过程在一定的操作压力下进行，排出工艺能量使用环节的(反应)产物，往往都含有可回收利用的压力能。由于气相和液相与压力的不同函数关系，即气相压能与压缩比的对数值成正比，而液相则与压差成正比，而且由于液相的比体积比气相的比体积小得多，因此，液相压力能多不予回收，只有当操作压力较高，可回收的压差大于1MPa以上时，才考虑回收。例如，炼油厂铂重整装置的抽提塔到汽提塔压差可利用液力涡轮[19]回收，选择液力涡轮的可行方法是用离心泵代替令其反向操作即可，只需将出入口管线反接[10]。其他装置如加氢裂化、加氢精制等装置高低压分离器之间利用压差的节能措施正在开发使用中。

气相物流的压力能是压缩比的函数，与物流本身所处的绝对操作压力关系不密切，而膨胀功与物流温位关系极为密切，人们重视低压高温催化再生烟气压能的利用。烟气轮机已为大多数炼油厂催化裂化装置所采用。

近年来，人们致力于从合成氨释放气中回收氢气，避免氢气资源的浪费，同时也开始考虑释放气压力能的回收利用[21]。如某化肥厂开发了利用预脱硫释放气余压发电装置，投运后，可稳定发电100kW，设备投资25万元，回收期为1.55年。这就为释放气进分离器至预脱硫释放气压差的利用打下了基础。

石油化工装置压差利用还表现为蒸汽压力利用。石油化工装置操作压力等级较多，而公用工程系统不可能配置相应多蒸汽管网系统。而且由于不同等级蒸汽平衡问题，常有蒸汽降压使用问题，1MPa蒸汽降为0.3MPa使用，产生物流压㶲的损失。解决这一问题的途径，一是对降压比较集中、用量较大的地方设置背压式蒸汽轮机回收功，做到蒸汽逐级利用；二是采用蒸汽再压缩法，即用主汽把用过的小于0.3MPa的压力排出，供工艺使用。这样可减少蒸汽的用量，使蒸汽能循环利用，也是一种现实可行的节能措施。

9.4.2.4 避免混合㶲损

在生产中避免物流的反复混合、分离。如常减压蒸馏为保证产品质量，要求馏出口质量指标远低于控制指标，而当生产波动时，有时产生不合格产品，安排在油罐中调和，就会产生传质的混合㶲损。

传热过程的混合㶲损也应避免，如对多路换热的常减压蒸馏装置换热系统，各路换热终温不同汇合一起时，就产生传热混合㶲损。

一些炼油厂设计有两套常减压装置，减压塔深拔蜡油，而重油催化裂化进料又把减压渣油和蜡油混合，造成㶲损，可以优化排产加以避免。

9.4.3 提高能量回收率，减少排弃能量及㶲损

在工艺能量使用环节改进后，确定了工艺总用能，减少工艺过程的㶲损后，即确定了待回收能和待回收㶲。回收利用环节节能改进的任务是在待回收能中尽可能地多回收能量，减少排弃能量。

待回收能量也可分为热、蒸汽、动力三种形式。一般地说，动力和蒸汽待回收能难以利用。动力待回收能的流动功，在能量使用和回收环节中因摩擦而损失掉其做功能力，大多转变为推动物流温度下的热能，进入物流或散失到环境中。摩擦能很小，通常忽略不计。蒸汽待回收能，对用能水平较好的装置排出的多为工艺凝结水，温度低难以回收利用，也有以乏汽形式排弃的，这时改进的重点应在工艺利用环节，采用科学管理的方式，少用蒸汽或取代(如低温热取代蒸汽伴热等)，排出的乏汽也可进入乏汽管网继续使用。

提高能量回收率的重点在提高热量回收率上，即充分回收待回收热，降低冷却负荷，达到装置节能的目的。

1. 减少散热量

目前管线设备的保温多是以散热量为基础制定的，考虑流体温度的因素不够。减少散热的途径是改进保温，按照确定经济保温层厚度方法对设备管线、阀门进行优化保温。并注意区分不同物流温度的散热热能价格，最好采用经济保温层厚度的方法。装置散热能耗约占总能耗的10%~20%，减少散热量是重要的节能措施之一，其投资不多，收效却很显著。

2. 优化换热系统，减少传热㶲损

换热系统是实现产品冷却和冷原料加热的过程，从待回收能量中回收能量可减少装置转换环节提供的能量，达到降低装置能耗的目的。

换热系统的优化，一是设备结构的优化，使设备处于最佳工况下传热，使换热器的对数平均温差修正系数趋近于1。二是合理安排换热流程，使冷换物流匹配合理，避免过度的不可逆传热，即大于经济传热温差部分。经济温差的确定要借助于热经济学的方法和原理。目前现有装置的平均温差偏高，其结果是冷流难以达到高的换热终温，热流则导致产生更大量的低温热排弃，降低了回收率。因此，应以技术经济条件为基础，确定合理的换热温差和网络。

换热系统的优化，应着眼于大系统的观念。有的装置加工产品带出热量可自行利用，如常减压蒸馏装置，还有许多装置则可能存在热量过剩的情况(如催化裂化装置)。这时，应首先考虑停用加热炉，减少该装置的燃料消耗，然后再考虑向装置外输出热能，减少外装置或系统的能量消耗。更多的情况则是许多低温加工装置缺乏热源，用低效率加热炉提供热源，效率更低。如果站在大系统上，就会考虑热联合，合理利用其他装置排出的、可满足用热要求的低温热。

合理安排换热系统的水当量化，对于冷原料比较集中，而热产品比较分散的装置，应采用多路换热，即把冷原料分流成多股与热产品换热，减少传热温差。

3. 降低冷却排弃能

在换热网络优化后，许多低温的热产品，通常要进冷却系统排热。一般来说，换热网络优化后的冷却负荷明显低于优化前，但也还有可利用的潜力。

首先，对于存在的70℃以上的物流显热及潜热，应寻找合适的热阱加以利用，可作锅炉预热水的热源，也可作其他用途。某炼油化工厂设置低温电站，收集生产装置剩余低温热，可统一安排使用，以水为工质扩容发电，实现热电联产，既发电又可为催化剂分厂提供化学水热源。当然还可朝供热-发电-制冷联合系统、低温工质的有机郎肯循环发电的低温余热利用系统发展。

降低冷却排弃能的另一措施是与系统结合，提高产品出装置温度，不仅降低本装置冷却负荷，减少冷却介质的使用，而且增加了装置输出热能，对于储运系统，相应节省了罐区的加热、伴热能耗。

4. 换热系统的夹点技术

目前在实用中最受重视的 B. Linnhoff“夹点技术”是以热力学第一定律、第二定律为基础，但不做定量的㶲分析计算，采用最优化概念，不用高深的数学寻优技术。已开发的超目标优化软件根据装置的冷、热物流数据及由技术经济条件所确定的经济温差(ΔT_{mim})，求算出换热系统的夹点温差的数值，指出最小的冷公用工程(冷却负荷)和热公用工程(体系外的加热负荷)，并由夹点温差出发向两边延伸，具体排出换热网络的优化合成结果，提高了能量回收率。目前，已有夹点技术在常减压蒸馏装置上应用的实例。

9.4.4 提高能量转换环节效率，减少装置供入能耗

在工艺能量使用环节和回收环节改进后，确定了工艺总用能和能量回收效率。在待回收能中确定循环回收能量后，就确定了转换环节供入能量。用能分析的要点在于减少工艺总用能，减少利用环节过程㶲损，提高回收率；在两环节改进后确定的尚需供入装置能量数量的前提下，提出转换环节的改进措施。

1. 停用或合用加热炉

当装置节能改进后炉子热负荷减少时，可停用或合用加热炉。如催化裂化在提高原料预热温度、改善提升管反应器进料雾化质量、掺炼渣油可满足热平衡时，应停用加热炉。这不仅可减少炉子排烟及散热损失，而且减少了工艺总用能，使后部损失减少。常减压蒸馏装置改进后，提高了原料换热终温，炉子负荷大幅度下降，可考虑把两台常压炉合用一台，甚至常压炉和减压炉合用，都是非常好的节能方案，但应做具体核算，炉子负荷提高了，效率亦相应提高。

对加热低温物流的加热炉，其负荷小，效率低，㶲效率更低，则可考虑用蒸汽或低温热取代。

2. 提高加热炉效率

提高加热炉效率是工艺装置节能改造的主要方面，大中型加热炉热效率均在80%~90%，继续提高热效率，受烟气露点腐蚀和经济排烟温度的限制，意义不大。炉内受热流体温度多在400℃以下，㶲效率低达40%~50%，说明燃料化学㶲的半数左右在转换为热的过程中损失了。因此，提高效率重点在提高加热炉㶲效率上，而且有潜力。

(1) 重视空气预热器的节能作用

燃料燃烧过程中，空气及惰性组分从常温加热到燃烧温度吸收大量热能，利用自身烟气或其他热源预热空气，结果节约与预热负荷大体相同的燃料能量，提高了热效率。从㶲分析角度讲，预热避免了冷空气直接与燃烧烟气的混合㶲损，提高了燃烧温度，有利于减少炉子

的过程㶲损。因此，在安排炉子排烟热回收时，应把空气预热放在其他措施(如发汽、冷进料、预热水等)之前，优先采用。其次，应注意降低过剩空气系数，尤应避免冷风渗漏，加强看火孔及对流管箱的堵漏及管理。

(2) 燃气轮机-加热炉联合供电供热[24]

为提高加热炉㶲效率，采用燃气轮机-加热炉联合供电供热是一项重大节能措施。许多炼油厂已在原油蒸馏装置加热炉上实现燃气轮机-加热炉联合；许多天然气液化装置应用燃气轮机联合循环实现压缩机动力，热和电联供，具有显著的节能减碳效果。在加热炉热效率已经较高，接近经济限度，利用燃气轮机使燃气首先在高温下膨胀做功，排热用作工艺热源，可提高㶲效率10%左右，既满足了供热又满足了发电。这是近期石油化工装置加热炉改进的方向。

3. 采用自动调速设施

机泵在能量转换环节中的作用是将电能转变为流体流动动能。目前，机泵总效率在50%左右，选用新型高效节能泵是节能的重要措施。

在流量变化大且频率、系统流动阻力(调节阀、出口阀等)在总扬程中占的比例较大的情况下，使用自动调速机泵，克服负荷率变化的不利因素，在低负荷运行时，使泵的扬程与管路系统的要求相适应，保持效率基本不变，单位能耗保持不变且略有降低。某炼油厂催化裂化装置安装了气压机转速自控器后，实现了转速自动调节，消除了反振动循环量，节汽1.5t/h。

4. 合理选择蒸汽动力的驱动方式

能量转换环节的机泵除电驱动外，还有许多是蒸汽动力驱动的，如蒸汽往复泵、凝汽或背压式蒸汽轮机、蒸汽喷射泵(抽空器)等。

蒸汽往复泵能量利用率低，排出乏汽不易回收，一般不宜采用。

凝汽式蒸汽轮机在催化裂化气压机驱动中应用较为普遍。低压蒸汽凝汽式蒸汽轮机机组效率低，能量利用效率在10%以下，㶲效率也只有20%。

背压式蒸汽轮机利用蒸汽先做功，排出蒸汽仍可作工艺用汽。引进的大型合成氨装置用能水平高，很大程度上是蒸汽产、用比较合理，做到逐级用能。因此，在选择蒸汽动力的驱动方式时，要重视背压式蒸汽轮机的选用，进行蒸汽动力系统的优化。

蒸汽抽空器的能量回收利用率低，㶲效率也只有15%。应在如下方面改进：

(1) 设置多组抽空器，增加开工的灵活性，当负荷低或其他原因使不凝气减少时，可停开一组或两组，达到节汽的目的；

(2) 采用机械抽空，提高㶲效率，避免蒸汽潜热及损失。

5. 催化裂化再生器排烟能量的回收利用

催化裂化再生器担负着再生(工艺任务)和烧焦并把能量传递给循环催化剂(能量转换)的任务，就用能分析来说，再生器属于能量转换设备，具有与加热炉相同的功能。

(1) 回收再生烟气中的压力能。催化裂化装置再生器排烟压力0.2~0.45kPa，温度600~700℃，而且气相压力㶲是膨胀前后压缩比对数的函数，因此尽管操作压力不高但却有很高的能量，烟气能量回收机组的普遍推广应用，是催化裂化装置节电的重要措施。

设置烟气轮机回收烟气压力能，虽可大幅度降低装置的电耗，但机组投资较高。

(2) 回收烟气中的一氧化碳化学能。催化剂再生有两种方式，一是完全再生，即烟气中CO全部燃烧生成CO_2，CO/CO_2为0，完全再生焦炭热量全部释放出来。20世纪80年代，CO助燃剂应运而生，并逐渐得到推广应用，不仅充分利用了CO化学能，而且改善了产品收率。但随着原油二次加工深度增加，装置原料由蜡油改为渣油或掺炼部分渣油后焦炭产率增大，这样完全再生就要采用内外取热方式取出过剩热量，使设备内部构件复杂起来，加之铂助燃剂费用高且受再生能力限制，许多装置仍在采用不完全再生方式。

烟气CO化学能回收的传统方法是采用CO锅炉，但需要补充大量燃料，更重要的问题是在炉膛内燃烧的同时取热也在进行，自然降低了水冷壁管附近的烟气温度，所以即使补充大量燃料，在较高的炉膛温度下，也难以烧尽CO，再生器内使用助燃剂，操作费用高。CO炉已处于转型和停滞，有的则改为余热锅炉。

在再生器外回收CO化学能有两种方式：

① 在原有CO锅炉前设置CO燃烧炉，用少量燃料，甚至不用燃料，而利用自身反应热使CO燃尽，进CO锅炉回收高温燃气的能量。已开发的CO燃烧炉取得了成功的运行经验；

② 没有CO锅炉的，可设置管道CO燃烧炉，燃尽烟气中的CO，然后由设置的余热锅炉回收显热能。

(3) 回收烟气显热。充分利用烟气显热及CO燃烧热发生较高参数的蒸汽，或作其他物流的加热热源。

综上所述，石油化工装置节能改进是有规律可循的，以用能分析三环节模型为基础的节能改进方法，反映了这种客观规律及节能改进各用能环节的相互制约关系，从全装置甚至全厂的大局出发，提出系统的节能改进途径和措施。

9.5 大系统用能优化方法和改进途径

在工艺核心过程(反应和分馏等)中排出的较高参数的能量，除了在该生产装置进行热和功的回收、减少供入能量外，由于工程和经济因素，回收不彻底，必然有一部分能量排弃掉，但在另一生产装置，就可能是合适的热源。对于许多装置排出的中、低温位热能应纳入到全厂系统中加以利用，这就提出在更大系统内进行全局用能优化问题。

一般地，石油化工厂特别是炼油厂在提供过程需要的功和热的过程中，各生产单元自成体系，从全局出发考虑单元之间与系统优化的较少，这就可能造成某一环节能量供需匹配不合理，导致全厂能耗增加。

9.5.1 改进生产流程

同样的加工量下，装置的组成和规模可从不同方面影响全厂能耗。生产总流程优化，是以最大利润为目标函数，装置及全厂能耗是以加工费用的形式影响目标函数。对于现有企业来说，装置组成及数目都已相对确定，但合理安排生产流程对节能降耗将起到关键作用。

1. 装置的生产负荷率

装置能耗按其随生产负荷率变化的性质，分为固定能耗和可变能耗。低负荷率生产时，单位原料(产品)的固定能耗上升，使总能耗增加，因此提高装置负荷率是全厂生产调度中应加以解决的问题。对于有两套并行的生产装置(如炼油厂两套常减压、两套催化裂化装置等)，可开足其中一套低能耗生产装置，延长另一套生产装置的停工及检修时间，这样使其在高负荷率下生产。虽有开停工能耗，但无长期的低负荷运行能耗，也是合适的。

2. 选择合理加工路线

在装置组成一定、原料和产品品种数量均已确定的情况下，选择不同的加工路线，对加工费用和能耗有一定影响，是总流程优化考虑的一个内容。在相同的产品效益情况下，优先选用加工路线短、能耗低的节能生产流程。如设有加氢精制和加氢裂化的炼油厂，其氢气来源有多个，一是设置制氢装置，采用烃类水蒸气转化法制氢，能耗成本较高；二是重整副产氢气或对催化裂化富氢干气（或其他富氢气体）利用普里森膜分离器或变压吸附提浓，能耗成本稍低一些。究竟选用何种路线应根据厂里具体条件、配套规模仔细研究确定。随着重油催化的兴起，开发催化过程的焦炭制氢在经济上更有吸引力。

3. 减少不必要的重复加工能耗

随着渣油二次加工比例增加，重油催化裂化在许多炼厂建设并投入使用。重油催化装置的进料不仅是减压渣油，而且由于生焦率等因素的制约，尚需补充大量蜡油改善进料性质，这样的流程就带来能量的浪费。因为在减压系统提高真空度和拔出率，把常压渣油分离为减压渣油和蜡油，消耗了能量。而在重油催化装置内，又加工两种进料，许多又是蜡油和减压渣油混合进料，这样减压部分就会白白耗费能量。还有个别企业专为重油催化配置新常减压的情况。因此建议对于有两套常减压的情况，可将向重油催化提供进料的常减压装置的减压部分停掉，避免先分馏继而混合的能耗。对于只有一套常减压装置的情况，也可采用常压塔抽出部分常渣的方法加以解决，重催进料由减渣+蜡油改为常渣+蜡油，蜡油比例可大为减少，这样就可减少减压部分的分馏能耗。

9.5.2 装置及系统的热联合

装置热联合打破了用能自成体系的局面，做到互相协调，取长补短，常减压和催化热联合就达到了这一效果。在催化裂化装置的热平衡中，由于反应原料在较高温度下反应且呈过热油气状态，进入分馏系统，热量过剩。通常利用循环油浆取出高温油气热量。这部分热量在装置内除了发生蒸汽尚未找到合适的用途。常减压装置原油的加热需要大量的热，为提高原油换热终温，缺少高温段的热量。常减压和催化裂化装置热联合就可利用循环油浆高温的优势提高原油换热终温，节省炉子燃料。同时常减压供催化热蜡油，也避免了催化原料的一冷一热、节省换热设备和能耗。常减压装置向焦化装置提供热态进料，减渣在200~300℃进焦化，也能收到同样的效果，避免在常减压换热冷却，而在焦化换热或燃料加热升温的局面。

除了装置之间热联合以外，装置与产品的储运系统热联合也有显著的节能效果。装置产品不必过度冷却，在工艺允许的温度范围内，热态进入储运系统，节省装置冷却能耗和储运系统的加热能耗。如重柴油、渣油均可热态进储运系统。

装置排出的低温热，供给需求低品位能源的小装置，如气分、烷基化等，这种热联合除直接用某物流加热或通过热载体循环加热外，也可把低温热统一收入低温热系统统筹安排。

实现热联合受工程和生产条件约束：①开停工不同步，应考虑相应的措施加以弥补；②各装置一般是独立的车间，应做好互相协调。

装置热联合应着眼于大系统，其原则如下：

（1）首先预热本装置原料，减少炉子热负荷，节约燃料。在用过剩热加热本装置原料时，应保持传热温差的合理性。如催化裂化装置用柴油及中段与原料换热较合适，如用循环油浆加热原料，传热温差过大，最终导致把其他热量压到冷却负荷中去。

(2) 供出过剩热量作其他装置原料的加热源、节省燃料用量。

(3) 用本装置的中低温过剩热量，作其他中小装置的加热源(包括重沸器)，节省燃料或蒸汽。

某炼油厂常减压-催化-焦化装置热联合标定情况见图 9-7。

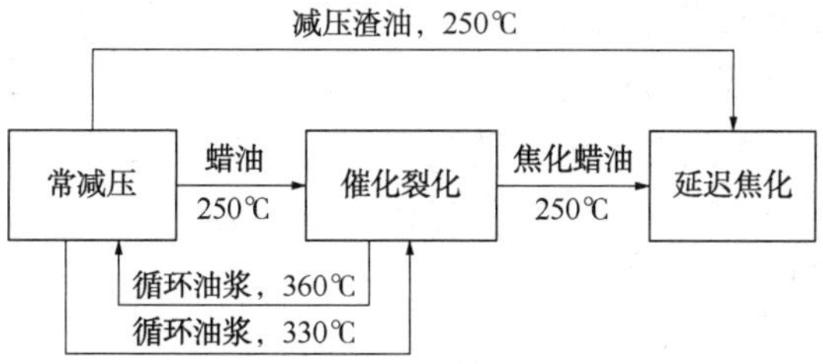

图 9-7 某炼油厂常减压-催化-焦化装置热联合标定情况

9.5.3 低温热回收利用

由于过程用能的特点，工艺过程使用的能量是由转换设备供入和能量回收循环两部分构成。一般的循环回收能在过程中不断循环：进入利用环节—待回收系统—回收循环—进入利用环节。对于稳定的连续生产过程，循环回收能量几乎不变。当然，这是由于转换设备不断地供入能量，使待回收能参数保持恒定的贡献。从出和入两方面来说，供入体系的有效能量部分进入产品和回收输出用于其他系统或装置以外，其余全部排弃于环境。通常能量排弃方式为冷却、散热、物流带出和其他排弃四种形式。而冷却排弃能占的比例最大(约 70%)，而且随不同装置不同用能水平而异。仔细分析便会发现，这些需要冷却的工艺物流温位在 80~150℃，甚至更高。在本装置的工艺条件下失去了回收利用的意义，但纳入到全厂系统是可以发挥出“余热”得到回收利用的。特别是在节能和二氧化碳减排不断深化，要降低装置或整个工厂的能耗，低温热量的回收利用是必不可少的。但由于低温热温度低，客观上存在着回收技术难度大、经济效益不高的问题，在制定低温热回收方案时，应全面分析论证确定。

低温热回收利用，需要在全厂建立配套的回收系统，通过一种载能工质(通常为水)把热从装置取出。为保证装置操作的安全可靠，可恒定取热量，通过回收系统设置冷却器等手段调节用热负荷波动。

低温热利用可分为直接使用和升级使用两大类，详情见 14.7。

9.5.3.1 低温热同级利用(直接利用)

根据低温热回收的温位，选择适宜的用户，不仅改变了用户原使用高、中温热源所造成的过大能量传递损失，而且把高、中温热源顶替下来，是低温热利用中最具吸引力的方案，节能效益尤为显著。

1. 生产用低温热

利用低温热取代生产中使用高中温位热源的场合，不仅可直接减少生产能耗，而且生产用热大多属连续、负荷稳定，节能幅度大，效益高。在安排低温热方案时，应优先考虑。这类用热有：①气分、烷基化等低温加工装置原料及塔底重沸器加热；②催化剂分厂洗涤水加热；③本厂动力系统补充化学水加热；④油品储运系统、油罐、加热等。

2. 生活科研用热

目前，随着生活设施的不断完善，生活用能也相应增加。此外，随着企业的发展，办公楼、教育培训系统、设计研究院所用能也不断增加，这部分能耗影响到全厂综合能耗。如果以低温热取代其能源消耗，不仅可降低全厂综合能耗，而且使直接生产能耗也得以下降。这类用热一般分为两类：①厂区办公和生活区采暖。用低温热水代替蒸汽，虽为季节性使用，但由于用汽采暖往往超过国家采暖标准且使用中存在许多浪费现象，因此效益还是相当可观的。②生活用热水。这类用热一方面提高了员工生活福利，另一方面节省了生活用热水，减少能源消耗。特点为一年四季均有，但负荷随昼夜而变化，其变化规律类似生活用水系统，在制订方案时，应考虑在用热减少时，如何保持系统平衡，取出热量。

9.5.3.2 低温热升级利用

低温热在优先考虑连续、稳定的热负荷用户之后，就应考虑过剩低温热的升级利用。这类利用有三种方式。

1. 热泵

热泵是将低温热通过施加外部高质能量把低温热提高到工艺过程能够使用的参数。利用热泵技术提高物流的温度，再用于生产工程，是一种有效利用低温热能的技术手段。热泵的工作原理与制冷相同，都是把热从低温压缩到高温，只是使用目的是制热而不是制冷。热泵分为压缩式和吸收热泵两类。在石油化工领域，许多炼厂气体分馏装置以及石油化工装置已成功地使用了压缩式热泵，取得了较好的节能效果。热泵一般用于需用热量温度与低温热物流温度差别不大的场合。过大的温差将不经济，制订方案时要慎重。

2. 制冷

制冷是低温热利用的一个很重要内容，低温热制冷主要是吸收式制冷。蒸汽溴化锂吸收制冷已得到普遍应用。用低温热代替蒸汽热源的吸收制冷也投入了工业使用。许多石油化工厂在节能改造和节能规划中考虑了采用低温热溴化锂吸收制冷的方案。低温热制冷的用途，一是生产制冷。在炎热的南方夏季，气温和循环水温度较高，产品的冷却温度难以满足要求，致使产品收率下降，损失增大。解决催化裂化吸收稳定干气不干的问题，除从工艺上改进外，利用低温热制取 8~10℃冷水进一步冷却也可使问题得到改善。例如，某炼油厂 1983 年就以催化稳定汽油余热和系统乏汽为热源，在催化装置的吸收稳定系统投用三台溴化锂装置吸收制冷，改善了吸收稳定操作，半年增加液态烃产量 1.4×10^4t[25]。二是办公、生活制冷，用低温热代替空调机可以减少电的消耗。

3. 发电

低温热发电是升级利用的另一类重要形式。在大量过剩低温热难以找到适宜的同级利用方案时，用于发电是一种途径。低温热发电的原理是利用热水中的闪蒸蒸汽通过蒸汽轮机驱动发电机发电。

低温热发电已投入工业应用，例如长岭炼油厂以水为工质扩容发电的低温热电站。

9.5.4 优化蒸汽逐级利用

石油化工装置操作条件不同，全厂各单元及系统的用汽压力等级也各不相同，而在安排产汽时，不可能产生各种压力等级的蒸汽以适应不同的单元和系统。根据按质用能的原则，燃料发汽的动力锅炉尽可能产生较高参数的蒸汽，一般为中高压蒸汽，产汽和用汽的压差是蒸汽逐级利用的重要内容。过去的做法是供汽参数大于用户需要参数，造成无谓的㶲损失，甚或采用节流减温减压造成用汽的浪费。开展蒸汽多级利用的步骤为：

(1) 动力锅炉根据厂区的蒸汽系统情况发生中压或高压蒸汽避免发生低压蒸汽；

(2) 装置(单元)的过剩热量，应在装置换热流程优化的基础上，发生相应参数的蒸汽，并受全厂蒸汽平衡的制约，避免产用不平衡造成排空浪费的现象；大中催化裂化循环油浆发生中压蒸汽比发生低压蒸汽可多回收功率3000kW左右；

(3) 核准全厂总的蒸汽用量及参数，从而根据用汽量及余热发汽量安排动力锅炉的产汽量；

(4) 调查可以利用蒸汽背压透平的动力机械的功率参数、耗汽量等；

(5) 制定蒸汽逐级利用方案；

(6) 对方案进行技术经济评价和优化。

虽然各用户等级不同，但受工程和经济因素限制不可能设置更多的系统管网，一般设置10.0MPa、3.5MPa、1.0MPa和0.3MPa四个系统管网；对于无高压蒸汽的企业，则只有三级管网；有一些则为区域性的局部管网。总之，管网设置不仅要考虑多级利用，更应考虑现实和工程因素。

核实各种压力等级的用汽量是很重要的内容，这应结合全厂节能规划一起进行。切忌按目前用汽量安排逐级利用，当装置及单元节能改进后，用汽量减少会影响方案，甚至前功尽弃。

对于可以使用背压汽代替燃料加热炉或减少加热炉热负荷的场合，应使用蒸汽节省燃料。某厂铂重整装置在规划中用1.0MPa蒸汽，减少了原热载体炉热负荷，使两台炉操作变为一台炉操作，收到了较好的节能效果。

蒸汽逐级利用，主要是回收产汽与用汽之间压差做功或发电。直接带动设备做功，利用效率较高，转换损失小，如催化气压机用背压透平直接驱动。背压透平驱动发电机发电并入电网，也是常用的方法，许多炼厂的自备电站大多是背压发电。化肥和化工系统大型水泵和压缩机较多，因此，可直接采用背压做功，做好逐级利用。引进合成氨装置能耗低，蒸汽逐级利用起了重要作用。蒸汽功热联产，逐级利用，不宜使用凝汽透平，即使中压凝汽透平能量利用率也极低。

目前蒸汽逐级利用应重视1.0MPa和0.3MPa汽压差的利用，此用汽虽较分散，但对相对集中的0.3MPa用户，可建立区域性管网背压发电。

另外，石油化工厂产汽向高压力等级方向发展，有利于开展蒸汽逐级利用。图9-8为某炼油厂高压锅炉的动力站运行图。

上述四个方面的节能是从全系统角度提出改进方向，与装置节能改进相结合，将使全厂用能趋于合理，达到用能优化。全厂用能优化是一个大系统的系统工程问题，如何做到用能优化，实现上述四个方面的节能改进措施，可通过对全厂进行节能规划，结合生产装置、辅助系统、公用工程及生活系统统一考虑。对企业近期或中期的节能进行规划是实现这种优化的较好方法，笔者曾为许多炼油厂和石油化工厂制定中长期节能规划，在装置优化节能的基础上，贯穿了这四个方面的节能措施，收到较好的效果，使企业用能上升到一个新的水平。

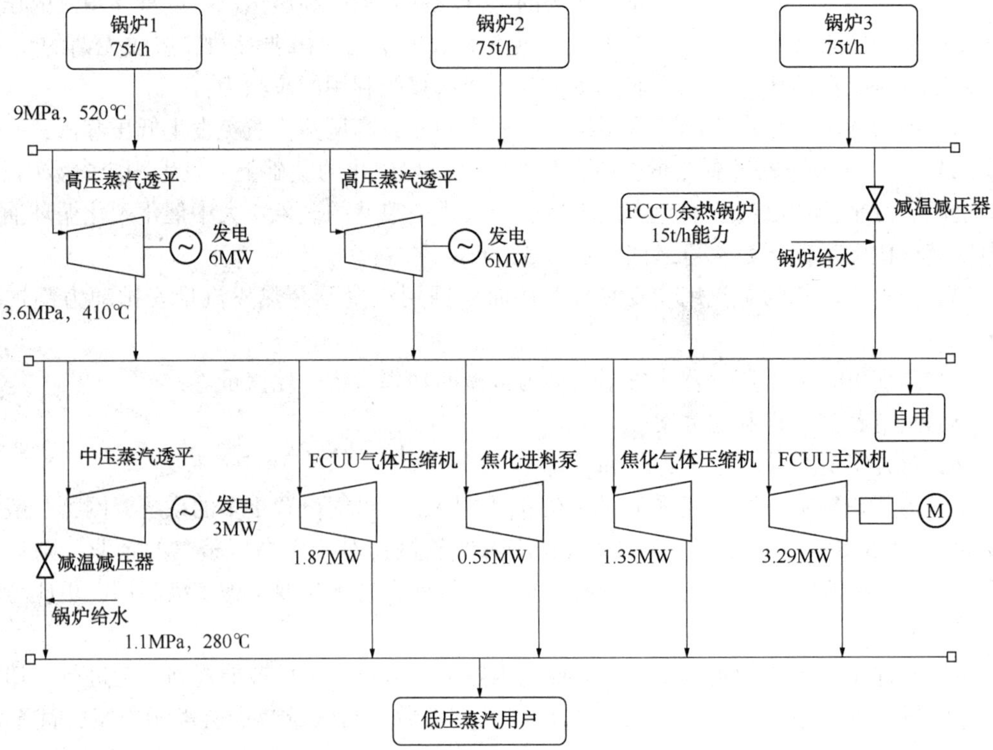

图 9-8 某炼油厂蒸汽动力系统

参 考 文 献

[1] 华贲，陈安民．炼厂散热的实用计算和经济分析[J]．石油炼制，1984(2)．
[2] 华贲，陈安民，等．寒冷地区炼厂节能的几个问题[J]．石油炼制，1987(7)：37-40.
[3] 华贲，陈安民．负荷率对装置能耗影响的分析及估算方法[J]．石油炼制，1987(1)．
[4] 炼油技术改造情报调查：原油蒸馏装置[M]．石油部科技情报所，1983.
[5] 对外技术交流资料(油气加工)[J]．石油部科技情报所编印，1981，11.
[6] 减压蒸馏装置基准能耗[J]．炼油工艺技术中心站，1984.
[7] 华贲．工艺过程用能分析及综合[M]．北京：烃加工出版社，1989.
[8] Fishel，F. D. Howe，C. D. Hydrocarbon processing. 1979，58(9)：231-236.
[9] 陈安民，田慧．应用基准能耗评价装置的用能水平[J]．石化节能通讯，1990(3)．
[10] 张伯嗣，刘立．发展系统分析方法、提高过程设计水平[J]．石油炼制，1990(4)：37.
[11] 赵玉珍，姜宝成．换热器的㶲效率分析，第五届热力学第二定律分析学术会议，秦皇岛，1990，7.
[12] 杨东华．㶲分析与能级分析[M]．北京：科学出版社，1986.
[13] 陈安民，张钧正．茂名石油工业公司一蒸馏装置用能分析[J]．炼油设计，1989(4)：42-48.
[14] 陈安民．石油化工过程用能分析三环节模型的改进[J]．石油化工，1990(2)．
[15] 翁巧婵．浅淡化肥装置的节能途径[J]．石化节能通讯，1990(2)：14.
[16] 陈安民．㶲分析在常减压装置节能中的应用[J]．常减压蒸馏，1989(1)：33.
[17] 陈安民．流体输送的经济管径和经济保温厚度[J]．石油炼制，1986(10)：12.
[18] 施宝昌，等．炼油厂常减压中段回流返塔最优化[J]．石油炼制，1985(7)：12.
[19] 金振铎．铂重整-加氢联合装置用液力透平回收余能[J]．石化节能通讯，1990(2)：9-10.

[20] 张洪钧．关于液力透平回收能量的几个问题[J]．炼油设计，1987(1)：34.
[21] 张金华．驰放气余压发电能量利用装置[J]．石化节能通讯，1989(1)：14-15.
[22] 宋小文，史美声．窄点设计法在常减压蒸馏装置上的应用[J]．炼油设计，1990(5)：55，65.
[23] 陈安民．石油化工装置节能改进的方法和途径[J]．石油炼制，1991(4).
[24] 陈安民，李昆．燃气轮机-加热炉联合系统的热力学分析[J]．炼油设计，1988(4)：55-62.
[25] 沈佩琪，毛树梅．溴化锂水吸收式制冷[J]．炼油设计，1986(2).
[26] 炼油技术改造情报调查：炼油厂低温热利用[M]．中国石化总公司情报所，1985.
[27] 炼油技术改造情报调查：原油蒸馏装置[M]．中国石化总公司情报所，1983：25.

10 CO_2捕获和利用

摘 要 本章重点介绍在使用化石燃料、低碳和可再生能源的行业活动中的节能和二氧化碳减排。它涵盖了能源行业中 CO_2 生产、捕获、存储的主题。它还讨论了 CO_2 在化学工业中的应用。

本章使用了 10 个工业操作案例研究，涵盖了 CO_2 生成、捕获、输送、存储和应用等不同方面。通过详细的过程模拟来支持操作，并呈现结果供读者参考。这些案例是：通过酸性气体浓缩捕获天然气 CO_2-案例研究 1；级联酸性天然气 CO_2 捕获-案例研究 2；酸性气体浓缩与 CO_2 捕获-案例研究 3；使用 DEPG 溶剂单吸收塔捕获合成气 CO_2-案例研究 4；使用 DEPG 溶剂的双吸收塔捕获合成气 CO_2-案例研究 5；烟气 CO_2 使用 DEA 溶剂捕获-案例研究 6；烟气 CO_2 捕获使用氧气代替燃烧空气-案例研究 7；CO_2 脱水和压缩-案例研究 8；烟气 CO_2 捕获、压缩和脱水-案例研究 9；烟气低温 CO_2 捕获-案例研究 10。

本章讨论了低温技术新开发的 CO_2 捕获工艺。该工艺不需要接触液体，在 CO_2 凝华的上游设备和系统没有固体形成，这消除了对 CO_2 固体浆液输送设备的担忧。

关键词 CO_2 捕获；CO_2 利用；级联 CO_2 捕获；酸性气体浓缩；低温工艺；烟道气；天然气；合成气

如第 1.5 节所述，有 7 种温室气体，除 CO_2 外还包括其他温室气体，通常以碳为基础，以 CO_2 当量来衡量。

CO_2 的减缓/捕获是减缓全球变暖和气候变化最重要的因素之一。

从烟气和原始天然气中捕获 CO_2 受到多种因素的驱动：减少温室气体排放；将其用作制造化学产品的原材料；作为 CO_2 商品满足市场需求；强化油气回收，提高石油、天然气采收率等。

如第 1.5 节所述，任何消除化石燃料的努力都可实现 CO_2 排放的减少，然而，目前化石燃料仍然是能源供应的主流，在进行人类活动和保持生活水平的情况下，使用能源不可避免。可通过以下方式减轻和捕获 CO_2。

(1) 智能使用化石燃料，通过提高能量转换和利用效率，提高能量回收和再循环率，如本书前文所述。

(2) 使用低碳燃料代替高碳燃料。

(3) 使用清洁能源、可再生能源和核能代替化石燃料。

(4) 在制造其他化学品时以 CO_2 作为原料：

① 化肥，如碳酸氢铵、尿素、氨基甲酸铵等；

② 碳酸氢钠；

③ 甲醇代替一氧化碳。

(5) 通过 CO_2 捕获、压缩和储存或增强石油和天然气生产。

气候中和一词反映了其他温室气体在气候变化中的更广泛包容性，即使 CO_2 在温室气体中占主导地位，CO_2“净零”通常用于描述对脱碳和气候行动的更广泛、更全面的承诺。

碳抵消被定义为平衡 CO_2 排放与碳补偿——减少或消除温室气体排放或去除 CO_2 排放以进行再利用或储存以避免排放到大气中的过程。

如果排放的温室气体总量等于利用、避免或去除的总量，则两种效应可相互抵消，净排放量为“零”。可以通过转向产生更少温室气体的能源和工业流程来减少碳排放，从而向低碳经济过渡。转向使用可再生能源，如水力、风能、地热能和太阳能，以及核电，实现减少温室气体排放的目的。

10.1 提高燃油效率，使用低碳燃料和可再生能源

10.1.1 智能使用化石燃料，提高能源效率

能源是完成所有工业过程(如开采石油和天然气，炼油，化学品和食品加工)的驱动力。当使用化石燃料来保持各种生产过程以维持人类社会的生活水平时，需要以尽可能高的效率使用化石燃料。随着能源开采、生产和利用效率的提高，化石燃料需求可以减少，提高能源转换、利用、回收和循环利用过程的效率，将显著减少 CO_2 排放。本书介绍的所有节能方法和技术有助于温室气体减排。

10.1.2 使用低碳燃料代替高碳燃料

通常，化石燃料是存在于各种化学结构中的碳和氢元素的混合物。不同的化石燃料具有不同的碳氢比，煤和重油具有较高的碳氢比，因此它产生更多的 CO_2 以获得所需的生产驱动力。天然气和液化天然气具有较低的碳氢比，因此产生较低的 CO_2 排放。

根据 EIA 美国能源信息[13]表 1，典型的 CO_2 排放系数如表 10-1 所示。

表 10-1 固定燃烧的 CO_2 排放系数① $kgCO_2/MMBtu$

燃料类型	燃料	排放系数
煤	无烟煤	103.69
	褐煤	97.72
管道天然气②	加权全国平均指数(1029Â Btu/scf)	53.06
石油燃料③	中间馏分燃料(No.1，No.2，No.4 燃料油，柴油，家用加热油)	73.15
	喷气燃料(Jet A，JP-8)	70.88
	煤油	72.31
	重燃料油(No.5，No.6 燃料油)，船用燃料	78.8
	乙烷	59.59
	丙烷	63.07
	异丁烷	65.07
	正丁烷	64.95

续表

燃料类型	燃料	排放系数
石油燃料[3]	未指定的液化天然气	62.28
	炼油厂(蒸馏)煤气	64.2
	原油	74.54
	石油焦	102.12

注：① 所有因素均假定燃烧率为100%，但MSW的因素除外，MSW的燃烧率为98%。

② 美国能源信息管理局，DOE/EIA-0638(2006)《2008年美国温室气体排放文件》，2008年10月，表6-2，第183页。

③ 美国能源信息管理局，DOE/EIA-0638(2005)《2005年美国温室气体排放文件》，2007年10月，表6-1、表6-2、表6-4和表6-5。

从表10-1可以看出，煤和石油焦产生的CO_2排放量最高，而天然气、乙烷、丙烷和丁烷的CO_2排放量较低，一般来说，低碳化石燃料产生的CO_2排放量将比高碳燃料低20%~40%；因此对于任何新建和改扩建项目，选择燃料类型对减少CO_2起着非常重要的作用。优化燃料类型也为现有生产指明了转向低碳燃料的方向。

10.1.3 使用可再生能源和核能代替化石燃料

除了使用低碳燃料外，转向使用可再生能源，如水力、风能、地热能和太阳能，以及核电，可以减少温室气体排放。从理论上讲，可再生能源不产生CO_2排放，但是在准备使用可再生能源时，消耗的材料和设备可能需要使用化石燃料能源，但与可再生能源生产相比，这种辅助能源需求可以忽略不计。逐步用可再生能源取代现有的化石燃料将在中和CO_2排放方面发挥重要作用。

10.2 CO_2分布及其性质

10.2.1 CO_2分布类别

以能源行业为例，能源行业产生的CO_2分为以下几类：

1. 进料物流携带CO_2

CO_2是与化石燃料生产一起产生的，例如酸性天然气、石油和凝析油生产的伴生气体，所有这些CO_2都来自化石油气原料，在石油和天然气加工过程中，酸性气体(H_2S和CO_2)被去除并捕获，这占石油和天然气CO_2生产量的大部分。

酸性气体同时含有CO_2和H_2S，它通常被引导到硫黄回收装置回收硫黄，硫黄装置的尾气将被焚烧以满足环境要求，但是，作为惰性气体的CO_2将流经硫黄回收和尾气处理装置，对工厂性能影响较大，在某些情况下，酸性天然气中的CO_2含量高于H_2S含量，酸性气体浓缩和CO_2捕获的部分将大大有利于硫黄回收装置的运行。

对于石油和凝析油生产的伴生气，通常含有较高的CO_2和H_2S，许多石油生产设施将这种酸性气体注入到石油或气藏中，这可以最大限度地提高石油或天然气的产量，例如，KPO凝析油设施和TCO石油生产具有大型酸性气体回注系统，这些大型酸性气体回注系统需要400~600MPa的高操作压力。这种向储层注入的酸性气体通常是通过枯竭的石油井或气井来进行。一些石油和油田生产酸性气体，CO_2浓度较高，超过20%。

2. CO_2作为化学加工的副产品

从制氢厂、气化过程等产生过量的 CO_2，这种类型的 CO_2 通常是高浓度的 CO_2 流。炼油厂和沥青/重型升级设施中的制氢厂，化肥厂排放浓度超过 95%的 CO_2 流，这种类型的 CO_2 流可以直接重复使用或储存(通过压缩，脱水和储存)，而无须进一步将 CO_2 与剩余的气体分离。中浓度 CO_2 物流，如加氢厂 PSA 弛放气体，CO_2 含量为 40%~60%。

3. 化石燃料燃烧产生的烟气 CO_2

锅炉、工业加热炉、重整炉、转化炉、乙烯装置裂解炉、燃气轮机废气等产生的烟气，这类烟气 CO_2 在化工和能源工业中随处可见。

烟气中 CO_2 浓度低，因此捕获 CO_2 更为困难。但它将大大有助于减少 CO_2 排放，这是无法回避的减少温室气体的区域。

去除且回收的一些酸性气体被引导到硫黄回收装置，浓缩的 CO_2 将通过硫黄炉和尾气焚烧炉被再次稀释。其解决方案是浓缩酸性气体 H_2S 的含量，从而可以捕获 CO_2 并大大提高硫回收装置的性能。

CO_2 气体大多来自化石燃料燃烧烟气，CO_2 浓度主要取决于燃烧情况，对于使用燃烧空气作为氧化剂，CO_2 含量在 3%~15%的范围内。

对于较低的 CO_2 物流，CO_2 捕获是 CO_2 浓缩过程，CO_2 捕获的很大一部分是酸性天然气中酸性气体的去除过程，CO_2 和 H_2S 将同时去除，一些天然气工厂净化气体保留高达 3%的 CO_2，处理气体保持较高的销售利润。这种类型的酸性气体去除装置旨在去除 H_2S 并在规格范围内控制处理气体中的 CO_2。

有许多类型的 CO_2 捕获技术，如：①吸收；②富氧燃烧；③膜吸收；④低温回收；⑤吸附；⑥多相吸收；⑦化学循环燃烧；⑧钙循环。

用胺或 Selexol 物理溶剂吸收是目前加工厂中的主要捕获技术。Sulfinol、Benfield、Rectisol、Catacarb 工艺的 CO_2 去除和捕获在一些化工厂中也有应用。

10.2.2 CO_2 物理性质

根据维基百科信息，纯 CO_2 的相图如图 10-1 所示。

从图 10-1 可以看出，CO_2 压缩和储存将穿过气相，落在液相(<临界温度)或超临界液相中，这取决于压缩和冷却后 CO_2 物流的最终状态。例如，如果由空气冷却器或水冷却器冷却，温度可以达到 30~40℃，且 CO_2 物流处于超临界液体区域，在使用冷冻水的情况下，CO_2 物流终端温度将低于 28℃，CO_2 物流将处于液体状态；因此，注入邻近的回注井，需要多级压缩机，但最后一段可能是泵而不是压缩机。

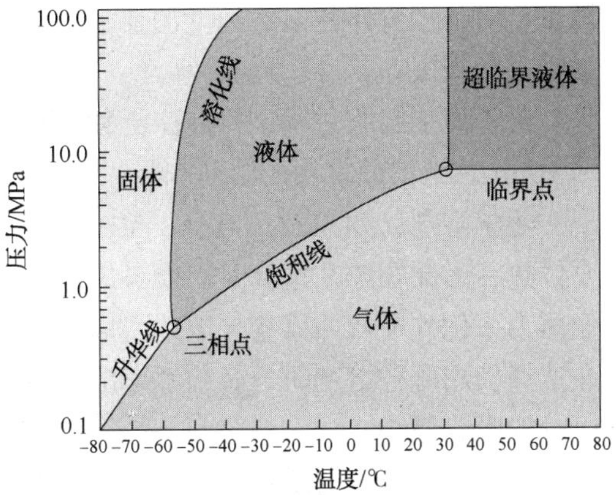

图 10-1 纯 CO_2 相图

实际回收的 CO_2 物流通常含有少量杂质，这些杂质会稍微改变相图。图 10-2 是对富氧燃烧 CO_2 捕获项目中 CO_2 质量分数为 95%的校正，两相临界温度为 28.56℃，临界压力为

78.4bar，临界凝结温度为28.61℃，临界凝结压力为78.6bar。

除了压缩和冷却之外，还可以根据实际 CO_2 物流组成设置脱水装置。

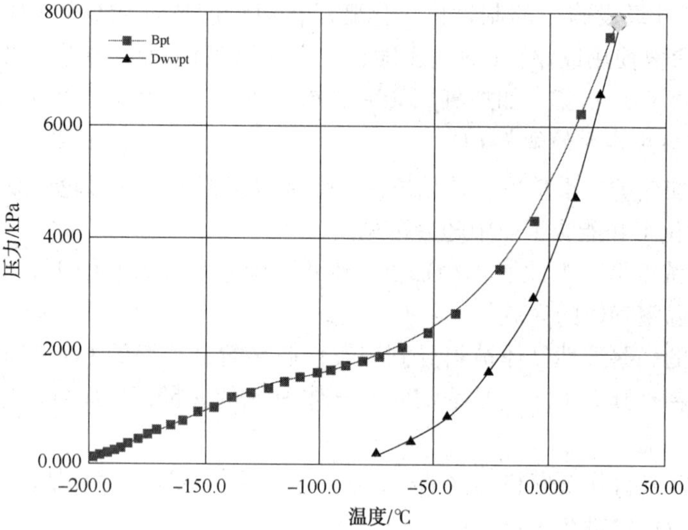

图 10-2 实际 CO_2 气流 95%CO_2BPT 和露点温度

10.3 CO_2 捕获方法

10.3.1 吸收溶剂

酸性气体去除过程很多，通常分为五类：化学溶剂吸收、物理溶剂吸收、吸附、膜分离和低温分馏。对于大部分 CO_2 捕获或酸性气体去除，与吸附和膜分离相比，溶剂吸收将更具成本效益；而低温工艺是一种有吸引力的新工艺，仍在开发中，它将具有最低的运营和投资成本。石油和天然气以及化学工业中最常用的 CO_2 去除/回收过程是吸收，包括化学溶剂吸收和物理溶剂吸收。

一般来说，溶剂的选择基于以下几个方面的考虑：技术可行性；对气体成分的选择性；再生；对处理气体的最终纯度的要求；资本和运营成本；对环境的污染；避免主要工艺成分被吸收而损失。

对于溶剂吸收过程，目前广泛使用的是化学溶剂、物理溶剂或混合(化学/物理溶剂)，图 10-3 总结了最常用的溶剂和吸收过程。

化学溶剂，如 MEA、DEA、MDEA 等，最常用于去除 H_2S 和 CO_2。由于富溶剂再生需要供热，因此在工艺选择时需要考虑运行和投资成本。由于物理溶剂(如 DEPG)在较高的操作压力下优先吸收污染物，因此可以通过减压再生富溶剂，从而最大限度地降低运营成本。在选择使用哪种溶剂时，必须考虑溶剂对污染物具有所需的选择性亲和力，并且对主要工艺组分的吸收最小。

通常，化学溶剂最适合在较低压力下，而物理溶剂则适用于较高的酸性气体分压。当需要高回收率的碳氢化合物气体时，化学溶剂通常在天然气加工中受到青睐，因为物理溶剂具有不可忽视的碳氢化合物气体共吸收。

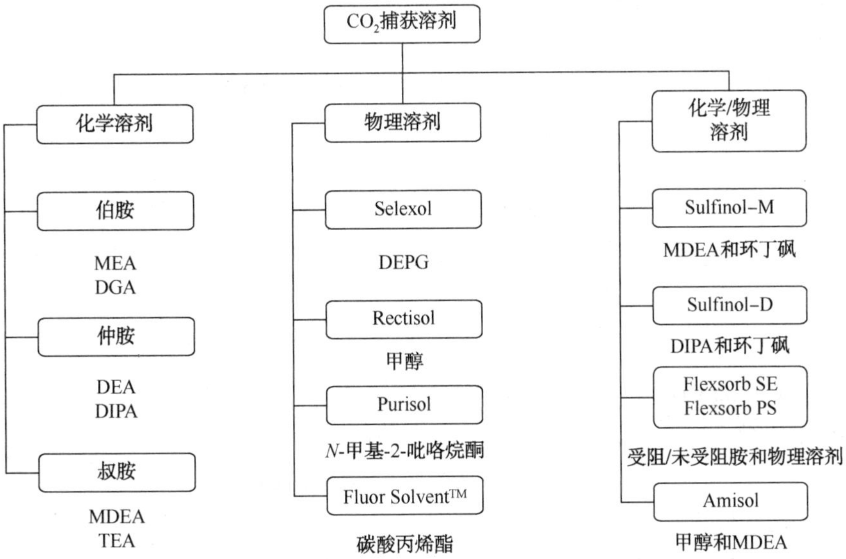

图 10-3 常用化学溶剂和物理溶剂

10.3.2 酸性气体去除/CO_2 捕获使用化学溶剂

1. 一般性考虑

胺广泛用于去除从天然气生产到燃烧加热炉和锅炉烟气中的 CO_2 捕获的各个领域中。

胺有多种分类，每种胺都具有与 CO_2 捕获相关的不同特征。例如，MEA 与 CO_2 等酸性气体反应强烈，在低 CO_2 浓度下，也具有快速反应和去除高百分比 CO_2 的强大能力。通常，MEA 可以从燃气加热炉、锅炉和燃煤电厂的烟气中捕获 90%以上的 CO_2，这是捕获 CO_2 最有效的溶剂之一。

然而，伯胺和仲胺，例如 MEA 和 DEA，将与 CO_2 反应并形成降解产物。入口烟气 O_2也会引起溶剂降解。降解的胺不再能够捕获 CO_2，这降低了整体碳捕获效率，因此需要安装降解产物回收器才能实现装置的稳定运行。

溶剂的选择高度依赖于待处理的原料气，原料成分和 CO_2 的分压，胺 CO_2 捕获的挑战包括：

（1）由于待处理气体压力低，CO_2 吸收困难；

（2）烟气中过量的 O_2引起的胺降解和酸的形成；

（3）伯胺仲胺的 CO_2 降解；

（4）再生和气体压缩的高能耗；

（5）用于工业或商业用途的 CO_2 纯度；

（6）去除的 CO_2 的处理。

吸收剂溶剂中的胺浓度也是胺 CO_2 捕获过程设计和操作中的重要参数。根据该装置选择以下四种胺中的其中一种，以及将处理哪些原料气以捕获 CO_2 或除去酸性气体，以下是一些典型的胺浓度[1]（以质量分数表示）：

（1）MEA：用于去除 H_2S 和 CO_2，通常为 20%MEA 溶剂；用于去除 CO_2，约 32%；

（2）DEA：去除 H_2S 和 CO_2，20%～25%；

（3）MDEA：去除 H_2S 和 CO_2，30%~55%；

（4）DGA：去除 H_2S 和 CO_2，约 50%。

在选择胺浓度时要考虑的另一个因素是 H_2S 和 CO_2 在所选胺中的相对溶解度。胺的类型将影响所需的胺溶液循环流量，再生器的再沸器负荷以及根据需要选择单独去除 H_2S 或单独去除 CO_2。

对于化学溶剂和物理溶剂，CO_2 的分压是将 CO_2 转移到溶剂中的驱动力。在 CO_2 的低分压下，实现 CO_2 捕获目标通常需要对化学溶剂进行更高的再沸器负荷，这将导致更高的运营成本。

2. 胺吸收化学

通常，胺酸性气体(H_2S，CO_2)的去除化学反应是

伯胺-MEA 化学反应：

$$C_2H_7NO,\ R_1H—N—H,\ R_1=CH_3CH_2OH$$

仲胺-DEA 化学反应：

$$C_4H_{11}NO_2,\ R_1R_2N—H,\ R_1=CH_3CH_2OH,\ R_2=CH_3CH_2OH$$

叔胺-MDEA 化学反应：

$$C_5H_{13}NO_2,\ R_1R_2R_3N,\ R_1=CH_3CH_2OH,\ R_2=CH_3CH_2OH,\ R_3=CH_3$$

胺分两步去除 H_2S 和 CO_2：

（1）气体溶解在溶剂中(物理吸收)

（2）溶解气体(弱酸)与弱碱性胺反应

H_2S 反应

$$H_2S \longleftrightarrow H^+ + HS^- \tag{10-1}$$

$$R_1R_2R_3N + H_2S \longleftrightarrow R_1R_2R_3NH^+ + HS^- \tag{10-2}$$

CO_2 以两种方式与胺(与水)反应：

$$CO_2 + H_2O \longleftrightarrow H^+ + HCO_3^- \tag{10-3}$$

$$CO_2 + H_2O + R_1R_2R_3N \longleftrightarrow R_1R_2R_3NH^+ + HCO_3^- \tag{10-4}$$

CO_2 反应速率比 H_2S 反应慢得多。

3. 典型的胺吸收过程

酸性气体通常是来自气田的天然气和来自油田或凝析油田的伴生气。

通过胺吸收过程去除 H_2S 和 CO_2 在两个独立的部分完成。当原料气进入除碳段时，硫含量为 0。

典型的化学溶剂吸收过程如图 10-4 所示。各个 CO_2 捕获过程因原料气条件、处理气体规格、所选溶剂等而略有不同。

酸性进料气被送入液体分离器中以除去任何夹带的液体或颗粒(如果有的话)，然后送入胺吸收塔的底部。吸收塔可以是板式塔或填料塔，由于填料塔吸收容量高和施工材料选择范围广，通常成为首选。

然后，进料气向上流动，逆流接触贫溶剂溶液，该溶剂溶液被引入胺吸收器的顶部。处理后的气体符合 CO_2 和 H_2S 的产品气规格，并作为销售产品从塔的顶部出口到下游设施或天然气管网。将富溶剂与吸收的 CO_2 或酸性气体在减压下引导至闪蒸罐，闪蒸气可被引导

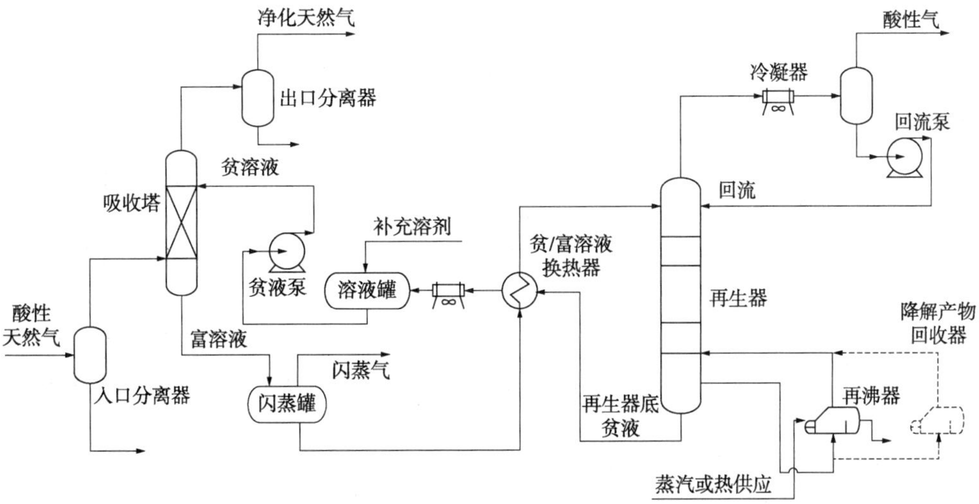

图 10-4 典型化学吸收工艺流程图

至燃气系统使用。

闪蒸的富溶剂被送到贫胺/富胺热交换器以提高溶剂温度，然后进入再生器使用再沸器进行再生，从再生器底部排出的再生贫胺液进入贫胺/富胺热交换器以回收物流热量，然后通过冷却器进一步冷却贫胺溶剂，将冷却后的贫胺液泵送到吸收器的顶部，完成溶剂回收。贫胺溶剂浓度和回收率将通过补充新鲜胺液进行监控和维护。

由于 CO_2与胺的副反应形成热稳定盐，在正常运行时会发生溶剂降解；因此，基于伯胺的系统通常需要降解产物回收器，例如 MEA 和 DGA，仲胺系统可能也需要安装降解产物回收器；降解产物回收器有助于从溶液中去除降解产物，即热稳定盐、悬浮固体、酸和铁化合物。

去除的酸性气体（CO_2 和 H_2S）通常以两种方式处理，一种是重新注入储层以增强石油和天然气产量，从而降低 CO_2 的产生；另一种是被引导到硫回收装置以回收 H_2S 并产生硫副产品、CO_2 最终在硫黄回收过程中主燃烧器和尾气焚烧炉的运行过程中用助燃空气稀释，它并没有减少 CO_2。

对于 CO_2 捕获和酸性气体 H_2S 浓缩，可以安装另一个设施来捕获 CO_2 并浓缩 H_2S，这不仅可以捕获 CO_2，还可以有利于硫回收装置的操作运行。

10.3.3 使用物理溶剂去除酸性气体和捕获 CO_2

1. 一般性考虑

物理溶剂也广泛用于 CO_2 捕获和酸性气体去除，它主要用于净化酸性气体含量较高（分压较高）的原料气，但由于 C_2+烃类气体的溶解性不可忽略，它可能不适用于天然气流。

如图 10-3 所示常用的化学和物理溶剂，有许多物理溶剂在 CO_2 捕获或酸性气体去除过程中非常流行，例如 DEPG（Selexol™或 Coastal AGR）、NMP（Purisol）、甲醇（Rectisol）和碳酸丙烯酯（氟溶剂™）。

物理溶剂通常可以通过降低压力来去除杂质，而无需额外的供热需求；此外，物理吸收过程具有以下优点：

(1) 用惰性汽提气体代替再沸器在低温下再生，需要很少或不需要能量；

(2) 富溶剂可设置为多级闪蒸至低压；

(3) 一般而言，物理溶剂能够除去 COS、CS_2和硫醇有机硫化合物；

(4) 由氧气和 CO_2 引起的溶剂降解是可控的；

(5) 一些物理溶剂(如 DEPG)充当脱水剂，这可以免去额外的脱水器；可能需要额外的设备和额外的能量来干燥溶剂；

(6) 这些过程可以在环境温度或较低温度下运行，以提高酸性气体的溶解度。由于溶剂蒸气压低，化学损失很低；

(7) 溶剂相对无腐蚀性，因此可以使用碳钢。

物理溶剂将从气流中吸收较重烃，导致酸性气流中的碳氢化合物含量高，并可能产生显著的碳氢化合物损失。这一缺点限制了其在天然气加工中的应用。

它适用于以下情况：

(1) 原料气中较重烃浓度低；

(2) 去除大部分酸性气体；

(3) 选择性去除 H_2S。

不同的物理溶剂需要不同的工艺，例如，由于甲醇的高蒸气压，甲醇工艺在极低的温度(<-50℃，随待处理操作压力变化)下运行，需要制冷系统。

来自多级闪蒸罐的闪蒸气体的 CO_2 含量较高，可以收集以供直接重复使用或储存。

溶剂吸收酸性气体的能力随着温度的降低而增加。

2. 气体在物理溶剂中的溶解度

Barry Burr 和 Lili Lyddo 在物理溶剂表[3]中提供了相对于 CO_2 的气体溶解度，而 Aspen tech 也做了同样的工作，但使用了 DEPG 溶剂中相对于 CH_4 的溶解度。

表 10-2[2]汇总了 Aspen Tech 给出的 DEPG 中气体相对于 CH_4 的溶解度。

表 10-2 物理溶剂中气体相对于 CH_4 的溶解度(DEPG)

组分	相对于 CH_4 溶解度	组分	相对于 CH_4 溶解度
H_2	0.2	COS	35
N_2	0.3	NH_3	73
CO	0.43	H_2S	134
CH_4	1.00	CH_4S	340
C_2H_6	7.2	CS_2	360
CO_2	15.2	SO_2	1400
C_3H_8	15.4	C_2H_2S	8200
i-C_4H_{10}	28	H_2O	11000
n-C_4H_{10}	36	HCN	19500

从表 10-2 可以看出，C_2H_6 具有 7.2 倍的 CH_4相对溶解度，C_3H_8 具有与 CO_2 相当的溶解度，甚至 CH_4 的相对溶解度也比 H_2高 5 倍，烃类在物理溶剂中的溶解度随着烃的分子量

的增加而增加。因此，C_2H_6 以上的碳氢化合物在很大程度上被吸收，并与酸性气体一起从溶剂中闪蒸。在较低的压力下，物理溶剂工艺对于含有大量 C_2H_6 以上碳氢化合物的天然气加工通常不经济。因此，物理溶剂不适合天然气加工，但物理溶剂非常适合合成气 CO_2 的捕获。在压力升高至 10bar 以上，从烟气中捕获 CO_2 是可行的。

从表 10-2 中，可以看到硫醇、COS、CS_2和 SO_2在这种物理溶剂中的溶解度非常高。因此，这些化合物与酸性气体在一起很大程度上会被除去。

3. 典型的物理溶剂(DEPG)吸收过程

(1) 单吸收塔工艺

对于含有 CO_2 的酸性气体与微量的 H_2S，单吸收塔就足够了，典型的单吸收塔 DEPG 物理溶剂吸收工艺如图 10-5 所示。

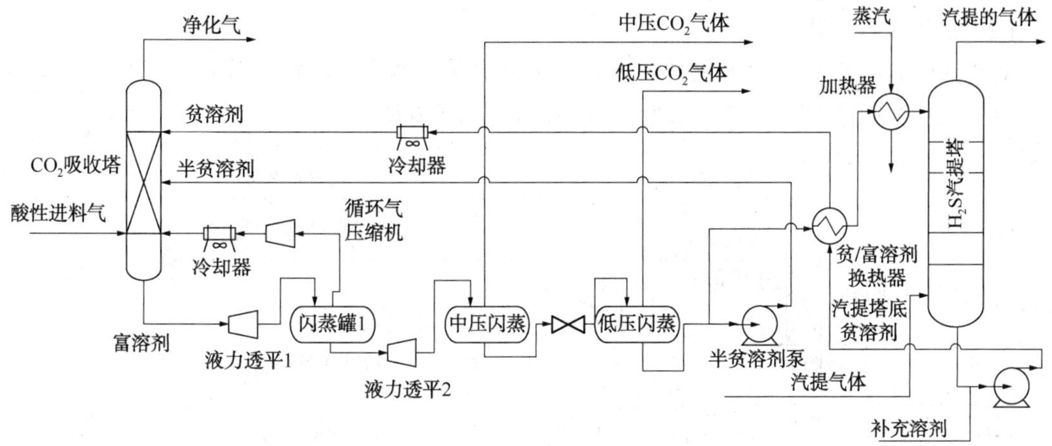

图 10-5 典型的单吸收塔物理溶剂(DEPG)吸收工艺流程图

单吸收塔工艺可用于以下场景：

① 原料气具有不含 H_2S 的大量 CO_2气体含量；

② 进料中较低的 H_2S 含量已达到处理气体规格；处理后，产品气和酸性气体均符合 H_2S 规格；

③ H_2S 和 CO_2 含量均较高，不需要硫回收，酸性气体将用于回注储层以增强石油或天然气产量。

将原料气送入液体分离器中以除去任何夹带的液体或颗粒(如果有)，然后送入吸收塔的底部。吸收塔可以是板式塔或填料塔，由于填料塔高容量和更广泛的材料选择范围，填料塔通常是首选。

然后，原料气向上流动，逆流接触贫溶剂溶液中，该溶剂溶液被引入吸收器顶部的一个或多个入口中。处理后的气体符合 CO_2 和 H_2S 的产品气规格，并作为销售产品从塔的顶部出口到下游设施或产品气管网。将吸收 CO_2 或酸性气体的富溶剂予以减压引导至多级闪蒸罐，在进入闪蒸罐 1 之前，通过液力透平回收较高压力的富溶剂能量以回收功，闪蒸罐 1 的压力应设置为完全闪蒸主气流(CH_4或 H_2)，来自闪蒸罐 1 的闪蒸气体将被压缩，冷却并送回吸收器，然后通过第 2 个液力透平进一步回收富溶剂的高压能量，然后流到中压闪蒸罐和低压闪蒸罐，中压闪蒸罐压力在 3~6bar 左右运行，可将中压 CO_2 气体引导至下游的 CO_2 压缩单元 CO_2 气体压缩机的第二段，以降低 CO_2 气体压缩的功率需求。低压闪蒸罐通常在 0.5barg 压力下运行，以完全闪蒸 CO_2 气体。

根据进料气的 H_2S 含量，确定是否需要汽提塔。若需要，优选闪蒸气体以减少汽提气需求。通常将闪蒸气体分流，取约 20%~30%的闪蒸气用于汽提塔汽提，从汽提塔底部的贫溶剂被引到贫/富溶剂热交换器，然后通过冷却器冷却到所需的温度；然后进入吸收器的顶部。剩余的半贫溶剂(闪蒸后)被泵送到吸收器贫溶剂入口下方位置。

物理溶剂再生是通过在多级降低压力来完成的，除非需要对 H_2S 或 CO_2 进行深度净化，在这种情况下，将使用汽提塔。

当 H_2S 大量存在时，通常需要热再生来完成，彻底剥离所需的溶剂，以达到严格的 H_2S 纯度要求。

(2) 双吸收器工艺

对于同时含有 CO_2 和 H_2S 的酸性气体，通常会考虑两个吸收塔，分别用于 H_2S、CO_2 吸收，典型的双吸收塔 DEPG 物理溶剂吸收工艺如图 10-6 所示。

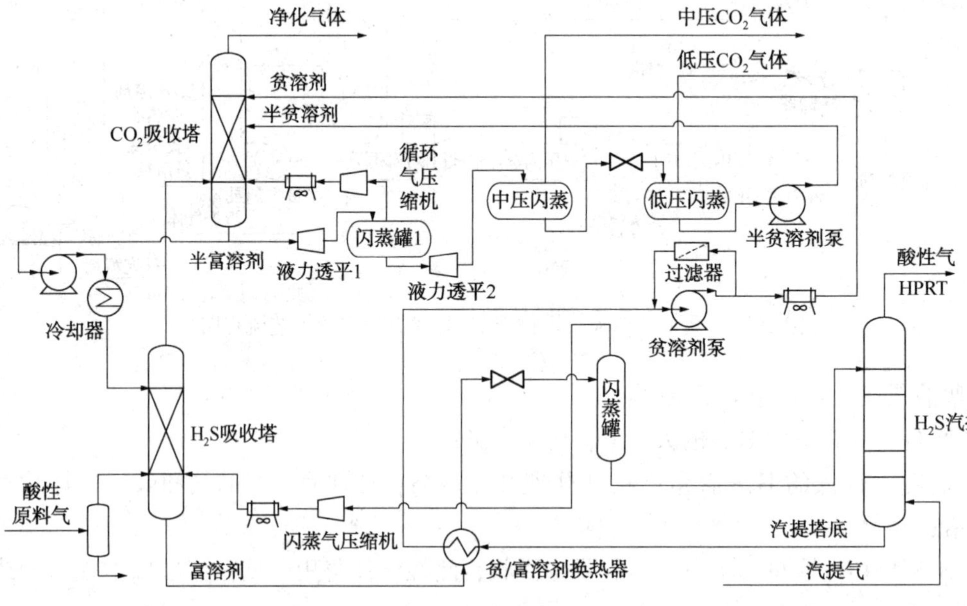

图 10-6 典型的双吸收塔物理溶剂(DEPG)吸收工艺流程图

除了单吸收塔工艺描述外，双吸收塔工艺还提供了单独去除 H_2S 和 CO_2 的能力。

将原料气送入液体分离器以除去任何夹带的液体或颗粒(如果有)，然后送入 H_2S 吸收塔的底部。然后，进料气向上流动，逆流接触半富溶剂溶液，该溶液被引入到吸收器的顶部。来自 H_2S 吸收器的气体被引导到 CO_2 吸收塔以完全捕获 CO_2，然后向上流动，逆流接触依次流向半贫和贫溶剂，来自 CO_2 吸收塔的处理气体符合 CO_2 和 H_2S 的产品气体规格，并流出塔的顶部到下游设施或网格作为销售产品。将吸收 CO_2 或酸性气体的半富溶剂分流(20%~30%)并送至 H_2S 吸收塔，其余部分被减压送至多个低压闪罐，在进入闪蒸罐 1 之前，较高压力的富溶剂通过液力透平回收液体动力，闪蒸罐 1 的压力应设置为完全闪蒸主气流(CH_4或 H_2)，来自闪蒸罐 1 的闪蒸气体将被压缩，冷却并送回 CO_2 吸收塔，然后液体溶剂将流过液力透平 2 以进一步回收富溶剂功率，然后送至中压闪蒸罐和低压闪蒸罐，中压闪蒸罐在 3~6bar 左右运行，可将中压 CO_2 气体输送至下游的 CO_2 气体压缩机的第二段，以降低 CO_2 气体压缩的功率需求。低压闪蒸罐通常在 0.5barg 压力下运行，以完全闪蒸 CO_2 气体。然后将闪蒸的半贫溶剂用机泵送回贫溶剂入口下方位置的 CO_2 吸收塔。

来自 H_2S 吸收塔的富溶剂被输送到贫溶剂/富溶剂热交换器，然后到 H_2S 汽提塔，来自汽提塔底部的贫溶剂依次通过贫/富溶剂热交换器换热，经过贫溶剂泵和冷却器达到所需的压力和温度进入 CO_2 吸收塔的顶部。

溶剂吸收酸性气体的能力随着温度的降低而增加。温度降低会降低循环速率，从而降低运营成本。CH_4、H_2和 CO 的溶解度随温度变化不大，因此酸性气体的吸收更具选择性。

10.4 酸性天然气 CO_2 捕获

本节介绍从酸性天然气和酸性气体中捕获 CO_2 的案例研究，这些案例研究结合了详细的工艺模拟结果；第 10.5 节和第 10.6 节分别介绍合成气和烟道气 CO_2 捕获案例，并呈现了案例研究的模拟结果；这些案例都涵盖了大多数 CO_2 捕获场景。为读者是提供了可行性研究结果作为参考；但是，有些工艺可能是知识产权保护工艺，对于相关项目，应相应地联系相关许可方。

酸性气体包括天然气、油田采出气、炼油气等，含有 H_2S 或 CO_2 或两者兼而有之，主要含有 CO_2 和/或 H_2S 的气体称为酸性气体；目前，从酸性天然气气体中除去的酸性气体被输送到硫黄回收单元，以满足 SO_2排放的严格环境要求；CO_2 通常作为惰性气体流经硫黄回收装置和尾气处理单元，最终在用燃烧气体稀释后排放到大气中，因此，酸性气体中的 CO_2 并没有被捕获。

酸性气体中的 H_2S 和 CO_2 含量变化很大，对于 H_2S 含量较高、CO_2 含量较低的酸性气体，除去的酸性气体可以直接到硫黄回收单元；但是，对于较低的 H_2S 和较高的 CO_2 含量酸性气体，则需要浓缩酸性气体中的 H_2S。

因此，酸性天然气气体 CO_2 捕获的操作需要单独分离 CO_2 和富 H_2S 酸性气体，可以根据选择的溶剂和工艺由两个溶剂回路组成。

10.4.1 通过酸性气体浓缩捕获天然气 CO_2——案例研究 1

这种酸性天然气同时含有较高浓度的 H_2S 和 CO_2，除去的酸性气体可能不是理想的 H_2S/CO_2 比例原料去硫黄回收单元，酸性气 H_2S 浓缩与 CO_2 捕获将提高硫回收单元的操作性能；因此，天然气 CO_2 捕获通常将包括两个步骤，使用 DEA 去除 H_2S 和 CO_2，然后使用 MDEA 溶剂进行 H_2S 浓缩和 CO_2 捕获。

选择 DEA 化学溶剂是因为它具有很高的脱除 CO_2 和 H_2S 的能力，与溶剂 MEA 相比，CO_2 引起的降解要温和得多。

10.4.1.1 气体成分和产品规格

某天然气厂处理一种产能为 2500kmol/h 的酸性原料天然气，酸性天然气分别含有 10.9%和 9.7%的 CO_2 和 H_2S，酸性原料气组成见表 10-3。

表 10-3 酸性气体脱除装置的酸性原料气组成

摩尔流量/(kmol/h)	2500.0
质量流量/(kg/h)	53444.2
分子量	21.38
组成(摩尔分数)	
H_2O	0.00%
CO_2	10.91%
H_2S	9.71%
CH_4	76.02%
C_2H_6	2.96%
C_3H_8	0.50%

大部分产品天然气将直接输送到销售燃气管道，一小部分产品天然气将作为燃料气用于工厂内部。处理后的天然气规格对于 H_2S 设定为不高于 4×10^{-6}，对于 CO_2，规格设定为摩尔分数不高于 2%。

10.4.1.2 工艺描述

使用 DEA 和 MDEA 溶剂捕获酸性天然气 CO_2 的工艺流程图如图 10-7 所示。

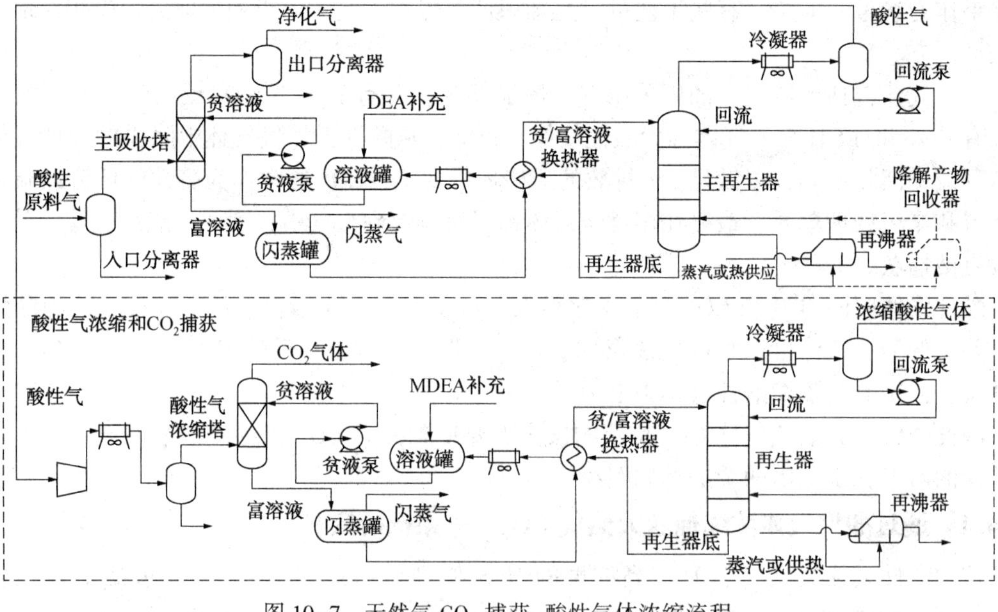

图 10-7 天然气 CO_2 捕获-酸性气体浓缩流程

1. 酸性气体脱除

将酸性天然气送入液体分离器以除去夹带的液体或颗粒(如果有的话)，然后送入胺吸收塔底部；气体向上流动，逆流接触贫溶剂溶液，该溶剂溶液被引入胺吸收器的顶部。处理后的气体符合 CO_2 和 H_2S 的产品天然气规格，并作为销售产品从塔的顶部流出送到下游设施或天然气管网。将吸收酸性气体的富溶剂在减压下引至闪蒸罐，闪蒸气可被引导至燃气系统使用或与酸性气体系统合并。

闪蒸的富溶剂将被引导到贫/富胺热交换器以提高富溶剂温度，然后热交换的富溶剂进入再生器使用再沸器进行再生，从再生器底部排出的贫胺液进入贫/富胺热交换器以回收物流热，然后通过冷却器进一步冷却，冷却后的贫胺进入吸收器顶部，完成溶剂回收循环；贫溶剂浓度和回收率将通过新鲜胺补充进行监控和维持。

由于胺基体系中存在 CO_2 组分的溶剂降解，因此可能需要溶剂降解再生器来制备 DEA 溶剂，溶剂降解再生器有助于从溶液中去除降解产物，还有助于去除热稳定盐、悬浮固体、酸和铁化合物。

2. 酸性气体浓缩和 CO_2 捕获

去除的酸性气体含有约 50%的 CO_2 和 47.6%的 H_2S，为了捕获酸性气体中的 CO_2，将安装额外的 CO_2 捕获和 H_2S 浓缩设施。本案例研究的 CO_2 捕获利用 MDEA 溶剂的优势，在其快速吸收 H_2S 时，酸性气体可分为 CO_2 气体和浓缩酸性气体。

来自主再生器的酸性气体压力约为 0.25MPa，为提高吸收效率，需要一台酸性气体压缩机来提升酸性气体压力，再将增压的酸性气体送入酸性气体浓缩器，向上流动，逆流接触贫 MDEA 溶剂，该溶剂被引入到酸性气体浓缩器的顶部。来自酸性气体浓缩器顶部的 CO_2 气体含有 98.7%的 CO_2，可以引导至 CO_2 管道使用或储存。

吸收酸性气体的富溶剂在减压下被引导到闪蒸罐中，闪蒸气体是一种酸性气体，它可以与浓缩酸性气体合并作为硫黄回收装置的进料。

闪蒸的富溶剂被引导到贫/富胺液热交换器，然后再进入再生器，浓缩酸性气体将与闪蒸气体合并被送到硫回收装置。从再生器底部排出的贫 MDEA 溶剂进入贫/富胺热交换器以回收物流热，然后通过冷却器进一步冷却，并泵送到浓缩器的顶部，完成溶剂回收循环。

10.4.1.3 工艺模拟预物热平衡

1. 酸性气体去除

使用商业模拟器构建了模拟模型，图 10-8 是典型的 HYSYS 模拟流程图，使用 DEA+MDEA 溶剂捕获酸性天然气 CO_2。

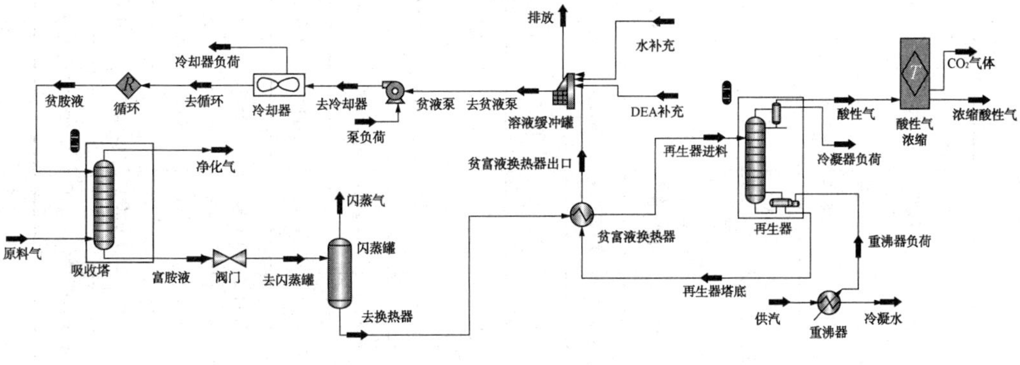

图 10-8 利用 DEA 溶剂去除天然气酸性气体模拟图

物热平衡关键工艺物流数据如表 10-4 所示。

2. 酸性气体浓缩

酸性气体浓缩的关键工艺物流数据如表 10-5 所示。

酸性气体浓缩的子流程模拟图如图 10-9 所示，显示了使用 MDEA 溶剂进行酸性气体浓缩的典型 HYSYS 模拟图。

表 10-4 案例研究 1 酸性气体去除物流数据

项目	原料气	贫胺液	净化气	富胺液	去闪蒸罐	闪蒸气	去换热器	再生器进料	酸性气	再生器塔底	换热器出口	CO_2 气体	浓缩酸性气
气相分率	1.000	0.000	1.000	0.000	0.001	1.000	0.000	0.005	1.000	0.000	0.000	1.000	1.000
温度/℃	37.8	35.0	35.3	60.3	60.6	60.6	60.6	93.3	35.0	130.7	98.5	40.6	35.0
压力/kPa	3618	3618	3535	3549	483	483	483	448	241	262	228	830	185
摩尔流量/(kmol/h)	2500	12900	1999	13401	13401	12	13390	13390	496	12893	12893	175	290
质量流量/(kg/h)	53160	293333	33631	312862	312862	287	312575	312575	19171	293405	293405	7657	10393
液体体积流量/(m^3/h)	136.2	287.2	109.2	314.2	314.2	0.6	313.5	313.5	26.2	287.4	287.4	9.3	15.2
分子量	21.3	22.7	16.8	23.3	23.3	24.4	23.3	23.3	38.6	22.8	22.8	43.7	35.8
摩尔分数(DEA)	0.0000	0.0541	0.0000	0.0520	0.0520	0.0000	0.0521	0.0521	0.0000	0.0541	0.0541	0.000000	0.0000
摩尔分数(H_2O)	0.0000	0.9453	0.0018	0.9097	0.9097	0.0401	0.9104	0.9104	0.0240	0.9446	0.9446	0.009232	0.0311
摩尔分数(CO_2)	0.1091	0.0003	0.0093	0.0193	0.0193	0.1660	0.0191	0.0191	0.4984	0.0007	0.0007	0.986679	0.2242
摩尔分数(H_2S)	0.0971	0.0003	0.0000	0.0184	0.0184	0.1830	0.0183	0.0183	0.4762	0.0007	0.0007	0.000046	0.7447
摩尔分数(CH_4)	0.7640	0.0000	0.9518	0.0006	0.0006	0.5858	0.0001	0.0001	0.0014	0.0000	0.0000	0.003875	0.0000
摩尔分数(C_2H_6)	0.0298	0.0000	0.0371	0.0000	0.0000	0.0251	0.0000	0.0000	0.0001	0.0000	0.0000	0.000168	0.0000
摩尔分数(C_3H_8)	0.0000	0.0000	0.0000	0.0000	0.0000	0.0000	0.0000	0.0000	0.0000	0.0000	0.0000	0.000000	0.0000

表 10-5 案例研究 1 酸性气体浓缩工艺物流数据

项目	低压酸性气	酸性气	贫胺液	CO_2 气体	富胺液	去闪蒸罐	闪蒸气	去换热器	再生器进料	浓缩酸性气	再生气底	去胺液泵
气相分率	1.000	1.000	0.000	1.000	0.000	0.006	1.000	0.000	0.039	1.000	0.000	0.000
温度/℃	35.0	35.0	40.0	40.6	69.2	66.5	66.5	66.5	98.9	35.0	122.0	71.7
压力/kPa	241	840	1618	830	840	267	267	267	267	185	200	200
摩尔流量/(kmol/h)	496	488	5037	175	5350	5350	32	5317	5317	290	5027	5037
质量流量/(kg/h)	19171	19019	129180	7657	140542	140542	1150	139392	139392	10393	128999	129180
液体体积流量/(m^3/h)	26.2	26.0	127.8	9.3	144.5	144.5	1.6	142.8	142.8	15.2	127.6	127.8
分子量	38.6	39.0	25.6	43.7	26.3	26.3	35.4	26.2	26.2	35.8	25.7	25.6
摩尔分数(MDEA)	0.0000	0.0000	0.0753	0.0000	0.0709	0.0709	0.0000	0.0714	0.0714	0.0000	0.075475	0.0753
摩尔分数(H_2O)	0.0240	0.0074	0.9242	0.0092	0.8706	0.8706	0.0926	0.8753	0.8753	0.0311	0.924043	0.9242
摩尔分数(CO_2)	0.4984	0.5069	0.0004	0.9867	0.0143	0.0143	0.2848	0.0126	0.0126	0.2242	0.000382	0.0004
摩尔分数(H_2S)	0.4762	0.4843	0.0001	0.0000	0.0443	0.0443	0.6226	0.0407	0.0407	0.7447	0.000100	0.0001
摩尔分数(CH_4)	0.0014	0.0014	0.0000	0.0039	0.0000	0.0000	0.0000	0.0000	0.0000	0.0000	0.000000	0.0000
摩尔分数(C_2H_6)	0.0001	0.0001	0.0000	0.0002	0.0000	0.0000	0.0000	0.0000	0.0000	0.0000	0.000000	0.0000
摩尔分数(C_3H_8)	0.0000	0.0000	0.0000	0.0000	0.0000	0.0000	0.0000	0.0000	0.0000	0.0000	0.000000	0.0000

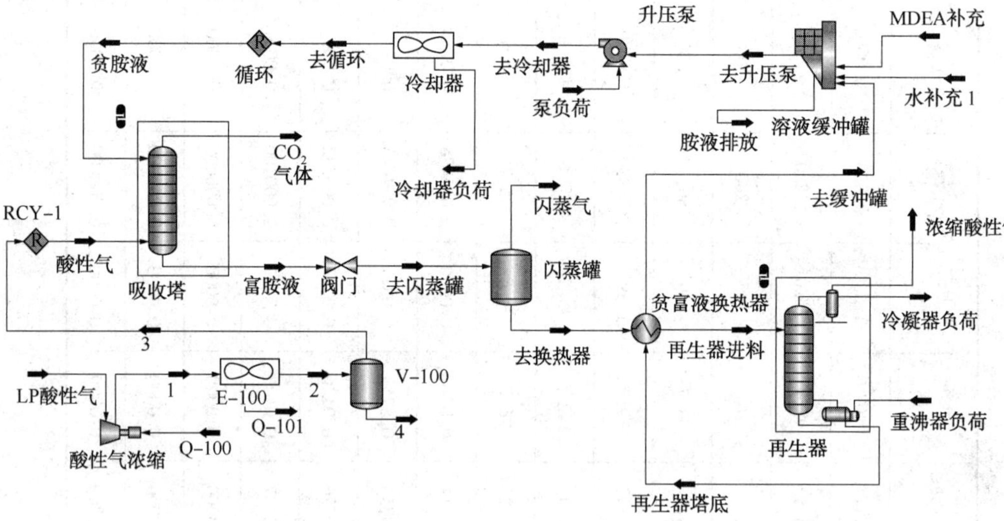

图 10-9 使用 MDEA 溶剂的酸性气体富集模拟图

10.4.1.4 结果和建议

根据模拟结果，DEA 化学溶剂能够同时去除本案例研究的 CO_2 和 H_2S，整体单元操作性能总结如表 10-6 所示。

表 10-6 案例研究 1 整体操作性能

项目	数值	单位	项目	数值	单位
原料气摩尔流量	2500	kmol/h	富胺酸性气量	0.7240	
原料气 CO_2 摩尔分数	10.91	%	胺强度	25	%
原料气 H_2S 摩尔分数	9.71	%	胺再循环流量	285	m^3/h
处理气体 CO_2 组成	0.9299	%	CO_2 气体质量流量	7657	kg/h
处理气体 H_2S 组成	2.09	10^{-6}	CO_2 气体质量流量(CO_2)	7616	kg/h
酸性气体质量流量	19171	kg/h	CO_2 气体摩尔分数(CO_2)	98.67	%
酸性气体摩尔流量	496	kmol/h	浓缩酸性气体 CO_2	22.42	%
酸性气体质量流量(CO_2)	10888	kg/h	浓缩酸性气体 H_2S	74.47	%
酸性气体摩尔分数(CO_2)	49.84	%	浓缩酸性气体摩尔流量	290	kmol/h
酸性气体摩尔分数(H_2S)	47.62	%	酸性气体 CO_2 捕获	70	%

根据模拟结果，MDEA 化学溶剂能够从酸性气体中除去 CO_2，即 MDEA 可以除去所有的 H_2S 和部分 CO_2，未吸收的气体将是含有 98.7%CO_2 的 CO_2 气体；酸性气体的浓缩操作性能总结见表 10-7。

由表 10-6 可知，使用 DEA 溶剂，可以达到 H_2S 摩尔分数为 2.1×10^{-6} 和 CO_2 摩尔分数为 0.93%，即可达到销售气体质量规范；贫溶剂循环流量为 290m^3/h，DEA 强度质量分数为 25%，富胺 DEA 负载量为 0.724mol 酸性气体/mol 胺。酸性气体中的 H_2S 和 CO_2 的摩尔分数分别为 47.6%和 49.8%。

表 10-7 案例研究 1 酸性气体浓缩性能

项目	数值	单位	项目	数值	单位
酸性气体摩尔流量	488.0	kmol/h	富酸性气体摩尔流量	290.2	kmol/h
酸性气体 H_2S 摩尔分数	0.4843		浓缩集酸性气体摩尔分数(CO_2)	0.2242	
酸性气体 CO_2 摩尔分数	0.5069		浓缩集酸性气体摩尔分数(H_2S)	0.7447	
酸性气体质量流量(CO_2)	10887.4	kg/h	贫胺酸性气体摩尔分数	0.0063	mol/mol
CO_2 气体质量流量	7615.7	kg/h	富胺酸性气体摩尔分数	0.8252	mol/mol
CO_2 气体 H_2S 含量	45.9	10^{-6}	胺强度质量分数	35	%
CO_2 气体 CO_2 摩尔分数	98.7	%	贫胺液标准体积流量	125.0	m^3/h
浓缩酸性气体质量流量	10393	kg/h	CO_2 捕获的效率	70	%

从表 10-7 可以看出，使用 MDEA 溶剂进行酸性气体浓缩，浓缩酸性气体中的 H_2S 摩尔分数达到 74.47%，浓缩酸性气体中的 CO_2 摩尔分数下降到 22.4%，约 70%的 CO_2 被捕获，纯度为 98.7%。

CO_2 气体中 H_2S 含量可达 46×10^{-6}，贫 MDEA 溶剂循环流量约为 $125m^3/h$，MDEA 强度为 35%；如果 CO_2 气体用于化学用途，则通过调整溶液循环流量可以达到 4×10^{-6}或更低的 H_2S 含量，达到的富胺负荷为 0.825mol 酸性气体/mol 胺。

因此，使用 DEA 和 MDEA 溶剂能够除去酸性气体并捕获约 60%～80%酸性气体中的 CO_2。

如果工厂有酸性天然气或酸性气体回注设施，则可能不需要 CO_2 捕获和酸性气体浓缩装置。来自主再生器的酸性气体同时含有 CO_2 和 H_2S，根据工厂的整体布置，它可以被送到硫黄回收装置或将其注入储层以提高石油或天然气采收率。

10.4.2 级联酸性天然气 CO_2 捕获——案例研究 2

案例研究 2 的天然气中含有 H_2S 和较高的 CO_2 含量，除去的酸性天然气中含有非常高的 CO_2 含量，这对于硫黄回收单元的硫黄炉操作将是困难的。案例研究将采用级联酸性气体去除方法，使用不同的溶剂和系统分两步除去酸性气体(H_2S 和 CO_2)和 CO_2；因此，天然气 CO_2 捕获通常包括两个步骤：选择 MDEA 化学溶剂作为吸收溶剂以除去所有 H_2S 和部分 CO_2；为增强 CO_2 捕获并保护溶剂免受热和氧化降解，将质量分数为 2%～5%的哌嗪与质量分数为 35%的 MDEA 溶剂混合，以捕获脱 H_2S 气体中的 CO_2。

哌嗪与胺共混物广泛用于工业碳捕获的 CO_2 去除，具有可以在典型的天然气或烟气条件下防止显著的热和氧化降解的优点。MDEA 和哌嗪(PZ)的热降解速率可以忽略不计，PZ 保护 MDEA 免受氧化降解。MDEA/PZ 溶剂混合物相对于 MDEA 和其他胺类溶剂的稳定性增加，为捕获给定量的 CO_2[4,5]提供了更强的能力。

10.4.2.1 气体成分和产品规格

某天然气厂处理一种产能为 5000kmol/h 的酸性原料天然气，酸性天然气同时含有 CO_2 和 H_2S，酸性天然气含有 13.12%的 CO_2 和 4.04%的 H_2S，酸性原料气的组成见表 10-8。

表 10-8 酸性原料气的组成

摩尔流量/(kmol/h)	2500.0
质量流量/(kg/h)	53444.2
分子量	21.38
组成(摩尔分数)/%	
H_2O	0.00
CO_2	13.12
H_2S	4.04
N_2	0.50
CH_4	75.70
C_2H_6	5.12
C_3H_8	0.51

大部分的产品气将直接输送到销售天然气管道，一小部分的产品气将用作工厂内部使用的燃料气。对于产品气体 H_2S 的摩尔分数规格设定为不高于 4×10^{-6}，对于 CO_2 含量，则摩尔分数低于 3%。

10.4.2.2 工艺描述

使用 DEA 和 MDEA 溶剂捕获酸性气体 CO_2 的工艺流程图如图 10-10 所示。

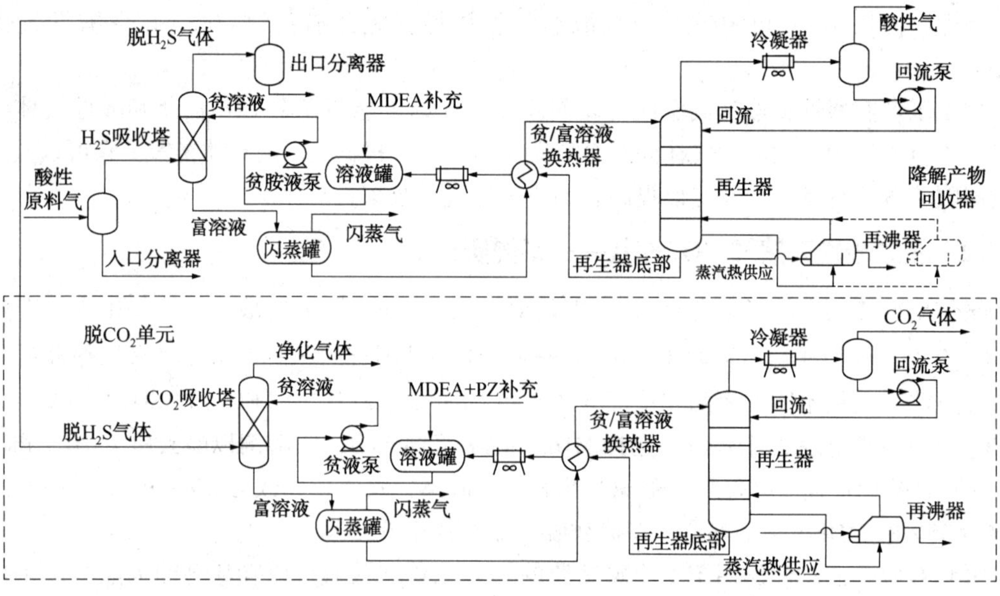

图 10-10 天然气级联 CO_2 捕获

1. H_2S 去除

本案例研究利用了 MDEA 溶剂快速吸收 H_2S 的特性，所有 H_2S 和部分 CO_2 都将从酸性原料气中分离出来。去除的酸性气体具有最佳的 H_2S 与 CO_2 比例，可作为硫回收装置的进料。

将酸性天然气送入液体分离器中以除去任何夹带的液体或颗粒(如果有的话)，然后送入 H_2S 吸收塔的底部；然后，气体向上流动，逆流接触贫 MDEA 溶剂溶液，该溶剂溶液被引入胺吸收器的顶部。所有 H_2S 和部分 CO_2 将被除去，脱 H_2S 气体从吸收塔顶部流出到 CO_2 去除部分。将吸收酸性气体富溶剂在减压下引导到闪蒸罐，闪蒸气体可以被引导到燃气系统中供使用或合并到酸性气体系统中。

闪蒸的富溶剂被送到贫/富胺热交换器以提高富溶剂温度，然后热交换的富溶剂进入再生器使用再沸器进行再生，从再生器底部排出的贫溶剂进入贫/富胺热交换器以回收热，然后通过冷却器进一步冷却贫溶剂，冷却后的贫胺进入吸收器顶部，溶剂回收回路完成；贫溶剂浓度和回收率将通过新鲜胺补充进行监控和维持。

2. 气体脱硫和 CO_2 去除

为了去除 CO_2 并满足销售气体规格，将使用 MDEA 和哌嗪溶剂。

贫溶剂被引入 CO_2 吸收器的顶部，脱 H_2S 气体含有约 11%的 CO_2 和微量的 H_2S，进入 CO_2 吸收器，脱 H_2S 气体然后向上流动，逆流接触贫溶剂。从 CO_2 吸收器顶部经过处理的气体符合 CO_2 和 H_2S 的产品天然气规格，并作为销售产品被送到燃料系统或天然气管网。

富溶剂在减压下被引导到闪蒸罐，闪蒸气体是一种燃料气体，它可以被引导到燃气系统中。

闪蒸的富溶剂被送到贫/富胺热交换器，然后进入再生器，来自再生器的 CO_2 气体被引导到 CO_2 气体处理系统，从再生器底部排出的贫溶剂进入贫/富胺热交换器以回收物流热量，然后贫溶剂通过冷却器进一步冷却，冷却后的贫胺进入吸收器顶部，完成溶剂回收循环回路。

10.4.2.3 工艺模拟与物热平衡

1. H_2S 去除

图 10-11 为使用 MDEA+哌嗪溶剂捕获酸性天然气级联 CO_2 的典型 HYSYS 模拟图。

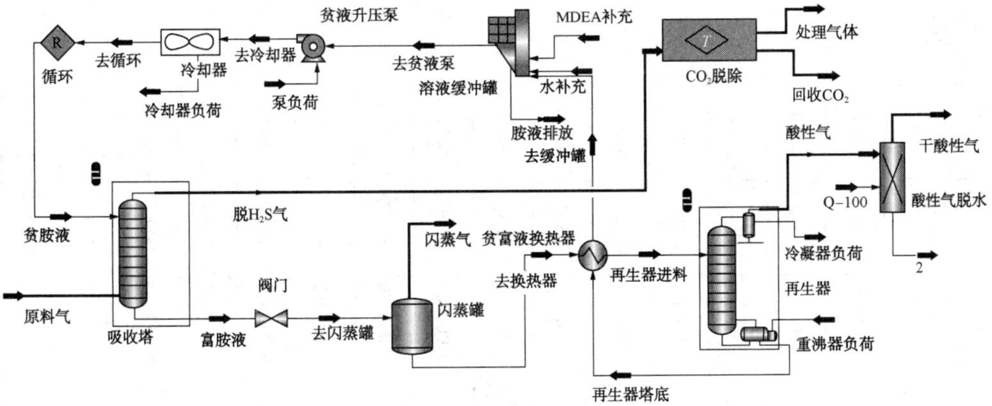

图 10-11 天然气酸性气体去除——脱 H_2S

脱 H_2S 部分的平衡关键物流数据如表 10-9 所示。

2. CO_2 去除

CO_2 去除部分的关键物流数据如表 10-10 所示。

图 10-12 为使用 MDEA 和哌嗪溶剂捕获酸性天然气 CO_2 的典型 HYSYS 模拟图。

表 10-9　天然气脱 H_2S 单元物流数据——案例研究 2

项目	原料气	贫胺液	净化气	富胺液	去闪蒸罐	闪蒸气	去换热器	再生器进料	酸性气	再生器塔底	去胺液罐	干酸性气	回收 CO_2	处理气体
气相分率	1.000	0.000	1.000	0.000	0.000	1.000	0.000	0.001	1.000	0.000	0.000	1.000	1.000	1.000
温度/℃	20.0	40.0	40.3	47.4	47.6	47.6	47.6	98.9	40.0	126.7	77.7	4.5	4.5	35.8
压力/bar	16.2	16.2	16.2	16.2	2.7	2.7	2.7	2.7	2.3	2.3	2.3	2.3	2.3	16.2
摩尔流量/(kmol/h)	5000	14507	4696	14810	14810	5	14805	14805	331	14474	14474	321	434	4250
质量流量/(kg/h)	108221	372080	96438	383862	383862	95	383767	383767	12261	371506	371506	12076	19058	77135
液体体积流量/(m^3/h)	278.3	368.1	261.3	385.2	385.2	0.3	384.9	384.9	17.3	367.5	367.5	17.2	23.2	237.6
分子量	21.6	25.6	20.5	25.9	25.9	19.0	25.9	25.9	37.1	25.7	25.7	37.7	43.9	18.1
摩尔分数(MDEA)	0.000000	0.075335	0.000000	0.073790	0.073790	0.000001	0.073815	0.073815	0.000000	0.075503	0.075503	0.000000	0.000000	0.000000
摩尔分数(H_2O)	0.000000	0.924069	0.004634	0.903657	0.903657	0.037828	0.903950	0.903950	0.032572	0.923870	0.923870	0.001681	0.001677	0.003534
摩尔分数(CO_2)	0.131218	0.000422	0.114508	0.008402	0.008402	0.021248	0.008397	0.008397	0.356885	0.000431	0.000431	0.368280	0.995109	0.024696
摩尔分数(H_2S)	0.040375	0.000175	0.000086	0.013774	0.013774	0.029965	0.013769	0.013769	0.607493	0.000196	0.000196	0.626891	0.000904	0.000001
摩尔分数(N_2)	0.005047	0.000000	0.005370	0.000001	0.000001	0.002216	0.000000	0.000000	0.000005	0.000000	0.000000	0.000005	0.000003	0.005931
摩尔分数(CH_4)	0.757025	0.000000	0.804921	0.000331	0.000331	0.806877	0.000057	0.000057	0.002568	0.000000	0.000000	0.002650	0.001881	0.888158
摩尔分数(C_2H_6)	0.051195	0.000000	0.054392	0.000035	0.000035	0.079733	0.000008	0.000008	0.000379	0.000000	0.000000	0.000391	0.000334	0.059946
摩尔分数(C_3H_8)	0.015141	0.000000	0.016089	00.000010	0.000010	0.022130	0.000002	0.000002	0.000098	0.000000	0.000000	0.000101	0.000093	0.017733

表 10-10　CO_2 捕获关键物流数据——案例研究 2

项目	脱 H_2S 气体	贫胺液	净化气体	富胺液	去闪蒸罐	闪蒸气	去换热器料	再生器进料	湿 CO_2 气体	再生气底部	去胺液罐	CO_2 回收
气相分率	1. 000	0. 000	1. 000	0. 000	0. 000	1. 000	0. 000	0. 000	1. 000	0. 000	0. 000	1. 000
温度/℃	40. 3	35. 0	35. 8	59. 4	59. 6	59. 6	59. 6	98. 9	40. 0	126. 6	89. 1	4. 5
压力/bar	16. 2	16. 2	16. 2	16. 2	2. 7	2. 7	2. 7	2. 7	2. 3	2. 3	2. 3	2. 3
摩尔流量/(kmol/h)	4696	15087	4250	15534	15534	6	15528	15528	448	15080	15080	434
质量流量/(kg/h)	96439	415304	77135	434608	434608	120	434488	434488	19308	415181	415181	19058
液体体积流量/(m^3/h)	261. 3	420. 5	237. 6	444. 2	444. 2	0. 3	443. 9	443. 9	23. 5	420. 4	420. 4	23. 2
分子量	20. 5	27. 5	18. 1	28. 0	28. 0	19. 3	28. 0	28. 0	43. 1	27. 5	27. 5	43. 9
摩尔分数(MDEA)	0. 000000	0. 080851	0. 000000	0. 078527	0. 078527	0. 000003	0. 078558	0. 078558	0. 000000	0. 080892	0. 080892	0. 000000
摩尔分数(H_2O)	0. 004637	0. 898917	0. 003534	0. 873513	0. 873513	0. 066494	0. 873835	0. 873835	0. 032506	0. 898828	0. 898828	0. 001677
摩尔分数(CO_2)	0. 114511	0. 001056	0. 024696	0. 028890	0. 028890	0. 043313	0. 028884	0. 028884	0. 964379	0. 001094	0. 001094	0. 995109
摩尔分数(H_2S)	0. 000085	0. 000002	0. 000001	0. 000027	0. 000027	0. 000076	0. 000027	0. 000027	0. 000876	0. 000002	0. 000002	0. 000904
摩尔分数(N_2)	0. 005370	0. 000000	0. 005931	0. 000001	0. 000001	0. 001919	0. 000000	0. 000000	0. 000002	0. 000000	0. 000000	0. 000003
摩尔分数(CH_4)	0. 804916	0. 000000	0. 888158	0. 000362	0. 000362	0. 776082	0. 000053	0. 000053	0. 001823	0. 000000	0. 000000	0. 001881
摩尔分数(C_2H_6)	0. 054392	0. 000000	0. 059946	0. 000044	0. 000044	0. 086941	0. 000009	0. 000009	0. 000323	0. 000000	0. 000000	0. 000334
摩尔分数(C_3H_8)	0. 016089	0. 000000	0. 017733	0. 000013	0. 000013	0. 025171	0. 000003	0. 000003	0. 000090	0. 000000	0. 000000	0. 000093

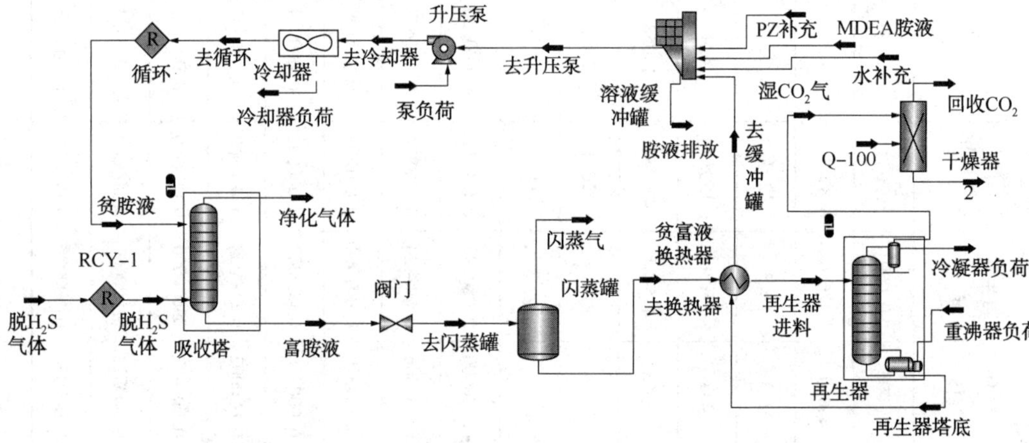

图 10-12 CO_2 去除装置模拟图

10.4.2.4 结果和建议

根据模拟结果，MDEA 和哌嗪化学溶剂能够去除 CO_2 和 H_2S，在这个级联 CO_2 捕获案例研究中，要分别去除酸性气体(H_2S 和 CO_2)和 CO_2，将需要两个独立的溶剂系统。表 10-11 总结了整体装置操作性能。

表 10-11 总结了整体装置操作性能——案例研究 2

项目	数值	单位	项目	数值	单位
原料气摩尔流量	5000	kmol/h	处理的气体摩尔分数(CO_2)	0.0247	
原料气 H_2S 摩尔分数	4.04	%	处理的气体摩尔分数(H_2S)	1.24	10^{-6}
原料气 CO_2 摩尔分数	13.12	%	CO_2 捕获的质量流量	19058	kg/h
原料气质量流量(CO_2)	28874	kg/h	CO_2 捕获的质量流量(CO_2)	19013	kg/h
脱 H_2S 气体 H_2S 摩尔分数	86.45	10^{-6}	CO_2 捕获的复合摩尔分数(CO_2)	99.51	%
脱 H_2S 气体 CO_2 摩尔分数	11	%	CO_2 捕获的复合摩尔分数(H_2S)	0.09	%
脱 H_2S 气体质量流量(CO_2)	23667	kg/h	富胺酸性气含量(摩尔分数)	0.3005	
干酸性气体质量流量	12076	kg/h	胺强度(质量分数)	35	%
干酸性气体摩尔流量	321	kmol/h	贫胺液标准流量	360	m^3/h
干酸性气体摩尔分数(CO_2)	36.83	%	CO_2 捕获率(与脱 H_2S 气体之比)	80.33	%
干酸性气体摩尔分数(H_2S)	62.69	%	CO_2 捕获率(与原料气之比)	65.85	%

从表 10-11，使用 MDEA 溶剂，可以达到脱 H_2S 气体中 H_2S 含量 86×10^{-6} 和 CO_2 含量 11.45%，贫溶剂循环流量为 $360m^3/h$，MDEA 强度为 35%；脱 H_2S 气体将被引导至 CO_2 去除部分，以去除痕量的 H_2S 和大部分 CO_2。

处理后的气体 H_2S 含量为 1.24×10^{-6} 和 CO_2 摩尔分数为 2.5%，符合销售气体规格；达到富 MDEA 胺负载量为 0.3。酸性气体中的 H_2S 和 CO_2 摩尔分数分别为 62.7%和 36.8%。

根据模拟结果，MDEA 和哌嗪混合物的溶剂能够从酸性气体中除去 CO_2；CO_2 去除段的性能见表 10-12。

表 10-12 CO_2 去除段操作性能——案例研究 2

项目	数值	单位	项目	数值	单位
脱 H_2S 气体 H_2S 摩尔分数	0.00008		干式 CO_2 气体质量流量(CO_2)	19013	kg/h
脱 H_2S 气体 CO_2 摩尔分数	0.11451		干式 CO_2 气体摩尔分数(CO_2)	0.9951	
脱 H_2S 气体质量流量(CO_2)	23668	kg/h	干式 CO_2 气体摩尔分数(H_2S)	0.0009	
脱 H_2S 气体流量	4696	kg/h	富胺酸性气含量(摩尔分数)	0.2977	
处理气体 CO_2 摩尔分数	2.5	%	胺强度(质量分数)	41	%
处理气体 H_2S 摩尔分数	1.2	10^{-6}	贫胺液标准流量	400.0	m^3/h
干二氧化碳气体质量流量	19058	kg/h	CO_2 捕获效率	80.3	%
干 CO_2 气体摩尔流量	434.1	kmol/h			

由表 10-12 可知，使用 MDEA 和哌嗪的混合溶剂，捕获的 CO_2 约为 80%，捕获的 CO_2 气体的 CO_2 纯度为 99.5%，CO_2 气体含 $900\times10^{-6}H_2S$，在 CO_2气体中对 H_2S 含量有严格要求的情况下，通过调整 H_2S 段操作中的操作条件，可以很容易地实现 H_2S 含量 4×10^{-6}或以下。

混合溶剂循环流量为 $125m^3/h$，胺强度质量分数为 35%，富胺负载量为 0.3。

请注意，该过程是 CO_2 捕获和 H_2S 去除的组合，如没有 CO_2 捕获过程(参考图 10-11)，脱 H_2S 气体不能很好地作为合格天然气产品。

如果工厂有酸性气体或酸性气体回注设施，则可能不需要捕获 CO_2。来自主再生器的酸性气体同时含有 CO_2 和 H_2S，根据工厂的整体布置，它可以被引导到硫黄回收装置或将所有酸性气体注入储层以提高石油或天然气采收率。

10.4.3 酸性气体浓缩与 CO_2 捕获——案例研究 3

气体处理设施使用 MDEA 溶剂处理 4%H_2S 和 13%CO_2 的酸性气体，酸性气体去除装置的酸性气体具有 65%的 CO_2 和 32%的 H_2S。CO_2 含量将对硫回收装置中的物料热量平衡和主燃烧器性能产生重大影响；CO_2 将作为惰性气体流过硫回收装置和尾气处理装置，最终排放到大气中，造成巨大的 CO_2 排放。作为硫黄装置进料，理想的酸性气 H_2S 含量应高于 60%。

酸性气体浓缩可以改善硫黄回收装置的操作运行，还可以捕获约 70%的 CO_2，从而大大减轻 CO_2 的排放。处理有两个选项：

① 用新的溶剂改造气体处理单元，或添加新的溶剂体系，并保持现有的 MDEA 回路完全去除 H_2S；新的溶剂回路将捕获天然气中的 CO_2，气体体积流量将与原料气几乎相同，需要全尺寸的设备。

② 除去酸性气体中的 CO_2，由于酸性气体流量较小，塔和相关设备的尺寸会更小。

案例研究 2 使用 MDEA+哌嗪溶剂富集酸性气体 H_2S 并捕获 CO_2，可以达到预期的结果；本案例研究使用 DEPG 物理溶剂来浓缩酸性气体 H_2S 并捕获 CO_2。H_2S 可以比 CO_2 更快地被吸收，因此 H_2S 首先被分离，剩下的是要回收的 CO_2。

请注意，DEPG 可以作为脱水剂来去除水分，因此，可能需要再生器来去除 DEPG 吸收的水。

再沸器温度不应高于 175℃，以免 DEPG 溶剂降解。

10.4.3.1 气体成分和产品规格

从酸性天然气中除去的酸性气体进装置流量为 2230kmol/h，酸性气体中含有 64.57%的 CO_2 和 32.28%的 H_2S，酸性气体的组成见表 10-13。

表 10-13 酸性气体浓缩装置的原料气组成

摩尔流量/(kmol/h)	2230.0
质量流量/(kg/h)	89179
分子量	39.99
组成(摩尔分数)/%	
H_2O	3.14%
CO_2	64.57%
H_2S	32.28%

这种酸性气体中含有浓度过高的 CO_2，会影响主燃烧器的操作运行和装置物热平衡，CO_2 会作为惰性气体流经硫回收单元和尾气处理单元，最终排放到大气中，造成巨大的 CO_2 排放。因此，开发酸性气体浓缩工艺是可取的。所需的酸性气体组成是 H_2S 与 CO_2 的比例约为 60：40，在捕获的 CO_2 气体中 H_2S 的规格取决于 CO_2 气体的使用情况，对于储能或提高油/气的采收率，CO_2 气体中 H_2S 含量小于 1%是可以接受的。

10.4.3.2 工艺描述

对于本案例研究，DEPG 物理溶剂用于酸性气体浓缩，所有 H_2S 和部分 CO_2 将被吸收，剩余的气体将是富 CO_2 气体，它可以被收集起来作为 CO_2 物流，用于 CO_2 的储存或增强油气的产量。

使用 DEPG 溶剂工艺进行酸性气体浓缩的流程如图 10-13 所示。

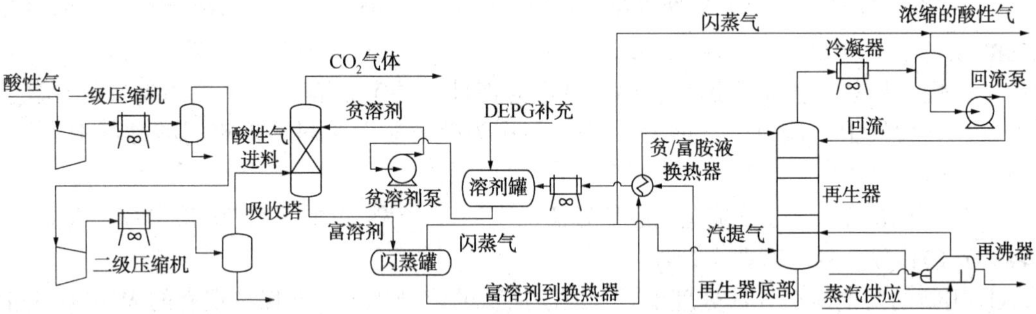

图 10-13 使用 DEPG 溶剂进行酸性气体浓缩 PFD

原料酸气体含有约 64.6%的 CO_2 和 32.3%的 H_2S，为了捕获酸性气体中的 CO_2，将安装额外的 CO_2 捕获和 H_2S 浓缩设施。酸性气体中没有 C_{2+}碳氢化合物，因此可以在本案例研究中使用 DEPG 物理溶剂，而不必担心乙烷和丙烷的损失。由于原料酸气体中的含水量，DEPG 物理溶剂将起到脱水剂的作用，因此，需要使用再生器来除去溶剂中的水分。

较高的吸收压力将有利于物理溶剂的吸收，来自主再生器的酸性气体的压力约为0.25MPa，为提高吸收效率，需要一个两级酸性气体压缩机将酸性气体压力提高到1.5MPa左右，增压酸性气体从进入吸收塔，然后酸性气体向上流动，逆流接触贫溶剂，贫溶剂被引入酸性气体吸收塔的顶部。来自酸性气体从吸收器顶部的气体含有99.2%的CO_2，可以引导至CO_2管道使用或储存。

将富溶剂在减压下引导到闪蒸罐，闪蒸气体是一种酸性气体，它可以被引导到再生器的底部并起到汽提气体的作用。

闪蒸的富溶剂将被引导到贫/富胺热交换器，然后进入再生器，浓缩酸性气体将与闪蒸气体合并送到硫回收装置。再生器底部物流进入贫胺/富胺热交换器以回收流热，然后贫溶剂通过冷却器进一步冷却，冷却后的贫胺进入吸收器顶部，完成溶剂回收循环。

10.4.3.3 模拟和物热平衡

建立模拟模型来预测单元操作性能，使用DEPG溶剂的酸性气体浓缩模拟图如图10-14所示。

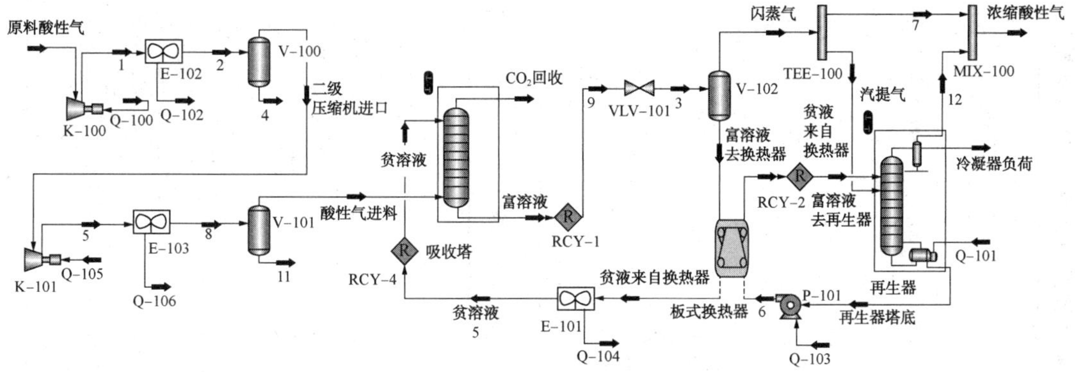

图10-14 酸性气体浓缩模拟图

酸性气体浓缩模拟物流数据总结见表10-14。

10.4.3.4 结果和建议

根据模拟结果，DEPG溶剂能够从酸性气体中除去CO_2并浓缩酸性气体，表10-15总结了其总体操作性能。

从表10-15可以看出，在321m^3/h的贫DEPG循环流量下，该工艺使原料酸气体从H_2S 32.3%和CO_2 64.6%的浓缩到H_2S 64.1%和CO_2 34.1%，这满足硫黄回收装置原料气的H_2S与CO_2比例要求。捕获原料酸气体中74.4%的CO_2，捕获的CO_2的纯度达到98.6%；富溶剂中的H_2S+CO_2总负载量约为0.933，CO_2负载量和H_2S负载量分别为0.313和0.62。

捕获的CO_2含有1.39%H_2S，可满足用于注入储层以提高油气产量；如果CO_2物流用于化学利用，则需要额外的H_2S精制单元。

需要说明的是，选择用于酸性气体浓缩的物理溶剂是因为H_2S比CO_2具有更高的选择性，但是酸性气体需要被增压以在高压下吸收，由于物理溶剂可以充当脱水剂，因此还需要再生器来除去贫溶剂中的水。该过程在技术上是可行的，但可能不是一种经济的选择，推荐使用胺来浓缩酸性气体，如案例研究1所示。

表 10-14　酸性气体浓缩模拟物流数据

项目	原料酸性气	二级压缩机进口	酸性气进料	贫溶剂	CO_2 回收	富溶剂	闪蒸气	富溶剂到换热器	富溶剂到再生器	汽提气	再生气底部	贫溶剂从换热器	浓缩酸性气
气相分率	1.0000	1.0000	1.0000	0.0000	1.0000	0.0000	1.0000	0.0000	0.1595	1.0000	0.0000	0.0000	1.0000
温度/℃	35.0	35.0	35.0	30.0	40.4	52.4	36.0	36.0	129.0	36.0	136.0	37.3	32.1
压力/kPa	180	570	1590	1630	1520	1540	180	180	130	180	130	1650	120
摩尔流量/(kmol/h)	2230	2182	2168	1293	1086	2375	836	1539	1539	42	1293	1293	1082
质量流量/(kg/h)	89179	88316	88061	336625	47648	377038	31879	345159	345159	1594	336625	336625	40413
摩尔分数(DEPG)	0.0000	0.0000	0.0000	0.9230	0.0000	0.5025	0.0000	0.7752	0.7752	0.0000	0.9230	0.9230	0.0000
摩尔分数(CO_2)	0.6457	0.6598	0.6640	0.0032	0.9857	0.1571	0.4124	0.0185	0.0185	0.4124	0.0032	0.0032	0.3410
摩尔分数(H_2S)	0.3228	0.3298	0.3319	0.0276	0.0139	0.3117	0.5856	0.1631	0.1631	0.5856	0.0276	0.0276	0.6512
摩尔分数(H_2O)	0.0314	0.0103	0.0040	0.0461	0.0003	0.0287	0.0019	0.0432	0.0432	0.0019	0.0462	0.0462	0.0077

表 10-15　浓缩酸性气体和 CO_2 捕获性能数据

项目	数值	项目	数值
酸性气体摩尔流量/(kmol/h)	2230	CO_2 捕获的质量流量(CO_2)/(kg/h)	47122
酸性气体质量流量/(kg/h)	89179	浓缩酸性气摩尔分数(CO_2)/%	34.10
酸性气体摩尔分数 H_2S/%	32.28	浓缩酸性气摩尔分数(H_2S)/%	65.12
酸性气体摩尔分数 CO_2/%	64.57	贫溶液标准体积流量/m^3/h	321.3
酸性气体质量流量(CO_2)/(kg/h)	63369	贫溶剂含水量(质量分数)/%	0.32
酸性气体质量流量(H_2S)/(kg/h)	24537	富溶剂 CO_2 负载/(kmol/kmol)	0.313
CO_2 捕获的质量流量/(kg/h)	44244	富溶剂 H_2S 负载/(kmol/kmol)	0.620
CO_2 捕获的摩尔分数(CO_2)/%	98.57	CO_2 捕获率/%	74.36
CO_2 捕获的摩尔分数(H_2S)/%	1.39		

10.5 合成气 CO_2 捕获

10.5.1 使用DEPG溶剂单吸收塔捕获合成气 CO_2——案例研究4

10.5.1.1 原料气成分及产品规格

为IGCC项目提出一种合成气酸性气体去除和 CO_2 捕获装置来捕获 CO_2，在6.6MPa的压力下，合成气进入 CO_2 捕获装置的进料速率为5000kmol/h，温度为35℃，合成气组成如表10-16所示。

表10-16 合成气组成

组成(摩尔分数)	%	组成(摩尔分数)	%
H_2	52.975	COS	0.001
N_2	0.905	NH_3	0.000
CO	0.801	O_2	0.000
CO_2	43.996	SO_2	0.000
CH_4	0.066	H_2O	0.010
Ar	0.579	HCN	0.000
H_2S	0.667		

由于合成气含有大量 CO_2 且压力较高，DEPG物理溶剂将是此应用的最佳溶剂，合成气还含有少量的 H_2S，因此使用单一吸收器工艺将达到所需的处理合成气规格(4×10^{-6} H_2S，CO_2 摩尔分数为2%)。

10.5.1.2 工艺描述

使用DEPG溶剂捕获酸性合成气 CO_2 的工艺流程如图10-15所示。

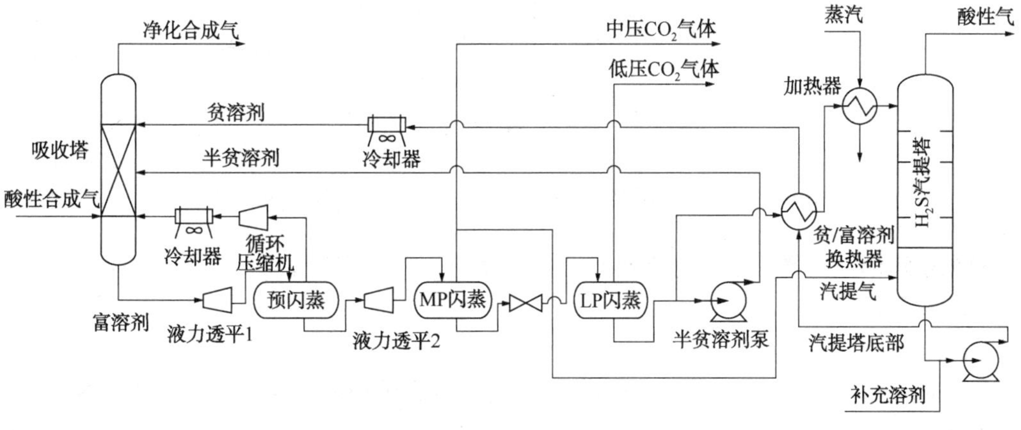

图10-15 使用DEPG溶剂捕获酸性合成气 CO_2 的工艺流程图

酸性合成气进入吸收塔的底部，然后向上流动，逆流接触贫/半贫溶剂，该溶剂被引入吸收器顶部周围的一个或多个入口中。处理后的气体符合 CO_2 和 H_2S 的产品合成气规格。将吸收 CO_2 或酸性气体的富溶剂在减压下引导至多个闪蒸罐，在进入闪蒸罐 1 之前，较高压力的富溶剂通过液力透平回收功，闪蒸罐 1 的压力应设置为能完全闪蒸工艺气体，来自闪蒸罐 1 的闪蒸气体将被压缩，冷却并送回吸收器，而富溶剂通过液力透平 2 以进一步回收液压动力，然后依次到中压闪蒸罐和低压闪蒸罐，中压闪蒸罐在约 3～6bar 下运行，中压 CO_2 气体可以被引导到下游 CO_2 压缩单元中的 CO_2 气体压缩机的第 2 段，以降低 CO_2 的功率需求。低压闪蒸罐通常在 0.5bar 压力下运行，以完全闪蒸 CO_2 气体。

为了增强 CO_2 捕获效果，大约 20%的闪蒸半贫溶剂分流到汽提塔中，最好对闪蒸溶剂进行加热，以减少汽提气体的需求。半贫溶剂与汽提塔底部的贫溶剂交换热量，预热至约 90℃，然后进入溶剂汽提塔。贫溶剂离开贫/半贫溶剂热交换器，通过冷却器冷却到所需温度，然后进入吸收器的顶部。剩余的半贫溶剂被泵送到吸收塔贫溶剂入口下方。

本案例研究考虑了 H_2S 汽提塔汽提而不是再沸气再生，其优点是能量需求较低。带有再沸器的再生器也适用于 DEPG 溶剂，但是，DEPG 适用于在低于 175℃ 的温度下运行，更高的温度下可能发生降解，需要时也可考虑再沸器和汽提塔混合使用。

10.5.1.3 模拟和物热平衡

基于图 10-6 的配置，开发了单吸收塔模拟模型，模型如图 10-16 所示。

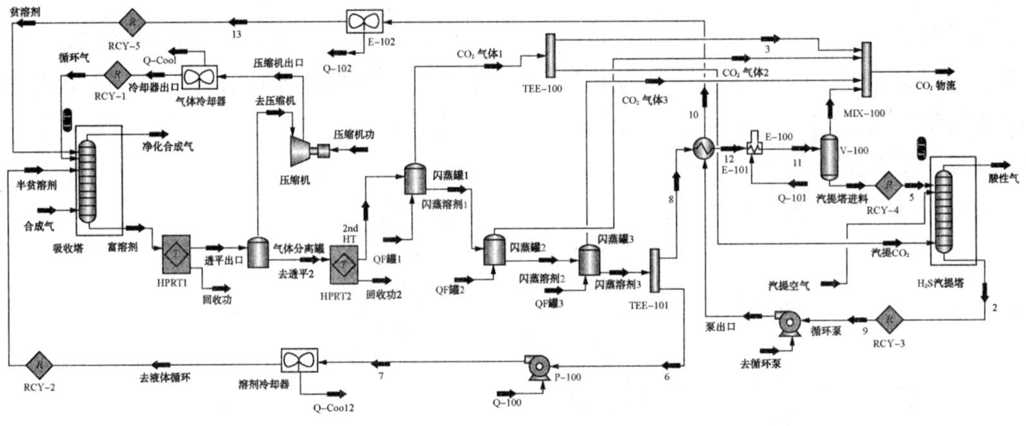

图 10-16 使用 DEPG 溶剂的合成气 CO_2 捕获模拟图-单吸收塔

根据过程模拟结果，主要物流数据汇总在表 10-17 中，它表明了该 CO_2 捕获案例研究的初步物热平衡。

10.5.1.4 结果和结论

根据模拟结果，DEPG 物理溶剂能够从合成气中捕获 CO_2，表 10-18 总结了通过模拟获得的整体单元操作性能。

从表 10-18 可以看出，处理后的合成气 CO_2 含量约为 1.45%，在合成气中，CO_2 捕获效率达到 97.6%，CO_2 纯度为 95.7%(摩尔分数)。富溶剂 CO_2 负载量达到 0.714mol/mol。来自汽提塔的少量酸性气体也含有 CO_2 和 H_2S，需要妥善处理。

表 10-17 案例研究 4 模拟关键物流数据

项目	合成气	循环气	贫溶剂	半贫溶剂	富溶剂	净化合成气	透平出口	去压缩机	去透平 2	压缩机出口	CO_2 物流	酸性气	汽提塔进料	汽提空气
气相分率	1.000	1.000	0.000	0.000	0.000	1.000	0.009	1.000	0.000	1.000	1.000	1.000	0.000	1.000
温度/℃	35.0	20.1	30.0	7.2	26.5	30.5	26.4	26.4	26.4	58.7	13.4	89.6	90.0	25.0
压力/kPa	6600.0	6620.9	6948.9	6895.0	6600.0	6560.0	4911.0	4911.0	4911.0	6620.9	140.0	140.0	140.0	400.0
摩尔流量/(kmol/h)	5000.0	50.6	673.1	2909.6	5893.4	2739.9	5893.4	50.6	5842.8	50.6	2242.8	127.9	687.6	110.8
质量流量/(kg/h)	106900	933	187352	755767	1040592	10361	1040592	933	1039659	933	95821	3928	187366	3200
液体体积流量/(m^3/h)			178.4	722.4	1024.5		1024.5		1021.8				178.6	
组成(摩尔分数)/%														
DEPG	0.000%	0.000%	99.365%	91.520%	56.532%	0.000%	56.532%	0.000%	57.022%	0.000%	0.001%	0.047%	96.900%	0.000%
H_2O	0.010%	0.001%	0.496%	0.509%	0.316%	0.000%	0.316%	0.001%	0.319%	0.001%	0.008%	0.217%	0.526%	0.000%
CO	0.801%	1.116%	0.000%	0.000%	0.057%	1.361%	0.057%	1.116%	0.048%	1.116%	0.124%	0.000%	0.000%	0.000%
CO_2	43.996%	36.761%	0.000%	6.904%	40.375%	1.453%	40.375%	36.761%	40.406%	36.761%	95.719%	10.198%	1.896%	0.000%
H_2S	0.667%	0.179%	0.001%	1.067%	1.094%	0.000%	1.094%	0.179%	1.102%	0.179%	1.273%	3.636%	0.677%	0.000%
H_2	52.975%	59.836%	0.000%	0.000%	1.523%	94.504%	1.523%	59.836%	1.018%	59.836%	2.651%	0.000%	0.000%	0.000%
N_2	0.905%	1.179%	0.131%	0.000%	0.046%	1.607%	0.046%	1.179%	0.036%	1.179%	0.095%	67.745%	0.000%	79.000%
CH_4	0.066%	0.102%	0.000%	0.000%	0.010%	0.100%	0.010%	0.102%	0.009%	0.102%	0.024%	0.000%	0.000%	0.000%

表 10-18 案例研究 4 模拟整体操作性能

项目	数值	单位	项目	数值	单位
酸性合成气流量	5000	kmol/h	CO_2 物流(H_2S)	1.27	%
酸性合成气 H_2S	6668	10^{-6}	CO_2 捕获效率	97.59	%
酸性合成气 CO_2	44.00	%	H_2S 贫溶液负载	0.012	mol/mol
净化合成气 H_2S	3.93	10^{-6}	CO_2 贫溶液负载	0.075	mol/mol
净化合成气 CO_2	1.45	%	富溶剂 H_2S 负载	0.019	mol/mol
净化合成气压力	6560	kPa	富溶剂 CO_2 负载	0.714	mol/mol
CO_2 物流质量流量	95821	kg/h	半贫溶液标准循环流量	712.9	m^3/h
CO_2 物流(CO_2)	95.72	mol%	贫溶液标准循环流量	176.5	m^3/h

10.5.2 使用 DEPG 溶剂和双吸收器捕获合成气 CO_2——案例研究 5

10.5.2.1 原料气成分及产品规格

为 IGCC 项目提出一种合成气酸性气体去除和 CO_2 捕获装置来捕获 CO_2，与案例研究 4 不同，合成气原料气含有 2.55% 的 H_2S 和 44.47% 的 CO_2，在 66bar 的压力下处理量为 5000kmol/h，温度为 35℃，合成气的组成见表 10-19。

表 10-19 进料合成气组成

组成	摩尔分数/%	组成	摩尔分数/%
H_2	50.50	H_2S	2.55
N_2	0.92	COS	0.00
CO	0.81	O_2	0.00
CO_2	44.47	SO_2	0.00
CH_4	0.07	H_2O	0.10
Ar	0.59	HCN	0.00

考虑到合成气中的高压和 CO_2 含量，DEPG 物理溶剂将是该应用的最佳溶剂，合成气还含有 H_2S，因此选择双吸收塔工艺以达到所需的处理合成气规格(4×10^{-6}的 H_2S，CO_2 摩尔分数为 2%)。

10.5.2.2 工艺描述

使用 DEPG 溶剂的双吸收塔捕获酸性合成气 CO_2 的工艺流程如图 10-17 所示。

双吸收器工艺提供了按顺序去除 H_2S 和 CO_2 的能力。

酸性合成气被送到液体分离器中以除去夹带的液体或颗粒(如果有)，然后送入 H_2S 吸收塔的底部。合成气向上流动，逆流接触半富溶剂溶液，该溶液被引入吸收器的顶部。来自 H_2S 吸收器的脱 H_2S 气体被引导到 CO_2 吸收塔底部以完全捕获 CO_2，然后向上流动，逆流依次接触半贫和贫溶剂，来自 CO_2 吸收塔的处理气体符合 CO_2 和 H_2S 的产品气规格，并退出塔的顶部到下游设施或合成气管网。将吸收 CO_2 的半富溶剂分流(20%~30%)并送至 H_2S 吸收塔，剩余的半富溶剂被引导至多个减压闪蒸管，在进入闪蒸罐之前，压力较高的半富溶剂通过液力透平 1 回收功，闪蒸罐的压力应设置为能完全闪蒸工艺气体(CH_4或 H_2)，来自闪蒸罐的闪蒸气体将被压缩，冷却并送回 CO_2 吸收塔，液体溶剂将流过液力透平 2 以进一步

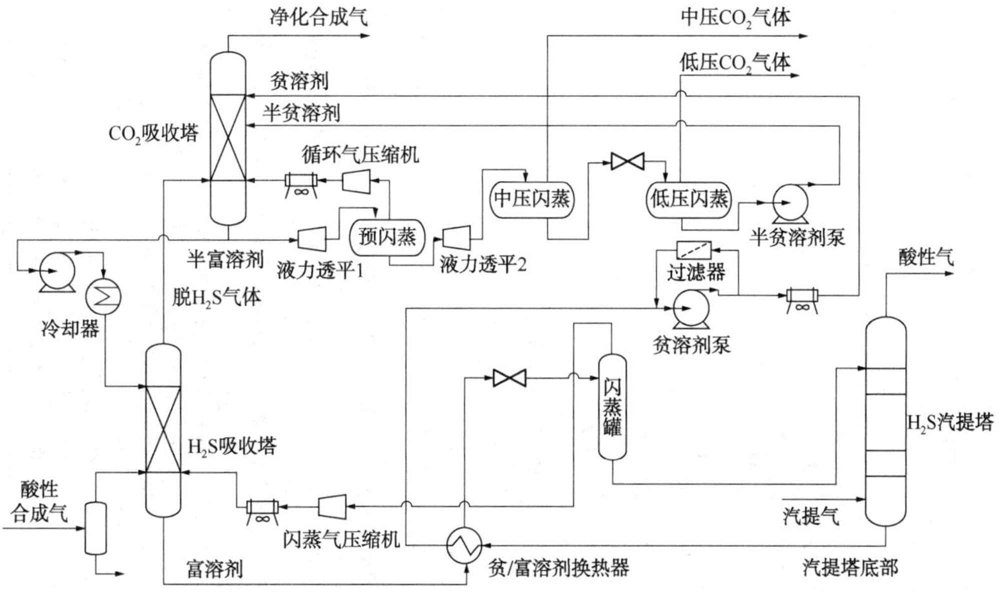

图 10-17 双吸收塔捕获酸性合成气 CO_2 的工艺流程图

回收溶剂功率，然后依次送至中压闪蒸罐和低压闪蒸罐，中压闪蒸罐在 3~6bar 左右运行，可将中压 CO_2 气体引导至下游 CO_2 压缩单元中 CO_2 气体压缩机的第二段，以降低 CO_2 气体压缩机的功率需求。低压闪蒸罐通常在 0.5barg 压力下运行，以完全闪蒸 CO_2 气体。然后将闪蒸的半贫溶剂泵回贫溶剂入口下方位置的 CO_2 吸收塔。

来自 H_2S 吸收器的富溶剂被引导到贫溶剂/富溶剂热交换器，然后到 H_2S 汽提塔，来自汽提塔底部的贫溶剂与富溶剂交换热量，然后通过冷却器冷却到所需温度并进入吸收器的顶部。

10.5.2.3 工艺模拟和物热平衡

双吸收塔捕获酸性合成气 CO_2 的模拟图如图 10-18 所示。

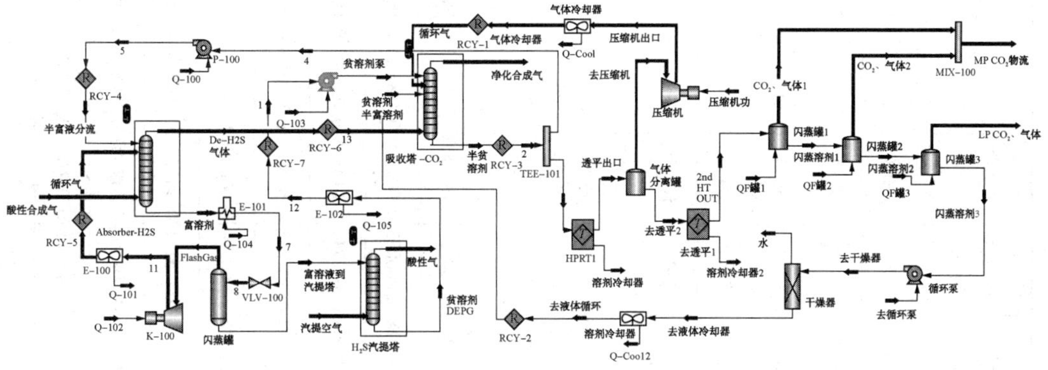

图 10-18 使用双吸收塔捕获酸性合成气 CO_2 的模拟图

本案例研究选择 H_2S 汽提塔代替再沸腾器再生，汽提气体为中压 CO_2 气体；其优点是能量需求较低。然而，带有再沸器的再生器也适用于 DEPG 溶剂，DEPG 适于在不高于 175℃的温度下运行，在较高温度下可能发生降解，需要时可选用混合方案再沸器和汽提。

根据工艺模拟结果，以下关键物流数据总结在表 10-20 中，它表明了物热平衡对于这种 CO_2 捕获和 H_2S 去除的案例研究。

表 10-20　案例研究 5 关键物流数据

项目	酸性合成气	脱 H_2S 气体	净化合成气	半贫溶剂	贫溶剂	富溶剂	闪蒸气循环	富溶剂到汽提塔	酸性气	半富溶液分流	透平出口	循环气体	$LPCO_2$ 气体	MP CO_2 气体	汽提空气
气相分率	1.000	1.000	1.000	0.000	0.000	0.000	1.000	0.000	1.000	0.000	0.010	1.000	1.000	1.000	1.000
温度/℃	35.0	36.1	37.3	7.2	37.1	40.8	40.0	77.9	71.5	29.5	29.2	20.1	13.4	16.4	40.0
压力/kPa	6600	6560	6460	6895	6800	6600	6680	1379	115	6800	4811	6521	150	450	350
摩尔流量/(kmol/h)	5000	5358	2626	3052	807	1987	884	1103	427	1461	5181	50	400	1673	131
质量流量/(kg/h)	111022	127238	10031	804345	224307	272827	36721	236104	15571	252322	894586	1056	17616	71513	3800
液体体积流量/(m^3/h)				768.1	213.5	276.8		229.4		248.8	881.9				
分子量	22.2	23.7	3.8	263.6	278.0	137.3	41.5	214.1	36.4	172.7	172.7	20.9	44.0	42.7	28.9
组成(摩尔分数)/%															
DEPG	0.000000	0.000000	0.000000	0.930331	0.992166	0.402963	0.000025	0.726055	0.000122	0.548058	0.548051	0.000000	0.000000	0.000000	0.000000
H_2O	0.001018	0.000003	0.000009	0.000014	0.006807	0.003271	0.000235	0.005705	0.001872	0.000832	0.000832	0.000002	0.000019	0.000007	0.000000
CO	0.008098	0.007711	0.014495	0.000000	0.000000	0.000398	0.000876	0.000014	0.000037	0.000574	0.000573	0.010987	0.000007	0.001442	0.000000
CO_2	0.444684	0.501606	0.013703	0.068915	0.000000	0.454936	0.830028	0.154186	0.397935	0.434145	0.434139	0.428217	0.998313	0.966621	0.000000
H_2S	0.025506	0.000590	0.000000	0.000737	0.000001	0.126543	0.142412	0.113803	0.293709	0.000805	0.000818	0.000151	0.001604	0.000600	0.000000
H_2	0.505013	0.475181	0.943289	0.000000	0.000000	0.011134	0.024778	0.000194	0.000502	0.014545	0.014544	0.539946	0.000021	0.028739	0.000000
N_2	0.009151	0.008665	0.017022	0.000000	0.000980	0.000336	0.000742	0.000009	0.240297	0.000468	0.000468	0.011488	0.000003	0.001100	0.787000
CH_4	0.000665	0.000648	0.001083	0.000000	0.000000	0.000062	0.000135	0.000004	0.000009	0.000102	0.000102	0.001041	0.000007	0.000283	0.000000

10.5.2.4 讨论和建议

根据仿真结果，DEPG 物理溶剂能够从合成气中捕获 CO_2，整体操作单元性能总结如表 10-21所示。

表 10-21 案例研究 5 模拟整体操作性能

项目	数值	单位	项目	数值	单位
酸性合成气摩尔流量	5000	kmol/h	酸性气体质量流量	15571	kg/h
酸合成气(CO_2)(摩尔分数)	44.5	%	酸性气体(CO_2)(摩尔分数)	39.8	%
酸合成气(H_2S)(摩尔分数)	2.6	%	酸性气体(H_2S)(摩尔分数)	29.4	%
净化合成气 H_2S	0.3071	10^{-6}	半贫溶液 H_2S 负载	0.0008	
净化合成气 CO_2(摩尔分数)	1.37	%	半贫溶液 CO_2 负载(摩尔分数)	0.0741	
低压 CO_2 气体质量流量	17616	kg/h	富溶液 CO_2 负载(摩尔分数)	1.1290	
低压 CO_2 气体(CO_2)(摩尔分数)	99.8	%	富溶液 H_2S 负载(摩尔分数)	0.00000	
中压 CO_2 气体质量流量	71513	kg/h	半贫溶液标准循环流量	758.6	m^3/h
中压 CO_2 气体(CO_2)(摩尔分数)	96.7	%	贫溶液标准循环流量	211.3	m^3/h
合成气质量流量(CO_2)	97852	kg/h	中压 CO_2 质量流量(CO_2)	71174	kg/h
低压 CO_2 质量流量(CO_2)	17593	kg/h	CO_2 捕获效率	90.7	%

从表 10-21 可以看出，处理过的合成气中 CO_2 含量为 1.37%，H_2S 含量为 0.307×10^{-6}，从进料合成气中捕获了 95.8t/h 的 CO_2 气体，CO_2 捕获效率达到 90.7%，CO_2 纯度为 96.7%(中压 CO_2 气体)和 99.8%(低压 CO_2 气体)。富溶剂 CO_2 负载量为 1.129。

来自汽提塔的少量酸性气体也含有 CO_2 和 H_2S，需要妥善处理。

10.6 烟气 CO_2 捕获

10.6.1 使用 DEA 溶剂捕获烟气 CO_2——案例研究 6

10.6.1.1 气体成分和产品规格

一家炼油厂的燃油加热器排放 1000kmol/h 的烟气，烟气以 160℃ 排放到大气中，为避免支付高昂的碳税和保护环境，已决定安装 CO_2 捕获单元以从中捕获 CO_2。向 CO_2 捕集单元进料的烟气组成如表 10-22 所示。

表 10-22 烟气组成

组成	%	组成	%
N_2	78.32	CO_2	12.55
H_2O	8.03	O_2	1.10
CO	0.00	H_2S	0.00

捕获的 CO_2 气体应具有 99%的 CO_2 纯度，CO_2 捕获效率应不低于 92%。回收的氮气可用于工厂公用设施系统，要求 N_2 纯度不低于 96%。

10.6.1.2 工艺描述

烟气中 CO_2 含量低且压力也低，因此，化学吸收法适用于从烟气中分离和回收 CO_2。该 CO_2 捕获装置将使用 DEA 化学溶剂，所采用的工艺流程如图 10-19 所示。

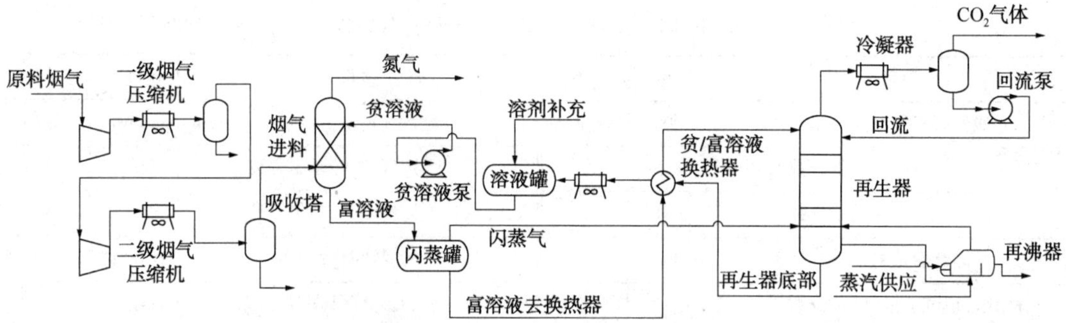

图 10-19 使用 DEA 溶剂捕获烟气 CO_2 工艺流程图

来自工艺加热炉、锅炉的烟气通常含有约 11%~15%的 CO_2，大部分烟气是 N_2，为了捕获烟气中的 CO_2 并提高吸收效率，需要两级烟气气体压缩机将烟气压力提高到吸收器工作压力。

工艺加热器的 160℃烟气进入烟气冷却器冷却至 35℃，然后被引导到烟气分离器中分离水蒸气冷凝物，并进入一个 2 段烟气压缩机将烟气压力提高到 8bar，并送入吸收塔的底部。吸收塔可以是板式塔或填料塔，然后进料气体向上流动，逆流接触贫胺，贫胺被引入吸收器的顶部。塔顶经过处理的排放烟气为 N_2 物流，纯度为 96%，可用作该工厂公用工程系统的惰性气体或排放到大气中。将富溶剂送到闪蒸罐，然后到贫溶剂和富溶剂之间的换热器中回收热量，降低贫溶剂温度，再将加热的富溶剂送至再生器进行加热再生，热源通常为蒸汽。来自再生器的 CO_2 气体被输送到 CO_2 气体压缩和脱水装置。

再生器底物流进入贫/富胺热交换器以回收物流热量，然后贫溶剂通过冷却器进一步冷却，冷却的贫胺进入吸收塔的顶部，从而完成溶剂回收循环。

来自闪蒸罐的闪蒸气体主要是 N_2，它可以直接排放到大气中。

10.6.1.3 模拟和物热平衡

建立了模拟模型来预测单元操作性能，使用 DEA 溶剂捕获烟气 CO_2 模拟图如图 10-20 所示。

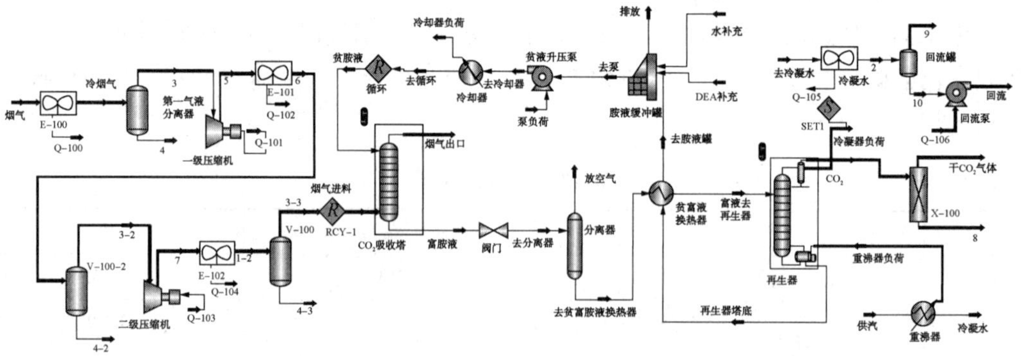

图 10-20 典型地使用 DEA 溶剂捕获烟气 CO_2 模拟图

根据工艺模拟结果，关键物流数据总结在表 10-23 中，它表明了 CO_2 捕获案例研究的初步物热平衡。

表 10-23 关键工艺物流数据

项目	烟气	冷烟气	烟气进料	贫胺液	烟气出口	富胺液	去分离器	放空气	去贫富胺液换热器	富胺液去再生器	CO_2 气体	干 CO_2 气体	再生器底部	蒸汽供应
气相分率	1. 000	0. 973	1. 000	0. 000	1. 000	0. 000	0. 000	1. 000	0. 000	0. 000	1. 000	1. 000	0. 000	1. 000
温度/℃	160	35	35	40	41	59	59	59	59	93	43	43	116	180
压力/kPa	105	103	890	3618	850	890	483	483	483	448	150	150	180	1000
质量流量/(kg/h)	29262	29262	27927	124666	22739	129855	129855	5	129850	129850	5337	5209	124513	11899
液体流量/(m^3/h)	50. 7	50. 7	49. 4	122. 3	43. 0	128. 6	128. 6	0. 0	128. 6	128. 6	6. 5	6. 3	122. 1	11. 9
分子量	29. 3	29. 3	30. 2	22. 9	28. 1	23. 3	23. 3	28. 6	23. 3	23. 3	42. 4	43. 9	22. 9	18. 0
组成(摩尔分数)/%														
H_2O	0. 080326	0. 080326	0. 006788	0. 940592	0. 009021	0. 920562	0. 920562	0. 037574	0. 920588	0. 920588	0. 059485	0. 003152	0. 940501	1. 000000
CO	0. 000030	0. 000030	0. 000032	0. 000000	0. 000037	0. 000000	0. 000000	0. 000039	0. 000000	0. 000000	0. 000000	0. 000000	0. 000000	0. 000000
CO_2	0. 125509	0. 125509	0. 135532	0. 004988	0. 009171	0. 026102	0. 026102	0. 058173	0. 026101	0. 026101	0. 938849	0. 995082	0. 004994	0. 000000
H_2S	0. 000000	0. 000000	0. 000000	0. 000000	0. 000000	0. 000000	0. 000000	0. 000000	0. 000000	0. 000000	0. 000000	0. 000000	0. 000000	0. 000000
N_2	0. 783176	0. 783176	0. 845812	0. 000000	0. 968226	0. 000063	0. 000063	0. 888905	0. 000037	0. 000037	0. 001616	0. 001713	0. 000000	0. 000000
O_2	0. 010960	0. 010960	0. 011836	0. 000000	0. 013544	0. 000002	0. 000002	0. 015309	0. 000001	0. 000001	0. 000050	0. 000053	0. 000000	0. 000000
DEA	0. 000000	0. 000000	0. 000000	0. 054420	0. 000000	0. 053271	0. 053271	0. 000000	0. 053273	0. 053273	0. 000000	0. 000000	0. 054505	0. 000000

10.6.1.4 结果和建议

根据模拟结果，DEA 化学溶剂能够捕获烟气中的 CO_2，工艺单元整体操作性能总结在表 10-24 中。

表 10-24 案例研究 6 整体操作性能

项目	数值	单位	项目	数值	单位
烟气摩尔流量	1000	kmol/h	胺强度(质量分数)	25.00	%
烟气(CO_2)	12.55		胺液循环流量	120.0	m^3/h
干烟气流量	925.9	kmol/h	贫胺负载	0.0916	
干烟气 CO_2	13.55		富胺负载	0.4900	
处理的烟气 CO_2	0.92		再生器进料温度	93.3	℃
干 CO_2 气体(CO_2)	99.5		再生器回流比	0.60	
干 CO_2 气体摩尔流量	118.7	kmol/h	贫胺温度	40.00	℃
干 CO_2 气体质量流量	5209	kg/h	再生蒸汽流量	11899	kg/h
CO_2 捕获效率	94.1	%			

从表 10-23 可以看出，处理后的烟气(N_2)的 CO_2 含量约为 0.9%，处理后的烟气的氮纯度为 96.8%，可用作工厂公用系统的惰性气体；CO_2 捕获效率达到 94%，CO_2 纯度为 99.5%。这种 CO_2 气体既可用于化学副产品生产，也可以注入储层以提高石油采收率或储存。富胺负载量达到了 0.49。

来自闪蒸罐的闪蒸气体主要是 N_2 成分，它可以直接排放到大气中而不影响环境。

10.6.2 使用氧气代替燃烧空气进行烟气 CO_2 捕获——案例研究 7

化石燃料的最终燃烧产物是 CO_2 和 H_2O，CO 是根据燃烧条件产生的，例如过量的空气系数和火焰温度。对于燃烧空气氧化剂，燃烧气体中含有大部分 N_2，空气中的 N_2 和杂质使烟气明显稀释，因此，CO_2 体积分数通常低于 15%，如果使用 O_2 代替空气作为氧化剂，则根据氧气物流的纯度可以达到 CO_2 体积分数在 95%左右。

10.6.2.1 氧气源及研究依据

使用 O_2 代替空气作为燃烧氧化剂将是一个昂贵的选择，因为将空气分离成 N_2 和 O_2 需要额外的资本和运营成本。它将有新的能源消耗，并产生新的 CO_2 排放。

然而，许多石油和天然气设施，LNG 和炼油厂都配备了 N_2 单元来生产 N_2 用于吹扫和覆盖使用，一些 N_2 单元已经在使用空气分离单元，纯度较高的氧气将是氮气单元的副产品。使用氧气代替燃烧空气而不是排放氧气物流，将是 CO_2 捕获和节省运营成本有吸引力的选择。

本案例研究以 30t/h 中压蒸汽锅炉(40bar 中压蒸汽)为例，锅炉给水(BFW)温度为 120℃，BFW 由回收的冷凝水和除氧水补给。O_2 从 N_2 单元(空气分离)中获取，氧气纯度为 99.5%，氮气含量为 0.5%。燃料气成分、物热平衡如表 10-25 所示。

10.6.2.2 工艺描述

使用 O_2 作为氧化剂的烟气 CO_2 捕获工艺流程如图 10-21 所示。

表 10-25 使用 O_2 作为氧化剂捕获烟气中 CO_2 的关键物流数据

项目	燃料气	空气制 O_2	循环烟气	燃烧气	烟气进省煤器	烟气出省煤器	BFW 去锅炉	MP 蒸汽	冷凝水	冷凝水损失	燃烧水	去换热器	冷冻水	CO_2 气体
气相分率	1. 000	1. 000	1. 000	1. 000	1. 000	1. 000	0. 000	1. 000	0. 000	0. 000	0. 000	0. 383	0. 000	1. 000
温度/℃	20	20	169	1287	310	169	177	253	121	121	12	35	10	12
压力/kPa	106	301	106	106	106	106	4201	4101	900	900	104	105	350	104
质量流量/(kg/h)	1500	5892	31267	38659	38659	38659	30148	30148	30148	603	3095	7392	25000	4297
液体流量/(m^3/h)	0. 0	0. 0	0. 0	0. 0	0. 0	0. 0	34. 2	0. 0	32. 4	0. 6	3. 0	3. 0	24. 5	0. 0
分子量	19. 2	32. 0	27. 3	27. 3	27. 3	27. 3	18. 0	18. 0	18. 0	18. 0	18. 0	27. 3	18. 0	43. 2
H_2O	0. 000004	0. 000000	0. 637609	0. 637609	0. 637609	0. 637609	1. 000000	1. 000000	1. 000000	1. 000000	0. 999337	0. 637609	1. 000000	0. 013403
CO	0. 000000	0. 000000	0. 000053	0. 000053	0. 000053	0. 000053	0. 000000	0. 000000	0. 000000	0. 000000	0. 000000	0. 000053	0. 000000	0. 000144
CO_2	0. 000000	0. 000000	0. 350243	0. 350243	0. 350243	0. 350243	0. 000000	0. 000000	0. 000000	0. 000000	0. 000662	0. 350243	0. 000000	0. 953488
H_2S	0. 000004	0. 000000	0. 000001	0. 000001	0. 000001	0. 000001	0. 000000	0. 000000	0. 000000	0. 000000	0. 000000	0. 000001	0. 000000	0. 000003
N_2	0. 005063	0. 005051	0. 004895	0. 004895	0. 004895	0. 004895	0. 000000	0. 000000	0. 000000	0. 000000	0. 000000	0. 004895	0. 000000	0. 013341
O_2	0. 000000	0. 994949	0. 007199	0. 007199	0. 007199	0. 007199	0. 000000	0. 000000	0. 000000	0. 000000	0. 000000	0. 007199	0. 000000	0. 019621
CH_4	0. 812468	0. 000000	0. 000000	0. 000000	0. 000000	0. 000000	0. 000000	0. 000000	0. 000000	0. 000000	0. 000000	0. 000000	0. 000000	0. 000000
C_2H_6	0. 149351	0. 000000	0. 000000	0. 000000	0. 000000	0. 000000	0. 000000	0. 000000	0. 000000	0. 000000	0. 000000	0. 000000	0. 000000	0. 000000
C_3H_8	0. 030883	0. 000000	0. 000000	0. 000000	0. 000000	0. 000000	0. 000000	0. 000000	0. 000000	0. 000000	0. 000000	0. 000000	0. 000000	0. 000000

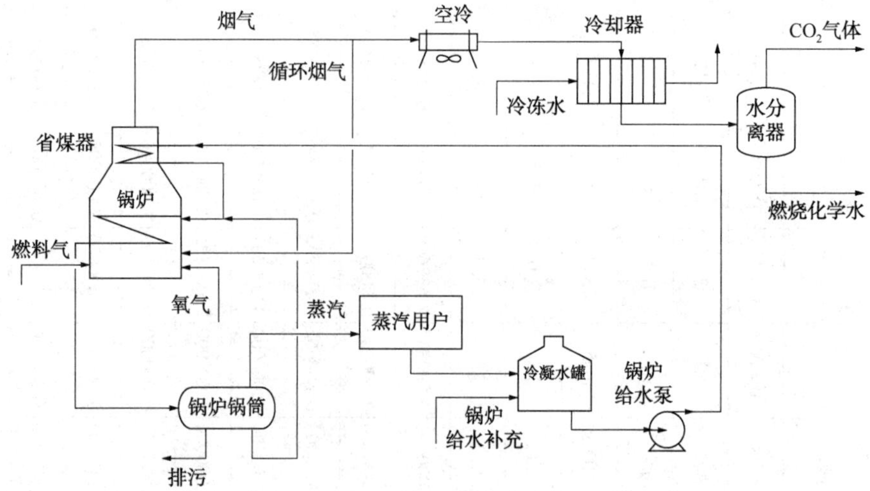

图 10-21 使用 O_2 作为氧化剂捕获烟气 CO_2 的工艺流程图

来自空气分离单元的氧气物流进入锅炉燃烧室，燃料气体从管网供应，燃烧气体出口处的过量 O_2 控制在 0.8%；为了控制火焰温度低于 1300℃，来自省煤器的冷却烟气被部分循环回燃烧室。然后，燃烧气体进入锅炉辐射和对流室，在 40bar 压力下产生中压蒸汽，然后将烟气在烟气冷却器中冷却至 35℃。为了冷凝燃烧中产生的水蒸气，冷却后的烟气进入板式换热器。以 10℃的冷冻水作为冷却剂，将烟气冷却至 12℃。然后进入水分离器分离燃烧水，干烟气中含有 95%的 CO_2，然后被引导到锅炉系统外的 CO_2 压缩和脱水系统。

10.6.2.3 模拟和物热平衡

建立了使用 O_2 作为氧化剂捕获烟气中 CO_2 的工艺模拟模型，如图 10-22 所示。

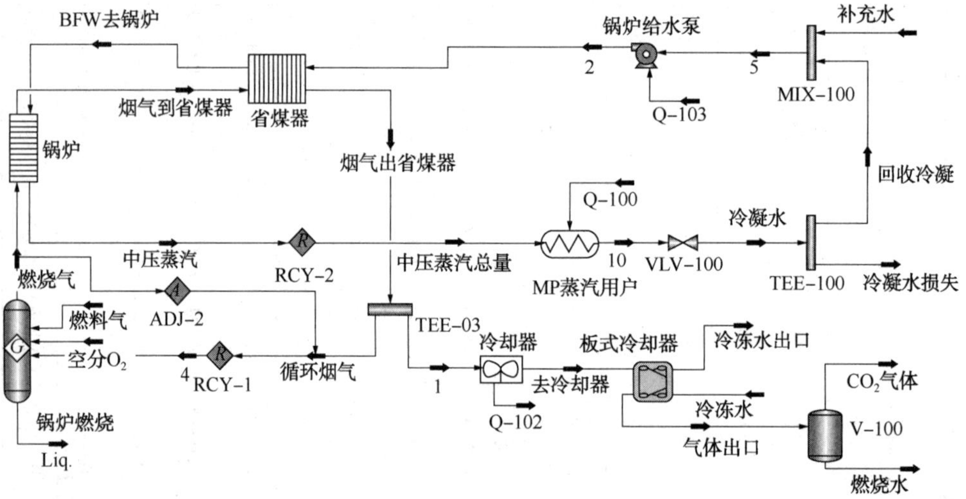

图 10-22 使用 O_2 作为氧化剂捕获烟气中 CO_2

根据过程模拟结果，主要物流数据汇总在表 10-25 中，它表明了该 CO_2 捕获案例研究的初步物热平衡。

10.6.2.4 结论

根据模拟结果，与空气氧化剂燃烧相比，O_2 氧化剂燃烧在相同烟气温度(169℃)下，效率提高了 5%，这是因为 O_2 在空气的比例仅为 21%左右，N_2 作为惰性气体流经锅炉系统，因此，空气氧化剂燃烧的烟气流量比 O_2 氧化剂燃烧高 3.7 倍，排弃更多的燃气燃烧热。CO_2 气体中的杂质主要是 O_2 进料中过量的 O_2 和 N_2 杂质。

氧气氧化剂燃烧可以实现 CO_2 捕获，取得 95%的 CO_2，而无需安装 CO_2 捕获单元，只需要相当少的设备，经济效果高度依赖于现有的公用工程系统配置，由于经济原因，安装新的空气分离单元将不予考虑。

使用 O_2 氧化剂，绝热燃烧温度会非常高，它可以达到 2600℃以上，在目前的技术经济条件下，设备和系统不适合这种情况，可以考虑两种选择：一种选择是将冷却的烟气部分循环回燃烧室，可以根据需要控制火焰温度；或者在燃烧室配备取热降温系统，使控制燃烧室温度低于 1300℃，否则会产生大量的 CO，从而降低效率并污染环境。

O_2 氧化剂燃烧可用于工艺加热炉，预计会有类似的结果。

为了实现 O_2 氧化剂燃烧 CO_2 捕获，需要进一步的研究和详细的工程设计。

10.7 CO_2 压缩和脱水

10.7.1 背景资料

除了少量的 CO_2 需求用于化学和食品加工外，大部分捕获的 CO_2 将被压缩、脱水、输送、注入地下(储层)用于储存或提高石油、天然气产量，所需的压力取决于地质和地理条件以及储层的压力，大多数情况下需要 150bar 以上的压力。CO_2 气流的质量规格通常要求含水量小于 100×10^{-6}，以防止水合物的形成。

无论使用化学溶剂还是物理溶剂，捕获的 CO_2 通常处于非常低的压力下，约为 0.5bar。需要多级压缩机来增加 CO_2 气流压力。

由于 DEPG 物理溶剂本身能够脱水，因此使用 DEPG 物理溶剂捕获的 CO_2 通常已经满足 CO_2 气体的含水量规格，如果适用更严格的含水量规格，则可能需要额外的干燥器。

三甘醇(TEG)是吸收系统中最常用的二元醇。TEG 脱水是最常见的脱水工艺，可用于满足 CO_2 气体规格。

更重要的是，TEG 分解(降解)温度为 206.7℃，考虑到 2℃的余量，再沸器温度不应高于 204.7℃，在大多数情况下，汽提气和再沸相结合的混合选项将具有吸引力。

10.7.2 脱水再生器中的汽提

富 TEG 溶液通常在低压和高温下再生。在分解温度为 206.7℃的大气再生器中，可实现的最大质量分数为 98.5%~99%。

相应干气的露点在-10℃以上。一般来说，普通的 TEG 脱水单元可以满足 CO_2 气体规范，为了满足露点规范，如果吸收塔处所需的贫二醇浓度高于上述最大浓度，则考虑进一步增加再生器处的 TEG 浓度。通过在再生器上产生真空或使用汽提气体进入再生器来降低 TEG 溶液中水分压，以上方法都能显著增强脱水。

任何惰性气体、燃料气体、CO_2 气体都适用于汽提气，在汽提气选择上需要权衡经济；燃料气是一种有效的气体，然而使用时，汽提塔废气会含有易燃的燃气，不能直接放空；氮气是理想的汽提气，但成本高；来自富溶剂闪蒸罐的闪蒸气体(主要是 CO_2)可用于汽提气体，非常方便，但会略微增加 CO_2 排放。

汽提气所需量小时，可直接注入再沸器中。向再沸器和缓冲段之间的填料段注入气体可以降低汽提气体流率[6]。

10.7.3 CO_2 脱水和压缩——案例研究 8

10.7.3.1 案例研究基础

从合成气中捕获的 CO_2 含有低压 CO_2 气流和中压 CO_2 气流，两种进料 CO_2 气体的组成和运行条件见表 10-26。

表 10-26 进料 CO_2 气体成分及运行条件

项目	低压 CO_2 气体	中压 CO_2 气体
气相分数	1.0000	1.0000
温度/℃	35	35
压力/kPa	150	450
摩尔流量/(kmol/h)	411.5	1407.4
质量流量/(kg/h)	18058.8	60498.0
分子量	43.9	43.0
组成(摩尔分数)		
CO_2	0.9875	0.9696
CO	0.0000	0.0012
H_2S	0.0124	0.0050
H_2	0.0000	0.0222
H_2O	0.0000	0.0000
N_2	0.0000	0.0009
Ar	0.0000	0.0010
O_2	0.0000	0.0000
CH_4	0.0000	0.0002

CO_2 物流应在液相状态输送，在工厂边界处的压力为 85bar，CO_2 物流中的含水量应小于 30×10^{-6}。

10.7.3.2 CO_2 压缩和脱水工艺

典型的 CO_2 压缩和脱水工艺流程如图 10-23 所示。

来自 CO_2 捕获单元的低压 CO_2 气体被送入液体分离器，然后进入第 1 级压缩机，将 CO_2 气体压力从 150kPa 左右提升到 450kPa，经过冷却和液体分离后，中压 CO_2 气体压力在 400~500kPa 左右，可与第 1 级压缩机出口 CO_2 气体合并以节省能源，合并的 CO_2 气流依次进入 2 级压缩机和 3 级压缩机，压缩的 CO_2 气体从 3 级压缩机通过后冷器和液体分离器，进入 TEG 脱水塔以除去其含的水量。再生的 TEG(贫 TEG)被泵送到脱水塔(吸收塔)的顶部塔盘。贫 TEG 在通过脱水塔逆流接触 CO_2 气流时吸收水。富 TEG 离开脱水塔底部，通过回流冷凝器盘管流入闪蒸罐，闪蒸罐中大部分可溶性气体被分离出去，然后通过贫、富液换热器换热后流向再生器。在再生器中，吸收的水通过施加热量在较低压力下从 TEG 溶液中蒸馏出来，热源可以是燃气再沸器或蒸汽加热再沸器。再生的贫 TEG 流经富溶剂-贫溶剂换热器换热和贫溶剂冷却器进行冷却，然后由 TEG 泵再循环到脱水塔。

为了减少 CO_2 的损失，来自富 TEG 闪蒸罐的闪蒸气体将被回收回 2 级压缩机入口，回收的闪蒸气体含有约 90%~96%的 CO_2。

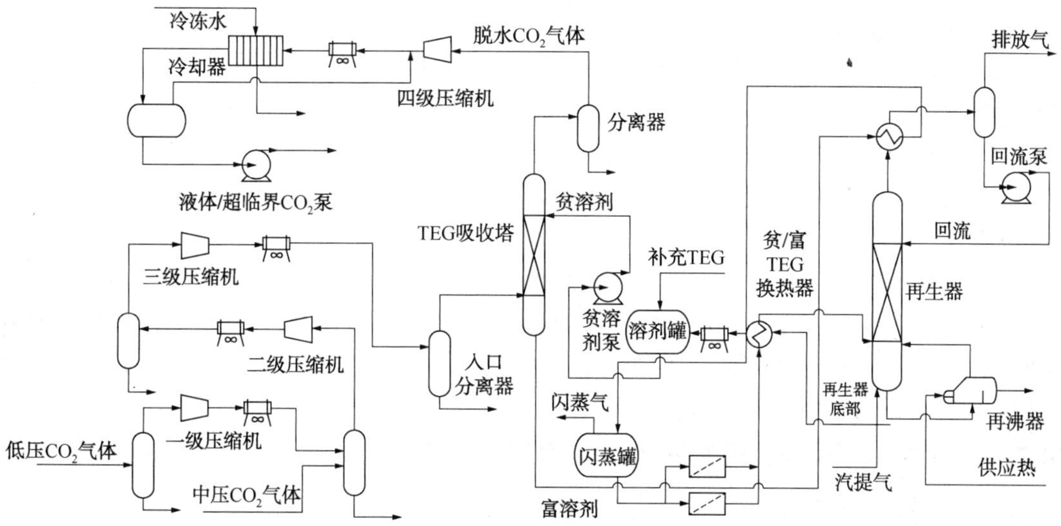

图 10-23　典型的 CO_2 压缩和脱水工艺流程

脱水的 CO_2 气体进入 4 级压缩机，4 级压缩机将跨越临界状态(纯 CO_2 气体临界状态为 73.8bar，31℃)，当 CO_2 气体压力高于 73.9bar 且温度高于 31.1℃时，CO_2 气体在超临界状态。

10.7.3.3　工艺模拟

使用 Aspen HYSYS 完成了一个典型的工艺模拟模型，本案例研究模拟如图 10-24 所示。

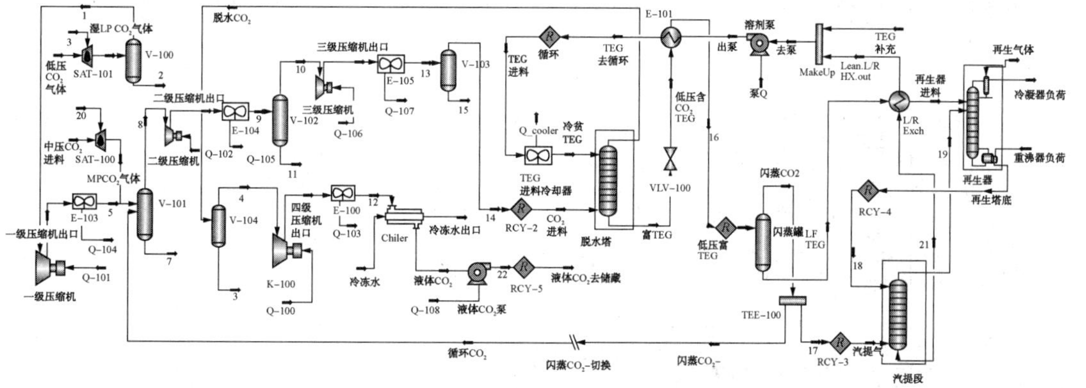

图 10-24　CO_2 压缩和脱水工艺模拟图

对于本案例中干 CO_2 气体的组成，以及模拟的临界条件见表 10-27 和表 10-28。

表 10-27　CO_2 气体真临界条件

Stream: 3rd Comp. out　Select Stream...

Properties

True Tc [C]	34.25
Pseudo Tc [C]	29.09
True Pc [kPa]	8299
Pseudo Pc [kPa]	7376
True Vc [m3/kgmole]	9.813e-002
Pseudo Vc [m3/kgmole]	9.273e-002
True Zc	0.3186
Pseudo Zc	0.2722

表 10-28　两相特性

Stream: 3rd Comp. out　Se

Critical Values

Two-Phase Critical Temperature	30.68 C
Two-Phase Critical Pressure	7950 kPa
Three-Phase Critical Temperature	<empty>
Three-Phase Critical Pressure	<empty>

Maxima

Cricondentherm	30.69 C
Cricondenbar	7995 kPa

按表 10-27、表 10-28，在考虑了系统设备和管道压降后，4 级压缩机的排气压力应略高于真实p_c(83bar)，以降低输送功率，最好将 CO_2 气体冷却至临界温度以下，这样可以使 CO_2 气体成为液体 CO_2 产品，液体 CO_2 泵可用于将 CO_2 物流送到所需的压力水平。

10.7.3.4 物热平衡和研究结果

根据工艺模拟结果，主要物流数据总见表 10-29，表明该 CO_2 压缩脱水案例研究的初步物热平衡。

从表 10-29 可以看出，在不进行气体汽提的情况下，TEG 质量分数在 204.7℃的再沸器温度下达到 98.7%。一小部分闪蒸气体作为汽提气被引导到再生器，它使汽提过程更有效；本研究采用分流 430Sm^3/h 流量的闪蒸气作为汽提气体，可达到 TEG 质量分数为 99.7%，脱水 CO_2 气体中的含水量约为 26×10^{-6}。

10.7.4 烟气 CO_2 捕获、压缩和脱水-案例研究 9

10.7.4.1 案例研究基础

表 10-30 总结了进料烟气的组成、流量和运行条件。

从烟气中捕获 CO_2，将 CO_2物流在高于 CO_2 临界压力且温度低于临界温度的压力下以液体 CO_2的形式输送，CO_2纯度应不低于 98%。

为了输送液体 CO_2，需要烟气 CO_2 捕获、CO_2 压缩和脱水过程的组合。

10.7.4.2 工艺描述

使用化学溶剂的传统 CO_2 捕获和压缩，脱水结合过程的工艺流程如图 10-25 所示。

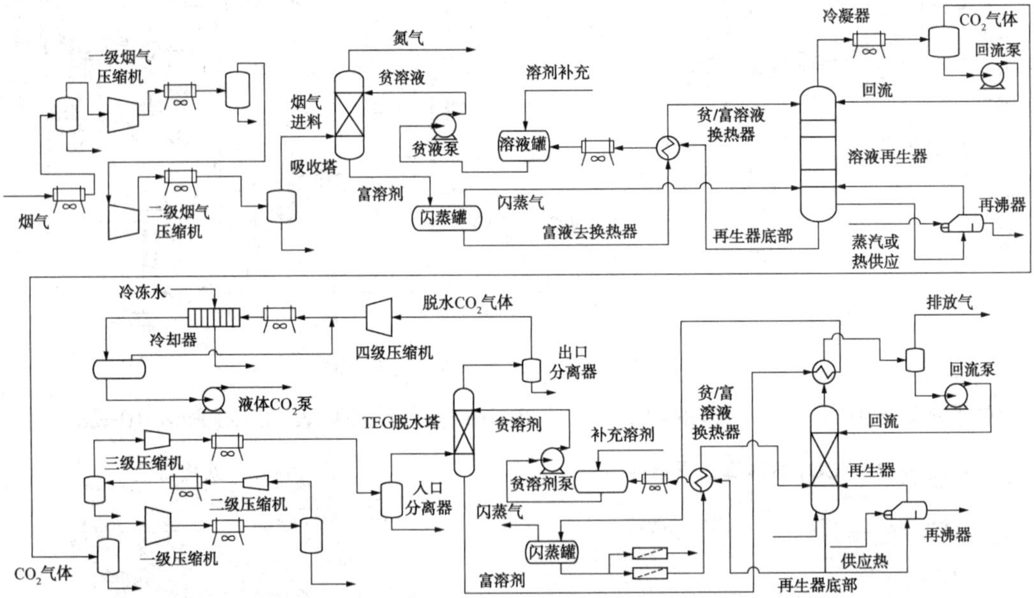

图 10-25 使用化学溶剂的 CO_2 捕获和压缩脱水组合工艺

1. 烟气 CO_2 捕集

来自加热炉，锅炉或工艺炉的烟气通常含有约 11%~15%的 CO_2，为捕获烟气中的 CO_2 并提高吸收效率，需要两级烟气气体压缩机来增强烟气以吸收工作压力。

表 10-29　CO_2 压缩和脱水关键物流数据

项目	低压 CO_2 气体	中压 CO_2 气体	CO_2 进料	冷却贫 TEG	脱水 CO_2	再生器进料	汽提气	再生器气体	循环 CO_2	液体 CO_2	冷冻水	4 级压缩机出口
气相分率	1.000	1.000	1.000	0.000	1.000	0.019	1.000	1.000	1.000	0.000	0.000	1.000
温度/℃	35	35	35	30	40	130	50	124	50	31	15	107
压力/kPa	150	450	4530	4480	4420	421	490	101	490	8650	600	8700
摩尔流量/(kmol/h)	428	1426	1954	460	1777	480	18	38	139	1777	2995	1777
质量流量/(kg/h)	18349.6	60835.4	84292.1	67532.9	76740.5	68273.5	800.0	1520.9	6042.6	76740.5	53951.1	76740.5
液体流量/(m^3/h)	22.2	74.5	103.0	59.9	93.8	60.8	1.0	1.8	7.3	93.8	54.1	93.8
分子量	42.9	42.7	43.1	146.8	43.2	142.3	43.6	40.0	43.6	43.2	18.0	43.2
摩尔分数(CO_2)	0.950231	0.956830	0.969812	0.001448	0.974631	0.026175	0.962150	0.776773	0.962016	0.974631	0.000000	0.974631
摩尔分数(H_2S)	0.011941	0.004934	0.009188	0.000172	0.005196	0.006257	0.036975	0.094701	0.036962	0.005196	0.000000	0.005196
摩尔分数(H_2O)	0.037762	0.013140	0.002634	0.024098	0.000026	0.033117	0.000383	0.126228	0.000532	0.000026	1.000000	0.000026
质量分数(TEG)				0.996569	0.000001	0.986210	0.000007	0.007498		0.000001	0.000000	0.000001

表 10-30　烟气成分、流量和操作条件

名称	烟气	单位	名称	烟气	单位
蒸汽分数	1.0000		组成(摩尔分数)		
温度	160	℃	H_2O	10.00	%
压力	106	kPa	CO_2	13.00	%
质量流量	145663	kg/h	N_2	76.00	%
分子量	29.1		O_2	1.00	%

来自160℃的工艺加热器的烟气进入烟气冷却器冷却至35℃，然后被引导到烟气分离器中分离水蒸气冷凝物，并进入一个2段烟气压缩机将烟气压力提高到8bar，并送入吸收塔的底部。贫胺被引入吸收器的顶部，吸收塔可以是板式塔或填料塔，然后进料气体向上流动，逆流接触贫胺。经过处理的烟气以96%的 N_2 纯度从塔顶流出，可用作该工厂的实用惰性气体或排放到大气中。将富溶剂送到闪蒸罐，然后到贫溶剂和富溶剂之间的换热器中回收热量，降低贫溶剂温度，再将加热的富溶剂送至再生器进行加热再生，热源通常为蒸汽。来自再生器的 CO_2 气体被输送到 CO_2 气体压缩和脱水段。

再生器底物流进入贫/富胺热交换器以回收物流热量，然后贫溶剂通过冷却器进一步冷却，冷却的贫胺进入吸收器的顶部，从而完成溶剂回收循环。

来自闪蒸罐的闪蒸气体主要是 N_2 成分，它可以直接排放到大气中。

2. CO_2 压缩和脱水

来自 CO_2 捕获工段的 CO_2 被送入液体分离器，然后进入一个3级 CO_2 压缩机，将 CO_2 气体压力提高到40~45bar，来自第3级压缩机的压缩 CO_2 气体通过后冷却器和液体分离器进入TEG脱水塔以除去 CO_2 气流中的水分。再生的TEG(贫TEG)被泵送到脱水塔的顶部塔盘。贫TEG溶液在通过再生塔逆流接触 CO_2 气流时吸收水。富TEG溶液离开脱水塔底部，通过再生器的回流冷凝器盘管换热到达富TEG闪蒸罐，闪蒸出大部分可溶性气体，然后通过富溶液-贫溶液换热器换热后流向再生器。在再生器中，吸收的水通过施加热量在较低压力下从TEG溶液中蒸馏出来，热可以是燃气再沸器或蒸汽加热再沸器。再生的贫TEG溶液流经富溶液-贫溶液换热器换热，和贫溶液冷却器进行冷却，然后由贫溶液泵再循环到脱水塔。

脱水的 CO_2 气体进入4级压缩机，请注意4级压缩机将穿越临界条件(纯 CO_2 气体在73.8bar时临界温度为31℃)，当 CO_2 气体压力高于73.9bar，温度高于31.1℃时，CO_2 气体处于超临界状态。CO_2 可通过冷却水冷却器液化，然后泵送到管网。

10.7.4.3 过程模拟

烟道气体 CO_2 捕获过程模拟如图10-26所示。

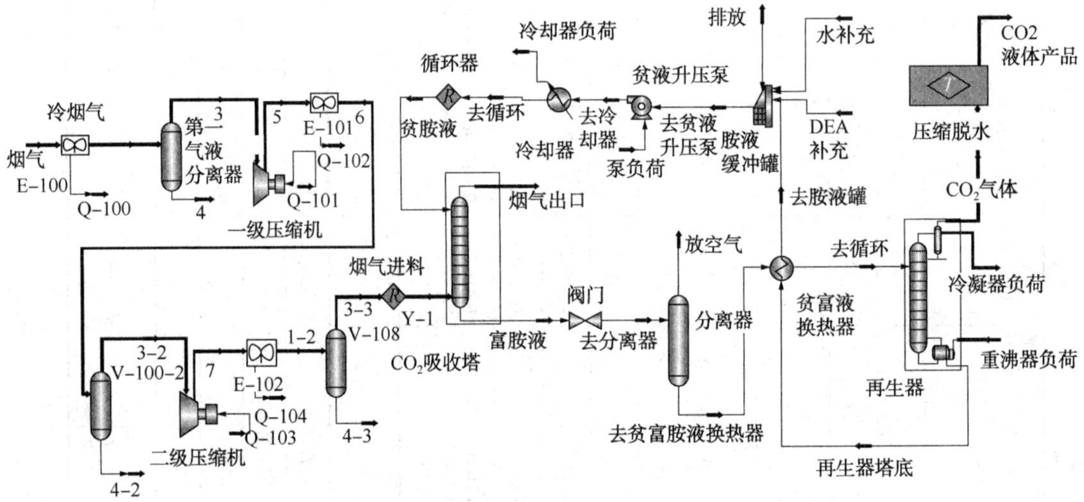

图10-26 传统烟气 CO_2 捕获整体工艺模拟

表10-31总结了烟气 CO_2 捕获过程模拟主要物流数据。

表 10-31 烟气 CO_2 捕获过程模拟主要物流数据

项目	烟气	冷烟气	烟气进料	贫胺液	烟气出口	富胺液	去分离器	放空气	去贫富胺液换热器	富胺液去再生器	CO_2 气体	再生器底部	CO_2 液体产品
气相分率	1.000	0.952	1.000	0.000	1.000	0.000	0.000	1.000	0.000	0.000	1.000	0.000	1.000
温度/℃	160	35	35	40	41	61	61	61	61	93	43	116	31
压力/kPa	105	103	890	3618	850	890	483	483	483	448	150	180	8650
质量流量/(kg/h)	145665	145665	137208	540233	110965	566475	566475	25	566450	566450	26991	539459	24909
液体流量/(m^3/h)	250.0	250.0	241.6	529.8	209.6	561.8	561.8	0.0	561.7	561.7	32.7	529.0	30.3
分子量	29.1	29.1	30.3	22.9	28.2	23.4	23.4	29.7	23.4	23.4	42.4	22.9	44.0
组成(摩尔分数)													
H_2O	0.099997	0.099997	0.006790	0.940579	0.009087	0.917289	0.917289	0.042351	0.917320	0.917320	0.059521	0.940472	0.000024
CO	0.000028	0.000028	0.000030	0.000000	0.000035	0.000000	0.000000	0.000034	0.000000	0.000000	0.000000	0.000000	0.000000
CO_2	0.129996	0.129996	0.143444	0.005000	0.013346	0.029563	0.029563	0.130099	0.029559	0.029559	0.939177	0.005008	0.998498
H_2S	0.000000	0.000000	0.000000	0.000000	0.000000	0.000000	0.000000	0.000000	0.000000	0.000000	0.000000	0.000000	0.000008
N_2	0.759979	0.759979	0.838700	0.000000	0.964840	0.000062	0.000062	0.814060	0.000033	0.000033	0.001264	0.000000	0.001419
O_2	0.010000	0.010000	0.011035	0.000000	0.012691	0.000001	0.000001	0.013456	0.000001	0.000001	0.000037	0.000000	0.000051
DEA	0.000000	0.000000	0.000000	0.250000	0.000000	0.238419	0.238419	0.000000	0.238429	0.238429	0.000000	0.250359	0.000000

CO_2 压缩和脱水段的工艺模拟如图 10-27 所示。

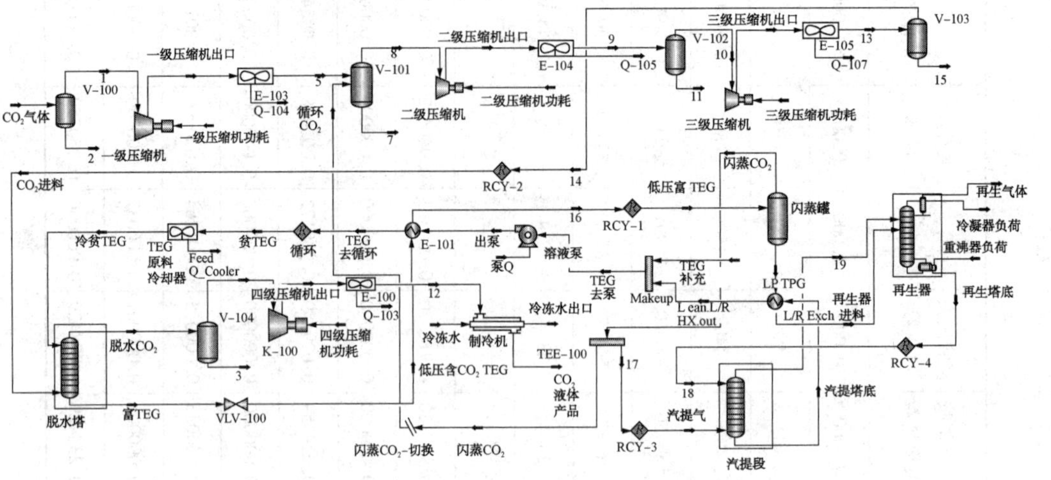

图 10-27 CO_2 压缩和脱水段的工艺模拟图

表 10-32 总结了 CO_2 压缩和脱水部分的主要物流数据。

10.7.4.4 操作性能和研究结果

表 10-33 总结了烟气 CO_2 捕获过程模拟的装置操作性能数据。

从表 10-33 可知，处理后的烟气(N_2)的 CO_2 含量约为 1.3%，处理后的烟气的 N_2 纯度为 96.5%，可用作工厂公用设施系统的惰性气体；CO_2 捕获效率达到 92%，湿 CO_2 纯度为 99.5%。这种 CO_2 气体被压缩和脱水；干燥的 CO_2 气体的纯度为 99.8%；富胺负载量为 0.56mol CO_2/mol 胺。来自闪蒸罐的闪蒸气体主要是 N_2，可以直接排放到大气中，而对环境没有影响。CO_2 捕集效率为 91.9%，脱水后总效率约为 87%，CO_2 损失于 TEG 再生器尾气中，其中 800kg/h 的闪蒸气为汽提气；本案例研究捕获纯度为 99.8%的 25t/h 液体 CO_2 产物，胺液再沸器所需的蒸汽为 55t/h，TEG 蓄热器所需的中压蒸汽为 8t/h。一小部分闪蒸气体用作汽提气体，是操作再生器的有效方法；本研究采用 800kg/h 的闪蒸气，在 204.7℃的再沸器温度下，TEG 质量分数可达 99.7%，脱水 CO_2 气体中的含水量约为 26×10^{-6}。

10.8 CO_2低温分离

从 CO_2 热力学性质和相图(图 10-1)来看，当降低 CO_2 气流温度和增加压力时，CO_2 物流相态可以从气相变为液相，甚至变成固相。

当 CO_2 气流低于临界点时，CO_2 相态相对于 CO_2 饱和线变化，当压力低于饱和线时，CO_2 气流停留在气相中，当压力增加到饱和线以上时，CO_2 成为液相。

当 CO_2 气流的温度和压力降至三相点以下时，CO_2 相态相对于 CO_2 升华线而变化；当其压力低于升华线时，CO_2 流停留在气相中，当压力增加到升华线以上时，CO_2 成为固相。因此，通过改变温度或压力来改变 CO_2相态是一种实用的方法。

在天然气或烟气气流中，N_2、O_2 和 CH_4 的组分具有截然不同的相图，与 CO_2 组分相比，它们都具有低得多的沸点，这为将 CO_2 与富含 CO_2 的气流分离提供了机会。

表 10-32 CO_2 压缩和脱水段主要物流数据

项目	CO_2 气体	1级压缩机出口	循环 CO_2	2级压缩机出口	3级压缩机出口	CO_2 进料	冷贫 TEG	脱水 CO_2	4级压缩机出口	CO_2 液体产品	冷冻水	富 TEG	低压富 TEG	闪蒸 CO_2	再生器进料	再生器气体	再生器底部	汽提气	汽提塔底部
气相分率	1.000	1.000	1.000	1.000	1.000	1.000	0.000	1.000	1.000	0.000	0.000	0.000	0.238	1.000	0.017	1.000	0.0000	1.000	0.000
温度/℃	43	154	50	147	163	35	30	39	105	31	15	38	50	50	130	124	205	50	196
压力/kPa	150	460	490	1350	4560	4530	4480	4420	8700	8650	600	4460	490	490	421	101	103	490	105
质量流量/(kg/h)	26991	26986	5723	32250	32115	32011	67534	24909	24909	24909	9652	74636	74638	6523	68115	1391	68624	800	67524
液体流量/(m^3/h)	32.6	32.6	6.9	39.0	38.9	38.8	59.9	30.2	30.2	30.2	9.7	68.5	68.5	7.9	60.6	1.7	60.9	1.0	59.9
分子量	42.4	42.5	44.0	43.6	43.8	43.9	146.8	44.0	44.0	44.0	18.0	119.9	119.9	44.0	143.6	42.6	139.1	44.0	146.8
组成(摩尔分数)																			
H_2O	0.059521	0.059148	0.000435	0.016540	0.006576	0.002668	0.024174	0.000024	0.000024	0.000024	1.000000	0.020961	0.020944	0.000435	0.027359	0.059074	0.083482	0.000435	0.024177
CO	0.000000	0.000000	0.000000	0.000000	0.000000	0.000000	0.000000	0.000000	0.000000	0.000000	0.000000	0.000000	0.000000	0.000000	0.000000	0.000000	0.000000	0.000000	0.000000
CO_2	0.939177	0.939550	0.996915	0.981877	0.991824	0.995364	0.001497	0.998497	0.998497	0.998497	0.000000	0.258262	0.258289	0.996913	0.027266	0.930946	0.000237	0.996913	0.001497
H_2S	0.000000	0.000000	0.002610	0.000459	0.000463	0.000817	0.000012	0.000008	0.000008	0.000008	0.000000	0.000959	0.000960	0.002609	0.000445	0.007865	0.000002	0.002609	0.000012
N_2	0.001264	0.001265	0.000033	0.001092	0.001103	0.001109	0.000000	0.001419	0.001419	0.001419	0.000000	0.000008	0.000008	0.000033	0.000000	0.000018	0.000000	0.000033	0.000000
O_2	0.000037	0.000037	0.000006	0.000033	0.000034	0.000041	0.000000	0.000051	0.000051	0.000051	0.000000	0.000001	0.000001	0.000006	0.000000	0.000004	0.000000	0.000006	0.000000
TEG							0.996582	0.000001	0.000001	0.000001	0.000000	0.901755	0.901746	0.000007	0.988106	0.007360	0.989114	0.000007	0.996582

表 10-33 烟气 CO_2 捕获过程模拟的装置操作性能数据

项目	数值	单位	项目	数值	单位
烟气摩尔流量	5000	kmol/h	胺循环流量	520.0	m^3/h
烟气摩尔分数(CO_2)	0.13		贫胺负载	0.0919	
烟气摩尔流量(CO_2)	28605.6	kg/h	富胺负载	0.5569	
干烟气流量	4530.68	kmol/h	再生器进料温度	93.3	℃
干烟气 CO_2	0.14		再生器回流比(摩尔比)	0.6	
处理过的烟气 CO_2	1.3		贫胺温度	40.00	℃
CO_2 气体摩尔分数(CO_2)	0.9392		再生器蒸汽质量流量	54998.6	kg/h
CO_2 气体摩尔流量	636.0	kmol/h	产品质量流量(CO_2)	24885.5	kg/h
CO_2 气体质量流量	26991	kg/h	CO_2 捕获效率	91.9	%
胺强度	25.0	%	最终 CO_2 捕获效率	87.0	%

低温 CO_2 分离不适用于含有 C_3 以上烃的气体，在现有 C_2H_6 组分的情况下，由于 CO_2 与 C_2H_6 之间的性质较近，可能会造成 CO_2 流中的乙烷损失。

富 CO_2 气流相图将与纯 CO_2 相图有很大不同，除了实验方法可用于生成 CO_2 气流相图外，还有一种使用商业模拟器(如 Aspen HYSYS)的快速方法产生露点线，以及冻结(升华线)的 CO_2 气流。不幸的是，模拟 CO_2 气流升华/凝华相平衡在较低版本的 Aspen HYSYS 中不可用。

10.8.1 实际富 CO_2 气流气液露点和冻结曲线

来自工艺加热炉、锅炉和燃气轮机的烟气成分根据燃料类型、燃料成分、过量氧气量等而变化，使用空气作为燃烧氧化剂时，典型的烟气成分见表 10-34。

表 10-34 不同操作条件下的烟气成分

名称	湿烟气	烟气	1 级压缩机出口烟气	2 级压缩机出口烟气	3 级压缩机出口烟气	冷烟气
	S1	S2	S3	S4	S5	S7
气体分数	1.0000	1.0000	1.0000	1.0000	1.0000	1.0000
温度/℃	160	35	35	35	35	1
压力/kPa	106	104	340	1040	3950	3920
质量流量/(kg/h)	145663	141287	138060	137151	136841	136675
分子量	29.1	29.7	30.2	30.3	30.3	30.4
H_2O 摩尔分数/%	10.00	5.40	1.71	0.61	0.23	0.03
CO_2 摩尔分数/%	13.00	13.66	14.20	14.35	14.41	14.44
N_2摩尔分数/%	76.00	79.88	83.01	83.93	84.25	84.42
O_2 摩尔分数/%	1.00	1.05	1.09	1.10	1.11	1.11

从表 10-34 可以看出，湿烟气中含有约 10%的燃烧水，当烟气变冷，压力增加时，这种蒸汽会被冷凝分离。

当烟气冷却至1℃时，含水量降至约 200×10^{-6}。

对于 CO_2 摩尔分数为14.4%的冷烟气，可以使用 Aspen HYSYS 模拟烟气露点和冻结点；在蒸气分数为0.9999时使用 HYSYS PropertyTable 模拟露点数据，在不同物流压力下使用 CO_2 Freeze out Utility 模拟 CO_2 冻结曲线。模拟的露点曲线和 CO_2 冻结曲线如图10-28所示。

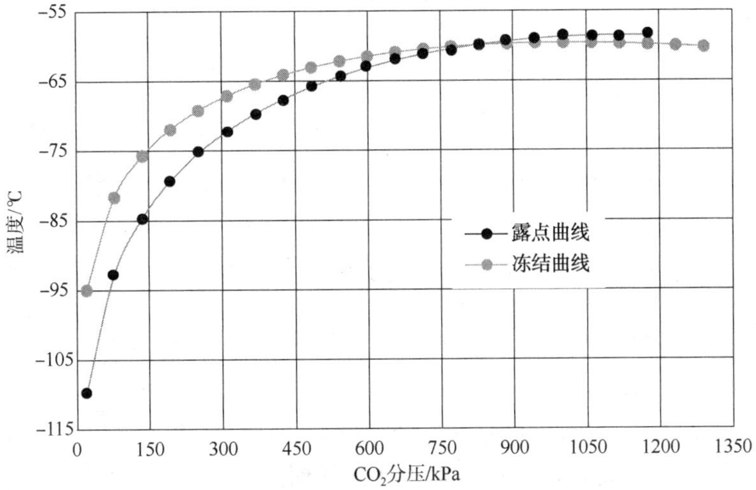

图10-28 烟气露点与冻结点曲线

由图10-28可知，在 CO_2 分压不高于830kPa时，模拟的冻结温度高于露点温度，这表明烟气中的 CO_2 将凝华为固体 CO_2 而不是液相；富 CO_2 气体在低温过程中将首先被冻结出来；当 CO_2 分压达到830kPa，两条曲线重叠，曲线变平。

图10-28还表明，冻结温度随 CO_2 分压升高，并在分压为830kPa时达到转折点，然后曲线变平坦；对于这种典型的烟气(摩尔分数为14.4%的 CO_2)，它需要烟气总压力为58bar。因此，增加富含 CO_2 的气流压力将增加 CO_2 冻结温度，在进行选定的低温 CO_2 捕获过程之前，需要在增加富含 CO_2 的气流压力和降低低温之间进行权衡。

10.8.2 低温温度选择

CO_2 冻结温度只是 CO_2 凝华过程的起点，要使烟气中 CO_2 凝华为固体最多，实现 CO_2 回收率超过90%，就需要额外的温度差(约18~20℃)。

Aspen HYSYS 模拟系统可用于预测不同处理过的烟气 CO_2 成分下的结冰温度，然后估计在凝华压力下的 CO_2 分压。

根据富 CO_2 烟气的模拟结果，冻结温度与 CO_2 分压的关系如图10-29所示。在180kPa的总凝华压力下，要达到92%的 CO_2 去除效率，处理后的烟气中残余 CO_2 约为1.1%(摩尔分数)，所需的冷冻温度约为-117℃。

冻结温度和 CO_2 分压关系为：

$$t_{freeze}=9.0807\ln(p_{CO_2})-122.83 \quad (10-5)$$

式中 t_{freeze}——富 CO_2 气流的冷冻温度，℃；

p_{CO_2}——处理烟气的 CO_2 分压，kPa。

通过 Aspen HYSYS 模拟冻结温度为：

$$p_{desubl}=729956\ e^{0.1099t} \quad (10-6)$$

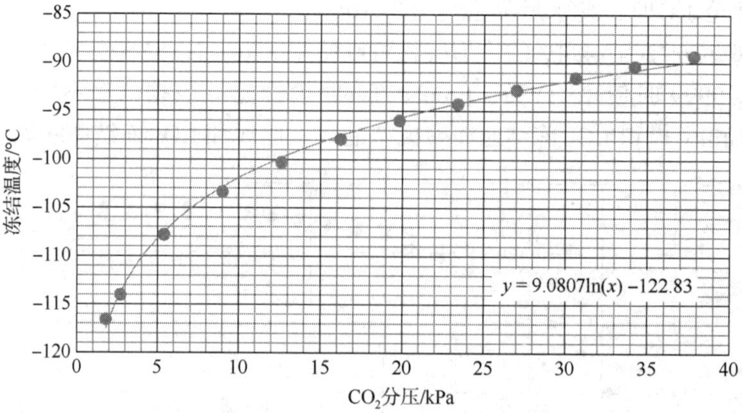

图 10-29 烟气 CO_2 冻结点

式中 p_{desubl}——CO_2 凝华操作分压，kPa；

t——CO_2 冻结温度，℃。

式(10-6)是回归 HYSYS 模拟结果而来的，由于 CO_2 分压进入回归，从而消除了 CO_2 浓度和气流压力的影响，因此式(10-6)可用于估计任何不同场景所需的冻结温度，估计结果与 Jensen 等提出的式(10-7)相匹配[15,16]。

$$p_{CO_2}^{subl}=\exp\left(57.52-\frac{3992.84}{T}-4.9003\ln T+2.415\times10^{-15}T^6+\frac{8125.6}{T^2}\right) \tag{10-7}$$

式中 $p_{CO_2}^{subl}$——CO_2 升华压力，Pa；

T——CO_2 升华温度，K。

从表 10-35 可以看出，CO_2 气流(烟气)的冻结温度可以使用式(10-5)来估算，这是在处理烟气条件下从表 10-34 中的冷烟气成分回归的，通过使用烟气 CO_2 分压消除了烟气成分和压力的影响，可用于粗略估计。式(10-5)可以普遍使用，使用其计算的冻结温度与 Aspen HYSYS 仿真结果相匹配，误差小于 1%。

表 10-35 HYSYS 模拟和文献计算结果比较

HYSYS 模拟			式(10-5)，式(10-6)				式(10-7)			
处理的烟气 CO_2 (摩尔分数)/%	冻结温度/℃	分压/kPa	冻结温度		分压		冻结温度/K	分压		
			℃	误差/%	kPa	误差/%		Pa	kPa	误差/%
1.0	-116.58	1.80	-117.49	0.78	1.99	10.57	156.57	2041	2.04	13.37
1.5	-114.01	2.70	-113.81	-0.18	2.64	-2.20	159.14	2826	2.83	4.65
3.0	-107.82	5.40	-107.52	-0.28	5.21	-3.48	165.33	5914	5.91	9.51
5.0	-103.37	9.00	-102.88	-0.47	8.50	-5.51	169.78	9716	9.72	7.96
7.0	-100.29	12.60	-99.82	-0.46	11.93	-5.29	172.86	13486	13.49	7.03
9.0	-97.90	16.20	-97.54	-0.37	15.51	-4.27	175.25	17236	17.24	6.39
11.0	-95.94	19.80	-95.72	-0.24	19.23	-2.87	177.21	20973	20.97	5.92
13.0	-94.28	23.40	-94.20	-0.08	23.10	-1.29	178.87	24701	24.70	5.56
15.0	-92.82	27.00	-92.90	0.09	27.10	0.39	180.33	28423	28.42	5.27

续表

HYSYS 模拟			式(10-5)，式(10-6)				式(10-7)			
处理的烟气 CO_2(摩尔分数)/%	冻结温度/℃	分压/kPa	冻结温度		分压		冻结温度/K	分压		
			℃	误差/%	kPa	误差/%		Pa	kPa	误差/%
17.0	-91.53	30.60	-91.76	0.26	31.25	2.12	181.62	32140	32.14	5.03
19.0	-90.36	34.20	-90.75	0.44	35.53	3.89	182.79	35854	35.85	4.84
21.0	-89.29	37.80	-89.85	0.62	39.95	5.68	183.86	39566	39.57	4.67

使用式(10-6)计算的 CO_2 分压与 HYSYS 模拟结果匹配，误差小于 11%。式(10-6)的计算结果与式(10-7)的结果吻合良好，平均误差为 6%。因此，可以使用式(10-5)来估计给定 CO_2 分压下的 CO_2 冻结温度，使用式(10-6)来估计所需冻结温度下的 CO_2分压。

在给定的 CO_2 分压下估计 CO_2冻结温度后，可估计给定分压下所需的烟气 CO_2 凝华需要的冷冻温度，通常，应遵循以下步骤来确定所需的冷冻温度：

(1) 收集烟气成分；

(2) 通过将烟气温度降低到约 1℃来除去燃烧水；

(3) 筛选低温工艺，确定处理后的烟气压力；

(4) 根据要求的 CO_2 去除效率，估计 CO_2 分压；

(5) 根据 CO_2 分压估计 CO_2 冻结温度；

(6) 对 CO_2 冷冻温度增加凝华温度差(18~20℃)，以达到所需的 CO_2 去除效率。

10.8.3 低温烟气 CO_2 低温去除技术发展

SESC 公司已于 2019 年 9 月向美国能源部提交了一份低温 CO_2 捕获开发报告[18]。声称：

(1) 安装在亨特(Hunter)发电厂的实验装置完成了多次 35h 的测试，总共完成了累计 600 多个小时的烟气 CO_2 捕获数据，在这期间，平均 CO_2 捕获率超过 91%。低温 CO_2 捕获技术的发展可以声称[19]：分离烟气中 90%以上的 CO_2 用于储存，电力成本降低 40%。

(2) 犹他州普罗沃的杨百翰大学完成了大型发电厂低温 CO_2 捕获技术的预测报告，证实了其可行性和经济兼容性[20]。

(3) 专利申请[21]，CO_2 分离和液化系统及方法，已在加拿大知识产权局提交。该专利不需要外部制冷，只包含 3 级烟气压缩机和一个带有 4 个膨胀器的两级冷烟气压缩机。

10.8.4 烟气低温 CO_2 捕获——案例研究 10

在非常低的 CO_2 浓度下，也可以使用低温方法捕获气流中的 CO_2，例如来自工艺加热炉或锅炉的烟气，一般来说，烟气主要含有 CO_2(摩尔分数为 10%~15%)和 N_2，CO_2 低温捕获不仅仅是捕获 CO_2，同时净化 N_2，生成纯度超过 97%的 N_2，可满足生产对吹扫、覆盖使用的要求。

10.8.4.1 问题定义

进料烟气的组成、流量和操作条件与案例研究 9 表 10-30 相同。

对于典型的工艺加热炉烟气，取 5000kmol/h(145663kg/h)160℃的原料烟气，在本案例研究中，CO_2 约为 10%~13%(摩尔分数)，燃烧水约为 10%(摩尔分数)

为了捕获 CO_2，必须使用空气冷却器将烟气从 160℃冷却至 35℃，并将安装压缩机以增加烟气压力。

烟气压缩机出口压力是通过权衡优化烟气压缩机和混合制冷剂压缩机的功率需求来确定的，在进行运行功率需求的模拟比较后，本案例研究选择 25bar 的烟气气体压力。文献[19]指出，使用 10bar 压力但在相同条件下消耗更多功率进行冷冻剂压缩才能达到需要的低温，获得理想的 CO_2 去除效率。

提高烟气压力提供了利用约翰-汤姆森效应/涡轮膨胀机降低烟气温度的机会，从而显著节省了混合制冷剂压缩机的电力需求。

目前，大多数过程模拟系统没有预测 CO_2 凝华设备性能和显示气液固相行为的功能。Aspen Plus 模拟器声称能够使用吉布斯反应器在最小自由能条件下预测 CO_2 固相。Aspen HYSYS 只能预测 CO_2 冻结温度。预计在不久的将来，过程模拟系统将升级为具有方便的模拟 CO_2 凝华的功能。

为了达到制冷温度的目标，制冷过程使用混合制冷剂(MR)，它是丙烷，乙烷和甲烷的混合物。

一种新的低温 CO_2 捕获工艺如图 10-30 所示。

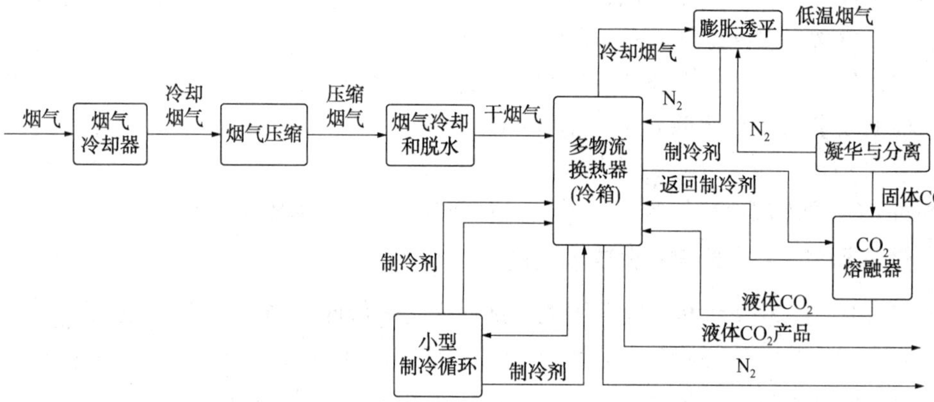

图 10-30 一种新的低温 CO_2 捕获工艺框图

10.8.4.2 工艺描述

这是一个新的烟道气二氧化碳捕获工艺，已申报专利；工艺描述和工艺流程图不在这里展示。读者如对详细资料感兴趣，可联系作者。

10.8.4.3 模拟和物热平衡

为了评价低温烟气 CO_2 捕获工艺和操作的可行性，利用商业模拟软件构建了模拟模型，证实了新工艺的技术可行性和突出的节能效果；由于该新工艺处于专利申请中，工艺模拟图将不在这里描述，读者如对详细资料感兴趣，可联系作者。

表 10-36 总结了通过模拟得到的主要物流数据。

从表 10-36 可以看出，捕获的 CO_2 气流纯度为 99.7%，CO_2 回收效率约为 92%，可用于化学利用或提高油气回收或储存。

处理后的烟气的氮气纯度为 97%，氮气纯度高度依赖于烟气中过量的氧气，以及处理后的烟气中的残余 CO_2。本案例研究中使用的烟气中过量氧气为 1%，氮气流中的残余 CO_2 为 1.4%。

注意到该新工艺处于专利申请中，表 10-36 不包括操作条件，只列出物料组成数据，读者如对详细资料感兴趣，可联系作者。

混合冷冻剂制冷回路的物流数据如表 10-37 所示。

表 10-36 烟气中 CO_2 捕获的主要物流数据(通过模拟)

模拟名称	S1	S2	S3	S4	S5	S6	S7	S8	S9	S10	S11	S12	S20	S21	S22
	原料烟气	冷烟气	一级压缩机烟气	二级压缩机烟气	三级压缩机烟气	干烟气	冷烟气	膨胀机烟气入口	膨胀机烟气出口	膨胀机氮气出口	氢气一次换冷出口	氮气产品	液体 CO_2	泵送液体 CO_2	液体 CO_2 产品
气相分率	1.0000	1.0000	1.0000	1.0000	1.0000	1.0000	1.0000	0.8901	0.8662	0.9867	1.0000	1.0000	0.0274	0.0000	0.0000
温度/℃	160.0						1.0					32.4			2.0
压力/kPa	106.0											110.0			7960.0
质量流量/(kg/h)	145663	141287	138193	137213	136892	136650	136650	136650	136650	110264	110264	110264	26386	26386	26386
分子量	29.1	29.7	30.1	30.3	30.3	30.4	30.4	30.4	30.4	28.3	28.3	28.3	43.8	43.8	43.8
摩尔分数(H_2O)	0.1000	0.0540	0.0186	0.0069	0.0030	0.0000	0.0000	0.0000	0.0000	0.0000	0.0000	0.0000	0.0000	0.0000	0.0000
摩尔分数(CO_2)	0.1300	0.1366	0.1417	0.1434	0.1440	0.1444	0.1444	0.1444	0.1444	0.0141	0.0141	0.0141	0.9879	0.9879	0.9879
摩尔分数(N_2)	0.7600	0.7988	0.8287	0.8387	0.8420	0.8445	0.8445	0.8445	0.8445	0.9731	0.9731	0.9731	0.0118	0.0118	0.0118
摩尔分数(O_2)	0.0100	0.0105	0.0109	0.0110	0.0111	0.0111	0.0111	0.0111	0.0111	0.0128	0.0128	0.0128	0.0003	0.0003	0.0003

表 10-37 使用混合制冷剂的低温技术捕获 CO_2 的物流数据

项目	S31	S32	S33	S34	S35	S36	S37	S38
	MR 到 MP 压缩机	MP 压缩机冷后	冷冻 MR	MR 节流阀后	MR 换热后	MR 到 LP 压缩机	LP 压缩机出口	MP 压缩机出口
气体分数	1.0000	1.0000	0.3800	0.3069	0.8716	1.0000	1.0000	1.0000
温度/℃	2.0	30.0	-30.0	-107.5	-47.6	25.0	93.0	73.9
压力/kPa	790.0	2480.0	2450.0	350.0	310.0	280.0	850.0	2500.0
质量流量/(kg/h)	14334	14334	14334	14334	14334	14334	14334	14334
分子量	28.7	28.7	28.7	28.7	28.7	28.7	28.7	28.7
摩尔分数(CH_4)	0.4000	0.4000	0.4000	0.4000	0.4000	0.4000	0.4000	0.4000
摩尔分数(C_2H_6)	0.3000	0.3000	0.3000	0.3000	0.3000	0.3000	0.3000	0.3000
摩尔分数(C_3H_8)	0.3000	0.3000	0.3000	0.3000	0.3000	0.3000	0.3000	0.3000

从表 10-37 可以看出，混合制冷剂已经与氮气和液体 CO_2 的冷流进行冷交换，混合制冷剂温度从 LNGHX-02 的 35℃冷却至-30℃，然后流向固体 CO_2 熔化器，达到-76℃的温度，控制阀节流蒸发后，混合制冷剂温度降至-107℃

-120℃或更低的低温得益于冷回收、涡轮膨胀和混合制冷剂制冷的冷集成。

烟气脱除水数据见表 10-38。

原料烟气中含有约 10%的燃烧水，烟气中的水可以通过烟气冷却降温去除，1℃时可达到 200×10^{-6}的含水量，要除去所有微量的游离水，可能需要硅凝胶或分子筛干燥器。对于本案例研究，脱除的总水量为 9t/h。

低温 CO_2 捕获的功率需求如表 10-39 所示。

低温 CO_2 捕获的电功率需求为 16.8MW，而涡轮膨胀机可以回收 2.5MW，因此整体电功率需求为 14.4MW。

表 10-38 烟气脱水数据

项目	S40	S41	S42	S43	S44	S45	S46
	湿烟气脱水	一级烟气脱水	二级烟气脱水	一级烟气脱水	冷烟气脱水	干烟气脱水	总共脱水
质量流量/(kg/h)	4376	3094	980	321	210	33	9014
分子量	18.0	18.0	18.0	18.1	18.1	18.0	18.0
摩尔分数(H_2O)	0.9999	0.9998	0.9994	0.9984	0.9965	1.0000	0.9997
摩尔分数(CO_2)	0.0001	0.0002	0.0005	0.0013	0.0031	0.0000	0.0003
摩尔分数(N_2)	0.0000	0.0000	0.0001	0.0002	0.0004	0.0000	0.0000
摩尔分数(O_2)	0.0000	0.0000	0.0000	0.0000	0.0000	0.0000	0.0000

表 10-39 低温 CO_2 捕获的电力需求

项目	1 级烟气压缩机	2 级烟气压缩机	3 级烟气压缩机	低压 MR 压缩机	中压 MR 压缩机	液体 CO_2 泵	电力需求	烟气膨胀机	氮气膨胀机
电力需求/kW	5546	5147	5078	508	456	165	16901	1326	1148

10.8.4.4 结论和建议

低温捕获 CO_2 的预测操作性能数据如表 10-40 所示。

从表 10-40 可以看出，CO_2 回收率约为 91.5%，CO_2 纯度为 99%，N_2 回收纯度为 97.3%，单位 CO_2 功率需求约为 0.55MW · h/t。N_2 流可以引导到工厂公用工程系统，用于吹扫，覆盖或输送给工厂外的用户。

这种低温和涡轮膨胀工艺消除了凝华塔、接触液体再循环系统和 CO_2 固体浆液泵送和输送系统，并确保换热器在 CO_2 凝华温度以上运行，从而解决了 CO_2 冻结在传热区域，堵塞凝华塔，泵和管道系统的问题。该过程使用低温换热器-冷箱在较低温度下进行有效冷交换。

该设计避免了接触(稀释)液体的引入，简化了低温 CO_2 捕获系统，避免了接触液体流向 CO_2 物流中的损失。

建议安装中试设备以获得设计和操作经验，然后扩展到工业应用。

表 10-40 低温技术捕获 CO_2 的操作性能数据

项目	单位	数值	项目	单位	数值
干烟气摩尔分数(N_2)	%	84.4	CO_2 物流质量流量(CO_2)	kg/h	26180
干烟气摩尔分数(CO_2)	%	14.4	CO_2 捕获效率	%	91.5
干烟气质量流量(CO_2)	kg/h	28601	N_2回收效率	%	99.8
干烟气质量流量(N_2)	kg/h	106449	电力需求	kW	16901
N_2物流摩尔分数(CO_2)	%	1.4	N_2膨胀机回收	kW	1148
N_2物流摩尔分数(N_2)	%	97.3	烟气膨胀机回收	kW	1326
N_2物流质量流量(N_2)	kg/h	106249	总电功率需求	kW	14427
CO_2 物流摩尔分数(CO_2)	%	98.8	每吨 CO_2 的电能需求	MWh/t	0.551
CO_2 物流摩尔分数(N_2)	%	1.2			

10.8.5 传统 CO_2 捕获与低温 CO_2 捕获的比较

案例研究 9 和案例研究 10 使用相同的烟气成分，流量和进料条件，并且两者都在几乎相同的条件下输送液体 CO_2 产品，因此，我们可以从运营成本和资本成本的角度比较这两个案例研究。

10.8.5.1 传统的 CO_2捕获过程运营成本

高层次的运营成本估算主要基于公用工程需求。根据案例研究 9 的仿真结果，表 10-41 总结了传统 CO_2 工艺的功率需求，总结了表 10-42 中的热需求。

表 10-41 传统 CO_2 捕获工艺的电功率需求

项目	1 级烟气压缩机	2 级烟气压缩机	1 级 CO_2 压缩机	2 级 CO_2 压缩机	3 级 CO_2 压缩机	4 级 CO_2 压缩机	胺泵	TEG 泵	总电功率需求
电功率/kW	6545	4832	777	860	922	318	691	157	15104
单位功率需求 @24.885t/hCO_2	263	194	31	35	37	13	28	6	607
电力成本 @ \$0.07/(kW·h)	18.41	13.59	2.19	2.42	2.59	0.89	1.95	0.44	42.49

表 10-42 传统 CO_2 捕获工艺的热需求

项目	胺再沸器	TEG 再沸器	总热量需求
热流/(GJ/h)	112.26	14.71	126.96
单位热需求@24.885t/hCO_2	4.51	0.59	5.10
燃气成本@ \$4.39/GJ	19.80	2.59	22.40

假设燃气价格为 4.39 \$/GJ，电价为 0.07 \$/kW·h，因此，从表 10-41 和 10-42 来看，传统的 CO_2 捕获过程运营成本约为 65 美元/t(CO_2 捕获电费 42.5 美元，热量 22.4 美元)。

这种简单的成本估算不包括冷冻水需求，胺和 TEG 补充成本等。

10.8.5.2 新低温 CO_2 捕获过程的运行成本

低温 CO_2 工艺不需要蒸汽或供热，只需要电力需求，根据案例研究 10 的模拟结果，新

的低温 CO_2 工艺的电力需求总结在表 10-43 中。

表 10-43　新型低温 CO_2 捕获工艺的电力需求

项目	1 级烟气压缩机	2 级烟气压缩机	3 级烟气压缩机	低压冷冻压缩机	中压冷冻压缩机	液体 CO_2 泵	电功率需求	烟气膨胀机	N_2 膨胀机	总电功率需求
电功率/kW	5546	5147	5078	508	456	165	16901	-1326	-1148	14427
单位功率需求 @26.18t/hCO_2	212	197	194	19	17	6	646	-51	-44	551
电力成本 @ $0.07/(kW·h)	14.83	13.76	13.58	1.36	1.22	0.44	45.19	-3.55	-3.07	38.58

从表 10-43 可以看出，新的低温 CO_2 捕获工艺的运营成本为 38.6 美元/t CO_2 捕获量，降低了 41%。

10.8.5.3　资本成本比较：设备数量

根据两项案例研究的模拟结果，表 10-44 总结了这两个过程中所需的设备。

表 10-44　两个案例研究过程所需的设备数量

传统工艺设备清单				低温工艺设备清单	
	CO_2 回收部分		CO_2 压缩脱水部分		
1	CO_2 吸收塔	20	贫富液换热器	1	烟气气液分离器
2	闪蒸罐	21	富液预热器	2	1 级气液分离器
3	烟气气液分离器	22	CO_2冷却器	3	2 级气液分离器
4	1 级气液分离器	23	TEG 罐	4	3 级气液分离器
5	2 级气液分离器	24	TEG 循环泵	5	冷烟气气液分离器
6	回流罐	25	富 TEG 闪蒸罐	6	烟气冷却器
7	贫富液换热器	26	1 级压缩机进口分离器	7	1 级烟气压缩机冷却器
8	再生器	27	2 级压缩机进口分离器	8	2 级烟气压缩机冷却器
9	胺液罐	28	3 级压缩机进口分离器	9	3 级烟气压缩机冷却器
10	升压泵	29	脱水塔进口分离器	10	LP 级制冷剂压缩机冷却器
11	回流泵	30	4 级压缩机进口分离器	11	MP 级制冷剂压缩机冷却器
12	贫液冷却器	31	再生器	12	1 级烟气压缩机
13	进料烟气冷却器	32	TEG 进料冷却器	13	2 级烟气压缩机
14	1 级烟气压缩机冷却器	33	1 级压缩机冷却器	14	3 级烟气压缩机
15	2 级烟气压缩机冷却器	34	2 级压缩机冷却器	15	1 级 冷冻剂压缩机
16	冷凝冷却器	35	3 级压缩机冷却器	16	2 级 冷冻剂压缩机
17	重沸器	36	4 级压缩机冷却器	17	烟气膨胀机
18	1 级烟气压缩机	37	CO_2冷却器	18	2 级烟气膨胀机
19	2 级烟气压缩机	38	脱水塔	19	多物流换热器

续表

传统工艺设备清单				低温工艺设备清单	
	CO_2回收部分		CO_2 压缩脱水部分		
		39	汽提段	22	干燥器(可选项)
		40	1 级 CO_2 压缩机	23	CO_2分离熔化器
		41	2 级 CO 压缩机		
		42	3 级 CO 压缩机		
		43	4 级 CO 压缩机		
		44	冷凝冷却器		
		45	重沸器		
		46	TEG 回流罐		
		47	TEG 回流泵		

从表 10-44 可以看出，传统工艺具有较多的设备(47)，需要两个吸收器和两个再生器；低温烟气 CO_2 捕集工艺仅需 23 个设备，减少 51%。

建议对项目投入进行详细估计，与传统的 CO_2 捕获过程相比，预计资本成本将降低 30%~50%。

10.8.5.4 结论和建议

使用新的低温 CO_2 捕获工艺，公用工程需求仅为电力，不需要蒸汽或热量供应。预计运营成本将降低约 40%，CO_2 仅需电力 0.55MW/t。

传统的 CO_2 捕集工艺对功率的需求略高于新的低温 CO_2 捕集工艺。单位功率需求为 0.607MW/t CO_2，但需要为胺和 TEG 再生器再沸器提供 5.1GJ/t 捕获 CO_2 的热量供应。

根据模拟结果，传统工艺有一长串设备需求共 49 个，包括两个吸收器和两个再生器；低温烟气 CO_2 捕集工艺仅需 23 个设备，减少 53%。预计资本成本将降低 30%~50%。

新 CO_2 捕获工艺具有以下特点：

(1) 捕获的 CO_2 将作为液体产品直接输送出去；不需要压缩和脱水系统。

(2) 通过详细的模拟结果确认了可行性；

(3) 无需接触液回路；不需要冷烟气压缩机，并且操作和开工需要更小的外部制冷回路。

(4) 设计独特的专用设备——熔化气固分离器；

(5) 凝华条件经过优化，可穿过气固升华线。

由于以下原因，建议采用新的低温 CO_2 捕获工艺：

(1) CO_2 将作为液相分离并直接输送；

(2) 简单的 CO_2 捕获工艺可以取代传统的 CO_2 捕获、CO_2 压缩、脱水工艺单元，省去了 CO_2 气体压缩和脱水工艺；

(3) 运营成本和资本成本将分别降低 40%和 30%~50%；

(4) 公用工程需求仅是电力，捕获 $CO_2$0.55MW/t，这略低于传统 CO_2 捕获过程的电力需求，没有燃气和蒸汽需求。

(5) 无需接触液回路，消除了接触液分离过程；

(6) 优化的 CO_2 捕获工艺，避免了 CO_2 凝华和分离上游的固体形成，从而消除了设备 CO_2 冻结堵塞的担忧；

(7) 无需冷烟气压缩机；

(8) 无需 CO_2 固体或浆液输送移设备。

建议：

(1) 正式完成详细案例研究，取得厂商设备价格，对新流程和拟议项目的传统流程进行经济评估；

(2) 选择一现有烟气系统安装一个中试设备，对中试设备进行试验测试，并扩大到所有烟气系统的工业应用。

10.9 CO_2 化学品利用和储存

从化石燃料燃烧或石油和天然气生产中捕获的 CO_2 可以用作化学工业中生产商业产品的原材料；CO_2 和 NH_3 作为肥料制造中的原料物质，例如碳酸氢铵、氨基甲酸铵、尿素等；此外，使用钠化合物和 CO_2 生产碳酸钠或碳酸氢钠；使用富 CO_2 合成气生产甲醇；其他例子是生产硫化橡胶、聚氨酯泡沫和聚碳酸酯，这些都是惰性和长寿命的 CO_2 的化学利用。

化学利用只能消耗有限量的 CO_2，捕获的大部分 CO_2 应用于提高石油天然气产量或储存。

10.9.1 使用 CO_2 生产尿素

尿素是一种非常重要的氮肥，广泛用于农业领域，因为它含有高百分比的氮。尿素可在水中溶解得很好，尿素也被称为铵脲，它是一种化学式为 $CO(NH_2)_2$ 的有机化合物。

尿素制造是一种常规技术，广泛用于化肥工业，CO_2 原料通常取自氨厂的 CO_2 去除装置，该部分的关键是使用从石油和天然气以及化学工业中捕获的 CO_2，以及 NH_3 作为原料，用于尿素生产的综合设施。

从 H_2 生产技术(例如电解水)的商业用途来看，有可能摆脱从化石燃料中生产 H_2 过程，例如蒸汽重整，这可能会降低甚至消除氨工厂中产生的 CO_2，从而为使用从化学工业、石油和天然气生产中捕获 CO_2 的工业提供了机会。

尿素制造的原材料有：

(1) NH_3

(2) CO_2

NH_3 是由氨厂制造的，也可以从市场上购买。

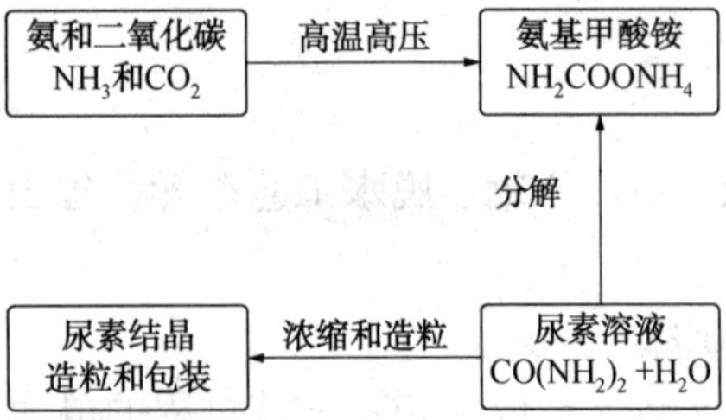

图 10-31 尿素形成步骤

CO_2 已经从石油和天然气和化学工业的 CO_2 捕获单元中捕获，通过压缩，液体 CO_2 或超临界状态 CO_2 可作为生产尿素的原料供应。

氨在尿素反应器中高温高压条件下与二氧化碳反应。通过两步反应形成尿素(图 10-31)。

第一步，NH_3 和 CO_2 一起反应，在高温高压下得到氨基甲酸铵(NH_2COONH_4)。这是一种快速的放热反应。

$$2NH_3(g)+CO_2(g)\longrightarrow NH_2COONH_4(l) \qquad (10-8)$$

第二步，氨基甲酸铵脱水形成尿素和水，这是一种慢吸热反应。

$$NH_2COONH_4(l)\longrightarrow CO(NH_2)_2(aq)+H_2O(l) \qquad (10-9)$$

反应(10-8)可以在室温下进行，速度快。反应(10-9)，即氨基甲酸铵的脱水反应在固相中进行得非常缓慢，并且必须在液态下才有明显的速度。反应(10-8)和(10-9)在尿素合成塔完成，反应(10-8)释放的反应热量支持反应(10-9)的热量需求。

制造的尿素含有未反应的 NH_3、CO_2 和氨基甲酸铵。氨基甲酸铵可通过减压和加热分解成 NH_3 和 CO_2，并回收为 NH_3和 CO_2。当加热产品物流时，NH_3 和 CO_2 从产品混合物中分离出来。该过程的优点是 NH_3 和 CO_2 可以回收并循环回该过程。

尿素作为溶液获得，将该溶液浓缩得到 99.6% 的熔融尿素，并通过造粒设施将其颗粒化用作肥料。

从上述化学反应来看，从理论上讲，每生产 1kmol 尿素将消耗 1kmol CO_2 和 2kmol NH_3，这表明生产 1t 的尿素将消耗 0.73t CO_2。

典型的尿素工厂工艺流程图[7]如图 10-32 所示。

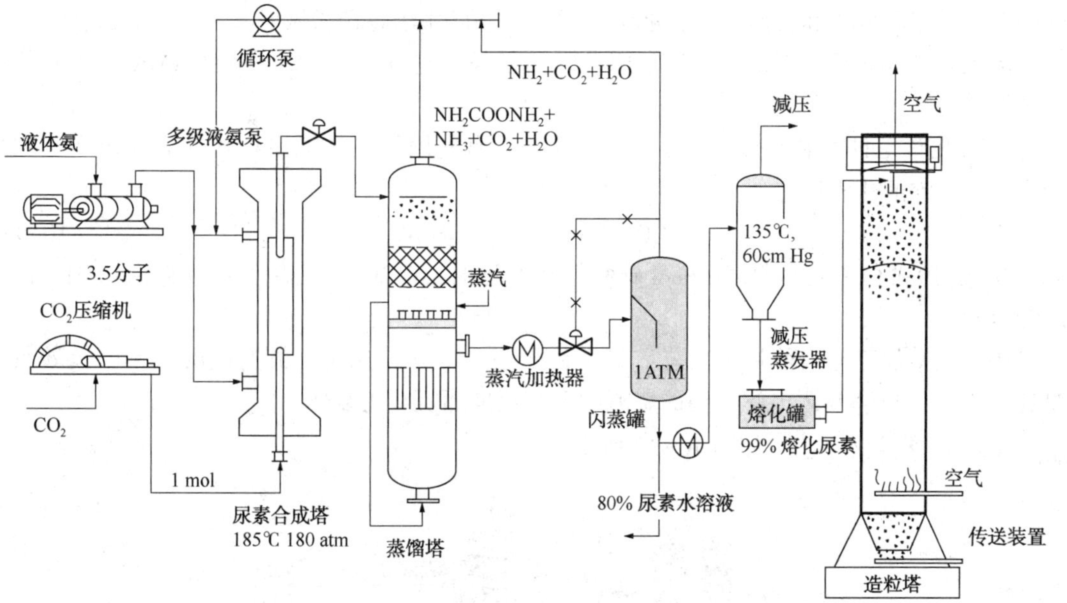

图 10-32　典型的尿素生产工艺

液氨通过一多级泵输送，该泵保持立式不锈钢合成塔中的反应压力；来自 CO_2 捕获单元的 CO_2 被送入尿素工厂，CO_2 在到达尿素工厂之前应被压缩，如果 CO_2 由氨工厂供应，则直接从氨工厂的 CO_2 去除单元中获取，并通过尿素合成单元的 CO_2 压缩机提高到所需的压力；尿素合成塔内衬有一层氧化物膜，以防止腐蚀。塔保持在 180~200bar 的压力和 180~200℃的温度下。进行活塞流反应操作时，尿素和氨基甲酸酯溶液从塔顶排出；高压尿素和氨基甲酸酯溶液被送到蒸馏塔和闪蒸罐中，以分解氨基甲酸酯并回收 NH_3 和 CO_2。在中压下闪蒸分离，将溶液送入真空蒸发器，用于将浆料浓缩至<0.3%的含水量；尿素熔融产物从塔顶进入造粒段。来自造粒段的颗粒由输送机送至包装工段。

10.9.2 使用 CO_2 生产碳酸氢铵

与尿素生产一样，碳酸氢铵也可以使用 CO_2 和 NH_3 生产：

$$CO_2+NH_3+H_2O \longrightarrow (NH_4)HCO_3 \tag{10-10}$$

生产碳酸氢铵是一种成熟的常规技术，由反应式(10-10)可知，生产 1kmol 碳酸氢铵需要 1kmol CO_2，即生产 1t 碳酸氢钠氨消耗 0.57t CO_2。

我国有许多小规模的碳酸氢铵/碳酸铵生产厂家，在 20 世纪 70 年代~20 世纪 80 年代作为低品位的氮肥供应给农业使用，这些碳酸氢铵厂通常与小规模的氨厂集成，同时使用来自氨厂的 CO_2 和 NH_3。

由于维持小规模氨厂的能源需求和运营成本高，以及肥料品位低，这种类型的肥料厂已被逐步淘汰，转向高质量和稳定性的尿素生产。

碳酸氢铵可用作灭火化合物、药品、染料和颜料的生产中的组分，也是一种碱性肥料。碳酸氢铵广泛应用于塑料和橡胶工业、陶瓷制造、铬皮革鞣制以及催化剂的合成。

10.9.3 使用 CO_2 生产碳酸氢钠

碳酸氢钠被称为温泉中的天然成分，是一种安全的物质。随着环境影响成为一个更直接的问题，其温和效果和自然品质已被重新评估，并已用于各种领域。

碳酸氢钠具有多种用途，从日常用品到药品等。它可以由 CO_2 和碳酸钠或 CO_2 和氢氧化钠制成。

AGC 化学是日本最大的碳酸氢钠制造商，拥有使用氢氧化钠和 CO_2 的商业碳酸氢钠生产设施[8]。它的化学反应为：

$$CO_2+NaOH \longrightarrow NaHCO_3 \tag{10-11}$$

从式(10-11)来看，生产 1kmol 碳酸氢钠需要 1kmol CO_2，或者产生 1t 碳酸氢钠将消耗 0.52t CO_2。

碳酸氢钠加工有两种制造工艺：湿法和干法。AGC 使用湿法制造碳酸氢钠，碳酸氢钠是通过将 CO_2 气体注入电解得到的烧碱中引起反应而沉淀为晶体。

AGC 碳酸氢钠工艺[8]如图 10-33 所示。

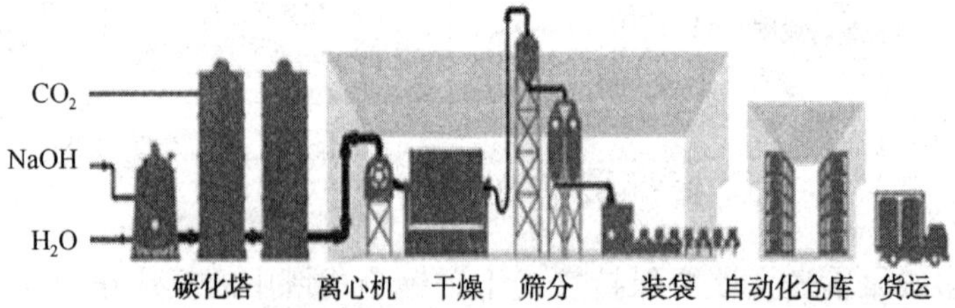

图 10-33 AGC 使用苛性钠和 CO_2 生产碳酸氢钠

10.9.4 使用 CO_2 作为原料生产甲醇

目前，用于甲醇生产的原料气主要是合成气，它们是使用天然气蒸汽重整工艺生产的，通常合成气中含有 H_2、CO 和 CO_2。CO 和 CO_2 都可以加氢制成甲醇，但 CO 是优选的，因为目前的甲醇合成催化剂是为CO加氢而设计的，使用相同的催化剂，CO_2的加氢速率会慢得多。

CO加氢合成甲醇化学反应式为：

$$CO+2H_2 \longrightarrow CH_3OH \tag{10-12}$$

甲醇的形成是一种可逆的放热反应，化学式(10-12)在约250℃的温度下进行，使用催化剂，如Cu-ZnO-Al_2O_3，其中铜被用作活性物质，其作为催化剂有效地加速反应。该化学式(10-12)在甲醇合成中被广泛认可，但许多研究和生产信息表明，用Cu基催化剂进行甲醇合成的CO_2加氢是可行的。

$$CO_2+3H_2 \longrightarrow CH_3OH+H_2O \tag{10-13}$$

根据化学式(10-12)和化学式(10-13)，CO_2加氢制造甲醇比CO加氢需要多50%的氢气，因此对于单一合成气原料进行甲醇合成，CO_2加氢似乎没有优势，因为对于天然气蒸汽重整工艺，CO_2或CO来自天然气中的碳原子，1个碳原子，产生1个CO或CO_2，CO_2和CO可以反向移动：

$$CO+H_2O \rightleftharpoons CO_2+H_2 \tag{10-14}$$

10.9.4.1 供应捕获的外部CO_2以充分利用产生的H_2

根据原料天然气的组成，对于低碳天然气，如CH_4进料，合成气中的氢将处于较高的浓度，产生的CO_2加CO摩尔数将远低于蒸汽重整工艺中产生的氢的摩尔数。因此，它需要对未平衡或未反应的H_2进行再循环，并最终进行吹扫(图10-34)，从而导致效率降低和耗能增加。

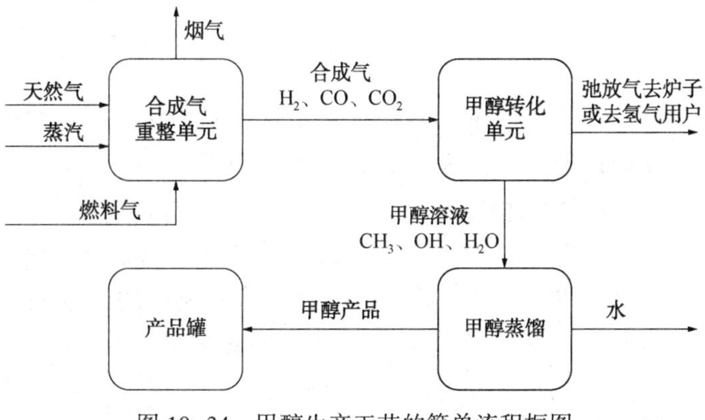

图10-34 甲醇生产工艺的简单流程框图

因此，它还提供了一个机会，供给外部或内部补充CO_2以充分利用H_2。例如，设置CO_2捕获单元来捕获天然气蒸汽重整器装置烟气CO_2，以增加现有工厂甲醇的生产能力。优化工厂H_2和CO/CO_2平衡，以最大限度地减少弛放H_2。

甲醇研究所(QAFAC的甲醇工厂)[17]还提出了CO_2回收利用方案，将重整炉烟气中的CO_2捕获，并供应给合成气压缩机入口，与合成气混合进行甲醇转化，有望实现以下效果：

(1) 使用MHI专有的KS-1™溶剂从烟气中每天回收500t CO_2，并注入合成回路以增加甲醇产量。

(2) 因为过剩的H_2可用于甲醇反应，通过在合成气混合物中添加CO_2，甲醇装置的产能每天增加 300t。

(3) QAFAC 的甲醇工厂能够原材料(CO_2)自给自足。

10.9.4.2 开发 CO_2 加氢制甲醇工艺

从热力学的角度来看，通过 CO_2 加氢制造甲醇是可行的。但是，目前的甲醇转化催化剂并不完全适合 CO_2 加氢操作，可能是 CO_2 加氢工艺发展的障碍。由于 CO_2 的转化率低，并且在转化过程中由于高含水量而使其失活。

生产甲醇通过 CO_2 加氢将是 CO_2 化学利用的有效途径之一，它是 CO_2 利用的发展方向，商业应用研究正在向前推进。必须解决两个问题才能推进实际应用。

1. 氢源

获取 H_2 有三种情况：

① 目前，H_2 是采用天然气蒸汽重整工艺生产的，对于这一过程，CO 和 CO_2 也是在合成气中与 H_2 一起产生的，合成气中的成分在很大程度上取决于操作条件和天然气进料的 H/C 比，可能存在 H_2 过剩导致 H_2 弛放损失，优化工厂 H_2、CO、CO_2 平衡，供应外部捕获的 CO_2 以消耗甲醇生产将是最佳选择。

② 从一些特殊设施中额外产生 H_2 副产品，例如，炼油厂的重整单元，一些具有脱氢反应的石化单元等，在这种情况下，具有甲醇生产以回收 H_2 和 CO_2 的综合工厂将是一个很好的选择。

③ 可持续制氢的新技术，如电解、生物质转化或光解等。通过这种可持续的制氢商业开发，捕获的 CO_2 可以在很大程度上得到利用。

2. CO_2 加氢催化剂

(1) 三级换热器反应器[9]

为了克服目前工业用催化剂($CuO/ZnO/Al_2O_3$)的不足，提出了一种由三级换热器反应器组成的高效工艺进行 CO_2 加氢[9]，这三个反应器串联用于 CO_2 加氢。

常规甲醇反应器中的催化剂体积分为三个部分以加载反应器。每个反应器的产物物流被输送到闪蒸罐中，从未反应的气体(H_2、CO 和 CO_2)中除去甲醇和水。然后，气流作为入口进料进入下一个反应器的顶部。与单级反应器相比，这种新颖的配置使 CO_2 转化率提高了近 2 倍。结果表明，与一级转化反应器相比，CO_2 转化率和甲醇产率分别提高了约 50% 和 103%。

(2) CO_2 加氢的新催化剂[10]

CO_2 加氢，利用从石油和天然气中捕获的 CO_2 制造甲醇，以及化学工业和基于可再生能源的“绿色氢”源，是实现碳中和目标的可持续方法之一。

碳捕获期刊[10]报道了“新催化剂促进 CO_2 加氢合成甲醇”。本研究由中国科学院大连化学物理研究所(DICP)邓德辉教授主导，实现了 CO_2 在低温下高效率加氢合成甲醇。

本研究表明，传统的金属氧化物催化剂用于 CO_2 合成甲醇的反应通常需要高温，这会导致反向水气变换(RWGS)副反应，从而产生大量的副产物 CO。

在金属氧化物上引入过渡金属组分可以促进 H_2 的活化，从而降低反应温度，但这也有利于 CO_2 过度加氢到 CH_4，导致甲醇选择性降低。该研究以富硫空位的少层 MoS_2 为催化剂，在低温甚至室温下可同时活化和解离 CO_2 和 H_2，从而促进 CO_2 加氢合成甲醇，具有高活性和选择性。

因此，CO_2 加氢制甲醇在不久的将来将成为一种成熟的商业应用技术，这为更有效地利用捕获 CO_2 气体提供了机会，并有助于实现碳中和的目标。

10.9.5 CO_2 储存或强化石油天然气采收

如前所述，CO_2 的化学利用只能吸收有限量的 CO_2。捕获的大部分 CO_2 将用于增强石油/天然气生产或储存。

在 CO_2 捕获和压缩/脱水过程之后，液体或超临界 CO_2 物流通过管道输送到地下地质构造中。所需的 CO_2 物流的压力应该是要储存的储层的压力加上克服管道和注入管摩擦损失的压降。它还可以与提高油气采收率的过程相结合，以消除 CO_2 排放并提高收入。

典型的 CO_2 储存或增强气体回收[12,14]由 CO_2 捕获、压缩、运输和注入组成。

CO_2 储存和提高油气采收率已广泛使用多年，本书将不详细讨论这一主题，而是进行简要介绍。

有许多油气田将石油生产和凝析油生产中的酸性气体重新注入一些枯竭的石油和天然气井，包括 CO_2、H_2S 和碳氢化合物气体，目的是提高石油或凝析油的生产能力，这种酸性气体回注消除了硫回收设施，减少了 CO_2 和 SO_2排放，酸性气体回注压力通常很高，一些酸性气体回注设施要求安装多级酸性气体压缩机，压缩机出口压力达 450~600bar(如哈萨克斯坦的 KPO 和 TCO 设施)。

储存场所包括地质和深海[11]。地质储存选择包括深部盐水地层(地下和海底床)、枯竭的石油和天然气储层，用于增强石油/天然气回收作业的地层以及不可开采的煤层。深海储存方法包括将液态 CO_2 直接注入中间深度(1000~3000m)或深度大于 3000m 的深海中。

在大多数 CO_2 强化石油天然气开采项目中，注入油藏的大部分 CO_2 可以暂时储存。这是因为强化石油天然气开采项目的退役通常涉及减低油藏压力，以最大限度地提高石油采收率。这种油藏减压导致少量 CO_2 被释放，但大量的注入的 CO_2 仍然溶解在静止的油藏中。如果没有计划的油藏减压阶段，CO_2存储将会永久存储。

参 考 文 献

[1] Arthur Kohl; Richard Nielson(1997). Gas Purification(5th ed.). Gulf Publishing. ISBN0-88415-220-0.

[2] *Jennifer Dyment, Suphat Watanasiri, Acid gas cleaning using DEPG Physical Solvents: Validation with Experimental and Plant, White Paper, Aspen technology Inc*, 2015.

[3] *Barry Burr and Lili Lyddo, A comparison of physical solvents for acid gas removal, Bryan Research & Engineering, Inc.*

[4] *Li, Le; Voice, Alexander K.; Li, Han; Namjoshi, Omkar; Nguyen, Thu; Du, Yang; Rochelle, Gary T.* (2013). *"Amine blends using concentrated piperazine". Energy Procedia.* 37: 353-369.

[5] *Closmann, Fred; Nguyen, Thu; Rochelle, Gary T. (February* 2009). *"MDEA/Piperazine as a solvent for CO_2 capture". Energy Procedia.* 1(1): 1351-1357.

[6] *Campbell, J. M., "Gas Conditioning and Processing", Vol.* 2, *The Equipment Module, page* 358, *9th Ed., 2nd Printing, J. M. Campbell and Company, Norman, Oklahoma, USA*, 2014.

[7] *Engineering guide, Flow Diagram of Urea Production Process from Ammonia and Carbon Dioxide, https: //enggyd. blogspot. com/*2010/09/*flow-diagram-of-urea-production-process. html.*

[8] *AGC Chemical Website, Products and service, Sodium Bicarbonate, manufacturing process. https: //www. agc-*

chemicals. com/jp/en/products/detail/index. html? pCode = JP-EN-C010.

[9] Fereshteh Samimi, Mohammad Reza Rahimpour and Ali Shariati, Development of an Efficient Methanol Production Process for Direct CO_2 Hydrogenation over a Cu/ZnO/Al2O3 Catalyst, Nov 2017 https://www. researchgate. net/publication/320941810.

[10] New catalyst boosts hydrogenation of CO_2 to methanol, Carbon Capture Journal, March, 2021; https://www. carboncapturejournal. com/news/new-catalyst-boosts-hydrogenation-of-co2-to-methanol/4559. aspx.

[11] Howard Herzog and Dan Golomb, Carbon Capture and Storage from Fossil Fuel Use, Encyclopedia of Energy, 2004, https://www. academia. edu/1885399/Carbon_ capture_ and_ storage_ from_ fossil_ fuel_ use.

[12] Prof. Martin O. Saar et al, Assessment and optimization of carbon storage and combined EGR-CPG development from high-temperature natural gas reservoirs, 2016, https://geg. ethz. ch/project-cpg-egr/.

[13] Carbon Dioxide Emissions Coefficients Detail factors, Table 1, https://www. eia. gov/environment/emissions a/archive/coefficients. php#tbl2.

[14] Berend Smit, Carbon Capture and Storage: introductory lecture, June, 2016, Faraday discussion, https://pubs. rsc. org/en/content/articlehtml/2016/fd/c6fd00148c.

[15] Jensen, M. J., Russell, C. S., Bergeson, D., Hoeger, C. D., Frankman, D. J., Bence, C. S., Baxter, L. L., 2015. Prediction and validation of external cooling loop cryogenic carbon capture (CCC-ECL) for full-scale coal-fired power plant retrofit. Int. J. Green-house Gas Control 42, 200-212.

[16] Laura A. Pellegrini, Giorgia De Guido, Stefania Ingrosso, Thermodynamic Framework for Cryogenic Carbon Capture, PROCEEDINGS OF THE 30 European Symposium on Computer Aided Process Engineering, (ESCAPE30), May 24-27, 2020, Milano, Italy.

[17] MI-Combined-Slide-Deck-MDC-slides-Revised. pdf - 03 Methanol Production, Methanol institute, https://www. coursehero. com/file/24991286/MI-Combined-Slide-Deck-MDC-slides-Revisedpdf/.

[18] Cryogenic Carbon Capture Development Final/Technical Report, Sustainable Energy Solution, 2019-09-28, https://www. osti. gov/biblio/1572908.

[19] PDF slides Cryogenic Carbon Capture, Sustainable Energy Solution, https://www. arpa-e. energy. gov/sites/default/files/documents/files/CO_2_ Workshop_ SES. pdf.

[20] Christopher Hoeger et al, Cryogenic Carbon Capture™ Technoeconomic Analysis, 15th International Conference on Greenhouse Gas Control Technologies, GHGT-15, March 2021.

[21] Patent, CO_2 Separation & Liquefaction System and Method, Canadian Intellectual Property Office.

11 节能项目的技术经济评价

摘　要　一旦完成能量平衡与㶲平衡，诊断出节能减碳潜力，提出节能减碳解决方案，就需要对节能项目进行技术经济评价，本章介绍资金时间价值，以及节能项目的静态评价方法和动态评价方法；提出了基于货币平衡的节能措施经济效益估算方法，包括：①燃料价格的确定；②蒸汽和热能价格的确定；③背压发电的蒸汽和电力价格的确定；④电价、水价等的确定。

关键词　资本时间价值；投资回收期；蒸汽价格；热电联产；节能效益

当完成装置的用能分析计算，进而提出节能改进的方向和项目时，自然会想到节能项目的经济性，这就提出了节能项目的技术经济评价问题。节能的目的不仅是降低能耗，而最终仍将归结到以尽可能少的能源、资源和资金投入获得最大的经济效益。因此，对节能项目进行技术经济评价，是节能工作的一项重要内容。技术经济是一个专门的学科。这里仅对节能项目评价中涉及到的概念和评价指标，节能效益的确定方法进行讨论。

11.1　资金的时间价值

在技术经济分析和评价中，首先要考虑资金的时间价值。所谓资金的时间价值，是指资金在流通过程中，存在着资金可以不断的增值的客观规律。但一笔货币如果贮藏起来，不论经过多长时间，货币的数量是不会改变的。一个企业有资金就可以建设工厂、购买原材料从而创造利润。银行的利息在一定程度上体现了资金的时间价值。

11.1.1　利息

将一笔钱存入银行，经过一段时间便可得到新增的厂定量的货币。一般地，原来存入的货币叫本金，多出的那一部分货币叫利息。单位时间(即一个计息周期)内利息与本金的比叫利率。同样如果从银行借一笔钱，在偿还时，也要付出比原贷款数额多的一些钱。多付的那部分钱也叫利息。利息有单利、复利和连续复利几种方式。最为常见的是单利和复利两种方式：

1. 单利

仅本金生息，利息不再计息，即不把前期利息累加到本金中去的计算方式，称为单利。利息与时间呈线性关系，本利和的计算公式为：

$$F_n=P(1+n\cdot i) \tag{11-1}$$

式中　F_n——n 周期末的本利和；

P——本金；

i——利率；

n——计息周期数(月、季、半年、年等)。

2. 复利

除本金生息外，利息也计息，即把前期利息累加到本金中去的计算方式称为复利。其本利和的计算公式为：

$$F_n=P(1+i)^n \tag{11-2}$$

式中符号同前。

不加说明情况下，一般以1年为计息周期，此时复利称为年复利，利率亦指年利率。

3. 短期复利和实际利率

许多情况下计息周期不是1年，而是每半年、每季、每月甚至每日计息一次。这时每年计息次数相应地变为2次、4次、12次或365次，为方便起见，利率一般仍以年利率表示，称为名义利率。每个计息周期的利率则为年利率(名义利率)除以每年计息次数。

显然，按月计息比按年计息利率高。这种实际计息周期短于1年所形成利率称为实际利率。实际利率主要由于复利所造成，一般地高于名义利率，计息周期越短，高得越多。

如以 r 为名义利率，i 为实际利率(折为年利率)，m 为计息次数，则年末：

$$S=P(1+r/m)^m \tag{11-3}$$

实际利率
$$i=\frac{P\left(1+\frac{r}{m}\right)^m-P}{P}=\left(1+\frac{r}{m}\right)^m-1$$

或名义利率
$$r=m[(1+i)^{1/m}-1]$$

式(11-3)表明了名义利率与实际利率的关系。

【例11-1】 将1000元存入银行，计息周期为1年时，年利率为12%，求计息周期为1个月条件下，1年后的本利和。

解：
$$S=1000\times\left(1+\frac{0.12}{12}\right)^{12}=1126.8\text{ 元}$$

实际利率
$$i=\left(1+\frac{0.12}{12}\right)^{12}-1=0.1268$$

4. 连续复利

在短期复利中，当年计息周期 m 不断增加，直到趋于无穷大时，称为连续复利，此时实际利率：

$$i=\lim_{m\to\infty}\left(1+\frac{r}{m}\right)^m-1=\lim_{m\to\infty}\left[\left(1+\frac{r}{m}\right)^{\frac{m}{r}}\right]^r-1$$

因为微积分中已证明函数 $(1+\alpha)^{1/\alpha}$ 的极限为e，这里 $\alpha=\frac{r}{m}$，故实际利率变为：

$$i=\lim_{m\to\infty}\left[\left(1+\frac{r}{m}\right)^{\frac{m}{r}}\right]^r-1=e^r-1 \tag{11-4}$$

当本金为 P，年利率为 r 时，连续复利 n 年后的本利和为：

$$S_n=P(1+i)^n=P(1+e^r-1)^n=Pe^{rn} \tag{11-5}$$

连续复利的意义在于，在实际经济活动中，现金的收入和支出并不总是在计息周期的始末发生的，而是每日每时随时发生，货币几乎是连续流进流出，利润也不断投入企业活动中。采用连续复利，可更为精确且符合实际。

11.1.2 货币的等值、现值与将来值

1. 等值

考虑货币时间价值时的等值，即不同时间绝对值不等而价值相等的货币。如在年利率10%情况下，今年100元相当于明年的110元，后年的121元。从货币的绝对值来看，二者不同，但在10%利率下按复利计算，即今年的100元和后年的121元是等值的。货币等值在技术经济中是很重要的概念，在方案比较中常运用此概念。货币等值由三个因素决定：①金额的大小；②金额发生的时间；③利率的大小。

2. 现值

即指现在时刻的货币价值，或者说把某一时刻的货币价值换算成现在的价值。可以将两年后121元换算成现在的100元。这一换算过程称为折现或贴现，换算到现时刻的价值即现值，亦称“期初值”。

3. 将来值

在复利条件下，按一定利率可以将“现值”换算到将来某一时刻的价值，即将来值，又称“期末值”或“终值”。将来值和现值的关系为：

将来值=现值+复利利息

11.1.3 资金的等效值计算

由资金的时间价值概念可知，资金在运动过程中，随着时间的推移，在不同时刻其绝对量会改变，即增值。不同时间点的绝对量不等的钱，在特定的时间价值或利率的条件下可能具有相等的实际经济效用，这就是钱的等效值的概念。

资金等效值计算是以复利计算公式为基础的，在等效值计算中，首先要选择基准点，一般把计算期的起点(往往是最初投资或存款、借款的时刻)作基准点。基准点一笔钱称为现值。按一定利率计算，经过一定时间间隔在将来某一时刻的价值称为终值或将来值。

1. 复利终值公式

$$F=P(1+i)^n \tag{11-6}$$

式中，P 为资金的现值；F 为资金的终值；i 为利率；n 为计息周期数；$(1+i)^n$ 称为复利终值系数。由于 P 和 F 是一次支付的，又称一次支付(或整付)复利终值系数。

2. 复利现值公式

当已知 F，欲求 P 时，可将式(11-6)移项：

$$P=F(1+i)^{-n} \tag{11-7}$$

上式可用于把将来某时刻的资金折算为现值。$(1+i)^{-n}$称为现值系数。

3. 等额系列终值公式

每年年末等额存款，计算期终一次提取的本利和。此时应采用式(11-8)计算：

$$F=A\left[\frac{(1+i)^n-1}{i}\right] \tag{11-8}$$

上式称为等额系列终值公式，$\left[\frac{(1+i)^n-1}{i}\right]$为等额系列终值系数；$A$ 为等额系列支付款额，在间隔为1年时一般称为年金。所以，式(11-8)又称为年金终值公式。

4. 等额系列储金公式

如果已知 F，欲求 A，则

$$A=F\left[\frac{i}{(1+i)^n-1}\right] \tag{11-9}$$

该式常用于为积累一定数额资金，求每期应等额存储数额，称为等额系列储金公式。$\left[\frac{i}{(1+i)^n-1}\right]$称为等额系列储金系数。

5. 等额系列资金回收公式

如果已知 P，欲求 A，将 $F=P(1+i)^n$代入式(11-9)，则得：

$$A=P\left[\frac{i(1+i)^n}{(1+i)^n-1}\right] \tag{11-10}$$

该式常用于现在一笔投资 P，在今后若干年末等额回收，求每年回收资金 A 的数额，故$\left[\frac{i(1+i)^n}{(1+i)^n-1}\right]$称为等额系列资金回收系数。在节能项目的技术经济评价中，当确定了设备的经济寿命 n，在现实的利率下，对于一次投资 P，每年应等额回收多少资金 A，才能完全回收投资，可参照式(11-10)。

6. 等额系列现值公式

$$P=A\left[\frac{(1+i)^n-1}{i(1+i)^n}\right] \tag{11-11}$$

此式用于求分期付(收)款时的现值，$\left[\frac{(1+i)^n-1}{i(1+i)^n}\right]$称为等额系列现值系数。式(11-11)又称年金年值公式。

在评价节能措施中，已知节能措施每年净效益 A 时，该式可用于估算期末总效益的现值。

一般复利的资金等效值计算系数汇总于表 11-1。

表 11-1 常用资金等效值计算公式表

序号	公式名称	已知	求解	公式	公式代号
1	复利终值公式	i，n，P	F	$F=P(1+i)^n$	$F=P(F/P, i, n)$
2	复利现值公式	i，n，F	P	$P=F(1+i)^{-n}$	$P=F(P/F, i, n)$
3	年金终值公式	i，n，A	F	$F=A\left[\frac{(1+i)^n-1}{i}\right]$	$F=A(F/A, i, n)$
4	等额储金公式	i，n，F	A	$A=F\left[\frac{i}{(1+i)^n-1}\right]$	$A=F(A/F, i, n)$
5	等额资金回收公式	i，n，P	A	$A=P\left[\frac{i(1+i)^n}{(1+i)^n-1}\right]$	$A=P(A/P, i, n)$
6	年金现值公式	i，n，A	P	$P=A\left[\frac{(1+i)^n-1}{i(1+i)^n}\right]$	$P=A(P/A, i, n)$

对于连续复利等效值的计算，以连续复利公式 $F=P\,e^r$为基础可以推出与表 11-1 类似的结果，目前还不常用，尤其是在石化节能项目评价中，因此，这里不作介绍。

11.2 静态评价方法

资金是有限的，为了节省有限的投资，必须讲求经济效益。在投资决策之前，认真进行可行性研究，并对投资项目的经济效益进行计算和分析，当可供选择的方案多于一个时，还要对各个方案的经济效益进行比较和评选。这种分析论证过程，称为项目经济评价。经济评价的目的是为投资决策提供科学依据，减少和避免投资决策失误，提高经济效益。

项目经济评价分为财务评价和国民经济评价。财务评价是从企业角度在国家现行财税制度和价格的条件下考察项目的费用、盈利、效益和借款偿还能力，即财务可行性。国民经济评价是从国家整体角度计算和分析项目给国民经济带来的净效益。节能措施一般只进行企业财务评价。

项目财务评价按其是否考虑资金与时间的关系，分为静态评价和动态评价两大类。下面介绍目前节能项目评价中常用的几种静态经济评价指标及其计算方法。

对投资项目进行财务评价时，若不考虑资金的时间价值，称为静态评价方法。常用的静态评价指标主要有投资利润率、还本期和年费用比较法。

11.2.1 投资利润率

1. 投资利润率

一个投资项目，其年利润额或年平均利润额与项目投资额之比，称为投资利润率。它反映单位投资每年获得利润的能力，计算公式为：

$$E_{\mathrm{A}}=\frac{R}{I}\times100\% \tag{11-12}$$

式中 E_{A}——投资利润率；

R——年利润额；

I——投资额。

静态投资利润率是指项目达到设计生产能力后一个正常年度年销售利润总额与项目总投资(包括建设期利息)的比率(百分率或分率)。对生产期内各年利润总额变化幅度较大的项目应计算生产期年平均利润总额。

2. 投资利税率

从企业角度来说，税金是一种支出，因此企业和投资者关心的是交纳税金以后的投资利润率。但从国家角度来看，税金也是项目盈利的一部分。因此，投资税率是衡量项目获利能力的又一项指标。

所谓投资利税率，是指项目达到设计生产能力后的一个正常生产年份的年利润、税金总额或项目生产期内的年平均利税总额与总投资的比。其计算公式为：

$$\text{投资利税率}=\frac{\text{年利税总额}}{\text{总投资}}\times100\% \tag{11-13}$$

$$\text{年利税总额}=\text{年销售收入}-\text{年总成本}-\text{年技术转让费}-\text{年营业外净支出}$$

3. 基准投资利润率

如果已知项目的年利润总额和总投资，由式(11-12)便可算出项目的获利能力。比如说，10%或0.1，这个投资利润率是高还是低？此项目是否可取？这就要与某个标准进行比较，此标准就是基准投资利润率。它是衡量投资项目可取性的定量标准或界限。只有当待选项目的投资利润率高于基准投资利润率，该项目才是可取的。

基准投资利润率是由各公司自行规定的，称为最低允许收益率。一般说来，它是行业类型和风险的函数并与公司当前的经济状况(资金多少、银行利率)和投资政策有关。

11.2.2 投资回收期

1. 投资回收期

投资回收期又称还本期，是以项目的净利润(或净收益)抵偿投资额所需要的时间，以年表示。当各年利润相同或接近或可以取平均值时：

$$P_t = \frac{I}{R} \tag{11-14}$$

式中 P_t——投资回收期；

I——投资额；

R——年净利润。

与投资利润率一样，对年净收益(或利润)和投资额可以有不同的理解。另外还存在投资回收期从何时算起的问题，即从项目投资开始之日算起，还是从建成投产开始有收益之时算起。如果从投产之日算起，由式(11-14)可见，投资回收期可以看成是投资利润率的倒数。

投资回收期一般从项目投资开始时算起，即包括建设期在内。但同时还要写明自投产开始年算起的投资回收期。

式(11-14)的前提是各年净收益相同，当各年净收益不同时，其计算式为式(11-16)。

在用投资回收期(还本期)指标对项目进行评价时，固然希望投资回收越早越好，但同投资利润率一样，也要与一个标准回收期作比较。标准还本期一般为标准投资利润率的倒数。节能技措项目标准还本期一般为3~5年。

投资回收期是反映项目财务清偿能力的重要指标。当投资者十分关心投资回收的速度时，还本期易于给人以深刻印象。其优点是简单、直观、易于理解，因此得到广泛的应用。但其主要缺点是没有考虑项目寿命的长短和还本期以后的收益，从而可能导致错误的结论。

2. 年折算费用法

许多情况下，节能措施只是一个局部，对整体的经济效益难以准确估算，还有一些环保项目等无经济效益，只有社会效益。对于这类项目，如果各个方案功能效用相同，均满足同一过程目的，便可只比较费用，采用年折算费用进行方案选择。

此法的实质是从经济观点出发，认为一个方案的经济性既决定于一次性费用(投资)的大小，又决定于方案实现后经常发生的操作费用(年经营费用)的大小。选择方案时，总是力求选择上述两项费用之和最小方案，但投资(一次性支出)与成本不能简单相加，应将总投资分摊到每年的投资回收费用。另一部分则为项目的年经营或操作维修费用。

$$Z = CR + OM \tag{11-15}$$

式中 Z——年折算费用；

CR——投资年回收费用，$CR = E_A I$；

OM——操作和维修费用。

E_A是为把投资折算为年投资费用的折算系数，一般可以取基准投资利润率(标准投资回收期的倒数)，作为折算系数的取值。

11.2.3 现金流量与现金流量曲线

1. 现金流量的概念

建设一项工程必须筹集资金、投入劳动力，支付建筑施工、购置机械设备和其他基建费用。对于工程项目，这些费用是现金流出。当项目建成后，还需投入流动资金购买原材料、辅助材料及支付工人工资等，这些都是从项目支出的，属现金流出。

当项目建成投产后，产品销售可以得到销售收入，这些是项目的收入项，称为“现金流入”。

在技术经济评价中，“现金流入”以正值表示，“现金流出”以负值表示。“现金流入”和“现金流出”通称为现金流量。“现金流入”和“现金流出”的差额称为净现金流量。

通常对一项工程项目的考察是将建设期与投产后整个寿命期作为考察对象。

工程建设项目在经济评价中，现金流入主要是指该项目在企业的产品销售收入。回收固定资产余值和回收流动资金。但在计算固定资产余值时，应扣除各种清除、拆迁污染物处理及环境恢复费用。

“现金流出”是指项目建设时所投入的投资、经营成本、流动资金、向国家缴纳的各种税金等。

2. 现金流量曲线

在计算出净现金流量以后，以时间为横轴、累计净现金流量为纵轴，可绘制一个工程项目的累计现金流量曲线或贴现现金流量曲线。前者为静态，不考虑时间因素，后者为动态，考虑了资金的时间价值。对于常规投资项目，其现金流量曲线如图 11-1 所示。

在工程项目开始之前，其现金位置为零(*A* 点)。在工程项目初期进行开发、设计和其他准备工作，这些都要消耗资金，现金流量为负值 *AB*。接着建设投资期要建厂房、生产装置及其他设备，仍要投资，直至建成试生产后(曲线下降至 *D* 点)，由产品销售而得的收入超过生产成本及其他业务费用，现金流量曲线转而上升，直到收支平衡点，此时全部收入与用于此工程的支出正好平衡。以后现金流量曲线一直上升，直至工程项目经济寿命期末尾，现金流量曲线逐渐下降。

如图 11-1 所示，曲线(1)为不考虑时间因素而绘制的累计现金流量曲线。曲线(2)是贴现现金流量曲线。

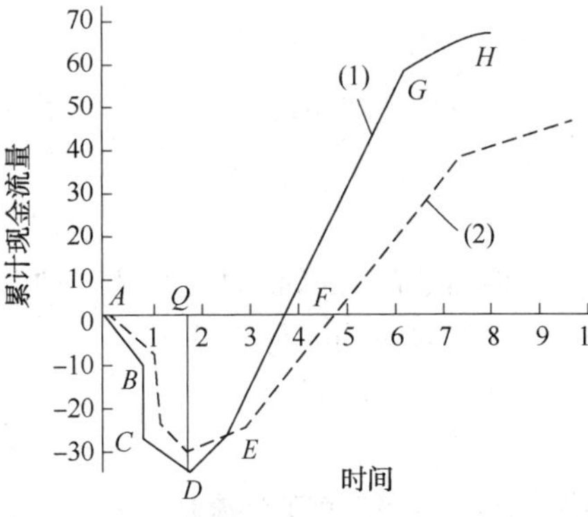

图 11-1 现金流量曲线

在该图上，曲线(1)各特征点如下：

① *AB* 为前期研究费用(可行性研究、咨询费)；

② *BC* 为工程建设基建投资及施工费用；

③ *CD* 为试生产准备费用；

④ *DE* 为试生产阶段(已有部分销售收入)；

⑤ *EFGH* 为获利性生产；

⑥ *AF* 为静态投资回收期；

⑦ *QD* 为累计最大投资额(累计负债)；

⑧ *Q* 为负债峰时刻；

⑨ *F* 为收支平衡点(盈亏平衡点)。

与其相对应的在图 11-1 曲线(2)上也可找到各种特征点。曲线(2)与横轴的交点是动态投资回收期。

上述曲线直观地、综合地表示一个工程项目的可取程度。在方案比较时，从现金流量曲线可以很方便地判断各个方案的优劣。

3. 静态投资回收期的现金流表达式

有了现金流的概念，静态投资回收期的计算表达式可以写成：

$$\sum_{t=0}^{P_t}(CI-CO)_t=0 \tag{11-16}$$

式中 P_t——投资回收期；

CI——现金流入；

CO——现金流出；

$(CI-CO)_t$——第 t 年的净现金流量。

从现金流量图上看，投资回收期从投资开始时算起为 AF，从投产开始时算起为 QF。

11.3 动态评价方法

投资效益的静态评价方法的最大缺点，是没有考虑资金与时间的关系，即没有考虑资金的时间价值和现金流量发生的模式(时间、金额分布)。为了全面进行投资的分析与决策，要把不同时间发生的现金流量进行等效值换算，然后在相同的基准上进行比较和评价。这种考虑资金的时间价值的评价方法，称为动态评价方法。

11.3.1 动态投资回收期

投资者一般都十分关心投资的回收速度。希望还本越早越好，因此投资回收期是一个常用的经济评价指标。动态投资回收期弥补了静态投资回收期没有考虑资金时间价值的缺点。

一笔将来的资金 F 的现值 P 为：

$$P=F\left[\frac{1}{(1+i)^n}\right]$$

式中 i——折现率；

n——年数。

故 t 年发生的净现金流量 $R_t=(CI-CO)_t$，可换算为其现值$(R_{\mathrm{DCF}})_t$称为折现现金流量：

$$(R_{\mathrm{DCF}})_t=R_t\left[\frac{1}{(1+i)^n}\right] \tag{11-17}$$

根据前述静态回收期的定义，动态投资回收期是项目从投资开始起，到累计折现现金流量等于 0 所需时间。计算公式为：

$$\sum_{t=0}^{P_t}R_t\left[\frac{1}{(1+i)^t}\right]=0 \tag{11-18}$$

式中 R_t——t 年净现金流量，$R_t=(CI-CO)_t$；

i——基准折现率；

P_t——动态投资回收期。

【例 11-2】 有一化工厂各年净现金流量如表 11-2。试画出累计现金流量图和累计折现现金流量图。计算静态及动态还本期。设折现率为 0.1。

表 11-2 例题数据表 $MM

年份	固定投资	流动资金	净收益	年份	固定投资	流动资金	净收益
0	25			9			32
1	35			10			32
2	40			11			32
3		5	2	12			32
4			12	13			31
5			17	14			31
6			27	15			31
7			32	16			31
8			32	17			31

解：由表 11-2，可算出各年现金流量，累计现金流量和累计折现现金流量见表 11-3。

表 11-3 例题 11-2 计算结果 $MM

年份	现金流量	折现因子	折现现金流量	累计现金流量	累计折现现金流量
0	-25	1. 000	-25. 00	-25. 00	-25. 00
1	-35	0. 909	-31. 82	-60. 00	-56. 82
2	-40	0. 826	-33. 06	-100. 00	-89. 88
3	-3	0. 751	-2. 25	-103. 00	-92. 13
4	2	0. 683	1. 37	-101. 00	-90. 76
5	12	0. 621	7. 45	-89. 00	-83. 31
6	27	0. 564	15. 24	-62. 00	-68. 07
7	32	0. 513	16. 42	-30. 00	-51. 65
8	32	0. 467	14. 93	2. 00	-36. 72
9	32	0. 424	13. 57	34. 00	-23. 15
10	32	0. 386	12. 34	66. 00	-10. 81
11	32	0. 350	11. 22	98. 00	0. 40
12	32	0. 319	10. 20	130. 00	10. 60
13	31	0. 290	8. 98	161. 00	19. 58
14	31	0. 263	8. 16	192. 00	27. 74
15	31	0. 239	7. 42	223. 00	35. 16
16	31	0. 218	6. 75	254. 00	41. 91
17	31	0. 198	6. 13	285. 00	48. 04
合计	285		48. 04		

由表 11-3 及累计现金流量图 11-2 可见，静态还本期约为 8 年，动态还本期约为 11 年，以上均包括 3 年建设期。

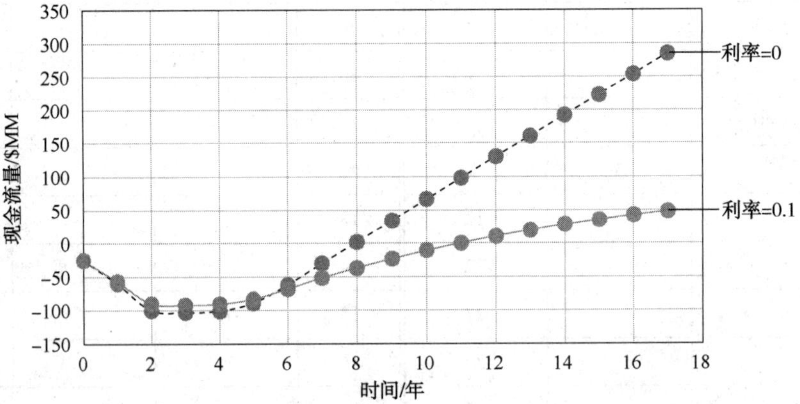

图 11-2 例题 11-2 累计现金流量和累计折现现金流量图

11.3.2 动态投资回收期简化算法

上述列表算法比较烦琐，适用于逐年现金流入和流出不均匀等额的情况。

当初始投资可简化为一次性投资 I(或将各年投资折现为 I)，且投产后各年收益为等额年金 A 时，节能项目和措施大多属这种情况，由式(11-10)可知 A、I 关系为：

$$A=I\left[\frac{i(1+i)^n}{(1+i)^n-1}\right]$$

投资回收期用 t 表示时：

$$A=I\left[\frac{i(1+i)^t}{(1+i)^t-1}\right]=\frac{Ii(1+i)^t}{(1+i)^t-1}$$

或

$$A[(1+i)^t-1]=Ii(1+i)^t$$

$$(1+i)^t(A-Ii)=A$$

$$(1+i)^t=\frac{A}{A-Ii}=\frac{1}{1-\left(\frac{Ii}{A}\right)}$$

两边取对数

$$t\lg(1+i)=\lg1-\lg\left(1-\frac{Ii}{A}\right)$$

所以

$$t=\frac{-\lg(1-Ii/A)}{\lg(1+i)} \tag{11-19}$$

式(11-9)是常用的动态投资回收期的计算公式，对于已知每年节能效益、一次投资(如分期投资可折现为同一基准)和年利率 i，则可直接计算出投资回收期。

【例 11-3】 某石化厂的加热炉节能改造，一次投资 \$1.76MM。建设期 2 年，第三年投产后每年可产生净节能效益为 \$0.71MM。试估算投资回收期。基准折现率取为 0.1。

解： 静态投资回收期 1.76/0.72=2.5 年

为了运用简化公式，须将投资从 0 年换算到第 1 年处，$I=1.76\times1.1=\$1.94$MM。因此动态投资回收期为：

$$t=\frac{-\lg\left(1-\frac{1.94\times0.1}{0.72}\right)}{\lg(1+0.1)}=3.3\text{ 年}$$

从计算结果来看，动态投资回收期比静态投资回收期长 0.8 年。

11.3.3 净现值法

1. 净现值的含义及其计算

把一个投资项目在其寿命期内各年所发生的净现金流量 $R_t=(CI-CO)_t$，按照规定的折现率(或基准收益率，或利率)折算为基准时刻(一般为项目开始时，即 0 年)的现值，其总和称为该项目的净现值(NPV)计算公式为：

$$NPV=\sum_{t=0}^{n}(CI-CO)_t\left[\frac{1}{(1+i)^t}\right] \tag{11-20}$$

式中 n——项目的建设和生产服务年限；

i——设定的折现率或基准投资利润率；

t——年份；

$(CI-CO)_t$——t 年发生的净年现金流量。

计算方法：①列出逐年现金流入和现金流出，两者均取正值，两者之差即为年净现金流量；②按一定的折现率将各年的净现金流量乘以对应年份的折现因子，得出逐年的折现现金流量；③把各年的折现现金流量加和，即得该项目的净现值。

计算结果，如果净现值为 0，表明在时间价值等效值的意义上，项目的现金流入刚够抵偿项目的现金流出，也就是项目的最终累计折现现金流量等于 0，即不盈不亏；净现值如果大于 0，意味着在给定的折现率下项目获利的情况，净现值越大，获利能力越大；反之，净现值小于 0，则意味着投资者不仅不会盈利，反而相当于立即损失该数量的资金，项目显然不可取。因此，净现值是投资项目获利性的量度。用净现值法评价单方案时，如果折现率按基准投资收益率取值，则当：

$NPV>0$ 时，方案可取，

$NPV\leqslant0$ 时，方案不可取。

2. 折现率的确定

折现率的取值大小对于项目净现值影响很大。由例 11-4 可以看出，同一项目，折现率越低，净现值越大，反之，折现率越高，净现值越小。

【例 11-4】 有一项目开始时投资 \$1000，3 年后开始有收益，连续 4 年每年收益 \$400。问当折现率分别为 $i=0$、$i=0.05$、$i=0.1$、$i=0.15$ 时项目的净现值各为多少？

解：项目的现金流量图为

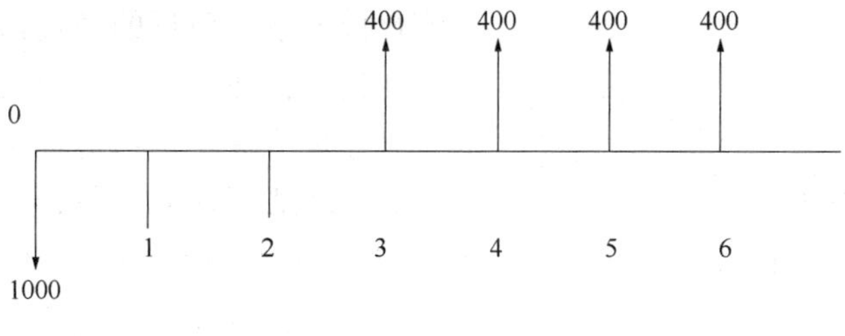

$$i=0,\ NPV=1000+400+400+400+400=600(\$)$$

$$i=0.05,\ NPV=1000+\frac{400}{(1.05)^3}+\frac{400}{(1.05)^4}+\frac{400}{(1.05)^5}+\frac{400}{(1.05)^6}=286(\$)$$

$$i=0.10,\ NPV=1000+\frac{400}{(1.1)^3}+\frac{400}{(1.1)^4}+\frac{400}{(1.1)^5}+\frac{400}{(1.1)^6}=47.9(\$)$$

$$i=0.15,\ NPV=1000+\frac{400}{(1.15)^3}+\frac{400}{(1.15)^4}+\frac{400}{(1.15)^5}+\frac{400}{(1.15)^6}=-136.5(\$)$$

由本例可见，折现率越高，净现值越小，甚至变为负值。在投资全部为贷款的情况下，折现率如按贷款利率取值，净现值实际上是偿还贷款全部本息后的净盈利。折现率越高，表示贷款利息或投资成本越高，净盈利当然越小。因此，用净现值法评价投资方案必须正确规定折现率，否则会导致错误的结论。根据企业追求的投资效果确定的折现率，称为基准折现率。

确定基准折现率的基本原则是：

(1) 如果投资来源是贷款时，基准折现率应高于贷款的利率。其差额的大小取决于项目风险的大小及投资者的要求，国外一般为5%左右。如贷款利率为8%，基准折现率应取13%左右为宜。

(2) 如果投资来源是自有资金，一般以基准投资收益率作基准折现率。因为如果不投资于本项目，资金可投入其他项目而得到正常的收益。

(3) 如果投资来源兼有自有资金和贷款时，应按照两者所占比例及其利率求取加权平均值，作为基准折现率。

净现值的主要缺点是对投资额不同的几个方案进行比较，不能反映其净现值是由多少投资产生的，为此人们提出用净现值比来确定方案的优劣顺序。

3. 净现值比

净现值比($NPVR$)又称净现值率、现值指数或投资现值率，是净现值除以投资现值所得比值。实际上，表示单位投资所得净现值，计算公式为：

$$NPVR=NPV/I_P \tag{11-21}$$

式中 I_P——投资 I 的现值。

在各方案的寿命期不等的情况下，应取相同的计算期，或取各寿命期的最小公倍数作为计算周期方可比较。

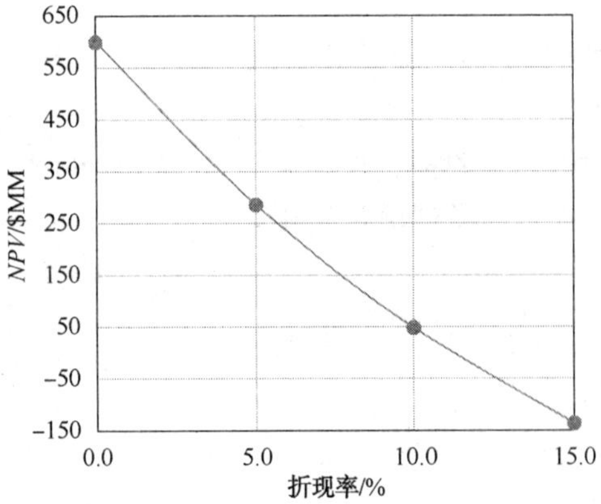

图 11-3 净现值与折现率的关系

11.3.4 内部收益率法

1. 内部收益率的含义

项目的净现值随折现率的取值而变化很大。项目的净现值与折现率的关系如图 11-3 所示。

由图 11-3 可见，在给定的服务寿命年限和现金流量模式下，项目的净现值随折现率的取值而急剧变化。折现率越小，净现值越大，折现率越大，则净现值减小，当折现率达到(如为 0.10 与 0.15 之间)某一数值，即 $i=i^*$ 时，净现值 $NPV=0$，折现率继续增加，净现值变为负值。

投资项目在其寿命期(包括建设期和生产服务期)内各年净现金流量的现值累计等于零时的折现率(i^*)，或者简单一点说，使投资项目的净现值等于零的折现率(i^*)，就是项目的折现现金流量收益率，或称内部收益率(*IRR*)。图 11-3 为净现值与折现率的关系。

折现现金流量收益率的含义是如果工程项目的投资全靠借贷筹资，当贷款利率 i 等于 *IRR* 即i^*时，整个寿命期内的全部收益刚够偿还贷款本息。因此，*IRR* 表示该项目所能负担的最高利率或资金成本。如果项目的所需资金全部为自有资金，*IRR* 表示项目产生收益能力的量度，如果 *IRR* 大于基准投资收益率，表明项目的收益超过社会或部门、行业的平均投资收益率。

因此，对单方案进行评价时，项目的内部收益率i^*应大于贷款利率，或应等于或大于基准投资收益率，经济上才是可取的，大得越多，方案越优。在多方案比较时，在其他条件相近的情况下，可选择折现现金流量收益率最高的方案。

2. 内部收益率的计算

由定义，内部收益率是满足式(11-22)的i^*：

$$\sum_{t=0}^{n} \frac{(CI-CO)_t}{(1+i^*)^t}=0 \tag{11-22}$$

式中各符号的含义同式(11-20)。

式(11-22)因系高次方程，不便求解。一般可用以下方法计算。

(1) 图解法，即假设若干个不同的折现率代入式(11-20)，分别求出对应的净现值。然后以 *NPV* 为纵坐标，以 i 为横坐标，画出如图 11-4 所示关系曲线，曲线通过 *NPV*=0 水平线时所对应的折现率，即所求的i 。

(2) 试差法，即首先假设一个初值i_0，代入式(11-22)，如果净现值为正，则增加 i 的值，如果净现值为负，则减小 i 的值，直到净现值为 0 或接近于 0 为止，此时的 i 值，即所求的i 值。

对于一次投资(或可折算为一次投资)、年节能效益相同的情况，可采用式(11-19)试差。已知年收益 A，投资 I 和项目使用年限 t，则满足式(11-19)的折现率即为内部收益率：

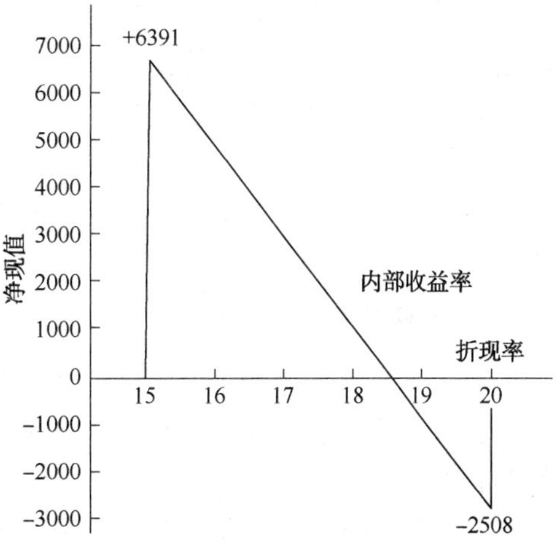

图 11-4 内插法求内部收益率

$$t=\frac{-\lg(1-Ii/A)}{\lg(1+i)} \tag{11-19}$$

试差时，先取 i 值，计算 t 值与题给值是否接近，不接近时再换 i，直至两者相符为止。

(3) 内插法

上述试差法计算比较繁冗。通常当试算找到较接近的两个 i 值i_1和i_2，其对应的两个净现值 $NP\ V_1$和 $NP\ V_2$在 0 左右，分别为正值和负值时，可采用内插法迅速求解。因为此时i_1、i_2、$NP\ V_1$、$NP\ V_2$和i^*的关系将如图 11-4 所示。当i_1与i_2值很接近(一般最好相差不超过 1%~2%，最多不超过 5%)时，两点连线可近似地视为直线。故有：

$$\frac{\|NPV_1\|}{\|NPV_2\|}=\frac{i^*-i_1}{i_2-i^*}$$

或

$$\frac{\|NPV_1\|}{\|NPV_2\|+\|NPV_1\|}=\frac{i^*-i_1}{i_2-i_1}$$

$$i^*=i_1+\frac{\|NPV_1\|}{\|NPV_2\|+\|NPV_1\|}(i_2-i_1) \tag{11-23}$$

式(11-23)可用文字表达为

$$内部收益率=偏低的折现率+\frac{偏低折现率的净现值\times两个折现率之差}{两个折现率的净现值的绝对值之和}$$

节能措施的经济评价，一般采用投资回收期(静态和动态)投资利税(润)率、内部收益率等评价指标，应根据具体情况确定相应的评价方法。

11.4 节能措施经济效益估算

对一个生产装置完成了用能分析，提出了有关节能措施后，这些节能措施的经济性如何，应通过技术经济的分析评价确定节能措施的优劣。技术经济评价实际上就是对各种技术方案和措施的经济效益的计算和比较。

虽然，某些单元的节能措施，通过一定的优化方式确定，而大量的还是根据用能分析提出的潜力和人们所具有的经验提出的，即使优化确定的节能措施，也需提出相应评价指标，供上级机关审批。因此节能措施的技术经济评价十分重要。节能措施的技术经济评价分三部分：效益估算、投资估算和评价指标。

节能措施的效果，一般都归结为能源实物消耗量的节约。技术方案确定后，就提出了实物量节约。这些实物的形式主要是燃料、电、蒸汽、水等。节能效益估算的关键是确定这些能源的价格。

11.4.1 燃料价格的确定

石油化工厂用燃料主要为燃料油和燃料气两种。一般地，石油化工厂燃料平衡是先平衡掉燃料气，不足部分使用燃料油，这是由于燃料气利用和贮存不如燃料油方便。因此，燃料的实物节约可按燃料油考虑。事实上，在全厂燃料平衡中，首先应燃用掉燃料气，以不排空和不烧火炬为前提，不足部分用燃料油补充。节约的燃料油即可作为商品重油销售，也可作为原料，进行二次加工。

实际上，各厂节约燃料油并不全部作为商品重油出厂，真正提供给社会的是由它转化来的产品。因此按加工效益确定燃料油价是合理的。另一方面，节能措施的评价要求全面计算原料加工效益，有时可能不具备条件，特别对于化工等装置节油，要求追源到炼油厂的加工效益很不方便。因此，在目前价格体系下，可取统一的燃料油价格或按当时当地的重油价格估算节能经济效益，基本可反映实际情况。

目前，许多国家都有温室气体减排的法规和政策，碳税可能适用于化学、石油化工厂和能源工业的 CO_2 排放，燃烧更多的化石燃料将导致支付更多的碳税；一般来说，燃烧 1t 燃料(天然气或石油)会产生 2.5~3.0t CO_2，随燃料的 H/C 比例变化；碳税率因国家而异，在每吨 CO_2 排放量 50~80 美元的范围内，任何节省燃料气或燃料油都将免于支付的碳税，节省燃料还将具有节省碳税的好处。

11.4.2 蒸汽和背压发电价格的确定

蒸汽是石油化工厂最常用的能源工质。蒸汽的价格主要取决燃料的价格，再加上发生蒸汽所需的水、电及设备折旧费用。

石油化工厂蒸汽种类繁多，特别是企业深入节能中，蒸汽管网的等级趋于增多，一般为4级管网(10MPa、3.5MPa、1.0MPa、0.3MPa)，确定不同等级管网的蒸汽价格是节能效益估算中的一个重要内容。

1. 石油化工企业蒸汽动力系统的模型

对于大中型石油化工企业，很少用燃料直接产生1.0MPa蒸汽。企业下属的热电分厂少数企业具有高压蒸汽系统，大量的则是在动力锅炉产生3.5MPa蒸汽。一般是先背压发电(做功)，排汽再做工艺用汽。蒸汽有时是多次背压。此外，许多生产过程中又利用化学反应热和废热产生蒸汽，如化肥中变气锅炉，催化裂化烟气余热锅炉及油浆蒸汽发生器等。对于大量地使用0.3MPa蒸汽的工艺生产系统又往往设置低压背压余热透平，回收1.0MPa的膨胀功。因此，蒸汽动力系统的产用模型见图11-5。

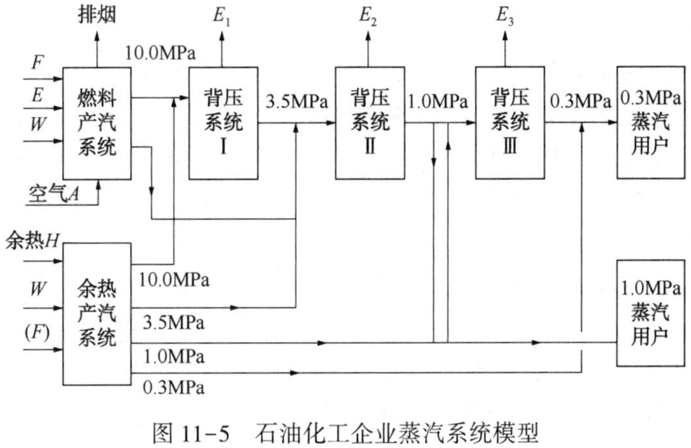

图11-5 石油化工企业蒸汽系统模型

2. 燃料产汽系统蒸汽价格的确定

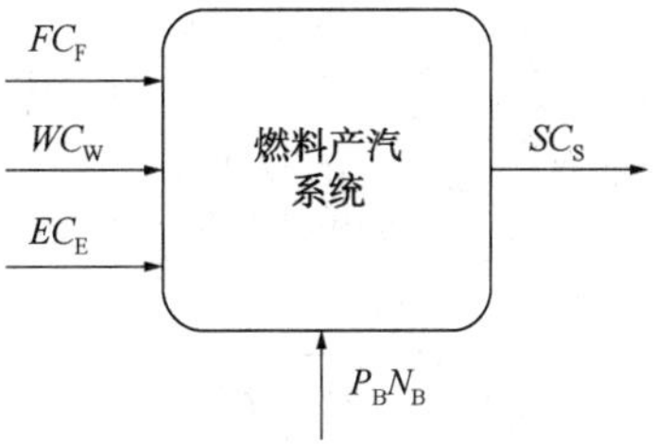

图11-6 产蒸汽系统成本平衡

对于燃料产汽系统做货币平衡，如图11-6所示，即可确定出产汽系统蒸汽的价格，燃料产汽一般为中、高压蒸汽(一个系统只产一个参数)。产汽系统的目的产品是蒸汽，其他如排烟、散热损失是付出的能量代价，没有费用。一般地，企业多以锅炉车间为其核算单位，即包括了水处理系统。供入产汽系统的能量为燃料、水及电，其消耗均具有现金流量的性质。此外，还有产汽系统投资的折旧费用，忽略人工管理费，因此有：

$$FC_F+WC_W+EC_E+P_BN_B=SC_S \tag{11-24}$$

对任一参数产汽系统的蒸汽单价为：

$$C_S=(FC_F+WC_W+EC_E+P_BN_B)/S$$

设产汽的燃料单耗为f，用水单耗为w，用电单耗为e：

$$C_S=fC_F+wC_W+eC_E+(P_BN_B)/S \tag{11-25}$$

取$\rho=(P_BN_B)/S$，为产汽系统每t蒸汽投资的折旧费用，元/t，则式(11-25)可变为：

$$C_S=fC_F+wC_W+eC_E+\rho \tag{11-26}$$

式中 F——燃料用量，t/a；

E——产汽系统用电，kW·h/a；

C_F——燃料单价，\$/t；

C_E——电单价，\$/(kW·h)；

W——产汽总用水量(包括水处理用水)，t/a；

C_W——新鲜水单价，\$/t；

S——系统产汽量，t/a；

C_S——蒸汽价格，\$/t；

P_B——产汽系统一次投资，\$；

N_B——产汽系统等额投资偿系数，计复利时为：

$$N_B=i(1+i)^n/[(1+i)^n-1]$$

n——产汽系统使用年限；

i——银行贷款年利率。

一般说来，决定蒸汽单价有两类内容：一是操作费用，即燃料、电、水消耗的费用，燃料一般为燃油，可按前边内容确定，当锅炉系统烧煤，亦可改为煤价；二是设备投资的折旧费用。前者占比重更大，其中燃料又是构成蒸汽价格的主要部分。燃料消耗随产汽等级不同略有变化。产汽系统寿命都在10年以上，设备投资折旧费用，一般占蒸汽价格的2%以内，粗略估算时可予忽略。

【例11-5】 某炼油厂3.5MPa产汽系统，燃料单耗为0.07916t/t，用水单耗为1.571t/t，用电单耗为8.1kW·h/t，其中燃料，水、电单价分别为\$66/t，\$0.05/t和\$0.12/(kW·h)，产汽系统一次投资\$1.5MM。产汽量为52t/h，需确定该蒸汽的价格。

解：由式(11-26)，忽略每t蒸汽设备折旧费用得：

$$C_S=fC_F+wC_W+eC_E+\rho=0.07916\times66+1.571\times0.05+8.1\times0.12+0=6.28(\$/t)$$

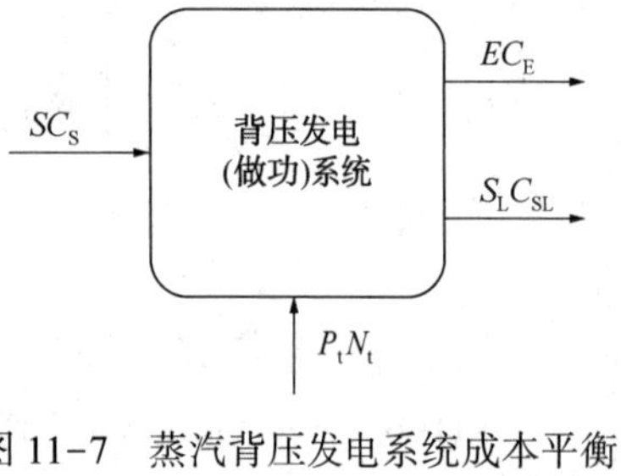

图11-7 蒸汽背压发电系统成本平衡

3. 背压汽价格的确定

蒸汽背压系统的产品是背压蒸汽和电，这是两类不同质的能源，蒸汽价格的确定更为复杂。蒸汽背压发电系统的成本平衡见图11-7。背压系统供入的蒸汽价格应首先确定，显然Ⅰ级背压进汽已由燃料产汽系统方法确定。对于Ⅱ级、Ⅲ级背压的，亦可由前一级背压确定的背压汽价格，作为本级背压系统入口的蒸汽的价格。许多研究者提出以㶲参数作为桥梁，确定背压汽和电的价格，并提出了以汽价定电价规则[6]。背压系统汽、电价格的确定，一般应根据本企业的具体情况按下述方法进行。

(1) 以外部电价定背压汽价格

该方法是把电作为背压系统的副产品，而外部电价已确定，背压系统发电或做功，可使外购电量减少。取外部电价为背压发电价格，由此确定背压汽的价格。因此背压系统的投资由产品背压汽来负担。

$$SC_S+P_tN_t=EC_E+S_LC_{SL} \quad (11-27)$$

$$C_{SL}=(SC_S+P_tN_t-EC_E)/S_L \quad (11-28)$$

式中 P_t——背压透平一次投资，$；

N_t——等额投资偿还系数；

S_L——背压透平低压蒸汽排出量，t/a；

E——背压系统发电或做功量，kW·h；

C_{SL}——低压蒸汽价格，$/t。

当忽略主蒸汽和背压汽之间的泄漏损失，及背压前降温降压的注水汽量增加因素，则主汽量与背压汽量相同。

$$C_{SL}=C_S-\left(\frac{E}{S_L}\right)C_E+P_tN_t/S_L \quad (11-29)$$

取$\beta=S_L/E$为单位背压发电量的耗汽量[kg/(kW·h)]，$q=P_tN_t/S_L$为背压透平每t进汽的设备年折旧费用，则：

$$C_{SL}=C_S-C_E/\beta+q \quad (11-30)$$

(2) 蒸汽㶲价相等法确定汽、电价格

蒸汽和电是不同质能源，虽然㶲在热力学上等价，但在经济上电㶲和热㶲是不等价的。背压汽和主蒸汽属于同一类能源。主蒸汽在背压系统做功(发电)后，背压汽做功能力下降，虽然汽量不变，但㶲值下降。认为蒸汽的㶲价相等，反映了不同质蒸汽价格，基本上合理。显然，背压汽参数下降，㶲值低，单位蒸汽的价格低于主蒸汽。

蒸汽的㶲值可由焓熵等热力学参数确定。对于主蒸汽㶲：

$$Ex_I=\Delta H_I-T_0\Delta S_I \quad (11-31)$$

前边已确定燃料产汽系统的主蒸汽价格为C_S($/t)，由此可确定主蒸汽的㶲价$C_{SX}$($/GJ)：

$$C_{SX}=C_S/[(\Delta H_I-T_0\Delta S_I)\times10^3] \quad (11-32)$$

假定无论蒸汽参数高低，蒸汽单位㶲的价格相等(事实上，高参数蒸汽㶲值高，折为吨汽价格就高，反之亦然)：

$$C_{SX}=C_{SXL}=C_{SXH}$$

然后按背压蒸汽参数确定出ΔH_{II}，$T_0\Delta S_{II}$进而确定背压蒸汽的价格：

$$C_{SL}=C_{SX}\times10^3(\Delta H_{II}-T_0\Delta S_{II}) \quad (11-33)$$

式中 Ex_I——背压透平入口蒸汽㶲，kJ/kg；

ΔH_I——背压透平入口蒸汽焓差，kJ/kg；

ΔS_I——背压透平入口蒸汽熵差，kJ/(kg·K)；

C_{SX}，C_{SXL}，C_{SXH}——主蒸汽、低压蒸汽和高压蒸汽㶲的价格，$/GJ；

ΔH_{II}——背压蒸汽焓差，kJ/kg；

ΔS_{II}——背压蒸汽熵差，kJ/(kg·K)；

T_0——基准温度，K。

把式(11-32)代入式(11-33)得：

$$C_{SL}=C_S\times(\Delta H_{II}-T_0\Delta S_{II})/(\Delta H_I-T_0\Delta S_I) \quad (11-34)$$

式(11-34)即为确定背压蒸汽价格的方程，只要查出背压透平前后蒸汽的焓差和熵差，即可由进汽价格确定背压汽的价格。

而背压发电或做功的价格则可根据背压透平的货币平衡关系，由式(11-27)确定。背压透发电做(做功)为主要的目的产品，承担投资的折旧费用，确定的电价为：

$$
\begin{aligned}
C_E &= (SC_S - S_L C_{SL} + P_t N_t)/E (S \approx S_L) \\
&= [S(C_S - C_{SL}) + P_t N_t]/E \\
&= \beta(C_S - C_{SL}) + P_t N_t / E
\end{aligned}
$$

取$\frac{P_t}{E}=\gamma$为每kW的投资费用，N_t为偿还系数(见前)，则：

$$C_E = \beta(C_S - C_{SL}) + \gamma N_t \tag{11-35}$$

对于其他次一级的背压系统，亦可按上述方法确定背压汽、电价格。只不过是进汽为上级背压排汽(已知价格)。背压系统汽电价格确定的方法，一般可根据本厂的具体条件选用。第一种方法，首先确定电价，由电价确定蒸汽价格，结果为全厂电价统一，蒸汽价格则因参数不同而异；第二种方法，为全厂电价不统一，背压发电价格除去与蒸汽价格有关外，还与设备效率规模有关。一般地说，以㶲参数确定不同蒸汽价格，比较合理。

4. 余热发汽价格的确定

对于装置转换环节和能量回收利用环节利用废热和余热发汽的情况，特别是产生3.5MPa或产生10.0MPa蒸汽的，使动力站燃料消耗减少，起到了动力站发汽同样的作用和效果。发生的低压蒸汽也能起到同等参数背压汽的效果。因此，对于余热发汽的情况，其价格比照相同参数的发汽或背压汽的价格，这就是确定自产汽价格的一个基本原则。

11.4.3 电价和水的价格的确定

由于电力发展的现状，企业用电为平价和高价体系两种体系并存，在高价体系中还有超用罚款的情况。一般的平价用电只能满足企业用电量的一部分，不足部分靠高价电弥补，且随着企业的发展，生产装置数目增多，用电缺口更大，在节能改进中，所节约的电，是先去除高价部分，故节电或发电应根据高价体系确定效益。不同企业电价会有所不同。对有自备电站和热电分厂的企业，亦应结合发电系统的成本核算及电力政策确定电价。

水价的确定主要是取决于电价。石油化工企业用水一般为新鲜水和循环水。新鲜水指从水源到企业内的一次用水。新鲜水价格的确定，取决于三个因素：一是提升水的水泵耗电费用，各厂的吨水耗电指标随具体条件不同而异，在0.4~0.8kW·h/t之间。可按电的价格确定这部分费用，其他如水源站采暖期用热、汽等属间断性使用，其量也较小，可不考虑；二是机泵设备管线等投资的折旧费用，此部分比例一般不大，在粗估算时可予忽略；三是城建部门征收的水资源费。水资源费用随不同地区(缺水与否)，不同水源(水库、江河、地下水等)收费标准也不同。各企业应按本地区的水资源费征收标准确定出新鲜水的价格。循环水则是循环使用，自成体系，补充水的水资源费，一般可忽略不计。其价格确定取决于机泵耗电费用，补充新鲜水费用和改善循环水水质所加的药剂费用，以及循环水系统投资的吨水折旧费用。

能源的价格确定后，就可根据实物节约量，计算出年节能效益来。

11.4.4 节能措施的其他效益

在石油化工厂的装置、设备及系统节能改造中，除了节能效益外，还有节约原材料和试剂的费用，此时应按相应价格确定节约效益。此外，许多节能改造往往和装置的改建结合进行，投用后带来产品升级，增加产品销售收入的效益。此种情况较为复杂，应按工业项目的年利润(或年利税)确定方法，扣除各项成本及税金等得到[7,8]。

此外，节能带来的碳减排效益(减少碳税)也应计入经济效益。

11.5 投资估算及技术经济评价

随着节能工作的不断深入，节能难度也越来越大，节约1t标准油所需的投资逐年增加[4]，许多重大节能措施投资回收期按高价燃料油计算有些也超过了3年。投资回收期增长有两个因素：一是随着价格特别是钢材等四大消耗指标价格体系的调整，客观上造成了投资额的增加；二是节能措施的推动力不断减少，要在此基础上进一步提高换热终温，必将付出更大的设备投资代价，加热炉效率提高等措施也与此类似，大系统优化措施要求相互协调，增加不少生产控制和调节费用。

1. 节能措施的分类

节能措施按功能划分有：改进工艺流程和操作条件，以减少工艺总用能的；提高能量转换和传递效率的；提高能量回收率，减少冷却和散热排弃的三类。

按其节能效果的优劣和投资的多少又分为：改进操作管理节能，不花投资的；应用成熟的常规节能技术，需要一定投资的；采用先进节能新技术，成熟又可行的，花费投资较多；节能改造和生产扩建结合进行的四类。投资和经济评价应以这四类措施的不同情况采用不同繁简程度。

2. 节能投资的估算

节能投资是指在制定的节能方案中，所增加的工程费用，包括机器设备、辅助材料，仪表等设备购置费用、安装施工费用、建筑工程费用、原有设备拆迁费用以及为实现该措施的设计、研究和操作人员的培训费用。

对于投资规模较大的项目，应考虑预备费和其他费用。预备费包括不可预见费和设备材料价差。有关部门已制定出预备费用和其他费用定额，可供采用。

投资的估算是一专门工程学科，详细内容可参阅有关资料。

节能措施投资的估算，是一项重要的内容，对于评价节能措施的优劣，根据企业资金情况安排措施实施的先后顺序是一个重要的依据节能投资，对于一般的项目，只考虑工程费用，对于大型和节能技改捆在一起的节能措施，应考虑包括其他费用和预备费用的固定资产投资和总投资。

节能措施属于改扩建和更新改造项目，技术经济评价应采用增量法，即采用新增效益与新增投资来进行比较。对于节能和扩建难以分开，新增效益应为节能效益与新增产品的利税之和，投资为节能和扩建新增的投资。

3. 经济评价

节能措施的技术经济评价，是项目决策的重要依据。经济评价的目的在于确定该项目是否可接受，并据此在众多的节能措施中，确定优先实施的措施。节能减碳项目效益估算应包括碳税减少部分。

节能措施的技术经济评价，根据节能措施的项目大小、投资的多少，分别采用下述不同方法：

（1）投资回收期有静态投资回收期和动态投资回收期两种，由全部投资的现金流量计算表推算。而大多单项节能措施不做详细现金流量推算，多是通过效益和投资来对比权衡的，因此对于一般的节能措施，是一次性投资，投用后每年节能效益大体相同，因此可按简化动态投资回收期公式(11-19)或静态投资回收期公式计算评价。

一般节能措施投资回收期应小于等于国家或部门所规定的基准投资回收期。

较大的节能项目，且年效益不等，分次投资的，动态投资回收期应按现金流量表或现金流量曲线直接推算。

对于节能和技术改造同时进行，投资和效益又难以截然分开的情况应采用增量法，确定新增效益和新增投资，确定投资利润率和投资利税率，并按现金流量表推算出投资回收期。

对于新上的节能项目，如低温热回收利用系统、蒸汽逐级利用系统，可按总效益与投资法进行评价，不采用增量法，且对于投资额较大的系统，应按可研深度进行技术经济评价，这里不多讨论。

（2）采用净现值和净现值比，评价项目的获利情况。

（3）内部收益率法。由于节能项目，许多是老厂改造项目，节能效益较高。已有公用工程及辅助系统和基础设施总投资小，因而内部收益率偏高，比新建石化工程项目高得多；但对新建节能项目，采用内部收益率法评价指标是必要而且可行的。

参 考 文 献

[1] 苏健民. 化工技术经济[M]. 北京：化学工业出版社，1990.
[2] 李慧珠. 石油工业技术经济学[M]. 东营：石油大学出版社，1998.
[3] 王俊海，蔡祖恒. 炼油厂节能经济评价若干问题的探讨[J]. 炼油设计，1985，(3).
[4] 王丙申. 深入节能挖潜增加社会供给(节能经验交流会上总结发言)[C]//中国石油化工总公司第二届节能交流会论文汇编，石油炼制编辑部，1989.
[5] 朱灯文. 炼油厂技术经济分析方法的探讨[J]. 炼油设计，1985，(3).
[6] 杨东华. 热经济学[M]. 上海：华东化工学院出版社，1990.
[7] 国家计划委员会. 建设项目经济评价方法与参数[M]. 北京：中国计划出版社，1987.
[8] W. 雷斯尼克. 化工过程分析与设计[M]. 苏健民译. 北京：化学工业出版社，1985.

12 设备和管线的优化

摘　要　节能改造的目的不仅是为了节约能源、减少碳排放，也是为了带来经济效益，任何节能都将有助于减少 CO_2 排放。一般来说，节能可以降低成本，包括节省碳税。投资成本和节能效益是一对互补的矛盾；在特定条件下，将投资和效益有机地统一起来，产生最大的效益，这就是我们所说的优化方法。本章讨论了过程速率与㶲损失的关系，包括传热过程、流动过程、传质过程和化学反应过程，特别讨论了驱动力有效性的识别，提出了驱动力效率估计方法；根据优化方法，提出以下工艺优化方法和结果：热流体管道的经济保温厚度；流体输送的经济管径和保温厚度；换热设备的优化；加热炉的经济热效率。

关键词　过程速率；驱动力；经济直径；经济绝缘厚度；设备优化；经济效率

节能是一个多学科、多专业的系统。节能改进的目的不单是为了节约能源，更主要是带来经济效益。一般地，节约能耗可减少费用，同时付出为节能而产生的投资代价。投资费用和节能效益是一对相辅相成的矛盾；在具体条件下，把投资和效益有机地统一起来，产生最大效益，就是我们说的优化方法。石油化工厂或装置的优化，不仅仅是节能和投资的问题，其效益往往包含更广泛的内容，即产品的销售收入，能耗只是影响生产成本的一项重要因素。近年来开发应用的炼油厂生产总流程优化就是为解决这一个问题而提出的。但是大量单元过程及设备为完成同样的生产任务及功能，却存在节能和投资的矛盾，其优化是节能改进的一项重要内容。本章讨论单体设备及管道优化，换热网络优化将在第 13 章中讨论。

12.1　过程速率与㶲损

通过能量平衡和㶲平衡，可以发现过程能量和㶲损失的数量和部位。减少过程㶲损是有限度的，因为过程㶲损与过程推动力相关联，减少过程㶲损，便会影响过程推动力，使过程速率降低。为完成一定的生产任务，就要花费更大的投资，设备体积增大。

㶲分析计算是基于热力学第二定律，以可逆过程为极限，指出体系的最大做功能力，从而确定了体系能量的能级和品位。实际上，石油化工过程都是不可逆过程，必然产生过程㶲损失，为了不和经典热力学相悖，不可逆过程热力学绕道发展成为传热学、传质学、流体流动和反应动力学，即所谓的“三传一反”等单元操作过程。石油化工过程，亦不外乎这四类单元操作过程的组合、交叉和渗透。因此，用能分析不单是能量平衡和㶲平衡的问题，而且存在着过程用能动力学。任一单元操作过程都存在着式(12-1)的关系：

$$过程速率=推动力/阻力 \tag{12-1}$$

其中，过程速率是工艺过程要求的。为完成给定的生产任务，必须维持一定的过程速率。而维持一定的过程速率，就要付出推动力的代价，即能量的使用和消耗。另一方面阻力在一定程度上随过程推动力增大而增大。如流体流动过程，压差增大时流体流动阻力必然增加。推动力增大，过程速率增大，但并不按比例增加，其原因就是阻力也在随着推动力变化而变化。节能的目的在于适宜地减少过程推动力，强化过程、降低阻力，必要时适当增大投资，保持单位时间产率不变。由此存在着投资和节能效益之间的优化问题。

12.1.1 传热过程

传热基本方程：

$$Q=KA\Delta t_m=\Delta t_m/\left(\frac{1}{KA}\right) \tag{12-2}$$

式中 Q——传热量，kW；

K——总传热系数，W/(m^2·℃)；

A——传热面积，m^2。

而对于单位面积的传热过程，则表示为热强度关系：

$$q=\Delta t_m K^{-1} \tag{12-3}$$

其中，q 为传热过程速率的一个指标，Δt_m 为传热推动力，K^{-1}则为传热阻力。对于一定的换热负荷 Q 来说，热强度 q 大小，意味着所需传热面积的大小，因此也涉及到投资和占地面积的多少。

节能很大程度上，在于减少传热设备的推动力 Δt_m，从而减少传热㶲损，提高能量回收率。一般地，当 Δt_m 减小时，q 要略低一些，但也可通过减少传热阻力(提高传热系数 K 值)来加以弥补。由式(12-2)，增加传热面积 A 也能使总传热量 Q 维持不变。推动力 Δt_m 为：

$$\Delta t_m=F_t\Delta t_{lm} \tag{12-4}$$

其中，与节能和系统能量回收率直接相关的是冷热物流的对数平均温差 Δt_{lm}。为更有效地利用温差，换热设备的温差修正系数要尽可能地接近为 1。这就要通过合理选择设备结构，避免温差无谓的损失。提高 F_t，使㶲损真正地用于推动传热过程。

传热㶲损，在忽略设备散热损失时：

$$D_{KH}=QT_0(T_h-T_c)/(T_hT_c) \tag{12-5}$$

由式(12-5)可知传热㶲损与冷热流平均温度 T_h 和 T_c 之差成正比，与冷热流平均温度的乘积成反比。当温差不大时，可以证明(T_h-T_c)与对数平均温差相近，即 $\Delta t_{lm}\approx T_h-T_c$。

因为当两端温差比$\left(\frac{\Delta t_1}{\Delta t_2}\right)<2$ 时，可用算术平均温差代替对数平均温差[2]，而算术平均温差：

$$\Delta t_m=(\Delta t_1+\Delta t_2)/2=[(T_{h1}-T_{c2})+(T_{h2}-T_{c1})]/2=[(T_{h1}+T_{h2})-(T_{c1}+T_{c2})]/2$$

又因为，当换热物流热容为常数时：

$$T_h=(T_{h1}+T_{h2})/2,\quad T_c=(T_{c1}+T_{c2})/2$$

$$\Delta t_m=T_h-T_c \tag{12-6}$$

因此，由式(12-5)和式(12-6)有：

$$D_{KH}=QT_0\Delta t_m/(T_hT_c)$$

说明过程㶲损与设备的传热温差成正比，因此，在其他条件不变时，减少 Δt_m 可减少 D_{KH}。

对传热基本方程 $Q=KA\Delta t_m$ 来说，当我们为减少过程㶲损而降低 Δt_m 时，就可能使过程

速率 Q 降低，完不成生产任务。这时，可通过提高传热系数 K，或增大传热面积 A 来弥补。提高 K 值、强化传热比较经济，一般可通过改进流动状态等因素解决；增大传热面积则意味着增加投资，需要进行优化。

12.1.2 流体流动过程[2]

根据流体流动过程的伯努利方程，忽略位头和速度头时，对于不可压缩流体给定的管路操作系统，不考虑泵提供的功率消耗有：

$$-(\Delta p/\rho)=\sum h_f=\lambda[(L+L_e)/d]u^2/2 \tag{12-7}$$

因此流动过程的速率(流速)可表示为：

$$u^2=(p_1-p_2)/\left[\lambda\left(\frac{\rho}{2d}\right)(L+L_e)\right] \tag{12-8}$$

式中，u^2 表示过程速率；而推动力为压差(p_1-p_2)；过程阻力为 $\lambda\left(\frac{\rho}{2d}\right)(L+L_e)$（$\lambda$ 为管路摩擦系数；ρ 为流体密度，kg/m；d 为管内径，m；L 为管线长度；L_e 为当量管长）。

由式(12-8)可见，欲提高过程速率(流速)就要提高推动力(压差)、减少流动阻力。二者均可达到提高速率的效果。但是压差是靠电能的转换提供的，提高压差就意味着要多耗电能，付出代价。可通过降低摩擦系数($\lambda=8\tau/\rho u^2$)，减少单位面积的摩擦力(即剪应力)，合理地选用管材加以解决。另一方面可增大管径，减少管件的当量管长减少阻力。增大管径，虽可减少阻力但意味着投资增加，应在投资和收益之间进行权衡。减少管路系统当量管长是减少阻力的一个重要内容。特别是减少阀门的节流损失。减少节流损失，在满足过程控制和调节作用的某种程度上，并不影响过程速率；在保持流量不变时，可以减少泵的功耗，这是节能的重要措施之一。

对于不可压缩流体流动过程㶲损的表达式为：

$$D_{KL}=\left(\frac{T_0}{T}\right)V(p_1-p_2) \tag{12-9}$$

如以 V_m 表示节流前后可压缩流体的平均比体积，则式(12-9)中的 V 以 V_m 代替，也可适用于可压缩流体。可见，流动㶲损是压差的函数。当推动力(压差)增加，过程㶲损增大，理论上过程速率也应该增加，而实际上流速取决于工艺要求的条件，压差增加多通过管路系统的调节阀、控制阀加以限制，表现为管路的当量管长增加，最终过程速率并未增加。因此，在选用过大的机泵扬程时，增加的压降为节流损失。因此，在给定的流量和管道条件下，提高压差，只能增加㶲损，过程速率不变。

12.1.3 传质和化学反应过程[3]

传质过程包括精馏、气体吸收、液-液萃取(抽提)等。精馏往往属于传热和传质兼有的过程。以气体吸收为例，传质速率方程可表示为菲克定律：

$$J_A=-D_{AB}(dC_A)/dZ \tag{12-10}$$

式中 J_A——物质 A 在 Z 方向上的分子扩散通量，kmol/(m·s)；

dC_A/dZ——物质 A 的物质的量浓度梯度，即物质 A 的物质的量浓度 C_A 在 Z 方向上的变化率，kmol/m^3；

D_{AB}——物质在介质 B 中的分子扩散系数，m^2/s。

式(12-10)中负号表示扩散是沿着物质浓度降低的方向进行的。

根据吸收过程机理[3]，把气体吸收过程简化为经由气、液两膜的分子扩散过程。对于稳定的传质过程，气液两膜的传质速率是相同的，因此，其中任何一侧的有效膜中的传质速率都能代表该部位的吸收速率。单独根据气膜或液膜的推动力和阻力写出的速率关系式，称为气膜或液膜速率方程式。

气膜速率方程式：

$$N_A = k_G(p-p_i) = (p-p_i)/k_G^{-1} \tag{12-11}$$

$$k_G^{-1} = Dp/RTZ_G p_{BM} \tag{12-12}$$

式中 T——吸收温度，K；

p——气相主流中溶质 A 的分压，kN/m²；

p_i——相界面处溶质 A 的分压，kN/m²；

N_A——吸收速率；

k_G——气膜吸收系数；

p_{BM}——惰性组分 B 在气相主流中与相界面处的分压的对数平均值，kN/m²；

Z_G——气相有效滞流膜层厚度，m；

D——分子扩散系数。

气体吸收的推动力为气膜推动力$(p-p_i)$，当$(p-p_i)$增大时，吸收速率增加，而气膜吸收系数的倒数 k_G^{-1} 则表示吸收质通过气膜的传递阻力。

气体吸收过程的㶲损耗也是和气膜推动力$(p-p_i)$相对应的，为形成高的$(p-p_i)$，通常的办法是减少溶剂中溶质的分压。一般是靠加热再生实现的，因而，也消耗能量及㶲。此外提高系统操作压力，也可使溶质 A 的分压提高，$(p-p_i)$增大，同样也需消耗动力能。可见吸收速率也是和过程㶲损耗直接相关联的，并互为消长。

化学反应的情况更为复杂些，反应速率方程与反应物浓度的 n 次方直接相关联。这些方程多属经验的动力学方程，随实验的条件及回归方式不同而异，无统一的格式，因而难以统一表达为推动力与阻力的关系式，但可肯定，反应速率方程可以表达为一般速率方程，只是形式复杂些，这里不多讨论。

12.1.4 推动力(㶲损)的动力学效率

过程的㶲损耗，直接与热力学参数相关联，而过程速率方程的推动力除来源于 T、p、C 等热力学参数外，还受工程安排、设备结构、工艺参数等因数的制约而减少，这就存在着推动力的效率问题，典型的情况如下。

(1) 换热器结构及操作参数不同，造成不同的温差修正系数 F_t。

$$\Delta t_m = F_t \Delta t_{lm} \tag{12-13}$$

温差修正系数 F_t 是温差的动力学效率。㶲损近似与 Δt_{lm} 成正比，而传热过程真正的推动力是 Δt_m，比 Δt_{lm} 小了 F_t 倍。因此，减少传热过程㶲损的重要途径之一是提高传热温差修正系数 F_t，使温差的㶲损能大部或全部用于推动传热过程进行。

(2) 流体流动过程速率是管径和流量的函数，输送一定的流量，管路系统安排好与坏将与要求的输送压降关系极为密切，存在着很大差别。相当大一部分压降损失在管路系统的调节阀上。

因此，从过程㶲损 D_K 中区分出真正推动过程进行的驱动㶲 D_D，并定义㶲损的动力学效率[4]。

$$\eta_{xk}=D_D/D_K \tag{12-14}$$

但单一过程的驱动㶲 D_D 如何确定，如何选用适宜的 D_D 及 D_K，尚需做大量的工作。

通常所说的装置能耗是由两部分组成：一是在可逆条件下，过程进行所消耗的最小能(㶲)耗，这即以物理能和化学能形式进入产品的热力学能耗。其余的则全部作为过程推动力损失于生产过程中(包括外部损失和不可逆损失)。过程消耗的㶲(能量)又可分为真正推动过程进行的推动力㶲损 D_D 和由于操作和流程设备安排不当而造成的㶲损，这部分㶲损未用于驱动过程进行，是可以减少乃至避免的。

12.2 热流体管线经济保温厚度

过程速率和减少过程㶲损，是一对相辅相成、对立统一的矛盾，节能势必要减少过程的推动力，而生产过程的速率又必须保持不变，这就要适当增加设备投资。处理这种对立统一的变量和参数太多，目前条件下，对装置乃至整个生产过程进行优化是困难的，但是，我们可以就某一个单元过程的节能措施进行优化，收到显著的效果。各单元过程节能措施的优化，有助于整个过程的优化。因此，单元过程节能措施的优化是节能工作者应该考虑、并加以解决的问题。最优化方法是一门独立的学科，可参阅有关论著[5,6,15]。

12.2.1 目标函数

评价一个生产方案或一项节能措施，虽有各种标准，但归根结底都是经济效益。通常所用的目标值如最大的生产利润、最小换热面积、总能耗最低等，是评价目标函数的一个标准。但最低的能耗未必经济，优化的能耗才是经济能耗，即此能耗为最佳能耗，再低于这个能耗，花费的投资更大，得不偿失，高于这个能耗，说明过程还存在着改进的潜力。因此，石油化工过程的优化目标大多与其经济效益密切相关。

表征过程优化目标及其与参变量之间的函数关系，通常称为目标函数。在着手解决问题时，针对某一具体问题，可能存在一些限制条件，保证在优化过程中，得到优化值并满足这些限制条件。这些限制条件就是优化过程的约束条件。

有了目标函数和约束条件之后，就形成了完整的优化数学模型。这些数学模型的关键是要求把过程变量同目标函数，包括效益和投资相关联起来。正确地建立问题的目标函数是优化过程的重要环节。

12.2.2 优化方法分类[7]

优化方法分类多种多样，按变量个数来分，可分为单变量函数的优化和多变量函数的优化。而对多变量函数也往往通过简化和假设，把多变量转化为少变量，甚至单变量，使问题简化；按有无约束条件分，可分为无约束条件的优化和约束条件下的优化。

目前最常用的分类是把优化方法分为间接法和直接法两大类。

当问题的数学模型具有简单明了的数学表达式，用微分法对无约束条件问题求解是很方便的。即求目标函数的一阶导数(或偏导数)，令其为零，可得到一个方程组。解此方程组即可得到函数的驻点。通过研究二阶偏导或根据问题的实际意义可以判定，函数在该驻点处有无极值。这类方法一般称为解析法或间接法，用于单变或双变量函数的优化，高温流体输送的经济管径和经济保温厚度的优化，即为双变量函数的间接优化法。

直接优化方法，就是以计算机为工具，通过数学逼近方法，在给定的误差范围内求取问题的近似解。这种方法有时也称数值法，主要用于多变量系统。

其他优化方法还很多，如线性规划、非线性规划和动态规划方法等，这里不多作讨论。

本节及下面几节以石油化工过程常用的设备及单元过程的优化为例，介绍节能措施优化方法和思路。而对大系统的优化，如分离序列的优化、换热序列的优化及合成这里不作讨论。

12.2.3 热流体管线的经济保温厚度

管线保温在于减少散热损失，其目标函数为：

$$S=S_E+S_I \tag{12-15}$$

式中 S——年总费用，\$/(a·m)；

S_E——年操作费用(散热㶲损费用)，\$/(a·m)；

S_I——保温投资的年折旧费用，\$/(a·m)。

因此，把保温管线散热费用与保温投资的年折旧费用之和最小作为目标函数，这类问题的优化属于只投入不产出类型的优化。因此，以年总费用最小作为优化的目标(如以保温减少散热量的收入和投资折旧费之差的年效益最大为优化目标时，结果相同)。

明确了优化目标后，就要确定随保温厚度变化、保温投资费用和散热㶲损费用的函数关系。显然，保温厚度增加，散热㶲损费用减少，保温投资费用增加。

年操作费用：

$$S_E=C_h h(t_B-t_f)^2\times10^{-6}/\left[(1/2\pi\lambda)\left(\ln\frac{D}{d}+\frac{2\lambda}{D\alpha_T}\right)T_B\right] \tag{12-16}$$

保温投资的年折旧费用

$$S_I=(\pi/4)(D^2-d^2)aN \tag{12-17}$$

将式(12-16)、式(12-17)代入式(12-15)，即得到年总费用随保温外径的变化关系。

$$S=(\pi/4)(D^2-d^2)aN+C_h h(t_B-t_f)^2\times10^{-6}/\left[(1/2\pi\lambda)\left(\ln\frac{D}{d}+\frac{2\lambda}{D\alpha_T}\right)T_B\right] \tag{12-18}$$

将式(12-18)对散热外径 D 求导 $\mathrm{d}S/\mathrm{d}D$，并令 $\frac{\mathrm{d}S}{\mathrm{d}D}=0$，经推导和整理得：

$$D\ln\left(\frac{D}{d}\right)=0.002(t_B-t_f)\sqrt{\frac{\lambda C_h h}{aNT_B}}\sqrt{1-\frac{2\lambda}{D\alpha_T}}-\frac{2\lambda}{\alpha_T} \tag{12-19}$$

此即为保温厚度的解析式。但此方程为隐函数方程，求保温外径 D 尚需猜算或迭代计算，亦可借助可编程计算器或计算机进行。

一般地 $\sqrt{1-\frac{2\lambda}{D\alpha_T}}$ 因子值在 0.97~1.0 之间，近似计算时，亦可用式(12-20)：

$$D\ln\left(\frac{D}{d}\right)=0.00198(t_B-t_f)\sqrt{\frac{\lambda C_h h}{aNT_B}}-\frac{2\lambda}{\alpha_T} \tag{12-20}$$

求出 D 后，即可计算出保温厚度 δ：

$$\delta=(D-d)/2 \tag{12-21}$$

㶲经济保温厚度与热经济保温厚度的区别在于，散热能量费用的计算是以㶲不是以热为基础计算，从而区分不同温度流体热能的价格，对不同温度的流体采用不同的保温厚度。热经济法是不论热能参数(温度)高低，取统一的价格，这显然是不合理的。

㶲价由转换该的系统的成本方程确定[9,10]。热一般是通过能量转换设备实现的，一般为燃料加热炉，如图12-1所示。

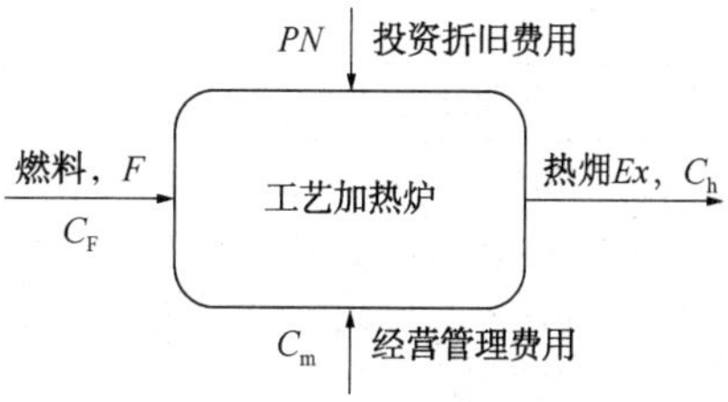

图 12-1 热㶲价的确定

根据价值平衡有：

$$C_h Ex=C_F F+PN+C_m \tag{12-22}$$

对于加热炉来说，经营管理费用 C_m 占比例很小可忽略，则：

$$C_h=C_F F/Ex+PN/Ex \tag{12-23}$$

一般地，$\dfrac{Ex}{F}$为加热炉㶲效率 η_x，对于只加热一股物流时，η_x 和能量效率 η 之间关系为：

$$\eta_x=\eta\varepsilon$$

令 $C_{eq}=PN/Ex$，则：

$$C_h=C_F/(\eta\varepsilon)+C_{eq} \tag{12-24}$$

式(12-24)即为计算热能的㶲价。ε 为加热物流热量的能级：

$$\varepsilon=(1-T_0/T_h) \tag{12-25}$$

$$T_h=(T_1+T_2)/2$$

式中 D，d——保温层外径和管线外径，m；

a——保温材料及施工费用，\$/m^3；

N——保温投资偿还率，$N=\dfrac{(1+n)^m n}{(1+n)^m-1}$($m$ 为偿还年限，n 为年利率)

λ——保温材料导热系数，1.163W/(m·℃)；

h——年运行时数，h；

C_h——散热损价格，\$/GJ；

C_F——燃料价格，\$/GJ；

ε——转换设备，受热流体的平均能级；

η——加热炉热效率，%；

C_{eq}——加热炉投资折旧率，\$/(GJ·a)；

P——加热炉投资，\$；

C_m——加热炉经营管理费，\$/a。

【例 12-1】 已知两条 $D250$ 的室外管线，输送流体温度分别为150℃和350℃，室外大气温度为15℃，平均风速3m/s，采用导热系数 $\lambda=0.046+0.0013t_p$ 的保温材料，开工时数为8000h，保温材料及施工价格80\$/m^3，年利率 n 为0.1，偿还年限 m 为5年，热价和㶲价分别为0.9\$/GJ和2\$/GJ。

分别按照热量分析法和㶲分析法求经济保温厚度。计算结果汇总于表12-1中(以100m管线为基准)。

表 12-1 例 12-1 计算结果

项 目	150℃		350℃	
	热量分析法	㶲分析法	热量分析法	㶲分析法
能级系数	0.32	0.32	0.538	0.538
保温厚度/mm	81	69	129	139
表面温度/℃	19.1	19.9	22	21.4
散热量/(GJ/a)	338.38	381.58	728.21	687.72
散㶲量/(GJ/a)	108.27	122.09	400.1	364.92
散热损失/($/a)	215.5	243.0	779.8	726.4
折旧费/($/a)	189.8	156.0	343.5	379.8
总费用/($/a)	405.3	399.0	1123.3	1106.2
投资/散热量/($/GJ)	9.8	7.2	8.3	9.7
投资/散㶲量/($/GJ)	30.7	22.4	15.1	18.2

由表 12-1 可见，用㶲分析法投资/散热量比值，高温流体比低温流体大 35%，低温下保温厚度小于热量法，而高温下保温厚度大于热量法。显然比热量分析法更合理，总费用也更低。

12.3 流体输送的经济管径及经济保温厚度[11]

流体输送的管线投资及操作费用在石油化工厂技术经济领域里占有一定的地位。过去，在工厂或装置的设计过程中，管线直径往往是根据经验和技术规范在很宽的流速范围内选取，不太注意经济概念，所以选取的管径不一定是经济管径。近年来，国内外不少文献提出了流体输送的经济管径和经济保温厚度的概念，提出了蒸汽管线经济管径及经济保温厚度的求取方法和步骤[16]；也有人列出了在一定条件下油品储运系统经济管径表格[17]。本节仅对不可压缩的流体输送的经济管径选取，进行分析讨论。

12.3.1 低温流体输送的经济管径

低温流体输送的经济管径是指流体输送的管线投资的年折旧费用与年操作费用之和最小的管线直径。管线投资费用包括管线材料及相应的安装施工费用；另一方面，还应考虑年利率、操作费用，对不保温的低温流体主要是流体输送的动能损失费用。这些费用在一定程度上取决于不同地区、不同时期的物资、能源价格和金融政策。经济管径对应的流速称为经济流速。

对于不需保温的低温流体输送，经济管径仅是管线投资费用和摩擦动能费用的函数。

12.3.1.1 管线投资的年折旧费用

管线投资的年折旧费用是管径、材质、折旧率等的函数，壁厚则可根据工艺要求和管线的应力计算选取。假定所计算的管路较长，则每 m 管线投资的年折旧费用为：

$$S_p = 7.85\pi ABN(d+B) = 24.66ABN(d+B) \qquad (12-26)$$

式中 S_p——管线投资的年折旧费用，$/(a·m)；

A——管线投资与施工综合指标，$/t；

d——管线内径，m；

B——钢管内壁，m；

7.85——钢材的密度，t/m^3；

N——投资偿还系数，

$$N=\frac{(1+i)^n i}{(1+i)^n-1};$$

i——年利率；

n——使用年限，a。

12.3.1.2 流体输送的流动能量损耗费用

机泵提供给流体的能量主要用于提高流体的位头、工艺需要的静压头、克服摩擦阻力的压头损失及相应流速下的动压头。对于不可压缩流体，动压头相对于总能量是很小的，可略而不计。位头和静压头是工艺过程所需要的，不能改变，而克服流体的摩擦阻力则随管路系统的不同管径而异。低温不可压缩流体的年操作费用 S_{op} 为：

$$S_{op}=\frac{G\sum h_f}{367}C_{PF}h \tag{12-27}$$

$$\sum h_f=\lambda\frac{L+L_e}{d}\frac{u^2}{2g} \tag{12-28}$$

摩擦系数在层流条件下：

$$\lambda=\frac{64}{Re} \tag{12-29}$$

而对于 Re 大于 2000 的湍流条件下，采用式(12-30)显函数方程与穆迪图误差在 0.1%以内，可满足工程误差要求：

$$\frac{1}{\sqrt{\lambda}}=-2.0\lg\left[\frac{K}{3.7d}+\left(\frac{6.81}{Re}\right)^{0.9}\right] \tag{12-30}$$

对石油化工厂采用泵送流体输送过程，雷诺数通常是属于湍流情况，因此可用式(12-30)计算流体输送过程的摩擦系数。

因：

$$u=\frac{G}{2.826d^2\rho}$$

则：

$$Re=\frac{353.86G}{\mu d}$$

假定管壁的绝对粗糙度 $K=0.1\sim0.3$mm，则有式(12-31)：

$$\lambda=\frac{1}{4.0\lg^2\left[\frac{5.4\times10^{-5}}{d}+0.02856\left(\frac{\mu d}{G}\right)^{0.9}\right]} \tag{12-31}$$

管线的阻力损失：

$$\sum h_f=\frac{(L+L_e)G^2}{626.76d^5\rho^2\lg^2\left[\frac{5.4\times10^{-5}}{d}+0.02856\left(\frac{\mu d}{G}\right)^{0.9}\right]} \tag{12-32}$$

则每米管长的流动能量损耗费用：

$$S_{OP}=\frac{G^3C_{PF}h}{2.3\times10^5d^5\rho^2\lg^2\left[\frac{5.4\times10^{-5}}{d}+0.02856\left(\frac{\mu d}{G}\right)^{0.9}\right]} \tag{12-33}$$

以上各式中 $\sum h_f$——管线阻力损失，m；

S_{OP}——流动能量损耗费用，\$/(a·m)；

μ——流体黏度，10^{-3}Pa·s；

λ——摩擦系数；

L，L_e——直管长度和管件(阀、弯头等)的当量长度，m；

u——流体流速，m/s；

ρ——流体密度，kg/m^3；

G——质量流量，t/h；

K——绝对粗糙度，mm；

Re——雷诺数；

h——年开工时数，h；

C_{PF}——流体流动能量价格，\$/(kW·h)。

考虑到机泵转换效率和机泵投资及维修费用分摊到单位有效功的费用。流体流动能量价格为：

$$C_{PF}=\frac{C_E}{\eta}+\frac{NP_u}{Wh\eta} \tag{12-34}$$

式中 C_E——电能价格，\$/(kW·h)；

η——电机与泵效率的乘积；

N——折旧率；

P_u——泵投资(包括电机)，\$；

W——泵的实耗电功率(预估)，kW。

由于式(12-34)中的后一项占总 C_{PF} 中很小比例(10%以下)，即使在很宽范围内选泵，也不致影响 C_{PF} 的精确性。

12.3.1.3 流体输送的总费用及经济管径

根据上述分析，流体输送费用与管线投资费用，均可处理为直径 d 的函数，因此，单位管长的总费用为：

$$S_T=24.66ABN(d+B)+\frac{G^3C_{PF}h}{2.3\times10^5d^5\rho^2\lg^2\left[\frac{5.4\times10^{-5}}{d}+0.02856\left(\frac{\mu d}{G}\right)^{0.9}\right]} \tag{12-35}$$

由式(12-35)可知，在其他已知变量确定后，总费用仅为管线内径 d 的函数，管子壁厚 B 不是定值，随管径的大小而变化；为使总费用最小，将式(12-35)对 d 求导，并令其导数为零，即 $\frac{\partial S_{总}}{\partial d}=0$，则导出经济管径的数学模型：

$$Cd^6\lg^3(x)-5\lg(x)-\frac{0.0471\left(\frac{\mu d}{G}\right)^{0.9}}{x}+0.8686=0 \tag{12-36}$$

式中，C 为常数，$C=\dfrac{5.67\times10^6\rho^2ABN}{G^3C_{PF}h}$；$x$ 为 d 的函数，$x=\dfrac{5.4\times10^{-5}}{d}+0.02856\left(\dfrac{\mu d}{G}\right)^{0.9}$。

式(12-36)即为求低温不可压缩流体经济管径的一元线性隐函数方程，由于现实的管线系列分档较宽，管径 d 的变化是不连续的，依照式(12-36)求出 d 后仍需圆整到相近的管径系列。因此，求经济管径 d 可采用两种方法：一是按照式(12-35)选取不同管径方案计算，总费用最小的管径确定为经济管径；二是按照式(12-36)迭代计算，求出 d，进而圆整到相近管线系列直径，即为经济管径。

12.3.2 保温管道的经济管径和经济保温厚度

石油化工装置设备之间的油品输送，许多属于需要保温的热流体输送(如炼油装置的常压渣油、催化裂化柴油等)；保温厚度影响经济管径的确定，反过来经济保温厚度又依赖于经济管径。欲解决保温流体输送管线的经济管径则必须同时考虑经济保温厚度。因而，保温管线经济管径的求取比低温流体更为复杂，总费用除低温流体输送的两项费用外，还包括了管线的保温费用和散热的㶲损费用。

热流体输送时，保温外表面散热将产生㶲损，故存在着散热造成的热㶲损和摩擦造成的电功㶲损。由于㶲在实际使用过程中的不等价性，热㶲和功(㶲)无论从实际使用价值还是现实价格计算都是不同的，如以单位㶲论价，则电功㶲价在 12 $/GJ 左右，而热㶲价则远小于此值。因此，这里把热㶲和功㶲的费用分别进行考虑。

(1) 管线投资的年折旧费用，式(12-26)

$$S_p=24.66ABN(d+B)$$

(2) 流动能量损耗费用 S_{OP}，式(12-33)

$$S_{OP}=\frac{G^3C_{PF}h}{2.3\times10^5d^5\rho^2\lg^2\left[\dfrac{5.4\times10^{-5}}{d}+0.02856\left(\dfrac{\mu d}{G}\right)^{0.9}\right]}$$

(3) 管线保温投资的年折旧费用 S_I

$$S_I=\frac{\pi}{4}[D^2-(d+2B)^2]A_1N_1 \tag{12-37}$$

(4) 散热㶲损费用 S_E

$$S_E=\frac{C_Hh(T_B-T_0)^2\times10^{-6}}{\dfrac{1}{2\pi\lambda}\left(\ln\dfrac{D}{d+2B}+\dfrac{2\lambda}{D\alpha_T}\right)T_B} \tag{12-38}$$

以上各式中 λ——保温材料导热系数，1.163W/(m·℃)；

D——保温管线外径，m；

d——钢管内径，m；

B——钢管壁厚，m；

S_I，S_E——保温的年折旧费用和散热㶲损费用，$/(a·m)；

T_B，T_0——设备内流体和环境温度，K；

N_1——保温投资的折旧系数：

$$N_1=\frac{(1+i)^{n_1}i}{(1+i)^{n_1}-1} \tag{12-39}$$

n_1——保温材料的使用年限；

α_T——保温管线对环境的辐射，对流联合传热系数，1.163W/($m^2 \cdot K$)；

C_H——散热㶲损价格，\$/GJ。

C_H 的确定是基于装置㶲分析的结果，如果忽略单位㶲值负担的转换设备费用，则

$$C_H = \frac{C_F}{\eta_H \varepsilon} \tag{12-40}$$

C_F——燃料价格，应包括碳税，\$/GJ；

η_H——换热设备的热效率；

ε——转换设备受热流体能级，$\varepsilon = \frac{T_H - T_0}{T_H}$； (12-41)

T_H——受热流体平均温度，K。

(5) 保温管线总费用和经济管径

热流体输送的年总费用为上述四项费用之和：

$$S_{Total} = 24.66ABN(d+B) + \frac{\pi}{4}[D^2 - (d+2B)^2]A_1N_1 + \frac{C_H h(T_B - T_0)^2 \times 10^{-6}}{\frac{1}{2\pi\lambda}\left(\ln\frac{D}{d+2B} + \frac{2\lambda}{D\alpha_T}\right)T_B} + \frac{G^3 C_{PF} h}{2.3\times 10^5 d^5 \rho^2 \lg^2\left[\frac{5.4\times 10^{-5}}{d} + 0.02856\left(\frac{\mu d}{G}\right)^{0.9}\right]} \tag{12-42}$$

由式(12-42)可见，管线和总费用为保温管外径和钢管内径的函数，这是一个二元非线性方程的寻优问题。经济管径和经济保温厚度的确定，可按照多元函数极值的方法求取。根据问题的实际意义，必定存在使总费用最小的 d 和 D 值，将式(12-42)分别对 d 和 D 求偏导，并令其为零，整理为二元线性方程组：

$$C_1 - C_2(d+2B) + \frac{C_3}{(d+2B)\left(\ln\frac{D}{d+2B} + \frac{2\lambda}{D\alpha_T}\right)^2} - C_4\frac{5\lg x + 0.0471\left(\frac{\mu d}{G}\right)^{0.9} - 0.8686}{d^5 \lg^3 x} = 0 \tag{12-43}$$

$$C_2 D - C_3\frac{\frac{1}{D} - \frac{2\lambda}{D^2\alpha_T}}{\left(\ln\frac{D}{d+2B} + \frac{2\lambda}{D\alpha_T}\right)^2} = 0 \tag{12-44}$$

以上式中，C_1、C_2、C_3、C_4 均为常数。

$$C_1 = 24.66ABN$$

$$C_2 = \frac{\pi}{2}A_1N_1$$

$$C_3 = \frac{2C_H h\pi\lambda(T_B - T_0)^2 \times 10^{-6}}{T_B}$$

$$C_4=\frac{G^3C_{PF}h}{2.3\times10^5\rho^2}$$

$$x=\frac{5.4\times10^{-5}}{d}+0.02856\left(\frac{\mu d}{G}\right)^{0.9}$$

式(12-43)、式(12-44)的联立求解，是一个较为繁杂的工作，需要借助于计算机完成，计算框图如图12-2所示，求解程序从略。

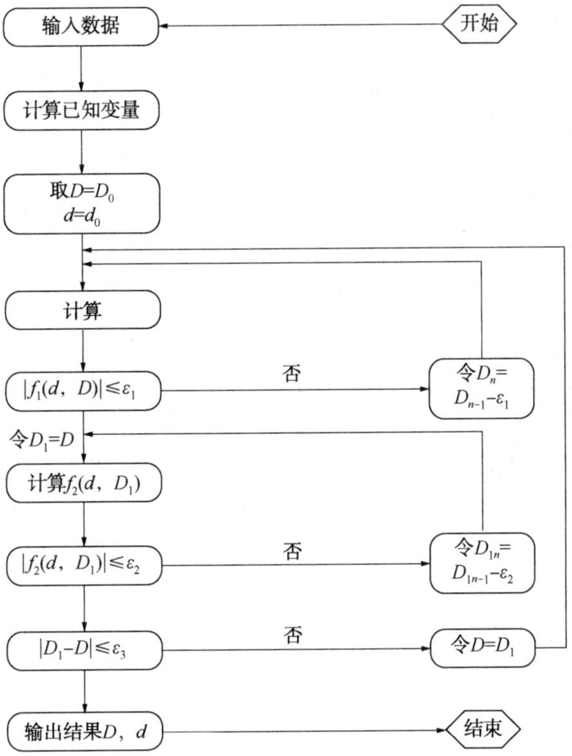

图12-2 经济管径和经济保温厚度计算框图

【例12-2】 计算293K(20℃)水和某513K(240℃)油品输送的经济管径和经济保温厚度(已知条件见表12-2、表12-3)，并与其他不同管径方案比较。

解： 293K水计算结果列于表12-2。513K某油品输送的计算结果列于表12-3。将计算结果绘成曲线，如图12-3所示。

表12-2 20℃水经济管径及不同管径方案比较

项目	名称	单位	数值	名称	单位	数值
已知条件	介质		20℃水	年利率	%	10
	年开工时数	h/a	8000	使用年限	a	10
	质量流量	t/h	100	机泵投资	$	833.3
	流体密度	kg/m³	998	估算轴功率	kW	60
	流体黏度	Pa·s	0.001	机泵效率	%	80
	钢管综合指标	$/t	666.7	电价	$/(kW·h)	0.015

续表

项目	名称	单位	数值	名称	单位	数值
计算结果	管径×壁厚	mm×mm	168×5	114×4	219×7	
	管线偿还费用	\$/(a·m)	2.18	1.18	3.42	
	操作费用	\$/(a·m)	0.59	4.64	0.88	
	总费用	\$/(a·m)	2.77	5.82	3.57	
	备注		计算经济管径	较小管径	较大管径	

表 12-3 油品输送经济管径及不同管径费用比较

名称		单位	数值	名称	单位	数值
已知条件	质量流量	t/h	40	机泵投资	\$	833.3
	年开工时数	h/a	8000	保温材料综合指标	$\$/m^3$	80
	油品密度	kg/m^3	850	年利率	%	4
	油品黏度	Pa·s	0.0035	保温使用年限	a	5
	流体温度	℃	240	燃料价格	\$/GJ	0.52
	流体温度	℃	400	热效率	%	90
	环境温度	℃	15	机泵效率	%	80
	平均风速	m/s	3	初估机泵轴功率	kW	50
	钢管综合指标	\$/t	666.67	电价	\$/(kW·h)	0.015
	使用年限	a	10	保温材料导热系数	W/(m·K)	0.081
计算结果	名称	单位	经济管径	较小管径	较大管径	
	管径×壁厚	mm×mm	108×4	89×3.5	159×5	
	经济保温厚度	mm	74	74	74	
	管线偿还费用	\$/(a·m)	1.05	0.87	1.56	
	保温费用	\$/(a·m)	0.76	0.68	0.97	
	散热㶲损费用	\$/(a·m)	1.64	1.45	2.15	
	动能费用	\$/(a·m)	0.62	1.69	0.09	
	总费用	\$/(a·m)	4.08	4.69	4.77	

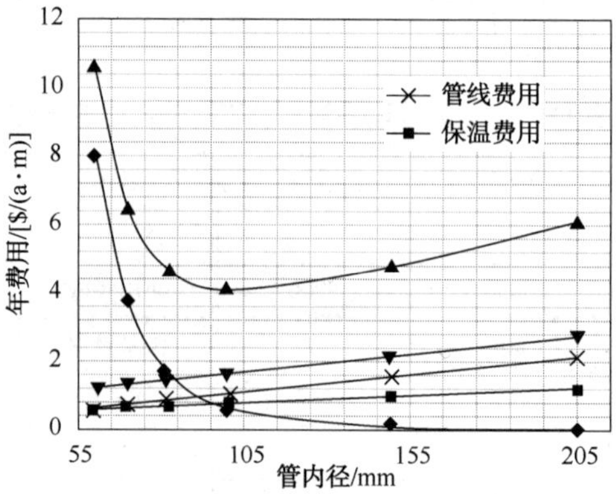

图 12-3 年费用与管径关系曲线

由上例可以看出，动能损失费用(摩擦损失费用)对总费用影响最为显著，当管径小于经济管径时，流动能量费用成倍上升，而投资费用下降甚微，总费用上升。因此，当求出经济管径后，一般应就近在管线系列中选取管径，而当介于管线系列之间距两个管径系列相差大体相同时，应选较大的管。

12.4 冷换设备的优化[6,17]

冷换设备是能量回收环节的重要设备。对于换热设备，其目的是回收能量，因此存在着回收能量的收益与投资的权衡问题，而对于冷却设备，其目的是冷却工艺物流，达到要求的温度条件，同样也存在着操作费用和投资费用问题，其优化的目标函数则是投资和操作费用之和最小。下面分别介绍单台换热设备和冷却设备的优化问题。

12.4.1 单台换热器的优化

利用换热设备在需要的冷却热物流和需要加热的冷物流之间进行热交换以回收热能，是广为采用的节能措施。然而，为回收热能必须付出代价，即必须付出换热设备的投资费用。一般投资费用增加，热量回收增加。存在着投资和节能效益之间的优化问题。单台换热设备的优化是以回收热能的年节能收益与设备投资的等额年偿还费用之差最大作为目标函数。显然，使用换热设备的经济效果与能量的价格和换热设备的成本有关，可利用下列经济模型来表示使用换热设备的经济效果。

$$S=S_1-S_2=3.6C_hHQ-\beta A \tag{12-45}$$

式中 S——使用换热设备的经济效果，\$/a；

S_1——热回收利益，\$/a；

S_2——设备投资年偿还费用，\$/a；

Q——热回收量，MW；

C_h——单位热量的价格，\$/GJ；

H——年度开车时间，h/a；

A——换热器面积，m^2；

回收的热量越多，其经济价值也越大，相应地，所需付出的设备折旧费用也必然要增加。显然，存在一个最佳换热面积使得年利润取最大值。

为了求解式(12-45)，首先确定热回收量 Q 与换热器面积 A 之间的关系。为此，首先建立图 12-4 所示无相变逆流换热器的数学模型。

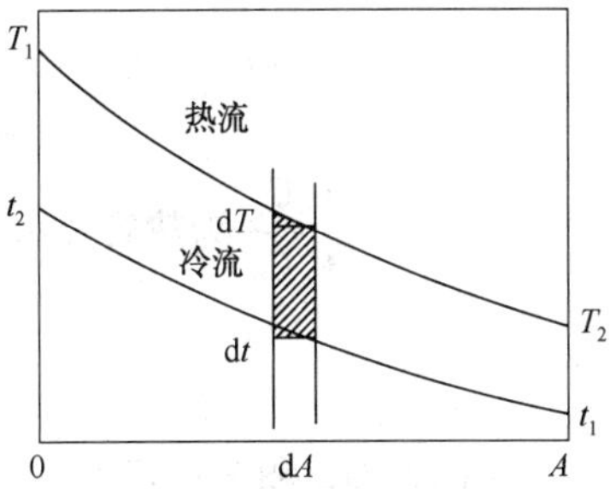

图 12-4 逆流传热过程

假定该换热器的换热面积为 A，换热后热物流由初始温度 T_1 降至换热终温 T_2，冷物流由初始温度 t_1 上升至换热终温 t_2。在换热器上取一微元 dA(图 12-4)，考察其热交换情况。

根据传热方程式可以写出：

$$dQ=K(T-t)dA \tag{12-46}$$

根据热平衡方程可以写出(忽略换热过程热损失)：

热流 $$dQ=-W_hC_{Ph}dT \tag{12-47}$$

冷流 $$dQ=-W_C C_{Pc}dt \tag{12-48}$$

在上述式中 dQ——换热器微元 dA 上的换热量，kW；

K——总传热系数，W/(m^2·℃)；

T——热物流甲的换热温度，℃；

t——冷物流乙的换热温度，℃；

dA——换热器微元换热面积，m^2；

W_h——热物流的流量，kg/s；

C_{Ph}——热物流的比热容，W/(kg·℃)；

W_c——冷物流的流量，kg/s；

C_{Pc}——冷物流的比热容，W/(kg·℃)；

dT——在微元 dA 上热物流换热温差，℃；

dt——在微元 dA 上冷物流换热温差，℃。

沿着换热面积坐标 dT 与 dt 均为负值，换热量 Q 必为正值，故式(12-47)、式(12-48)均为负号。

由式(12-47)和式(12-48)，忽略热损失时换热量 Q 相同，则有：

$$W_h C_{Ph} dT = W_c C_{Pc} dt$$

两边同减 $W_h C_{Ph} dt$，则：

$$W_h C_{Ph}(dT-dt)=(W_c C_{Pc}-W_h C_{Ph})dt$$

$$d(T-t)=\frac{W_c C_{Pc}-W_h C_{Ph}}{W_h C_{Ph}}dt$$

由冷物流热平衡方程(12-48)：

$$dt=\frac{-dQ}{W_c C_{Pc}}$$

由传热方程有：

$$dQ=K(T-t)dA$$

$$d(T-t)=\left(\frac{W_c C_{Pc}}{W_h C_{Ph}}-1\right)\frac{-K(T-t)dA}{W_c C_{Pc}}$$

$$\frac{d(T-t)}{(T-t)}=\frac{KdA}{W_c C_{Pc}}\left(1-\frac{W_c C_{Pc}}{W_h C_{Ph}}\right) \tag{12-49}$$

定义 $R=\frac{W_c C_{Pc}}{W_h C_{Ph}}$ 为热容流率比，则式(12-49)为：

$$\frac{d(T-t)}{(T-t)}=\frac{K}{W_c C_{Pc}}(1-R)dA \tag{12-50}$$

对(12-50)积分后可得：

$$\frac{T_2-t_1}{T_1-t_2}=\exp\left[\frac{KA}{W_c C_{Pc}}(1-R)\right] \tag{12-51}$$

考虑到 $R=\frac{T_1-T_2}{t_2-t_1}$ 及温度效率：

$$E=\frac{t_2-t_1}{T_1-t_1} \tag{12-52}$$

则式(12-51)经过数学处理后，可改写为：

$$E=\frac{1-\exp\left[\frac{KA}{W_c C_{Pc}}(1-R)\right]}{R-\exp\left[\frac{KA}{W_c C_{Pc}}(1-R)\right]} \tag{12-53}$$

式(12-53)即为逆流换热过程温度效率的数学模型。

由热平衡方程及温度效率模型有：

$$Q=W_c C_{Pc}(t_2-t_1)=W_c C_{Pc}(T_1-t_1)E \tag{12-54}$$

将式(12-53)代入得：

$$Q=W_c C_{Pc}(T_1-t_1)\frac{1-\exp\left[\frac{KA}{W_c C_{Pc}}(1-R)\right]}{R-\exp\left[\frac{KA}{W_c C_{Pc}}(1-R)\right]} \tag{12-55}$$

这就建立起了换热面积 A 与传热量 Q 的关系：把式(12-55)代入总费用方程(12-45)变为：

$$S=3.6C_h H W_c C_{Pc}(T_1-t_1)\frac{1-\exp\left[\frac{KA}{W_c C_{Pc}}(1-R)\right]}{R-\exp\left[\frac{KA}{W_c C_{Pc}}(1-R)\right]}-\beta A \tag{12-56}$$

这是单变量函数的寻优问题，根据函数存在极值的必要条件有$\frac{dS}{dA}=0$，将式(12-56)对 A 求导，并令其等于零，然后再进行简化处理得：

$$(1-E)(1-ER)=\frac{\beta}{C_h HK(T_1-t_1)} \tag{12-57}$$

在实际计算中，由于 C_h，β，H，KT_1，t_1W_h，C_{Ph}，W_c，C_{Pc}均已知，所以上式为关于温度效率的一元二次方程，舍去其中一个无理根，即可求出 E。计算单台换热器最佳换热面积的计算步骤：

(1) 计算热容流率比 $R=\frac{W_c C_{Pc}}{W_h C_{Ph}}$

(2) 根据式(12-57)计算温度效率 E；

(3) 计算热流出口温度 T_2：

$$T_2=T_1-RE(T_1-t_1)$$

(4) 计算冷物流出口温度 t_2：

$$t_2=t_1+E(T_1-t_1)$$

(5) 计算对数平均温差：

$$\Delta T_{lm}=\frac{(T_1-t_2)-(T_2-t_1)}{\ln\frac{T_1-t_2}{T_2-t_1}}$$

（6）由式(12-55)计算热回收量 Q

（7）根据下式确定最佳换热面积：

$$A=\frac{Q}{K\Delta T_{lm}}$$

（8）计算出设备投资年偿还费和热回收费用及年度获纯节能利益。

$$S=S_1-S_2,\ S_1=C_hHQ,\ S_2=\beta A$$

该换热器的优化适用于单台换热器的优化，在单一的热物流和冷物流之间优化匹配。而对有许多换热设备组成的换热网络和序列，则采用综合及合成技术。

12.4.2 冷却器冷却水最佳出口温度的确定

所谓单台冷却器的最优化设计，通常是以完成同一工艺任务(例如，将一个流量已经确定了的热物流，从指定的较高的温度冷却到指定的较低的温度)，每年所耗费的年总费用最低，作为最优化的判据。年度总费用一般可认为由两部分组成：即冷却设备的折旧费用和冷却水的操作费用。这样，单台冷却器最优化设计的目标函数可用式(12-58)来表示：

$$C_t=C_A+C_W \tag{12-58}$$

式中 C_t——年度总费用，\$/a；

C_A——设备折旧费用，可按式(12-59)进行计算：

$$C_A=aA \tag{12-59}$$

式中 a——每单位换热面积每年的折旧费用，\$/(a·m²)；

A——冷却器面积，m²；

C_W——冷却水操作费用，\$/a；

$$C_W=\beta HW \tag{12-60}$$

β——冷却水价格，\$/t；

H——每年开工总时数，h/a；

W——每小时用水量，t/h。

根据传热方程式：

$$Q=KA\Delta T \tag{12-61}$$

式中 Q——单位时间换热量，kW；

K——总传热系数，W/(m²·℃)；

A——换热面积，m²；

ΔT——对数平均温差，℃，当采用逆流换热时，可按式(12-62)进行计算；

$$\Delta T=\frac{(T_1-t_2)-(T_2-t_1)}{\ln\dfrac{T_1-t_2}{T_2-t_1}} \tag{12-62}$$

T_1——热物流入口温度，℃；

T_2——热物流出口温度，℃；

t_1——冷却水入口温度，℃；

t_2——冷却水出口温度，℃。

热平衡方程式：

$$Q=WC_P(t_2-t_1)/3.6 \tag{12-63}$$

式中，C_P 为水的比热容，kJ/(kg·℃)。

根据设备的造价和冷却水价格来进行单台冷却器的最优化设计，可用下述数学模型来描述：即在满足约束条件：

$$Q=KA\Delta T,\ Q=WC_P(t_2-t_1)/3.6 \tag{12-64}$$

使目标函数 $C_t=C_A+C_W$ 取极小值。

这是一个求解带有约束条件的极值问题。采用代入法将有约束的极值问题化为无约束的极值问题。经过数学处理后，可以得到：

$$C_t=\frac{3.6H\beta Q}{C_P(t_2-t_1)}+\frac{aQ\ln\dfrac{T_1-t_2}{T_2-t_1}}{K[(T_1-t_2)-(T_2-t_1)]} \tag{12-65}$$

单台冷却器的优化设计问题变成了求取冷却水最佳出口温度使年度总操作费用取极小值问题。这样一个问题可依据极值存在的必要条件，即：$dC_t/dt_2=0$

求解后可得到下列代数方程：

$$\frac{3.6KH\beta}{aC_P}\left[\frac{(T_1-t_2)-(T_2-t_1)}{t_2-t_1}\right]^2-\ln\frac{T_1-t_2}{T_2-t_1}+\left(1-\frac{T_2-t_1}{T_1-t_2}\right)=0 \tag{12-66}$$

显然，满足这一代数方程的冷却水出口温度 t_2 即是使冷却器年度开车总费用取极小值的 t_2，然而，这一代数方程难以用解析法求解。可采用数值解法求解这一方程。

12.5 加热炉经济热效率

年费用最小或年效益最大是节能措施优化的常用方法，但还有一种近年来得到应用和重视的优化方法——节能投资驻点法，应用起来也比较方便。下边以加热炉经济热效率的确定为例，说明该法的应用。

12.5.1 问题的意义

目前石油化工企业加热炉效率已达 85%以上，若继续提高炉效率，由于热回收系统传热温差减小，就势必花费更多的设备投资。即单位投资利润率随热效率提高而逐步降低，如何确定加热炉适宜的热效率，是加热炉节能改进的一个现实课题。

对于加热炉，提高热效率的主要渠道在于如何对排烟的低温热进行回收利用。主要分两种情况：一种是利用自身烟气或其他炉外的工艺热源预热炉用空气，提高炉效率节约燃料；而另一种则在既定的工艺条件下(排烟温度)利用一些低温介质，继续与烟气换热，从而降低排烟温度，提高了热效率(如冷进料预热水、蒸汽过热等)，炉子燃料用量及烟气量都不变。

目前，提高加热炉热效率存在两方面限制，一个是排烟的酸露点腐蚀的限制，为保证余热回收设备免受酸露点的腐蚀，必须要求排烟温度高于烟气的露点温度，但随着近几年玻璃管空气预热器的应用，这个限制也往往被打破。另一个限制即是经济排烟温度的限制。加热炉热效率不应突破最优热效率，高于最优热效率的能量回收投资费用必将大于热回收效益，出现入不敷出的现象。

12.5.2 经济热效率的确定方法

加热炉余热回收存在经济温差[13]和经济热效率。这里采用投资驻点法确定加热炉的经济排烟温度和经济热效率[14,18]。

所谓投资驻点法，是随着排烟温度的降低，余热回收单位投资所获得的效益逐渐减少，而当达到某一点时，投资的折旧费用与收益相等，继续投资"入不敷出"，将此点称为投资的驻点。这种确定回收系统的优化方法为投资驻点法。在驻点前投资总小于收益。因此该点是投资的界限。余热回收应在投资驻点的范围内进行。

以每平方米余热回收传热面积为基数：对于回收余热减少燃料的情况，节省能源效益为燃料价格。

节能效益

$$E_O = K\Delta T_m (C_F H)/Q_L \tag{12-67}$$

单位投资费用

$$E_I = (P_{IH}+P_{ah})N+P_{EH}H \tag{12-68}$$

投资的驻点为收入与支出相等的点：

$$\frac{K\Delta T_m (C_F H)}{Q_L} = (P_{IH}+P_{ah})N+P_{EH}H \tag{12-69}$$

整理得

$$\Delta T_m = \frac{[(P_{IH}+P_{ah})N+P_{EH}H]Q_L}{KC_F H} \tag{12-70}$$

该式即为余热预热空气时，末端经济传热温差。

当余热回收不是预热空气以节省燃料，而是加热某低温介质如水的预热等，此时，收益不能以燃料价计收益，应以回收热㶲值计收益。

$$E_O = K\Delta T_m C_h H\left(1-\frac{T_0}{T_{cm}}\right)$$

而经济传热温差变化为：

$$\Delta T_m = \frac{(P_{IH}+P_{ah})N+P_{EH}H}{KC_h H\left(1-\frac{T_0}{T_{cm}}\right)}$$

一般地，总传热系数 K 在热回收过程中变化不大，可取定一个常数。T_{cm} 为受热低温物流进出炉子的算术平均温度，K。

确定最优末端经济温差后，就可由冷流的入口温度 t_{c1} 确定经济排烟温度 t_2：

$$t_2 = t_{c1} + \Delta T_m \tag{12-71}$$

经济排烟热损失 q_2：

$$q_2 = (t_2 - 15.6) C_g (\alpha L_0 + W_s + 1)/Q_L \tag{12-72}$$

当已测知加热炉散热损失 q_4，一般的经济热效率即为：

$$\eta = 1 - q_2 - q_4 \tag{12-73}$$

以上各式中 K——余热回收设备的传热系数，kW/(m² · ℃)；

ΔT_m——末端经济传热温差，℃；

C_F——燃料价格；

H——年开工小时数；

Q_L——燃料低热值；

P_{IH}——炉管或换热器面积价格，$/m^2$；

P_{ah}——辅助设备投资，$/m^2$；

P_{EH}——辅助系统能耗费(机炉耗电、水)，$/m^2$；

N——投资偿还系数；

T_{cm}——冷流回收热量的平均温度；K；

t_{c1}——冷流入流温度,℃；

α——过剩空气系数；

L_0——燃料理论空气量，取 14.2kg/kg；

W_s——雾化蒸汽用量，kg/kg；

C_g——烟气比热容，$C_g=1.024$kJ/(kg·℃)；

C_h——回收热量的㶲价。

按照投资驻点法，确定经济热效率是建立在单位投资收益大于投资折旧费用的基础上。平均收益远大于支出，而最后投资的收益等于支出。概念明确，过程简单、直观，公式为显函数，只要确定了技术经济价格，就可确定出经济热效率。投资的驻点即为提高加热炉热效率的经济界线，提高炉效率的投资应不超过这一点。投资驻点法的思路也可用于其他节能措施的优化。

参 考 文 献

[1] 杨东华. 不可逆过程热力学原理及工程应用[M]. 北京：科学出版社，1989.

[2] 上海化工学院. 基础化学工程(上册)[M]. 上海：上海科学技术出版社，1978.

[3] 天津大学化工原理教研室. 化工原理(下册)[M]. 天津：天津科学技术出版社，1983：78-98.

[4] 华贲. 工艺过程用能分析及综合[M]. 北京：烃加工出版社，1989：103-104.

[5] 杨友麒. 实用化工系统工程[M]. 北京：化学工业出版社，1989.

[6] 魏寿彭. 石油化工生产过程最佳化[M]. 炼油设计编辑部，1988.

[7] 曹汉昌，谢克文. 最优化方法简介[J]. 炼油设计，1983，(3).

[8] 华贲，陈安民. 炼厂散热的实用计算及㶲经济分析[J]. 石油炼制与化工，1984，(2).

[9] 项新耀. 工程㶲分析方法. 北京：石油工业出版社，1990，5，312-317.

[10] R. A. Gaggioli，Second law Analysis for process and Energy Engineering[J]. American Chemical society，1983：34-42.

[11] 陈安民. 流体输送的经济管径和经济保温厚度[J]. 石油炼制，1986，(10).

[12] W. J. Weper，et. al. Economics Sizing of Steam piping and Insulation[J]. Journal of Engineering for Industry，1979，(4)：427-433.

[13] 李文辉. 加热炉余热回收的经济温差[J]. 石油炼制，1984，(1).

[14] 炼厂技术改造情况调查，炼厂节能专题之10—加热炉[M]. 石油部科技情报所，1985：67-71.

[15] 徐亦方，等. 石油化工实用最优化计算方法[M]. 东营：石油大学出版社，1990.

[16] 林宝章，等. 油品储运的经济流速及管径[M]. 油气储运，1982，(2).

[17] 魏寿彭. 单台换热器最佳换热面积计算方法[J]. 北京化工学院学报，1981，(1)，42-51.

[18] 赵世龙，陈遒北. 加热炉热效率技术经济分析[J]. 炼油设计，1982，(1).

13 夹点节能技术及其应用

摘　要　夹点节能技术是目前实践中很有价值的能量集成技术，基于热力学第一和第二定律，但不进行定量㶲分析和计算，使用优化的概念，但不需要高深复杂的数学方法。本章首先介绍工艺过程双子系统模型，分为换热子系统和工艺操作子系统换热子系统包括冷却、换热和加热三部分。夹点节能技术在换热子系统中发挥着最重要的作用。本章内容包括 7 部分：夹点的概念及其确定；预估计换热网面积和最优 ΔT_{min}；能量目标确定；换热网络夹点设计方法，展示了使用 Aspen 能量分析软件的夹点分析实例；热机和热泵在总能量系统中的位置；交叉传热对换热网络面积和能量的影响；夹点技术的节能原理。

关键词　夹点分析；垂直传热；交叉传热；热机位置；总能系统；能量分析软件；组合曲线

夹点技术是由英国曼彻斯特大学的 B. Linnhoff 教授提出的一种综合热回收和利用技术。它已广泛应用于欧美石化工业。许多学者和节能工作者也致力于这项技术，研究与应用取得了许多研究成果和工业应用实例[1,2]。

13.1　夹点的概念及其确定

夹点是基于热力学第二定律提出的。以夹点为基础发展的过程能量综合技术，则走出热力学分析的领域，形成了能量回收利用的综合合成技术。夹点技术应用不限于换热网络的分析与合成，也包括过程系统中热能动力系统的优化合成等。但最为普遍的应用仍是换热网络的合成与优化。

13.1.1　夹点的概念

石油化工过程主要是热加工过程，在提供功和热满足工艺操作的过程中，很大比例是能量回收系统提供的。对于不考虑能量转换及流动功的能量回收系统，双子系统工艺系统模型[3]如图 13-1 所示。

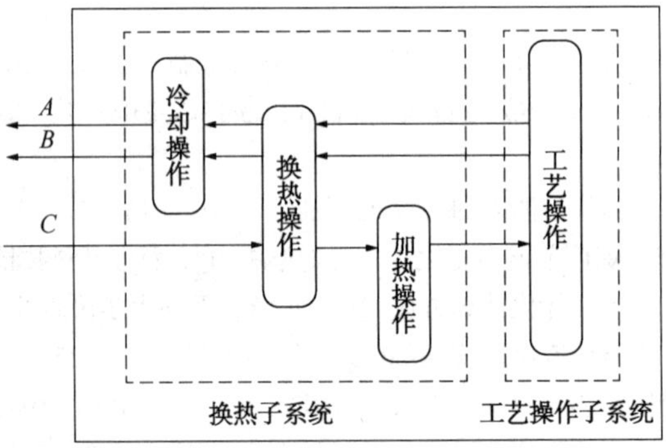

图 13-1　工艺双子系统模型

按照图 13-1 的工艺系统模型，把工艺系统分解为换热子系统及工艺操作子系统。原料 C 进入体系首先与出装置产品 A、B 换热回收能量。继而进一步加热达到工艺过程参数和能量的要求后进入工艺操作系统(反应、分馏等)把原料加工为产品。为减少供入能量，在换热子系统回收产品能量，提高原料温度。换热后产品经冷却达到目标温度。因此换热子系统包括了冷却、换热、加热三部分。在这三部分之间，显然存在提高换热、减少加热和冷却的相互依存关系，较全面地反映出能量回收系统的特点和规律。

13.1.1.1　温度区间(温段)

工程设计计算中，为了保证传热速率，通常要求冷热物流之间的温差必须大于一定的数值(如 20℃)，这个温差称为最小允许传热温差 $\Delta T_{\min}$，而此 $\Delta T_{\min}$ 的确定则应依据技术经济和工艺参数进行优化确定。这种根据工艺参数、物流数据和技术经济条件在网络确定之前事先确定的换热面积 $A_{\min}$ 和 $\Delta T_{\min}$ 称之为超目标优化(参见 13.2)，各热物流的起始温度与目标温度减去最小允许温差 $\Delta T_{\min}$，然后与所有冷流股的起始目标温度一起按从大到小排序，形成了不同温度范围的温度区间[4]，分别用 T_1，T_2，$\cdots T_{n+1}$ 表示，其温度区间数 n，可由下式计算：

$$n=2Z-1-d \tag{13-1}$$

式中　d——始温和终温相同的物流重复数(热流股始终温应减去 $\Delta T_{\min}$)；

Z——物流(流股)数。

通过把原换热问题划分成 n 个温度区间(每个温区包括所有温度落入该区间的流股)，可以把原网络综合问题分解成 n 个子网络进行综合，由于子网络中的所有流股均处于同一温度区间，所以使综合问题得到简化。

【例 13-1】 给出四个冷热流股(表 13-1)，若最小允许温差 $\Delta T_{\min}$ 为 10℃，划分其温度区间。

解：由表 13-1 可知 $Z=4$，$d=2$，由式(13-1)，温度区间数为 5。其温度区间的端点温度值为(以冷流为基准)：180℃，170℃，140℃，105℃，60℃，30℃。这 6 个温度可把原问题划分成 5 个温区，如图 13-2 所示。从图中可知，温区 $SN_1 \sim SN_5$ 分别由流股的初温 T_I 和终温 T_O 所确定。如 SN_3 由流股 4 的初温和流股 3 的终温所确定。

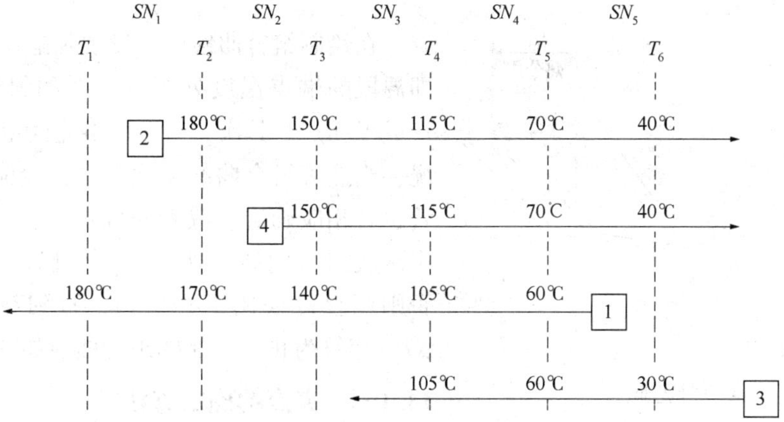

图 13-2　温区的划分

表 13-1 例 13-1 物流数据表

流股及类型	热容流率/(kW/℃)	初温/℃	终温/℃	热负荷/kW
(1) 冷	6	60	180	-720
(2) 热	4	180	40	560
(3) 冷	5	30	105	-375
(4) 热	8	150	40	880
小计				345

13.1.1.2 组合曲线

把相同温段的热量加和起来得到复合温焓直线，连接不同温段的温焓直线，标绘于温焓坐标图中的曲线称为组合曲线。其转换绘制方法参见图 13-3。

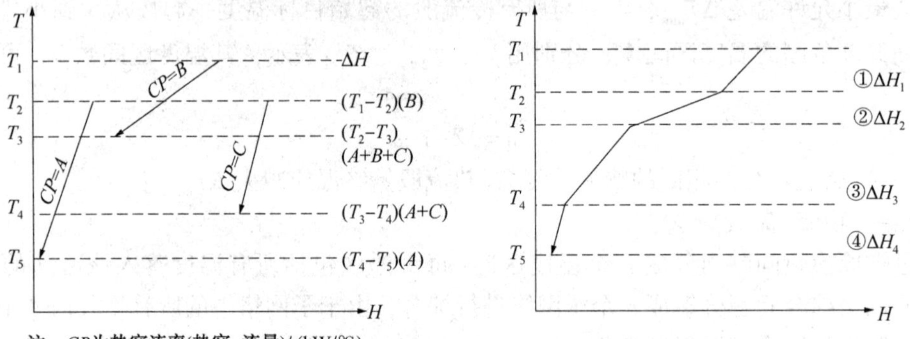

注：*CP*为热容流率(热容×流量)/(kW/℃)

图 13-3 组合曲线绘制方法

① 将物流按各物流之温度及热焓量(温度×流量×热容)分别绘制于坐标上(其温焓坐标系显示相对值大小)；

② 在各温度段间将各物流的热焓相加，形成此温段间的组合温度——热焓直线(因假设热容为常数)。

③ 根据温度高低顺序从高往低或从低往高，将各温段间的温焓直线连接即可成为热或冷组合曲线。

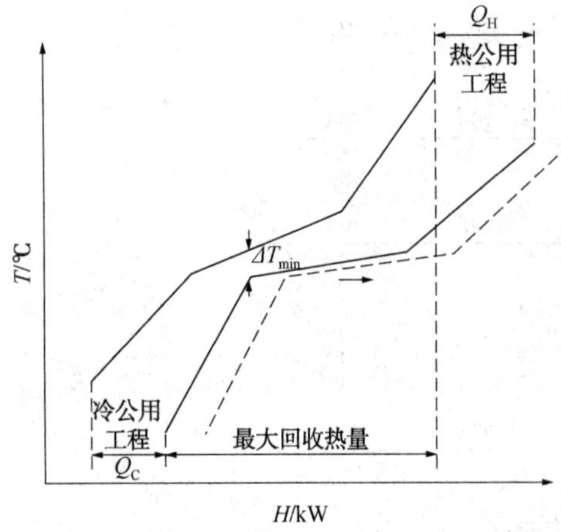

图 13-4 换热网络组合曲线图

在绘制组合曲线中，发现凡是在物流出入处，即温段的端点温度处组合曲线的斜率发生变化，形成了拐点。其次，对于已事先确定好的 ΔT_{min} 情况，当热流组合曲线绘出来后，冷流组合曲线位置也就相应确定。或者先确定冷公用工程，再画出冷流组合曲线，检查与预先确定值是否相同，否则调整冷公用工程负荷，直到与预先确定的 ΔT_{min} 相符为止。绘制的组合曲线如图 13-4 所示。

13.1.2 夹点的确定方法

当一个系统的工艺参数及物流数据确定后，就可很方便地把夹点位置确定下来。一般有三种方法。

13.1.2.1 图解法

在图 13-4 中，冷热流组合曲线间垂直距离最小的点就是要找的夹点，夹点处的温差即网络最小温差 $\Delta T_{\min}$。从热能回收的角度，在换热系统中存在某一特定温度，如果热能传递通过这一温度将造成能量浪费，这一特定温度称为夹点。

T-H 图上的组合曲线可以沿 *H* 轴平移而不改变换热的负荷。因此，可以将冷流组合曲线沿 *H* 轴向左平移，这时两条曲线之间的垂直距离随曲线的移动而逐渐减小，也就是说传热温差 ΔT 逐渐减小。当两条曲线的垂直最小距离等于最小允许传热温差 $\Delta T_{\min}$ 时，就达到了实际可行的极限位置。这个极限位置的几何意义就是冷热流组合曲线间垂直距离最小的位置。从图 13-4 中不难看到，这个最窄位置就是夹点。这时，两条曲线端点的水平差值分别代表最小冷热公用工程用量，以及最大热回收量(即最大换热量)。

13.1.2.2 问题表格法[5,6]

下面通过实例说明用问题表格法(解题表)求夹点的方法。

【例 13-2】 某换热系统有四股物流，物流数据见表 13-2。

表 13-2 例题 13-2 物流数据表

流股及类型	热容流率/(kW/℃)	初温/℃	终温/℃	热负/kW
(1)热	3	160	60	300
(2)热	12	90	60	360
(3)冷	3.8	20	125	-399
(4)冷	4.5	25	100	-337.5

换热网络夹点位置的确定及最小公用工程耗量可根据选定的 $\Delta T_{\min}$ 用解题表计算求得。例题采用的 $\Delta T_{\min}=20$℃，其解题表计算如表 13-3 所示。

表 13-3 例题 13-2 解题表

子网络	物流和温度						1	2	3	4	5
	冷流			热流			欠缺值	累计		最大允许热流量/kW	
	3	4	℃	℃	1	2	$(C_{P_c}-C_{P_h})\Delta T_m$	输入	输出	输入	输出
CP	3.8	4.5			3	12					
				160							
SN_1			125	145			-45	0	45	134	179
SN_2			100	120			20	45	25	179	159
SN_3			70	90			159	25	-134	159	0
SN_4			40	60			-201	-134	67	0	201
SN_5			25				124.5	67	-57.5	201	76.5
SN_6			20				19	-57.5	-76.5	76.5	57.5

表中物流数据列于左侧，分为 6 个温度区段，相当于 6 个子网络 $SN_1 \sim SN_6$。温段是根据物流的起始及目标温度划分的。为了确保各温段间所有冷热流间完全换热均在大于或等于 $\Delta T_{\min}$ 下进行，所以 SN_3 的上限对冷流 4 是 100℃ 而对热流 1 却是 120℃。各物流的完全换热

是解题表的重要特性，这意味着每个温段间的热量不是欠缺就是过剩，解题表中的欠缺值栏就是各子网络热量欠缺值，所以表中符号负表示热量过剩，符号正表示欠缺。解题表的另一特点是热流由高温段向低温段传热，即高温段的过剩热可用来补充低温段的欠缺热，各子网络的累计过剩或欠缺值见表中第 2、3 栏，第 2 栏中 SN_1 输入为 0 这是设计前的初步假设。SN_1 的过剩热即为 SN_1 的输出热也即 SN_2 的输入热，以此类推算全部子网络。第 3 栏中的 SN_2、SN_3 输出值出现负值表示热力学不可能，所以必须在 SN_1 中输入足以使 SN_3 等于零的热量，也即该网络的最小热公用工程量，此题为 134kW（即表中第 4 栏中 SN_1 的输入值）。而 SN_6 的输出值则为本例题的最小冷公用工程。

在表 13-3 中，第 4、5 两列分别表示温区之间与环境之间的热量流动，这种热量流动可以用温段热流图来表示。

表 13-3 分析结果可用图 13-5 来表示，每个子网络上、下的热流值均对应解题表中的计算结果。SN_3 和 SN_4 之间的热流值为 0 而其他热流均为正值，热流为 0 的点即要找的夹点位置。

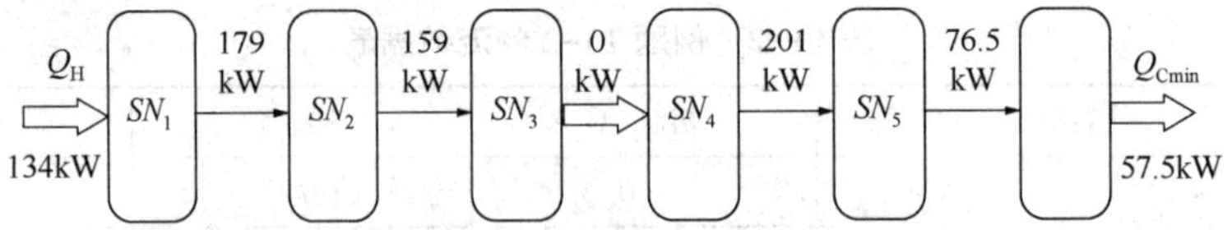

图 13-5　温段热流图

从图 13-5 中可以直观地看到温区之间的热量流动关系和所需最小公用工程用量，其中 SN_3 和 SN_4 间的热流动为 0 表示无热量从 SN_3 流向 SN_4。这个热流量为 0 的点称之为夹点。

夹点温度在文献中亦不统一，有取热流温度，有取冷流温度，也有取在夹点处的冷热流平均温度作为夹点温度。

13.1.2.3　热量差法

热量差法是朗义东[7]、徐亦方提出的求解夹点的一种新方法。即“端点除外，夹点只存在于冷热物流的入口温度处”，夹点存在条件规则是由于在每一温段由单个物流复合为组合曲线时，组合曲线的斜率发生了改变，因而在组合曲线中冷热物流入口温度处形成了折（角）点，称之为预夹点或潜在夹点。系统网络中夹点只能从这些折点中产生。夹点的确定采用最大热量差法。设预夹点为 P，则网络的夹点 P^*

$$P^* = \max\{Z_H^P\} \tag{13-2}$$

式中　P——潜在夹点；

Z_H^P——在每一个潜在夹点处的热量差，即从高温端开始至每一个潜在夹点处做热平衡。冷流需热与热流放热之差最大的潜在夹点为网络的夹点，可以图解方式表示出热量差模型[7]，这里不多作讨论。

13.1.3　总组合曲线

按照解题表的数据可画出温段热流图，由温段热流图很容易地绘出系统网络的总组合曲线，即以温度为纵坐标，热流量为横坐标，在不同温段标出净热流量和该温度段的坐标值，连接这些坐标点就构成了总组合曲线。总组合曲线中使用的温度是平均温度；即在夹点上方，使用热流温度减去 $1/2\Delta T_{min}$，而在夹点以下，使用冷流温度加 $1/2\Delta T_{min}$；图 13-6 由表

13-3 生成；图 13-6 绘出了某系统温段热流图(左)和总组合曲线。

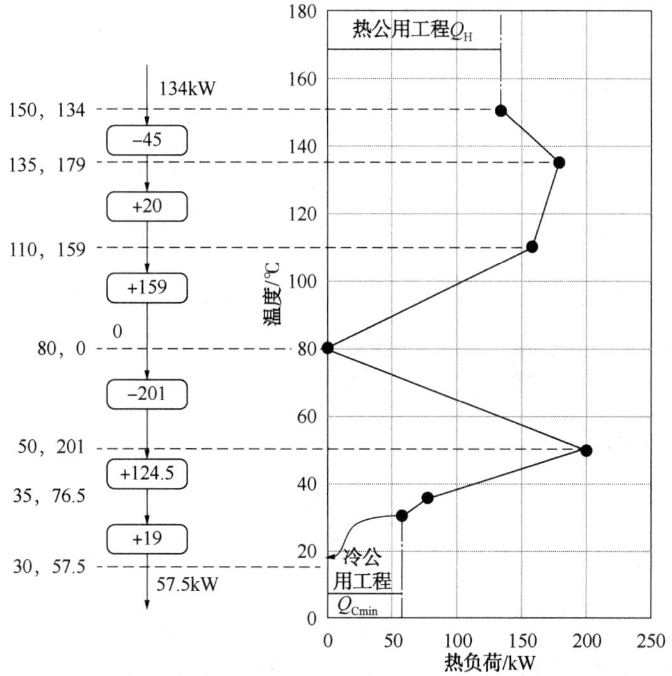

图 13-6　总组合曲线的绘制

总组合曲线可以在公用工程和过程热利用之间架起按质用能的桥梁。如某热公用工程用蒸汽做热源，只在部分高温加热段采用中压蒸汽，低温部分则可使用低压蒸汽。冷公用工程也是这样，通过总组合曲线，可以使被冷却物流在尽可能高的温位下取出热量，这属于多公用工程夹点设计法[5,14]。

13.2　预先估计换热网络的面积和 ΔT_{min}

根据物流数据，可以绘出系统的组合曲线(选一个 ΔT_{min}的初值)。按照垂直传热方式，确定网络的最小面积，进而通过技术经济优化，对比不同方案的总经济效果，确定最优的 ΔT_{min}(图 13-7)。

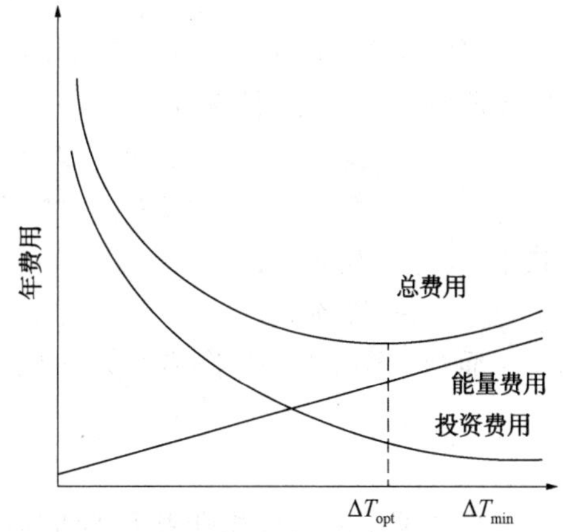

图 13-7　投资费用和能量费用优化

13.2.1　面积的估算方法

在垂直传热的前提下，把图 13-8 所示的组合曲线按照在物流入口温度处引起的曲线斜率的变化所形成的折点，把组合曲线划分成垂直传热的温段(焓段)。如果温段换热器传热系数相同且等于常数时，就不必考虑物流数多少。第 i 温段的传热面积为：

$$A_i = \Delta H_i / (K \Delta T_{lmi}) \tag{13-3}$$

式中　ΔH_i——第 i 温段焓的宽度；

ΔT_{lmi}——第 i 温段时对数平均温差；

U——换热器的总传热系数。

因此总网络的最小换热面积为：

$$A_{\min}=\frac{1}{K}\sum_{i=1}^{m}(\Delta H_i/\Delta T_{\mathrm{lm}i}) \tag{13-4}$$

式中　m——为网络的温段数(子网络)。

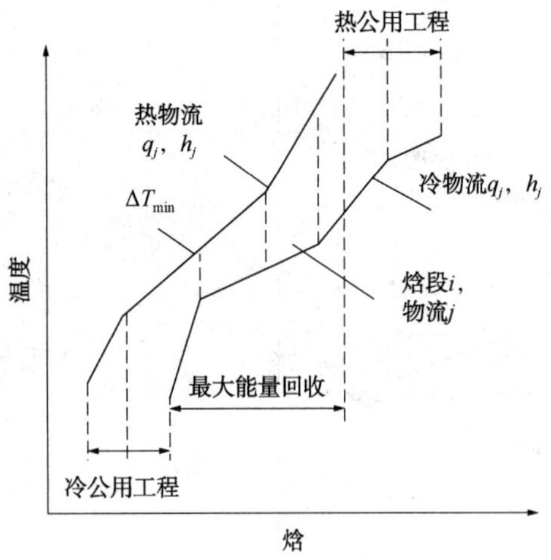

图 13-8　组合曲线的焓段划分

式(13-4)是基于传热系数为常数，且各换热器传热系数 K 相同情况下导出的。

对于传热系数不同的情况，每一温段有一个或多个平行的换热器，可以从图 13-8 中读出换热器的热负荷和两个端点的温差。如果只有单一的热流或冷流，我们可以估算单台换热器的冷热物流的膜传热系数和总传热系数。

$$\frac{1}{K}=\frac{1}{h_i}+\frac{1}{h_o} \tag{13-5}$$

式中，为 h_i，h_o 为膜传热系数，包括垢阻系数。那么换热器的面积为：

$$A=Q/(K\Delta T_{\mathrm{lm}}) \tag{13-6}$$

式中　ΔT_{lm}——该温段两端点温差的对数平均值。

对于两股热流，两股冷流的情况，设热物流 1 与冷物流 3 匹配，热物流 2 与冷物流 4 相匹配，则每一台换热器的热负荷和对数平均温差相同，每台换热器的传热系数：

$$\frac{1}{K_{a1}}=\frac{1}{h_1}+\frac{1}{h_3},\quad \frac{1}{K_{a2}}=\frac{1}{h_2}+\frac{1}{h_4} \tag{13-7}$$

所以，该温段的总传热面积为：

$$A_1=A_{a1}+A_{a2}=\frac{Q}{K_{a1}\Delta T_{\mathrm{lm}}}+\frac{Q}{K_{a2}\Delta T_{\mathrm{lm}}}=\frac{Q}{\Delta T_{\mathrm{lm}}}\left(\frac{1}{h_1}+\frac{1}{h_2}+\frac{1}{h_3}+\frac{1}{h_4}\right) \tag{13-8}$$

设物流 1、4 匹配，物流 2、3 匹配，同样也得出式(13-8)，因此可以得出对于任一温段多股物流的换热面积有：

$$A_i=\frac{Q}{\Delta T_{\mathrm{lm}}}\left[\sum_{i=1}^{h}\left(\frac{1}{h_i}\right)+\sum_{j=1}^{c}\left(\frac{1}{h_j}\right)\right]=\frac{Q}{\Delta T_{\mathrm{lm}}}\sum_{j=1}^{n}\left(\frac{1}{h_j}\right) \tag{13-9}$$

式中　h——热流数；

c——冷流数。

而当 i 温段中每台换热器负荷不同时，面积：

$$A_i=\frac{1}{\Delta T_{\mathrm{lm}i}}\sum_{j=1}^{n}\left(\frac{q_i}{h_j}\right) \tag{13-10}$$

换热网络的总面积则由下式估算：

$$A_{\min}=\sum\frac{1}{\Delta T_{\mathrm{lm}i}}\sum_{j=1}^{n}\left(\frac{q_i}{h_j}\right) \tag{13-11}$$

式中　n——第 i 温段的物流数，

m——换热网络的温段数；

h_j——物流的膜传热系数(包括垢阻)。

对于换热网络中有腐蚀性物料，这类换热器的投资费用必然大于普通物料。有人考虑了修正办法[9]将式(13-11)变为：

$$A_{\min} = \sum \frac{1}{\Delta T_{\mathrm{lm}i}} \sum_{j=1}^{n} \left(\frac{q_i}{\varphi_j h_j}\right) \quad (13-12)$$

式中，φ_j 为特殊物流的费用权重因子。

13.2.2 年总费用及 $\Delta T_{\min}$ 的确定

换热网络在不同的最小允许传热温差 $\Delta T_{\min}$ 下，可产生不同的经济效果。一般地，当 $\Delta T_{\min}$ 减小时，回收热量增多，面积增加，其结果为冷热公用工程减少，投资增加。反之，亦然。如以能耗费用(燃料、冷却水、电能)和投资的年偿还费用之和最小为目标函数，则可进一步优化确定出 $\Delta T_{\min}$。

13.2.2.1 换热设备的投资年偿还费用[1,2]

在 Linnhoff 等人的方法中，是由面积目标模型，求取最小传热面积 $A_{\min}$，再除以换热单元数 $U_{\min}$ 得到每个换热单元的换热面积。

根据欧拉组合原理，换热网络系统单元数(含加热器和冷却器)为：

$$U_{\min} = N + L - S \quad (13-13)$$

式中 U——换热单元数；

L——独立的热负荷回路数；

S——网络中独立的子系统数。

对于一般换热网络，$S=1$，若网络达到最少设备数目(即断开所有热负荷回路)，则最小换热设备数目为：

$$U_{\min} = N - 1 \quad (13-14)$$

每个换热单元的平均传热面积：

$$A'_{\min} = A_{\min} / U_{\min} \quad (13-15)$$

每个换热单元的投资可由下述指数形式确定：

$$P_i = a(A'_{\min})^b \quad (13-16)$$

因而换热网络的设备总投资为：

$$P = P_i \times U_{\min} \quad (13-17)$$

式中 P_i，P——第 i 单元和网络的设备投资；

a，b——均为常数，可由具体技术经济条件确定；

$A'_{\min}$——换热单元的平均传热面积。

上述方法的缺点在于，认为每台换热器的面积相同且单位面积费用相同。实际上，换热网络每台换热器的面积可能不同，而且不同部位、压力等级及材质不同设备费也不相同。有人按 1.6MPa、2.5MPa 和 4.0MPa 提出了国内换热设备费用的拟合方程[12]。

该法先在图 13-8 所示的组合曲线中，由第 i 温段的热量、温差 $\Delta T_{\min}$ 和传热系数 U 确定出该温段总换热面积($A_{\min}$)，根据垂直传热准则和物流数目，确定设 SH_i 台换热设备，平均每台面积 A_o 为：

$$A_o = A_{\min i} / SH_i$$

换热网络设备投资总费用为不同压力等级下费用之和(假设美元兑人民币为7，换算人民币兑换美元)：

$$P_i = P_{16i} + P_{25i} + P_{40i}$$

$$P_{16i} = 2PRI \times \varphi \times SH_i \times X_{P16} \times 509.11 \times (A_o)^{0.7357} \times 1.428 \tag{13-18}$$

$$P_{1256i} = 2PRI \times \varphi \times SH_i \times X_{P25} \times 598.76 \times (A_o)^{0.729} \times 1.428 \tag{13-19}$$

$$P_{40i} = 2PRI \times \varphi \times SH_i \times X_{P40} \times 1171.9 \times (A_o)^{0.598} \times 1.428 \tag{13-20}$$

式中 P_i——第 i 温段换热设备投资，$；

P_{16i}，P_{25i}，P_{40i}——第 i 温段 1.6MPa、2.5MPa、4.0MPa 压力等级换热设备费用，$；

PRI——为换热器价格增长系数(以 1989 年为基准)；

φ——第 i 温段实际采用面积与最小面积的比值，一般取 1.0~1.3；

X_{P16}，X_{P25}，X_{P40}——分别为第 i 温段三种压力等级换热器使用的比例，满足 $X_{P16}+X_{P25}+X_{P40}=1.0$。

换热网络设备总投资为：

$$P = \sum_{i=1}^{m} P_i \tag{13-21}$$

设备总投资的等额年偿还费用为总投资乘以等额年金回收系数 N

$$S_P = PN = P(1+i)^n / [(1+i)^n - 1] \tag{13-22}$$

式中 S_P——换热网络投资年偿还费用，$/a；

n——设备使用寿命，a；

i——投资贷款的年利率。

13.2.2.2 能耗和冷却水费用

在给定的 ΔT_{min} 下可以得出一个最小的热公用工程 Q_H 和冷公用工程 Q_C。一般认为冷公用工程负荷主要由冷却水携带损失至环境，其代价主要是冷却水费用。而热公用工程又分为热(燃料或外供热)和蒸汽几种情况。

$$S_H = Q_H C_H \times H \times 3.6 \times 10^{-3} \tag{13-23}$$

式中 S_H——热公用工程费用，$/a；

Q_H——热公用工程用量，kW；

H——年运行小时数，h；

C_H——热公用工程价格，$/GJ。

如采用蒸汽热源时，热公用工程价格可由蒸汽价格($/t)按其焓值折为$/GJ(参见第 11 章)，如为外供热源或由炉子燃料燃烧提供时，其热公用工程价格为：

$$C_H = \frac{C_F}{\eta} + \frac{F_P N_F}{E} \tag{13-24}$$

式中 C_F——燃料价格，$/GJ；

C_H——热能价格，$/GJ；

η——热能转换设备效率；

F_P——热能转换设备固定资产投资，$；

N_F——投资偿还系数；

E——热能转换设备热负荷，GJ/a。

设冷公用工程 Q_C 完全以水冷却方式冷却，则冷却水用量为：

$$W=3.6Q_C/\Delta t \tag{13-25}$$

$$S_C=WHC_w \tag{13-26}$$

式中 Q_C——冷公用工程负荷，kW；

W——冷却水用量，t/h；

C_w——冷却水价格，元/t；

Δt——冷却水平均温差，℃；

S_C——冷却水费用，$/a；

H——年运行时间，h/a。

13.2.2.3 换热系统消耗的动力消耗费用估算

在不同的夹点温度 ΔT_{min} 下，换热器面积增大，使流程更为复杂。设备数和管路系统均增加，相应增加了系统的动力消耗。在下列两点假设下，提出估算系统动力消耗费用估算方法[12]

(1) 换热系统中，每个换热器总压降相同，且两侧均分。

(2) 网络中换热器主要是串联型的。如遇物流分流的情况，则假设各分流流量相等。

物流 i 通过换热器时，所耗功率 N_{ij} 为：

$$N_{ij}=\frac{M_i\Delta p}{\eta\rho_i} \tag{13-27}$$

式中 M_i——i 物流质量流量，kg/s；

Δp——单台换热器物流压降，MPa；

η——机泵效率；

ρ_i——物流的相对密度。

由换热设备台数模型求取每个物流所需的换热设备数 SHS，因此物流各台换热器总消耗功率为：

$$N_i=N_{ij}SHS=\frac{M_i\Delta pSHS}{\eta\rho_i} \tag{13-28}$$

由各物流计算网络所需总功率为：

$$N=\sum N_i \tag{13-29}$$

换热网络动力消耗总费用为：

$$S_N=NHC_E \tag{13-30}$$

式中 S_N——换热网络动力消耗费用，$/a；

N——换热网络动力消耗量，kW；

C_E——电价格，元/(kW·h)。

13.2.2.4 年总费用 S_{all}

$$S_{all}=S_p+S_h+S_c+S_N \tag{13-31}$$

ΔT_{min} 的优化是选取不同的 ΔT_{min}，计算出年总费用，年总费用最小的 ΔT_{min} 即为适宜的 ΔT_{opt}。

对换热网络的预优化，确定出 ΔT_{min} 后，就可进行换热网络的综合设计。

【例 13-3】 某炼油厂常减压装置换热物流数据和经济指标见表 13-4。该装置共有热物流 21 条，冷物流 5 条，采用超目标程序计算的结果见表 13-5。

表 13-4 例题 13-4 物流数据表

物流	温度/℃		流量/(kg/s)	油品特性因数	相对密度	热量/kW	垢阻/[(m^2·℃)/kW]	备注
	进口	出口						
H1	98	44	7.62			3005.2	0.172	相变
H2	106	33	2.7			2847.2	相变	相变
H3	211	136	33.33	12.1	0.793	6271	0.344	
H4	332	234	13.89	12.6	0.8242	4013.2	0.344	
H5	263	70	10.48	12.39	0.8144	5021.8	0.344	
H6	303	70	3.01	12.63	0.8223		0.344	
H7	323	64	1.57	12.74	0.8399		0.43	
H8	356	75	2.45	12.6	0.8482		0.43	
H9	106	80	8.89				0.344	相变
H10	55	31	2			3379.9	0.172	相变(蒸气)
H11	230	118	18.13	12.4	0.844	5004.8	0.344	
H12	307	188	12.05	12.5	0.8645	3918	0.516	
H13	166	95	4.68	12.39	0.8409	764.7	0.344	
H14	166	50	10.56	11.84	0.8149	2683.5	0.344	
H15	256	61	8.84	12.84	0.8555	4210.6	0.516	
H16	333	78	5.86	13.02	0.876	3914.2	0.688	
H17	346	84	2.13	13.23	0.8768	1497.6	0.688	
H18	380	130	0.77	13.25	0.8965	546.3	0.86	
H19	378	235	33.68	13.5	0.9219	14592.9	1.291	
H20	235	128	32.88	13.5	0.9219	6862.9	1.291	
H21	128	89	15.29	13.5	0.9219	1324.6	1.291	
C1	45	210	87.55	12.5	0.8551	34673.8	0.344	
C2	206	365	81.96			44259.7	0.516	
C3	166	180	7.71			831.5	0.258	
C4	97	100	38.39			482.2	0.344	
C5	103	150	2.97			592	0.344	
C6	150	150	2.97			6277.8	0.516	相变

物流数据表说明：①热流 H19~H21，走壳程，流速 0.8m/s，其余走管程，流速 1.4m/s；②冷流 C1 走壳程，流速 0.8m/s，其他走管程，流速 1m/s；③热流的热量中已经考虑了 5%的热损失。

主要的经济数据及运行数据：年利率 10%，电价 0.03 $/(kW·h)，设备折旧年限 5 年，燃料价格 66 $/t，加热炉投资估价 22 $/kW，单台换热器总压降 0.076MPa。

从表 13-5 的计算结果可知，传热温差 ΔT_{min} 为 14℃时，年总费用最小为 \$1. 521MM。但如果凭经验直观选取 20℃ 时，则年总费用为 \$1. 559MM，优化选取 ΔT_{min} 可每年节约 \$38000。因此，对 ΔT_{min} 的优化选取不仅必要，而且效益显著。程序计算结果与实际合成网络的结果比较，换热器台数误差为 2. 8%，总传热面积误差 21%。可见，换热网络的超目标优化是有指导和实用意义的。

表 13-5　超目标计算结果

夹点温差/℃	壳程数	年总费用/MM $	加热目标/kW	冷却目标/kW	换热量/kW	总换热面积/℃	平均传热温差/℃	平均传热系数/[kW/(m² · ℃)]
10	140	1. 541	15505. 77	7816. 03	71611. 26	16796. 98	18	0. 2629
11	132	1. 531	15834. 91	8145. 18	71282. 12	15805. 43	19. 1	0. 2643
12	124	1. 523	16164. 59	8474. 85	70952. 45	14946. 11	20. 1	0. 2640
13	119	1. 522	16494. 79	8805. 05	70622. 24	14198. 99	21. 1	0. 2646
14	112	1. 521	16825. 51	9135. 78	70291. 52	13543. 85	22. 1	0. 265
15	107	1. 528	17156. 77	9467. 03	69960. 26	13227. 88	22. 7	0. 265
16	101	1. 530	17488. 56	9798. 82	69628. 47	12633. 72	23. 7	0. 2656
17	97	1. 534	17784	10094. 26	69333. 03	12155. 41	24. 6	0. 2661
18	93	1. 544	18079. 91	10390. 17	69037. 12	11992. 52	24. 8	0. 267
19	90	1. 550	18376. 29	10686. 56	68740. 75	11530. 18	25. 8	0. 2674
20	88	1. 559	18673. 14	10983. 41	68443. 69	11128. 59	26. 7	0. 2677
21	85	1. 567	18970. 47	11280. 73	68146. 55	10765. 08	27. 5	0. 2681
22	82	1. 576	19268. 26	11578. 52	67848. 77	10437. 21	28	0. 2686

13. 3　能量目标的确定

如果将热回收网络表示成一个黑箱，冷、热物流通过黑箱分别吸热和放热，从公用工程热源吸热 Q_H，排给公用工程热阱之热为 Q_C，如图 13-9 所示，忽略热损失时，用于物理过程操作(无化学反应)冷热工艺物流的能量差 ΔE 等于冷、热两公用工程的热流量之差：

$$Q_C - Q_H = \Delta E \tag{13-32}$$

ΔE 是一个仅依赖于流程参数的常量。因此，Q_H 的任何增加都不可避免地导致 Q_C 相应增加。相反，Q_C 公用工程热源上的任何节约，都必然会节约冷公用工程，即公用工程消耗的双重节约。因此，将有这样一个主题：在给定的过程中，必然有一个最小值的 Q_H 和 Q_C。事实上，这样的问题不仅在于热交换，还存在于其他过程(如反应、分离等)，但此时，公用工程的最低要求不仅是热量，还有其他形式的能源供应。

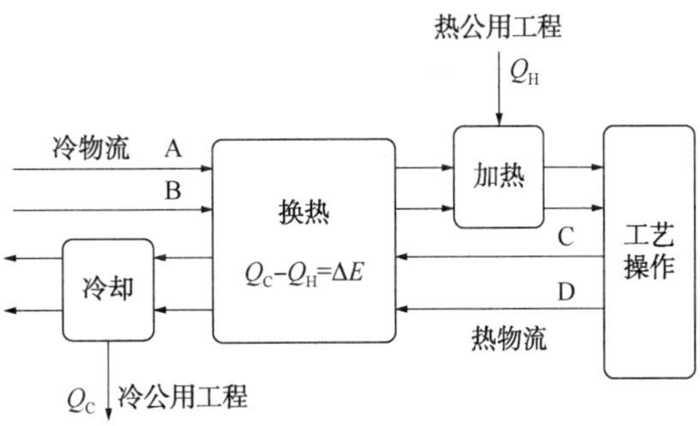

图 13-9　物流焓差和公用工程

式(13-32)中 ΔE 由冷热物流的能量差直接确定出来($\Delta E = \sum \Delta H_i$)。

在理想(可逆)条件下，由热公用工程提供的能量 Q_H 应与过程需要的热量 ΔE 相等，此时冷热物流的传热温差趋于零，$Q_C=0$。此种情况显然在现实生产过程上是难以实现的。为完成生产任务(传热速率一定)必然有传热温差，必须有能量损失。因此，能耗是不可避免的，但能耗多大合适，却大有文章可做。对于换热过程，以现实的技术经济条件为基础确定出优化的网络最小允许传热温差 ΔT_{min}(见第 13.2 节)，由 ΔT_{min} 确定出最小公用工程负荷，此时的能量消耗为不可避免的能耗，是实施过程任务所必须付出的能量代价。高于优化 ΔT_{min} 所带来的能耗(Q_H，Q_C)则是可以避免，是节能改进的主要对象和潜力。

最小公用工程消耗的确定思路为：在优化的(或由经验选定)ΔT_{min} 下，由物流数据和工艺参数，按照 Linnhoff 的问题表格法，完成解题表。在解题表中的最后两列(热流栏)中第一行输入值为最小热公用工程负荷，最后一行输出值为最小冷公用工程负荷。此法也可由解题表绘制出冷热组合曲线直观地看出，在最小允许传热温差为优化的 ΔT_{min} 时的 Q_H，Q_C(图 13-4)分别为最小热公用工程和最小冷公用工程。

【例 13-4】 某炼厂常减压装置标定物流数据见表 13-6。该装置物流总数为 24 股，其中热流 16 股，冷流 8 股。炉效率为 85%，燃料热值为 4.187MJ/kg，在 ΔT_{min} 为 18℃ 和热损失 3%时，确定该加换热系统的夹点温度，燃料消耗及冷却负荷。

表 13-6 某常减压装置标定物流数据

类型	代号	物流名称	相对密度	特性因数 K	流率/(kg/h)	温度/℃		备 注
						始	终	
热流	H1	减底油	0.9654	12.4	146318	355	105	
	H2	减三线	0.8836	12.3	180453	295	199	
	H3	减三线	0.8836	12.3	51703	199	70	包括减三中
	H4	减二线及减二中	0.8618	12.3	165024	222	120	
	H5	减二线	0.8618	12.3	70524	120	80	
	H6	减一线及减一中	0.8393	12.2	30573	155	42	
	H7	减顶油	0.8188	12.2	842	85	40	
	H8	抽空蒸汽			3404	237	40	
	H9	常三线	0.8208	12.4	30157	299(72)	40	72℃为预热空气后的数据
	H10	常二中	0.8123	12.2	96000	276	199	
	H11	常二线	0.8113	12.2	27436	245	60	
	H12	常一中	0.8095	12.1	72300	227	163	
	H13	常一线	0.8032	12	18417	199	35	
	H14	常顶循	0.7826	12	76000	156	69	
	H15	常顶油	0.7636	12	27288	142	32	包括常顶回流
		常顶水汽	1		2690	142	32	
	H16	蒸顶油	0.7046	12.3	40697	106	34	包括蒸顶回流
		蒸顶水汽	1		675	106	34	

续表

类型	代号	物流名称	相对密度	特性因数 K	流率/(kg/h)	温度/℃		备　注
						始	终	
冷流	C1	脱前原油	0.8818	12.3	399942	42	120	包括含水 15382kg/h
	C2	脱后原油	0.8811	12.3	385235	118	233	包括含水 675kg/h
	C3	蒸底油	0.8892	12.3	371423	225	362	
	C4	常底油	0.9154	12.4	272990	337	385	
	C5	软化水			11400	30	138	
	C6	0.35MPa 蒸汽			5400	138	138	
	C7	1.0MPa 蒸汽				138	181	
	C8	预热空气						

解：计算结果[2]见表 13-7。由表 13-7，热公用工程负荷为 31276.3kW，冷公用工程(冷却负荷)为 15470.5kW。

燃料消耗：
$$\frac{31276.3\times3.6}{0.85\times4.1868}=3163.8\text{kg/h}=3.164\text{t/h}$$

在第 8 个子网络输出热流为 0，即为夹点。取冷、热流平均温度作为夹点温度即 234℃。

表 13-7　例 13-4 解题表

子网络 k	冷流温度/℃	热流温度/℃	欠缺值/kW	累计/kW		最大允许热流量/kW	
				输入	输出	输入	输出
0	385						
1	362		5492.537	0.000	-5492.537	31276.3	25783.763
2	337	355.00	13889.16	-5492.537	-19381.69	25783.763	11894.61
3	281	299.00	10892.37	-19381.69	-30274.06	11894.61	1002.236
4	277	295.00	632.067	-30274.06	-30906.13	1002.236	370.17
5	258	276.00	138.641	-30906.13	-31044.77	370.17	231.529
6	233	251.00	-1575.183	-31044.77	-29469.59	231.529	1806.711
7	227	245.00	1382.068	-29469.59	-30851.66	1806.711	424.643
8	225	243.00	424.643	-30851.66	-31276.3	424.643	0
9	219	237.00	-250.519	-31276.3	-31025.78	0	250.52
10	209	227.00	-590.938	-31025.78	-30434.84	250.52	841.457
11	204	222.00	-567.342	-30434.84	-29897.5	841.457	1408.799
12	181	199.00	-5552.246	-29897.5	-24315.26	1408.799	6961.45
13	181	199.00	2806.901	-24315.26	-27122.16	6961.45	4154.145
14	145	163.00	-2892.616	-27122.16	-24229.54	4154.145	7046.762

续表

子网络 k	冷流温度/℃	热流温度/℃	欠缺值/kW	累计/kW		最大允许热流量/kW	
				输入	输出	输入	输出
15	138	156.00	-197.473	-24229.54	-24032.07	7046.762	7244.234
16	138	156.00	2991.236	-24032.07	-27023.3	7244.234	4252.998
17	137	155.00	-71.248	-27023.3	-26952.05	4252.998	4324.246
18	124	142.00	-951.166	-26952.05	-26000.89	4324.246	5275.412
19	120	138.00	-316.306	-26000.89	-25684.58	5275.412	5591.719
20	118	136.00	345.233	-25684.58	-26029.81	5591.719	5246.486
21	102	120.00	-1743.163	-26029.81	-24286.65	5246.486	6989.648
22	88	106.00	-1940.806	-24286.65	-22345.85	6989.648	8930.453
23	87	105.00	-65.277	-22345.85	-22280.12	8930.453	8996.18
24	77	95.00	325.176	-22280.12	-22605.3	8996.18	8671.004
25	76	94.00	-1895.156	-22605.3	-20710.14	8671.004	10566.16
26	72	90.00	137.464	-20710.14	-20847.61	10566.16	10428.7
27	72	90.00	-3002.56	-20847.61	17845.05	10428.7	13431.25
28	67	85.00	155.763	17845.05	-18000.81	13431.25	13275.49
29	62	80.00	127.855	-18000.81	-18128.69	13275.49	13147.61
30	58	76.00	231.288	-18128.69	-18359.98	13147.61	12916.32
31	58	76.00	-1681.177	-18359.98	-16678.8	12916.32	14597.5
32	52	70.00	423.394	-16678.8	-17102.2	14597.5	14174.1
33	52	70.00	-424.37	-17102.2	-16677.83	14174.1	14598.47
34	51	69.00	80.617	-16677.83	-16758.45	14598.47	14517.86
35	42	60.00	1128.911	-16758.45	-17887.36	14517.86	13388.95
36	30	48.00	-1005.742	-17887.36	-16881.61	13388.95	14394.69
37		42.00	-563.315	-16881.61	-16318.3	14394.69	14958
38		40.00	-153.282	-16318.3	-16165.02	14958	15111.28
39		35.00	-276.578	-16165.02	-15888.44	15111.28	15387.86
40		34.00	-44.702	-15888.44	-15843.74	15387.86	15432.56
41		32.00	-37.953	-15843.74	-15805.787	15432.56	15470.513

13.4 换热网络夹点设计

夹点设计方法是从换热网络的设计发展而来的，但它不仅适用于换热网络本身的集成，而且在一般热系统的集成中也起着重要的作用。

热回收网络设计的最终目标是使投资和操作费用之和的年总费用最低。为了达到这一目标，夹点设计方法分两步进行：首先，找到在公用工程用量最小的条件下，换热器、公用工程加热器及冷却器数目最小的网络；然后，对这个网络进行调优，适当减少换热设备数目(相应地公用工程用量有所增加)，达到年总费用最低。

如上所述，利用问题表算法可以在网络设计前算出公用工程需要量和夹点位置。夹点把问题分解成两个独立的子系统：夹点以上(热端)只应有换热器和加热器，不允许有冷却器；夹点以下(冷端)只应有换热器和冷却器，不允许有加热器。不应该存在穿过夹点传递热的换热器，即不允许温度横跨夹点的冷、热物流直接换热。然而，重要的还不是夹点上下冷、热端的设计，而是夹点处冷、热物流的匹配的选择。冷、热物流的温度至少必须相差 ΔT_{min}，通常可以同时有几个不同的匹配满足这一约束。设计者可以根据工艺需要(如可控制性、安全性等)作出选择。但是，由于夹点处所有冷热物流之间均存在 ΔT_{min}，因此它是设计最受约束的区域，合理匹配的数目受到限制，常常只有唯一的选择——基本匹配。否则，将导致穿过夹点的热传递。所以，夹点设计方法要求从夹点开始设计，分别向两端发展。

这与从热端开始设计逐步向冷端发展的直观而普遍的方法完全不同。若从热端开始设计，则前面作出的设计决定可能会使后面不得不作出让热流穿越夹点的选择。而从夹点开始设计的新方法却能让设计者在设计最受约束的区域确定基本匹配，保证公用工程用量最小。一旦离开夹点，设计就不再这样受约束，设计者可以根据工艺要求自由选择匹配。

总的来说，热回收网络的夹点设计方法具有两个重要特征。首先，夹点是温度最受约束的区域，设计从夹点开始向两端发展。其次，这个方法允许设计者在可供选择的方案之间作出抉择。

13.4.1 换热网络的图示法

由于换热网络的综合设计遵循一定的规则。选择适当的方法表示换热网络十分重要。Linnhoff 等人采用的格栅图示法表示，以直观、清晰的方式表现出冷热物流之间的匹配关系。

格栅图示法为将各物流以横线按热冷流体由上往下排列，横线端点处标出起始及最终温度；在热冷流体的起始端点加注物流编号或名称，并在横线一侧标出热容量流率(CP)的大小。冷热流体间的匹配即以竖线连接，并以圆圈表示换热器编号，且在其下注明换热器负荷的大小。

13.4.2 换热网络的夹点设计方法

通常，夹点设计应遵循以下步骤：

(1) 优化确定出换热系统的最小传热温差 ΔT_{min}，或根据经验和具体条件选取；

(2) 根据物流数据，划分子网络；

解题表的子网络按热流温度减去 $\Delta T_{min}/2$，冷流温度加上 $\Delta T_{min}/2$ 进行排列；

(3) 将物流数据、夹点，公用工程负荷标于格栅图上；

(4) 分别对吸热部(夹点以上)和放热部(夹点以下)进行设计，其要点如下：

① 从夹点开始，向两端扩展进行网络设计；

② 根据物流 CP 规则，进行冷热物流匹配；

③ 换热器按冷热物流中较小热负荷设计，使物流一次匹配换热由初温达到终温，减少换热设备数目；

④ 只有在吸热部才使用外部加热，在放热部使用外部冷却介质。

(5) 必要时以整个系统的真正的最少换热器使用数目(即允许热量通过夹点传递)为目标，使用能量松弛法进行换热器组合结构的再整合；

(6) 在实际设计中，遇到的问题则更为复杂。常用到分流的方法，应遵循工艺物流数准则；

(7) 对于复杂的系统还应遵循 *CP* 差规则。

要实现上述设计方法，需要遵循详细的准则。

有许多关于夹点热集成的软件，Aspentech 已将夹点分析程序与 Aspen HYSYS 和 Aspen Plus 集成在一起，这使得它更易于使用并直接从过程模拟模型中传输工艺数据。

本节将介绍使用 Aspen 能量分析软件(AEA)进行预热网络合成的两个示例。

13.4.3 输入数据到 AEA 示例

【例 13-5】 取例 13-4 的原油常减压标定测试的数据，提出一种换热网络热集成设计。

如果尚未设置 HYSYS 模拟模型，需要输入数据到 Aspen 能量分析软件；为了将 Aspen 能量分析软件用于本例原油常减压装置热集成，表 13-4 的原油及其馏分的相对密度 d_4^{20}、特性因数 K 将用来计算石油及其馏分的热负荷，按照第 2 章提供的计算方法。

液态石油馏分焓

$$H_L=[C_2+C_3(T-273)+1.99\times10^{-3}(T-273)^2]C_1 \tag{2-44}$$

气相焓

$$H_V=C_4+C_5(T-273)+1.657\times10^{-3}(T-273)^2 \tag{2-46}$$

$C_1 \sim C_5$——常数，

$$C_1=0.0533K+0.3604$$

$$C_2=15.99+1.0396API-1.1329\times10^{-2}API^2$$

$$C_3=1.5566+8.256\times10^3 API$$

$$C_4=225.67+1.644API+86.088K-6.925\times10^{-3}API^2-6.639K^2$$

$$C_5=4.17\times10^{-3}API+0.3161K-2.3295$$

API 按以下公式计算：

$$API=\frac{141.5}{0.9942d_4^{20}+0.009181}-131.5 \tag{2-41}$$

式中 T——石油馏分温度，K；

d_4^{20}——20℃时石油馏分的相对密度；

H_L——液相石油馏分焓，kJ/kg；

H_V——气相石油馏分焓，kJ/kg；

K——石油馏分特性因数。

注意，式(2-44)基于-17.8℃的参考温度，当应用开始和结束温度时，应消除参考温度的影响。

表 13-8 总结了每个物流的计算热负荷。*API* 度和常数 $C_1 \sim C_5$ 是根据第 2 章方程计算得出的。

将物流开始和结束温度、焓差和流量数据输入到 Aspen 能量分析软件，即可准备好工艺物流数据(表 13-9)。

表 13-8 热负荷计算结果

类型	代号	物流名称	装置标定测试数据					计算结果										
			相对密度	特性因数 K	流率/(kg/h)	温度/℃		API 度	计算常数					气相焓 H_V	液相焓 H_L	焓差/(kJ/kg)	热负荷/kW	MCP/(kW/℃)
						始	终		C_1	C_2	C_3	C_4	C_5	kJ/kg	kJ/kg			
热物流	H1	减底油	0.9654	12.4	146318	355	105	14.5	1.02	31.1	1.7					586.8	23851.8	95.4
	H2	减三线	0.8836	12.3	180453	295	199	27.9	1.02	45.0	1.8					238.6	11962.2	124.6
	H3	减三线	0.8836	12.3	51703	199	70	27.9	1.02	45.0	1.8					313.6	4503.5	34.9
	H4	减二线及减二中	0.8618	12.3	165024	222	120	31.9	1.02	49.1	1.8					259.6	11898.6	116.7
	H5	减二线	0.8618	12.3	70524	120	80	31.9	1.02	49.1	1.8					127.1	2490.4	62.3
	H6	减一线及减一中	0.8393	12.2	30573	155	42	36.2	1.01	53.6	1.9					291.8	2478.4	21.9
	H7	减顶油	0.8188	12.2	842	85	40	40.4	1.01	58.0	1.9	342.89	1.70	498.97	138.21	360.8	84.4	1.9
	H9	常三线	0.8208	12.4	30157	299	40	40.0	1.02	57.5	1.9					694.1	5814.8	22.5
	H10	常二中	0.8123	12.2	96000	276	199	41.7	1.01	59.4	1.9					219.9	5863.8	76.2
	H11	常二线	0.8113	12.2	27436	245	60	42.0	1.01	59.6	1.9					484.9	3695.3	20.0
	H12	常一中	0.8095	12.1	72300	227	163	42.3	1.01	60.0	1.9					191.2	3839.0	60.0
	H13	常一线	0.8032	12	18417	199	35	43.7	1.00	61.4	1.9					429.3	2196.5	13.4
	H14	常顶循	0.7826	12	76000	156	69	48.2	1.00	66.1	2.0					251.3	5304.6	61.0
	H15	常顶油	0.7636	12	27288	142	32	52.7	1.00	70.7	2.0	370.08	1.68	642.52	136.49	506.0	3835.7	34.9
	H16	蒸顶油	0.7046	12.3	40697	106	34	67.9	1.02	86.6	2.1	359.83	1.84	573.65	163.41	410.2	4637.7	64.4
冷物流	C1	脱前原油	0.8818	12.3	399942	42	120	28.2	1.02	45.3	1.8					-83.5	-9273.2	118.9
	C2	脱后原油	0.8811	12.3	385235	118	233	28.4	1.02	45.5	1.8					-136.3	-14585.3	126.8
	C3	蒸底油	0.8892	12.3	371423	225	362	26.9	1.02	44.0	1.8					-165.0	-17021.6	124.2
	C4	常底油	0.9154	12.4	272990	337	385	22.4	1.02	39.3	1.7					-40.6	-3076.5	64.1

表 13-9 AEA 工艺物流数据

物流名称	温度/℃		MCP	焓	流量	有效 C_P
	进口	出口	kJ/(h℃)	kW	kg/h	kJ/(kg·℃)
减底油	355	105	34347	2385	146318	0.235
减三线	295	199	448575	11962	180453	2.486
减三线	199	70	125679	4504	51703	2.431
减二线及减二中	222	120	419951	11899	165024	2.545
减二线	120	80	224136	2490	70254	3.190
减一线及减一中	155	42	78958	2478	30573	2.583
常三线	299	40	80823	5815	30157	2.680
减顶油	85	40	6752	84	842	8.019
常二中	276	199	274152	5864	9600	28.557
常二线	245	60	71909	3695	27436	2.621
常一中	277	163	121232	3839	72300	1.677
常一线	199	35	48216	2197	18417	2.618
常顶循	156	69	219501	5305	76000	2.888
常顶油	142	32	125532	3836	27288	4.600
脱前原油	42	120	427994	9273	399942	1.070
脱后原油	118	233	456583	14585	385235	1.185
蒸底油	225	362	447283	17022	371423	1.204
常底油	337	385	230738	3077	272990	0.845
蒸顶油	106	34	231885	4638	40967	5.660

组合曲线是使用工艺物流数据自动生成的，参考图 13-10。

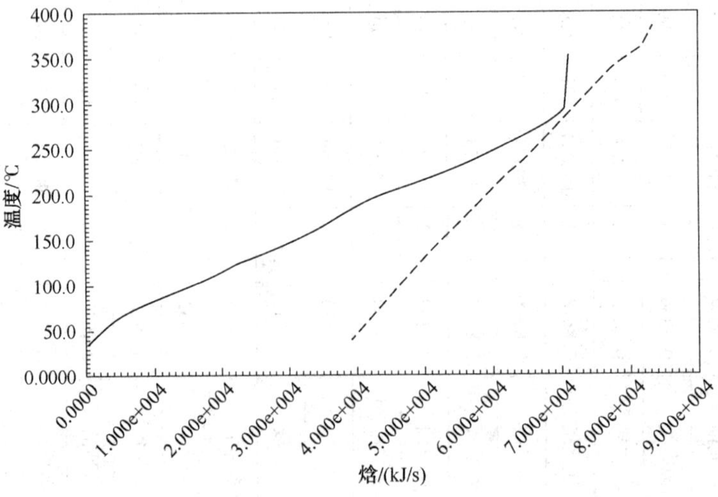

图 13-10 例 13-7 组合曲线

从 AEA 程序下拉列表中选择公用工程，对于此示例，已选择工艺加热炉(1000℃)和冷却水公用工程；选择最低夹点温度为 12℃；程序默认的公用工程成本(工艺加热炉和冷却水指数)已用于本例：

年度化：设定回报率为 8%，装置设备寿命为 10 年，由程序计算的结果年化系数为 0.149，年运行小时数为 8765h。

设备投资成本由 AEA 程序使用以下公式计算：

$$\text{投资成本指数(换热器)} = a+b\times\left(\frac{\text{换热面积}}{\text{壳数}}\right)^{c}\times\text{壳数}$$

$$\text{投资成本指数(加热炉)} = a+b\times(\text{加热炉热负荷})^{c}$$

其中 a、b 和 c 是常量，则此示例使用默认数据。

AEA 软件可以生成推荐的设计，通过优化和使用改造模式进行调整，已经生成了 23 种设计方案，见表 13-10。

表 13-10 生成设计方案的比较

设计方案	总成本指数	面积/m²	单元数	壳数	投资成本指数	加热/kW	冷却/kW	操作成本指数
A_Design8	0.0830	16440	24	53	4319107	12749	39782	0.0626
A_Design6	0.0826	15664	26	55	4228869	12749	39782	0.0626
A_Design15	0.0822	15613	22	52	4142093	12749	39782	0.0626
A_Design12	0.0822	15613	22	52	4142093	12749	39782	0.0626
A_Design2	0.0822	15613	22	52	4142093	12749	39782	0.0626
A_Design9	0.0818	15374	24	51	4068027	12749	39782	0.0626
A_Design5	0.0817	15120	25	50	4031932	12749	39782	0.0626
A_Design15-0	0.0811	14234	22	44	3731910	12942	39976	0.0635
A_Design15-0-0	0.0811	14222	22	44	3728509	12942	39976	0.0635
A_Design15-0-0-0	0.0811	14222	22	44	3728509	12942	39976	0.0635
A_Design7	0.0811	14441	25	54	3944226	12703	39737	0.0624
A_Design1	0.0808	14524	24	50	3894581	12703	39737	0.0624
A_Design14	0.0808	14524	24	50	3894581	12703	39737	0.0624
A_Design11	0.0808	14524	24	50	3894581	12703	39737	0.0624
A_Design4	0.0806	14291	25	49	3850308	12703	39737	0.0624
A_Design10	0.0805	14138	24	48	3794594	12742	39775	0.0626
A_Design3	0.0804	14016	23	52	3801067	12703	39737	0.0624
A_Design16	0.0804	14016	23	52	3801067	12703	39737	0.0624
A_Design13	0.0804	14016	23	52	3801067	12703	39737	0.0624
A_Design13-0	0.0799	13834	23	48	3690019	12704	39737	0.0624
A_Design16-0	0.0797	13655	22	48	3665698	12704	39737	0.0624
A_Design3-0	0.0795	13350	22	49	3623901	12704	39737	0.0624
A_Design16-0-0	0.0791	14084	22	46	3706688	12508	39542	0.0616

其中，A_Design16-0-0 的总成本指数最低，单元数和壳数最低，因此将选择 A_design16-0-0 进行推荐。A_design16-0-0 的网格图如图 13-11 所示。

图 13-12 显示了夹点线的网格图，该设计具有很少穿越夹点的传热负荷(278kW)，且具有最小的单元数和壳数以及最低的总成本指数。

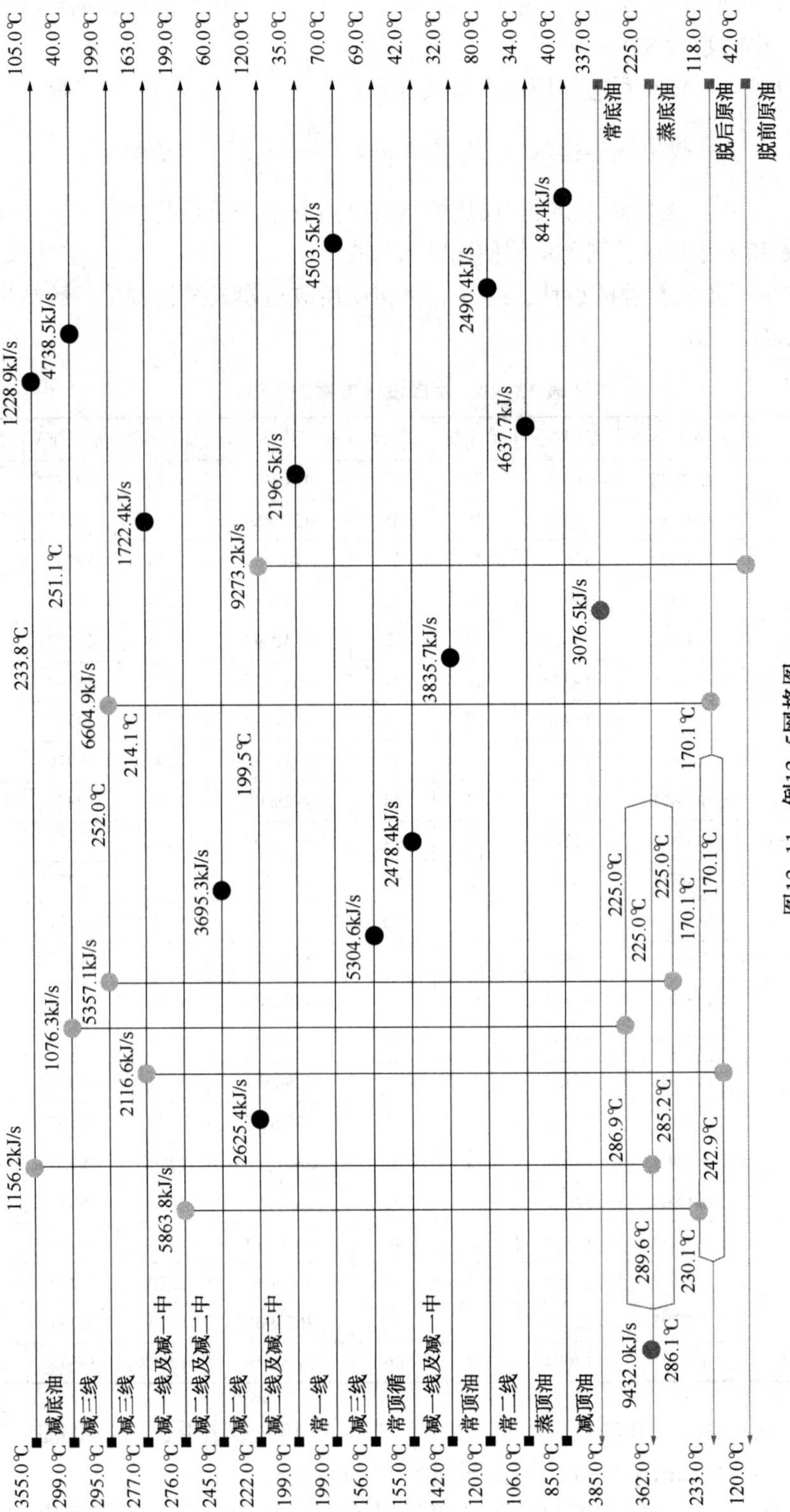

图13-11 例13-5网格图

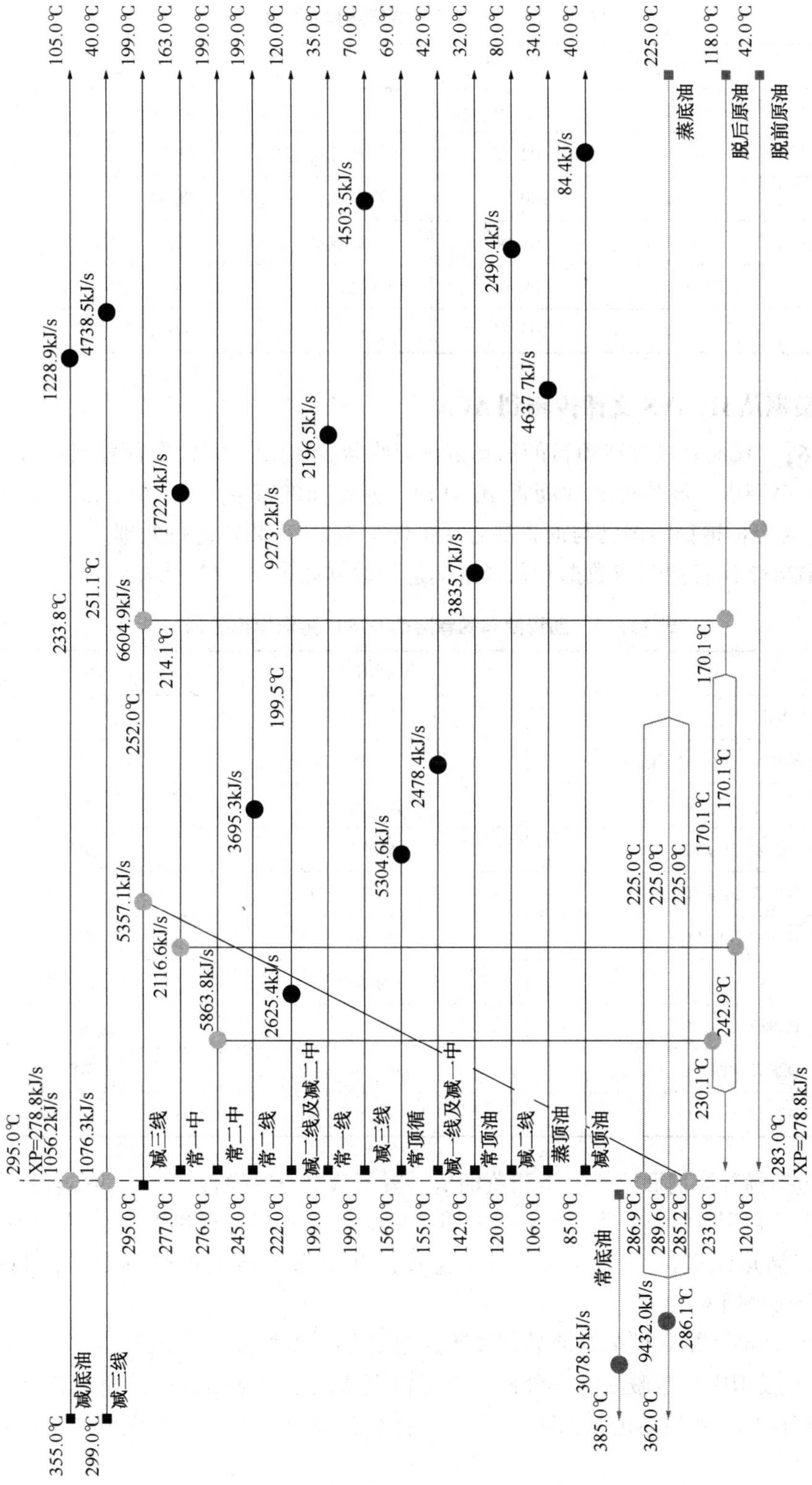

图13-12 例13-5显示夹点线的网格图

表 13-11 总结了设计网络成本指标和性能。这表明此设计非常接近目标设计信息。

表 13-11 网络成本指标和操作性能

网络成本指数			换热网络性能		
	成本指数	目标/%		换热网络	目标/%
加热费用	0.0531	102.28	加热/kW	12508	102.28
冷却费用	0.0084	100.71	冷却/kW	39542	100.71
操作费用	0.0616	102.06	单元数量	22	100.00
投资成本	3706688	109.95	壳数量	46	124.32
总费用	0.0791	103.71	总面积/m^2	14084	117.33

13.4.4 将数据从 HYSYS 文件传输到 AEA

【例 13-6】 重油升级改造项目的稀释溶剂回收装置(DRU)配置有稀释剂回收塔、常压蒸馏塔和减压蒸馏塔，该装置处理沥青 10 万桶，沥青标准密度为 1016kg/m^3；为了降低沥青进料黏度，4 万桶稀释溶剂已与沥青混合后再转交给 DRU 装置进行处理。

模拟的 D2887 沥青油蒸馏数据和稀释溶剂进料数据如表 13-12 所示。

表 13-12 沥青油和稀释溶剂 D2887 蒸馏模拟数据

描　　述	稀释溶剂	沥青油
液体体积流量/(桶/d)	40000	100000
液体质量密度@ Std Cond/(kg/m^3)	715.99	1016.28
分子量	100.10	452.31
D2887 5%/℃	17.57	389.29
D2887 10%/℃	30.93	427.38
D2887 30%/℃	70.70	502.64
D2887 50%/℃	104.01	569.84
D2887 70%/℃	135.34	643.09
D2887 90%/℃	161.32	707.29
D2887 95%/℃	185.97	771.94

建立了包括稀释溶剂回收塔、常压蒸馏塔、减压蒸馏塔等模拟模型；为了轻松地将热负荷从模拟文件转移到 AEA 软件，该模型采用简单配置，而不是详细配置的热交换器系统，只需为每个产品热流提供一个冷却的目标温度，并将每个冷流加热到要求的目标温度。HYSYS 模拟图如图 13-13 所示。

该 DRU 的产品产量和模拟的油品蒸馏数据如表 13-13 所示。

在 HYSYS 模拟中直接激活能量分析软件可以直接用于生成 Aspen 能量分析文件，方法是单击“分析”图标，然后单击“详细信息”图标打开为换热器网络合成生成的 Aspen 能量分析文件。

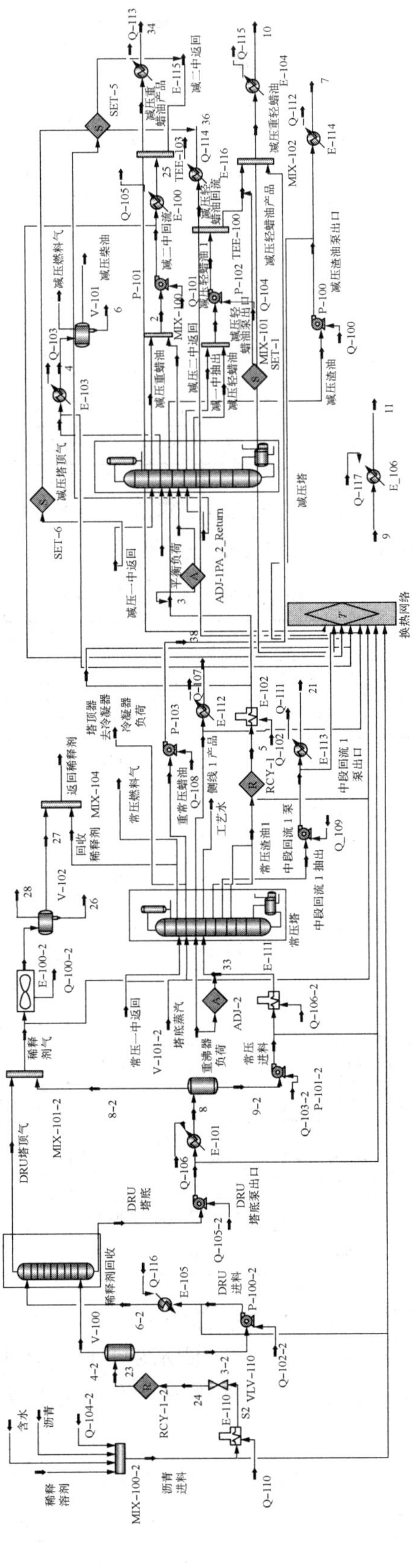

图13-13 DRU和蒸馏装置模拟图

表 13-13 产品模拟的 D2887 蒸馏数据

描　述	稀释溶剂回收	柴油	HAGO	减压柴油	LVGO	HVGO	减压渣油
液体体积流量/(桶/d)	39171	5332	4769	2734	13530	15763	58720
液体质量密度@Std Cond/(kg/m³)	715.24	892.16	922.48	915.61	959.53	992.72	1067.09
分子量	99.23	202.21	238.79	229.99	314.04	414.65	631.87
D2887 5%/℃	17.10	179.09	240.31	221.66	313.26	401.47	542.96
D2887 10%/℃	29.83	209.76	259.25	251.31	327.02	421.70	572.78
D2887 30%/℃	69.34	253.24	296.81	282.10	364.92	456.31	620.90
D2887 50%/℃	102.73	271.40	324.60	310.01	397.47	477.62	672.50
D2887 70%/℃	133.97	292.65	338.20	331.36	422.16	499.58	714.88
D2887 90%/℃	160.29	324.85	367.65	355.66	450.26	529.47	769.29
D2887 95%/℃	184.47	339.52	390.64	383.25	486.83	572.73	863.83

对于此示例，从 HYSYS 模拟生成的工艺物流数据如表 13-14 所示。为了减少冷公用工程的使用，回收更多的热量，增加了一个额外的中压蒸汽产生的冷流作为一个冷流。

表 13-14 模拟生成的工艺物流数据

描　述	温度		MCP	焓	传热系数	流量	有效 C_P
	进口/℃	出口/℃	kJ/(h·℃)	kW	kJ/(m²·℃)	kg/h	kJ/(kg·℃)
减顶油气-4	169.6	35.0	—	9061	—	25132	—
常压渣油 1-3	327.0	433.3	—	68256	—	617405	—
常压塔进料-33	215.1	338.0	—	71126	—	743712	—
溶剂回收塔底-8	171.9	215.0	1738759	20801	894	743712	2.338
减压渣油 1-7	386.8	130.0	—	72773	—	412261	—
重减压蜡油产品-34	239.7	80.0	—	10096	—	103019	—
重减压蜡油中段回流-25	323.3	239.7	1756581	40805	2288	670172	2.621
重减压蜡油+轻减压蜡油-10	243.8	80.0	—	11615	—	114397	—
侧线汽提产品-柴油	195.6	80.0	—	2218	—	31228	—
溶剂回收塔油气-1	175.3	50.0	—	21642	—	122067	—
常压塔中段抽出-21	165.3	65.0	—	661	—	10132	—
轻减压蜡油中段回流-36	230.7	130.5	—	22117	—	346271	—
常压塔顶油气	146.0	86.3	—	38710	—	241512	—
DRU 沥青进料	76.7	180.0	2077057	59600	720	865800	2.399
产中压蒸汽	174.0	183.0	5000000	12500	720	17000	

组合曲线是使用工艺物流数据自动生成的，如图 13-14 所示。

从 AEA 程序下拉列表中选择公用工程，对于此示例，已选择工艺加热炉(1000℃)和冷却水公用工程；选择最低夹点温度为 10℃；程序默认的公用工程成本(工艺加热炉和冷却水指数)已用于本例：

年度化：设定回报率为 8%，装置设备寿命为 10 年，由程序计算的结果年化系数为 0.149，年运行 8765h。

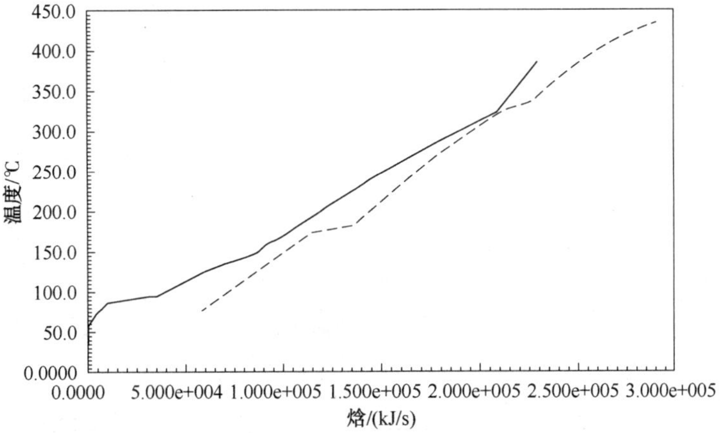

图 13-14 例 13-6 组合曲线

设备投资成本由 AEA 程序使用以下公式计算：

$$投资成本指数(换热器)=a+b\times\left(\frac{换热面积}{壳数}\right)^c\times壳数$$

$$投资成本指数(加热炉)=a+b\times(加热炉热负荷)^c$$

其中，a、b 和 c 是常量，则此示例使用默认数据。

Aspen 能量分析软件可以自动生成推荐的设计，通过优化和调整使用改造模式，以下 12 种可行的设计已经生成并总结在表 13-15 中。

在这 12 种可行的设计方案中，建议使用 A_Design5-0-0-1 设计，因为它的单元数和壳数量最少。

表 13-15 生成设计的比较

设计方案	总成本指数	面积/m²	单元数	壳数	投资成本指数	加热/kW	冷却/kW	操作成本指数
A_Design1	0.4655	115077	34	272	34175517	68256	65671	0.3040
A_Design11	0.4056	60275	39	162	21510973	68256	65671	0.3040
A_Design6	0.4056	60275	39	162	21510973	68256	65671	0.3040
A_Design8	0.4056	60275	39	162	21510973	68256	65671	0.3040
A_Design4	0.3973	53019	36	143	19741000	68256	65671	0.3040
A_Design7	0.3972	52742	38	145	19735035	68256	65671	0.3040
A_Design2	0.3898	46766	31	125	18167438	68256	65671	0.3040
A_Design5	0.3883	50268	31	88	17838158	68256	65671	0.3040
A_Design3	0.3856	47217	34	85	17281993	68256	65671	0.3040
A_Design5-0	0.3848	47337	28	79	17109641	68256	65671	0.3040
A_Design5-0-0-1	0.3847	47335	28	78	17089462	68256	65671	0.3040
A_Design3-0	0.3818	43251	34	81	16460506	68256	65671	0.3040

A_Design5-0-0-1 设计的网格图如图 13-15 所示。

A_Design5-0-0-1 网格图显示了夹点线如图 13-16 所示，该设计处于垂直传热，没有交叉夹热传递，只有一个换热器在夹点附近热传递。

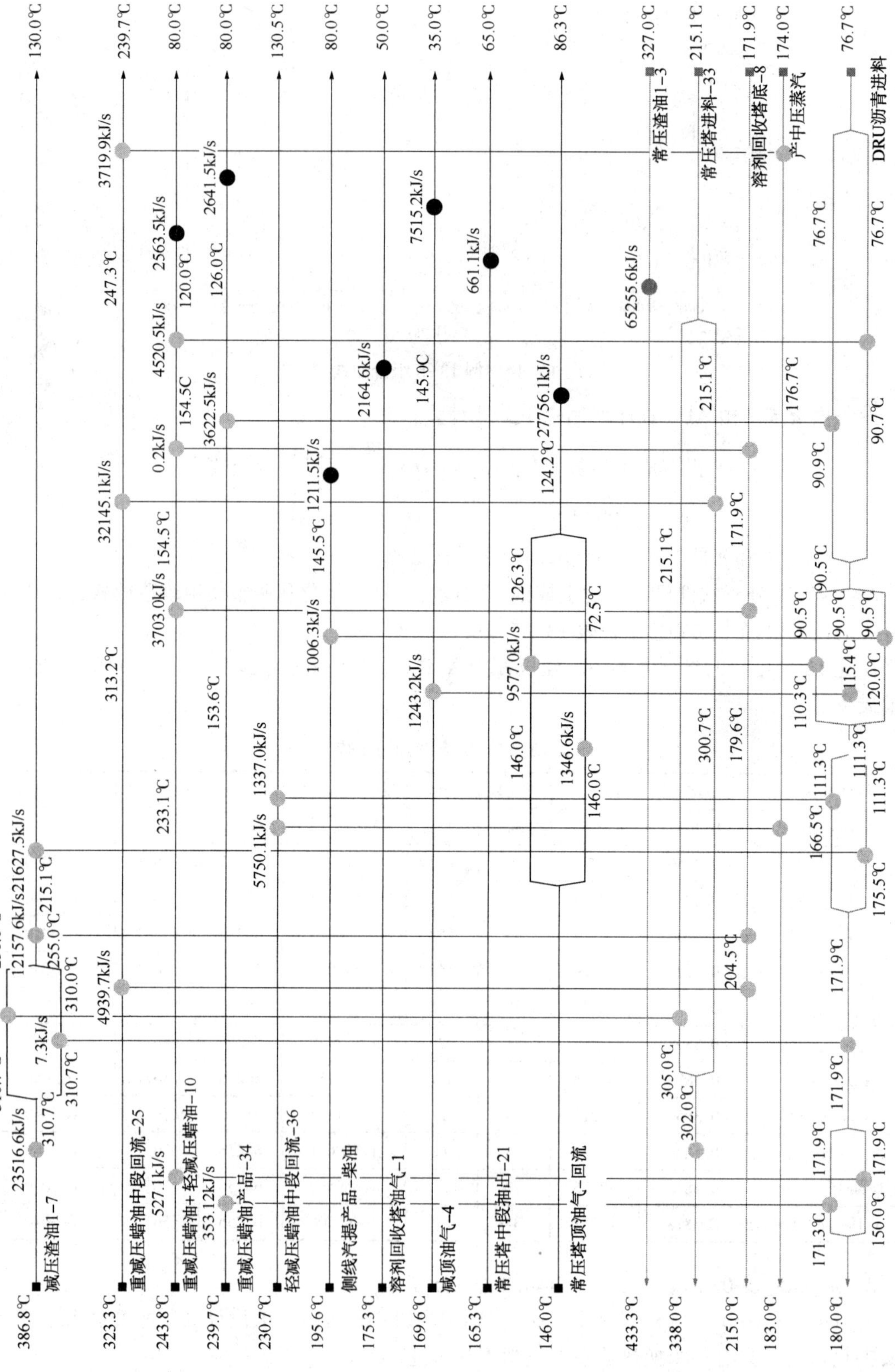

图13-15　例13-6网格图

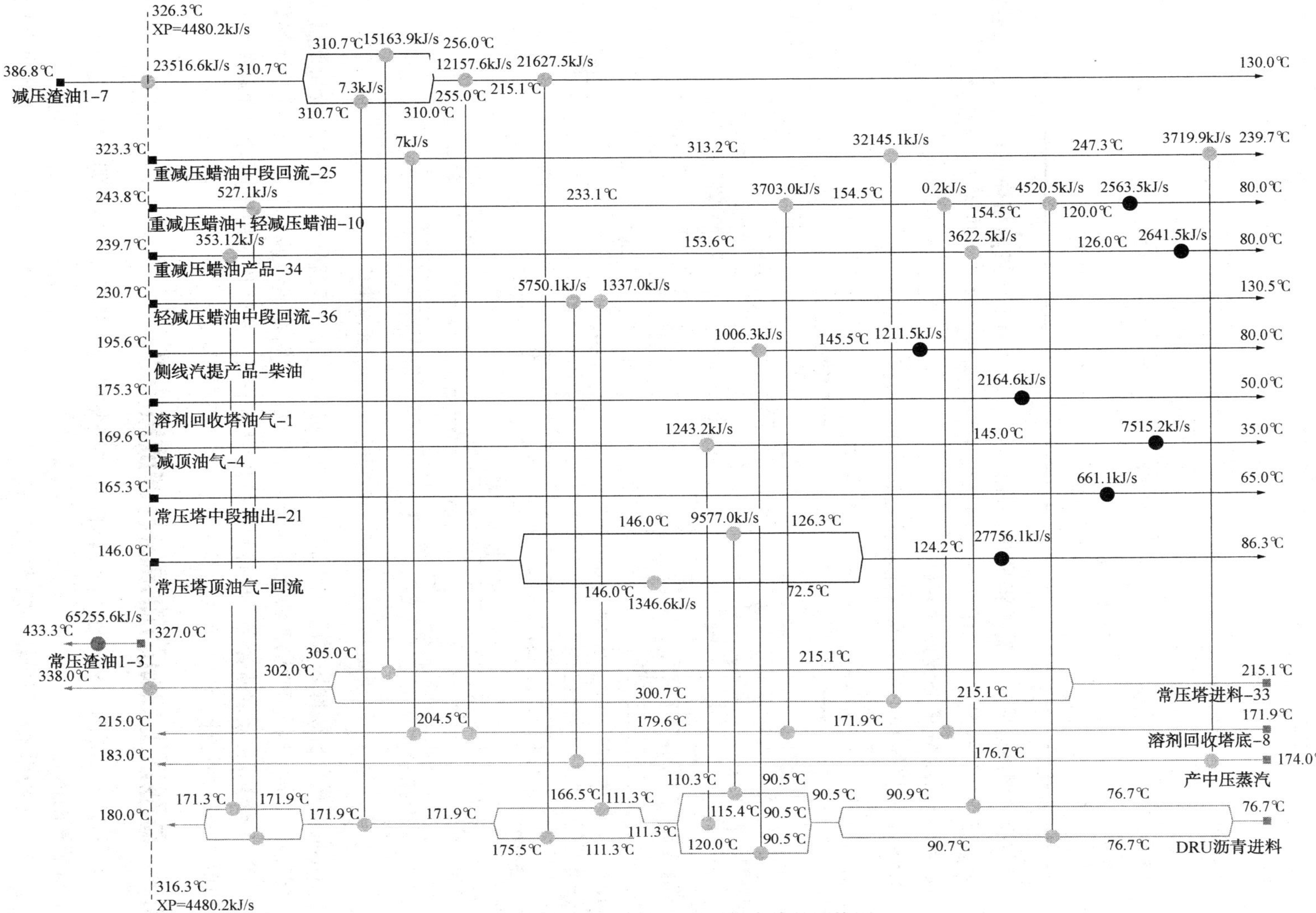

图13-16 例13-6显示夹点线的网格图

表 13-16 总结了设计网络成本指标和性能。这表明这种设计非常接近目标设计信息。

表 13-16　例 13-6 网络成本指标和性能

网络成本指数			换热网络性能		
	成本指数	目标/%		换热网络	目标/%
加热费用	0.2900	112.2	加热/kW	68256	112.2
冷却费用	0.0140	112.7	冷却/kW	65671	112.7
操作费用	0.3040	112.2	单元数量	28	164.7
投资成本	17089462	102.0	壳数量	78	144.4
总费用	0.3847	109.9	总面积/m^2	47335	75.1

完成换热网络合成后，需要将推荐的设计转换为 HYSYS 换热网络模拟进行交叉检查，并产生装置物料和热量平衡，HYSYS 模拟与优化的换热器网络集成将成为换热网络、工艺加热炉和冷却水系统的坚实设计基础。

HYSYS 模拟的 DRU 换热系统子流程图如图 13-17 所示。

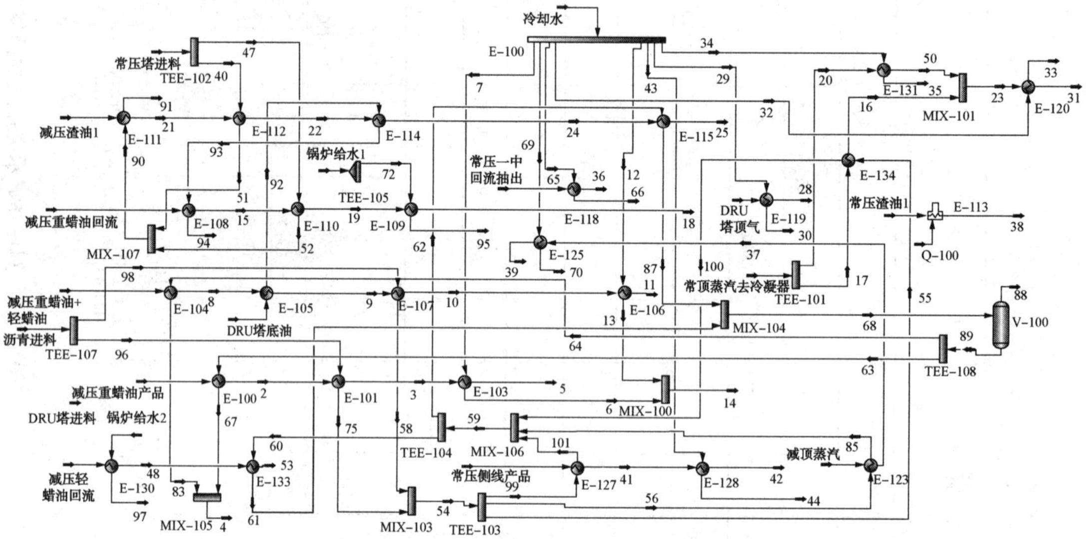

图 13-17　HYSYS 模拟与优化的换热系统集成

Aspen 能量分析软件采用简单的 MCP 方法，实际石油及其馏分热容在高温段和低温段之间有很大差异，因此 HYSYS 和 Aspen 能量分析软件之间存在误差，将优化的换热网络转换为 HYSYS 模拟将非常适合交叉检查和准确预测热平衡，并轻松应用换热器设计和核算程序 EDR 进行详细设计。EDR 软件已经包含在 HYSYS 软件内。

13.5　总能系统热机和热泵的合理放置[5,14]

为了有效利用能量，将产生和使用动力的设备集成到工艺流程中的总能系统，是现代大型联合装置的标志。

一个工艺操作系统需要热量输入 Q_P、W，就需要一个热机输入热量 Q，产生功 W，图 13-18(a)表示独立的热机和工艺系统，图 13-18(b)反映了设计一个综合热力系统的目的，从热机排出的废热($Q-W$)可以输入到工艺操作系统中，但不能完全回收，被排弃的能量是在工艺运行时排烟温度的废能；通常，60%~70%的废热可以回收。

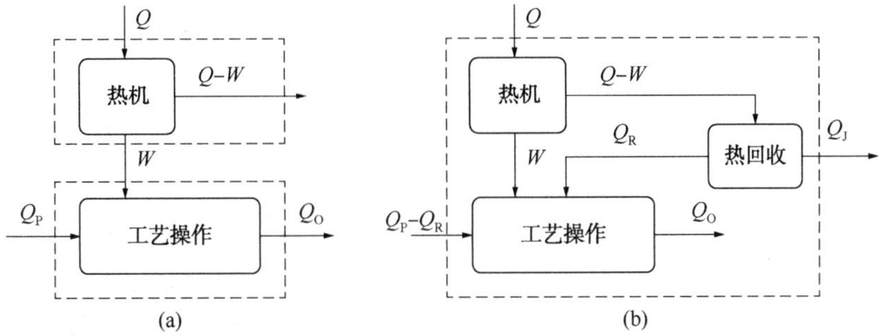

图 13-18　热能动力系统

从图 13-18(a)可知，独立的热机和工艺操作系统需要热量输入 $Q+Q_P$，从图 13-18(b)中可以看出，集成发动机和工艺系统需要的总热量输入 $Q+Q_P-Q_R$。节省的热量输入为：

$$\Delta Q=(Q+Q_P)-(Q+Q_P-Q_R)=Q_R \tag{13-33}$$

式中　ΔQ——通过集成的发动机工艺系统减少的热量需求；

Q_P——独立工艺系统的热输入；

Q——热力发动机的热输入；

Q_R——从热机排气能中回收的热量；

Q_J——从热机排气能中排弃的热量；

Q_O——工艺操作系统的热量输出；

W——由热机产生的功。

动力系统中最基本的热能动力转换设备是热机和热泵。当它们与热回收网络集成时，最重要的问题是这些设备与工艺热回收夹点之间的位置关系，这取决于设备相对于夹点的位置。有三种情况：在夹点上方、在夹点下方以及跨夹点。根据夹点技术的基本原理，可以形成“适当放置”和“不合适放置”的概念。

13.5.1　热机位置

如图 13-19(a)所示，将热机置于夹点上方。原来的热源从高温公用工程到热回收网络已经改为利用热公用工程和发动机排气热并联供应给热回收网络；在发动机排气热匹配热公用工程需求的情况下，热机先做功，这样可以减少能量损失。集成系统具有比独立系统更高的热力学效率。从图上标注的能量关系可以看出，由于采用热集成，热量转化为功(实际上废热减少了)，热公用工程减少了 Q_G-W，达到了系统集成的目的。因此，将热机放置在夹点上方是合适的。

相反，如果从热机排出的热量被供应到夹点以下部分，如图 13-19(b)所示，热机穿过夹点位置，热量必须“溢出”通过夹点以下的所有温度区，(Q_G—W)直到废热从最低温度区排出。通过这种方式，热机获得额外的热量 Q_G，在做功 W 后，排出额外的废热(Q_G—W)。与单独的热机相比，集成没有好处。因此，热机在夹点的放置是不合适的。

最后，如图 13-19(c)所示，热机从夹点以下吸收热量并排出热量，即当热机放置在夹点以下时，由于没有热量通过夹点，因此热公用工程消耗 Q 保持不变。夹点以下的部分余热转化为功，热机的放置也合适。

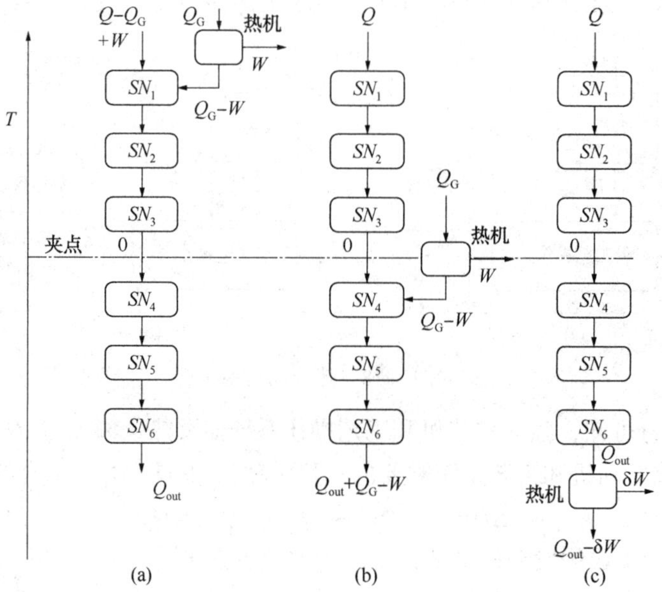

图 13-19　热机的位置

13.5.2　热泵位置

热泵的正确放置与热机相反。也就是说，只有当热泵穿过夹点时，才能节省能量。

在图 13-20(a)中，热泵从夹点上方的某个温度区域获取热量，并将其发送到较高温度区域以供使用。结果是功转化为热量。如果将热泵放置在夹点以下，如图 13-20(c)所示，则最终结果是功转化为热量并排放到冷公用工程中。因此，热泵在图 13-20(a)和 13-20(c)中的放置是不合适的。

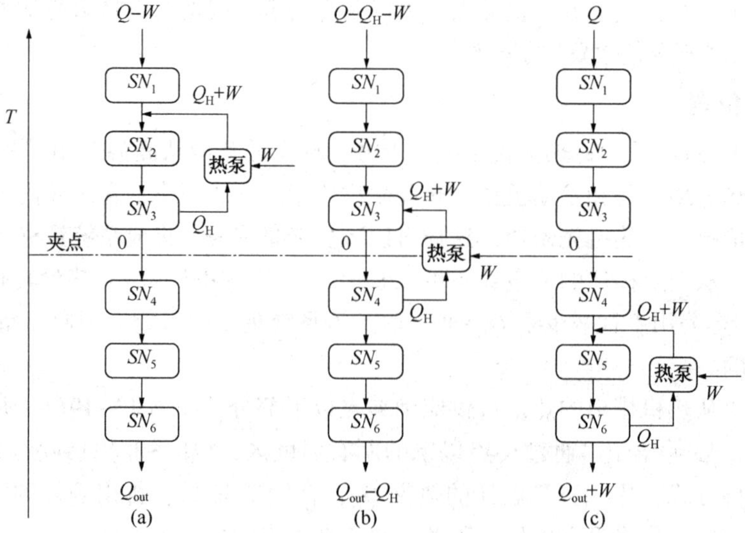

图 13-20　热泵的位置

在图 13-20(b)中，热泵从夹点以下获取热量，并将其供应到夹点以上的温度区。最终结果是，热公用工程的消耗减少了 $Q+W$，冷公用工程的消耗减少了 Q_H。这种将热泵放置在夹点的位置是合适的。

简而言之，热机只有在不穿过夹点时才适合，而热泵只有在穿过夹点时才适合。热机的正确放置以 100%的效率从热量中产生功(如果将所有废热作为有效热量)，并且放置不当不能比以单独放置热机产生功有更高的效率。热泵的正确放置，可以达到单独放置热泵的效率，放置不当是浪费能源。正确放置和不适当放置的概念很简单，但它有很好的效果。例如，热泵蒸馏是目前正在开发的一种节能蒸馏技术。但是，根据热泵正确放置的概念，如果精馏塔的再沸器和冷凝器的工作温度在夹点的同一侧，这种方法不会节省能源。由于技术和经济原因，热泵主要用于再沸器和冷凝器温差较小的精馏过程。因此，这种情况尤其需要分析，不能根据直觉做出决定。

13.6 交叉传热对换热网络面积和能量的影响

夹点技术不仅提出能量回收系统存在夹点的概念，而且要求在能量系统的集成设计中，应始终遵循垂直传热，避免交叉传热的准则，以做到按质用能，这是夹点技术的核心。B. Linnhoff 1984 年就提出垂直传热概念并首次运用推动力图讨论换热系统[15]。根据垂直传热准则提出依照工艺过程的冷、热物流条件及综合曲线，提出确定换热网络的面积的超目标法。然而，交叉传热对换热面积及系统能量目标公用工程用量的影响却没有定量的描述。现实过程中有不少交叉传热带来能量和面积目标增加的例子。讨论交叉传热的影响，从定性分析过渡到定量计算，从而改进过程不仅必要，而且迫切。

13.6.1 传热模型及推动力图

一般地，换热设备在网络中的传热方式可分为垂直传热和交叉传热两种类型，如图 13-21 所示。

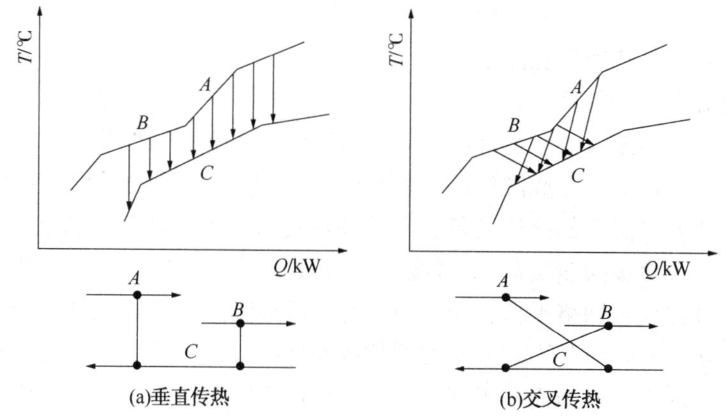

图 13-21　两种传热模型

为表征设备传热温差与物流温度的关系，可以根据组合曲线，转化为推动力图[10]，即以冷物流温度为横坐标，传热温差为纵坐标，描绘出传热温差与物流温度的变化关系。该曲线图是基于垂直传热情况绘出的。推动力曲线如图 13-22 所示。

如在网络设计中，换热设备能够做到垂直传热，则与推动力图的曲线吻合。此时，体系回收能量最多，换热面积合理。偏离垂直传热，则换热设备的温差偏离推动力曲线，出现大起大落现象，如图 13-23 所示。

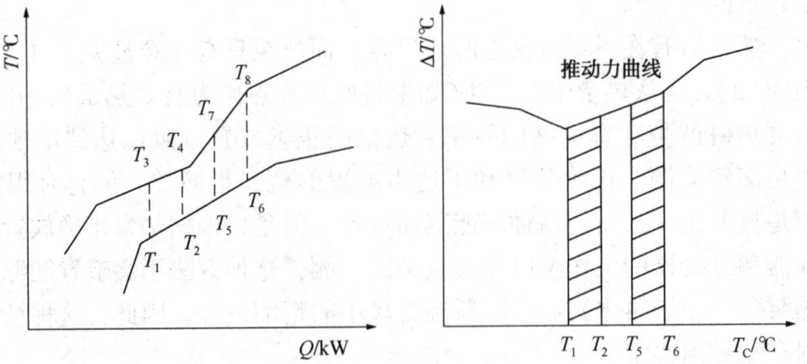

图 13-22　垂直传热推动力图

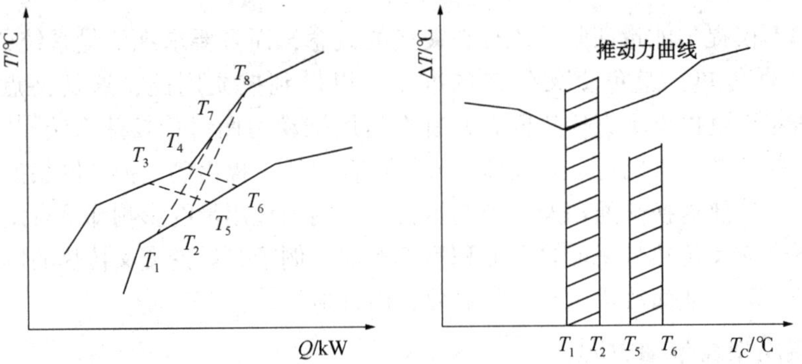

图 13-23　交叉传热推动力图

由图 13-23 可知，交叉传热使某台换热设备温差增大，必然使另一设备温差减小，在热负荷相同时由推动力曲线可知，增加的温差和减小的温差大小相等，反之亦然。因此交叉传热从两个方面影响传热面积和能量消耗。

（1）当传热温差相近的两台换热设备（物流温度不同），由于交叉传热使某一台设备温差增加而另一台设备温差减少。增加温差的换热设备在完成同样传热负荷时，传热面积相应减少；而温差减少的设备，完成同样传热负荷时，面积增加；增加的面积大于减少的面积。而当由于交叉传热减少温差的换热设备的温差降低过多，趋于零时，设备面积趋于无穷大，其结果往往是迫使放弃该换热负荷，增加能量消耗。用最高温的热源去加热冷物流的中间某温段，则必然打破原换热网络平衡，使冷物流的换后终温降低，影响热公用工程用量。

（2）由于传热面积与设备平均温差的倒数成反比的函数关系，交叉传热将使体系的总平均温差减小，面积增大。而当面积不变时，传热负荷下降，影响公用工程用量。

现实工业过程中，交叉传热往往对二者均产生影响。

13.6.2　交叉传热对面积目标的影响

为分析问题方便，假定每台换热设备热负荷相同，交叉传热与垂直传热总传热系数相同。由图 13-22，取某一垂直换热设备做热量衡式为：

$$Q_{vi}=KA_{vi}\Delta T_{mvi} \tag{13-34}$$

换热网络面积为：

$$A_{vi}=\sum\frac{Q_{vi}}{K\Delta T_{mvi}}=K^{-1}Q_{vi}\sum\frac{1}{\Delta T_{mvi}} \tag{13-35}$$

同理，由图 13-23 取某一交叉换热设备有：

$$Q_{ci}=KA_{ci}\Delta T_{mci} \tag{13-36}$$

$$A_{ci}=\sum\frac{Q_{ci}}{K\Delta T_{mci}}=K^{-1}Q_{ci}\sum\frac{1}{\Delta T_{mci}} \tag{13-37}$$

由于设交叉传热前后设备热负荷不变，即 $Q_{ci}=Q_{vi}$，故交叉传热与垂直传热情况下的总换热面积比值：

$$\alpha=\frac{A_{ci}}{A_{vi}}=\frac{\sum\frac{1}{\Delta T_{mci}}}{\sum\frac{1}{\Delta T_{mvi}}} \tag{13-38}$$

定义 α 为交叉传热因子，反映了由于交叉传热使得传热温差趋于不均匀而对总传热面积的影响。一定程度上体现了网络传热温差的利用效率：

$$\alpha=\frac{\Delta T_{mv}}{\Delta T_{mc}} \tag{13-39}$$

对于每台换热设备热负荷相同的情况有：

$$\Delta T_{mv}=m/\frac{1}{\Delta T_{mvi}} \tag{13-40}$$

$$\Delta T_{mc}=m/\frac{1}{\Delta T_{mci}} \tag{13-41}$$

式中　m——网络设备台数。

一般地，交叉传热因子 $\alpha\geqslant1$，显然，对于垂直传热 $\alpha=1$，交叉传热 $\alpha>1$。这可从以下推导得到证明。

如图 13-22、图 13-23，一组(两台)垂直传热和交叉传热的换热器，每台传热量相同其换热面积可由下式计算：

垂直传热：

$$A_{v}=\frac{Q}{K}\left(\frac{1}{\Delta T_{m1}}+\frac{1}{\Delta T_{m2}}\right)=\frac{Q}{K}\left(\frac{\Delta T_{m1}+\Delta T_{m2}}{\Delta T_{m1}\times\Delta T_{m2}}\right) \tag{13-42}$$

交叉传热：

$$A_{c}=\frac{Q}{K}\left(\frac{1}{\Delta T'_{m1}}+\frac{1}{\Delta T'_{m2}}\right)=\frac{Q}{K}\left(\frac{\Delta T'_{m1}+\Delta T'_{m2}}{\Delta T'_{m1}\times\Delta T'_{m2}}\right) \tag{13-43}$$

交叉传热与垂直传热总换热面积之比：

$$\alpha=\frac{A_{c}}{A_{v}}=\frac{(\Delta T'_{m1}+\Delta T'_{m2})(\Delta T_{m1}\times\Delta T_{m2})}{(\Delta T'_{m1}\times\Delta T'_{m2})(\Delta T_{m1}+\Delta T_{m2})} \tag{13-44}$$

对于热负荷相同的两台换热设备，交叉传热使温差由 ΔT_{m1} 增加到 $\Delta T'_{m1}$，设温差增加 Δt，而另一台设备传热温度差必然减少 Δt，以冷流为基准时，即有：

$$\Delta T'_{m1}=\Delta T_{m1}+\Delta t$$
$$\Delta T'_{m2}=\Delta T_{m2}-\Delta t$$

所以式(13-44)变为：

$$\alpha=\frac{\Delta T_{m1}\times\Delta T_{m2}}{\Delta T'_{m1}\times\Delta T'_{m2}} \tag{13-45}$$

对于垂直传热，显然 $\Delta T_{m1}=\Delta T'_{m1}$，$\Delta T_{m2}=\Delta T'_{m2}$，故 $\alpha=1$。

对于交叉传热情况，式(13-45)可写为：

$$\alpha=\frac{\Delta T_{m1}\times\Delta T_{m2}}{\Delta T'_{m1}\times\Delta T'_{m2}}=\frac{(\Delta T'_{m1}-\Delta t)\times\Delta T_{m2}}{\Delta T'_{m1}\times(\Delta T_{m2}-\Delta t)}=\frac{1-\Delta t/\Delta T'_{m1}}{1-\Delta t/\Delta T_{m2}} \tag{13-46}$$

对于图 13-23 的交叉传热情况：

$$\Delta T'_{m1}=(T_7+T_8-T_1-T_2)/2$$

$$\Delta T_{m2}=(T_7+T_8-T_5-T_6)/2$$

又因为：

$$(T_5+T_6)>(T_1+T_2)$$

则：

$$\Delta T'_{m1}>\Delta T_{m2},\ \frac{\Delta t}{\Delta T'_{m1}}<\frac{\Delta t}{\Delta T_{m2}}$$

$$\alpha=\frac{1-\Delta t/\Delta T'_{m1}}{1-\Delta t/\Delta T_{m2}}>1 \tag{13-47}$$

即在交叉传热情况下，交叉传热因子 $\alpha>1$。对于有 n 组换热器的换热网络，显然也存在 $\alpha>1$ 的结论。

式(13-47)是在假定每台换热器热负荷相同，且交叉前后换热数目不变情况下导出的。一般地(总换热负荷不变，换热器台数不变时)有：

$$\alpha=\sum_{i=1}^{m}\frac{Q_{ci}}{\Delta T_{mci}}\Big/\sum_{i=1}^{m}\frac{Q_{vi}}{\Delta T_{mvi}} \tag{13-48}$$

式中 ΔT_{mci}——第 i 台交叉传热换热器传热温差，K；

ΔT_{mvi}——第 i 台垂直传热换热器温差，K；

Q_{ci}——第 i 台交叉传热换热器热负荷，kW；

Q_{vi}——第 i 台垂直传热换热器热负荷，kW。

13.6.3 交叉传热对能量(换热器)及㶲损失的影响

交叉传热从两方面影响换热负荷：一是交叉传热使网络的一台或几台换热设备温差过小，被迫放弃换热把热量压到冷却负荷而减少的换热量；二是在给定的总换热面积下，交叉传热将使总换热负荷有所降低。对于前者应结合具体过程进行分析。而后者可由交叉因子进行估算。

设总传热面积不变，交叉传热只影响网络实际平均温差，由热平衡方程：

$$Q_v=AK\Delta T_{mv},\ Q_c=AK\Delta T_{mc}$$

$$\Delta Q=Q_v-Q_c=AK(\Delta T_{mv}-\Delta T_{mc})$$

由式(13-40)和式(13-41)得：

$$\Delta Q=AK\left(\frac{m}{\sum(1/\Delta T_{mvi})}-\frac{m}{\sum(1/\Delta T_{mci})}\right) \tag{13-49}$$

又因为：

$$\alpha = \sum \frac{1}{\Delta T_{mci}} / \sum \frac{1}{\Delta T_{mvi}}$$

则：

$$\sum \frac{1}{\Delta T_{mci}} = \alpha \times \sum \frac{1}{\Delta T_{mvi}}$$

式(13-49)变为：

$$\Delta Q = AK \frac{m}{\sum (1/\Delta T_{mvi})} \left(1 - \frac{1}{\alpha}\right) = Q_{v} \left(1 - \frac{1}{\alpha}\right) \tag{13-50}$$

显然，交叉传热情况在总传热面积不变时，传热量为：

$$Q_{c} = Q_{v} - \Delta Q = Q_{v} - Q_{v} \left(1 - \frac{1}{\alpha}\right) = Q_{v} / \alpha \tag{13-51}$$

一般地说，在总传热面积不变时，交叉传热负荷下降，由于 $\alpha \geqslant 1$，总有 $\Delta Q \geqslant 0$ 亦即 $Q_{c} \leqslant Q_{v}$。换热量减少 ΔQ 就意味着热公用工程增加 ΔQ，冷公用工程增加 ΔQ，此即为交叉传热所付出的能量代价。

为分析交叉传热过程公用工程的影响的内在原因，考察交叉传热对换热子系统㶲损失的影响。换热子系统㶲损失(参见第 13.7 节图 13-29)由三部分构成：换热过程㶲损失、加热过程㶲损和冷却㶲损。对于换热过程㶲损：

$$\Delta Ex_{2} = QT_{0} \frac{T_{H} - T_{C}}{T_{H} T_{C}} = QT_{0} \frac{\Delta T_{mv}}{T_{H} T_{C}} \tag{13-52}$$

式中 T_{H}、T_{C}——网络热、冷物流平均温度，K。

可见换热过程㶲损，是与换热量 Q 和垂直传热温差成正比，保持换热量和工艺参数不变时，ΔEx 不变[8]。事实上，一些交叉传热是不能单靠面积增加弥补，如交叉传热使某台换热设备温差过低的情况。此外，许多情况是换热网络面积不变，调整交叉传热就可收到较好的节能效果，因此，我们分析在面积不变热负荷变化时，对整个换热子系统过程㶲损的影响。

设交叉传热的换热量减少为 ΔQ，将使换热网络的冷热物流平均温度变化到 T'_{C} 和 T'_{H}：

$$\Delta Ex_{2} = Q_{c} T_{0} \frac{T'_{H} - T'_{C}}{T'_{H} T'_{C}} - Q_{v} T_{0} \frac{T_{H} - T_{C}}{T_{H} T_{C}} = Q_{v} T_{0} \left(\frac{T'_{H} - T'_{C}}{\alpha T'_{H} T'_{C}} - \frac{T_{H} - T_{C}}{T_{H} T_{C}}\right) \tag{13-53}$$

一般地，交叉传热使热流平均温度升高，$T'_{H} > T_{H}$(部分低温段热量压入到冷却负荷)而冷流换后温度降低，平均温度 $T'_{C} < T_{C}$，故有$(T'_{H} - T'_{C}) > (T_{H} - T_{C})$，但 α 大于 1，因此，仅就换热来说过程㶲损变化大小，还要视交叉传热因子和系统物流平均温差情况而定。但必然使冷却过程㶲损和加热过程㶲损增加。

就整个换热子系统而言，换热负荷减少结果要靠增加热公用工程弥补，而冷公用工程相应增加。

加热㶲损：

$$\Delta Ex_{3} = \Delta Q \left(1 - \frac{T_{0}}{T_{mc}}\right) / \eta_{x} \tag{13-54}$$

式中 T_{mc}——换热终温减少的温段平均温度，K；

η_{x}——加热炉㶲效率。

冷却㶲损：

$$\Delta Ex_1=\Delta Q\left(1-\frac{T_0}{T_{cc}}\right) \tag{13-55}$$

式中 T_{cc}——冷却介质平均温度，K。

总过程㶲损变化为：

$$\begin{aligned}\Delta Ex&=\Delta Q\left(1-\frac{T_0}{T_{cc}}\right)+\frac{\Delta Q\left(1-\frac{T_0}{T_{mc}}\right)}{\eta_x}+Q_v T_0\left(\frac{1}{\alpha}\frac{T'_H-T'_C}{T'_H T'_C}-\frac{T_H-T_C}{T_H T_C}\right)\\&=Q_v(1-1/\alpha)\left[\left(1-\frac{T_0}{T_{cc}}\right)+\left(1-\frac{T_0}{T_{mc}}\right)/\eta_x\right]+Q_v T_0\left(\frac{1}{\alpha}\frac{T'_H-T'_C}{T'_H T'_C}-\frac{T_H-T_C}{T_H T_C}\right)\end{aligned} \tag{13-56}$$

实际上由于燃料加热情况其能级接近为1。即$\frac{1-\frac{T_0}{T_{mc}}}{\eta_x}\approx 1$，而冷却介质的平均温度也多与环境温度接近，$\frac{T_0}{T_{cc}}\approx 1$。此时，式(13-56)可简化为：

$$\Delta Ex=Q_v(1-1/\alpha)+Q_v T_0\left(\frac{1}{\alpha}\frac{T'_H-T'_C}{T'_H T'_C}-\frac{T_H-T_C}{T_H T_C}\right) \tag{13-57}$$

因此，换热子系统过程㶲损可通过 Q_v 和交叉传热因子等确定。由式(13-57)可知，交叉传热使过程不可逆程度增加，温差分布偏离推动力曲线，使得换热部分冷、热物平均温差变化，结果是有效温差减少导致换热量减少，热公用工程增加。

13.6.4 现有换热网络交叉传热因子 α 的估算

用 α 估算交叉传热的影响的关键在于确定出网络的垂直传热平均温差和交叉传热的网络平均温差。

(1) 垂直传热温差

在实际过程中不可能先确定垂直传热工况再进行交叉传热。可根据物流数据来估算垂直传热温差，即由热流和冷流的平均温度计算：

$$\Delta T_{mv}=T_H-T_C \tag{13-58}$$

$$T_H=\sum_{i=1}^{n}\frac{T_{i1}-T_{i2}}{\ln(T_{i1}/T_{i2})}\frac{Q_i}{Q_A} \tag{13-59}$$

$$T_C=\sum_{i=1}^{p}\frac{t_{i1}-t_{i2}}{\ln(t_{i1}/t_{i2})}\frac{Q_i}{Q_A} \tag{13-60}$$

式中 T_{i1}，T_{i2}——热物流换热系统入口和出口温度(不包括加热和冷却)，℃；

t_{i1}，t_{i2}——冷物流换热系统出口和入口温度，℃；

n，p——热物流和冷物流个数；

Q_i、Q_A——第 i 台换热设备热负荷和总热负荷，kW。

(2) 交叉传热温差的确定

式(13-41)是在假设每台换热器热负荷相同情况推出的，而实际网络中各台换热设备热负荷不尽相同，此时可按式(13-61)估算交叉传热的平均传热温差：

$$\Delta T_{mc}=\frac{Q_A}{\sum(Q_i/\Delta T_{mci})} \tag{13-61}$$

然后由式(13-48)计算出交叉传热因子，从而估算交叉传热对面积和能量目标的影响。

【例 13-7】 某由两个冷物流和两个热物流组成的换热网络，物流数据见表 13-17。

表 13-17 例 13-7 物流数据表

物流类型	热容流率/(MW/℃)	初温/℃	终温/℃	热负荷/MW
(1) 热	0.3	175	45	900
(2) 热	0.15	156	30	260
(3) 冷	0.3	65	140	-440
(4) 冷	0.4	80	150	-575

在 ΔT_{min} 为 25℃时最大能量回收，网络(垂直传热)见图 13-24。现调整网络使②和③换热器交叉传热，计算其交叉传热的影响。调整后的交叉传热网格图和估计结果分别见图 13-25 和表 13-18。

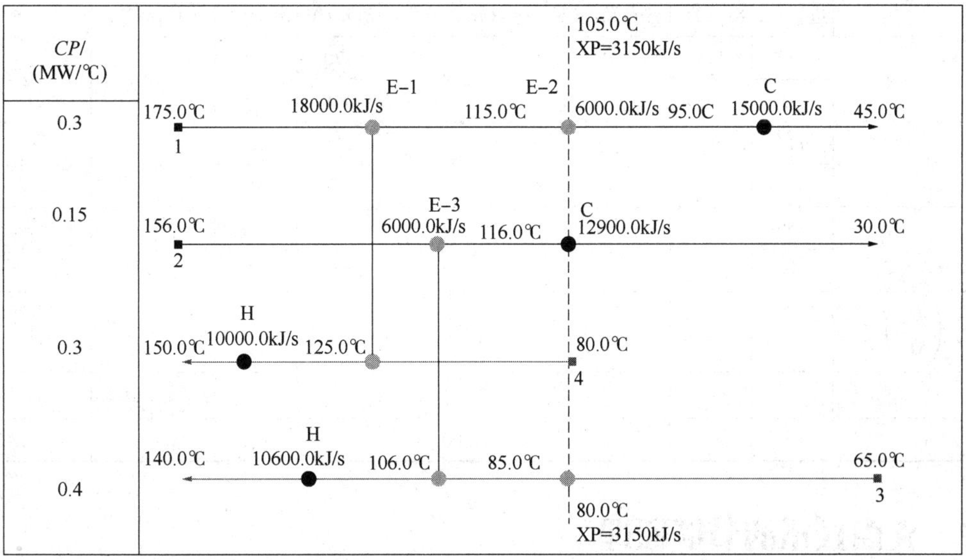

图 13-24 例 13-7 垂直传热网格图

从表 13-18 可以看出，在相同的公用工程需求下，两台换热器的交叉传热使总网络面积增加了 45%，利用 Pinch 分析软件模拟结果证实了这一结果。注意到 ΔT_{lm} 换热器 2 已经从 30℃降低到 10℃，这对传热面积造成了极大的影响。在现实中许多现有的换热网络中，可能存在一定程度的交叉传热，因此会有被节约的潜力。

如果保持传热面积不变，传热负荷将增加，热公用工程和冷公用工程的消耗将相应增加。

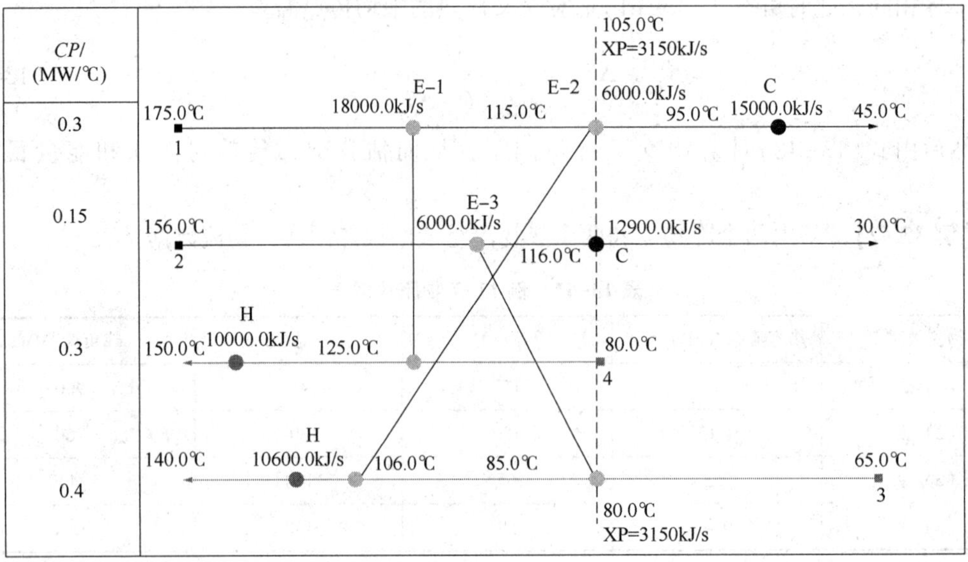

图 13-25　例 13-7 交叉传热网格图

表 13-18　交叉传热影响

换热器	垂直传热				交叉传热			
	进口/℃	出口/℃	热负荷/MW	对数温差/ΔT_{lm}	进口/℃	出口/℃	热负荷/MW	对数温差/ΔT_{lm}
1	170	115	18	42.06	170	115	18	42.06
	80	125			80	125		
2	115	95	6	30	115	95	6	10
	65	85			85	105		
3	156	116	6	40.17	156	116	6	60.45
	85	105			65	85		
$\sum\left(\frac{Q_i}{\Delta T_m}\right)$				0.78				1.13
ΔT_m				38.59				26.61
α				1.00				1.45

13.7　夹点技术的节能原理

13.7.1　夹点技术的主要特点及与㶲分析的关系

1. 夹点技术的特点

夹点技术已在工程设计中获得实际应用。与其他的过程热力学分析方法相比，具有下列特点：

(1) 实用　夹点技术可以直接用于新过程的设计和过程的再设计。据报道，以 Linnhoff 为首的 ICI 公司开发研究所过程合成小组在 1977～1981 年间用夹点技术完成了 18 项新工程设计和老厂改造。每个项目都节省了能量，大多数项目投资接近或少于原设计。夹点技术还可以与系统优化等技术相结合，形成系统的过程设计方法，用以解决相当复杂的过程集成等问题。

(2) 简单　方法的简单性表现在两个方面，首先是只需要物料衡算和能量衡算的数据，而不需要其他热力学数据(如熵)。其次，该方法着重于重要物理现象如夹点的理解，并在此基础上形成各种过程的设计准则。

(3) 直观　由于利用热流级联模型表示过程能量降价的特征，使得现有过程的评价和新过程的合成都十分直观明了。另外，效益直观地反映在公用工程用量上，使工程技术人员容易理解和运用。

(4) 有一定灵活性　根据该方法编制的设计程序或应用 Aspen Energy Analyzer 软件能够指出影响能量消耗的关键部分，并针对关键部分(如夹点附近)作出具体设计(如基本匹配)，而其余部分则可由设计者去充分发挥。

2. 夹点技术与㶲分析的关系[17]

㶲分析和夹点技术都是以热力学第一、二定律为基础发展起来的两种节能技术，但是运用的方法和发展方向有所不同，形成了各自特色。

在能量回收系统中，㶲分析通过剖析传热设备过程速率(传热量)和传热推动力(温差)的关系，找出能量损失的部位和原因，指出节能潜力，而把节能潜力变为改进的现实，还要结合技术、经济以及工程条件来确定具体措施。㶲分析重点是提出了按质用能概念、计算分析和评价方法。

夹点技术(夹点设计法)是通过夹点概念的建立，总结出一系列的经验法则，保证能量回收系统综合过程中，做到按质用能。并把投资和效益之间优化问题引入到“超目标”计算中去，开发出了一系列计算机应用软件，使夹点技术成为一种实用、方便、经济的能量综合实用技术而获得广泛应用。

㶲分析可以从工艺装置、设备以及设备的某一部位入手，从能量转换、工艺利用、回收利用等不同角度诊断用能现状，发现潜力，进而做出改进。其应用范围大，包括了生产过程全部用能过程。

夹点技术主要作为一种能量综合技术用于能量回收系统，对于冷热公用工程的确定和匹配，热机、热泵位置的配置，提出了一系列的规则，并发挥了很好的作用。而用于工艺过程改进操作条件的以及能量转换效率提高等方面的报道还较少。

通过工艺设备(塔、反应器等)㶲分析，指出改进工艺条件、减少工艺过程㶲损的途径，提高进入能量回收系统的“待回收能量”品位，从而改变能量回收系统夹点位置，综合得出更好的能量回收系统。如炼油厂常减压蒸馏装置㶲分析发现，中段回流取热的返塔温度可以影响过程㶲损，提高中段回流返塔温度可减少塔设备过程㶲损，使系统热源平均温度提高，改变能量回收系统夹点位置，进而减少热公用工程用量。

13.7.2 夹点的技术特征

能量回收系统通常包含一组需加热的冷物流和一组需冷却的热物流。冷、热物流换热回收能量，但由于工程和经济因素，排出(热物流)能量不能完全回收，必然有一部分冷却。冷物流需要加热才能达到工艺操作条件。而当系统能量回收最高时，加热和冷却用公用工程负荷最小，公用工程(Q_H，Q_C)和热回收的关系在物流复合的 T-H 图上可直观地反映出来

(图 13-4)。

由图 13-4 可知，曲线平移不会改变冷、热物流的热负荷。当冷流曲线由虚线向左平移，换热量增大，温差减小，冷和热公用工程用量降低，而当两条曲线靠近到某一点出现最小允许传热温差 ΔT_{min}时，换热负荷最大，冷却负荷和加热负荷最小，系统达到最优。而两条曲线中出现的 ΔT_{min}就成为能量回收系统的关卡，是一个热力学限制点，称之为夹点。继续向左平移，两曲线相交，最小传热温差趋于零，过程成为可逆过程，回收能量最多，投资最大(趋于无穷大)，此即热力学限制点，是能量回收的极限，反映了热力学第二定律分析的客观规律。

因此在现实设计中，要根据技术、经济条件，确定出最小允许传热温差 ΔT_{min}。图 13-4 也客观地反映了换热、加热、冷却三者之间的关系。换热网络的夹点有以下技术特性：

1. 存在热力学限制点

单台换热器的传热都存在传热的“夹点”，是约束该设备传热的限制点。通过图 13-4 所示的冷热物流的复合，找出系统的热力学限制点，即夹点。该点是限制冷热物流进一步热交换的瓶颈，使冷热公用工程用量达到最小。

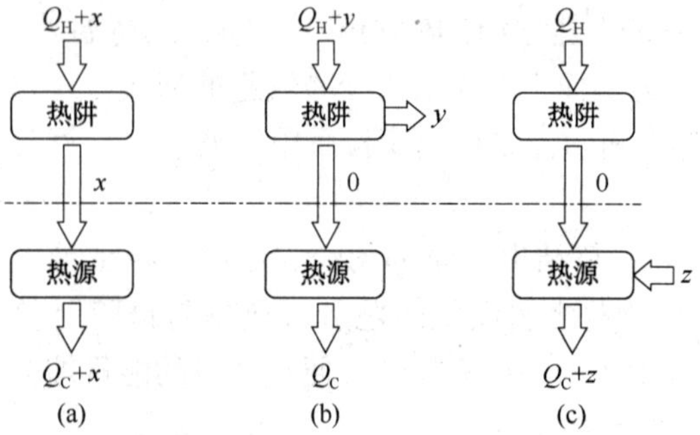

图 13-26　公用工程用量与夹点的关系

2. 夹点的位置特性

夹点把换热网络问题，分解成了夹点上的热端与夹点下的冷端两个独立的子系统。在夹点之上，仅需要热公用工程(热阱)，而夹点以下只需要冷公用工程(热源)。用夹点以上的热流和夹点以下的冷流匹配，必然导致热公用工程和冷公用工程用量的增加。因而夹点技术提出了一个设计准则，称为黄金准则，如图 13-26 所示。

(1) 不要穿过夹点传热。如有 x 单位热量传过夹点传热，必有使热公用工程增加 x 单位。

(2) 夹点以下不使用热公用工程。否则不仅消耗了该热公用工程，而且导致冷公用工程增加。

(3) 夹点之上不使用冷公用工程。否则，将导致增加同数量热公用工程。

3. 夹点的传热特征

图 13-4 中组合曲线斜率发生变化的点，称之为角点(折点)，通过观察可以发现，凡是流股进入或离开处，均可引起组合曲线的斜率发生变化，从而形成角点。可以证明，网络的夹点只可能出现在角点和综合曲线端点处[8]。

夹点是整个换热网络传热推动力 ΔT 最小的点，所以从夹点附近向两端延伸，ΔT 是增加的，亦即其余部分的温差均大于夹点温差 ΔT_{min}。因此，在夹点处的冷热流匹配是设计的重点。该处的换热器称之为夹点换热器，两侧中至少有一侧传热温差等于 ΔT_{min}。远离夹点的其他换热器温差都大于最小温差。因此，夹点技术要求匹配的可行性准则为：

(1) 在夹点一侧，流入夹点流股的热容流率之和应小于或等于流出夹点流股的热容流率之和，即：

$$\sum CP_{out} \geqslant \sum CP_{in} \qquad (13-62)$$

流入夹点与流出夹点的定义见图 13-27。图 13-27 显示出了某一换热问题的夹点传热特性。对有流入夹点的流股 2 称之为夹点进入的流股。

(2) 流股数准则要满足式(13-62)的 CP 准则。可推论出：对于夹点设计技术应遵循，流入夹点的流股数应小于或等于流出夹点的流股数，即：

$$N_{in} \leqslant N_{out} \qquad (13-63)$$

现实设计中为满足这一准则，通常是采用分流的办法实现的。

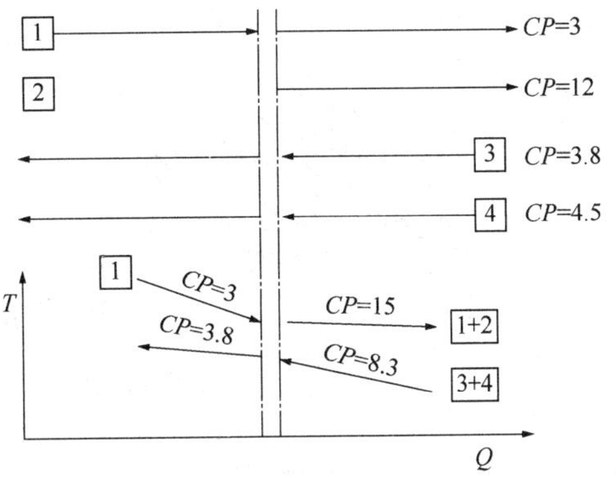

图 13-27 夹点的传热特性

13.7.3 传热㶲损

1. 单台设备的传热过程热力学分析

实际的换热过程是不可逆的，冷流在比热流低得多的温度下得到热量，因此即使散热损失不予考虑时，热流放热和冷流吸热尽管数量相等，但冷流得到的㶲却大大小于热流放出的㶲，二者之差就是传热过程不可逆㶲损失。由热物理㶲积分式：

$$Ex_h = \int_{T_1}^{T_2} C_p\left(1-\frac{T_0}{T}\right)dT \qquad (13-64)$$

当比热容可视为常数时得到：

$$Ex_h = \Delta H\left(1-\frac{T_0}{T_m}\right) \qquad (13-65)$$

式中 T_m——物流的平均温度，$T_m = \dfrac{T_2-T_1}{\ln(T_2/T_1)}$。

因此，热物流放出㶲为($Q=G\Delta H$)：

$$Ex_h = Q\left(1-\frac{T_0}{T_H}\right) \qquad (13-66)$$

$$T_H = \frac{T_{H1}-T_{H2}}{\ln(T_{H1}/T_{H2})}$$

冷物流吸收㶲为(忽略散热损失)：

$$Ex_c = Q\left(1-\frac{T_0}{T_C}\right) \qquad (13-67)$$

$$T_C = \frac{T_{C2}-T_{C1}}{\ln(T_{C2}/T_{C1})}$$

传热过程㶲损为：

$$Ex_L = QT_0\frac{T_H-T_C}{T_H T_C} \qquad (13-68)$$

反映在图 13-28 上热流放㶲为 1256 围成的面积，冷流吸收㶲为 3456 围成的面积，过程

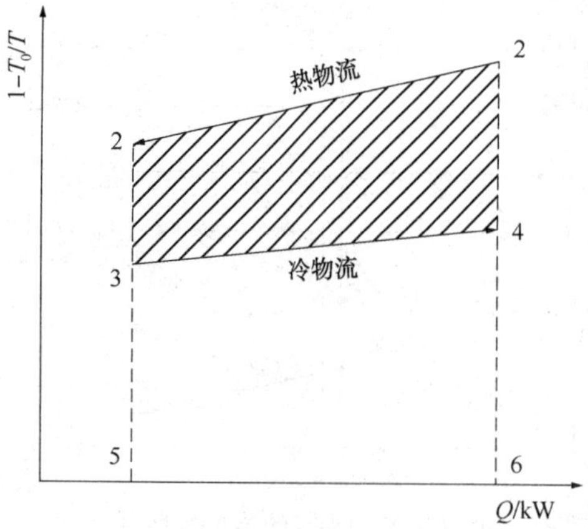

图 13-28 换热器传热㶲损

㶲损为图 13-28 两曲线包围的阴影部分。而当传热设备两端温差比 $\Delta t_1/\Delta t_2<2$ 时，可用算术平均温度差。对于纯逆流传热有：

$$\Delta T_m=\frac{\Delta t_1+\Delta t_2}{2}=[(T_{h1}-T_{c2})+(T_{h2}-T_{c1})]/2$$

$$=[(T_{h1}+T_{h2})-(T_{c2}+T_{c1})]/2$$

当物流比热容为常数时有：

$$T_h=\frac{T_{h1}+T_{h2}}{2},\quad T_c=\frac{T_{c2}+T_{c1}}{2}$$

$$\Delta T_m=T_h-T_c \tag{13-69}$$

因此，传热过程㶲损为：

$$Ex_L=QT_0\frac{\Delta T_m}{T_H T_C} \tag{13-70}$$

由式(13-70)可以得出结论，传热㶲损与传热量 Q 和传热推动力 ΔT_m 成正比，而与物流的平均温位成反比，亦即在传热量一定情况下，ΔT_m 越大㶲损越大，T_H、T_c 越高㶲损越小。侧面反映了同样传热温差下低温传热㶲损大于高温传热㶲损的客观属性。

在技术经济合理范围内减少传热温差，可以减少传热㶲损，从而使能量回收率增加，降低能量消耗。这可从图 13-4 所示的夹点图来解释，单台换热设备的温差增加将影响换热网络的平均温差；换热网络温差增大时，即图 13-4 冷流曲线向右平移(如虚线位置)，结果使换热量减少，而加热负荷增加，从而导致能耗上升。

2. 换热网络的㶲损失

㶲损失是衡量传热过程能量质量变化情况的一个重要参数，㶲损失增大必然导致能耗增加。对于图 13-1 所示的换热子系统，包括了换热、冷却和加热三部分。换热系统㶲损如图 13-29 所示。

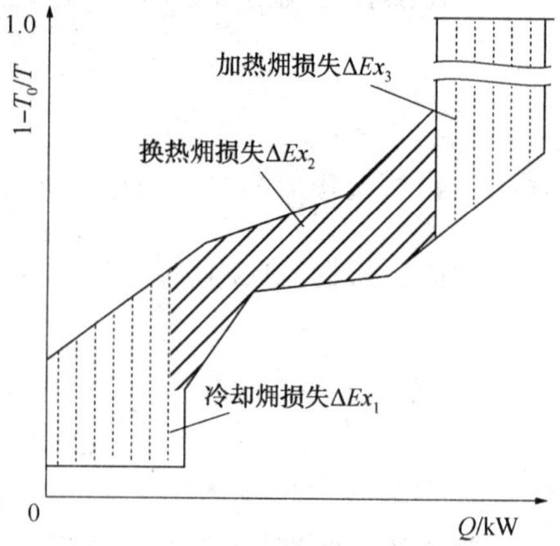

图 13-29 换热子系统㶲损分布图

由图 13-29 可知，换热子系统传热过程㶲损由换热设备传热㶲损、加热过程㶲损和冷却过程㶲损三部分组成，图 13-29 可根据组合曲线图，将纵坐标由 T 转变为热量的能级 $\varepsilon=1-T_0/T$ 即可。所谓能级是热量中㶲所占比例，表征能量质量的参数，纵坐标最大值为 1 过程㶲损 Ex_L：

$$Ex_L=\Delta Ex_1+\Delta Ex_2+\Delta Ex_3 \tag{13-71}$$

换热过程㶲损 ΔEx_2 是传热温差和传热量的函数：

$$\Delta Ex_2=\sum_{i=1}^{n}Q_iT_0\frac{\Delta T_{mi}}{T_{hi}T_{ci}} \tag{13-72}$$

减少传热温差不仅可减少传热㶲损，使体系温差减少，从而增加换热负荷，减少加热和冷却负荷。

体系加热负荷(热公用工程)大多是用燃料在加热炉燃烧转化为热，进而传递给受热流体，其㶲损为燃料化学㶲与受热流体得到的㶲之差，可按式(13-73)计算：

$$\Delta Ex_3 = Q_H\left(1-\frac{T_0}{T_m}\right)/\eta_x - Q_H\left(1-\frac{T_0}{T_m}\right) = Q_H\left(1-\frac{T_0}{T_m}\right)\left(1-\frac{1}{\eta_x}\right) \tag{13-73}$$

式中 T_m——受热流体的对数平均温度；

η_x——加热炉㶲效率，对于只有一股受热流体时，$\eta_x=\eta_\varepsilon$；

η——加热炉热效率。

对于冷却负荷，是将不能匹配换热的低温段热物流热量用冷却介质冷却排弃掉，一般说冷却介质携带温度也接近环境温度，而且冷却介质带走的能量最终也排弃于环境。而由热物流传递热量给冷却介质的㶲损为：

$$\Delta Ex_1 = Q_c\left(1-\frac{T_0}{T_{mc}}\right) - Q_c\left(1-\frac{T_0}{T_c}\right) = Q_c T_0\,\frac{T_{mc}-T_c}{T_{mc}T_c} \tag{13-74}$$

式中 T_{mc}——冷却热流体的平均温度，K；

T_c——冷却介质的平均温度，K。

一般地，在换热子系统中，体系的加热负荷是完成工艺操作和能量回收的推动力，没有加热负荷就达不到工艺操作条件，不能形成能量回收循环。加热负荷一般大于冷却负荷。这是由于弥补工艺设备及能量回收设备及管线散热的缘故，其余大部分进入冷却负荷。

参 考 文 献

[1] 徐亦方，等. 多效蒸发系统的多夹点和对糠醛制溶剂回收系统的分析[J]. 石油炼制，1988，(4).

[2] 宋小文，史美声. 夹点设计法在常减压蒸馏装置上的应用[J]. 炼油设计，1990，(5)：55-65.

[3] 何耀文. 化工新技术—化工过程热力学分析，中国化工学会教育委员会编，1982.

[4] 杨冀宏，麻德贤. 过程系统工程导论[M]. 北京：烃加工出版社，1989.

[5] B. Linnhoff, et. al. User Guide on process Integration for the Efficient use of Energy, I. chem. E. Rugby, England.

[6] 史美声. 夹点设计法[J]. 炼油设计，1989，(3)：29-40.

[7] Y-D. Lang, et. al. Simultaneous Optimization and Heat Integration with Process Simulators[J]. Computers & Chemical Engineering, 1988, 12(4): 311-327.

[8] 林炯. 原油蒸馏换热网络夹点理论和启发式规则的研究[D]，石油大学，1992.

[9] S. G. Hall, et, al. Capital coat targets for heat exchanger networks comprising mixed materials Of construction, pressure rating and exchanger types[J]. Computers & Chemical Engineering, 1990, 14(3): 319-335.

[10] B. Linnhoff, S. Ahmad. Cost optimum heat exchanger Networks-part 1, Minimum energy and capital using simple models for capital[J]. Computers & Chemical Engineering, 1990, 14(7): 729-750.

[11] J. M. Douglas. Conceptual Design of chemical Processes[M]. U. S: McGraw-Hill Book company, 1988: 216-289.

[12] 郭文豪，等. 夹点技术的超目标应用—换热系统夹点温差的超前优化[C]//第六届全国热力学分析与节能学术会议. 广州，1992.

[13] 游太平. 瓶颈定位法设计换热器组合以节省能源[J]. 石油季刊，1987，23(3).

[14] 蒋楚生，等. 工业节能的热力学基础和应用[M]. 北京：化学工业出版社，1990.

[15] B. Linnhoff. Pinch technology has come age, C. E. P, July 1984.

[16] T. N. Jioe, B. Linnhoff. Using pinch technology for process retrofit[J]. chemical Engineering, 1986.

[17] 陈安民，李昆. 能量回收系统的热力学分析[C]//第七届全国热力学分析与节能会议论文. 大连，1994.

14 关键节能技术

摘　要　本章重点介绍在节能减排中发挥了非常重要作用的关键节能技术，它包括以下主题：(1)泵和压缩机的调速技术及其节能原理；(2)燃气轮机节能原理及其选型；(3)联合燃气轮机循环及其在LNG装置中的应用及其模拟；(4)FCCU烟气轮机节能，包括节能原理、负荷影响、评价方法、提高烟气发电回收效率的方法；(5)FCCU再生器烟气CO再生器外燃烧，CO点火速率方程，CO焚烧炉和能量回收；(6)烟气能量回收系统优化，包括CO管道预燃烧、压力燃烧、烟气能量和动力回收系统优化；(7)低温热回收利用，包括直接用作工艺加热，升级使用压缩热泵，吸收式热泵，制冷和发电，直接使用和升级使用系统集成。

关键词　变频调速；联合循环燃气轮机；CO燃烧；烟气轮机；低温热；热泵

石油化工过程实际采用的节能技术(包括节能技措)，名目繁多，内容极为丰富，遍布于能量转换、利用及回收的整个过程中。其许多是与工艺过程紧密结合在一起的，既有节能效益，也有改进工艺带来的产品数量增加、质量提高的效益。本章在前述各章内容的基础上，结合石油化工过程特点，从常规的、新的单项节能技术中列出在实际生产中发挥了效益或在石油化工领域具有广阔的应用前景的部分节能技术予以讨论，包括能量转换过程节能技术、工艺过程节能技术和能量回收过程技术三个方面。能量转换过程节能技术改进的宗旨，一是提高转换设备效率包括能量效率和第二定律的㶲效率。二是为过程提供要求能量能级相适应的能量(如蒸汽逐级利用和机泵调速技术)。工艺过程节能技术，目的是改进工艺过程，降低过程使用能量的数量，提高待回收能的品位。

14.1　机泵调速技术

石油化工厂机泵电耗约占全厂总电耗的80%，由于电属高质量能源，在电厂中为获得电能已付出大量代价——能量损失。节约电能不仅节能，而且有显著的节能效益。

石油化工装置由于生产方案、原料产品运输、市场情况等原因，常常处于低负荷运行，加之装置在设计过程中考虑安全裕量和装置扩建发展的设想，使得许多机泵低负荷运行。此外，一些机泵受装置加工方案、气候、季节等因素的影响，负荷率波动较大，通常的做法是在低负荷下采用调节阀节流控制，造成大量的能量损失，为克服这一状况，应利用机泵的转数变化调节流量，避免机泵的节流损失。

14.1.1　机泵流量随转速的变化规律

离心泵的稳定工作点是由管路系统特性方程和机泵特性方程共同决定的：

$$\text{管路}\quad H=H_0+kQ^2 \tag{14-1}$$

$$\text{机泵}\quad H=f(Q,\ n) \tag{14-2}$$

式中　H——机泵的扬程；

H_0——管路系统的静压头，即为工艺要求的操作压力；

Q——管路系统流量；

n——机泵的转数；

k——管路系统阻力降系数。

泵的扬程与管路系统压力(系统阻力降与工艺需要操作压力之和)在泵出口(调节阀前)达到了平衡。而达到平衡的手段有两种，一是调节管路系统(用调节阀)，当泵的流量降低时，扬程升高，调节阀关小，使泵与管道系统达到压力平衡，以管路系统适应泵。另一调节方法是打开管路调节阀门，利用泵转速调节流量变化，其扬程与管路系统要求压力相适应，这就是机泵调速技术。两种调节系统的泵与管路系统特性见图 14-1。

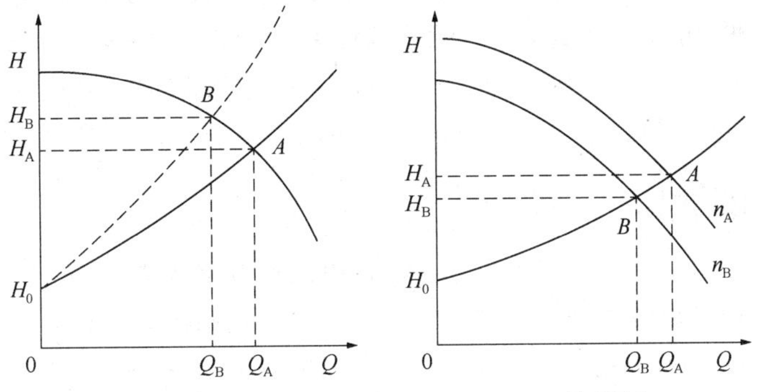

图 14-1 泵与管路系统特性

对于图 14-1(a)的阀门调节，当流量由 Q_A 降低为 Q_B 时，工作点由 A 移到 B 点，扬程由 H_A 升高到 H_B。而采用转速调节，系统管路特性不变、泵的转速由 n_A 变化为 n_B，形成了新的泵特性曲线。此时，流量降低，泵的扬程下降。两种方式调节的特性曲线见图 14-2。

由图 14-2 可知，控制方式不同，泵出口扬程不同，低负荷下调节阀控制使泵扬程升高，而泵转速控制使泵的扬程下降，两种调节方式节约的轴功率为：

$$\Delta N=\frac{\rho Q\Delta H}{102} \tag{14-3}$$

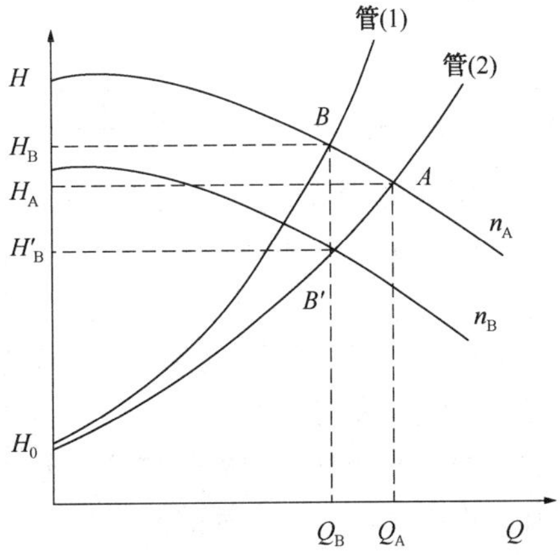

图 14-2 两种调节方式特性曲线对比

式中 ΔN——节约轴功率，kW；

ρ——流体密度，kg/m^3；

ΔH——扬程变化量，$\Delta H=H_B-H'_B$，m；

Q——泵的流量，m^3/s。

另一方面，离心泵转速的变化与泵流量、扬程和功率消耗的关系，依据相似法则有：

$$\frac{Q'}{Q}=\frac{n'}{n}=r \tag{14-4}$$

$$\frac{H'}{H}=\left(\frac{n'}{n}\right)^2=r^2 \tag{14-5}$$

$$\frac{N'}{N}=\left(\frac{n'}{n}\right)^3=r^3 \tag{14-6}$$

因此，如以转数变化调节流量，且令负荷为 $Q'/Q=L$，则式(14-6)为 $N'/N=L^3$，即按转数调节，轴功率变化与负荷率的立方成正比。单位流量的轴功率变化为：

$$\frac{N'/Q'}{N/Q}=L^2 \tag{14-7}$$

式(14-7)即为以转速调节时，轴功率变化的特性：单位流量轴功率与负荷率 L 的平方成正比。理论上，在低负荷运行时不存在用电固定能耗，而且随负荷率的降低用电单耗下降。实际过程中，流量调节的方式更为复杂，除了按转速调节外，往往还辅以其他调节方式。特别是当流量降低，机泵扬程降低，满足不了工艺操作和输送的需要时，应采用调节阀控制。

此外，流量变化采用调速技术，泵的效率大体不变，这可由图 9-4 看出。

14.1.2 机泵调速方式及分类[1]

机泵系统的调速方式主要有两类。一是通过电动机直接调速。二是电动机转速不变，通过在电动机和机泵中间设置传动设施来改变转速，以达到调速的目的。

<table>
<tr><td rowspan="5">机泵调速装置</td><td rowspan="3">电机调速</td><td>变极调速</td></tr>
<tr><td>变频调速</td></tr>
<tr><td>可控硅串级调速</td></tr>
<tr><td rowspan="2">机械调速</td><td>液力偶合器调速</td></tr>
<tr><td>油膜离合器调速</td></tr>
</table>

1. 电机调速

由电机学可知，交流电动机的转速公式为：

$$n=60(f/P)(1-S) \tag{14-8}$$

式中，f 为定子供电频率；P 为极对数；S 为转差率。改变交流电动机的转数可通过改变 f、P、S 来实现。

(1) 改变电机的极对数 P，这种变速方法控制简单，只能在二、三种固定转速下运转，所以难以满足生产过程的要求。

(2) 改变转差率 S，转子绕组中串接一个可控硅逆变器作为反电势，这种调速为可控硅串级调速。用于绕线式感应电动机调速范围小，逆变器从电网中吸取无功功率，所以在系统效率较高的情况下，这种调速系统总的功率因数也不高，其效果低于变频调速。

(3) 改变供电频率 f，这种调速为变频调速，损耗小，效率高，在石化系统已获得许多应用。目前存在问题是引进或组装的变频器对石化装置中的大中型机泵(200～1000kW)没有系列产品。国产设备质量尚有待提高。

2. 机械调速

(1) 液力偶合器

液力偶合器是利用液体(20#机械油)动能和势能(主要为动能)来传递功率的一种滑差式

传动设备。它在电动机恒定转速下无级地改变机泵的转速和输出参数。液力偶合器排出液体量随机泵排出压力的变化而增减，使滑动速度改变而自动地变速，故可以节减电动机的输入功率。这种方式可以以无载状态启动。因而可以减少电机驱动电流，不需特殊启动装置，变速范围广，响应性也较好。由于存在滑动，故传导速率下降，但也有维修工作量小、可靠性高的优点。

（2）油膜离合器[2]

调速油膜离合器是通过调节油缸体和活塞之间的工作油腔的油压高低来改变主、从动摩擦片的压紧程度来工作的。当充分压紧时，主从动摩擦片同步运行。当压紧力低到某一临界值时，主从动摩擦片间产生一个相对滑动转差，使输出轴转速低于输入轴转速，改变压紧力即可改变相对转差的大小，从而达到无级调速的目的。

通过调节油压来控制活塞位移，从而推动主、从动摩擦片相对移动。使主从动摩擦片之间的油膜间隙发生变化。由于传递的扭矩和转速差与油膜间隙大小有关。所以在调速时，只要改变油压大小，推动控制活塞位移，调节主、从动片之间的油膜的间隙，即可实现无级调速，其传动比为 λ：

$$\lambda = W_2 / W_1 \tag{14-9}$$

其中，W_2 为从动轴转速；W_1 为主动轴转速。实际工况 λ 一般为 1/3～1。油膜离合器的效率、除了受摩擦片的摩擦损失影响外，还有供油泵和齿轮的传动损失，轴承和密封损失的影响。

各种调速方案的比较见表 14-1。

表 14-1　各种调速方案的比较

序号	名称	适用场合	可靠性	维护难度	优点	缺点	效率	备注
1	液力偶合器	高速、大容量，鼠笼式电机	较高	一般	投资少	1. 有滑差损失； 2. 无后备运行方案； 3. 占地面积大	$\frac{\eta_T}{\eta_B}$	分别为偶合器输出、输入转速。防爆场所实现自动控制执行机构要采用正压通风
2	TL离合器	高速大容量，鼠笼式电机	控制系统液压比例阀故障	一般	1. 投资少； 2. 控制系统故障时可切换为同步运行	1. 有滑差损失； 2. 旋转件故障时无后备运行方案		
3	可控硅串级调速	同步转速1500r/min及以下绕线电机	高	要求技术水平较高	1. 故障时可自动切换为全速运行； 2. 调速过程中产生的滑差功率能够回收； 3. 价格仅是变频调速的30%～40%	1. 功率因数较低； 2. 调速过程中产生的谐波对电网有一定的污染； 3. 只适用于绕线电机	90%	自整角机触发，抗干扰性能强，线路简单
4	变频调速	生产装置动力系统，鼠笼式电机	高	要求技术水平高	1. 保护功能强； 2. 响应速度快多； 3. 无滑差损失； 4. 功率因数高	1. 投资大； 2. 线路复杂； 3. 对电网有一定的污染	98%	按目前的价格在15～160kW的负载上应用较合适

14.2 燃气轮机及其选择

14.2.1 节能原理

石油化工过程用热参数大多在200~400℃，而这些热又都是通过炉子的燃料转换的。近年来人们已致力于提高加热炉效率，许多大中型炉子的热效率达到85%以上。继续提高炉子效率固然可以节能，但受到下列因素的制约：一是烟气露点温度限制，排烟温度不应低于露点温度。露点随燃料品种、硫含量不同而异；二是烟气热量回收存在着效益与投资的经济优化，限于烟气热量回收多为低温，能级较低，且传热推动力减小，一般投资较高，使经济排烟温度达不到露点限制点，因此也不必花大气力于烟道防腐。与此同时，燃气轮机与加热炉联合在工业上应用提高炉子㶲效率，已开始受到人们的重视，国外石油化工装置不乏其应用实例。国内也有炼油厂应用航空发动机改型，在催化裂化装置上与废热锅炉联合，取得了不少试运数据和经验，燃气轮机与工艺加热炉的联合正在开发中。

燃气轮机-加热炉联合系统的特点是，首先利用高温的压力燃气膨胀做功，排气热做为炉子的热源，功热联产，提高了炉用燃料的利用率。对该系统进行过热力学分析结果表明，㶲效率可提高10%左右[16]。而单纯的加热炉在常压下燃烧，不具备膨胀做功能力。燃气轮机-加热炉联合系统也存在一些不利因素。一是过剩空气量大，在同样的排烟温度下损失的能量也较一般加热炉多。增大了系统的散热面积，散热损失量也有增加。

在燃气轮机循环中压气机消耗动力，而膨胀涡轮产生动力。其做功量为：

$$W_s = \int_{p_1}^{p_2} V\mathrm{d}p \tag{14-10}$$

如把燃气轮机循环的气体工质视为理想气体，则式(14-10)可写为：

$$W_s = nRT\ln\frac{p_1}{p_2} \tag{14-11}$$

对于工质(空气)的压力，由于是在低温(接近环境温度)下压缩，消耗功少，当工质在燃烧室内燃烧，温度提高，膨胀做功能力提高。设膨胀与压缩工质量变化不大。忽略系统压降，则膨胀与压缩耗(做)功的比值为：

$$\frac{W_{s2}}{W_{s1}} = \frac{nRT_2\ln\dfrac{p_1}{p_2}}{nRT_1\ln\dfrac{p_1}{p_2}} = \frac{T_2}{T_1} \tag{14-12}$$

式中，T_2 为膨胀过程燃气平均温度；T_1 为压缩过程空气平均温度；W_{s2} 为膨胀做功；W_{s1} 为压缩耗功。一般地，膨胀过程 T_2 在500~1000℃，而压缩过程温度在20~150℃(293~423K)，燃气做功比为3倍以上，实际上由于透平效率及其他损失，实际做功比较低，一般地，约有50%透平做功用于为轴流压缩机提供动力。

单轴燃气轮机的简单循环示意图如图14-3(a)所示。环境空气进入轴流压缩机，由于进气条件随时间以及地理位置而变化；因此使用ISO条件下15℃、1.013bar和60%相对湿度是很方便的。

空气被压缩到更高的压力，压缩会提高空气温度。压缩空气进入燃烧系统，在那里供应燃料并发生燃烧。燃烧过程基本上在恒定的压力下发生；燃烧系统旨在提供混合、燃烧、稀释和冷却。因此，当燃烧混合物离开燃烧系统并进入涡轮机时，它处于混合平均温度。

在燃气轮机的涡轮机部分，热气体的能量转化为功。这种转换分两步进行[3]。在涡轮机的喷嘴部分，热气体被膨胀，一部分热能被转化为动能。在涡轮机的后续涡轮部分，一部分动能被传递到旋转涡轮并转换为功。涡轮机做功部分用于驱动压缩机，其余的可用于燃气轮机输出有效功。

所有燃气轮机运行的热力学循环称为布雷顿(Brayton)循环，图 14-3(b)显示了经典的压力-体积(pV)图，该图上的数字对应于图 14-3(a)中使用的数字。路径 1 至 2 表示压缩机中发生的压缩，路径 2 至 3 表示燃烧系统中恒压增加热量，路径 3 至 4 表示涡轮机中发生的膨胀。Brayton 循环图上从 4 到 1 的路径表示恒压冷却过程。在燃气轮机中，这种冷却由压缩空气完成，压缩空气在点 1 处连续提供新鲜、冷却的空气，以换取在点 4 处排出气体排入到大气中。实际周期是“开放”循环，而不是“封闭”循环。

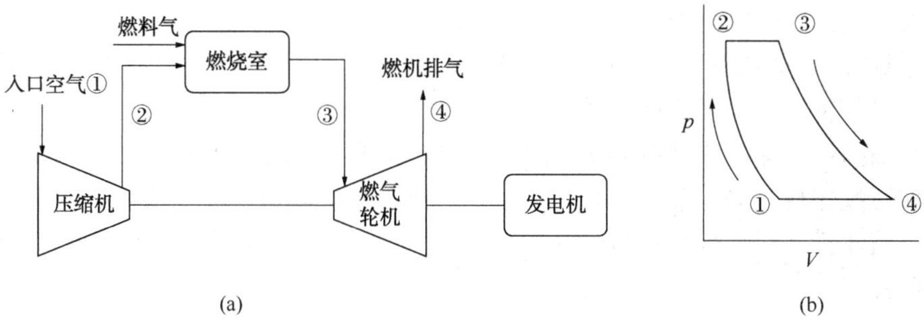

图 14-3 单轴燃气轮机示意图及 PV 图

每个布雷顿循环都可以通过两个重要参数来表征：压力比和燃烧温度。燃气轮机循环的压力比是点 2 处的压力(压缩机排气压力)除以点 1 处的压力(压缩机入口压力)。在理想循环中，该压力比也等于点 3 处的压力除以点 4 处的压力。然而，在实际循环中，燃烧系统中存在一些轻微的压力损失，因此，点 3 处的压力略小于点 2 处的压力。

另一个重要参数，燃烧温度，被认为是循环中达到的最高温度。GE 将燃烧温度定义为按图 14-3(b)中的第 3 点发送的质量流量平均总温度。

通常，涡轮机部分做功的 50%以上用于为轴流压缩机提供动力。

由于以下主要因素，燃气轮机将降额高达 8%。

(1) 进气条件

降额是由燃气轮机进气条件引起的。供应商提供的燃气轮机的热耗率是根据 ISO 条件(15℃和 1.013atm，湿度 60%)，热耗率偏差是由与 ISO 条件不同的条件引起的，因为进气条件(温度压力)的变化会因影响到进气到压缩机的密度和/或质量流量而改变其操作性能。

(2) 湿度

由于潮湿空气的密度低于干燥空气，直接影响燃气轮机的操作性能，对于进入燃气轮机的相同体积，它会降低质量流量并降低功率输出。

(3) 进气和排气压力损失

降额是由燃气轮机入口和排气压力损失引起的。将空气过滤器、消声器、蒸发冷却器或冷水机组安装到排气口或热回收装置中，会导致系统中的压力损失，最终导致功率输出降低。

由燃气轮机(包括进气压缩机)结垢引起的降额为1%~4%。

燃气轮机(含进气压缩机)老化引起的降额为1%~4%。

14.2.2 燃气轮机选型

通常，两种类型的燃气轮机广泛用于发电、LNG工厂和能源工业、航改型燃气轮机和重型燃气轮机。受其效率或热耗率因燃气轮机类型而异，受其压缩比、燃烧温度(T_3)和排气温度(T_4)因素的影响；T_3受控，并且高度依赖于所用材料和燃气轮机制造水平。

一般来说，燃气轮机的选择是针对最大利润(NPV)，包括运营成本(燃料)、目标产品收入和资本成本。目的产品可以是发电或提供压缩机驱动功率，这可以根据电价估算。下面列出了燃气轮机选择的基本考虑因素：

(1) 根据实际运行需要计算燃气轮机组的容量。总容量可以是发电容量或所需的机械驱动功率，具体取决于实际应用，并具有合理的设计裕量。

对于LNG混合制冷剂气体压缩机，压缩机的功率需求可能由燃气轮机，辅助蒸汽轮机或辅助电机提供，具体取决于蒸汽和公用工程系统的整体布置。

(2) 根据效率(热耗率)、燃气轮机设备备用政策、低负荷调节能力、保证连续运行小时数，还有设备价格等因素选择燃气轮机。

(3) 厂商提供的热耗率是在ISO条件下，即15℃和1.013个大气压，湿度60%。

(4) 实际操作将与ISO条件不同，并且会受到多种因素的影响，因此应应用高达8%的降额因子，请注意，在运行开始和运行结束时降额因子会有所不同，但对于设计，应采用预期的最大降额因子。

(5) 燃气轮机的负荷系数将极大地影响运行成本和资本成本，选择最佳的运行负荷将有助于大大降低总成本。受负载影响的典型燃气轮机热耗率如图14-4所示。

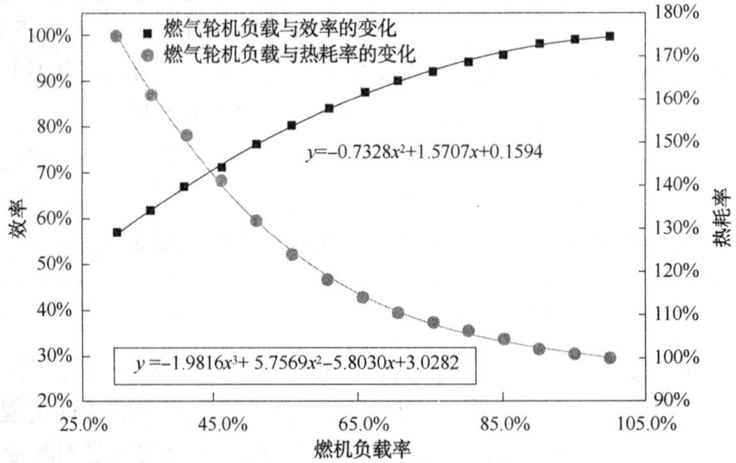

图14-4 燃机负载率对效率的影响

图14-4是根据航改型燃气轮机性能数据估算的，它用于了解燃气轮机负载如何影响效率或热耗率，在评估燃气轮机项目时，建议与供应商联系以获取特定燃气轮机的负载影响。如果缺少供应商信息，可以使用以下等式进行粗略估计：

燃气轮机效率与负载的关系：

$$E_{ef}=-0.7328L^2+1.5707L+0.1594 \tag{14-13}$$

燃气轮机热耗率与负载的关系：

$$H_R=-1.9816L^3+5.7569L^2-5.803L+3.0282 \tag{14-14}$$

式中 E_{ef}——燃气轮机在负载 L 时的效率，%；

L——燃气轮机负载率，%；

H_R——燃气轮机在负载 L 时的热耗率，%；

除了进气条件、进气和排气压力损失、燃气轮机结垢和老化引起额定功率降低外，预测的热耗率(效率)应为降低后热耗率(效率) 乘以热耗率(效率)修正系数。

(6) 投资成本，燃气轮机成本是每个供应商的报价，加上属于客户范围的仪器和控制系统的成本。

(7) 运营成本主要是燃料费用，可以使用实际功率需求和预测负载下的降额热耗率来计算。燃料费用是使用总热量需求乘以热量价格 \$/GJ 计算；

(8) 燃气轮机组的主要产品可以是发电或驱动压缩机的功率，这消除了/减少了压缩机的功率需求，因此电力销售收入将增加。

(9) 简化的动态投资回收期(参考第 11 章)可用于在简单的经济评估中选择燃气轮机。

当燃气轮机项目投资可以简化为一次性投资 I(或贴现每年的投资 I)时，且年生产后收益等于年金 A，如果预期的银行贷款利息为 i，则项目投资回收期 t 将为：

$$t=\frac{-\lg(1-Ii/A)}{\lg(1+i)} \tag{11-19}$$

(10) NPV(净现值)也常用于燃气轮机项目评价，简单的评价可以通过在目标折现率(IRR)下使用燃气轮机寿命期间累积的 NPV 来实现，将投资项目在其寿命周期内每年的净现金流 $R_t=(CI-CO)_t$ 转换为当前时间(通常是项目开工时间，即 0 年)，其总和称为项目的净现值(NPV)。计算公式为：

$$NPV=\sum_{t=0}^{n}(CI-CO)_t\left[\frac{1}{(1+i)^t}\right] \tag{11-20}$$

式中 n——项目建设及生产服务年限；

i——设置贴现率或基准投资利润率；

t——投资寿命期，a；

$(CI-CO)_t$——年度净年度现金流。

(11) 具有最大累积 NPV 的燃气轮机型号将是最适合项目的燃气轮机。可以用于详细评估。

【例 14-1】 某一油气设施要求安装一个净功率输出为 100MW 的发电设施，考虑到电力系统损耗为 2%，燃气轮机需要净输出功为 102MW，该设施需要安装一个简单的循环燃气轮机发电。

为了初步筛选合适的燃气轮机，考虑了 GE 重型燃气轮机和航空改型燃气轮机，燃气轮机的输出和热耗率取自 GE 2021-2022 GE Gas Power catalog[15]。

表 14-2 中燃气轮机的价格是根据已有资料估算的，在进行燃气轮机选择项目时，建议提前联系供应商了解每个燃气轮机提供的输入数据，如燃气轮机价格、净输出功、ISO 热耗率等。

使用的燃气轮机燃料是 LHV 为 47200kJ/kg 的净化天然气，燃气轮机总降额系数为 8%；

本项目的目标内部收益率或贴现率为 8%，电价为 0.12 $/kW·h，本设施所在地区的天然气价格为 5 $/GJ。

解：按照上述燃气轮机选型步骤，表 14-2 总结了基本数据输入和计算结果。

表 14-2　例 14-1 基本输入数据和燃气轮机选择结果

	燃气轮机型号	GE 重型燃机		GE 航空改型燃气轮机			
		6F.03	6F.01	LM6000PF	LM2500+G4 DLE	LM2500+DLE	LM2500 DLE
燃气轮机信息	净输出/MW	88	57	44.7	33	30.5	22.2
	ISO 热耗率/[kJ/(kW·h)]	9788	9469	8702	9802	9871	10466
	燃机价格(估计)/$MM	29.2	26.4	21.3	17.7	16.6	16.1
发电/MW		102					
所需贴现率 *IRR*/%		8.0					
燃料气 LHV/(kJ/kg)		47200	47200	47200	47200	47200	47200
预期的燃机性能	计算燃机台数 *N*	1.2	1.8	2.3	3.1	3.3	4.6
	N+1 燃机台数	3	3	4	5	5	6
	N 发电机容量/MW	176.0	114.0	134.1	132.0	122.0	111.0
	N 实际发电余量/%	73	12	31	29	20	9
	校正热耗率/[kJ/(kW·h)]	10639	10292	9459	10654	10729	11376
	校正效率/%	33.8	35.0	38.1	33.8	33.6	31.6
	燃气轮机负载/%	58.0	89.5	76.1	77.3	83.6	91.9
	燃机效率变化/%	82.4	97.8	93.0	93.6	96.0	98.4
	预测效率/%	27.9	34.2	35.4	31.6	32.2	31.1
	预测热耗率/[kJ/(kW·h)]	12918.4	10522.7	10169.0	11388.2	11172.0	11561.5
	燃气流率/(kg/h)	27917	22740	21975	24610	24143	24985
	热需求/(GJ/h)	1318	1073	1037	1162	1140	1179
经济评估	燃料成本@ $5/GJ，$/h	6588	5367	5186	5808	5698	5896
	年度燃料成本/$MM	57.71	47.01	45.43	50.88	49.91	51.65
	发电收入$MM，@ $0.12/(kW·h)	107.22	107.22	107.22	107.22	107.22	107.22
	N 台燃机费用/$MM	58.40	52.80	63.90	70.80	66.40	80.50
	N+1 台燃机费用/$MM	87.60	79.20	85.20	88.50	83.00	96.60
	总资本$MM@ 50%用户范围	131.40	118.80	127.80	132.75	124.50	144.90
	动态投资回收期/年	3.10	2.23	2.35	2.71	2.48	3.04
	NPV@ 8%贴现率/$MM	455.76	595.30	605.04	535.49	555.19	514.16

根据表 14-2，燃气轮机 6F.01 和 LM6000PF 的投资回收期最短；随着进一步的 *NPV* 评估，LM6000PF 具有最大的累积 *NPV*，航空衍生型燃气轮机 LM6000PF 是最适合此应用的燃气轮机，因此，建议使用；即：设置 *N*+1 运行模式，正常 3 台 LM6000PF 燃气轮机运行，余量约为 30%，一台燃气轮机待命。

14.3 联合燃气轮机循环及其应用

14.3.1 联合燃气轮机循环

典型的简单循环燃气轮机(图 14-3)有一个发动机-燃气轮机，它可能具有用于工艺使用的热回收，燃气轮机做功效率相对较低，约 30%~40%的燃料能输入到轴功输出中。

典型的联合循环[3]通常被定义为两个或多个发动机串联工作，可以实现 40%~50%的效率，它包括在燃气轮机排气管道中安装热回收蒸汽发生器(HRSG)，使用背压蒸汽轮机来驱动压缩机或泵，蒸汽轮机发电机，提供工艺加热能量，或形成这些应用的组合。

典型的燃气轮机联合循环如图 14-5 所示。

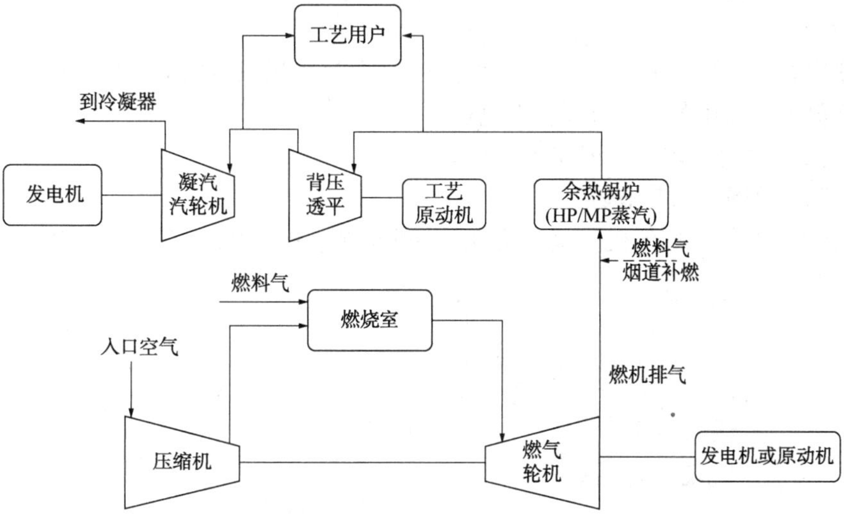

图 14-5 典型的燃气轮机联合循环

从图 14-5 可以看出，联合循环燃气轮机对燃气轮机的燃料输入具有较高的能量利用效率，效率可以达到 50%~60%。来自燃气轮机的排气具有较高的温度和高温过剩空气，废气热量可以回收以产生中压或高压蒸汽，废气中的多余空气有利于用于管道燃烧以平衡蒸汽或根据需要过热高压蒸汽，在 HRSG 烟道中燃烧提供高质量的过热蒸汽，并在需要时可以提高到满产汽负荷。

HRSG 产生的蒸汽根据需要可用于背压蒸汽轮机驱动压缩机/泵或被引导到蒸汽轮机发电机组进行发电，它还可为工艺加热和 BFW 除氧器提供蒸汽。

14.3.2 液化天然气装置的应用

14.3.2.1 背景及研究基础

以典型的双系列液化天然气工厂为例，并说明燃气轮机、蒸汽轮机、锅炉和压缩机的组合，该工厂每系列装置的年设计能力为 600 万 t。它包括：

(1) 除汞装置，从原料气中除去汞至 $5ng/Nm^3$。

(2) 酸性气体脱除装置采用胺类溶剂，处理后的气体符合 LNG 原料气 CO_2、H_2S、COS 规范。

(3) 脱水装置从原料气中除水(体积分数)至 $<1\times10^{-6}$。

(4) LNG/制冷装置使用知识产权工艺，具有丙烷和混合制冷剂两种制冷剂。

(5) 制冷剂压缩机由机 GE Frame 7 燃气轮机驱动，随后是 HRSG 以回收废气热量产生 HP(高压)蒸汽。

(6) 两系列共用液化天然气储存和码头装载系统。

(7) 两系列共用公共工程和一般辅助设施，发电系统提供工厂所需的所有电力。

动力和蒸汽系统可以高度集成，压缩机功率和蒸汽系统包括：

(1) 燃气轮机驱动系统，为混合冷冻剂(MR)压缩机提供主动力；

(2) 其次是热回收蒸汽发生器(HRSG)，如果需要，成套锅炉将提供任何不足的蒸汽；

(3) 蒸汽辅助涡轮机(背压汽轮机)为 MR 压缩机提供平衡的电力需求；

(4) 背压蒸汽透平使用 GT-HRSG 产生的高压蒸汽为 LNG 蒸发气体(BOG)压缩机提供所需的动力。

(5) 来自背压蒸汽透平的低压蒸汽通过 STG(蒸汽轮机发电机)用于发电，该 STG 是通过乏蒸汽冷凝器的低压蒸汽冷凝涡轮发电机。

(6) 蒸汽/冷凝水/BFW 分配和收集系统

14.3.2.2 工艺简图和工艺描述

典型 LNG 系列的燃气轮机、蒸汽轮机、余热锅炉、锅炉和压缩机集成如图 14-6 所示。

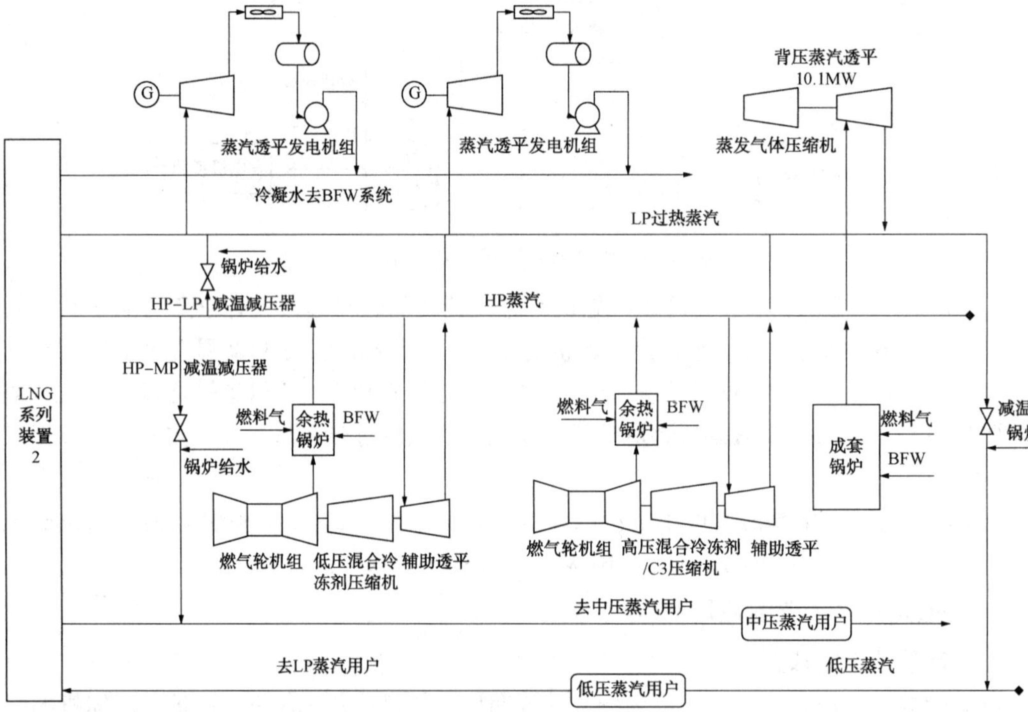

图 14-6 典型的液化天然气工厂 GT-HRSG+STGs 集成

1. 压缩机驱动系统

每系列 LNG 装置有 2 个制冷剂压缩机，每个需要约 95~100MW 的功率；制冷剂压缩机由 Frame7 燃气轮机和高压蒸汽背压透平机共同驱动。

Frame7 燃气轮机提供约 75%~85%的制冷剂压缩机电力需求；辅助蒸汽透平机由高压蒸

汽驱动，可提供 MR 压缩机所需的剩余动力。蒸发气体(BOG)压缩机由高压背压蒸汽透平驱动；

来自高压背压透平机的低压蒸汽被供应到冷凝蒸汽轮机发电机(STG)以产生电力，并供应给工厂和公用工程系统。

2. 蒸汽系统

每系列装置有 2 个 HRSG 和 1 个成套锅炉，可产生高压蒸汽(69bar，525℃)；成套锅炉还为启动和维持工厂蒸汽平衡提供蒸汽；HRSG 用于回收燃气轮机的废气热量产生高压蒸汽，；燃气轮机的废气温度约为 535℃。

由 HRSG 和成套锅炉产生的高压蒸汽将用于驱动制冷剂压缩机辅助背压蒸汽透平和 BOG 背压蒸汽透平；根据蒸汽平衡，一小部分高压蒸汽将减压到中压蒸汽进行工艺加热；来自背压蒸汽轮机的部分低压蒸汽(3~5bar)将用于工艺加热和锅炉给水脱氧蒸汽。

3. 管道燃烧

燃气轮机排出的烟气含有约 15%的氧含量，燃气轮机的排出烟气温度约为 520~540℃，该烟气温度不足以产生 525℃的过热高压蒸汽，因此需要在进入 HRSG 烟气管道燃烧以提供高质量的过热蒸汽，并在需要时提高到满负荷的产汽能力；通过管道燃烧，可以充分利用废气中多余的空气进行额外的燃烧，而无需安装补充鼓风机。

增加管道燃烧负荷以产生更多高压蒸汽，从而改变夹点位置并提高效率。管道燃烧负荷可用于以接近 100%的效率产生蒸汽，并且可以根据需要快速增加负荷；通过管道燃烧，可以增加 HRSG 容量以最大限度地减少或取消整个 LNG 工厂的成套锅炉数量，所有 2 个 HRSG 完全可以提供正常运行所需的所有蒸汽。

4. 发电

除压缩机功率外，所有电力需求将由蒸汽轮机发电机组(STG)提供，所有不平衡的低压蒸汽将被引导到蒸汽轮机发电以产生所需的电力。

14.3.2.3 过程模拟

已经为这个展示的 GT-HRSG+STG 集成的 LNG 工厂构建了一个模拟模型，模拟图如图 14-7 所示。

选择 GE 7E-03 重型涡轮机来驱动混合制冷剂压缩机，提供约 75%~85%的所需功率；辅助 HP(高压)蒸汽驱动背压蒸汽轮机提供制冷压缩机的剩余功率需求。

GE 7E-03 燃气轮机的 ISO 热耗率为 10664kJ/kW·h(根据 GE 2021-2022 燃气发电产品目录)。模拟采用校正热耗率，校正热耗率可通过空压机效率和燃气轮机的排气温度进行调整。

从燃气轮机排气中充分回收热量；废热锅炉产生的高压蒸汽，用于回收排气热量；HRSG 中的烟道燃烧设计用于产生过热的高压蒸汽并利用燃气轮机排气中的多余空气。

燃气轮机、辅助蒸汽轮机和蒸汽轮机发电机(STG)从同一热源协同工作。

HP(高压)蒸汽(525℃，69bar)将主要用于背压蒸汽轮机，包括 MR 压缩机蒸汽透平辅助驱动，BOG 压缩机蒸汽透平，背压的低压蒸汽压力为 5bar；大约 6%~8%的高压蒸汽将会减压，以满足各级蒸汽网络的蒸汽平衡。

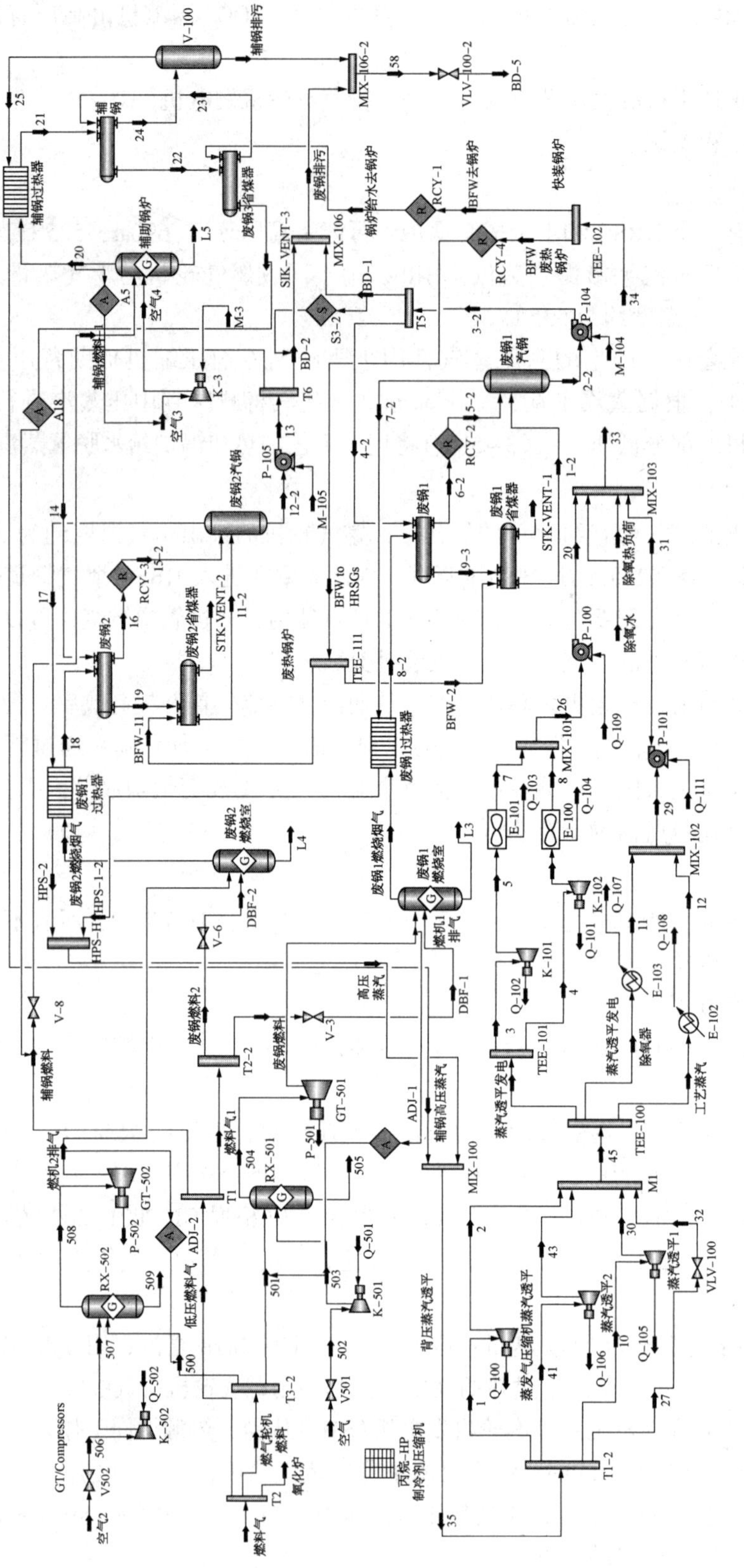

图14-7 GT、HRSG、STG集成模拟图

工艺加热中使用的工艺蒸汽和再沸器占低压总蒸汽量的25%，用于BFW脱氧的低压蒸汽约占5%，剩余的低压蒸汽将被引导到低压蒸汽凝气透平发电机组进行发电。

来自锅炉排污水的所有闪蒸蒸汽都送至除氧器使用。

14.3.2.4 模拟结果和讨论

根据模拟结果，GT-ST-HRSG集成系统效率见表14-3。

表14-3 GT-ST-HRSG集成效率

项目		单位	燃气轮机1	燃气轮机2
燃气轮机	选定的燃气轮机		GE 7E.03	GE 7E.03
	ISO热耗率	kJ/kWh	10664	10664
	ISO效率	%	33.76	33.76
	燃气轮机功率	MW	201.3	198
	燃气轮机压缩机	MW	123.2	121.2
	燃料LHV	kJ/kg	45570	45570
	燃气轮机燃料	kg/h	19886	19559
	燃气轮机燃油加热	kJ/h	906205020	891303630
	校正热耗率	kJ/kWh	11800	11420
	校正能量效率	%	30.51	31.52
供应燃料	燃气轮机燃油加热	kJ/h	906205020	891303630
	余热锅炉燃料加热	kJ/h	38287914	38287914
	成套锅炉燃料加热	kJ/h	145960710	
	小计	kJ/h	2020045188	
发电	燃气轮机净功输出	MW	78.1	76.8
	辅助背压蒸汽透平	MW	19.97	16.99
	BOG背压蒸汽透平	MW	10.5	
	凝汽透平发电机组1	MW	14.28	
	凝汽透平发电机组2	MW	14.28	
	小计	MW	230.92	
工艺加热	工艺加热	MW	54.25	
	除氧器加热	MW	10.85	
	小计	MW	65.1	
评估结果	发电效率	%	41.15	
	能量效率	%	52.75	

从表14-3可以看出，简单燃气轮机ISO效率约为33.8%，考虑降额，实际效率约为31%。采用这种集成化方式，燃气轮机和汽轮机总发电效率达到41.2%，综合能源效率为52.8%。

请注意，本次集成使用GE 7E-03重型燃气轮机，ISO效率仅为33.8%，一些最新的重型燃气轮机型号和航改燃气轮机的效率要高得多，如果使用这些高效的重型燃气轮机或航改燃气轮机替代 GE 7E-03 重型涡轮机，可实现高达 10%的额外效率提升。

余热锅炉和成套锅炉的性能总结在表 14-4 中。

表 14-4 余热锅炉和成套锅炉操作性能

<table>
<tr><th colspan="2">项 目</th><th>单位</th><th>燃气轮机 1</th><th>燃气轮机 2</th><th>备 注</th></tr>
<tr><td rowspan="14">HRSG 操作性能</td><td>HRSG 燃料</td><td>kg/h</td><td>840</td><td>840</td><td></td></tr>
<tr><td>HRSG 燃料热</td><td>kJ/h</td><td>38287914</td><td>38287914</td><td></td></tr>
<tr><td>燃机排气温度</td><td>℃</td><td>535</td><td>535</td><td></td></tr>
<tr><td>燃机排气流量</td><td>kg/h</td><td>1086882</td><td>1069556</td><td></td></tr>
<tr><td>排气热容量</td><td>kJ/(kg · ℃)</td><td>1. 17</td><td>1. 17</td><td></td></tr>
<tr><td>排气热</td><td>kJ/h</td><td>477000000</td><td>469200000</td><td></td></tr>
<tr><td>HRSG 总热量</td><td>kJ/h</td><td>515287914</td><td>507487914</td><td></td></tr>
<tr><td>蒸汽过热器</td><td>kJ/h</td><td>99630000</td><td>97470000</td><td></td></tr>
<tr><td>锅炉盘管</td><td>kJ/h</td><td>223600000</td><td>219300000</td><td></td></tr>
<tr><td>省煤器</td><td>kJ/h</td><td>102000000</td><td>102000000</td><td></td></tr>
<tr><td>烟气温度</td><td>℃</td><td>220</td><td>220</td><td></td></tr>
<tr><td>HRSG 蒸汽流量</td><td>kg/h</td><td>142869</td><td>139770</td><td>525℃，69bar</td></tr>
<tr><td>HRSG 蒸汽热</td><td>kJ/h</td><td>425230000</td><td>418770000</td><td></td></tr>
<tr><td>HRSG 效率</td><td>%</td><td>82. 52</td><td>82. 52</td><td></td></tr>
<tr><td rowspan="10">成套锅炉性能</td><td>成套锅炉燃料</td><td>kg/h</td><td colspan="2">3203</td><td></td></tr>
<tr><td>成套锅炉燃料加热</td><td>kJ/h</td><td colspan="2">145960710</td><td></td></tr>
<tr><td>过热器</td><td>kJ/h</td><td colspan="2">31060000</td><td></td></tr>
<tr><td>锅炉盘管</td><td>kJ/h</td><td colspan="2">85700000</td><td></td></tr>
<tr><td>省煤器</td><td>kJ/h</td><td colspan="2">16150000</td><td></td></tr>
<tr><td>烟气温度</td><td>℃</td><td colspan="2">203</td><td></td></tr>
<tr><td>可用热量</td><td>kJ/h</td><td colspan="2">132910000</td><td></td></tr>
<tr><td>蒸汽流量</td><td>kg/h</td><td colspan="2">44550</td><td></td></tr>
<tr><td>HRSG 效率</td><td>%</td><td colspan="2">91. 06</td><td></td></tr>
<tr><td>HP(高压)蒸汽减压到 LP(低压)蒸汽</td><td>kg/h</td><td colspan="2">20250</td><td></td></tr>
</table>

由表 14-4 可知，HRSG 在 220℃排烟气温度下的效率为 82. 52%，烟管燃烧率约为 2%，主要提供将蒸汽过热至 525℃的能力。

成套锅炉的效率为 91%，这种成套锅炉提供了蒸汽系统平衡的能力，在蒸汽不足的情况下，它会产生 HP(高压)蒸汽来弥补蒸汽不足。

通过调整烟道燃烧流量来最大化 HRSG 容量将是一个有吸引力的选择，它将节省成套锅炉的投资，建议进一步研究以进一步优化蒸汽发生系统。

除了利用燃气轮机排气产生蒸汽，也可以将燃气轮机集成到工艺热炉中进行动力和供热系统的集成，其节能原理相同，此处不再赘述。

14.4 催化裂化装置烟气轮机节能

催化裂化烟气能量回收机组自1962年在加拿大投用以来[4]，烟气轮机已在炼油厂催化裂化装置上得到普遍应用，目前世界上总用量约160台[5]，我国1978年11月在抚顺石油二厂投用第一台烟气轮机以来，由于国产机组价格较低，各厂纷纷仿效安装，1995年底的内烟气轮机总数量达66台，几乎遍布于所有大中型催化裂化装置，其发展速度远高于国外。烟气轮机对装置及全厂节能可发挥重要作用，但烟气轮机机组投资较高，必须考虑投资与节能效益的关系，把技术经济效果作为项目决策的重要依据。

14.4.1 节能原理与膨胀功估算

14.4.1.1 节能原理

催化裂化烟气轮机的节能原理与燃气轮机类似，有压气机(主风机)、燃烧室(再生器)、膨胀透平(烟气轮机)，所不同的是催化裂化烧焦是目的工艺过程，为了恢复催化剂活性，燃烧室燃烧的不是通常的燃料，而是附着在催化剂上的焦炭。此外，由于再生烟气是炼油工艺过程的产物，往往携带有催化剂粉尘，对烟气轮机的能量回收和投资有一定的影响。

烟气轮机的功率回收除与烟气轮机的压比有关外，还与入口烟气温度有关，而主风压缩在低温下进行，在同样的压比下，压机耗功小于烟气轮机膨胀做功，而在烟气的膨胀功中，不仅回收了烟气的压力能，而且将烟气的部分热焓转化为功，在实际过程中，考虑烟气轮机的效率、设备和系统压降，设计功回收率(烟气轮机膨胀功与主风机耗功之比)往往在0.7~1.4之间。

14.4.1.2 膨胀功估算

烟气轮机膨胀功可由式(14-15)计算：

$$N=p_1V_1\frac{k}{k-1}\left[1-\left(\frac{p_2}{p_1}\right)^{\frac{k-1}{k}}\right]\eta \qquad (14-15)$$

根据$\left(\frac{p_2}{p_1}\right)^{\frac{k-1}{k}}=\frac{T_2}{T_1}$，$PV=nRT$，则可导出计算膨胀功的简便公式，计算结果完全相同。

$$N=nRT_m\ln\left(\frac{p_1}{p_2}\right) \qquad (14-16)$$

式中 T_m——烟气轮机进出口的对数平均温度，K。

$$T_m=(T_2-T_1)/\ln\left(\frac{T_2}{T_1}\right) \qquad (14-17)$$

式中 N——烟气轮机的做功量，kW；

η——烟气轮机效率；

n——进烟气轮机的烟气量，kmol/s；

R——气体常数，8.314J/(mol·K)；

k——绝热膨胀指数；

V_1——烟气轮机入口烟气流量，m^3/s；

p_1——烟气轮机入口压力，kPa；

p_2——烟气轮机出口压力，kPa；

T_1，T_2——进出烟气轮机的温度，K；

T_m——烟气轮机进出口温度对数平均温度，K。

14.4.1.3 负荷率对回收功的影响

高效的烟气轮机机组在实际运行中并不一定能处于高效运行。有一些高效率的单机组成的机组，在装置运行中，实际做功(发电)量甚至不到设计值的50%。其主要原因在于烟气轮机处于低负荷运行状态。造成烟气轮机低负荷运行的原因，一般有：

(1) 考虑企业和装置的发展，装置实际生产加工量低于设计加工量，即装置在低负荷运转造成的烟气量变化。

(2) 实际生焦率不同于设计生焦率，一般表现为加工原料的性质偏离设计的原料性质。

(3) 操作参数，如烟气一氧化碳含量、过剩氧浓度等变化，均影响到烟气量的变化，从而造成烟气轮机负荷率波动。

(4) 烟气轮机选用偏大，造成烟气轮机低负荷运转。

(5) 对于采用旁路双动滑阀控制两器压力时，烟气量往往不能全经烟气轮机系统。如在操作上将烟气入口蝶阀定在一定开度，用旁路双动滑阀控制两器压力。有的装置烟气跑损量达20%~30%，且蝶阀入口压力降低了0.05~0.06MPa[6]。

对于设计负荷下的烟气轮机，流经烟气轮机叶片之间的流通截面积是恒定的。当烟气轮机与交流电机(发电机)在同一轴系上，在运行中其转速受到交流电网频率的限制而接近恒速运转，而当再生烟气流量降低时，客观上就要求烟气轮机入口蝶阀关小、节流，降低入口压力以增加体积流量，才能保证再生器操作压力不受波动[6]。此时烟气轮机功率回收率明显降低，烟气轮机输出功率沿烟气轮机特性曲线急剧下降。如某厂烟气量为1800m³/min时，烟气轮机回收功率为5.91MW，降为1100m³/min时，回收功率仅为1.99MW。

根据烟气轮机的特性，烟气流经烟气轮机的流通截面积恒定，当负荷率降低时，为保持烟气入口的体积流量不变，就要降低烟气入口压力。将烟气看成理想气体，则有：当负荷率降低，保持体积流量不变，烟气入口压力降为：

$$p_1' = p_1 L \tag{14-18}$$

低负荷率烟气轮机膨胀功：

$$N' = nRT_m'\eta'\ln\left(\frac{p_1'}{p_2}\right) \tag{14-19}$$

设在满负荷下膨胀功为：

$$N = nRT_m\eta\ln\left(\frac{p_1}{p_2}\right)$$

低负荷下膨胀功与满负荷膨胀功的比值为：

$$\varphi = N'/N = \frac{n'RT_m'\eta'\ln\left(\frac{p_1'}{p_2}\right)}{nRT_m\eta\ln\left(\frac{p_1}{p_2}\right)} \tag{14-20}$$

负荷降低前后，烟气轮机出口烟气压力一般不变，负荷率：$L=n'/n$，则式(14-20)为

$$\varphi = L\times\frac{RT_m'\eta'\ln\left(\frac{p_1'}{p_2}\right)}{nRT_m\eta\ln\left(\frac{p_1}{p_2}\right)} \tag{14-21}$$

因此，当负荷率偏离设计负荷时，做功量为：

$$N'=N\varphi \tag{14-22}$$

式(14-18)~式(14-22)中，N'为负荷率变化后烟气轮机的做功量，kW；η'为负荷率变化后烟气轮机效率；n'为负荷率变化后进烟气轮机的烟气量，kmol/s；L为烟气轮机负荷率；φ为负荷率变化前后烟气做功的变化率；p_1'为负荷率变化后烟气进口压力，kPa；T_m'为低负荷下的烟气轮机进出口温度对数平均温度，K。

14.4.2 节能效益估算

采用烟气轮机回收动能是一个重要的节能技术，正确估算节约能量及价值是进行项目决策的重要依据。烟气轮机节能主要体现在主风机的电耗减少(或多发出电)的节电效益，同时应注意到由于采用烟气轮机后，再生烟气温度下降，热焓降低，使热能回收量减少的情况，此外还有烟气轮机系统消耗的水、电、汽等。

在理想绝热膨胀过程中，膨胀功等于焓降，烟气经烟气轮机后热焓减少量可通过膨胀功来确定，烟气轮机的做功效率损失主要是散热及烟气泄漏；因此，可由烟气轮机膨胀做功量(考虑设备及管线散热量)估算出烟气焓降，进而估算发生蒸汽减少量，对于现有的烟气轮机可直接由烟气温降估算蒸汽减少量，但要考虑实际进烟气轮机烟气量的变化。

烟气轮机本身要消耗水、电、汽。消耗蒸汽主要用于烟气轮机轮盘、汽封喷入蒸汽，以及为保证烟机进口温度在管道的降温蒸汽，但不包括为防止二次燃烧和安全角度喷入的蒸汽。

此外，对一些生产装置改造的情况为设置烟气轮机回收动能，提高了再生操作压力，主风机功耗也相应增加，在节能计算中应扣除。当然，提高再生压力后，由于烟气轮机温度高于主风温度，烟气轮机膨胀多回收的功远大于主风机多耗的功，增加的该部分能耗列于式(14-23)中第4项。

对于增设烟气轮机系统后的节能效益计算，可由式(14-23)计算：

$$M=\left[E_N C_E-\frac{E_N C_S}{3.6(H_S-H_0)}-(E_S C_S'+E_E C_E+E_W C_W)-\Delta N C_E\right]\times H\times 10^{-4} \tag{14-23}$$

式中 M——年节能效益，\$MM/a；

E_N——烟气轮机膨胀做功量，kW；

E_S——烟气轮机系统蒸汽消耗量，t/h；

E_E——烟气轮机系统电耗量，kW；

E_W——烟气轮机系统水耗量，t/h；

H_S，H_0——分别为蒸汽焓和给水焓，kJ/kg；

C_S'——1.0MPa 蒸汽价格，\$/t；

C_E——为电价格，\$/(kW·h)；

C_S，C_W——蒸汽及冷却水价格，\$/t；

ΔN——提高主风压力后，功率增加，kW；

H——年运行小时数，h。

烟气轮机系统节能量为：

$$\Delta E=(E_N-E_E-\Delta N)\varphi_E+\frac{E_N\varphi_S}{3.6(H_S-H_0)}-E_S\varphi_S'-E_W\varphi_W \tag{14-24}$$

式中 φ_E——电能折算系数，MJ/kWh；

φ_S——3.5MPa 蒸汽能量折算系数，MJ/t；

φ'_S——1.0MPa 蒸汽能量折算系数，MJ/t；

φ_W——冷却水能量折算系数，MJ/t；

ΔE——烟气轮机系统综合节能量，MJ/h。

单位处理量能耗降低值：

$$\Delta E_C = \Delta E / G \tag{14-25}$$

式中 G——装置原料处理量，t/h；

ΔE_C——单位处理量能耗降低值，MJ/t。

根据项目地点以及国家关于碳税的规定，还要计入碳税减少可能增加项目的效益。

14.4.3 技术经济评价

在目前市场经济环境下，一个节能项目在满足技术和工程可行的前提下主要看经济是否可行，能不能为企业创造经济效益。因此，在采用烟气轮机回收动能项目时，对烟气轮机系统进行技术经济分析评价，就显得更为重要。

烟气轮机系统的投资通常包括烟气轮机、第三级旋风分离器、高温控制阀门、高温管线以及配套的电气设备和仪表控制等。除一次性投资外，还要考虑大修费用，包括叶片在内的备品备件更换费用、不可预见费和专有技术费用等。烟气轮机回收功后，余热锅炉投资略有减少，影响不大。当烟气轮机的一次性投资确定后烟气轮机的使用寿命就成为一个重要因素，国外一般为 15 年，国内多数按 10 年考虑。

根据使用寿命，可将烟气轮机总投资折算为年投资额，以便进行技术经济评价。技术经济评价有动态和静态两种。静态评价不考虑资金的时间价值，仅把年折算投资额和年节能效益进行计算，偏离了客观的经济规律。而在目前的市场经济条件下，基建项目资金主要渠道是银行贷款，存在着资金的时间价值，因此应采用动态评价方法。

按照现金流量方法，把不同年份的净现金流量值(现金流入减去现金流出)乘以现值系数，使其累计折现现金流量为零的年份，即为动态投资回收期，参见第 11 章式(11-18)。

对于稳定运行条件下，烟气轮机系统发电及各项消耗均保持稳定，即年节能效益不变，烟气轮机多为一次性投资(对于改造工程为增额投资和新增效益)，可以导出求投资回收期的简化经验式(14-26)：

$$t = \frac{-\ln(1 - Ii/A)}{\ln(1 + i)} \tag{14-26}$$

由式(14-26)可得，只要已知总投资 I、年节能效益 A 和资金折现率 i(年利率)，就可很方便地计算出动态投资回收期，而许多场合可按这种情况考虑。对于不是一次性投资，可以折现为一次性投资，年效益可取平均年效益的情况，仍可采用该式。

因此，评价烟气轮机项目时，应采用动态投资回收期。烟气轮机属重大节能项目，应由上级权威部门组织确定一个基准投资回收期，作为项目决策的依据。不可盲目地上烟气轮机系统，应进行可行性论证。

14.4.4 提高烟气轮机功回收率的途径

烟气轮机的膨胀做功量是烟气温度、压力和烟气流量的函数。改变这三个参数，对烟气轮机输出功量都有很大影响。以下仅就提高烟气轮机功回收率的方法和途径提出建议。

1. 提高烟气温度

提高烟气轮机入口的烟气温度，可以提高膨胀做功量，但受烟气轮机材质的制约，不宜超过 730℃。但在有限范围内，提高烟气温度可以增大功回收率，一般温度每提高 10℃，输出功率约增加 1%。目前国内烟气轮机设计的入口温度为 580~680℃，大部分在 600~650℃之间，个别炼油厂烟气轮机入口烟气温度低达 580℃。因此，从工艺和系统上改进，提高烟气轮机入口温度，达到 680~730℃，无疑可使烟气轮机功回收率提高。如何提高烟气温度，宜从以下几方面着手。

（1）加强管线和设备的保温。再生稀相操作温度大多数在 650℃以上，而经过二、三级旋风分离器及烟气管道进入烟气轮机，烟气温度下降幅度较大，大多为 30℃，个别的多达 50℃，甚至更多。如此大的烟气温度降，不仅功回收率降低，而且热能损失也大，蒸汽量也相应降低。改进的办法是在烟道衬里设计的施工中采用保温效果好的低导热系数材料，如无龟甲网衬里。现场和工程条件允许时，可考虑予以适当外保温。这样不仅可提高功回收率，而且余热锅炉产汽量也相应提高。特别应注意修复衬里脱落部位。

（2）注意合理降低烟气管道喷水和蒸汽使用量。

（3）提高再生操作温度有利于提高烟气入口温度，但为工艺操作所决定。

2. 调整 CO 燃烧流程，提高烟气轮机入口的烟气温度

对于两段再生的工艺和单段不完全的再生工艺，再生烟气中含有一定量的 CO，在何处燃烧 CO 对烟气轮机入口温度和进烟气轮机烟气量有较大影响。在烟气轮机前燃烧 CO，烟气流量增加，烟气温度增加，一般 CO 燃烧炉压降较小，对功率影响不会太大，但存在问题是完全燃烧 CO 后，烟气温度大都在 900~1200℃之间，烟气轮机材质难以承受，应采用烟气取热器措施使烟气温度降低至 700~730℃。

3. 增加烟气流量

（1）两段再生工艺或单段不完全再生工艺中含 CO 烟气正压燃烧时，可把 CO 燃烧烟气和两段再生工艺的二再生器烟气送入烟气轮机，增加烟气轮机的烟气流量，从而增加烟气轮机的膨胀做功量。

（2）提高烟气轮机烟气的负荷率。使再生烟气量与烟气轮机很好匹配，切忌在烟气轮机设计和选用上留有余地，否则，只能使部分烟气动能损失在入口阀的节流上，实际做功反而小于流通面积小的烟气轮机，使烟气轮机实际运行的节能效果下降，经济性变差。

选用烟气轮机的基本原则是：充分考虑工艺生产的实际因素，选用长期运行的烟气量，作为选用设计烟气轮机的依据；在确定的实际烟气负荷下，充分考虑漏损和调节压力排放烟气量。在工艺操作中宜采用两分程控制，减少烟气漏损量，提高烟气轮机的实际操作负荷率。

4. 提高再生操作压力

再生压力的提高受反再系统乃至分馏系统操作条件的制约，从能量角度看，提高再生压力，有利于烟气轮机做功量的提高，分馏塔的压力也相应增加，可减少气压机压比，从而减少气压机耗功量，因而有利于节能。其次，在相同烧焦量下，设备线速减少，装置处理量可增大。此外，提高再生压力后，氧分压提高，也有利于再生器烧焦。但提高操作压力也带来一些不利因素，主要是反应系统油气分压增高，焦炭产率增加，馏分油催化裂化装置可通过注入干气或增加蒸汽量的办法加以弥补。

14.5 催化裂化再生烟气一氧化碳器外燃烧技术

14.5.1 背景信息

催化裂化再生工艺有完全再生和不完全再生两种形式。对于不完全再生工艺，烟气中含有3%~10%的一氧化碳，其回收利用是节约能源、保护环境的一项重要课题。对完全再生工艺，由于热平衡及再生设备操作线速的限制，往往需要改造再生系统，设置内外取热设施；此外，重油催化裂化进料中重金属含量较高，生产运行引起催化剂失活，需要卸出一定量的平衡催化剂，铂金属助燃剂损失也随之加大。许多炼厂设置一氧化碳锅炉回收一氧化碳化学能和显热，但由于多种原因，一氧化碳锅炉补燃比较大，实际运行中引燃一氧化碳烟气量不多。因此开发再生器外一氧化碳燃烧及利用技术，提供一条焦炭过剩能量利用的新方法，具有重要的现实意义。

（1）采用不完全再生，把一氧化碳引至再生器外燃烧，比完全再生方式提高烧焦能力20%~30%，缓解了主风系统容量不足和再生器线速过高的矛盾。

（2）满足两器热平衡，不需敷设再生器内(外)取热设施，简化设备结构，方便操作。

（3）在渣油催化裂化重金属污染大、催化剂单耗高的情况下，采用再生烟气一氧化碳器外燃烧技术，避免铂助燃剂的消耗，节省了费用。

（4）与现有一氧化碳锅炉方案比较，再生烟气一氧化碳器外燃烧技术改变了一氧化碳燃烧条件(CO锅炉为燃烧和传热同时进行)，可用很少补燃燃料保证一氧化碳稳定燃烧，保护了环境。

14.5.1.1 实验室研究结果

根据实验室再生烟气一氧化碳燃烧研究结果发现：

（1）再生烟气一氧化碳燃烧存在启燃和爆燃两个阶段；在实验室条件下启燃温度约639℃，爆燃温度在700~710℃，当达到爆燃温度以上，在适量的氧浓度下，停留时间约在0.01s内可迅即完成燃烧过程，烧尽CO。

（2）回归实验数据发现启燃阶段反应速率对氧浓度呈1.0级反应；启燃阶段活化能为267.57kJ/mol，表观频率因子为2.72×10^{19}mL/(mol·s)。

启燃阶段燃烧速率方程为：

$$\frac{d[CO]}{dt}=2.72\times10^{19}\exp(-32183/T)[CO][O_2][H_2O]^{0.5} \qquad (14-27)$$

式中 T——燃烧烟气温度，K；

t——燃烧时间，s；

[CO]——反应混合气中CO浓度，mol/mL；

$[O_2]$——反应混合气中O_2浓度，mol/mL；

$[H_2O]$——反应混合气中H_2O浓度，mol/mL。

14.5.1.2 烟气CO烟道预燃

CO预燃跨过启燃和爆燃两个燃烧阶段。难以严格用启燃速度方程关联。但工业装置上都有几十米的烟气管道，烟气的停留时间在2~3s之间，足以完成预燃过程，现场进行的烟气管道预燃实验数据表明，在合适氧浓度下和初始温度下，0.7~1.5s内可完成预燃过程。这个预燃时间小于烟气在烟道的停留时间，因此，利用烟道完成预过程是完全可行的。

实验流程如图 14-8 所示。试验在内径为 500mm 总长约为 50.8m 的催化裂化再生器烟道上进行。

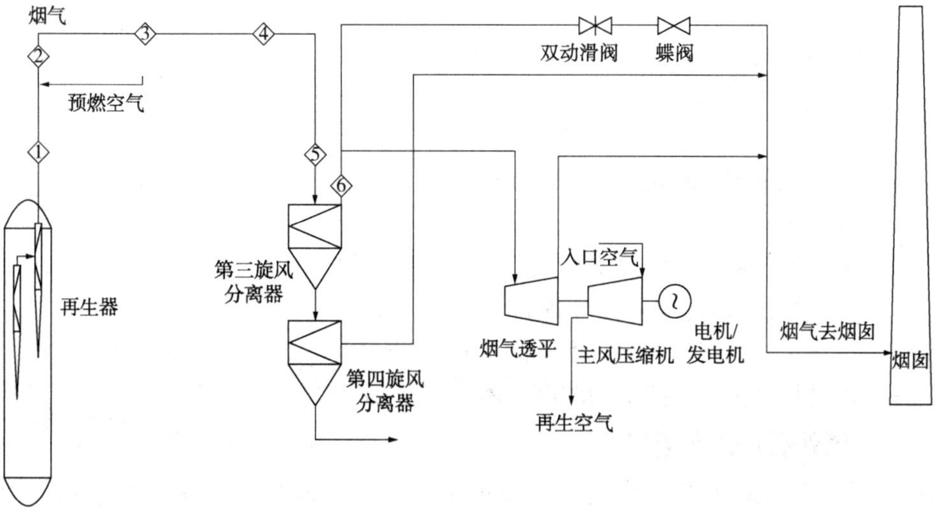

图 14-8 再生烟气一氧化碳预燃试验示意流程

测点位置：1—二旋出口；2—注风后；3—管道中Ⅰ；4—管道中Ⅱ；5—三旋入口；6—三旋出口。

测点间距离：1—2：8. m；2—3：18.0m；3—4：9.5m；4—5：14.8m。

催化裂化再生器排出烟气在距再生器二级旋风分离器出口约 9.0m 的烟道上注入常温的工业风，并用转子流量计计量。此时，含一氧化碳的烟道气中氧浓度有所提高，试验通过改变注风量和注风后的混合温度进行。在不同的烟道气混合温度和氧浓度下，观察烟道不同部位的温度和烟气组成变化情况。

不同的启燃条件，所需的预燃时间有所差异，实验数据见表 14-5。

表 14-5 停留时间与预燃温度数据表

项目	数据组 1		数据组 2		数据组 3	
初始浓度 CO	4.4%		3.8%		3.6%	
初始浓度 O_2	1.4%		2.6%		1.4%	
	温度/℃	停留时间/s	温度/℃	停留时间/s	温度/℃	停留时间/s
注风后	630	0	634	0	675	0
管道中Ⅰ	638	1.39	672	1.32	754	1.28
管道中Ⅱ	664	2.11	796	2.02	761	1.93
三旋入口	695	3.2				

由表 14-5 可以看出，在不同的启燃条件下，完成预燃过程所需的时间也不相同，第 3 组数据，在 675℃的启燃温度下，完成预燃过程只需 1~1.3s。在 O_2浓度较高的第 3 组数据中，从 672~796℃的预燃烧，只需要 0.7s 的停留时间。而二段再生烟气混合扣除管线散热温降后，也在 670~685℃之间，因此在 1.5s 内完成预燃过程是有把握的。

一般地，预燃时间可由式(14-28)估算。

$$t=C\int_{0}^{x}\frac{\mathrm{d}x}{(1-x)^{2}\exp\dfrac{-32183}{T_{0}+81.3[\mathrm{CO}]_{0}x}} \tag{14-28}$$

式中 C——常数，$C=\dfrac{8.64\times10^{-19}\left(\dfrac{T_0}{p}\right)^{1.5}}{[O_2]_0[H_2O]_0^{0.5}}$；

x——一氧化碳预燃转化率(由要求的预燃终温确定)；

t——预燃时间，s；

T_0——混合烟气初始燃烧温度，K；

p——烟气操作压力，kgf/cm^2(绝)；

$[O_2]_0$——混合烟气中氧的初始浓度，体积分率(湿基)；

$[H_2O]_0$——混合烟气中水汽的初始浓度，体积分率(湿基)。

14.5.2 CO器外燃烧技术流程[8]

某炼油厂的重油催化裂化装置上采用再生烟气的器外燃烧技术，其流程如图14-9所示。

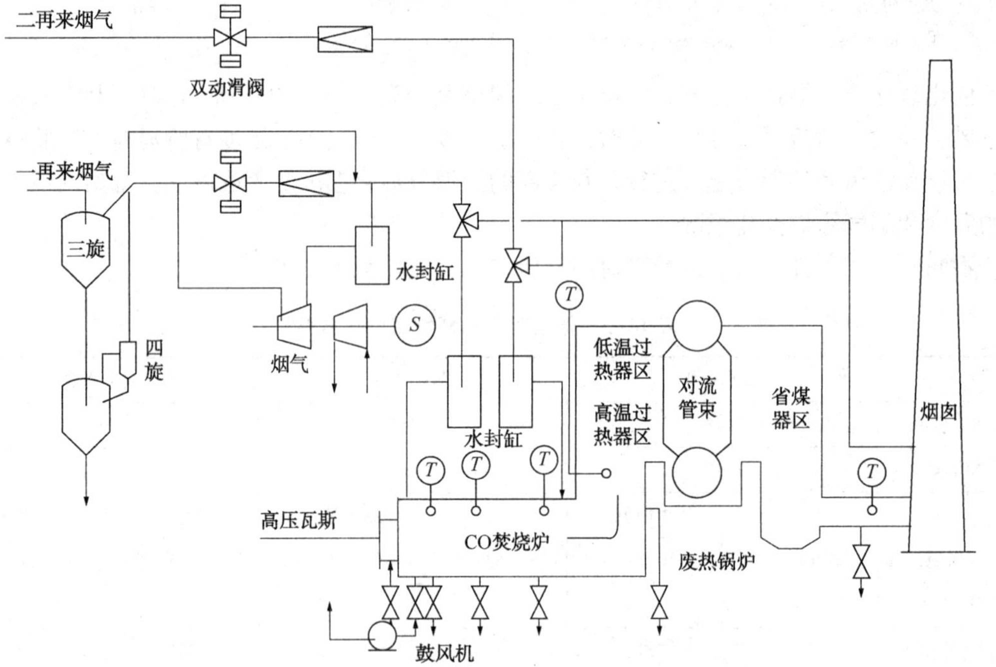

图14-9 典型的FCCU一氧化碳燃烧炉流程

催化裂化一段再生烟气含一氧化碳5%~7%，由一段再生器排出至三级旋风分离器、分离出催化剂粉尘后，进入烟机，回收烟气压力能后经由三通蝶阀和水封进入一氧化碳燃烧炉，与燃烧炉的补燃瓦斯的燃烧烟气混合，提高一段再生烟气温度至启燃条件，由二次配风供应燃料需要的风量，一氧化碳在燃烧炉燃烧，炉后部温度达900~1000℃，一氧化碳含量约在$(50\sim280)\times10^{-6}$，与二段再生烟气(约650℃)混合，温度降低为880~930℃左右，进入废热锅炉，发生蒸汽，回收能量。排烟温度约在180℃左右排至烟囱。当一氧化碳燃烧炉和废锅检修时，一、二段再生烟气通过三通蝶阀直接排入烟囱。

14.5.3 实验标定结果

不同补燃量下燃烧状况及余热回收情况见表 14-6。

表 14-6 最低燃料用量及余热回收实验标定结果

项目	燃料用量/(m^3/h)(标)	230	310	453	715
再生系统操作条件	一段再生烟气密相温度/℃	640.5	641.5	656.5	640.5
	一段再生烟气稀相温度/℃	615	616	617	620
	一再生烟气出口烟温/℃	614	614	613	616
	三旋出口烟温/℃	569	571	565	561
	二段再生烟气密相温度/℃	707.5	707.5	708	709
	二段再生烟气稀相温度/℃	805	808	787	798
	二段再生烟气出口烟气温度/℃	704	706	712	704
	一段再生烟气烟气量/(m^3/h)(标)	45980	47080	45430	46420
	二段再生烟气烟气量/(m^3/h)(标)	21726	24276	30600	21216
CO 燃烧炉	一段再生烟气烟气入炉温/℃	438	439	433	429
	二段再生烟气烟气入炉温/℃	632	633	653	636
	配风总量/(m^3/h)(标)	11852	14176	16213	15629
	一次配风量/(m^3/h)(标)	5040	5040	5256	5868
	炉前部温度/℃	615	615	688	
	炉中部温度/℃	702.3	752.5	843.6	715.5
	炉后部温度/℃	867	907	965	942
	混合烟气/℃	883	894	876	925
	炉后部烟气 CO/$\times10^{-6}$	280	264	57	112
废热锅炉操作数据	汽包给水量/(t/h)	31.5	37.5	36.5	37.7
	废锅发汽量/(t/h)	30.7	33.7	36.3	35.2
	热油浆发生汽量/(t/h)	11.6	11.3	9.9	10.7
	总过热蒸汽量/(t/h)	42.25	45	46	45.8
	蒸汽压力/MPa	3.82	3.82	3.82	3.82
	除氧水温/℃	92	91	94	92
	过热蒸汽温度/℃	441	441	441	441
	排烟温度/℃	175	175	177	173
	余锅回收热量/kW	28374	30585	31363	31333
	余锅炉效率/%	81.65	81.8	81.0	82.23

补燃燃料为炼厂气，热值 31.401MJ/Nm^3。根据表 14-6 数据及图 14-9 所示的流程，在再生烟气经烟机做功后温度降低到 430~440 ℃时，仅需补燃 310Nm^3/h，补燃后，烟气平均温度约 600℃(炉中心火焰区温度高于启燃温度)，在燃烧炉内达到完全燃烧。焚烧炉出口温度在 900℃以上，出口气体中 CO 含量小于 300×10^{-6}，符合当时试验期间的环保要求。如果

要求 CO 含量低于 50×10^{-6}，预计燃料气体将增加到约 $500Nm^3/h$。燃烧烟气进入余热锅炉，产生中压蒸汽，回收一氧化碳的化学能和烟气的显热能。

根据装置标定结果，在装置 80%~90%的生产负荷率，一段再生烟气全进燃烧炉情况下，余热锅炉总过热汽量为 45~48t/h，扣除油浆发生蒸汽外，余热锅炉汽包发生蒸汽为 37t/h，净回收烟气中显热及一氧化碳化学能约 27MW，按动力锅炉平衡热效率 90%估算，年节约燃料 20776. 3t，年节能效益 956 万元。

对于再生烟气先经烟气轮机膨胀做功燃烧炉入口烟气温度低达 500℃以下的流程，需补燃提温达到启燃温度。根据现场标定结果发现：

(1) 补燃一氧化碳燃烧炉存在火焰引发现象。即在燃烧炉前部存在径向温度梯度，炉中心火焰区(约 800℃)可以引燃周围烟气，使燃烧传播开来。因此，补燃提温不必使烟气平均温度达到启燃温度，燃料用量可以减少。某炼厂标定最低燃料用量 $310m^3/h$(标)，补燃/供热比为 7%~8%。

(2) 一氧化碳燃烧炉配风量大，降低烟气流温度，但增加氧浓度；因此，一氧化碳存在一个适宜的配风量。根据现场实验结果，过剩空气系数保持在 1. 5~1. 8 为宜。

(3) 根据现场实验标定结果，一氧化碳燃烧炉的停留时间在 0. 5~1. 3s 之间，可保证 CO 完全燃烧。一氧化碳燃烧炉的长径比应根据现场具体情况确定。

(4) 此外由于平衡转化率的限制，炉出口温度不宜超过 1200℃。

该项技术已在炼油厂催化裂化装置中得到普遍应用。该技术也适用于含 CO 的烟气和工艺废气的能量回收。

14. 6 一氧化碳燃烧和烟气能量回收系统优化

随着炼油加工深度不断增加，重油催化裂化装置在炼油厂不断发展扩大，在提高企业经济效益方面发挥了重要作用。重油催化裂化的一个突出特点是焦炭产率高，重金属污染严重，热量大量过剩，对催化裂化装置的能量使用和消耗带来根本性的影响。围绕装置焦炭能量利用的方式和数量，给装置节能提出了许多新的课题。而对劣质原料尤其是重油催化，两段再生工艺是一个比较好的选择，它不仅避免使用铂助燃剂的昂贵费用，缓解再生主风机能力的限制，特别对减缓催化剂高温水热失活有突出的优点，因而得到普遍应用，它改变了过去在再生催化剂床层内添加助燃剂完全燃烧 CO 的做法，把 CO 引至再生器外燃烧利用，改善了反再系统的热平衡。在两段再生工艺中一段通常为不完全再生，烧掉焦炭中 65%~90%的碳和绝大部分氢，烟气中约含 CO 5%~9%。二段再生为高温富氧完全再生，烧掉剩余的 10%~35%的碳和全部 H_2。排烟温度在 720℃以上，不含 CO，含氧(体积分数)约 3%~5%。

而对烟气中 CO 的燃烧，许多文献[8,9]都进行了研究和开发，作者在研究和开发中发现了再生烟气 CO 燃烧规律，提出再生烟气燃烧的启燃温度和爆燃温度，关联出启燃过程的经验动力学方程，也进行了管道预燃和 CO 高温燃烧的观测。并已在国内重油催化裂化装置上实现了工业化应用。但目前工业化应用的是烟机后常压燃烧 CO，还需补燃提温。在炼油厂余热发汽日益增多，蒸汽过剩的情况下，再用大量燃料补燃燃烧 CO，增加发汽量是不经济的。CO 燃烧炉的体积和占地面积也偏大，有待于改进和完善。此外，结合烟气动能回收和显热回收，存在着不同的燃烧方式和烟气能量回收流程，研究这些流程，寻找合理 CO 燃烧方式，开发和寻找不补燃 CO 燃烧技术，是深入节能的一项重大课题。

14.6.1 两段再生烟气混合预燃

对于两段再生工艺，由于一再烟气中含有5%~8%的CO，采用何种方式燃烧并利用CO化学能是很重要的一项课题，CO燃烧方式选择不仅是CO燃烧本身的问题，重要地是要与烟气动能回收和烟气显热回收结合起来。一般来说对于不同的流程有三种CO燃烧方式，烟道内预燃，烟机前燃烧和烟机后燃烧三种情况，按燃烧压力分为常压燃烧和正压燃烧两种，通过实验室和工业装置运行，我们已经掌握了CO燃烧启燃规律和常压燃烧CO的运行经验，本文不再赘述，重点讨论预燃和正压燃烧的情况。

在进烟机前利用烟气管道预燃CO，充分利用二再烟气过剩O_2和高温的特点，提高烟气温度。CO管道预燃目的是适当提高烟机入口温度，增加功回收率；减少补燃量和燃烧炉结构尺寸；条件好时，可以做到不补燃而完全燃烧CO，有利于节能和保护环境。

14.6.1.1 CO预燃量和二再烟气混合比例

一般地，一再烟气离开二旋温度约为680℃，都在CO的启燃温度以上，只要烟气中含有氧气，燃烧就可以进行下去，曾经在一工业实验装置上进行过的管道预燃实验，证实其可行性。氧是靠注入工业风提供的，注风增加了氧浓度，但使烟气初温下降，存在一个最佳点，在实验中注风后630~640℃过剩氧气浓度1.1%~2.6%，在1~1.5s停留时间就可使烟气温度升高到750℃，完成预燃过程，对于一二段再生烟气混合的情况，没有注风温降问题，预燃速度更快，控制预燃及其烟气温度，主要应通过控制过剩O_2来实现。而过剩O_2可在二方面进行控制。一是二段再生操作的控制，对此主要由工艺操作和生产决定，不宜为此进行大幅度调整。二是稳定二再操作，控制二再混合的烟气量来调节，对此尚需制定控制方案配备良好的控制系统。

预燃程度即CO转化多少，烟气升温到多高，主要取决于管道衬里耐温情况和烟气能量回收流程，对于预燃烟气直接进烟机的流程，预燃提温到710~730℃比较合适。

对于一再为密相为670~680℃操作温度时，考虑到烟道温降，烟机入口约为630~650℃，温度升高约80~100℃，烟机功率回收率约提高8%~10%(不包括二再烟气回收功率)，一般地，一再烟气中含有0.2%以下的过剩O_2，浓度过低不足以引起CO燃烧，CO燃烧氧主要通过混合二再烟气，使混合烟气氧浓度提高。CO预燃量和兑入二再烟气的比例通过热平衡和氧平衡由式(14-29)、式(14-30)确定：

$$CO=\frac{C_P[\Delta T_1+(V_2/V_1)\Delta T_2]}{126.36} \tag{14-29}$$

$$\frac{V_2}{V_1}=\frac{1/2CO}{O} \tag{14-30}$$

式中 C_P——烟气平均比热容，kJ/(m³·℃)；

CO——预燃CO在一再烟气中的体积分数,%；

O——二再烟气中过剩氧浓度(体积分数),%；

V_1——再烟气量，Nm³/h；

V_2——与一再混合的二再烟气量，Nm³/h；

T_1——一再温度,℃；

T_2——二再温度,℃；

T——烟机入口温度,℃;

ΔT_1——一再烟气总温升,℃;

ΔT_2——二再烟气总温升,℃。

由式(14-29)和式(14-30)联立就可解出完成预燃过程预燃 CO 体积分数和为利用二再过剩氧合流兑入二再烟气量 V_2，但二再烟气混入时二再烟气压力略高于一再烟气压力，对于二再压力等于或低于一再压力情况，一再则应适当减压，在二再烟气压力下混合。

【例 14-2】 如对于某重油催化装置，一再烟气是为 132200Nm^3/h，CO 浓度为 6.95%，再生烟气温度为 680℃；二再烟气量为 31280Nm^3/h，过剩浓度为 4.39%，二再生烟气温度为 720℃，试决定烟机入口温度为 730℃时，混合多少二再烟气和一再烟气燃掉多少 CO？烟气平均比热容取 1.465kJ/(m^3·℃)。

解:

$$\Delta T_1 = T - T_1 + 40 = 730 - 680 + 40 = 90℃$$

$$\Delta T_2 = T - T_2 + 10 = 730 - 720 + 10 = 20℃$$

由式(14-29)和式(14-30)

$$CO = \frac{1.465\left(90 + \frac{V_2}{V_1}20\right)}{126.36}$$

$$\frac{V_2}{V_1} = \frac{0.5CO}{4.39} = 0.1139CO$$

$$CO = \frac{1.465(90 + 20 \times 0.1139CO)}{126.36} = 1.072\%$$

$$\frac{V_2}{V_1} = 0.1139CO = 0.1139 \times 1.072 = 0.1221$$

$$V_2 = 132200 \times 0.1221 = 16142\text{Nm}^3/\text{h}$$

因此在满足烟机入口温度为 730℃时，要求兑入二再烟气 116142Nm^3/h 即可。

对于烟机前设置烟气冷却取热器或完成预燃后直接进入正压 CO 燃烧炉的情况，一二再烟气可全部混合预燃，耗尽二再烟气过剩 O_2，其预燃温度 T 按下式计算(扣除管线 40℃温降)：

$$\Delta T = \frac{63.18V_3O}{C_P(V_1 + V_3)}$$

$$T_m = \frac{T_1V_1 + T_2V_3}{V_1 + V_3}$$

$$T = T_m + \Delta T - 40$$

式中 V_3——一再烟气量，Nm^3/h；

T_m——烟气混合温度,℃;

T——预燃温度,℃。

其他符号同前。

所需的预燃烧时间可以通过等式(14-28)估算。

14.6.1.2 压力对 CO 燃烧反应及 CO 焚烧炉尺寸的影响

烟气经烟机后 CO 在常压炉内燃烧，突出的矛盾是设备体积大，占地面积大，进烟机温度低达 500℃以下，必须补燃提温，而且烟气能量回收流程较为单一。相反采用正压燃烧，有利于减少体积和占地面积，节省投资，优化烟气能量回收流程，去掉补燃燃料。

1. 正压压力对CO燃烧反应的影响

（1）对化学平衡的影响

一氧化碳燃烧反应 $CO+0.5O_2 = CO_2$ 属体积缩小反应，根据化学平衡移动原理，增加压力，平衡向体积缩小方向移动，有利于提高CO燃烧的平衡转化率。

（2）压力对反应速度的影响

① 压力对反应速度的影响主要是改变了单位体积的反应物浓度而改变反应速度。压力高时，反应物浓度增加，反应速度加快，也影响到火焰传播速度，但影响不大。

② 压力增高时，烟气中单位体积的惰性组分（CO_2、N_2等）浓度也增加，不利于提高反应速度。更主要的是这些惰性组分浓度提高后，使CO燃烧链反应中，自由基与惰性组分碰撞，减缓了链反应的速度。

③ 正压燃烧可降低燃料着火能[3]，从而降低启燃温度，这可从预燃实验数据看出，常压实验数据启燃温度为639℃，而在2.5kgf/cm^2的烟道预燃实验中，启燃温度只有634℃。再生烟气温度680℃左右，已高于启燃温度，降低着火能无显著影响。

因此，正压燃烧对于化学平衡是有利的，使反应向CO转化为CO_2方向移动，但对化学反应速度各有利弊因素，反应物、产物和非反应物浓度同时增加，使反应浓度变化，反应速度以2.0级反应级数提高。同时惰性组分浓度增加后，减缓了链反应速度。总之，对于现有催化装置的再生操作压力下，正压燃烧较常压有利。

2. 压力对CO燃烧炉设备的影响

烟气的流通体积与压力成反比，正压燃烧体积大幅度减小，大致为原来体积的 p/p_0 倍，一般再生压力在0.2~0.4MPa，如采用正压燃烧，同样燃烧时间下流通体积将减少为常压燃烧体积的1/4~1/2，设备体积大为减少，克服了常压CO燃烧炉体积庞大，占地面积大的缺点。

正压燃烧从工艺技术上完全可行的，但要进一步研究正压燃烧炉的设计制作，制定不同于常压炉的操作规程，避免泄漏影响安全操作。

3. 燃烧时间的确定

燃烧炉设计关键有两个，一是确定合理的燃烧时间，既能保证CO充分燃烧又使设备紧凑，结构合理；二是燃烧稳定，既不脱火，又不回火，使火焰的传播速度和气流速度平衡，一般地在湍流条件下，火焰传播速度与气流的脉动速度有关，目前尚难以准确测定。根据实验数据及操作经验，CO燃烧炉气流的操作速度以不大于10m/s为宜。而燃烧时间确定在CO燃烧炉设计中非常重要。

（1）补燃型燃烧炉

当烟气进炉温度较低，在启燃温度下，必须补燃提温，根据实验及现场标定结果，补燃燃烧炉停留时间的确定应分为三个部分：补燃提温区、高温燃烧区、稳定区。总停留时间为三部分之和。

① 补燃提温区

该区域主要是补燃提温、注风、混合的区域，在补燃区域内使烟气温升达到750℃或更高，由于该区域存在火焰引燃CO烟气现象，烟气很快升温达到爆燃点，该区域停留时间0.3~0.4s。

② 燃烧区

在补燃提温区已把烟气提高到750℃，此时进入高温爆燃区，该区域 CO 燃烧速度极快，约在 0.1s 内即可完全燃烧 CO。该区域停留时间按 0.1~0.2s 考虑。

③ 稳定区

该区域主要从安全操作角度考虑，避免操作波动，使燃烧区转移到后部设备。一般预留 0.3~0.6s 停留时间。对于 CO 燃烧炉和废热锅炉之间的烟道考虑高温衬里时，可不考虑这一区域。

总的停留时间为三部分之和。总停留时间为 0.9~1.15s，相应地从炉型结构上要考虑这三个区域的特点。

(2) 不补燃提温的高温燃烧炉

对于利用烟道预燃达到爆燃温度的情况进入 CO 燃烧炉只需注入氧化剂(空气)此时也存在空气与烟气的混合时间。但此时混合和燃烧在同时进行，燃烧时间的长短，取决于二者混合均匀程度，总的燃烧时间，也包括混合，燃烧，稳定三个区域，混合及燃烧时间取 0.4~0.6s，总的停留时间在 1.1s 内。

(3) 启燃燃烧炉

启燃时间较长，在注风后初温达 640℃，完成启燃过程约需 1.5s，启燃过程所需时间可由式(14-28)估算(预燃终温取 710℃)。但此时燃烧炉没有预混时间，因此，总的燃烧炉停留时间在 2.0~2.2s 之间。此时，显然体积和占地面积大，工程上是不经济的，一般地多和管道预燃结合起来缩小设备尺寸。在管道内预燃 CO 完成启燃过程，使 CO 燃烧炉只是高温燃烧过程，设备紧凑。

14.6.2 烟气能量回收流程及特点

对于两段再生工艺，合理安排 CO 燃烧的方式，组合出最适宜的烟气能量回收流程，是装置节能的一个重大领域。一般地，根据两段烟气的合流、分流，烟气动能回收及 CO 燃烧方式，废热锅炉布置的位置及段数，可组成六种不同的流程，节能与经济效果也各不相同。

14.6.2.1 CO 常压燃烧不回收二再烟气动能(流程 1)

无二再烟气进入烟气轮机的 CO 常压燃烧工艺流程如图 14-10 所示。

该流程的特点是回收一再烟气动能后进入 CO 焚烧炉燃烧，二再烟气进入焚烧炉后部或与一再烟气混合进入燃烧炉，再进废热锅炉回收热能发生蒸汽。缺点是二再烟气动能未加回收。采用 CO 焚烧方式回收 CO 能量，比传统的 CO 锅炉燃烧完全、稳定，补燃比低。

二再烟气进入后部或前部，流程无本质区别。但从前部与一再烟气混合，充分利用了二再烟气中的过剩 O_2 和高温特点，有利于减少补燃量，不利因素是混合烟气中 CO 浓度降低。

14.6.2.2 二再烟气冷却与一再烟气混合进烟机(流程 2)

二再烟气冷却与一再烟气混合进入烟气轮机的工艺流程如图 14-11 所示。

在第二再生烟气管道上设蒸汽过热器降低二再烟气温度，防止第二再生器的高温富氧烟气与一再 CO 烟气混合时产生二次燃烧，为保证混合烟气温度不超过 600℃，二再烟气需降至 380℃，混合后为 598℃。考虑温降后为 588℃进烟机膨胀做功，膨胀烟气进 CO 焚烧炉焚烧或通过 CO 锅炉燃烧，但前者补燃量低，后者却要大量补燃，补燃比为 30%。

该流程特点为：降低烟气温度防止尾燃，回收二再烟气动能，但存在问题是烟机入口温度低，膨胀做功量减少，如采用 CO 锅炉，补燃量大。

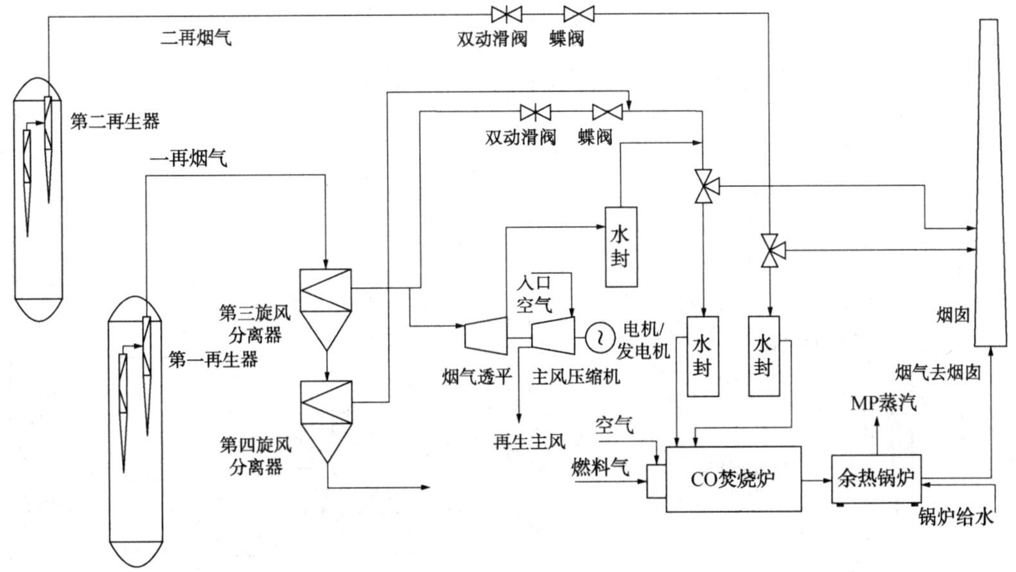

图 14-10　二再烟气不进烟气轮机和一氧化碳常压燃烧

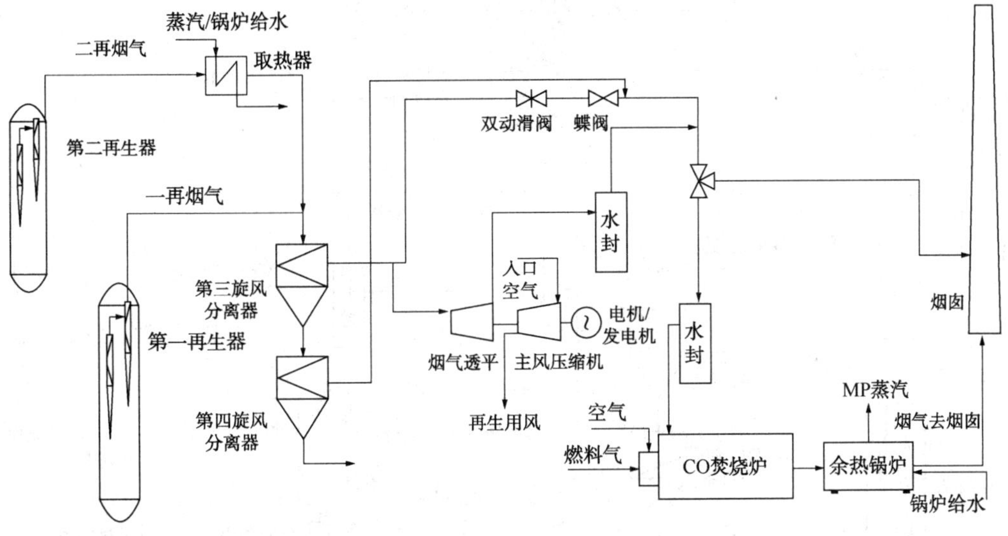

图 14-11　二再烟气冷却与一再烟气混合进入烟气轮机

14.6.2.3　CO 常压燃烧，分别回收一再和二再烟气动能(流程 3)

回收一再和二再烟气动能、CO 常压燃烧的工艺流程如图 14-12 所示。

该流程与流程 1 大体相同，只是二再烟气增设一台小型烟机回收烟气动能，回收功率增加，但发汽量相应减少。增加了二再烟气轮机、三旋及相应系统的投资，该流程的采用应作技术经济的评估论证，并考虑控制和可操作性。

14.6.2.4　CO 管道部分预燃、CO 常压燃烧(流程 4)

CO 预燃烧、CO 常压燃烧的工艺流程如图 14-13 所示。

该工艺利用第二再生烟气在高温下过量 O_2 预燃第一再生烟气 CO 的特点。进入烟气轮机的烟气温度可以通过调节第二再生烟气量(氧含量)来控制，不需要设置烟气取热装置。

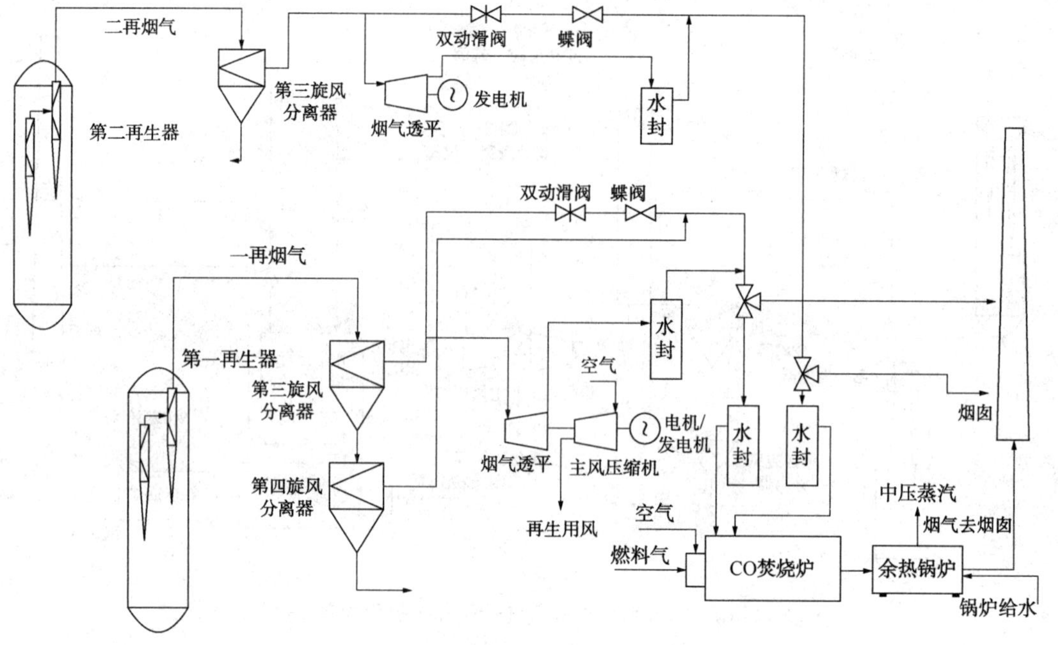

图 14-12　回收一再和二再烟气动能、CO 常压燃烧

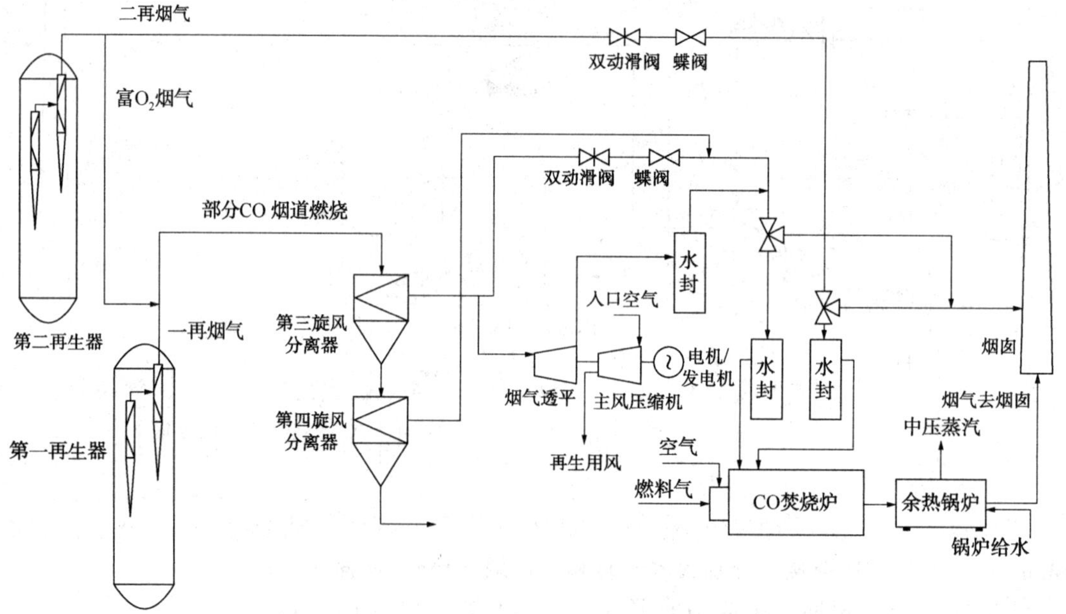

图 14-13　CO 管道预燃、CO 常压燃烧

该流程特点为管道部分预燃 CO，一个烟机回收一再烟气动能和大部二再烟气动能，烟气中 CO 在烟机后常压燃烧，一个废热锅炉回收再生烟气 CO 化学能和烟气显热。

存在问题，当二再烟气压力略高于一再烟气时，二者压力相近，或二再低于一再压力时，一再烟气需适当节流产生少量动能损失，但动能回收量仍比流程 1 增加。

14.6.2.5　一二再烟气全部混合预燃，烟气冷却取热，CO 常压燃烧(流程 5)

一二再烟气混合预燃，烟气冷却取热，CO 常压燃烧的工艺流程如图 14-14 所示。

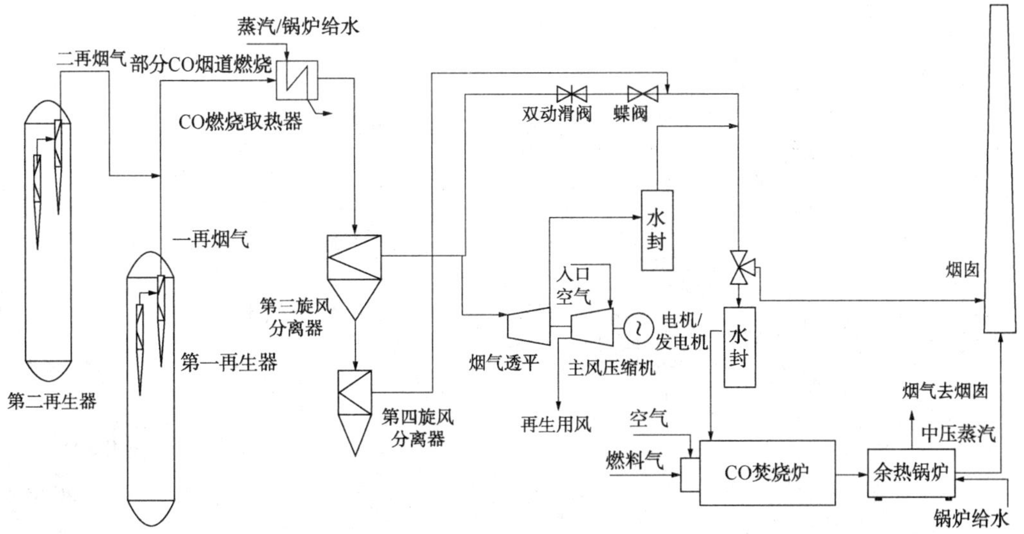

图 14-14 一二再烟气混合预燃，烟气冷却取热，CO 常压燃烧

该流程利用高温富氧二再烟气与一再烟气混合，混合烟气温度升高，过剩氧增加，CO 浓度降低，混合烟气温度高于启燃温度，接近甚至达到爆燃温度。

该流程特点为：利用烟道预燃，充分利用二再烟气高温，高过剩氧的优势。预燃程度主要取决于混合烟气中氧浓度。一般地在烟道中约有 2~3s 停留时间，高温反应速度又极快，因此，燃烧结果将使烟气中的氧基本上消耗贻尽，对于一再烧焦 85%~90%情况下，二再烟气含 O_2约 2%~5%，占总烟气量的 20%~40%，混合烟气含氧约 1%，可消耗 1.5%~2%的 CO，总温升在 130~180℃之间，扣除烟气管线散热温降后烟气温度为 800~880℃。如此高温，烟机材质不能承受，必须设置冷却取热设施，但这部分热量并不多，一般可用于过热蒸汽。

虽然两段烟气混合，一再产生节流损失，但回收了二再烟气动能，按 730℃烟机入口温度，也提高了功回收率，总的动能回收量是增加的。

14.6.2.6 一二再烟气混合预燃，正压燃烧 CO(流程 6)

在流程 5 的基础上，把 CO 燃烧炉放在烟机前正压燃烧，由于预燃可使烟气达到 800℃以上，因此不用补燃提温，直接送入主风燃烧 CO。燃烧炉出口约 1100℃，设计和控制废热锅炉烟气出口温度不高于 730℃，经三旋进一步分离催化剂粉尘后进烟机膨胀做功，排出 550~600℃烟气进二段废热锅炉回收热能。

两种烟气混合预燃烧、CO 正压燃烧的工艺流程如图 14-15 所示。

该流程特点为：正压燃烧 CO，使燃烧炉设备尺寸减少为常压炉的 1/4~1/2。先预燃达到爆燃点以上，不用补燃提温，使 CO 器外燃烧技术由少量补燃到完全不用补燃。两段废热锅炉，第一废热锅炉烟气出口温度满足烟气轮机进气温度要求，烟机入口烟气流量增加，做功增加。

14.6.3 各种能量回收流程节能效果对比

为对各种烟气能量回收流程的节能效果及经济性进行比较，取某 1.4Mt/a 规模的重油催化裂化装置作为比较基础，再生方式为两段再生，一段为不完全再生，烧掉 85%~90%碳和绝大部分 H_2，二段为完全再生，烧掉剩余的碳和 H_2，确定能量回收系统数据见表 14-7。

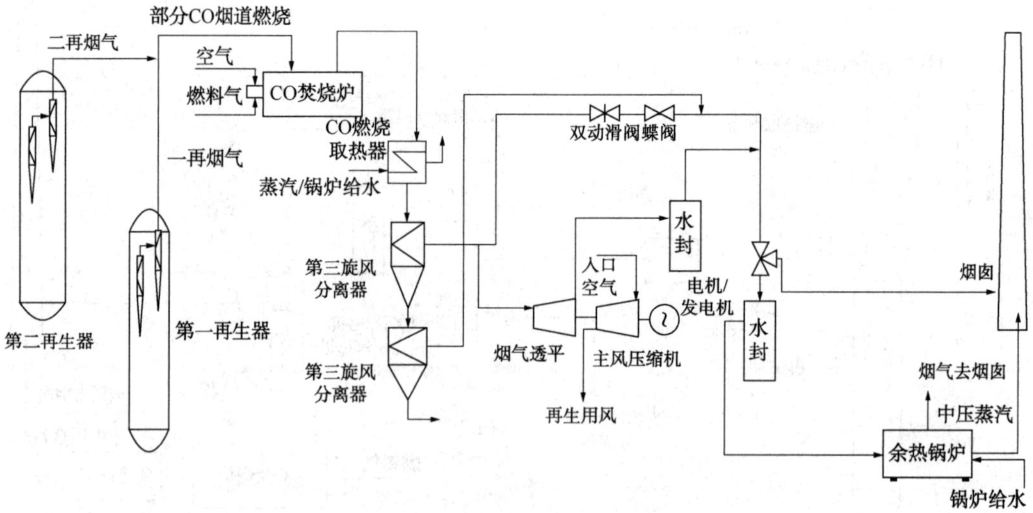

图 14-15 两种烟气混合预燃烧、CO 正压燃烧

表 14-7 不同烟气能量回收流程节能效果对比

工艺流程		单位	1	2	3	4	5	6	备注
系统数据	一再烟气	Nm^3/h	132200						一再烟气/二再烟气
	二再烟气	Nm^3/h	31280						
	一再/二再温度	℃	680/720						
	一再/二再压力	MPa	0.35/0.32						
	焦炭产率	%	9						
	耗风指标	kg/kg	9.6	9.6	9.6	9.6	9.6	10.99	
	烟气组成，CO	%	6.95/0						
	CO_2	%	9.93/13.91						
	O_2	%	0.17/4.39						
CO 燃烧	预燃 CO	%				1.13	2.08	2.08	扣除 40℃管线温降
	注入二再烟气	Nm^3/h				17001	31280	31280	
	预燃温度	℃				730	801	801	
	CO 燃烧炉压力	MPa	常压	常压	常压	常压	常压	0.3	
	进口温度	℃	533.6	460.7	511.9	604.3	594.9	801	
	进口 O_2	%	0.98	0.98	0.98	0.52	0.14	0.14	
	补燃流量	kg/h	1810	1810	1810	500	500		
	补燃空气	Nm^3/h	56396	56396	56396	320763	30520	21895	
	空气压力	MPa	常压	常压	常压	常压	常压	压缩空气	
	出炉温度	℃	998.7	94.4	982.5	922.8	867.14	1031.1	
	烟气总量	Nm^3/h	219876	219876	219876	194809.3	192627	184002	
烟机动能回收	烟气流量	Nm^3/min	2090	2600	2090/510	2362	2566.7	2913.4	
	入口压力	MPa	0.31	0.28	0.28/0.28	0.28	0.28	0.28	
	出口压力	MPa	0.106	0.106	0.106/0.106	0.106	0.106	0.106	
	入口温度	℃	640	588	640/680	730	730	730	

续表

工艺流程			单位	1	2	3	4	5	6	备注
烟机动能回收	焓降		kJ/kg	261.75	221.77	238.88/238.6	260.2	257.5	257.5	
	膨胀功		kW	8862	9450.2	8084/2085.3	10084.8	10939.4	12405	
	出口温度		℃	499	460.7	511.5/515	597	594.9	594.9	
废热锅炉	烟机前	入口温度	℃		690			801	1031.1	
		出口温度	℃		380			730	730	
		烟气流量	Nm^3/h		31280			162107	184002	
		回收热量	kW		3749.7			4685	21424.2	
		用途			过热蒸汽			过热蒸汽	发生蒸汽，过热	
	烟机后	用途		发生蒸汽，过热					发生蒸汽	
		入口温度	℃	998.7	944.4	982.5	922.8	867.14	594.9	
		排烟温度	℃	200	200	200	200	200	200	
		烟气流量	Nm^3/h	219876	219876	219876	194809.3	192627	184002	
		回收热量	kW	67909.9	63293	66532.4	55450.2	49696.2	28098.3	
	蒸汽温度		℃	450	450	450	450	450	450	
	蒸汽压力		MPa	3.8	3.8	3.8	3.8	3.8	3.8	
	蒸汽焓		kJ/kg	3334.78	3334.78	3334.78	3334.78	3334.78	3334.78	
	BFW 温度		℃	103	103	103	103	103	103	
	产汽量		t/h	84.2	83.1	82.5	68.75	67.42	61.4	
	散热损失		kW	3573.9	3528.56	3501.6	2865	2615.6	2606.5	
能量利用汇总	供入能量	主风机耗电	kW	9920	9920	9920	9920	9920	11310	
		鼓风机耗电	kW	110	110	110	63	60	0	
		焦炭燃烧热	kW	173687.5	173687.5	173687.5	173687.5	173687.5	173687.5	
		补燃燃料	kW	21050.3	21050.3	21050.3	5815	5815	0	
		小计	kW	204767.8	204767.8	204767.8	189485.5	189482.5	184997.5	
	利用回收	焦炭脱附及催化剂带出	kW	88154.3	88154.3	88154.3	88154.3	88154.3	88154.3	
		再生器取热	kW	18840	18840	18840	18840	18840	18840	
		动能回收	kW	8862	9450.2	10169.3	10084.8	10939.4	12405	
		产生蒸汽	kW	67909.9	67042.7	66532.4	55450.2	54381.2	49522.5	
		小计	kW	183766.2	183487.2	183696	172529.3	172314.9	168921.8	
	排弃损失	散热损失	kW	5676.5	6065.5	5856.7	3475.7	3838.1	3343	
		排烟损失	kW	15215.1	15215.1	15215.1	13480.5	13329.5	12732.7	
		小计	kW	20891.6	21280.6	21071.8	16956.2	17167.6	16075.7	
	能量利用率		%	89.7	89.6	89.7	91.1	90.9	91.3	
	热能回收率		%	89.8	89.4	89.1	90.5	89.9	90.11	
	功回收率		%	88.4	94.2	101.4	101	109.6	109.7	
	一次能量利用率		%	93.62	94.08	94.93	95.73	96.56	96.9	
与流程1比较结果	减少能耗		MJ/t		21.74	61.91	93.04	129.36	143.83	蒸汽 \$8.6/t，燃料 \$128/t，电 \$0.05/kWh
	节能效益		\$/a		139700	361530	735140	956571	1594000	

对于一段再生器烧焦比例在65%~70%的情况，二再烟气占总烟气的比例增加，上述各种流程能量回收结果会比一再85%~90%烧焦的情况更为有利。表14-7列出了各种流程的节能效果及技术经济数据。

流程1　自20世纪90年代以来已实现工业化，许多FCCU被设计为使用此过程，而流程2至5是通过在过程1的基础上进行不同改进而形成的节能流程。

流程2　采用降低二再烟气降温手段回收二再烟气动能，虽然烟气量增加，但同时，烟机入口温度降低，加之一再烟气混合时压降，烟机膨胀功增加不多。流程也稍微复杂。如在后部采用CO锅炉补燃量大，节能和经济效益将劣于流程1。

流程3　增加了二再烟气动能回收系统，与流程1相同，节能61.91MJ/t，年节能效益MM$0.36，估算投资MM$1.1，静态投资回收期3年，此外回收二再烟气动能在操作和控制上也增加了难度。

流程4　采用控制烟道预燃，提高了烟机入口温度，烟机入口流量增加，功回收率比流程1提高12.6%。投资未增加，装置能耗降低93MJ/t，年节能效益为MM$0.74。CO燃烧炉入口温度高，补燃量也可减少。

流程5　采用完全预燃烟气CO，烟气温度达800~850℃。通过烟气取热器冷却，二再烟气全进烟机，尽管一再有少量节流损失，再生烟气进烟机温度提高到730℃时，功率回收率提高21.2%，装置能耗减少129.36MJ/t，年节能效益为MM$0.96。采用流程5后，二再烟气管线减少约2/3以上，增加一个烟气取热器，投资大体维持不变。

流程6　采用烟道预燃，CO正压燃烧流程。CO燃烧炉入口温度即预燃终温，已达爆燃温度以上，因此不必补燃提温。使CO燃烧炉设计从少量补燃到完全不补燃，产生了质的变化。但流程6的CO燃烧用风需用主风，耗电增加，同时烟机做功也多，功回收率为109.7%。结果使装置能耗减少143.8MJ/t，年节能效益为MM$1.6。烟机前设废热锅炉，降低烟气温度。废热锅炉分段设置，投资将增加，扣除二再烟道缩短费用，投资大体不变。

在上述6种流程中，流程4、5、6各有特色，投资变化不大，而节能效果显著，可根据具体条件和用户要求进行工程应用。而其中流程6效果最好，因而被推荐。

14.7　低温热回收利用

在炼油厂工艺装置换热流程进行了优化调整后，仍然有不少低温位余热(70~150℃)被冷却排掉。从系统和全厂来看，这些余热可能是有用的资源，可将其提供给许多需要低温热的用户，以代替蒸汽或其他高品位能源。在节能减碳工作不断深入的今天，欲降低装置及全厂能耗，低温热的回收利用是必不可少的，但由于低温热温度低，客观上存在着回收技术难度大、经济效益不高等问题。

低温热的回收利用，需要在全厂建立配套的回收系统，通过一种载能工质(通常为水)把热从装置取出。为保证装置操作的安全可靠，可考虑恒定取热方式，通过在回收系统设置冷却器等手段来调节用热负荷的波动。

装置低温热的利用即是将装置中不能利用的低温热集中起来统一使用。回收的热量大多是空气冷却和水冷却的高温位部分，许多又是冷凝相变的部分，这就要求在装置回收低温热时，充分考虑系统的安全性和操作的可靠性。通常有如下做法：一是为解决各装置开停工不同步的问题，可保留已经存在的冷却系统，一旦上游装置发生故障时，能及时切换过去，以保证正常操作。二是采用可靠的换热设备，防止工艺物流泄漏，如采用 U 形管换热器等；为保证进装置热水温度恒定，在热水站应设冷却和加热系统。

14.7.1 直接用作一般加热用热源

低温热是连续稳定热负荷用户的首选，不仅改变了用户在使用高、中温热源时造成的能量传递损耗过大，而且取代了高、中温热源。这是低温热利用最具吸引力的解决方案。

1. 加热装置低温物流

利用低温热取代生产中使用的高、中温位热源，不仅可直接减少生产能耗，而且由于生产用热大多属连续、负荷稳定的情况，节能幅度大、效益高，因此在安排低温热方案时，应优先考虑。这类用热有：①气体分馏、MTBE 等加工装置原料及塔底重沸器加热；②催化剂厂洗涤水加热；③动力系统补充化学水、新鲜水加热；④油品储运系统油罐加热等。

2. 为办公室和生活区提供供暖

对于位于一些寒冷天气区的工厂来说，办公楼、生产控制室、实验室、维修、消防、教育培训中心、生活小区、科研设计院等蒸汽供热能耗很大。这部分能耗会影响整个工厂的整体能耗。这些类型的蒸汽能耗通常可以用低温热源代替。

在对连续稳定的热负荷用户优先考虑低温热后，应考虑升级低温热利用。这种使用方式有四种，热泵，变热器(第二种吸收式热泵)，制冷和发电。

14.7.2 热泵

利用热泵技术提高工艺物流的温度，使物流热量再用于生产过程，是一种有效利用低温热能的技术手段。热泵分为压缩式和吸收式两类。许多石油化工装置已成功地使用了压缩式热泵，取得了较好的节能效果。热泵一般用于需用热量温度与低温热物流温度差别不大的场合。过大的温差将不经济，制订方案时要慎重。

14.7.2.1 压缩热泵

压缩式热泵在气体分馏装置应用较为普遍，用少量高质量电能代替原加热介质如蒸汽起到较为明显的节能作用。但随着低温热利用方案的优化，采用低温热水代替蒸汽作塔底重沸器热源，比压缩式热泵方案更为经济。

压缩热泵的简单示意图如图 14-16 所示。

1. 热泵原理及性能指标

热泵是将热能从较低温度系统传递到较高温度系统的装置。理想的热泵加热循环是反向的卡诺循环，例如从温度 T_1 到温度 T_2 的热量“泵送”，反向的卡诺循环和温熵图如图 14-17 所示。

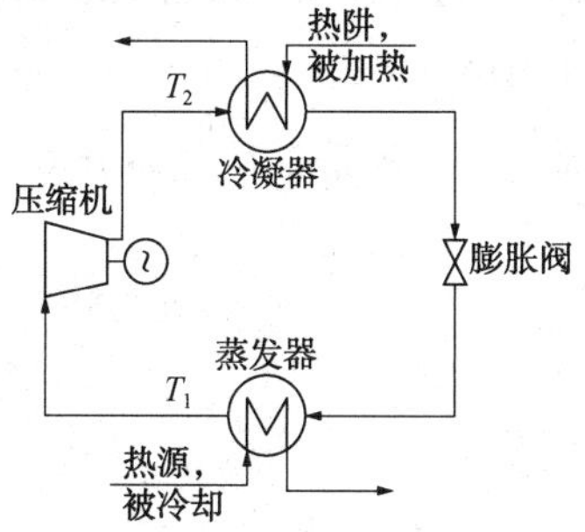

图 14-16 压缩热泵的简单示意图

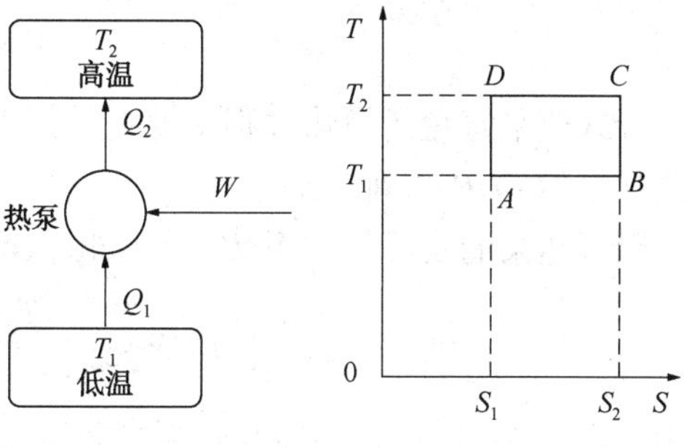

图 14-17 理想热泵循环

对于分馏过程中使用的热泵，T_1 表示塔顶冷凝器的蒸发温度，T_2 是塔底再沸器的温度，热泵(一般是压缩机)消耗电能 W(kW)，从低温热源吸收热量 Q_1，并将热量 Q_2 释放到高温热源。明显地，$Q_2=Q_1+W$。热泵循环性能系数 COP：

$$COP=\frac{Q_2}{W}=\frac{Q_2}{Q_2-Q_1}=\frac{T_2}{T_2-T_1} \tag{14-31}$$

等式(14-31)是基于恒温热源和可逆条件下的理想加热性能系数。它只与两个热源的温度有关，与工作流体的性能无关。例如，对于 $T_1=313\text{K}$，$T_2=333\text{K}$ 的情况，性能系数为 $COP=16.65$。

大多数工艺热源不在严格的恒温条件下，实际工艺是不可逆的。热泵的加热性能系数远低于理想的反向卡诺循环。但足以说明热泵是用少量的高质量电能把大量的工程上不能使用的排弃低温热提高温位循环投入使用。这对于本来用热品位不太高的装置来说，采用热泵技术显然可停掉使用高品位燃料和蒸汽能源，获得显著的节能效益。实际热泵过程供热性能系数为：

$$(COP)_{\text{real}}=\frac{Q_2}{W}\eta_{\text{C}}(1-\eta_{\text{D}})=\frac{T_{\text{m2}}}{T_{\text{m2}}-T_{\text{m1}}}\eta_{\text{C}}(1-\eta_{\text{D}}) \tag{14-32}$$

式中 T_{m2}，T_{m1}——分别是两个热源的平均温度；

η_{C}——压缩机机械效率,%；

η_{D}——热泵系统散热损失百分比,%。

压缩热泵一般分为闭式和开式两种，如图 14-18 所示。开放式热泵分为两种类型：塔顶产品是工作流体，塔底产品是工作流体。闭式热泵采用外部工质循环。

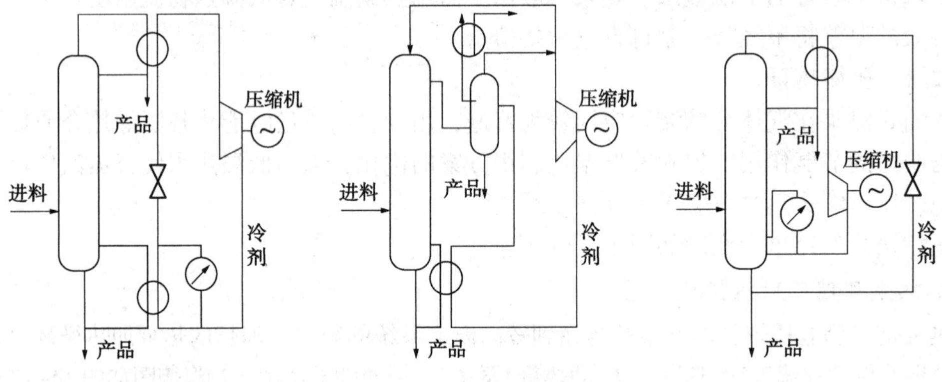

图 14-18 热泵蒸馏的三个基本流程

开式热泵避免了换热过程中温差的损失，效率大大提高。一家炼油厂气体分离装置的开放式热泵的 COP 达到 7.52[12]。

闭式热泵的实际加热系数[11]，如图 14-18(a)所示：

$$COP=\frac{T_2+\Delta T_{\text{R}}}{T_2-T_1+\Delta T_{\text{R}}+\Delta T_{\text{C}}}\eta_{\text{C}}(1-\eta_{\text{D}}) \tag{14-33}$$

式中 ΔT_{R}——塔底再沸器与热泵循环工质传热温差，K；

ΔT_{C}——塔顶冷凝器与循环工质之间的传热温差，K。

在式(14-33)中，T_2 和 T_1 可以分别是塔的底部和顶部的平均温度。

2. 应用

热泵在石化企业中有许多成功的应用，典型的应用是在炼油厂气体分馏装置的丙烯-丙烷分馏塔上的应用[11,12]。

由于丙烷、丙烯都是热泵循环过程中的良好工质，故丙烯—丙烷分离热泵一般都采用开式循环(图 14-19)。开式热泵分为塔顶循环的丙烯热泵和塔底循环的丙烷热泵两种。图 14-19(b)所示为丙烯热泵循环。其塔顶丙烯气体直接进入热泵压缩机，提高压力、温度后作为塔底重沸器热源。丙烯冷凝后，一部分作为塔顶回流液，一部分作为产品输出。图 14-19(c)所示为丙烷热泵循环。其塔底丙烷液体，一部分作为产品输出，一部分作为热泵循环工质。丙烷经减压进塔顶冷凝/蒸发器，闪蒸、气化(降温)后，吸收塔顶丙烯产品的低温余热，再进入压缩机升压升温，直接进塔底作塔底热源。

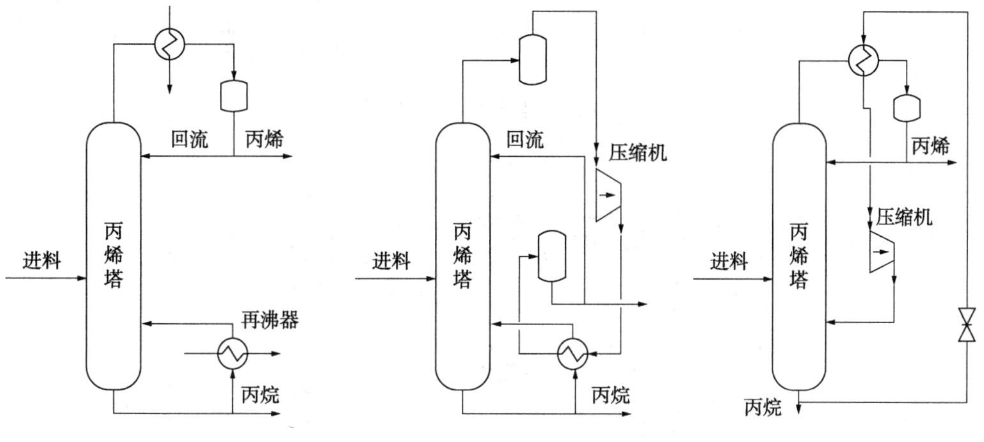

图 14-19　丙烯精馏工艺

14.7.2.2　吸收式热泵

有两种类型的吸收式热泵[13]，Ⅰ类吸收式热泵和Ⅱ型吸收式热泵。Ⅰ类吸收式热泵以30~70℃水的余热为低温热源，以高温热(>150℃)为驱动热源，产生 70~130℃的热量供工艺或公用工程系统使用。其热性能系数将始终大于 1。安装 AHP 的目的是升级废热，以便在工艺和公用工程加热中重复使用。

简单的Ⅰ类吸收式热泵简图如图 14-20 所示。

Ⅰ型吸收式热泵需要少量具有较高温度的驱动热源，以产生中温热量，由于在此温度范围内有如此多的余热，因此可能不是所需的温度。它可能对个别用户有用，具体取决于低等级余热的热平衡。

对于Ⅰ型吸收式热泵，发生器和冷凝器处于较低压力，吸收器和蒸发器处于较高压力。

Ⅱ型吸收式热泵(变热器)以 60~100℃的热水热量为驱动热源，产生 100~150℃的热水或蒸汽，部分供应的低温余热将被排弃；这是低品位余热的有效升级利用途径，升级后的热量可用于工艺或公用工程系统加热。它与Ⅰ型吸收式热泵不同，发生器和冷凝器处于较高压力，吸收器和蒸发器处于较低压力。简单的Ⅱ型吸收式热泵简图如图 14-21 所示。

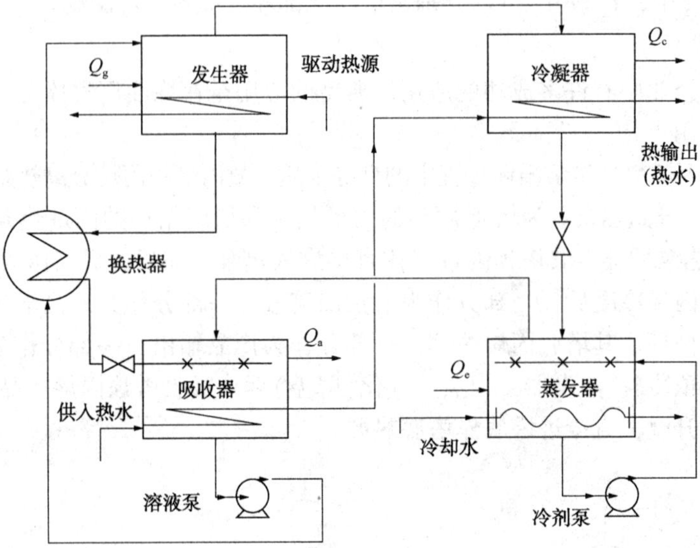

图 14-20　I 类吸收式热泵简图

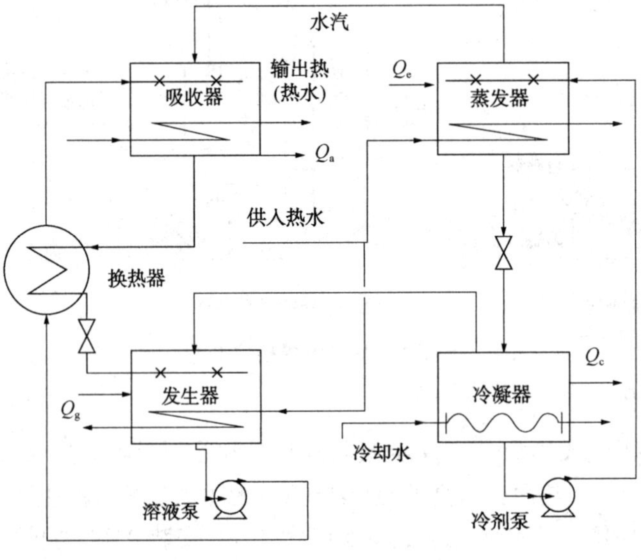

图 14-21　Ⅱ型吸收式热泵简图

14.7.2.3　热泵热平衡及性能指标

基于吸收式热泵系统的热输入和热输出，热平衡公式为：

$$Q_e+Q_g+W_p=Q_a+Q_c \tag{14-34}$$

式中　Q_e——蒸发器输入热量，对于Ⅰ型热泵，热量来自环境；

Q_g——发生器输入热量；

W_p——溶液泵和冷却液泵消耗的功率；

Q_a——吸收器输出热量；

Q_c——冷凝器输出热量。

吸收式热泵效率可由性能指标来表征：

$$\xi=\frac{Q_a+Q_c}{Q_e+Q_g+W_p} \tag{14-35}$$

对于Ⅰ型吸收式热泵，Q_e 是来自于环境，它不是输入的能量，所以：

$$\xi=\frac{Q_a+Q_c}{Q_g+W_p} \tag{14-36}$$

溶液泵和冷却液泵消耗的功率相对较小，并且可以忽略。

$$\xi=\frac{Q_a+Q_c}{Q_g} \tag{14-37}$$

一般来说，Ⅰ型吸收式热泵的性能指标总是大于 1，Ⅱ型吸收式热泵的性能指标计算应遵循式(14-35)或(式 14-36)，性能指标将始终小于 1。

14.7.2.4 变热器

吸收式变热器是国外近年发展的一种低温热回收利用技术。通过变热器将低温热(如 90℃热水)转化为两部分，一部分转化为较高温位的热量，用作加热热源；一部分降质为废弃的低温热量，通过冷却排弃。

典型的单级吸收式变热器工艺及工作原理如图 14-22 所示。

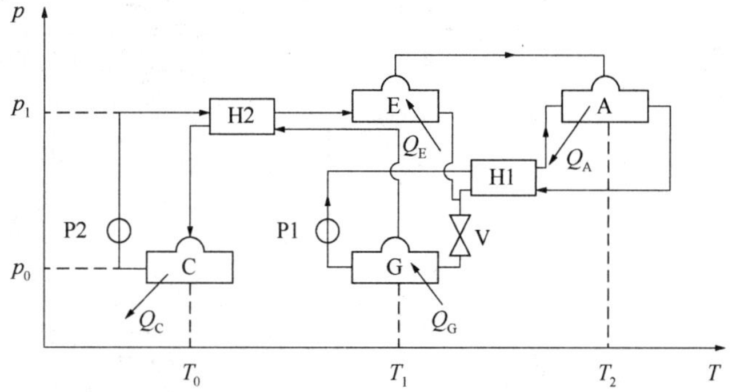

图 14-22 单级吸收式变热器工艺

C—冷凝器；G—发生器；E—蒸发器；A—吸收器；H1，H2—换热器；P1，P2—溶液泵；V—节流阀

工质由制冷剂和吸收剂组成；在发生器(G)中，一部分制冷剂吸收温度为 T_1(如 70~100℃)的低品位热量 Q_G，蒸发形成压力较高的饱和蒸气，蒸气在换热器(H2)中预冷降温后流入冷凝器(C)并在此处冷凝，在环境温度 T_0 下向环境放出品位更低的热量 Q_C，冷凝后的液体由溶液泵(P2)升压并经换热器(H2)吸热形成压力为 p_1、温度为 T_1 的过冷液，送入蒸发器(E)，并在这里吸收温度为 T_1 的低品位热量 Q_E 而蒸发，蒸发后的蒸气流入吸收器(A)，而没有蒸发的液体则经节流阀(V)降压重新流入发生器(G)。由发生器(G)流出的稀溶液(主要成分是吸收剂)由溶液泵(P1)升压并经换热器(H1)预热后打入吸收器(A)，并在这里吸收由蒸发器流过来的制冷剂蒸气。由于吸收剂在吸收制冷剂蒸气时发生热效应，所以在吸收器(A)中就放出品位较高的温度为 T_2(如 150~200℃)的热量，吸收器(A)中的浓溶液则经换热器(H1)放热，并与蒸发器来的液体汇合经节流阀(V)降压重新流入发生器(G)。

目前，采用溴化锂溶液，一台两级吸收式热泵可以制取 150℃的输出热量(热水或蒸汽)，两级吸收式热泵的实际运行结果表明：以 40℃的冷却水为基础，取温度 80℃的低温热作为热源，第一级吸收式热泵的出口温度为 115℃，第二级吸收式热泵的输出温度约为 150℃。

低温热变热器技术仍在开发中，研究的焦点是选用合适的工质，其难点是制取200℃左右的热量。目前普遍认为以含TFE(2,2,2-三氟乙醇)的混合物作为工质较适宜。

14.7.3 制冷

低温热制冷一般有两种技术。一种是溴化锂制冷技术，用于浅层制冷，一般生产5~10℃冷水，二是氨吸收制冷技术，用于工业过程中的深层制冷。蒸发温度一般在-35~-10℃之间。工作热源包括系统的低压蒸汽(排气蒸汽)和低品位热量。

14.7.3.1 溴化锂制冷技术

1. 工作原理及制冷循环[14]

在一定温度和浓度下，溴化锂(LiBr)水溶液的饱和压力远低于相同温度下水的饱和蒸气压。因此，利用压差，溴化锂溶液可用于吸收水蒸气并降低水蒸气压。压力越低，蒸发温度越低，从而可以获得低温冷冻水。溴化锂制冷以蒸汽或低温热为热源，溴化锂溶液为吸收剂，水为制冷剂，获得冷能。

简单的吸收式制冷简图如图14-23所示。

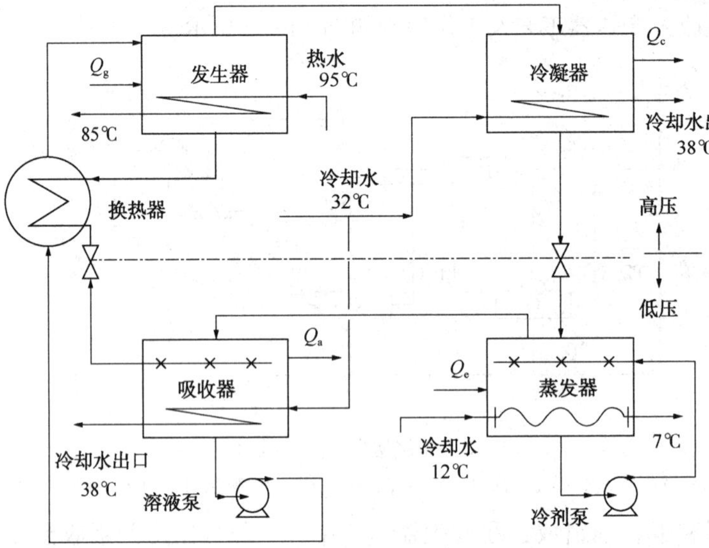

图14-23 单效吸收制冷简图

吸收器中的弱溶液通过热交换器泵送到发生器。然后，在发生器中，水蒸气从预热的溴化锂溶液中分离出去，形成了中间溶液。

发生器利用烟气、废蒸汽或热水等废热产生的热能。在发生器中，水被汽化并离开溴化锂溶液，它将形成液体并降落到发生器的底部。液体流向换热器以预热来自吸收器的弱溶液，并成为强溶液。然后，它流回并喷洒在吸收器上，以吸收来自蒸发器的蒸汽再次进行下一个过程。

同时，从发生器中的溴化锂溶液离开的蒸汽流入到冷凝器。溶液将由冷却水冷却，然后将其冷凝成制冷剂水，并节流降压流入到蒸发器；在蒸发器中，由于真空条件使水沸腾温度变低，水将被蒸发。

在蒸发器中，从工艺装置或公用设施系统返回的冷冻水(12℃)流入蒸发器，通过在蒸发器中的冷冻水管上喷洒制冷剂水来冷却。因此，冷冻水温度将降至7℃。

最后，制冷剂水吸收冷冻水的热量后，在蒸发器的真空条件形成的低沸点温度下再次成为蒸汽。之后，蒸汽被送至吸收器由强溶液吸收，并再次成为新循环的弱溶液。

双效溴化锂制冷的原理与单效制冷机相同，只是增加了一台发生器。它由高压发生器，冷凝器，低压发生器，蒸发器和吸收器组成。

2. 应用

(1) 背景

在某大型石化常催化裂化装置的工艺运行中，发现催化干气中含有大量的液化气组分，C_3以上的组分占 13.4%。解决“无干气”问题的方法有很多，如增加操作压力，增加塔盘数量，增加吸收剂再循环量等。但催化裂化装置受气体压缩机能力等客观因素影响，上述方法受到限制。

(2) 解决方案

建议采用低温热制冷方法，以达到通过降低吸收温度来提高吸收率的目的。一台 1.75MW 溴化锂制冷机组已经安装并进行了标定测试，干气中 C_3和较重组分的浓度减少到 5%~7%，多回收液化气量 8500t/a(含丙烯 4500t/a)。

14.7.3.2 氨吸收制冷

氨吸收制冷是一种消耗热能以获得冷能的制冷方法。氨吸收制冷的原理与溴化锂吸收制冷的原理相同，参见图 14-23。工作流体由溴化锂水溶液变为氨水溶液。

氨吸收制冷是一种以氨为制冷剂，以水为吸收剂，形成溶液循环系统的装置。由于氨作为制冷剂，氨吸收制冷适用于蒸发温度为-40~5℃的制冷条件，它可用于炼油和石化厂的制冷系统，大大降低了电力消耗。

氨吸收制冷的加热源通常是蒸汽。最好在生产过程中使用各种废热(如高温水、高温气体)，有时可采用直接燃烧气体燃料对发电机进行加热。

14.7.4 发电

当大量过量的低温热量难以在同级水平和升级水平上找到合适的利用方案时，应考虑发电以进一步利用低等级热量。如果低温热量仅用于发电，将导致投资大，发电效率低，投资回收期长。因此，建议将生产加热，热泵，制冷和发电组合成一个集成系统；根据能源数量和质量的需求，安排低品位的热用户。

我国以水或低沸点有机物为工作介质，开发了低品位热发电朗肯循环技术。其中，以水为工作介质的炼油厂“发电供热”机组于 20 世纪 80 年代投运，自此一直正常运行，取得了很大的节能效果。

以水为工作介质的低温热发电和供热系统流量示意图如图 14-24 所示。

14.7.5 低温热热集成系统

典型的夏季发电及低品位热集成系统流程图如图 14-25 所示。

图 14-25 展示了典型的炼油厂低品位热电和供热集成系统，对于石油和天然气生产设施，化工或石化工厂，可以建立类似的低品位热集成系统，预计具有显著的碳减排和节能效益。

从图 14-25 可以看出，该系统使用软化水作为工作流体，从炼油厂的 6 个工艺单元收集低品位热量，回收的低品位热总量为 73.1MW。

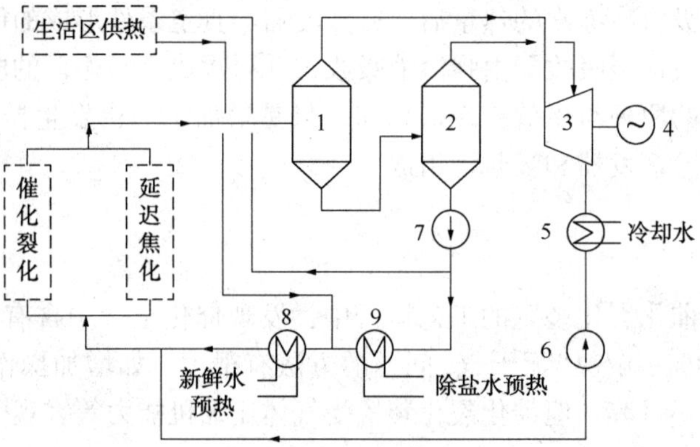

图 14-24 低温热发电及供热系统流程图

1—第一级扩容罐；2—第二级扩容罐；3—蒸汽轮机；4—发电机；
5—冷凝器；6—冷却水泵；8—原水预热器；9—脱盐水预热器

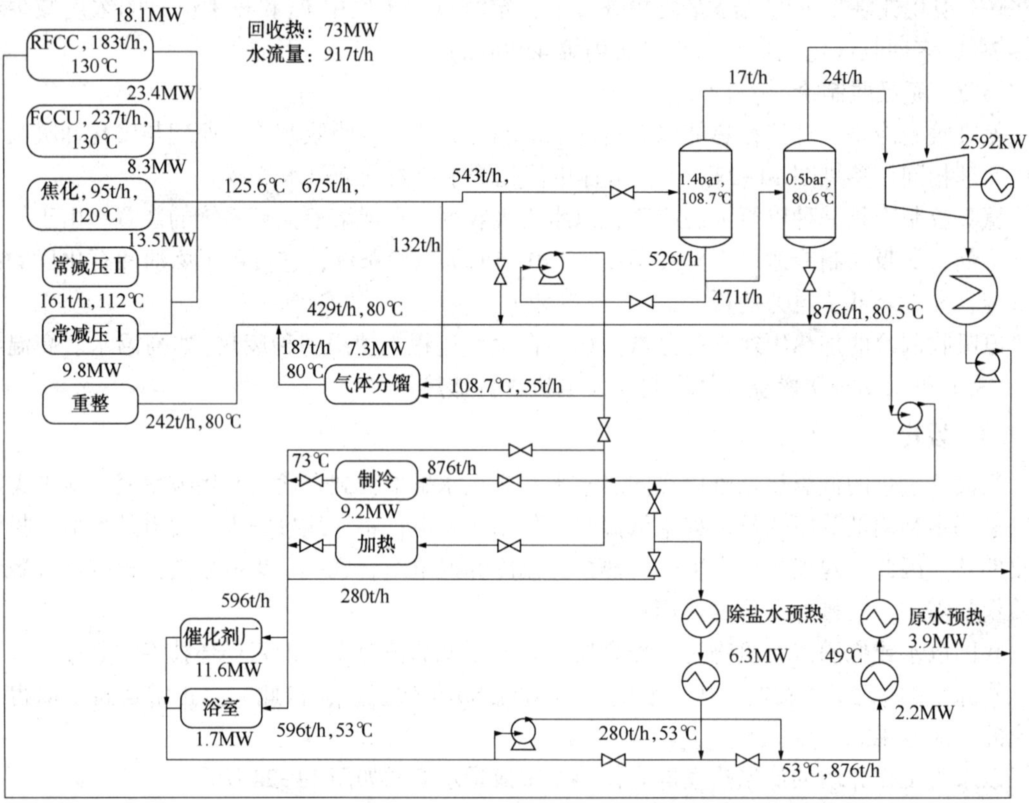

图 14-25 夏季发电及低品位热热集成系统

来自 RFCC 和 FCCU 的热水温度为 130℃，来自延迟焦化单元的热水温为 120℃，来自两个原油蒸馏单元的热水温度为 112℃，混合热水的温度为 125.6℃，一小部分混合水(20%)被引导到气体分离单元以取代再沸器中使用的蒸汽(7.3MW)，剩余的混合热水被引导到两级扩容闪蒸罐中，两个闪蒸蒸汽被引导到蒸汽轮机发电机，产生 2592kW 的电。

从重整单元收集的热水为 80℃，它与第二扩容闪蒸罐的热水合并，并被泵送到低温热制冷系统(9.2MW)，制冷系统使用溴化锂吸收式制冷机组，并为生产装置和办公室的空调提供冷冻水。

来自制冷系统的热水温度为73℃，它流向低温热利用系统为催化剂工厂加热，软化水预热，原水预热和淋浴系统提供25.7MW的热量。

为建立低品位热综合利用集成体系，提出以下建议：

(1) 识别和收集低温热源，重点回收生产设备中80℃以上冷却物流的热量；生产设备应考虑取热工程的实用性，确保安全可靠。

(2) 确定合适的用户。低温供热用户的条件差异很大，必须加以调整适应当地条件。有的企业用户很多，低温热需求量大，回收的热能不能满足用热高峰期的用户需求；有的企业则相反，有很多低温热源，但低温热用户少，所以要制订升级利用的办法。

(3) 制定可行的低品位热综合利用系统方案。一般有三种方案：纯加热型；加热-制冷组合型和采暖-制冷-发电型。

(4) 开发低温热的升级利用新技术，如开发吸收式变热器技术，提高热能温度水平，促进利用。

参 考 文 献

[1] 潘杰. 机泵变速节能方法的探讨[J]. 炼油设计，1987，(4)：28.

[2] 陈德廉. 运用油膜离合器调速实现循环水系统节能[C]//石油炼制——第二届节能经验交流会论文汇编，1989：396.

[3] Frank J. Brooks，GE gas turbine performance characteristics(GER-3567H)，GE Power Systems Schenectady，NY.

[4] 王孝忠. 催化裂化装置烟机机组节能[J]. 炼油设计，1985，(5)：22-25.

[5] 杜道基. 烟气能量回收机组的设计与应用[J]. 炼油设计，1996，(3)：17-23.

[6] 徐惠. 催化裂化年会报告文集，1993，341-345.

[7] 梁恩. 节约能源 开好CO锅炉[J]. 炼油设计，1981，(2)：70.

[8] 陈安民，张福诒. 催化裂化再生烟气CO器外燃烧技术及其应用[J]. 炼油设计，1995，(2).

[9] 魏飞，林世雄，杨光华. CO气相慢氧化动力学研究[J]. 石油大学学报，1988，4-5+110-115.

[10] 郑琼娇. 燃烧工程[M]. 北京：煤炭工业出版社，1988.

[11] 瞿国华. 开式热泵成功用于炼厂气丙烷-丙烯分离[J]. 炼油设计，1988，(5).

[12] 李德平. 热泵动力对节能和经济效益影响分析[J]. 石油炼制，1993，(3)：37.

[13] 郑玉清，等. 两效溴化锂吸收式制冷机及应用[M]. 北京：机械工业出版社，1990：4.

[14] Lithium Bromide Absorption Chiller for waste heat recovery，https://www.gmsthailand.com/product/lithium-bromide-absorption-chiller/，Shuangling Product brochure.

[15] GE Gas Power products & services catalog，https://www.ge.com/gas-power/resources/catalog.

[16] 陈安民，李昆. 燃气轮机-加热炉联合系统的热力学分析[J]. 炼油设计，1988，(4)：55-62.

附录A 常用数据

表A-1 一些物质的临界常数和偏心因子*

物质名称	T_c/K	p_c/atm	V_c/(cm^3·mol^{-1})	Z_c	ω
氩	150.8	48.1	74.9	0.291	0.0
氦	5.2	2.24	57.3	0.301	0.0
氪	209.4	54.3	91.2	0.287	0.0
氢	33.2	12.8	65.0	0.305	0.0
氮	126.2	33.5	89.5	0.290	0.040
氧	154.6	49.8	73.4	0.288	0.021
氯	417	76	124	0.275	0.074
氨	405.6	111.3	72.5	0.242	0.250
一氧化碳	132.9	34.5	93.1	0.295	0.041
二氧化碳	304.2	72.8	94.0	0.274	0.225
氯化氢	324.6	82	81	0.25	0.266
硫化氢	373.2	88.2	98.5	0.284	0.100
硫	1314	116			0.070
二氧化硫	430.8	77.8	122	0.268	0.273
三氧化硫	491.0	81	130	0.26	0.510
水	647.1	217.6	56	0.23	0.348
甲烷	190.6	45.4	99	0.288	0.007
乙烷	305.4	48.2	148	0.285	0.091
丙烷	369.8	41.9	203	0.281	0.145
正丁烷	425.2	37.5	255	0.274	0.193
异丁烷	408.1	36.0	263	0.283	0.176
乙烯	282.4	49.7	129	0.276	0.086
丙烯	365.0	45.6	181	0.275	0.148
乙炔	308.3	60.6	113	0.271	0.184
苯	562.1	48.3	259	0.271	0.210
甲苯	591.7	40.6	316	0.264	0.257
甲醇	512.6	79.9	118	0.224	0.556
醋酸	594.5	57.1	171	0.200	0.450
丙酮	508.2	46.4	209	0.232	0.318

* 表A-1引自张联科主编《化工热力学》，化学工业出版社，1980.12。

表 A-2 主要无机化合物的化学㶲和温度修正系数**

物 质	$\bar{e}_c$/(kJ/mol)	ξ/[J/(mol·K)]	物 质	$\bar{e}_c$/(kJ/mol)	ξ/[J/(mol·K)]
$AlCl_3$	229.83	892.07	HCl(气)	45.77	173.72
$Al_2(SO_4)_3$	308.36	539.44	Na_2S	962.86	-798.31
Ar	11.67	39.16	$NaHCO_3$	44.68	-39.33
BaO	261.04	-596.01	MgO	50.79	-218.78
$BaSO_4$	32.55	-415.30	$MgCl_2$	73.39	343.21
$BaCO_3$	63.01	-356.77	$MgCO_3$	22.59	62.30
C	410.53	57.07	$MgSO_4$	58.24	-67.78
CaO	110.33	-227.74	MnO	100.29	-115.94
$Ca(OH)_2$	53.01	-201.46	Mn_2O_3	47.24	-113.51
$CaCl_2$	11.25	349.74	Mn_3O_4	108.37	-213.13
$CaOSiO_2$	21.34	-228.15	N_2	0.67	2.34
$CaOAl_2O_3$	88.03	-251.08	Ne	27.07	90.83
CO	275.35	-25.61	NO	88.91	-4.60
CO_2	20.12	67.40	NH_3(气)	336.69	-154.22
Fe	368.15	-147.28	Na_2O	346.98	-585.76
FeO	118.66	-71.76	NaCl	0	0.38
Fe_3O_4	96.90	-70.29	Na_2SO_4	62.88	-413.50
$Fe(OH)_3$	30.29	43.85	Na_2CO_3	89.96	-364.22
Fe_2SiO_4	220.41	-125.35	Na_3AlF_6	581.95	138.95
$FeAl_2O_4$	103.18	-66.36	SO_2(气)	306.52	-114.64
H_2	235.22	-169.74	SO_3(气)	239.70	-14.02
H_2O(气)	8.62	-118.78	H_2S(气)	804.46	-329.66
He	30.12	101.08	ZnO	21.09	-745.63
HF	152.42	46.61	$ZnSO_4$	73.68	-587.52
O_2	3.93	13.22	$ZnCO_3$	22.34	-503.46

** 表 A-2，表 A-3 引自朱明善《能量系统的㶲分析》，清华大学出版社，1988.4。

表 A-3　主要有机化合物的化学㶲和温度修正系数

物　质	$\bar{e}_c$/(kJ/mol)	ξ/[J/(mol·K)]	物　质	$\bar{e}_c$/(kJ/mol)	ξ/[J/(mol·K)]
CH_4(气)	830.15	-201.96	$C_{11}H_{24}$(液)	7361.33	-238.03
C_2H_6(气)	1493.77	-221.63	$C_{12}H_{26}$(液)	8013.03	-247.07
C_3H_8(气)	2148.99	-238.36	$CH_3C_6H_5$(液)	3928.36	61.63
C_4H_{10}(气)	2801.06	-255.10	CH_3OH(液)	716.72	-33.26
C_4H_{10}(液)	2803.20	-540.11	C_2H_5OH(液)	1354.57	-43.68
C_5H_{12}(气)	3455.61	-270.29	C_3H_7OH(液)	2003.76	-52.26
C_5H_{12}(液)	3454.52	-152.38	C_4H_9OH(液)	2659.10	-61.55
C_6H_{14}(气)	4109.48	-286.14	$C_5H_{11}OH$(液)	3304.69	-67.07
C_6H_{14}(液)	4015.38	-193.84	$HCHO$(气)	537.81	-86.02
C_7H_{16}(气)	4763.44	-355.81	CH_3CHO(气)	1160.18	-107.95
C_7H_{16}(液)	4756.45	-209.58	$(CH_3)_2CO$(液)	1783.85	-20.59
C_2H_4(气)	1359.63	-172.38	$HCOOH$(液)	288.24	112.84
C_3H_6(气)	1999.95	-196.27	CH_3COOH(液)	903.58	105.52
$CH_2CHCH_2CH_3$(气)	2654.29	-211.33	C_6H_5OH(固)	3120.43	224.05
C_2H_2(气)	1265.49	-114.43	C_6H_5COOH(固)	3338.08	372.50
CH_3CCH(气)	1896.48	-138.20	$HCOOH_3$(气)	998.26	-35.81
C_5H_{10}(液)	3265.11	-86.44	$CH_3COOC_2H_5$(液)	2254.25	53.09
C_6H_{12}(液)	3901.16	-62.93	$(CH_3)_2O$(气)	1415.78	-150.04
C_6H_6(液)	3293.18	85.65	$(C_2H_5)_2O$(液)	2697.26	-88.91
C_8H_{16}(液)	5243.89	-73.51	CH_3Cl(气)	723.96	206.86
C_4H_6(气)	2522.53	-130.08	CH_2Cl_2(液)	622.29	480.03
C_8H_{10}(液)	4580.10	50.92	CCl_4(液)	441.79	1367.83
C_8H_{18}(液)	5407.78	-211.42	$C_6H_{12}O_6$(固)	2966.92	590.70
C_9H_{20}(液)	6058.81	-220.87	$C_{12}H_{22}O_{11}$(固)	5968.52	1136.21
$C_{10}H_{22}$(液)	6710.05	-743.08	$(NH_2)_2CO$	686.47	182.67

表 A-4 部分轻烃 7 系数方程系数***

名 称	A	B	$C\times10^4$	$D\times10^7$	$E\times10^{11}$	$F\times10^{15}$	G
非烃类							
氧	-0. 981760	0. 227486	-0. 373050	0. 483017	-1. 852433	2. 474881	1. 124314
氢	12. 326740	3. 199617	3. 927862	-2. 934520	10. 900690	-13. 878670	-3. 938247
水	-2. 463420	0. 457392	-0. 525117	0. 645939	-2. 027592	2. 363096	0. 660170
氮	-0. 934010	0. 255204	-0. 177935	0. 158913	-0. 322032	0. 158927	1. 042363
一氧化碳	-0. 975570	0. 256524	-0. 229112	0. 222803	-0. 563256	0. 455878	1. 092470
二氧化碳	4. 778050	0. 114433	1. 011325	-0. 264936	0. 347063	-0. 131400	1. 343357
烃类							
甲烷	58. 401600	0. 571700	-2. 943122	4. 231568	-15. 267400	19. 452610	0. 343962
乙烷	163. 059600	0. 264878	-0. 250140	2. 923341	-12. 860530	18. 220570	1. 082172
丙烷	165. 723800	0. 172601	0. 940410	2. 155433	-10. 709860	15. 927940	1. 206577
正丁烷	164. 444000	0. 098571	2. 691795	0. 518202	-4. 201390	6. 560421	1. 351649
异丁烷	162. 081100	0. 046682	3. 348013	0. 144230	-3. 164196	5. 428928	1. 561697
正戊烷	173. 460900	-0. 002795	4. 400733	-0. 862875	0. 817644	-0. 197154	1. 736161
异戊烷	169. 016300	-0. 031504	4. 698836	-0. 982825	1. 029852	-0. 294847	1. 871908
新戊烷	145. 603200	0. 004372	4. 064654	-0. 276464	-2. 174529	4. 685030	1. 567876
正己烷	133. 193900	0. 229107	-0. 815691	4. 527826	-25. 231790	47. 480200	0. 577037
2-甲基戊烷	152. 967100	0. 041484	3. 116936	0. 622252	-6. 385257	12. 592750	1. 445766
3-甲基戊烷	148. 171800	0. 095013	1. 605403	2. 399189	-16. 146920	32. 727430	1. 218716
新己烷	166. 769200	-0. 119500	6. 005360	-1. 780500	2. 920860	-1. 344890	2. 173019
乙烯	173. 778500	0. 144963	1. 710121	0. 761974	-4. 503085	6. 664928	1. 748330
丙烯	193. 229300	0. 030810	3. 512242	-0. 494661	-0. 226171	1. 125539	1. 965351
1-丁烯	187. 766400	-0. 018519	4. 263451	-0. 940582	1. 072240	-0. 349830	1. 999354
2-顺丁烯	210. 450300	-0. 042795	4. 034318	-0. 684280	0. 134493	0. 878860	2. 146788
2-反丁烯	187. 242400	0. 037032	3. 551222	-0. 560440	0. 158471	0. 444673	1. 673007
异丁烯	179. 266800	0. 033009	3. 782637	-0. 733312	0. 697566	-0. 174830	1. 667557
1-戊烯	175. 273400	-0. 006874	4. 210531	-0. 908305	1. 003804	-0. 315910	1. 807415
1-己烯	167. 428600	-0. 004262	4. 196656	-0. 882105	0. 925317	-0. 270520	1. 705081
环戊烯	210. 539200	-0. 059928	2. 957608	0. 332898	-3. 885328	6. 485819	2. 068471
丙二烯	229. 263800	0. 033745	3. 715168	-1. 062607	1. 864623	-1. 435039	1. 886725
1,2-丁二烯	197. 381000	0. 039560	3. 479813	-0. 756071	0. 840374	-0. 265154	1. 703710
1,3-丁二烯	208. 818500	-0. 100603	5. 651872	-2. 123463	4. 830541	-4. 733449	2. 339874
乙炔	274. 099600	0. 022636	5. 459217	-2. 976556	8. 738401	-10. 045390	2. 226331
丙炔	172. 513400	0. 080387	3. 240066	-0. 879745	1. 599146	-1. 400978	1. 662198
1-丁炔	185. 609000	0. 053336	3. 461058	-0. 803301	1. 052757	-0. 533994	1. 610754
苯	225. 051800	-0. 122662	4. 310824	-1. 138140	1. 494985	-0. 564766	2. 178204
甲苯	206. 736400	-0. 101151	4. 225723	-1. 061438	1. 387653	0. 484075	2. 054883
乙苯	193. 426300	-0. 098633	4. 390639	-1. 126299	1. 458215	0. 543200	1. 974441
邻二甲苯	186. 293600	-0. 014950	3. 342431	-0. 484082	-0. 460172	1. 705569	1. 551212
间二甲苯	194. 820200	-0. 068902	3. 995003	-0. 924756	1. 059735	-0. 345267	1. 847583
对二甲苯	184. 781200	-0. 030090	3. 300522	-0. 394355	-0. 821163	2. 173243	1. 646826

*** 摘自 API Technical Data Book——Petroleum Refining, 4th Ed, 1983。